Handbuch Italienisches Internationales Privatrecht

VON

assoz. Prof. Dr. Gregor Christandl, LL.M. (Yale)
Leiter des Instituts für Italienisches Recht, Universität Innsbruck

em. o. Univ.-Prof. Dr. Bernhard Eccher
ehemaliger Leiter des Instituts für Italienisches Recht, Universität Innsbruck

Mag.[a] Evelyn Gallmetzer, PhD
Institut für Italienisches Recht, Universität Innsbruck

assoz. Prof. Dr. Simon Laimer, LL.M. (Heidelberg)
Institut für Zivilrecht, Universität Innsbruck

Univ.-Prof. Dr. Francesco A. Schurr, Avvocato (I), Rechtsanwalt (D)
Inhaber des Lehrstuhls für Gesellschafts-, Stiftungs- und Trustrecht, Universität Liechtenstein

C.H.BECK

LexisNexis

Bibliografische Information der Deutschen Bibliothek
Die Deutsche Bibliothek verzeichnet diese Publikation in der Deutschen Nationalbibliografie; detaillierte bibliografische Daten sind im Internet über http://dnb.ddb.de abrufbar.

ISBN (Österreich LexisNexis) 978-3-7007-7062-6
ISBN (Deutschland C.H.BECK) 978-3-406-70054-5

LexisNexis Verlag ARD Orac GmbH & Co KG, Wien
www.lexisnexis.at
Wien 2019 • Best.-Nr. 92.134.001

Foto Christandl: Fotografin Birgit Pichler, Innsbruck
Foto Eccher: Fotografin Birgit Pichler, Innsbruck
Foto Gallmetzer: privat
Foto Laimer: Universität Innsbruck
Foto Schurr: Fotografin Birgit Pichler, Innsbruck

Druckerei: MDH Media GmbH, 1220 Wien

Christandl | Eccher | Gallmetzer | Laimer | Schurr

Handbuch Italienisches Internationales Privatrecht

Vorwort

Das vorliegende Werk enthält eine systematische und alle Bereiche erfassende Darstellung des italienischen Internationalen Privatrechts in deutscher Sprache. Damit soll dieses Rechtsgebiet, das teilweise im nationalen italienischen Recht, teilweise im vereinheitlichten europäischen Kollisionsrecht sowie in Staatsverträgen geregelt ist, Juristen des deutschsprachigen Raumes aus Wissenschaft und Praxis zugänglich gemacht werden. Insofern wird damit die mit dem Handbuch des Italienischen Zivilrechts, hrsg von *Eccher/Schurr/Christandl*, begonnene Zielsetzung weitergeführt und ebenso eine bisherige Lücke in der deutschsprachigen wissenschaftlichen Literatur zum italienischen Recht geschlossen.

Ein besonderer Aspekt des Buches liegt wiederum in der Absicht, einen Beitrag zur Festigung und Verfeinerung der deutschen Rechtssprache und der deutsch/italienischen Rechtsterminologie in Südtirol zu leisten. Die Verbindung der Autoren mit dem an der Rechtswissenschaftlichen Fakultät der Universität Innsbruck angesiedelten Institut für Italienisches Recht, das mit seiner Forschungstätigkeit zum italienischen Recht das an der Universität Innsbruck seit vielen Jahrzehnten hauptsächlich für Südtiroler Studierende betriebene Vollstudium des Italienischen Rechts begleitet, erklärt diesen Bezug. Die Autonome Provinz Bozen – Südtirol hat ihrerseits die Entstehung des Werkes mit einem namhaften finanziellen Betrag gefördert, wofür die Autorin und die Autoren an dieser Stelle danken möchten.

Die Gliederung des Werkes erfolgte nach sachlichen, im deutschen Sprachraum für die Gliederung des materiellen Zivilrechts üblichen Kriterien und nicht nach national oder international geregelten Rechtsquellen. Einbezogen wurde auch die Regelung der Internationalen gerichtlichen Zuständigkeit. Der möglichst guten Benutzbarkeit des Werkes dienen vor allem eine deutschsprachige Übersetzung des italienischen IPRG, ein deutschsprachiges Stichwortverzeichnis, ein Glossar für die verwendeten Fachbegriffe sowie die Randziffernverweise innerhalb und zwischen den einzelnen Kapiteln. Bei der Literaturauswahl wurde italienischen Werken der Vorrang gegeben und daneben auch deutsche bzw österreichische und internationale Literatur berücksichtigt.

Die Autorin und die Autoren danken sehr herzlich Herrn Mag. *Martin Blaas*, Frau Mag.ª *Eleonora Chiappini*, Herrn Mag. *Maximilian Dallago*, Herrn *Paul Maieron*, Herrn Mag. *Thomas Menegotto* sowie Herrn *Paul Patreider*, Frau Mag.ª *Valentina Vegni* und Herrn Mag. *Jakob Zathammer*, die als MitarbeiterInnen des Instituts bzw als ProjektmitarbeiterInnen im Laufe der Abfassung des vorliegenden Buches wertvolle Hilfe bei der Beschaffung des Materials und bei Korrektur- und Koordinationstätigkeiten geleistet haben. Unser Dank geht auch an den Verlag LexisNexis, vertreten durch Herrn Mag. *Michael Schachner*, der die Drucklegung und den Vertrieb übernommen hat.

Für Anregungen und Kritik sind wir dankbar. Zuschriften erreichen uns am besten unter der E-Mail-Adresse unseres Instituts Ital-Recht@uibk.ac.at.

Innsbruck, im September 2019

Dr. Gregor Christandl
Dr. Bernhard Eccher
Mag.ª Evelyn Gallmetzer, PhD
Dr. Simon Laimer
Dr. Francesco A. Schurr

Inhaltsverzeichnis

Vorwort ... V
Autorenverzeichnis ... XVII
Abkürzungsverzeichnis ... XXI
Glossar ... XXVII
IPRG ... XXXIII
Abgekürzte Literatur ... LXIII

§ 1 Allgemeiner Teil *(Gregor Christandl)* ... 1
A. Begriff ... 1
B. Interessen im IPR ... 3
I. Weshalb IPR? ... 3
II. Parteiinteressen ... 4
III. Verkehrsinteressen ... 4
IV. Ordnungsinteressen ... 5
1. Internationaler Entscheidungseinklang ... 5
2. Innerer Entscheidungseinklang ... 5
V. Weitere Interessen ... 6
C. Historische Entwicklung ... 6
I. Anfänge des modernen IPR ... 6
II. Überwindung der Statutenlehre und Universalismus ... 7
III. Die erste Kodifikation des IPR in Italien ... 9
IV. Reform des italienischen IPR ... 11
D. Rechtsquellen ... 13
I. Innerstaatliches Recht ... 13
II. Völkerrecht ... 14
III. EU-Recht ... 19
IV. Hierarchie der Quellen des IPR ... 21
E. Kollisionsnormen ... 21
I. Begriff ... 21
II. Aufbau ... 22
III. Typen von Kollisionsnormen ... 22
IV. Anknüpfungskriterien ... 23
1. Begriff ... 23
2. Einteilungen ... 24
3. Mehrfachanknüpfungen ... 25
4. Subjektbezogene Anknüpfungskriterien ... 27
a. Staatsangehörigkeit ... 27
b. Wohnsitz (Domizil) ... 29
c. Aufenthalt ... 30
d. Verwaltungssitz ... 31
5. Objekt- und handlungsbezogene Anknüpfungskriterien ... 31
6. Subjektive Anknüpfung: Rechtswahl ... 31

F. Anwendung des internationalen Privatrechts 33
I. Kein fakultatives Recht 33
II. Qualifikation 34
III. Vorfrage 36
IV. Rück- und Weiterverweisung (*renvoi*) 38
V. Dépeçage 42
G. Anwendung des ausländischen Rechts 43
I. Feststellung des ausländischen Rechts 43
II. Mehrrechtsstaaten 46
III. Auslegung des ausländischen Rechts 47
IV. Schranken der Anwendung des ausländischen Rechts 48
1. Ordre public 49
2. Eingriffsnormen 52
3. Reziprozität 54
4. Rechtsmissbrauch (*fraus legis*) 55

§ 2 Internationale gerichtliche Zuständigkeit (*Simon Laimer*) 57
A. Grundlagen 57
B. Internationale gerichtliche Zuständigkeit in Zivil- und Handelssachen: Brüssel Ia-Verordnung 59
I. Anwendungsbereich 60
1. Sachlicher Anwendungsbereich 60
2. Räumlich-persönlicher Anwendungsbereich 62
II. Allgemeiner Gerichtsstand 63
III. Besondere (fakultative) Gerichtsstände 64
1. Gerichtsstand am Erfüllungsort des Vertrages 64
2. Gerichtsstand für Deliktsklagen 66
3. Weitere Wahlgerichtsstände des Art 7 Brüssel Ia-VO 69
a. Gerichtsstand des Adhäsionsverfahrens 69
b. Wiedererlangung eines Kulturguts 69
c. Gerichtsstand der Niederlassung 70
d. Gerichtsstand für Trust-Klagen 70
e. Gerichtsstand für Berge- und Hilfslohn 71
4. Wahlgerichtsstände des Sachzusammenhangs 71
a. Gerichtsstand der Streitgenossenschaft 71
b. Gerichtsstand der Gewährleistungs- und Interventionsklage 72
c. Gerichtsstand der Widerklage 72
d. Dinglicher Gerichtsstand 73
e. Schiffshaftpflicht 73
IV. Schutz schwächerer Parteien 73
1. Versicherungssachen 74
2. Verbrauchersachen 75
3. Individuelle Arbeitsverträge 77
V. Ausschließliche Gerichtsstände 78
1. Unbewegliche Sachen 78
2. Juristische Personen 79

3. Öffentliche Register ... 80
4. Gewerbliche Schutzrechte ... 80
5. Zwangsvollstreckung ... 80
VI. Gerichtsstandsvereinbarungen ... 81
1. Anwendungsbereich ... 81
2. Zustandekommen der Gerichtsstandsvereinbarung ... 82
3. Wirkungen der Gerichtsstandsvereinbarung ... 83
VII. Rügelose Einlassung und Prüfung der Zuständigkeit ... 84
VIII. Einstweilige Maßnahmen ... 85
IX. Anhängigkeit und im Zusammenhang stehende Verfahren ... 86
1. Anhängigkeit ... 86
2. Konnexe Verfahren ... 88
3. Verfahren in Drittstaaten ... 88
C. Italienisches (autonomes) Recht: IPR-Gesetz ... 89
I. Einführung ... 89
II. Umfang der Gerichtsbarkeit ... 90
1. Grenzen der Gerichtsbarkeit ... 90
2. Wohnsitz, gewöhnlicher Aufenthalt oder Vertreter des Beklagten in Italien ... 91
3. Verweis auf besondere Gerichtsstände des EuGVÜ ... 92
4. Doppelfunktionalität der Vorschriften über die örtliche Zuständigkeit ... 93
5. Annahme und Abwahl der Gerichtsbarkeit ... 93
III. Wahrnehmung fehlender Gerichtsbarkeit ... 94
D. Anerkennung und Vollstreckung ausländischer gerichtlicher Entscheidungen in Zivil- und Handelssachen – Grundstrukturen ... 95
I. Einführung ... 95
II. Nach der Brüssel Ia-Verordnung ... 96
III. Nach dem italienischen (autonomen) Recht ... 98

§ 3 Recht der natürlichen Personen *(Gregor Christandl)* ... 99
A. Personalstatut ... 99
B. Rechtsfähigkeit ... 100
I. Grundregel ... 100
II. Erwerb der Rechtsfähigkeit ... 101
III. Verlust der Rechtsfähigkeit ... 102
C. Handlungsfähigkeit ... 103
I. Grundregel ... 103
II. Verkehrsschutz ... 104
III. Erwachsenenschutz ... 106
D. Persönlichkeitsrechte ... 107
I. Allgemein ... 107
II. Namensrecht ... 108

§ 4 Gesellschaftsrecht *(Francesco A. Schurr)* ... **111**
A. Gesetzliche Ausgangslage im IPRG ... 111
B. Allgemeine Grundsätze zu ausländischen Gesellschaften ... 112

C. Anwendbares Recht 112
I. Anwendungsbereich 113
II. Regelungsbereiche 113
1. Verhältnis zwischen allgemeiner und besonderer Regelung 113
2. Vom Wortlaut umfasste Regelungsbereiche 113
3. Regelungsbereiche außerhalb des Wortlauts 115
D. Rechtsvergleichende Überlegung zu den Kriterien für die Bestimmung des Personalstatuts 116
E. Verbindung mit dem Gründungsstaat und Grenzen 117
F. Europarechtskonforme Anwendung italienischen Rechts auf ausländische Gesellschaften 119
G. Publizitätserfordernisse für ausländische Gesellschaften 120
I. Gesetzliche Grundlagen 120
II. Unbekannte Gesellschaftsformen 120
III. Sanktionen 121
H. Neueste Entwicklungen in der Europäischen Rechtsprechung zum IPR von Kapitalgesellschaften 121
I. Ausgangslage 121
II. Grundlage für die Entscheidung 122
III. Auswirkungen der Niederlassungsfreiheit auf die Mobilität von Gesellschaften 122
IV. Frage des Missbrauchs 123
I. Die Anerkennung von Trusts im italienischen Recht 124
I. Grundlagen 124
II. Das auf „italienische Trusts" anwendbare Recht 124
III. Der Trust als „Gesellschaft" im Sinne des IPR 125
IV. Steigerung der Rechtssicherheit für „italienische Trusts" durch neueste EuGH-Rechtsprechung 125
J. Grenzüberschreitende Sitzverlegungen und Fusionen 127

§ 5 Familienrecht *(Evelyn Gallmetzer)* **129**
A. Eheversprechen 129
B. Ehevoraussetzungen 129
I. Autonomes Kollisionsrecht 130
1. Sachlicher Anwendungsbereich 130
2. Anknüpfung 130
3. Ledigenstand 133
II. Aufgebot 134
C. Form der Eheschließung 134
D. Persönliche Rechtsverhältnisse zwischen Ehegatten 137
I. Sachlicher Anwendungsbereich 137
II. Anknüpfung 138
E. Ehegüterrecht 139
I. Allgemeines 139
II. Autonomes Kollisionsrecht 139
1. Sachlicher Anwendungsbereich 139
2. Anknüpfung 140

III. Europäisches Ehegüterrecht ... 142
1. Grundsätzliches ... 142
2. Internationale Zuständigkeit ... 143
3. Kollisionsrecht ... 144
4. Anerkennung und Vollstreckung ... 146
F. Eingetragene Partnerschaft und gleichgeschlechtliche Ehe ... 146
I. Eingetragene Partnerschaft ... 147
1. Allgemeines ... 147
2. Voraussetzungen für die Begründung der eingetragenen Partnerschaft ... 148
3. Persönliche und vermögensrechtliche Wirkungen der eingetragenen Partnerschaft ... 150
a. Autonomes Kollisionsrecht ... 150
b. Europäisches Partnerschaftsgüterrecht ... 152
4. Auflösung der eingetragenen Partnerschaft ... 155
II. Gleichgeschlechtliche Ehe ... 156
G. Lebensgemeinschaft ... 159
H. Ehetrennung und Ehescheidung ... 161
I. Internationale Zuständigkeit ... 161
1. Brüssel IIa-VO ... 161
2. Zuständigkeitsregeln des nationalen Rechts ... 163
II. Rom III-VO ... 165
1. Allgemeines ... 165
2. Sachlicher Anwendungsbereich ... 165
3. Anknüpfung ... 167
III. Bisheriges autonomes Kollisionsrecht ... 170
IV. Anerkennung ausländischer Entscheidungen ... 171
V. Ungültigkeit der Ehe ... 172
1. Internationale Zuständigkeit ... 172
2. Kollisionsrecht ... 173
3. Anerkennung ... 174
I. Kindschaftsrecht ... 174
I. Allgemeines ... 174
II. Zuständigkeit ... 177
III. Kollisionsrecht ... 177
1. Abstammung ... 177
2. Anerkennung eines Kindes ... 179
3. Gerichtliche Feststellung der Vater- oder Mutterschaft ... 180
IV. Anerkennung von Entscheidungen ... 181
V. Fremdinsemination und Leihmutterschaft ... 182
J. Elterliche Verantwortung und Rechtsverhältnisse zwischen Eltern und Kindern ... 185
I. Internationale Zuständigkeit ... 185
II. Anwendbares Recht ... 187
1. Autonomes Kollisionsrecht ... 187
2. KSÜ 1996 ... 188
3. Ordre public und Eingriffsnormen ... 189

III. Anerkennung und Vollstreckung von Entscheidungen ... 191
IV. Internationale Kindesentführung ... 192
K. Minderjährigenschutz ... 193
L. Adoption ... 196
I. Grundlegendes ... 197
II. Internationale Zuständigkeit ... 198
III. Anwendbares Recht ... 199
IV. Anerkennung ausländischer Verfügungen ... 201
M. Unterhaltsrecht ... 202
I. Allgemeines ... 203
II. Die EU-Unterhaltsverordnung ... 204
III. Zuständigkeit ... 204
IV. Anwendbares Recht ... 205
V. Anerkennung und Vollstreckung von Entscheidungen ... 207

§ 6 Erbrecht *(Bernhard Eccher)* ... **209**
A. EuErbVO ... 209
I. Vorgeschichte ... 209
II. Inkrafttreten, Übergangsbestimmungen und Auslegung ... 210
III. Anwendungsbereich ... 211
B. Rechtslage bis zum 16. 8. 2015 ... 213
I. Allgemein ... 213
II. Internationale erbrechtliche Zuständigkeit ... 214
III. Allgemeines Erbstatut ... 215
1. Objektive Anknüpfung ... 215
2. Rechtswahl ... 216
a. Gesamtes Erbstatut ... 216
b. Erbteilung ... 217
IV. Testierfähigkeit ... 218
V. Form der Verfügungen von Todes wegen ... 218
VI. Rechtsnachfolge des Staates ... 219
C. Rechtslage ab dem 17. 8. 2015 ... 220
I. Internationale Zuständigkeit ... 220
II. Anwendbares Recht ... 226
1. Zielsetzung und Allgemeines ... 226
2. Objektive Anknüpfung ... 229
3. Rechtswahl ... 231
4. Sonderanknüpfungen ... 235
a. Verfügungen von Todes wegen ... 235
b. Nachlassverwaltung ... 239
c. Bestimmte unbewegliche Sachen, Unternehmen und andere besondere Vermögensarten ... 240
d. Kommorienten ... 241
e. Erbloser Nachlass ... 242
5. Dingliche Rechte ... 243
6. Rück- und Weiterverweisung ... 245

7. Öffentliche Ordnung *(ordre public)* ... 247
8. Verweis auf Staaten mit mehreren Teilrechtsordnungen (interlokale Kollisionsvorschriften) ... 248
9. Interpersonale Kollisionsvorschriften ... 249
III. Europäisches Nachlasszeugnis ... 249
1. Allgemein ... 249
2. Ausstellung ... 251
3. Inhalt und Wirkungen ... 253
4. Änderungen, Rechtsbehelfe und Aussetzung der Wirkungen des Zeugnisses ... 257
IV. Anerkennung und Vollstreckung von erbrechtlichen Entscheidungen ... 258

§ 7 Sachenrecht *(Bernhard Eccher)* ... **261**
A. Allgemein ... 261
B. Besitz und dingliche Rechte an beweglichen und unbeweglichen Sachen ... 262
I. Ausübung von Besitz und dinglichen Rechten ... 262
II. Erwerb und Verlust des Besitzes und der dinglichen Rechte ... 263
C. Dingliche Rechte an Transitgütern ... 265
D. Ersitzung beweglicher Sachen ... 266
E. Immaterialgüterrechte ... 267
F. Öffentliche Bekanntmachung von Rechtshandlungen, die dingliche Rechte betreffen ... 268

§ 8 Schuldrecht Allgemeiner Teil *(Francesco A. Schurr)* ... **271**
A. Bedeutung des internationalen Schuldrechts ... 271
B. Europäische Rechtsvereinheitlichung ... 271
C. Vergemeinschaftung der italienischen Rechtsgrundlagen ... 272
D. Gemeinsame ordre public-Regelung ... 273
E. Überschneidungen zwischen Rom I-VO und Rom II-VO ... 273

§ 9 Vertragliche Schuldverhältnisse *(Francesco A. Schurr)* ... **275**
A. Europäische Rechtsvereinheitlichung ... 275
I. Ausgangslage im italienischen Recht ... 275
II. Übereinkommen über das auf vertragliche Schuldverhältnisse anzuwendende Recht ... 276
III. Entstehung der Rom I-VO ... 277
IV. Gültigkeit des EVÜ nach Inkrafttreten der Rom I-VO ... 277
V. Hintergrund für die Vergemeinschaftung ... 277
B. Anwendungsbereich der Rom I-VO ... 278
I. Zeitlicher und örtlicher Anwendungsbereich ... 278
II. Sachlicher Anwendungsbereich ... 279
III. Ausnahmekatalog ... 280
1. Personen-, familien- und erbrechtliche Abgrenzung ... 280
2. Prozessuale Aspekte ... 280
3. Recht der juristischen Personen und Trusts ... 281
4. Abgrenzung zu außervertraglichen Schuldverhältnissen und zur betrieblichen Altersvorsorge ... 281

C. Universelle Gültigkeit und Konflikt mit internationalen Übereinkommen 283
D. Bestimmung des gewöhnlichen Aufenthalts der Vertragsparteien 283
E. Ausschluss der Rück- und Weiterverweisung (renvoi) 284
F. Ordre public 284
G. Rechtswahl 285
H. Anwendbares Recht bei fehlender Rechtswahl 287
  I. Objektive Anknüpfung 287
  II. Generalklausel 287
I. Beförderungsverträge 288
J. Sonderbestimmungen zum Schutz des schwächeren Vertragsteils 289
  I. Verbraucherschutz 289
  II. Schutz des Versicherungsnehmers 290
  III. Schutz des Arbeitnehmers 292
K. Eingriffsnormen 292
L. Zustandekommen des Vertrags 293
M. Formfragen 293
N. Geltungsbereich des anzuwendenden Rechts 294
O. Rechts-, Geschäfts- und Handlungsunfähigkeit 295
P. Forderungsübertragung 295
Q. Gesetzlicher Forderungsübergang 296
R. Mehrfache Haftung 296
S. Aufrechnung 297
T. Beweisfragen 297

§ 10 Außervertragliche Schuldverhältnisse *(Gregor Christandl)* **299**
A. Grundlagen 299
  I. Italienisches IPR und internationale Übereinkommen 299
  II. Rom II-VO 299
  III. Verbleibender Anwendungsbereich der Art 58 ff IPRG 300
B. Außervertragliche Haftung 301
  I. Grundregel: Anknüpfung am Erfolgsort 301
  II. Abweichungen von der Erfolgsortregel 302
  III. Rechtswahl 303
  IV. Schranken der Anwendung ausländischen Rechts 303
  V. Geltungsbereich 304
  VI. Sonderanknüpfungen 305
    1. Produkthaftung 305
    2. Wettbewerbsverstöße und -beschränkungen 306
    3. Umweltschäden 307
    4. Verletzungen des geistigen Eigentums 307
    5. Haftung wegen Arbeitskampf 307
C. Weitere gesetzliche Schuldverhältnisse 308
  I. Bereicherungsansprüche und Geschäftsführung ohne Auftrag 308
  II. Ansprüche aus vorvertraglicher Haftung 309

D. Einseitig begründete Schuldverhältnisse 310
I. Einseitige Versprechen 310
II. Wertpapiere 311
III. Gewillkürte Stellvertretung 311

Stichwortverzeichnis 313

Autorenverzeichnis

Assoz. Prof. Dr. Gregor Christandl, LL.M. (Yale): Nach Abschluss des Studiums des Italienischen Rechts an der Universität Innsbruck (mit Auszeichnung), absolvierte er die Gerichtspraxis im Sprengel des OLG Innsbruck. Ab 2004 war er wissenschaftlicher Mitarbeiter und Lehrbeauftragter am Institut für Italienisches Recht der Universität Innsbruck. 2006 promovierte er mit Auszeichnung mit einer Arbeit zum vergleichenden Nichtvermögensschadensrecht und absolvierte daraufhin das Rechtsanwaltspraktikum in Bozen. Von 2009–2010 absolvierte er das Masterstudium an der Yale Law School, New Haven (USA). Von 2010 bis 2012 war er bei Reinhard Zimmermann als Habilitand und wissenschaftlicher Referent am Max-Planck-Institut für ausländisches und internationales Privatrecht in Hamburg tätig und kehrte 2013 an das Institut für Italienisches Recht nach Innsbruck zurück, wo er 2015 in den Fächern Bürgerliches Recht, Rechtsvergleichung und Internationales Privatrecht mit einer historisch-vergleichenden Arbeit zum Erbrecht habilitierte. Auf die Ernennung zum Assistenzprofessor (2013) folgte im Februar 2017 jene zum Assoziierten Professor. Seit März 2017 ist er Leiter des Instituts für Italienisches Recht, seit 2019 ist er Gastprofessor an der Università degli Studi di Padova. Für seine wissenschaftlichen Leistungen wurde er vielfach ausgezeichnet.

Em. o. Univ.-Prof. Dr. Bernhard Eccher wurde am 13. 6. 1948 in Innsbruck geboren. Er war nach dem Studium der Rechtswissenschaften an den Universitäten Innsbruck und Wien ab 1972 Universitätsassistent am Institut für Zivilrecht der Universität Innsbruck (Prof. *Heinrich Mayrhofer*). Von 1978 bis 1980 absolvierte er ein Spezialstudium des italienischen Privatrechts an der Universität Padua. Er habilitiere sich 1980 für Bürgerliches Recht („Antizipierte Erbfolge"), wurde 1983 zum ao. Univ.-Prof. für Bürgerliches Recht und 1989 zum o. Univ.-Prof. für Italienisches Recht und Rechtsvergleichung an der Universität Innsbruck ernannt. Seine Forschungsschwerpunkte liegen im österreichischen und italienischen Privatrecht (insb Erbrecht, Sachenrecht, Konsumentenschutzrecht). Er war weiters als Übersetzer von Rechtstexten (Italienisch/Deutsch) tätig. Bernhard Eccher übte viele Jahre lang die Funktion des Leiters des Instituts für Zivilrecht und des Instituts für Italienisches Recht an der Universität Innsbruck aus und betreute insb das integrierte Diplomstudium für das italienische Recht gemeinsam mit der Universität Padua. Von 2010 bis 2015 war er Dekan der Rechtswissenschaftlichen Fakultät der Universität Innsbruck. 2016 folgte seine Emeritierung.

Mag.ª Evelyn Gallmetzer, PhD hat an der Universität Innsbruck italienisches Recht studiert und in Innsbruck und Padua (I) promoviert. Von 2010 bis 2018 war sie Universitätsassistentin für italienisches Zivilrecht am Institut für Italienisches Recht der Universität Innsbruck (Lehrstuhl Prof. *Eccher*). Anschließend war sie als Oberassistentin für Zivilrecht am Zivilistischen Seminar der Universität Bern (Lehrstuhl Prof. *Wolf*) tätig. 2013 erlangte sie die Befähigung zur Ausübung des Anwaltsberufes beim Oberlandesgericht Trient – Außenstelle Bozen, was ihr die Sicht aus der Praxis nahebrachte. Im Rahmen ihrer Forschungs- und Lehrtätigkeit beschäftigt sie sich vor allem mit dem italienischen Zivilrecht aus rechtsvergleichender Perspektive und legt dabei ihren Fokus auf das Familienrecht.

Assoz. Prof. Dr. Simon Laimer, LL.M. (Heidelberg) studierte Rechtswissenschaften in Innsbruck, Mailand, Padua und Heidelberg. Seine Anwalts- und Gerichtspraxis absolvierte er in Meran und Innsbruck. Eine Reihe von Forschungs- und Studienaufenthalten, unter anderem in Bern, Hamburg, Rom und London, tragen zu seiner internationalen Ausbildung bei. 2003: Anwaltsprüfung. 2008: Promotion (Innsbruck). 2011: LL.M. (Heidelberg). 2017: Habilitation an der Universität Innsbruck für die Fächer Bürgerliches Recht, Internationales Privatrecht, Europäisches Privatrecht und Rechtsvergleichung. Im selben Jahr wurde er am Institut für Zivilrecht der Universität Innsbruck als Professor assoziiert. Seit 2017 ist er Mitglied der wissenschaftlichen Leitung des Moot Court aus Zivilrecht, seit 2018 Direktor des Internationalen Forums für Wirtschaftsrecht – Wissenschaft & Praxis, seit 2019 Mitglied im Scientific Board des Doktoratskollegs für Medizinrecht und Gesundheitswesen. Er ist Verfasser zahlreicher Publikationen und wurde für seine wissenschaftlichen Leistungen bereits mehrfach ausgezeichnet.

Univ.-Prof. Dr. Francesco A. Schurr ist seit 2009 Inhaber des Lehrstuhls für Gesellschafts-, Stiftungs- und Trustrecht an der Universität Liechtenstein. Von 2017 bis 2019 war er dort Leiter des Instituts für Wirtschaftsrecht. Zum WS 2019/20 wird Francesco Schurr dem Ruf auf die Professur für Italienisches Privatrecht und Rechtsvergleichung (Nachfolge von Univ.-Prof. Dr. *Bernhard Eccher*) an das Institut für Italienisches Recht der Universität Innsbruck folgen. *Francesco Schurr* ist in Italien als Avvocato und in Deutschland als Rechtsanwalt zugelassen und verfügt über eine langjährige Erfahrung in der Beratung im Gesellschaftsrecht, Stiftungsrecht, Trustrecht, Erbrecht sowie Vertragsrecht. Seit Abschluss seiner Habilitation (venia für Privatrecht und Rechtsvergleichung) im Jahr 2004 hatte Prof. *Schurr* zahlreiche Gast- und Vertragsprofessuren inne, zB an der Università di Padova (Italien), der Freien Universität Bozen (Italien) und der Victoria University of Wellington (Neuseeland).

FOTONACHWEISE
Christandl: Birgit Pichler • Eccher: Birgit Pichler • Gallmetzer: privat • Laimer: Universität Innsbruck • Schurr: Birgit Pichler

Abkürzungsverzeichnis

aA	andere Ansicht
aaO	am angegebenen Ort
ABGB	Allgemeines bürgerliches Gesetzbuch
ABl	Amtsblatt
abl	ablehnend
Abs	Absatz
AdoptionsG	Adoptionsgesetz (*Legge sul diritto del minore ad una famiglia*; G 4. 5. 1983, Nr 184 idgF)
aE	am Ende
AEUV	Vertrag über die Arbeitsweise der Europäischen Union
aF	alte Fassung
AGB	Allgemeine Geschäftsbedingungen
Agg.	*Aggiornamento* (Ergänzungsband)
Anm	Anmerkung
arg	*argumento* (folgt aus)
Art	Artikel
Aufl	Auflage
ausf	ausführlich
BBTC	*Banca borsa e titoli di credito* (Zeitschrift)
Bd	Band
bes	besonders
BG	Bezirksgericht *(Pretura)*
BGB	(deutsches) Bürgerliches Gesetzbuch
BGBl	Bundesgesetzblatt [österreichisch: Jahr/Nummer, ab 1997 Teil Jahr/Nummer]
Brüssel Ia-VO	EU-Verordnung Nr 1215/2012 vom 12. 12. 2012 über die gerichtliche Zuständigkeit und die Anerkennung und Vollstreckung von Entscheidungen in Zivil- und Handelssachen
Brüssel IIa-VO	Verordnung (EG) Nr 2201/2003 vom 27. 11. 2003 über die Zuständigkeit und die Anerkennung und Vollstreckung von Entscheidungen in Ehesachen und in Verfahren betreffend die elterliche Verantwortung
Bsp	Beispiel
bspw	beispielsweise
bzgl	bezüglich
bzw	beziehungsweise
Contr.impr.	*Contratto e impresa* (Zeitschrift)
ders	derselbe
DfVO	DurchführungsVO *(Regolamento d'esecuzione)*
dh	das heißt
dies	dieselben
Dig.disc.priv.	*Digesto delle discipline privatistiche*

Dig.disc.priv. sez.civ.	*Digesto delle discipline privatistiche – sezione civile*
d.i.pr.	*diritto internazionale privato*
Dir.comunit.	*Diritto comunitario e degli scambi internazionali* (Zeitschrift)
Dir.fam.pers.	*Diritto di famiglia e delle persone* (Zeitschrift)
Dir.giur.	*Diritto e giurisprudenza* (Zeitschrift)
Dir.giust.	*Diritto e Giustizia* (Zeitschrift)
DPR	Dekret des Präsidenten der Republik *(Decreto del presidente della Repubblica)*
dzt	derzeit
ECLI	European Case Law Identifier
ecolex	Fachzeitschrift für Wirtschaftsrecht (Zeitschrift)
EGMR	Europäisches Gericht für Menschenrechte
einschl	einschließlich
EMRK	Europäische Menschenrechtskonvention
Enc.dir.	*Enciclopedia del diritto*
Enc.dir.Agg.	*Enciclopedia del diritto Aggiornamento*
Enc.giur.	*Enciclopedia giuridica Treccani*
endg	endgültig
etc	et cetera
EuBewVO	Verordnung (EG) Nr 1206/2001 vom 28. 5. 2001 über die Zusammenarbeit zwischen den Gerichten der Mitgliedstaaten auf dem Gebiet der Beweisaufnahme in Zivil- oder Handelssachen
EuErbVO	Europäische Erbrechtsverordnung, Verordnung (EU) Nr 650/2012 des Europäischen Parlaments und des Rates vom 4. 7. 2012 über die Zuständigkeit, das anzuwendende Recht, die Anerkennung und Vollstreckung von Entscheidungen und die Annahme und Vollstreckung öffentlicher Urkunden in Erbsachen sowie zur Einführung eines Europäischen Nachlasszeugnisses
EuGH	Europäischer Gerichtshof
EuGüterVO	Verordnung (EU) Nr 1103/2016 vom 24. 6. 2016 zur Durchführung einer Verstärkten Zusammenarbeit im Bereich der Zuständigkeit, des anzuwendenden Rechts und der Anerkennung und Vollstreckung von Entscheidungen in Fragen des ehelichen Güterstands
EuGVÜ	Brüsseler Übereinkommen über die gerichtliche Zuständigkeit und die Vollstreckung gerichtlicher Entscheidungen in Zivil- und Handelssachen vom 27. 9. 1968
EuGVVO	Europäische Gerichtsstands- und Vollstreckungsverordnung
EuInsVO	Verordnung (EU) Nr 848/2015 vom 20. 5. 2015 über Insolvenzverfahren (Neufassung)
EuLF	The European Legal Forum (Zeitschrift)
EuPartnerschaftsVO	Verordnung (EU) Nr 1104/2016 vom 24. 6. 2016 zur Durchführung der Verstärkten Zusammenarbeit im Bereich der Zuständigkeit, des anzuwendenden Rechts und der Anerkennung und Vollstreckung von Entscheidungen in Fragen güterrechtlicher Wirkungen eingetragener Partnerschaften
Eur.dir.priv.	*Europa e diritto privato* (Zeitschrift)

EuUntVO	Verordnung (EG) Nr 4/2009 des Rates vom 18. 12. 2008 über die Zuständigkeit, das anwendbare Recht, die Anerkennung und Vollstreckung von Entscheidungen und die Zusammenarbeit in Unterhaltssachen
EuVTVO	Verordnung (EG) Nr 805/2004 vom 21. 4. 2004 zur Einführung eines europäischen Vollstreckungstitels für unbestrittene Forderungen
EuZustVO	Verordnung (EG) Nr 1393/2007 vom 13. 11. 2007 über die Zustellung gerichtlicher und außergerichtlicher Schriftstücke in Zivil- oder Handelssachen in den Mitgliedstaaten
f	und der, die folgende
Fam. e dir.	*Famiglia e diritto* (Zeitschrift)
FamRZ	Zeitschrift für das gesamte Familienrecht
ff	und die folgenden
Fn	Fußnote
Foro it.	*Foro Italiano* (Zeitschrift)
FS	Festschrift
G	Gesetz *(legge)*
GD	Gesetzesdekret *(decreto legge)*
gem	gemäß
GenIUS	*Rivista di studi giuridici sull'orientamento sessuale e l'identità di genere*
ggf	gegebenenfalls
Giur.cost.	*Giurisprudenza costituzionale* (Zeitschrift)
Giur.it.	*Giurisprudenza italiana* (Zeitschrift)
Giust.civ.	*Giustizia Civile* (Zeitschrift)
Guid.dir.	*Guida al Diritto* (Zeitschrift)
grds	grundsätzlich
GvD	gesetzesvertretendes Dekret *(decreto legislativo)*
hA	herrschende Ansicht
hL	herrschende Lehre
hM	herrschende Meinung
Hrsg	Herausgeber
Hs	Halbsatz
idF	in der Fassung
idgF	in der geltenden Fassung
idR	in der Regel
idS	in diesem Sinn
ieS	im engeren Sinn
iF	im Folgenden
insb	insbesondere
IPR	Internationales Privatrecht
IPrax	Praxis des Internationalen Privat- und Verfahrensrechts (Zeitschrift)
IPRG	Internationales Privatrechtsgesetz (*Riforma del sistema italiano di diritto internazionale privato*; G 3. 6. 1995, Nr 218)
iS	im Sinn

iSd	im Sinn des, der
iSe	im Sinne eines/einer
ISLE	*Istituto per la Documentazione e gli Studi Legislativi*
iSv	im Sinne von
it	italienisch/italienische/italienischer
iÜ	im Übrigen
iVm	in Verbindung mit
iwS	im weiteren Sinn
IZPR	Internationales Zivilprozessrecht
IZVR	Internationales Zivilverfahrensrecht
JahrbItR	Jahrbuch für Italienisches Recht
JBl	Juristische Blätter (Zeitschrift)
KassGH	Kassationsgerichtshof *(Corte di Cassazione)*
KassGH VS	Kassationsgerichtshof Vereinigte Senate *(Corte di Cassazione Sezioni Unite)*
KassGH Ziv	Kassationsgerichtshof Zivilsenat *(Corte di Cassazione Sezione Civile)*
KFZ	Kraftfahrzeug
KglD	Königliches Dekret *(Regio Decreto)*
krit	kritisch
LG	Landesgericht *(Tribunale)*; Landesgesetz *(legge provinciale)*
LGVÜ	Übereinkommen von Lugano über die gerichtliche Zuständigkeit und die Vollstreckung gerichtlicher Entscheidungen in Zivil- und Handelssachen
lit	*litera* (Buchstabe)
Mass.Foro it.	*Massimario del Foro italiano* (Zeitschrift)
Mass.Giust.civ.	*Giustizia Civile – Massimario annotato della Cassazione* (Zeitschrift)
mE	meines Erachtens
mind	mindestens
mj	minderjährig, -e, -er, -es
mwH	mit weiteren Hinweisen
mwN	mit weiteren Nachweisen
nF	neue Fassung
Nr	Nummer
Nuova giur. civ.comm.	*Nuova giurisprudenza civile commentata* (Zeitschrift)
Nuove leggi civ.comm.	*Le nuove leggi civili commentate* (Zeitschrift)
oÄ	oder Ähnliche(s)
ÖJZ	Österreichische Juristenzeitung
OLG	Oberlandesgericht *(Corte d'Appello)*
österr	österreichisch
RabelsZ	Rabels Zeitschrift für ausländisches und internationales Privatrecht
Rass.dir.civ.	*Rassegna di diritto civile* (Zeitschrift)

Rep.Foro.it.	*Repertorio del foro italiano*
Rep.Giur.it.	*Repertorio della giurisprudenza italiana*
Rep.Giust.civ.	*Repertorio della giustizia civile*
Resp.civ.prev.	*Responsabilità civile e previdenza* (Zeitschrift)
Rev.dr.int. lég.comp.	*Revue de droit international et de législation comparée* (Zeitschrift)
Riv.comm. internaz.	*Il diritto del commercio internazionale* (Zeitschrift)
Riv.dir.civ.	*Rivista di diritto civile* (Zeitschrift)
Riv.dir.int.	*Rivista di diritto internazionale* (Zeitschrift)
Riv.dir.int. priv.proc.	*Rivista di diritto internazionale privato e processuale* (Zeitschrift)
Riv.it.dir.lav.	*Rivista italiana di diritto del lavoro* (Zeitschrift)
Riv.not.	*Rivista del notariato* (Zeitschrift)
Riv.soc.	*Rivista delle società* (Zeitschrift)
Riv.trim.dir. proc.civ.	*Rivista trimestrale di diritto e procedura civile* (Zeitschrift)
RIW	Recht der internationalen Wirtschaft (Zeitschrift)
RL	Richtlinie der Europäischen Union
Rsp	Rechtsprechung
Rz	Randziffer
s	siehe
S	Satz
sa	siehe auch
ScheidungsG	Scheidungsgesetz (*Disciplina dei casi di scioglimento del matrimonio*; G 1. 12. 1970, Nr 898)
SeeGB	Seegesetzbuch
Slg	Sammlung von Gerichtsentscheidungen des EuGH und des Gerichts Erster Instanz
sog	sogenannt, -e, -er, -es
st Rsp	ständige Rechtsprechung
StandesamtsO	Standesamtsordnung (*Ordinamento dello stato civile*; DPR 3. 11. 2000, Nr 396)
StGB	Strafgesetzbuch (*Codice penale*; KglD 19. 10. 1931, Nr 1398 idgF)
StPO	Strafprozessordnung (*Codice di procedura penale,* DPR 22. 9. 1988, Nr 447 idgF)
str	strittig
Stud.iur.	*Studium iuris*
ua	a) und andere, -s; b) unter anderem
uÄ	und Ähnliche(s)
UAbs	Unterabsatz
udgl	und dergleichen
ue	unehelich
uE	unseres Erachtens
uH	unter Hinweis

usw	und so weiter
uU	unter Umständen
uzw	und zwar
v	vom, von; versus
va	vor allem
var	Variante
Verf	Verfassung *(Costituzione della Repubblica Italiana)*
VerfG	Verfassungsgesetz *(legge costituzionale)*
VfGH	Verfassungsgerichtshof *(Corte Costituzionale)*
vgl	vergleiche
VO	EU-Verordnung
Vorgesetz ZGB	Bestimmungen über das Gesetz im Allgemeinen *(disposizioni sulla legge in generale)*
VS	Vereinigte Senate *(Sezioni Unite)*
Z	Zahl, Ziffer
zB	zum Beispiel
ZfRV	Zeitschrift für Rechtsvergleichung, Europarecht und Internationales Privatrecht
ZfVglRWiss	Zeitschrift für vergleichende Rechtswissenschaft
ZGB	(italienisches) Zivilgesetzbuch *(Codice Civile)*
ZPO	Zivilprozessordnung (*Codice di Procedura Civile*, KglD 28. 10. 1940, Nr 1443 idgF)
zT	zum Teil
zust	zustimmend
ZVR	Zeitschrift für Verkehrsrecht (Zeitschrift)

Glossar

A

Anknüpfung

- **akzessorische Anknüpfung** *(collegamento accessorio):* Anknüpfung durch Verweis auf eine andere Kollisionsnorm;
- **alternative Anknüpfung** *(concorso alternativo):* Mehrfachanknüpfung, bei der mehrere Anknüpfungspunkte gleichrangig nebeneinanderstehen, wobei im konkreten Anlassfall jener Anknüpfungspunkt zu wählen ist, der zu einem Recht führt, das die beabsichtigte Rechtsfolge eintreten lässt;
- **Anknüpfungsleiter** (*concorso successivo;* auch Kaskadenanknüpfung oder subsidiäre Anknüpfung): Mehrfachanknüpfung, die aus einer Hauptanknüpfung und einem oder mehreren subsidiären Anknüpfungspunkten besteht, die in einer vorgegebenen absteigenden Reihenfolge nacheinander herangezogen werden, wenn die Hauptanknüpfung oder die vorangehende Ersatzanknüpfung scheitert;
- **Kaskadenanknüpfung** *siehe Anknüpfung (Anknüpfungsleiter);*
- **kumulative Anknüpfung** *(concorso cumulativo):* Mehrfachanknüpfung, bei der mehrere Anknüpfungskriterien gleichzeitig das Recht unterschiedlicher Staaten zur Anwendung berufen;
- **Mehrfachanknüpfung** *(criteri di collegamento concorrenti):* Angabe mehrerer Anknüpfungskriterien nebeneinander in einer Kollisionsnorm. Mehrfachanknüpfungen können alternativ, kumulativ oder subsidiär sein;
- **objektive Anknüpfung:** Anknüpfung nach den gesetzlich vorgesehenen Anknüpfungskriterien;
- **Sonderanknüpfung** (*collegamento speciale*): Anknüpfung einer Teilfrage an einem unterschiedlichen Anknüpfungskriterium;
- **subjektive Anknüpfung:** Anknüpfung am Parteiwillen im Falle einer von den Parteien getroffenen Rechtswahl;
- **subsidiäre Anknüpfung** *siehe Anknüpfung (Anknüpfungsleiter);*

Anknüpfungskriterium/Anknüpfungspunkt *(criterio, momento, circostanza di collegamento):* Merkmal, nach dem in einer Kollisionsnorm das anwendbare Recht bestimmt wird;

- **objektive/objektbezogene Anknüpfungskriterien** *(criteri di collegamento oggettivi):* beziehen sich auf Eigenschaften des Tatbestands;
- **subjektive/subjektbezogene Anknüpfungskriterien** *(criteri di collegamento soggettivi):* beziehen sich auf Eigenschaften der betroffenen Person(en);

Aufenthalt *(residenza):* Ort, an dem sich die Person hauptsächlich und auf Dauer aufhält (Art 43 Abs 2 ZGB);

- **bloßer Aufenthalt** *(dimora):* Ort, an dem sich jemand nur vorübergehend aufhält;
- **gewöhnlicher Aufenthalt** *(residenza abituale):* Anknüpfungskriterium, das in verschiedenen Verordnungen des europäischen IPR verwendet wird. Für Gesellschaften, Vereine und juristische Personen Ort ihrer Hauptverwaltung (Art 19 Abs 1 Rom I-VO), für die natürliche Person, die in Ausübung ihrer beruflichen Tätigkeit handelt, Ort ihrer Haupt-

niederlassung (Art 19 Abs 2 Rom I-VO). Für natürliche Personen stellt das Kriterium auf den nicht näher definierten, jedenfalls aber autonom auszulegenden Lebensmittelpunkt des Betroffenen ab;

B

Belegenheitsstatut: Recht jenes Staates, in dem sich die Sache befindet;

D

Deliktstatut: Recht, das auf außervertragliche Schuldverhältnisse anzuwenden ist;

Dépeçage (sog Zerstückelung; *frazionamento*): liegt vor, wenn für einzelne Aspekte eines Rechtsverhältnisses aufgrund von Sonderanknüpfungen unterschiedliche Anknüpfungskriterien heranzuziehen sind;

Doppelstaater: Personen, die Staatsbürger zweier Staaten sind;

E

Eingriffsnormen (*norme di applicazione necessaria* oder zwingend anzuwendende Rechtsvorschriften): materielle Rechtsvorschriften der *lex fori*, die einen Teilaspekt eines Sachverhalts ungeachtet des vom IPR bestimmten anzuwendenden Rechts zwingend regeln;

Erbstatut *(statuto successorio):* das auf die Erbfolge anwendbare Recht;

Exequatur *(delibazione, exequatur):* Zulassung von ausländischen Vollstreckungstiteln (zB Urteile, Urkunden, Schiedssprüche oder Vergleiche) zur Zwangsvollstreckung im Inland;

F

favor validitatis: bezeichnet den Grundsatz der weitmöglichsten Erhaltung der (Form-)Gültigkeit eines Rechtsaktes (zB Eheschließung, Testament oder Vertrag) durch die Bezeichnung mehrerer alternativer Anknüpfungspunkte;

Forum shopping: bezeichnet die Auswahl des international zuständigen Gerichts, dessen IPR das günstigste Sachrecht beruft;

G

Gerichtsstandsvereinbarung (*proroga di competenza):* ist die autonome Festlegung des zuständigen Gerichts durch die Parteien;

Gesamtverweisung *(richiamo internazional-privatistico, richiamo totale, rinvio all'ordinamento straniero nel suo complesso) siehe Verweisung;*

H

Heimatrecht (*legge di cittadinanza):* ist das Recht des Staates, dessen Staatsangehörigkeit eine Person besitzt;

I

IPR – Internationales Privatrecht *(diritto internazionale privato):* bezeichnet die Gesamtheit aller Vorschriften, die auf einen Sachverhalt mit Auslandsberührung *(elemento di estraneità)* Anwendung finden;

- Das **IPR im engen Sinn** umfasst jene Vorschriften, die das auf einen privatrechtlichen Sachverhalt mit Auslandsberührung anzuwendende Recht bestimmen;

- Das **IPR im weiteren Sinne** schließt dem IPR im engen Sinne auch das internationale Zivilverfahrensrecht mit ein;

IPR-Sachnormen *(norme di diritto internazionale privato materiale):* fungieren gleichzeitig als Kollisions- und Sachnorm und erfüllen somit eine Doppelfunktion;

K

Kollisionsnormen *(norme di conflitto/di collisione):* verweisen auf jenes Recht, das auf einen konkreten Sachverhalt mit Auslandsbezug zur Anwendung kommen soll;

- **allseitige** *(norme di collisione bilaterali):* sind rechtsordnungsneutral ausgestaltet und lassen daher offen, welches Recht im konkreten Fall anzuwenden ist;
- **einseitige:** verweisen ausschließlich auf inländisches Recht;
- **interpersonale** *(norme di conflitto/di collisione interpersonali):* bestehen in einem Staat unterschiedliche Regelungen für bestimmte Personengruppen, so kommen grundsätzlich jene Regelungen zur Anwendung, die der betreffende Staat für eine Personengruppe zur Anwendung bringt;

L

lex fori: das am Ort des angerufenen Gerichts geltende Recht, also das Recht des Forumstaates;

lex loci delicti commissi: ist das Recht des Staates, in dem im Falle außervertraglicher Schuldverhältnisse das schädigende Ereignis eingetreten ist;

lex rei sitae: Recht jenes Staates, in dem sich die Sache befindet;

M

materielles Recht *(diritto materiale):* umfasst alle Rechtsvorschriften, die nicht Kollisionsnormen sind;

Mehrfachanknüpfung *siehe Anknüpfung;*

Mehrstaater: Personen, die mehr als eine Staatsbürgerschaft besitzen;

N

Nachlasszeugnis, Europäisches *(certificato Europeo):* dient insbesondere dem Nachweis der Rechtsstellung und der Rechte der Erben und Vermächtnisnehmer im Wirkungsbereich der EuErbVO;

O

Öffentliche Ordnung *siehe ordre public;*

ordre public (*ordine pubblico* oder „öffentlichen Ordnung"): die elementaren Wertungen der inländischen Rechtsordnung. Er ist eine Schranke für die Anwendung ausländischen Rechts;

Q

Qualifikation *(qualificazione):* Zuordnung eines Sachverhalts zu einer bestimmten Kollisionsnorm. Mit ihr wird der sachliche Anwendungsbereich einer Kollisionsnorm abgesteckt;

R

Rechtswahl durch die Parteien *(optio iuris, professio iuris, scelta della legge applicabile):* erfolgt mittels Vereinbarung der Parteien über das anzuwendende Recht *(pactum de lege utenda);*

renvoi (Rück- und Weiterverweisung) *siehe Verweisung;*

Rückverweisung *(rinvio indietro) siehe Verweisung;*

S

Sachnorm *(norma di diritto materiale):* ist eine Norm des materiellen Rechts. *Siehe auch IPR-Sachnorm und materielles Recht;*

Sachnormverweisung *siehe Verweisung;*

Sachrecht *(diritto materiale/sostanziale):* ist das materielle Privatrecht;

Scheidungsstatut: das auf die Scheidung anzuwendende Recht;

Staatsangehörigkeit *(cittadinanza):* subjektbezogenes Anknüpfungskriterium, das die Zugehörigkeit einer Person zu dem Staat, dessen Staatsbürger sie ist, beschreibt;

Statut *(statuto):* das auf einen Sachverhalt mit Auslandsbezug konkret anzuwendende Recht. In der italienischen Terminologie wird der Begriff *statuto* aber abweichend von seiner ursprünglichen Bedeutung häufig so verwendet, dass er sich auf die Gesamtheit aller Kollisionsnormen bezieht, die einen bestimmten Tatbestand betreffen;

Statutenwechsel *(cambiamento di statuto):* durch die Veränderung des Anknüpfungspunktes (zB Verlegung des gewöhnlichen Aufenthaltes, Erwerb einer anderen Staatsbürgerschaft) ist ein anderes Recht auf den Sachverhalt anzuwenden;

T

Teilrechtsordnung *(ordinamento giuridico parziale):* bei der Wahl der Rechtsordnung eines Staates mit Teilrechtsordnungen ist grundsätzlich das interne Kollisionsrecht dieses Staates für die Bestimmung der anzuwendenden Normen maßgeblich;

U

universelle Anwendung/Wirkung *(carattere/efficacia universale):* haben Übereinkommen oder Verordnungen, die auch gegenüber Nichtvertragsstaaten zur Anwendung kommen;

V

Verweisung

- **Gesamtverweisung** *(richiamo internazional-privatistico, richiamo totale, rinvio all'ordinamento straniero nel suo complesso):* bezeichnet die Verweisung, welche gleichsam für die gesamte ausländische Rechtsordnung, einschließlich des IPR, gilt;
- ***renvoi*** *siehe Verweisung (Rückverweisung und Weiterverweisung);*
- **Rückverweisung** *(rinvio indietro):* das ausländische IPR verweist aufgrund abweichender Anknüpfungskriterien wieder auf das italienische Recht zurück;
- **Sachnormverweisung:** Verweisung auf das materielle Recht eines anderen Staates, unter Ausschluss des Kollisionsrechts;

- **Weiterverweisung** *(rinvio altrove, rinvio all'infuori, remission):* liegt vor, wenn das ausländische IPR das Recht eines weiteren Staates zur Anwendung beruft;

Vorfrage (*questione pregiudiziale*): Rechtsfrage, deren Lösung für die Beantwortung der Hauptfrage notwendig ist;

W

Wandelbares Statut *(conflitto mobile):* hat man immer dann, wenn der anknüpfungsrelevante Zeitpunkt nicht festgelegt wurde. Durch eine Veränderung des Anknüpfungspunktes (zB gewöhnlicher Aufenthalt) ändert sich somit das anzuwendende Recht. *Siehe auch Statutenwechsel;*

Weiterverweisung *(rinvio altrove, rinvio all'infuori, remission) siehe Verweisung;*

Wohnsitz *(domicilio):* Ort, an dem eine Person den Hauptsitz ihrer Geschäfte und Interessen begründet hat;

Z

Zuständigkeit, internationale gerichtliche *(competenza giurisdizionale internazionale):* Verteilung der Rechtsprechungstätigkeit zwischen mehreren betroffenen Staaten;

Zwingend anzuwendende Rechtsvorschriften *(norme di applicazione necessaria) siehe Eingriffsnormen.*

IPRG

1. (Oggetto della legge) 1. La presente legge determina l'ambito della giurisdizione italiana, pone i criteri per l'individuazione del diritto applicabile e disciplina l'efficacia delle sentenze e degli atti stranieri.	**1. (Gegenstand des Gesetzes)** 1. Dieses Gesetz bestimmt den Umfang der italienischen Gerichtsbarkeit, setzt die Kriterien zur Feststellung des anzuwendenden Rechts fest und regelt die Wirksamkeit ausländischer Urteile und Rechtshandlungen.
2. (Convenzioni internazionali) 1. Le disposizioni della presente legge non pregiudicano l'applicazione delle convenzioni internazionali in vigore per l'Italia. 2. Nell'interpretazione di tali convenzioni si terrà conto del loro carattere internazionale e dell'esigenza della loro applicazione uniforme.	**2. (Internationale Abkommen)** 1. Die Bestimmungen dieses Gesetzes beeinträchtigen nicht die Anwendung der für Italien geltenden internationalen Abkommen. 2. Bei der Auslegung solcher Abkommen ist deren internationaler Charakter und das Erfordernis ihrer einheitlichen Anwendung zu berücksichtigen.
3. (Ambito della giurisdizione) 1. La giurisdizione italiana sussiste quando il convenuto è domiciliato o residente in Italia o vi ha un rappresentante che sia autorizzato a stare in giudizio a norma dell'articolo 77 del codice di procedura civile e negli altri casi in cui è prevista dalla legge. 2. La giurisdizione sussiste inoltre in base ai criteri stabiliti dalle sezioni 2, 3 e 4 del titolo II della Convenzione concernente la competenza giurisdizionale e l'esecuzione delle decisioni in materia civile e commerciale e protocollo, firmati a Bruxelles il 27 settembre 1968, resi esecutivi con la legge 21 giugno 1971, n. 804, e successive modificazioni in vigore per l'Italia, anche allorché il convenuto non sia domiciliato nel territorio di uno Stato contraente, quando si tratti di una delle materie comprese nel campo di applicazione della Convenzione. Rispetto alle altre materie la giurisdizione sussiste anche in base ai criteri stabiliti per la competenza per territorio.	**3. (Umfang der Gerichtsbarkeit)** 1. Die italienische Gerichtsbarkeit ist gegeben, wenn der Beklagte in Italien seinen Wohnsitz oder seinen gewöhnlichen Aufenthalt hat oder dort einen gemäß Art 77 der Zivilprozessordnung zur Führung von Rechtsstreitigkeiten ermächtigten Vertreter bestellt hat, sowie in den weiteren vom Gesetz vorgesehenen Fällen. 2. Die Gerichtsbarkeit ist weiters aufgrund der Kriterien gegeben, die in den Teilen 2, 3 und 4 des Titel II des Übereinkommens über die gerichtliche Zuständigkeit und die Vollstreckung gerichtlicher Entscheidungen in Zivil- und Handelssachen und im Protokoll festgesetzt sind, die am 27. September 1968 in Brüssel unterzeichnet und vom Gesetz vom 21. Juni 1971, Nr 804 für anwendbar erklärt wurden und mit nachfolgenden Abänderungen in Italien gelten. Dies gilt, selbst wenn der Beklagte seinen Wohnsitz nicht im Gebiet eines Vertragsstaates hat, sofern es sich um einen der Sachbereiche handelt, die in den Anwendungsbereich des Übereinkommens fallen. Hinsichtlich der übrigen Sachbereiche ist die Gerichtsbarkeit auch aufgrund der für die örtliche Zuständigkeit festgesetzten Kriterien gegeben.

4. (Accettazione e deroga della giurisdizione) 1. Quando non vi sia giurisdizione in base all'articolo 3, essa nondimeno sussiste se le parti l'abbiano convenzionalmente accettata e tale accettazione sia provata per iscritto, ovvero il convenuto compaia nel processo senza eccepire il difetto di giurisdizione nel primo atto difensivo. 2. La giurisdizione italiana può essere convenzionalmente derogata a favore di un giudice straniero o di un arbitrato estero se la deroga è provata per iscritto e la causa verte su diritti disponibili. 3. La deroga è inefficace se il giudice o gli arbitri incaricati declinano la giurisdizione o comunque non possono conoscere della causa.	**4. (Annahme und Ausschluss der Gerichtsbarkeit)** 1. Liegt die Gerichtsbarkeit nicht gemäß Art 3 vor, so ist sie trotzdem gegeben, wenn die Parteien sie mit einer Vereinbarung angenommen haben und diese Annahme schriftlich bewiesen wird, oder wenn der Beklagte sich in das Verfahren einlässt, ohne im ersten Verteidigungsvorbringen das Fehlen der Gerichtsbarkeit einzuwenden. 2. Die italienische Gerichtsbarkeit kann zugunsten eines ausländischen Gerichts oder Schiedsgerichts einvernehmlich ausgeschlossen werden, wenn der Ausschluss schriftlich bewiesen wird und der Rechtsstreit verfügbare Rechte betrifft. 3. Der Ausschluss ist unwirksam, wenn das bezeichnete Gericht oder Schiedsgericht die Gerichtsbarkeit ablehnt oder aus irgendeinem Grund nicht über den Rechtsstreit erkennen kann.
5. (Azioni reali relative ad immobili siti all'estero) 1. La giurisdizione italiana non sussiste rispetto ad azioni reali aventi ad oggetto beni immobili situati all'estero.	**5. (Dingliche Klagen an im Ausland belegenen Liegenschaften)** 1. Die italienische Gerichtsbarkeit ist für dingliche Klagen an im Ausland belegenen unbeweglichen Sachen nicht gegeben.
6. (Questioni preliminari) 1. Il giudice italiano conosce, incidentalmente, le questioni che non rientrano nella giurisdizione italiana e la cui soluzione è necessaria per decidere sulla domanda proposta.	**6. (Vorfragen)** 1. Das italienische Gericht behandelt Fragen, die nicht unter die italienische Gerichtsbarkeit fallen und deren Lösung zur Entscheidung über den geltend gemachten Anspruch notwendig ist, als Zwischenstreitfragen.
7. (Pendenza di un processo straniero) 1. Quando, nel corso del giudizio, sia eccepita la previa pendenza tra le stesse parti di domanda avente il medesimo oggetto e il medesimo titolo dinanzi a un giudice straniero, il giudice italiano, se ritiene che il provvedimento straniero possa produrre effetto per l'ordinamento italiano, sospende il giudizio. Se il giudice straniero declina la propria giurisdizione o se il provvedimento straniero non è riconosciuto nell'ordinamento italiano, il giudizio in Italia prosegue, previa riassunzione ad istanza della parte interessata.	**7. (Anhängigkeit eines ausländischen Verfahrens)** 1. Wird im Laufe des Verfahrens die bereits begründete Rechtsanhängigkeit zwischen denselben Parteien eines Anspruches mit demselben Gegenstand und derselben Anspruchsgrundlage vor einem ausländischen Gericht eingewendet, setzt das italienische Gericht das Verfahren aus, wenn es der Ansicht ist, dass die ausländische Verfügung für die italienische Rechtsordnung Wirkungen erzeugen kann. Lehnt das ausländische Gericht die eigene Gerichtsbarkeit ab oder

2. La pendenza della causa innanzi al giudice straniero si determina secondo la legge dello Stato in cui il processo si svolge. 3. Nel caso di pregiudizialità di una causa straniera, il giudice italiano può sospendere il processo se ritiene che il provvedimento straniero possa produrre effetti per l'ordinamento italiano.	wird die ausländische Verfügung in der italienischen Rechtsordnung nicht anerkannt, wird das Verfahren in Italien nach einer von der interessierten Partei beantragten Fortführung fortgesetzt. 2. Die Anhängigkeit des Rechtsstreits vor dem ausländischen Gericht bestimmt sich nach dem Recht des Staates, in dem das Verfahren geführt wird. 3. Falls der ausländische Rechtsstreit eine Vorfrage zum Gegenstand hat, kann das italienische Gericht das Verfahren aussetzen, wenn es der Ansicht ist, dass die ausländische Verfügung für die italienische Rechtsordnung Wirkungen erzeugen kann.
8. (Momento determinante della giurisdizione) 1. Per la determinazione della giurisdizione italiana si applica l'articolo 5 del codice di procedura civile. Tuttavia la giurisdizione sussiste se i fatti e le norme che la determinano sopravvengono nel corso del processo.	**8. (Maßgeblicher Zeitpunkt für die Gerichtsbarkeit)** 1. Zur Bestimmung der italienischen Gerichtsbarkeit ist Art 5 der Zivilprozessordnung anzuwenden. Die Gerichtsbarkeit ist jedoch gegeben, wenn die Tatsachen und Vorschriften, durch die sie bestimmt wird, sich erst im Laufe des Verfahrens ergeben.
9. (Giurisdizione volontaria) 1. In materia di giurisdizione volontaria, la giurisdizione sussiste, oltre che nei casi specificamente contemplati dalla presente legge e in quelli in cui è prevista la competenza per territorio di un giudice italiano, quando il provvedimento richiesto concerne un cittadino italiano o una persona residente in Italia o quando esso riguarda situazioni o rapporti ai quali è applicabile la legge italiana.	**9. (Freiwillige Gerichtsbarkeit)** 1. In Angelegenheiten der freiwilligen Gerichtsbarkeit ist die Gerichtsbarkeit außer in den von diesem Gesetz eigens erwähnten Fällen und in jenen, in denen die örtliche Zuständigkeit eines italienischen Gerichts vorgesehen ist, auch dann gegeben, wenn die beantragte Verfügung einen italienischen Staatsbürger oder eine Person mit gewöhnlichem Aufenthalt in Italien betrifft oder wenn sie sich auf Gegebenheiten oder Verhältnisse bezieht, auf welche das italienische Recht anzuwenden ist.
10. (Materia cautelare) 1. In materia cautelare, la giurisdizione italiana sussiste quando il provvedimento deve essere eseguito in Italia o quando il giudice italiano ha giurisdizione nel merito.	**10. (Sicherungsangelegenheiten)** 1. In Sicherungsangelegenheiten ist die italienische Gerichtsbarkeit gegeben, wenn die Verfügung in Italien vollstreckt werden muss oder wenn dem italienischen Gericht die Gerichtsbarkeit in der Sache zukommt.

11. (Rilevabilità del difetto di giurisdizione) 1. Il difetto di giurisdizione può essere rilevato, in qualunque stato e grado del processo, soltanto dal convenuto costituito che non abbia espressamente o tacitamente accettato la giurisdizione italiana. È rilevato dal giudice d'ufficio, sempre in qualunque stato e grado del processo, se il convenuto è contumace, se ricorre l'ipotesi di cui all'articolo 5, ovvero se la giurisdizione italiana è esclusa per effetto di una norma internazionale.	**11. (Einwendung des Fehlens der Gerichtsbarkeit)** 1. Das Fehlen der Gerichtsbarkeit kann in jeder Lage und Instanz des Verfahrens nur vom Beklagten eingewendet werden, der sich in das Verfahren eingelassen und der die italienische Gerichtsbarkeit weder ausdrücklich noch stillschweigend anerkannt hat. Das Gericht nimmt das Fehlen der Gerichtsbarkeit immer in jeder Lage und Instanz des Verfahrens von Amts wegen wahr, wenn der Beklagte säumig ist, wenn der von Art 5 vorgesehene Fall gegeben ist oder aber wenn die italienische Gerichtsbarkeit aufgrund einer internationalen Vorschrift ausgeschlossen ist.
12. (Legge regolatrice del processo) 1. Il processo civile che si svolge in Italia è regolato dalla legge italiana.	**12. (Anzuwendendes Verfahrensrecht)** 1. Das in Italien geführte Zivilverfahren unterliegt italienischem Recht.
13. (Rinvio) 1. Quando negli articoli successivi è richiamata la legge straniera, si tiene conto del rinvio operato dal diritto internazionale privato straniero alla legge di un altro Stato: a) se il diritto di tale Stato accetta il rinvio; b) se si tratta di rinvio alla legge italiana. 2. L'applicazione del comma 1 è tuttavia esclusa: a) nei casi in cui le disposizioni della presente legge rendono applicabile la legge straniera sulla base della scelta effettuata in tal senso dalle parti interessate; b) riguardo alle disposizioni concernenti la forma degli atti; c) in relazione alle disposizioni del Capo XI del presente Titolo. 3. Nei casi di cui agli articoli 33, 34 e 35 si tiene conto del rinvio soltanto se esso conduce all'applicazione di una legge che consente lo stabilimento della filiazione. 4. Quando la presente legge dichiara in ogni caso applicabile una convenzione internazionale si segue sempre, in materia di rinvio, la soluzione adottata dalla convenzione.	**13. (Verweisung)** 1. Wird von den folgenden Artikeln auf ein ausländisches Recht verwiesen, so ist die vom ausländischen internationalen Privatrecht vorgenommene Verweisung auf das Recht eines anderen Staates zu berücksichtigen: a) wenn das Recht dieses Staates die Verweisung annimmt; b) wenn es sich um eine Verweisung auf italienisches Recht handelt. 2. Die Anwendung des Abs 1 ist jedoch ausgeschlossen: a) in Fällen, in denen die Bestimmungen dieses Gesetzes die Anwendung des ausländischen Rechts aufgrund der von den interessierten Parteien in diesem Sinne getroffenen Wahl vorsehen; b) hinsichtlich der Bestimmungen, welche die Form der Rechtshandlungen betreffen; c) bezüglich der Bestimmungen des 11. Abschnittes dieses Titels. 3. In den von Art 33, 34 und 35 vorgesehenen Fällen ist eine Verweisung nur dann zu be-

	rücksichtigen, wenn sie zur Anwendung eines Rechts führt, das die Festlegung der Kindschaft zulässt. 4. Erklärt dieses Gesetz ein internationales Abkommen für jedenfalls anwendbar, so ist bei Verweisungen immer der vom Abkommen gewählten Lösung zu folgen.
14. (Conoscenza della legge straniera applicabile) 1. L'accertamento della legge straniera è compiuto d'ufficio dal giudice. A tal fine questi può avvalersi, oltre che degli strumenti indicati dalle convenzioni internazionali, di informazioni acquisite per il tramite del Ministero di grazia e giustizia; può altresì interpellare esperti o istituzioni specializzate. 2. Qualora il giudice non riesca ad accertare la legge straniera indicata, neanche con l'aiuto delle parti, applica la legge richiamata mediante altri criteri di collegamento eventualmente previsti per la medesima ipotesi normativa. In mancanza si applica la legge italiana.	**14. (Kenntnis des anzuwendenden ausländischen Rechts)** 1. Die Feststellung des ausländischen Rechts wird vom Gericht von Amts wegen vorgenommen. Zu diesem Zweck kann es außer den in den internationalen Abkommen bezeichneten Hilfsmitteln auch über das Justizministerium eingeholte Auskünfte heranziehen; es kann außerdem Fachleute oder spezialisierte Einrichtungen befragen. 2. Kann das Gericht das bezeichnete ausländische Recht nicht feststellen, auch nicht mit Hilfe der Parteien, so wendet es jenes Recht an, auf das über andere Anknüpfungskriterien verwiesen wird, wenn solche für denselben Tatbestand vorgesehen sind. Mangels solcher Anknüpfungskriterien ist italienisches Recht anzuwenden.
15. (Interpretazione e applicazione della legge straniera) 1. La legge straniera è applicata secondo i propri criteri di interpretazione e di applicazione nel tempo.	**15. (Auslegung und Anwendung des ausländischen Rechts)** 1. Das ausländische Recht ist nach dessen eigenen Regeln über die Auslegung und zeitliche Geltung anzuwenden.
16. (Ordine pubblico) 1. La legge straniera non è applicata se i suoi effetti sono contrari all'ordine pubblico. 2. In tal caso si applica la legge richiamata mediante altri criteri di collegamento eventualmente previsti per la medesima ipotesi normativa. In mancanza si applica la legge italiana.	**16. (Grundwertungen der Rechtsordnung)** 1. Das ausländische Recht ist nicht anzuwenden, wenn seine Wirkungen gegen die Grundwertungen der Rechtsordnung verstoßen. 2. In diesem Fall ist das Recht anzuwenden, auf das über andere Anknüpfungskriterien verwiesen wird, wenn solche für denselben Tatbestand vorgesehen sind. Mangels solcher Anknüpfungskriterien ist italienisches Recht anzuwenden.

17. (Norme di applicazione necessaria) 1. È fatta salva la prevalenza sulle disposizioni che seguono delle norme italiane che, in considerazione del loro oggetto e del loro scopo, debbono essere applicate nonostante il richiamo alla legge straniera.	**17. (Zwingend anzuwendende Vorschriften)** 1. Den nachstehenden Bestimmungen gehen jene italienischen Vorschriften vor, die in Anbetracht ihres Gegenstandes und ihres Zweckes trotz eines Verweises auf ausländisches Recht angewandt werden müssen.
18. (Ordinamenti plurilegislativi) 1. Se nell'ordinamento dello Stato richiamato dalle disposizioni della presente legge coesistono più sistemi normativi a base territoriale o personale, la legge applicabile si determina secondo i criteri utilizzati da quell'ordinamento. 2. Se tali criteri non possono essere individuati, si applica il sistema normativo con il quale il caso di specie presenta il collegamento più stretto.	**18. (Mehrrechtsordnungen)** 1. Bestehen in der Rechtsordnung des Staates, auf die von den Bestimmungen dieses Gesetzes verwiesen wird, mehrere gebietsbezogene oder personenbezogene Rechtsordnungen, so bestimmt sich das anzuwendende Recht nach den Kriterien, die in jener Rechtsordnung verwendet werden. 2. Können solche Kriterien nicht ermittelt werden, ist jene Rechtsordnung anzuwenden, zu welcher der Einzelfall die stärkste Beziehung aufweist.
19. (Apolidi, rifugiati e persone con piu' cittadinanze) 1. Nei casi in cui le disposizioni della presente legge richiamano la legge nazionale di una persona, se questa è apolide o rifugiata si applica la legge dello Stato del domicilio o, in mancanza, la legge dello Stato di residenza. 2. Se la persona ha più cittadinanze, si applica la legge di quello tra gli Stati di appartenenza con il quale essa ha il collegamento più stretto. Se tra le cittadinanze vi è quella italiana, questa prevale.	**19. (Staatenlose, Flüchtlinge und Personen mit mehreren Staatsbürgerschaften)** 1. Wenn die Bestimmungen dieses Gesetzes auf das Heimatrecht einer Person verweisen und diese Person staatenlos oder ein Flüchtling ist, findet das Recht des Wohnsitzstaates, oder in Ermangelung dessen das Recht des Staates des gewöhnlichen Aufenthalts Anwendung. 2. Hat eine Person mehrere Staatsbürgerschaften, findet das Recht jenes Heimatstaates Anwendung, zu dem sie die engste Beziehung hat. Ist eine dieser Staatsbürgerschaften die italienische, ist diese maßgebend.
20. (Capacità giuridica delle persone fisiche) 1. La capacità giuridica delle persone fisiche è regolata dalla loro legge nazionale. Le condizioni speciali di capacità, prescritte dalla legge regolatrice di un rapporto, sono disciplinate dalla stessa legge.	**20. (Rechtsfähigkeit der natürlichen Personen)** 1. Die Rechtsfähigkeit der natürlichen Personen wird von ihrem Heimatrecht geregelt. Die besonderen Bedingungen für die Rechtsfähigkeit, die vom Recht, das für ein bestimmtes Rechtsverhältnis gilt, vorgeschrieben sind, werden von eben diesem Recht geregelt.

21. (Commorienza) 1. Quando occorre stabilire la sopravvivenza di una persona ad un'altra e non consta quale di esse sia morta prima, il momento della morte si accerta in base alla legge regolatrice del rapporto rispetto al quale l'accertamento rileva.	**21. (Gleichzeitigkeit der Todesfälle)** 1. Muss festgestellt werden, ob eine Person eine andere überlebt hat und steht nicht fest, welche von ihnen zuerst gestorben ist, wird der Zeitpunkt des Todes aufgrund jenes Rechts bestimmt, welches das Rechtsverhältnis regelt, für das die Feststellung von Bedeutung ist.
22. (Scomparsa, assenza e morte presunta) 1. I presupposti e gli effetti della scomparsa, dell'assenza e della morte presunta di una persona sono regolati dalla sua ultima legge nazionale. 2. Sussiste la giurisdizione italiana per le materie di cui al comma 1: a) se l'ultima legge nazionale della persona era quella italiana; b) se l'ultima residenza della persona era in Italia; c) se l'accertamento della scomparsa, dell'assenza o della morte presunta può produrre effetti giuridici nell'ordinamento italiano.	**22. (Vermisstheit, Verschollenheit, Todesvermutung)** 1. Die Voraussetzungen und die Wirkungen der Vermisstheit, der Verschollenheit und der Todesvermutung einer Person werden von ihrem letzten Heimatrecht geregelt. 2. Für die in Abs 1 bezeichneten Angelegenheiten ist die italienische Gerichtsbarkeit gegeben: a) wenn das letzte Heimatrecht der Person das italienische war; b) wenn der letzte gewöhnliche Aufenthalt der Person in Italien war; c) wenn die Feststellung der Vermisstheit oder der Verschollenheit oder die Todeserklärung innerhalb der italienischen Rechtsordnung Rechtswirkungen erzeugen kann.
23. (Capacità di agire delle persone fisiche) 1. La capacità di agire delle persone fisiche è regolata dalla loro legge nazionale. Tuttavia, quando la legge regolatrice di un atto prescrive condizioni speciali di capacità di agire, queste sono regolate dalla stessa legge. 2. In relazione a contratti tra persone che si trovano nello stesso Stato, la persona considerata capace dalla legge dello Stato in cui il contratto è concluso può invocare l'incapacità derivante dalla propria legge nazionale solo se l'altra parte contraente, al momento della conclusione del contratto, era a conoscenza di tale incapacità o l'ha ignorata per sua colpa.	**23. (Handlungsfähigkeit der natürlichen Personen)** 1. Die Handlungsfähigkeit der natürlichen Personen wird von ihrem Heimatrecht geregelt. Schreibt jedoch das auf eine bestimmte Rechtshandlung anzuwendende Recht besondere Bedingungen für die Handlungsfähigkeit vor, werden diese von eben diesem Recht geregelt. 2. Bei Verträgen zwischen Personen, die sich im selben Staat befinden, kann sich die Person, die nach dem Recht des Staates, in dem der Vertrag abgeschlossen wird, handlungsfähig ist, auf die nach ihrem Heimatrecht bestehende Handlungsunfähigkeit nur dann berufen, wenn dem anderen Vertragsteil im Zeitpunkt des Vertragsabschlusses diese Unfähigkeit bekannt war oder er diese aus eigenem Verschulden nicht kannte.

3. In relazione agli atti unilaterali, la persona considerata capace dalla legge dello Stato in cui l'atto è compiuto può invocare l'incapacità derivante dalla propria legge nazionale soltanto se ciò non rechi pregiudizio a soggetti che senza loro colpa hanno fatto affidamento sulla capacità dell'autore dell'atto. 4. Le limitazioni di cui ai commi 2 e 3 non si applicano agli atti relativi a rapporti di famiglia e di successione per causa di morte, né agli atti relativi a diritti reali su immobili situati in uno Stato diverso da quello in cui l'atto è compiuto.	3. Bei einseitigen Rechtshandlungen kann sich die Person, die nach dem Recht des Staates, in dem die Rechtshandlung vorgenommen wird, handlungsfähig ist, auf die nach ihrem Heimatrecht bestehende Handlungsunfähigkeit nur dann berufen, wenn sich daraus keine Nachteile für Personen ergeben, die ohne eigenes Verschulden auf die Handlungsfähigkeit desjenigen vertraut haben, der die Rechtshandlung vorgenommen hat. 4. Die in den Absätzen 2 und 3 vorgesehenen Einschränkungen finden weder auf Rechtshandlungen bezüglich familienrechtlicher und erbrechtlicher Rechtsverhältnisse Anwendung, noch auch Rechtshandlungen bezüglich dinglicher Rechte an unbeweglichen Sachen, die sich in einem anderen Staat als jenem befinden, in dem die Rechtshandlung vorgenommen wird.
24. (Diritti della personalità) 1. L'esistenza ed il contenuto dei diritti della personalità sono regolati dalla legge nazionale del soggetto; tuttavia i diritti che derivano da un rapporto di famiglia sono regolati dalla legge applicabile a tale rapporto. 2. Le conseguenze della violazione dei diritti di cui al comma 1 sono regolate dalla legge applicabile alla responsabilità per fatti illeciti.	**24. (Persönlichkeitsrechte)** 1. Das Bestehen und der Inhalt der Persönlichkeitsrechte werden vom Heimatrecht des Trägers geregelt; jedoch werden jene Rechte, die sich aus einem familienrechtlichen Rechtsverhältnis ergeben, von dem auf dieses Rechtsverhältnis anzuwendenden Recht geregelt. 2. Die Folgen einer Verletzung der in Abs 1 vorgesehenen Rechte werden von dem Recht geregelt, das auf die Haftung für unerlaubte Handlungen anzuwenden ist.
25. (Società ed altri enti) 1. Le società, le associazioni, le fondazioni ed ogni altro ente, pubblico o privato, anche se privo di natura associativa, sono disciplinati dalla legge dello Stato nel cui territorio è stato perfezionato il procedimento di costituzione. Si applica, tuttavia, la legge italiana se la sede dell'amministrazione è situata in Italia, ovvero se in Italia si trova l'oggetto principale di tali enti.	**25. (Gesellschaften und andere Körperschaften)** 1. Gesellschaften, Vereine, Stiftungen und jede andere öffentlichrechtliche oder privatrechtliche Körperschaft, auch wenn sie nicht auf dem Zusammenschluss von Personen beruht, werden vom Recht jenes Staates geregelt, in dessen Gebiet der Gründungsvorgang abgeschlossen wurde. Es ist jedoch italienisches Recht anzuwenden, wenn sich der Sitz der Verwaltung in Italien befindet oder aber der Hauptgegenstand dieser Körperschaften in Italien liegt.

2. In particolare sono disciplinati dalla legge regolatrice dell'ente: a) la natura giuridica; b) la denominazione o ragione sociale; c) la costituzione, la trasformazione e l'estinzione; d) la capacità; e) la formazione, i poteri e le modalità di funzionamento degli organi; f) la rappresentanza dell'ente; g) le modalità di acquisto e di perdita della qualità di associato o socio nonché i diritti e gli obblighi inerenti a tale qualità; h) la responsabilità per le obbligazioni dell'ente; i) le conseguenze delle violazioni della legge o dell'atto costitutivo. 3. I trasferimenti della sede statutaria in altro Stato e le fusioni di enti con sede in Stati diversi hanno efficacia soltanto se posti in essere conformemente alle leggi di detti Stati interessati.	2. Insbesondere werden vom Recht, das für die Körperschaft gilt, geregelt: a) die Rechtsform; b) die Firma; c) die Gründung, die Umwandlung und das Erlöschen; d) die Rechts- und Handlungsfähigkeit; e) die Bildung, die Befugnisse und die Art und Weise der Tätigkeit der Organe; f) die Vertretung der Körperschaft; g) die Art und Weise des Erwerbs und des Verlusts der Eigenschaft eines Mitglieds oder Gesellschafters sowie die mit dieser Eigenschaft verbundenen Rechte und Pflichten; h) die Haftung für Verbindlichkeiten der Körperschaft; i) die Folgen von Verstößen gegen das Gesetz oder den Gründungsakt. 3. Verlegungen des von der Satzung bestimmten Sitzes in einen anderen Staat und Verschmelzungen von Körperschaften, die ihren Sitz in verschiedenen Staaten haben, sind nur dann wirksam, wenn sie in Übereinstimmung mit dem Recht der davon betroffenen Staaten vorgenommen werden.
26. (Promessa di matrimonio) 1. La promessa di matrimonio e le conseguenze della sua violazione sono regolate dalla legge nazionale comune dei nubendi o, in mancanza, dalla legge italiana.	**26. (Eheversprechen)** 1. Das Eheversprechen und die Folgen seiner Verletzung werden vom gemeinsamen Heimatrecht der Verlobten oder mangels eines solchen vom italienischen Recht geregelt.
27. (Condizioni per contrarre matrimonio) 1. La capacità matrimoniale e le altre condizioni per contrarre matrimonio sono regolate dalla legge nazionale di ciascun nubendo al momento del matrimonio. Resta salvo lo stato libero che uno dei nubendi abbia acquistato per effetto di un giudicato italiano o riconosciuto in Italia.	**27. (Voraussetzungen für die Eheschließung)** 1. Die Ehefähigkeit und die übrigen Voraussetzungen für die Eheschließung werden vom Heimatrecht eines jeden Eheschließenden im Zeitpunkt der Eheschließung geregelt. Unberührt bleibt der Ledigenstand, der von einem der Verlobten aufgrund einer italienischen oder in Italien anerkannten rechtskräftigen Entscheidung erworben wurde.

28. (Forma del matrimonio) 1. Il matrimonio è valido, quanto alla forma, se è considerato tale dalla legge del luogo di celebrazione o dalla legge nazionale di almeno uno dei coniugi al momento della celebrazione o dalla legge dello Stato di comune residenza in tale momento.	**28. (Form der Eheschließung)** 1. Die Eheschließung ist formgültig, wenn sie vom Recht des Ortes der Eheschließung oder vom Heimatrecht von zumindest einem der Ehegatten im Zeitpunkt der Eheschließung oder vom Recht des Staates des gemeinsamen gewöhnlichen Aufenthalts in diesem Zeitpunkt als solche angesehen wird.
29. (Rapporti personali tra coniugi) 1. I rapporti personali tra coniugi sono regolati dalla legge nazionale comune. 2. I rapporti personali tra coniugi aventi diverse cittadinanze o più cittadinanze comuni sono regolati dalla legge dello Stato nel quale la vita matrimoniale è prevalentemente localizzata.	**29. (Persönliche Rechtsverhältnisse zwischen Ehegatten)** 1. Die persönlichen Rechtsverhältnisse zwischen Ehegatten werden vom gemeinsamen Heimatrecht geregelt. 2. Die persönlichen Rechtsverhältnisse zwischen Ehegatten, die verschiedene Staatsbürgerschaften oder mehrere gemeinsame Staatsbürgerschaften besitzen, werden vom Recht jenes Staates geregelt, in dem das Eheleben vorwiegend stattfindet.
30. (Rapporti patrimoniali tra coniugi) 1. I rapporti patrimoniali tra coniugi sono regolati dalla legge applicabile ai loro rapporti personali. I coniugi possono tuttavia convenire per iscritto che i loro rapporti patrimoniali sono regolati dalla legge dello Stato di cui almeno uno di essi è cittadino o nel quale almeno uno di essi risiede. 2. L'accordo dei coniugi sul diritto applicabile è valido se è considerato tale dalla legge scelta o da quella del luogo in cui l'accordo è stato stipulato. 3. Il regime dei rapporti patrimoniali fra coniugi regolato da una legge straniera è opponibile ai terzi solo se questi ne abbiano avuto conoscenza o lo abbiano ignorato per loro colpa. Relativamente ai diritti reali su beni immobili, l'opponibilità è limitata ai casi in cui siano state rispettate le forme di pubblicità prescritte dalla legge dello Stato in cui i beni si trovano.	**30. (Vermögensrechtliche Rechtsverhältnisse zwischen Ehegatten)** 1. Die vermögensrechtlichen Rechtsverhältnisse zwischen Ehegatten werden von dem auf ihre persönlichen Rechtsverhältnisse anzuwendenden Recht geregelt. Die Ehegatten können jedoch schriftlich vereinbaren, dass ihre vermögensrechtlichen Rechtsverhältnisse vom Recht des Staates geregelt werden, dessen Staatsbürgerschaft wenigstens einer von ihnen besitzt oder in dem wenigstens einer von ihnen seinen gewöhnlichen Aufenthalt hat. 2. Die Vereinbarung der Ehegatten über das anzuwendende Recht ist gültig, wenn sie vom gewählten Recht oder von jenem des Ortes, an dem die Vereinbarung abgeschlossen wurde, als solche angesehen wird. 3. Der zwischen Ehegatten bestehende, von einem ausländischen Recht geregelte Güterstand kann Dritten nur dann entgegengehalten werden, wenn diese davon Kenntnis hatten oder ihn aus eigenem Verschulden nicht kannten. Bezüglich dinglicher Rechte an unbeweglichen Sachen ist ein solcher Einwand auf jene Fälle beschränkt, in denen die For-

	men der öffentlichen Bekanntmachung, nach dem Recht des Staates, in dem sich die Sachen befinden, eingehalten wurden.
30bis. (Contratti di convivenza) (1) 1. Ai contratti di convivenza si applica la legge nazionale comune dei contraenti. Ai contraenti di diversa cittadinanza si applica la legge del luogo in cui la convivenza è prevalentemente localizzata. 2. Sono fatte salve le norme nazionali, europee ed internazionali che regolano il caso di cittadinanza plurima. (1) Articolo inserito dall'art. 1, co. 64, l. 20 maggio 2016, n. 76, a decorrere dal 5 giugno 2016.	**30bis. (Verträge über die Lebensgemeinschaft) (1)** 1. Auf Verträge über die Lebensgemeinschaft ist das gemeinsame Heimatrecht der Vertragsparteien anzuwenden. Auf Vertragsparteien mit unterschiedlicher Staatsbürgerschaft ist das Recht des Ortes anzuwenden, an dem die Lebensgemeinschaft vorwiegend stattfindet. 2. Unberührt bleiben die nationalen, europäischen und internationalen Bestimmungen, die den Fall einer Mehrstaatigkeit regeln. (1) Dieser Artikel wurde von Art 1, Abs 64, G 20. Mai 2016, Nr 76, eingefügt, mit Wirkung seit 5. Juni 2016.
31. (Separazione personale e scioglimento del matrimonio) 1. La separazione personale e lo scioglimento del matrimonio sono regolati dalla legge nazionale comune dei coniugi al momento della domanda di separazione o di scioglimento del matrimonio; in mancanza si applica la legge dello Stato nel quale la vita matrimoniale risulta prevalentemente localizzata. 2. La separazione personale e lo scioglimento del matrimonio, qualora non siano previsti dalla legge straniera applicabile, sono regolati dalla legge italiana.	**31. (Ehetrennung und Ehescheidung)** 1. Die Ehetrennung und die Ehescheidung werden vom gemeinsamen Heimatrecht der Ehegatten im Zeitpunkt der gerichtlichen Geltendmachung des Anspruchs auf Trennung oder der Scheidung geregelt; mangels eines gemeinsamen Heimatrechts ist das Recht des Staates anzuwenden, in dem das Eheleben vorwiegend stattfindet. 2. Die Ehetrennung und die Ehescheidung werden vom italienischen Recht geregelt, wenn sie vom anzuwendenden ausländischen Recht nicht vorgesehen sind.
32. (Giurisdizione in materia di nullità, annullamento, separazione personale e scioglimento del matrimonio) 1. In materia di nullità e di annullamento del matrimonio, di separazione personale e di scioglimento del matrimonio, la giurisdizione italiana sussiste, oltre che nei casi previsti dall'articolo 3, anche quando uno dei coniugi è cittadino italiano o il matrimonio è stato celebrato in Italia.	**32. (Gerichtsbarkeit in Angelegenheiten der Nichtigkeit, der Aufhebung, der Trennung und der Scheidung der Ehe)** 1. In Angelegenheiten der Nichtigkeit und der Aufhebung der Ehe, der Ehetrennung und der Ehescheidung ist die italienische Gerichtsbarkeit nicht nur in den von Art 3 vorgesehenen Fällen gegeben, sondern auch dann, wenn einer der Ehegatten italienischer Staatsbürger ist oder die Ehe in Italien geschlossen wurde.

32bis. (Matrimonio contratto all'estero da cittadini italiani dello stesso sesso) (1) 1. Il matrimonio contratto all'estero da cittadini italiani con persona dello stesso sesso produce gli effetti dell'unione civile regolata dalla legge italiana. (1) Articolo inserito dall'art. 1, co. 1, lett. a), d. lgs. 19 gennaio 2017, n. 7, a decorrere dal 11 febbraio 2017.	**32bis. (Ehe, die von italienischen Staatsbürgern gleichen Geschlechts im Ausland geschlossen wurde) (1)** 1. Die von italienischen Staatsbürgern mit einer Person gleichen Geschlechts im Ausland geschlossene Ehe erzeugt die Wirkungen der nach italienischem Recht geregelten eingetragenen Partnerschaft. (1) Dieser Artikel wurde von Art 1, Abs 1, Buchstabe a), GvD 19 Januar 2017, Nr 7 eingefügt, mit Wirkung seit 11. Februar 2017.
32ter. (Unione civile tra persone maggiorenni dello stesso sesso) (1) 1. La capacità e le altre condizioni per costituire unione civile sono regolate dalla legge nazionale di ciascuna parte al momento della costituzione dell'unione civile. Se la legge applicabile non ammette l'unione civile tra persone maggiorenni dello stesso sesso si applica la legge italiana. Le disposizioni di cui all'articolo 1, comma 4, della legge 20 maggio 2016, n. 76, sono di applicazione necessaria. 2. Ai fini del nulla osta di cui all'articolo 116, primo comma, del codice civile, non rilevano gli impedimenti relativi al sesso delle parti. Qualora la produzione del nulla osta sia preclusa in ragione del mancato riconoscimento, secondo la legge dello Stato di cui lo straniero è cittadino, dell'unione civile tra persone dello stesso sesso o di analogo istituto, il nulla osta è sostituito da un certificato o altro atto comunque idoneo ad attestare la libertà di stato, ovvero da dichiarazione sostitutiva ai sensi del decreto del Presidente della Repubblica 28 dicembre 2000, n. 445. Resta salva la libertà di stato accertata o acquisita per effetto di un giudicato italiano o riconosciuto in Italia. 3. L'unione civile è valida, quanto alla forma, se è considerata tale dalla legge del luogo di costituzione o dalla legge nazionale di almeno una delle parti o dalla legge dello Stato di comune residenza al momento della costituzione.	**32ter. (Eingetragene Partnerschaft zwischen volljährigen Personen gleichen Geschlechts) (1)** 1. Die Fähigkeit und die anderen Bedingungen zur Begründung einer eingetragenen Partnerschaft sind vom Heimatrecht eines jeden Partners im Zeitpunkt der Begründung der eingetragenen Partnerschaft geregelt. Wenn das anwendbare Recht die eingetragene Partnerschaft zwischen Personen gleichen Geschlechts nicht zulässt, ist italienisches Recht anzuwenden. Die in Art 1 Abs 4 des Gesetzes vom 20. Mai 2016, Nr 76 enthaltenen Bestimmungen sind zwingend anzuwenden. 2. Für die gemäß Art 116 Abs 1 des Zivilgesetzbuches erforderliche Unbedenklichkeitsbescheinigung sind die Hindernisse, die sich auf das Geschlecht der Partner beziehen, unerheblich. Sofern die Vorlage dieser Bescheinigung aufgrund der mangelnden Anerkennung der eingetragenen Partnerschaft zwischen Personen des gleichen Geschlechts oder eines ähnlichen Rechtsinstituts nach dem Heimatrecht des ausländischen Staatsbürgers nicht möglich ist, wird die Bescheinigung durch eine Bestätigung oder eine andere Urkunde ersetzt, die jedenfalls geeignet ist, den Ledigenstand zu bescheinigen, oder aber durch eine Ersatzerklärung gemäß Dekret des Präsidenten der Republik vom 28. Dezember 2000, Nr 445. Unberührt bleibt der Ledigenstand, der aufgrund einer italienischen oder in Italien anerkannten rechtskräftigen Entscheidung erworben wurde.

4. I rapporti personali e patrimoniali tra le parti sono regolati dalla legge dello Stato davanti alle cui autorità l'unione è stata costituita. A richiesta di una delle parti il giudice può disporre l'applicazione della legge dello Stato nel quale la vita comune è prevalentemente localizzata. Le parti possono convenire per iscritto che i loro rapporti patrimoniali sono regolati dalla legge dello Stato di cui almeno una di esse è cittadina o nel quale almeno una di esse risiede. 5. Alle obbligazioni alimentari si applica l'articolo 45. (1) Articolo inserito dall'art. 1, co. 1, lett. a), d. lgs. 19 gennaio 2017, n. 7, a decorrere dal 11 febbraio 2017.	3. Die eingetragene Partnerschaft ist formgültig, wenn sie vom Recht des Ortes der Begründung oder vom Heimatrecht von zumindest einem der Partner oder vom Recht des Staates des gemeinsamen gewöhnlichen Aufenthalts im Zeitpunkt der Begründung als solche angesehen wird. 4. Die persönlichen und vermögensrechtlichen Rechtsverhältnisse zwischen den Partnern werden vom Recht jenes Staates geregelt, vor dessen Behörden die Partnerschaft begründet wurde. Auf Antrag eines der Partner kann das Gericht die Anwendung des Rechts jenes Staates anordnen, in dem das Zusammenleben vorwiegend stattfindet. Die Partner können schriftlich vereinbaren, dass ihre vermögensrechtlichen Rechtsverhältnisse vom Recht des Staates geregelt werden, dessen Staatsbürgerschaft zumindest einer von ihnen besitzt oder in dem zumindest einer von ihnen seinen gewöhnlichen Aufenthalt hat. 5. Auf die Unterhaltspflichten ist Art 45 anzuwenden. (1) Dieser Artikel wurde von Art 1, Abs 1, Buchstabe a), GvD 19 Januar 2017, Nr 7 eingefügt, mit Wirkung seit 11. Februar 2017.
32quater. (Scioglimento dell'unione civile) (1) 1. In materia di scioglimento dell'unione civile la giurisdizione italiana sussiste, oltre che nei casi previsti dagli articoli 3 e 9, anche quando una delle parti è cittadina italiana o l'unione è stata costituita in Italia. I medesimi titoli di giurisdizione si applicano anche in materia di nullità o di annullamento dell'unione civile. 2. Lo scioglimento dell'unione civile è regolato dalla legge applicabile al divorzio in conformità al regolamento n. 1259/2010/UE del Consiglio del 20 dicembre 2010 relativo ad una cooperazione rafforzata nel settore della legge applicabile al divorzio e alla separazione personale. (1) Articolo inserito dall'art. 1, co. 1, lett. a), d. lgs. 19 gennaio 2017 2013, n. 7, a decorrere dal 11 febbraio 2017.	**32quater. (Auflösung der eingetragenen Partnerschaft) (1)** 1. In Angelegenheiten der Auflösung der eingetragenen Partnerschaft ist die italienische Gerichtsbarkeit nicht nur in den von Art 3 und 9 vorgesehenen Fällen gegeben, sondern auch dann, wenn einer der Partner italienischer Staatsbürger ist oder die eingetragene Partnerschaft in Italien begründet wurde. Dieselben Kriterien der Gerichtsbarkeit sind auch in Angelegenheiten der Nichtigkeit und der Aufhebung der eingetragenen Partnerschaft anzuwenden. 2. Die Auflösung der eingetragenen Partnerschaft wird vom auf die Scheidung anwendbaren Recht in Übereinstimmung mit der Verordnung Nr 1259/2010/EU des Rates vom 20. Dezember 2010 zur Durchführung einer Verstärkten Zusammenarbeit im Bereich des auf die Ehescheidung und Tren-

	nung ohne Auflösung des Ehebandes anzuwendenden Rechts geregelt. (1) Dieser Artikel wurde von Art 1, Abs 1, Buchstabe a), GvD 19 Januar 2017, Nr 7 eingefügt, mit Wirkung seit 11. Februar 2017.
32quinquies. (Unione civile costituita all'estero tra cittadini italiani dello stesso sesso) (1) 1. L'unione civile, o altro istituto analogo, costituiti all'estero tra cittadini italiani dello stesso sesso abitualmente residenti in Italia produce gli effetti dell'unione civile regolata dalla legge italiana. (1) Articolo inserito dall'art. 1, co. 1, lett. a), d. lgs. 19 gennaio 2017, n. 7, a decorrere dal 11 febbraio 2017.	**32quinquies. (Im Ausland begründete eingetragene Partnerschaft zwischen italienischen Staatsbürgern gleichen Geschlechts) (1)** 1. Die im Ausland begründete eingetragene Partnerschaft oder ein anderes entsprechendes Rechtsinstitut zwischen italienischen Staatsbürgern gleichen Geschlechts, die ihren gewöhnlichen Aufenthalt in Italien haben, erzeugt die Wirkungen der nach italienischem Recht geregelten eingetragenen Partnerschaft. (1) Dieser Artikel wurde von Art 1, Abs 1, Buchstabe a), GvD 19 Januar 2017, Nr 7 eingefügt, mit Wirkung seit 11. Februar 2017.
33. (Filiazione) (1) 1. Lo stato di figlio è determinato dalla legge nazionale del figlio o, se più favorevole, dalla legge dello Stato di cui uno dei genitori è cittadino, al momento della nascita. 2. La legge individuata ai sensi del comma 1 regola i presupposti e gli effetti dell'accertamento e della contestazione dello stato di figlio; qualora la legge così individuata non permetta l'accertamento o la contestazione dello stato di figlio si applica la legge italiana. 3. Lo stato di figlio, acquisito in base alla legge nazionale di uno dei genitori, non può essere contestato che alla stregua di tale legge; se tale legge non consente la contestazione si applica la legge italiana. 4. Sono di applicazione necessaria le norme del diritto italiano che sanciscono l'unicità dello stato di figlio. (1) Articolo così sostituito dall'art. 101, co. 1, lett. a), d. lgs. 28 dicembre 2013, n. 154, a decorrere dal 7 febbraio 2014, ai sensi di quanto disposto dall'art. 108, co. 1 del medesimo d. lgs. 154/2013.	**33. (Kindschaft) (1)** 1. Der Personenstand eines Kindes wird vom Heimatrecht des Kindes im Zeitpunkt der Geburt bestimmt, oder, wenn es günstiger ist, vom Recht des Staates, dessen Staatsbürger einer der Elternteile in jenem Zeitpunkt ist. 2. Das gemäß Abs 1 ermittelte Recht regelt die Voraussetzungen und die Wirkungen der Feststellung und der Bestreitung des Personenstands des Kindes; wenn das so ermittelte Recht die Feststellung oder die Bestreitung des Personenstandes des Kindes nicht erlaubt, ist italienisches Recht anzuwenden. 3. Der Personenstand des Kindes, der aufgrund des Heimatrechts eines der Elternteile erworben wurde, kann nur nach Maßgabe dieses Rechts bestritten werden; wenn dieses Recht die Bestreitung nicht erlaubt, ist italienisches Recht anzuwenden. 4. Zwingend anzuwenden sind die Vorschriften des italienischen Rechts, welche die Einheitlichkeit des Personenstandes des Kindes festlegen.

	(1) Fassung dieses Artikels laut Art 101, Abs 1, Buchstabe a), GvD 28. Dezember 2013, Nr 154, mit Wirkung seit 7. Februar 2014, gemäß Art 108, Abs 1, desselben GvD 154/2013.
34. (1) ... (1) Articolo abrogato dall'art. 105, co. 1, lett. c), d. lgs. 28 dicembre 2013, n. 154, a decorrere dal 7 febbraio 2014, ai sensi di quanto disposto dall'art. 108, co. 1 del medesimo d. lgs. 154/2013.	**34.** (1) ... (1) Dieser Artikel wurde von Art 105, Abs 1, Buchstabe c), GvD 28. Dezember 2013, Nr 154, mit Wirkung vom 7. Februar 2014, gemäß Art 108, Abs 1 desselben GvD 154/2013 aufgehoben.
35. (Riconoscimento di figlio) (1) 1. Le condizioni per il riconoscimento del figlio sono regolate dalla legge nazionale del figlio al momento della nascita, o se più favorevole, dalla legge nazionale del soggetto che fa il riconoscimento, nel momento in cui questo avviene; se tali leggi non prevedono il riconoscimento si applica la legge italiana. (2) 2. La capacità del genitore di fare il riconoscimento è regolata dalla sua legge nazionale. 3. La forma del riconoscimento è regolata dalla legge dello Stato in cui esso è fatto o da quella che ne disciplina la sostanza. (1) Rubrica così modificata dall'art. 101, co. 1, lett. b), d. lgs. 28 dicembre 2013, n. 154, a decorrere dal 7 febbraio 2014, ai sensi di quanto disposto dall'art. 108, co. 1 del medesimo d. lgs. 154/2013. (2) Comma così sostituito dall'art. 101, co. 1, lett. b), d. lgs. 28 dicembre 2013, n. 154, a decorrere dal 7 febbraio 2014, ai sensi di quanto disposto dall'art. 108, co. 1 del medesimo d. lgs. 154/2013.	**35. (Anerkennung des Kindes) (1)** 1. Die Bedingungen für die Anerkennung des Kindes werden vom Heimatrecht des Kindes im Zeitpunkt der Geburt geregelt, oder, wenn es günstiger ist, vom Heimatrecht der anerkennenden Person im Zeitpunkt der Anerkennung; wenn diese Rechte die Anerkennung nicht vorsehen, ist italienisches Recht anzuwenden. (2) 2. Die Fähigkeit eines Elternteils, eine Anerkennung vorzunehmen, wird von seinem Heimatrecht geregelt. 3. Die Form der Anerkennung wird vom Recht des Staates geregelt, in dem sie vorgenommen wird, oder von jenem, das ihren Inhalt regelt. (1) Fassung dieser Rubrik laut Art 101, Abs 1, Buchstabe b), GvD 28. Dezember 2013, Nr 154, mit Wirkung seit 7. Februar 2014, gemäß Art 108, Abs 1 desselben GvD 154/2013. (2) Fassung dieses Artikels laut Art 101, Abs 1, Buchstabe b), GvD 28. Dezember 2013, Nr 154, mit Wirkung vom 7. Februar 2014, gemäß Art 108, Abs 1 desselben GvD 154/2013.
36. (Rapporti tra genitori e figli) (1) 1. I rapporti personali e patrimoniali tra genitori e figli, compresa la responsabilità genitoriale, sono regolati dalla legge nazionale del figlio. (1) Articolo così modificato dall'art. 101, co. 1, lett. c), d. lgs. 28 dicembre 2013, n. 154, a decorrere dal 7 febbraio 2014, ai sensi di quanto disposto dall'art. 108, co. 1 del medesimo d. lgs. 154/2013.	**36. (Rechtsverhältnisse zwischen Eltern und Kindern) (1)** 1. Die persönlichen und vermögensrechtlichen Rechtsverhältnisse zwischen Eltern und Kindern einschließlich der elterlichen Verantwortung werden vom Heimatrecht des Kindes geregelt. (1) Fassung dieses Artikels laut Art 101, Abs 1, Buchstabe c), GvD 28. Dezember 2013, Nr 154, mit Wirkung seit 7. Februar 2014, gemäß Art 108, Abs 1 desselben GvD 154/2013.

36bis. (1) 1. Nonostante il richiamo ad altra legge, si applicano in ogni caso le norme del diritto italiano che: a) attribuiscono ad entrambi i genitori la responsabilità genitoriale; b) stabiliscono il dovere di entrambi i genitori di provvedere al mantenimento del figlio; c) attribuiscono al giudice il potere di adottare provvedimenti limitativi o ablativi della responsabilità genitoriale in presenza di condotte pregiudizievoli per il figlio. (1) Articolo inserito dall'art. 101, co. 1, lett. d), d. lgs. 28 dicembre 2013, n. 154, a decorrere dal 7 febbraio 2014, ai sensi di quanto disposto dall'art. 108, co. 1 del medesimo d. lgs. 154/2013.	**36bis. (1)** 1. Ungeachtet des Verweises auf ein anderes Recht sind in jedem Fall die Bestimmungen des italienischen Rechts anzuwenden, die: a) beiden Elternteilen die elterliche Verantwortung zuerkennen; b) die Pflicht beider Elternteile festlegen, für den Unterhalt des Kindes zu sorgen; c) dem Gericht bei Vorliegen eines für das Kind nachteiligen Verhaltens die Befugnis erteilen, Verfügungen zur Einschränkung oder zum Entzug der elterlichen Verantwortung zu erlassen. (1) Dieser Artikel wurde von Art 101, Abs 1, Buchstabe d), GvD 28. Dezember 2013, Nr 154, eingefügt, mit Wirkung seit 7. Februar 2014, gemäß Art 108, Abs 1 desselben GvD 154/2013.
37. (Giurisdizione in materia di filiazione) 1. In materia di filiazione e di rapporti personali fra genitori e figli la giurisdizione italiana sussiste, oltre che nei casi previsti rispettivamente dagli articoli 3 e 9, anche quando uno dei genitori o il figlio è cittadino italiano o risiede in Italia.	**37. (Gerichtsbarkeit in Kindschaftsangelegenheiten)** 1. In Angelegenheiten der Kindschaft und der persönlichen Rechtsverhältnisse zwischen Eltern und Kindern ist die italienische Gerichtsbarkeit nicht nur in den von Art 3 und 9 vorgesehenen Fällen, sondern auch dann gegeben, wenn einer der Elternteile oder das Kind italienischer Staatsbürger ist oder in Italien seinen gewöhnlichen Aufenthalt hat.
38. (Adozione) (1) 1. I presupposti, la costituzione e la revoca dell'adozione sono regolati dal diritto nazionale dell'adottante o degli adottanti se comune o, in mancanza, dal diritto dello Stato nel quale gli adottanti sono entrambi residenti, ovvero da quello dello Stato nel quale la loro vita matrimoniale è prevalentemente localizzata, al momento dell'adozione. Tuttavia si applica il diritto italiano quando è richiesta al giudice italiano l'adozione di un minore, idonea ad attribuirgli lo stato di figlio. 2. È in ogni caso salva l'applicazione della legge nazionale dell'adottando maggiorenne per la disciplina dei consensi che essa eventualmente richieda.	**38. (Adoption) (1)** 1. Die Voraussetzungen, die Begründung und der Widerruf der Adoption werden vom Heimatrecht des Adoptierenden oder vom gemeinsamen Heimatrecht der Adoptierenden oder mangels eines solchen vom Recht jenes Staates, in dem die beiden Adoptierenden ihren gewöhnlichen Aufenthalt haben, oder aber vom Recht jenes Staates geregelt, in dem ihr Eheleben im Zeitpunkt der Adoption vorwiegend stattfindet. Es ist jedoch italienisches Recht anzuwenden, wenn die Adoption eines Minderjährigen bei einem italienischen Gericht beantragt wird und sie geeignet ist, diesem den Personenstand eines Kindes zuzuerkennen.

(1) Comma così modificato dall'art. 101, co. 1, lett. e), d. lgs. 28 dicembre 2013, n. 154, a decorrere dal 7 febbraio 2014, ai sensi di quanto disposto dall'art. 108, co. 1 del medesimo d. lgs. 154/2013.	2. Unberührt bleibt in jedem Fall die Anwendung des Heimatrechts des zu adoptierenden Volljährigen hinsichtlich der Regelung der Einwilligungen, die gegebenenfalls von diesem Recht verlangt werden. (1) Fassung dieses Absatzes laut Art 101, Abs 1, Buchstabe e), GvD 28. Dezember 2013, Nr 154, mit Wirkung seit 7. Februar 2014, gemäß Art 108, Abs 1 desselben GvD 154/2013.
39. (Rapporti fra adottato e famiglia adottiva) 1. I rapporti personali e patrimoniali fra l'adottato e l'adottante o gli adottanti ed i parenti di questi sono regolati dal diritto nazionale dell'adottante o degli adottanti se comune o, in mancanza, dal diritto dello Stato nel quale gli adottanti sono entrambi residenti ovvero da quello dello Stato nel quale la loro vita matrimoniale è prevalentemente localizzata.	**39. (Rechtsverhältnisse zwischen dem Adoptierten und der Familie der Adoptierenden)** 1. Die persönlichen und vermögensrechtlichen Rechtsverhältnisse zwischen dem Adoptierten und dem Adoptierenden oder den Adoptierenden und ihren Verwandten werden vom Heimatrecht des Adoptierenden oder aber vom gemeinsamen Heimatrecht der Adoptierenden oder mangels eines solchen vom Recht jenes Staates, in dem die beiden Adoptierenden ihren gewöhnlichen Aufenthalt haben, oder vom Recht jenes Staates geregelt, in dem ihr Eheleben vorwiegend stattfindet.
40. (Giurisdizione in materia di adozione) 1. I giudici italiani hanno giurisdizione in materia di adozione allorché: a) gli adottanti o uno di essi o l'adottando sono cittadini italiani ovvero stranieri residenti in Italia; b) l'adottando è un minore in stato di abbandono in Italia. 2. In materia di rapporti personali o patrimoniali fra l'adottato e l'adottante o gli adottanti ed i parenti di questi i giudici italiani hanno giurisdizione, oltre che nelle ipotesi previste dall'art. 3, ogni qualvolta l'adozione si è costituita in base al diritto italiano.	**40. (Gerichtsbarkeit in Adoptionsangelegenheiten)** 1. Den italienischen Gerichten kommt in Adoptionsangelegenheiten Gerichtsbarkeit zu, sofern: a) die Adoptierenden oder einer von ihnen oder der zu Adoptierende italienische Staatsbürger oder Ausländer mit gewöhnlichem Aufenthalt in Italien sind; b) der zu Adoptierende ein in Italien im Zustand der Verwahrlosung befindlicher Minderjähriger ist. 2. In Angelegenheiten der persönlichen oder vermögensrechtlichen Rechtsverhältnisse zwischen dem Adoptierten und dem Adoptierenden oder den Adoptierenden und ihren Verwandten kommt den italienischen Gerichten nicht nur in den von Art 3 vorgesehenen Fällen, sondern auch immer dann Gerichtsbarkeit zu, wenn die Adoption nach italienischem Recht begründet wurde.

41. (Riconoscimento dei provvedimenti stranieri in materia di adozione) 1. I provvedimenti stranieri in materia di adozione sono riconoscibili in Italia ai sensi degli articoli 64, 65 e 66. 2. Restano ferme le disposizioni delle leggi speciali in materia di adozione dei minori.	**41. (Anerkennung ausländischer Verfügungen in Adoptionsangelegenheiten)** 1. Ausländische Verfügungen in Adoptionsangelegenheiten können in Italien gemäß Art 64, 65 und 66 anerkannt werden. 2. Unberührt bleiben die Bestimmungen der Sondergesetze in Angelegenheiten der Adoption Minderjähriger.
42. (Giurisdizione e legge applicabile in materia di protezione dei minori) 1. La protezione dei minori è in ogni caso regolata dalla Convenzione dell'Aja del 5 ottobre 1961, sulla competenza delle autorità e sulla legge applicabile in materia di protezione dei minori, resa esecutiva con la legge 24 ottobre 1980, n. 742. 2. Le disposizioni della Convenzione si applicano anche alle persone considerate minori soltanto dalla loro legge nazionale, nonché alle persone la cui residenza abituale non si trova in uno degli Stati contraenti.	**42. (Gerichtsbarkeit und anzuwendendes Recht in Angelegenheiten des Minderjährigenschutzes)** 1. Der Schutz der Minderjährigen wird in jedem Fall vom Haager Übereinkommen vom 5. Oktober 1961 über die Zuständigkeit der Behörden und das anzuwendende Recht auf dem Gebiet des Schutzes von Minderjährigen geregelt, das mit dem Gesetz vom 24. Oktober 1980, Nr 742, für anwendbar erklärt wurde. 2. Die Bestimmungen des Übereinkommens finden auch auf Personen Anwendung, die nur aufgrund ihres Heimatrechts als minderjährig gelten, sowie auf Personen, deren gewöhnlicher Aufenthalt sich nicht in einem der Vertragsstaaten befindet.
43. (Protezione dei maggiori d'età) 1. I presupposti e gli effetti delle misure di protezione degli incapaci maggiori di età, nonché i rapporti fra l'incapace e chi ne ha la cura, sono regolati dalla legge nazionale dell'incapace. Tuttavia, per proteggere in via provvisoria e urgente la persona o i beni dell'incapace, il giudice italiano può adottare le misure previste dalla legge italiana.	**43. (Schutz der Volljährigen)** 1. Die Voraussetzungen und die Wirkungen der Maßnahmen zum Schutz handlungsunfähiger Volljähriger sowie die Verhältnisse zwischen einem Handlungsunfähigen und jener Person, der dieser anvertraut ist, werden vom Heimatrecht des Handlungsunfähigen geregelt. Das italienische Gericht kann jedoch zum vorläufigen und dringlichen Schutz der Person oder der Güter des Handlungsunfähigen die von den italienischen Gesetzen vorgesehenen Maßnahmen treffen.
44. (Giurisdizione in materia di protezione dei maggiori d'età) 1. La giurisdizione italiana in materia di misure di protezione degli incapaci maggiori di età sussiste, oltre che nei casi previsti dagli articoli 3 e 9, anche quando esse si rendono necessarie per proteggere, in via provvisoria e urgente, la persona o i beni dell'incapace che si trovino in Italia.	**44. (Gerichtsbarkeit in Angelegenheiten des Volljährigenschutzes)** 1. Die italienische Gerichtsbarkeit für Maßnahmen zum Schutz von handlungsunfähigen Volljährigen ist nicht nur in den von Art 3 und 9 vorgesehenen Fällen, sondern auch dann gegeben, wenn sie sich zum vorläufigen und dringlichen Schutz der Person oder der in Italien befindlichen Güter des Handlungsunfähigen als notwendig erweisen.

2. Quando in base all'articolo 66 nell'ordinamento italiano si producono gli effetti di un provvedimento straniero in materia di capacità di uno straniero, la giurisdizione italiana sussiste per pronunciare i provvedimenti modificativi o integrativi eventualmente necessari.	2. Erzeugt aufgrund des Artikels 66 eine ausländische Verfügung in Angelegenheiten der Handlungsfähigkeit eines Ausländers in der italienische Rechtsordnung Wirkungen, ist für den Erlass der gegebenenfalls notwendigen Verfügungen, zu deren Abänderung oder Ergänzung, die italienische Gerichtsbarkeit gegeben.
45. (Obbligazioni alimentari nella famiglia) 1. Le obbligazioni alimentari nella famiglia sono regolate dalla legge designata dal regolamento 2009/4/CE del Consiglio del 18 dicembre 2008 relativo alla competenza, alla legge applicabile, al riconoscimento e all'esecuzione delle decisioni e alla cooperazione in materia di obbligazioni alimentari, e successive modificazioni. (1) Articolo così modificato dall'art. 1, co. 1, lett. b), d. lgs. 19 gennaio 2017, n. 7, a decorrere dal 11 febbraio 2017.	**45. (Unterhaltspflichten innerhalb der Familie)** 1. Die Unterhaltspflichten innerhalb der Familie werden in jedem Fall durch das von der Verordnung 2009/4/EG des Rates vom 18. Dezember 2008 über die Zuständigkeit, das anwendbare Recht, die Anerkennung und Vollstreckung von Entscheidungen und die Zusammenarbeit in Unterhaltssachen mit nachfolgenden Abänderungen bezeichnete Recht geregelt. (1) Dieser Artikel wurde von Art 1, Abs 1, Buchstabe b), GvD 19 Januar 2017, Nr 7 eingefügt, mit Wirkung seit 11. Februar 2017.
46. (Successione per causa di morte) 1. La successione per causa di morte è regolata dalla legge nazionale del soggetto della cui eredità si tratta, al momento della morte. 2. Il soggetto della cui eredità si tratta può sottoporre, con dichiarazione espressa in forma testamentaria, l'intera successione alla legge dello Stato in cui risiede. La scelta non ha effetto se al momento della morte il dichiarante non risiedeva più in tale Stato. Nell'ipotesi di successione di un cittadino italiano, la scelta non pregiudica i diritti che la legge italiana attribuisce ai legittimari residenti in Italia al momento della morte della persona della cui successione si tratta. 3. La divisione ereditaria è regolata dalla legge applicabile alla successione, salvo che i condividenti, d'accordo fra loro, abbiano designato la legge del luogo d'apertura della successione o del luogo ove si trovano uno o più beni ereditari.	**46. (Rechtsnachfolge von Todes wegen)** 1. Die Rechtsnachfolge von Todes wegen wird vom Heimatrecht im Zeitpunkt des Todes desjenigen geregelt, um dessen Erbschaft es sich handelt. 2. Derjenige, um dessen Erbschaft es sich handelt, kann durch ausdrückliche Erklärung in Testamentsform die gesamte Erbfolge dem Recht des Staates seines gewöhnlichen Aufenthalts unterstellen. Die Wahl erzeugt keine Wirkung, wenn der Erklärende im Zeitpunkt des Todes seinen gewöhnlichen Aufenthalt nicht mehr in diesem Staat hatte. Im Fall der Erbfolge nach einem italienischen Staatsbürger beeinträchtigt die Wahl nicht jene Rechte, die das italienische Recht Pflichtteilsberechtigten zuerkennt, die im Zeitpunkt des Todes der Person, um deren Erbfolge es sich handelt, ihren gewöhnlichen Aufenthalt in Italien hatten. 3. Die Erbteilung wird von dem auf die Erbfolge anzuwendenden Recht geregelt, es sei denn, die Teilungsgenossen haben untereinander die Anwendung des Rechts des Or-

	tes vereinbart, an dem die Erbfolge eröffnet wurde, oder an dem sich ein oder mehrere Erbschaftgüter befinden.
47. (Capacità di testare) 1. La capacità di disporre per testamento, di modificarlo o di revocarlo è regolata dalla legge nazionale del disponente al momento del testamento, della modifica o della revoca.	**47. (Testierfähigkeit)** 1. Die Fähigkeit, durch Testament Verfügungen zu treffen und dieses abzuändern oder zu widerrufen, wird vom Heimatrecht des Verfügenden im Zeitpunkt der Testamentserrichtung, der Abänderung oder des Widerrufs geregelt.
48. (Forma del testamento) 1. Il testamento è valido, quanto alla forma, se è considerato tale dalla legge dello Stato nel quale il testatore ha disposto, ovvero dalla legge dello Stato di cui il testatore, al momento del testamento o della morte, era cittadino o dalla legge dello Stato in cui aveva il domicilio o la residenza.	**48. (Form des Testaments)** 1. Das Testament ist bezüglich der Form gültig, wenn es vom Recht des Staates, in dem der Erblasser verfügt hat, oder vom Recht des Staates, dessen Staatsbürger der Erblasser im Zeitpunkt der Testamentserrichtung oder des Todes war, oder aber vom Recht des Staates, in dem er seinen Wohnsitz oder seinen gewöhnlichen Aufenthalt hatte, als solches angesehen wird.
49. (Successione dello Stato) 1. Quando la legge applicabile alla successione, in mancanza di successibili, non attribuisce la successione allo Stato, i beni ereditari esistenti in Italia sono devoluti allo Stato italiano.	**49. (Erbfolge des Staates)** 1. Erkennt das auf die Erbfolge anzuwendende Recht bei Fehlen von Erbberechtigten dem Staat kein Erbrecht zu, fallen die in Italien befindlichen Erbschaftsgüter dem italienischen Staat an.
50. (Giurisdizione in materia successoria) 1. In materia successoria la giurisdizione italiana sussiste: a) se il defunto era cittadino italiano al momento della morte; b) se la successione si è aperta in Italia; c) se la parte dei beni ereditari di maggiore consistenza economica è situata in Italia; d) se il convenuto è domiciliato o residente in Italia o ha accettato la giurisdizione italiana, salvo che la domanda sia relativa a beni immobili situati all'estero; e) se la domanda concerne beni situati in Italia.	**50. (Gerichtsbarkeit in Erbrechtsangelegenheiten)** 1. In Erbrechtsangelegenheiten ist die italienische Gerichtsbarkeit gegeben: a) wenn der Verstorbene im Zeitpunkt des Todes italienischer Staatsbürger war; b) wenn die Erbfolge in Italien eröffnet wurde; c) wenn sich der Teil der Erbschaftsgüter mit dem größten wirtschaftlichen Wert in Italien befindet; d) wenn der Beklagte in Italien seinen Wohnsitz oder seinen gewöhnlichen Aufenthalt hat oder die italienische Gerichtbarkeit angenommen hat, außer der Anspruch betrifft im Ausland befindliche Liegenschaften;

	e) wenn der Anspruch in Italien befindliche Sachen betrifft.
51. (Possesso e diritti reali) 1. Il possesso, la proprietà e gli altri diritti reali sui beni mobili ed immobili sono regolati dalla legge dello Stato in cui i beni si trovano. 2. La stessa legge ne regola l'acquisto e la perdita, salvo che in materia successoria e nei casi in cui l'attribuzione di un diritto reale dipenda da un rapporto di famiglia o da un contratto.	**51. (Besitz und dingliche Rechte)** 1. Der Besitz, das Eigentum und die anderen dinglichen Rechte an beweglichen und unbeweglichen Sachen werden vom Recht des Staates geregelt, in dem sich die Sachen befinden. 2. Dasselbe Recht regelt deren Erwerb und Verlust, außer in Erbrechtsangelegenheiten und in Fällen, in denen die Zuerkennung eines dinglichen Rechts von einem familienrechtlichen Rechtsverhältnis oder von einem Vertrag abhängt.
52. (Diritti reali su beni in transito) 1. I diritti reali su beni in transito sono regolati dalla legge del luogo di destinazione.	**52. (Dingliche Rechte an Transportgütern)** 1. Dingliche Rechte an Transportgütern werden vom Recht des Bestimmungsortes geregelt.
53. (Usucapione di beni mobili) 1. L'usucapione di beni mobili è regolata dalla legge dello Stato in cui il bene si trova al compimento del termine prescritto.	**53. (Ersitzung beweglicher Sachen)** 1. Die Ersitzung beweglicher Sachen wird vom Recht des Staates geregelt, in dem sich die Sache bei Ablauf der vorgeschriebenen Frist befindet.
54. (Diritti su beni immateriali) 1. I diritti su beni immateriali sono regolati dalla legge dello Stato di utilizzazione.	**54. (Immaterialgüterrechte)** 1. Immaterialgüterrechte werden vom Recht des Verwertungsstaates geregelt.
55. (Pubblicità degli atti relativi ai diritti reali) 1. La pubblicità degli atti di costituzione, trasferimento ed estinzione dei diritti reali è regolata dalla legge dello Stato in cui il bene si trova al momento dell'atto.	**55. (Öffentliche Bekanntmachung von Rechtshandlungen über dingliche Rechte)** 1. Die öffentliche Bekanntmachung von Rechtshandlungen, die dingliche Rechte begründen, übertragen und erlöschen lassen, wird vom Recht des Staates geregelt, in dem sich die Sache im Zeitpunkt der Rechtshandlung befindet.
56. (Donazioni) 1. Le donazioni sono regolate dalla legge nazionale del donante al momento della donazione. 2. Il donante può, con dichiarazione espressa contestualmente alla donazione, sottoporre la donazione stessa alla legge dello Stato in cui egli risiede.	**56. (Schenkungen)** 1. Die Schenkungen werden vom Heimatrecht des Schenkers im Zeitpunkt der Schenkung geregelt. 2. Der Schenker kann mit einer ausdrücklichen, zugleich mit der Schenkung abgegebenen Erklärung die Schenkung dem Recht des Staates seines gewöhnlichen Aufenthalts unterstellen.

3. La donazione è valida, quanto alla forma, se è considerata tale dalla legge che ne regola la sostanza oppure dalla legge dello Stato nel quale l'atto è compiuto.	3. Die Schenkung ist bezüglich der Form gültig, wenn sie vom Recht, das ihren Inhalt regelt, oder vom Recht des Staates, in dem die Rechtshandlung vorgenommen wurde, als solche angesehen wird.
57. (Obbligazioni contrattuali) 1. Le obbligazioni contrattuali sono in ogni caso regolate dalla Convenzione di Roma del 19 giugno 1980 sulla legge applicabile alle obbligazioni contrattuali, resa esecutiva con la legge 18 dicembre 1984, n. 975, senza pregiudizio delle altre convenzioni internazionali, in quanto applicabili.	**57. (Vertragliche Schuldverhältnisse)** 1. Die vertraglichen Schuldverhältnisse werden, unbeschadet anderer internationaler Abkommen, soweit sie anwendbar sind, in jedem Fall vom Übereinkommen von Rom vom 19. Juni 1980 über das auf vertragliche Schuldverhältnisse anzuwendende Recht geregelt, das mit Gesetz vom 18. Dezember 1984, Nr 975, für anwendbar erklärt wurde.
58. (Promessa unilaterale) 1. La promessa unilaterale è regolata dalla legge dello Stato in cui viene manifestata.	**58. (Einseitiges Versprechen)** 1. Das einseitige Versprechen wird vom Recht des Staates geregelt, in dem es abgegeben wird.
59. (Titoli di credito) 1. La cambiale, il vaglia cambiario e l'assegno sono in ogni caso regolati dalle disposizioni contenute nelle Convenzioni di Ginevra del 7 giugno 1930, sui conflitti di legge in materia di cambiale e di vaglia cambiario, di cui al regio decreto-legge 25 agosto 1932, n. 1130, convertito dalla legge 22 dicembre 1932, n. 1946, e del 19 marzo 1931, sui conflitti di legge in materia di assegni bancari, di cui al regio decreto-legge 24 agosto 1933, n. 1077, convertito dalla legge 4 gennaio 1934, n. 61. 2. Tali disposizioni si applicano anche alle obbligazioni assunte fuori dei territori degli Stati contraenti e allorchè esse designino la legge di uno Stato non contraente. 3. Gli altri titoli di credito sono regolati dalla legge dello Stato in cui il titolo è stato emesso. Tuttavia le obbligazioni diverse da quella principale sono regolate dalla legge dello Stato in cui ciascuna è stata assunta.	**59. (Wertpapiere)** 1. Der gezogene Wechsel, der eigene Wechsel und der Scheck werden in jedem Fall von den Bestimmungen geregelt, die im Genfer Abkommen vom 7. Juni 1930 über Bestimmungen auf dem Gebiet des internationalen Wechselprivatrechts, auf welches das Königliche Gesetzesdekret vom 25. August 1932, Nr 1130, Bezug nimmt, das in das Gesetz vom 22. Dezember 1932, Nr 1946, umgewandelt wurde, und im Genfer Übereinkommen vom 19. März 1931 über Bestimmungen auf dem Gebiet des internationalen Scheckprivatrechts enthalten sind, auf welches das Königliche Gesetzesdekret vom 24. August 1933, Nr 1077, Bezug nimmt, das in das Gesetz vom 4. Jänner 1934, Nr 61, umgewandelt wurde. 2. Diese Bestimmungen finden auch auf Verpflichtungen Anwendung, die außerhalb der Gebiete der Vertragsstaaten eingegangen werden, und auch wenn sie das Recht eines Staates bezeichnen, der nicht Vertragsstaat ist. 3. Sonstige Wertpapiere werden vom Recht jenes Staates geregelt, in dem das Wertpapier ausgestellt wurde. Allerdings werden die

	von der Hauptverpflichtung verschiedenen Verpflichtungen vom Recht jenes Staates geregelt, in dem jede einzelne eingegangen wurde.
60. (Rappresentanza volontaria) 1. La rappresentanza volontaria è regolata dalla legge dello Stato in cui il rappresentante ha la propria sede d'affari sempre che egli agisca a titolo professionale e che tale sede sia conosciuta o conoscibile dal terzo. In assenza di tali condizioni si applica la legge dello Stato in cui il rappresentante esercita in via principale i suoi poteri nel caso concreto. 2. L'atto di conferimento dei poteri di rappresentanza è valido, quanto alla forma, se considerato tale dalla legge che ne regola la sostanza oppure dalla legge dello Stato in cui è posto in essere.	**60. (Gewillkürte Vertretung)** 1. Die gewillkürte Vertretung wird vom Recht jenes Staates geregelt, in dem der Vertreter seinen Geschäftssitz hat, sofern er in Ausübung eines Berufes tätig wird und dieser Sitz dem Dritten bekannt oder erkennbar ist. Fehlen diese Bedingungen, ist das Recht jenes Staates anzuwenden, in dem der Vertreter seine Befugnisse im konkreten Fall hauptsächlich ausübt. 2. Die Rechtshandlung zur Erteilung der Vertretungsmacht ist bezüglich der Form gültig, wenn sie vom Recht, das ihren Inhalt regelt, oder vom Recht des Staates ihrer Vornahme als solche angesehen wird.
61. (Obbligazioni nascenti dalla legge) 1. La gestione di affari altrui, l'arricchimento senza causa, il pagamento dell'indebito e le altre obbligazioni legali, non diversamente regolate dalla presente legge, sono sottoposti alla legge dello Stato in cui si è verificato il fatto da cui deriva l'obbligazione.	**61. (Gesetzliche Schuldverhältnisse)** 1. Die Geschäftsführung ohne Auftrag, die Bereicherung ohne Rechtsgrund, die Zahlung einer Nichtschuld und sonstige gesetzliche Schuldverhältnisse, die vom vorliegenden Gesetz nicht anders geregelt werden, unterliegen dem Recht jenes Staates, in dem die Tatsache eingetreten ist, aus der das Schuldverhältnis hervorgeht.
62. (Responsabilità per fatto illecito) 1. La responsabilità per fatto illecito è regolata dalla legge dello Stato in cui si è verificato l'evento. Tuttavia il danneggiato può chiedere l'applicazione della legge dello Stato in cui si è verificato il fatto che ha causato il danno. 2. Qualora il fatto illecito coinvolga soltanto cittadini di un medesimo Stato in esso residenti, si applica la legge di tale Stato.	**62. (Haftung aus unerlaubter Handlung)** 1. Die Haftung aus unerlaubter Handlung wird vom Recht jenes Staates geregelt, in dem der Erfolg eingetreten ist. Allerdings kann der Geschädigte die Anwendung des Rechts jenes Staates verlangen, in dem die Tatsache eingetreten ist, die den Schaden verursacht hat. 2. Wenn die unerlaubte Handlung ausschließlich Bürger ein und desselben Staates betrifft, die in diesem auch ihren gewöhnlichen Aufenthalt haben, ist das Recht dieses Staates anzuwenden.

63. (Responsabilità extracontrattuale per danno da prodotto) 1. La responsabilità per danno da prodotto è regolata, a scelta del danneggiato, dalla legge dello Stato in cui si trova il domicilio o l'amministrazione del produttore, oppure da quella dello Stato in cui il prodotto è stato acquistato, a meno che il produttore provi che il prodotto vi è stato immesso in commercio senza il suo consenso.	**63. (Außervertragliche Haftung für Schäden aus einem Produkt)** 1. Die Haftung für Schäden aus einem Produkt wird nach Wahl des Geschädigten entweder vom Recht des Staates geregelt, in dem sich der Wohnsitz oder die Verwaltung des Herstellers befindet, oder vom Recht des Staates, in dem das Produkt erworben wurde, sofern der Hersteller nicht nachweist, dass das Produkt ohne seine Einwilligung in den Handel gebracht wurde.
64. (Riconoscimento di sentenze straniere) 1. La sentenza straniera è riconosciuta in Italia senza che sia necessario il ricorso ad alcun procedimento quando: a) il giudice che l'ha pronunciata poteva conoscere della causa secondo i princìpi sulla competenza giurisdizionale propri dell'ordinamento italiano; b) l'atto introduttivo del giudizio è stato portato a conoscenza del convenuto in conformità a quanto previsto dalla legge del luogo dove si è svolto il processo e non sono stati violati i diritti essenziali della difesa; c) le parti si sono costituite in giudizio secondo la legge del luogo dove si è svolto il processo o la contumacia è stata dichiarata in conformità a tale legge; d) essa è passata in giudicato secondo la legge del luogo in cui è stata pronunziata; e) essa non è contraria ad altra sentenza pronunziata da un giudice italiano passata in giudicato; f) non pende un processo davanti a un giudice italiano per il medesimo oggetto e fra le stesse parti, che abbia avuto inizio prima del processo straniero; g) le sue disposizioni non producono effetti contrari all'ordine pubblico.	**64. (Anerkennung ausländischer Urteile)** 1. Ein ausländisches Urteil wird in Italien anerkannt, ohne dass dazu irgendein Verfahren notwendig ist, sofern: a) das entscheidende Gericht über den Rechtsstreit nach den Grundsätzen der italienischen Rechtsordnung über die gerichtliche Zuständigkeit erkennen konnte; b) das das Verfahren einleitende Schriftstück dem Beklagten in Übereinstimmung mit dem Recht des Ortes, an dem das Verfahren abgewickelt wurde, zur Kenntnis gebracht wurde und die wesentlichen Rechte der Verteidigung nicht verletzt wurden; c) sich die Parteien nach dem Recht des Ortes, an dem das Verfahren abgewickelt wurde, in das Verfahren eingelassen haben oder wenn die Säumnis in Übereinstimmung mit diesem Recht erklärt wurde; d) es nach dem Recht des Ortes, an dem es erlassen wurde, Rechtskraft erlangt hat; e) es nicht einem anderen, von einem italienischen Gericht erlassenen rechtskräftigen Urteil widerspricht; f) nicht ein Verfahren vor einem italienischen Gericht über dieselbe Sache und zwischen denselben Parteien anhängig ist, das vor dem ausländischen Verfahren begonnen hat; g) seine Verfügungen nicht Wirkungen erzeugen, die gegen die Grundwertungen der Rechtsordnung verstoßen.

65. (Riconoscimento di provvedimenti stranieri) 1. Hanno effetto in Italia i provvedimenti stranieri relativi alla capacità delle persone nonchè all'esistenza di rapporti di famiglia o di diritti della personalità quando essi sono stati pronunciati dalle autorità dello Stato la cui legge è richiamata dalle norme della presente legge o producono effetti nell'ordinamento di quello Stato, anche se pronunciati da autorità di altro Stato, purchè non siano contrari all'ordine pubblico e siano stati rispettati i diritti essenziali della difesa.	**65. (Anerkennung ausländischer Verfügungen)** 1. In Italien sind ausländische Verfügungen, die sich auf die Rechts- und Handlungsfähigkeit der Personen sowie auf das Bestehen von familienrechtlichen Rechtsverhältnissen oder von Persönlichkeitsrechten beziehen, wirksam, wenn sie von den Behörden jenes Staates, auf dessen Recht die Vorschriften dieses Gesetzes verweisen, erlassen wurden oder wenn sie in der Rechtsordnung dieses Staates Wirkungen erzeugen, selbst wenn sie von Behörden eines anderen Staates erlassen wurden, sofern sie nicht gegen die Grundwertungen der Rechtsordnung verstoßen und die wesentlichen Rechte der Verteidigung gewahrt wurden.
66. (Riconoscimento di provvedimenti stranieri di giurisdizione volontaria) 1. I provvedimenti stranieri di volontaria giurisdizione sono riconosciuti senza che sia necessario il ricorso ad alcun procedimento, sempre che siano rispettate le condizioni di cui all'articolo 65, in quanto applicabili, quando sono pronunciati dalle autorità dello Stato la cui legge è richiamata dalle disposizioni della presente legge, o producono effetti nell'ordinamento di quello Stato ancorché emanati da autorità di altro Stato, ovvero sono pronunciati da un'autorità che sia competente in base a criteri corrispondenti a quelli propri dell'ordinamento italiano.	**66. (Anerkennung von ausländischen Verfügungen der freiwilligen Gerichtsbarkeit)** 1. Ausländische Verfügungen der freiwilligen Gerichtsbarkeit werden, ohne dass dazu irgendein Verfahren notwendig ist, anerkannt, sofern die von Art 65 angeführten Bedingungen, soweit anwendbar, erfüllt sind und wenn diese Verfügungen entweder von den Behörden jenes Staates, auf dessen Recht die Bestimmungen dieses Gesetzes verweisen, erlassen wurden oder in der Rechtsordnung dieses Staates Wirkung erzeugen, selbst wenn sie von Behörden eines anderen Staates erlassen wurden, oder von einer Behörde erlassen wurden, die aufgrund von Kriterien zuständig ist, welche denjenigen der italienischen Rechtsordnung entsprechen.
67. (Attuazione di sentenze e provvedimenti stranieri di giurisdizione volontaria e contestazione del riconoscimento) 1. In caso di mancata ottemperanza o di contestazione del riconoscimento della sentenza straniera o del provvedimento straniero di volontaria giurisdizione, ovvero quando sia necessario procedere ad esecuzione forzata, chiunque vi abbia interesse può chiedere all'autorità giudiziaria ordinaria l'accertamento dei requisiti del riconoscimento. (1)	**67. (Durchführung von ausländischen Urteilen und Verfügungen der freiwilligen Gerichtsbarkeit und Bestreitung der Anerkennung)** 1. Im Fall der Nichtbefolgung oder Bestreitung der Anerkennung eines ausländischen Urteils oder einer ausländischen Verfügung der freiwilligen Gerichtsbarkeit oder wenn eine Zwangsvollstreckung notwendig ist, kann jeder, der ein Interesse daran hat, bei der ordentlichen Gerichtsbehörde die

1bis. Le controversie di cui al comma 1 sono disciplinate dall'articolo 30 del decreto legislativo 1° settembre 2011, n. 150. (2)

2. La sentenza straniera o il provvedimento straniero di volontaria giurisdizione, unitamente al provvedimento che accoglie la domanda di cui al comma 1, costituiscono titolo per l'attuazione e per l'esecuzione forzata.
3. Se la contestazione ha luogo nel corso di un processo, il giudice adito pronuncia con efficacia limitata al giudizio.

(1) Comma così modificato dall'art. 34, co. 38, lett. a), d. lgs. 1° settembre 2011, n. 150; per l'applicazione di tale disposizione, vedi l'art. 36 del medesimo d. lgs. 150/2011.

(2) Comma inserito dall'art. 34, co. 38, lett. b), d. lgs. 1° settembre 2011, n. 150; per l'applicazione di tale disposizione, vedi l'art. 36 del medesimo d. lgs. 150/2011.

Feststellung der Voraussetzungen für die Anerkennung beantragen. (1)

1bis. Die Rechtsstreitigkeiten nach Abs 1 werden von Art 30 des gesetzesvertretenden Dekrets vom 1. September 2011, Nr 150, geregelt. (2)

2. Das ausländische Urteil oder die ausländische Verfügung der freiwilligen Gerichtsbarkeit bildet zusammen mit der Verfügung, die dem gemäß Abs 1 gestellten Antrag stattgibt, einen Rechtstitel für die Durchführung und die Zwangsvollstreckung.
3. Erfolgt die Bestreitung im Laufe eines Verfahrens, entscheidet darüber das befasste Gericht mit auf das Verfahren beschränkter Wirksamkeit.

(1) Fassung dieses Absatzes laut Art 34, Abs 38, Buchstabe a), GvD 1. September 2011, Nr 150; für die Anwendung der Bestimmung siehe Art 36 desselben GvD 150/2011.

(2) Dieser Absatz wurde von Art 34, Abs 38, Buchstabe b) GvD 1. September 2011, Nr 150, eingefügt; für die Anwendung der Bestimmung siehe Art 36 desselben GvD 150/2011.

68. (Attuazione ed esecuzione di atti pubblici ricevuti all'estero)

1. Le norme di cui all'articolo 67 si applicano anche rispetto all'attuazione e all'esecuzione forzata in Italia di atti pubblici ricevuti in uno Stato estero e ivi muniti di forza esecutiva.

68. (Durchführung und Vollstreckung von öffentlichen Urkunden, die im Ausland errichtet wurden)

1. Die Vorschriften gemäß Art 67 finden auch auf die in Italien vorzunehmende Durchführung und Zwangsvollstreckung von öffentlichen Urkunden Anwendung, die in einem ausländischen Staat errichtet und dort mit Vollstreckungskraft versehen wurden.

69. (Assunzione di mezzi di prova disposti da giudici stranieri)

1. Le sentenze e i provvedimenti di giudici stranieri riguardanti esami di testimoni, accertamenti tecnici, giuramenti, interrogatori o altri mezzi di prova da assumersi nella Repubblica sono resi esecutivi con decreto della corte d'appello del luogo in cui si deve procedere a tali atti.
2. Se l'assunzione dei mezzi di prova è chiesta dalla parte interessata, l'istanza è proposta alla corte mediante ricorso, al quale deve essere unita copia autentica della sentenza o

69. (Aufnahme der von ausländischen Gerichten angeordneten Beweismittel)

1. Urteile und Verfügungen ausländischer Gerichte, die Zeugenvernehmungen, fachkundliche Ermittlungen, Eidesleistungen, Parteienvernehmungen oder sonstige in der Republik aufzunehmende Beweismittel betreffen, werden mit Dekret des Oberlandesgerichts jenes Ortes für durchführbar erklärt, an dem diese Handlungen vorgenommen werden müssen.
2. Wird die Aufnahme von Beweismitteln von der interessierten Partei beantragt, ist der

del provvedimento che ha ordinato gli atti chiesti. Se l'assunzione è domandata dallo stesso giudice, la richiesta deve essere trasmessa in via diplomatica. 3. La corte delibera in camera di consiglio e, qualora autorizzi l'assunzione, rimette gli atti al giudice competente. 4. Può disporsi l'assunzione di mezzi di prova o l'espletamento di altri atti istruttori non previsti dall'ordinamento italiano sempreché essi non contrastino con i princìpi dell'ordinamento stesso. 5. L'assunzione o l'espletamento richiesti sono disciplinati dalla legge italiana. Tuttavia si osservano le forme espressamente richieste dall'autorità giudiziaria straniera in quanto compatibili con i princìpi dell'ordinamento italiano.	Antrag beim Gerichtshof mit Rekurs einzubringen, dem eine beglaubigte Abschrift des Urteils oder der Verfügung, welche die beantragten Verfahrenshandlungen angeordnet hat, beizuschließen ist. Wenn die Aufnahme vom Gericht selbst beantragt wird, muss der Antrag auf diplomatischem Weg übermittelt werden. 3. Der Gerichtshof entscheidet in nichtöffentlicher Sitzung und leitet die Akten im Falle der Genehmigung der Aufnahme an das zuständige Gericht weiter. 4. Die Aufnahme von Beweismitteln oder die Durchführung sonstiger Untersuchungshandlungen, die von der italienischen Rechtsordnung nicht vorgesehen sind und mit den Grundsätzen dieser Rechtsordnung nicht in Widerspruch stehen, kann verfügt werden. 5. Die beantragte Aufnahme oder Durchführung wird vom italienischen Recht geregelt. Allerdings sind die von der ausländischen Gerichtsbehörde ausdrücklich verlangten Förmlichkeiten zu beachten, soweit sie mit den Grundsätzen der italienischen Rechtsordnung vereinbar sind.
70. (Esecuzione richiesta in via diplomatica) 1. Se la richiesta per l'assunzione di mezzi di prova di atti di istruzione è fatta in via diplomatica e la parte interessata non ha costituito un procuratore che ne promuova l'assunzione, i provvedimenti necessari per questa sono pronunciati d'ufficio dal giudice procedente e le notificazioni sono fatte a cura del cancelliere.	**70. (Auf diplomatischem Weg beantragte Durchführung)** 1. Wird das Ersuchen um Aufnahme von Beweismitteln oder von Untersuchungshandlungen auf diplomatischem Weg gestellt und hat die interessierte Partei keinen Prozessbevollmächtigten bestellt, der die Aufnahme betreibt, trifft das mit dem Verfahren befasste Gericht von Amts wegen die dafür notwendigen Verfügungen und die Gerichtskanzlei sorgt für die Zustellungen.
71. (Notificazione di atti di autorità straniere) 1. La notificazione di citazioni a comparire davanti ad autorità straniere o di altri atti provenienti da uno Stato estero è autorizzata dal pubblico ministero presso il tribunale nella cui giurisdizione la notificazione si deve eseguire.	**71. (Zustellung von Schriftstücken ausländischer Behörden)** 1. Die Zustellung von Ladungen zum Erscheinen vor ausländischen Behörden oder von anderen Schriftstücken aus einem ausländischen Staat wird von der Staatsanwaltschaft bei jenem Landesgericht genehmigt, in dessen Zuständigkeitsbereich die Zustellung vorzunehmen ist.

2. La notificazione richiesta in via diplomatica è eseguita, a cura del pubblico ministero, da un ufficiale giudiziario da lui richiesto. 3. La notificazione avviene secondo le modalità previste dalla legge italiana. Tuttavia si osservano le modalità richieste dall'autorità straniera in quanto compatibili con i princìpi dell'ordinamento italiano. In ogni caso l'atto può essere consegnato, da chi procede alla notificazione, al destinatario che lo accetti volontariamente.	2. Die auf diplomatischem Weg beantragte Zustellung wird von der Staatsanwaltschaft durch einen von dieser beauftragten Gerichtsvollzieher vorgenommen. 3. Die Zustellung erfolgt nach den Förmlichkeiten des italienischen Rechts. Allerdings sind die von der ausländischen Behörde verlangten Förmlichkeiten zu beachten, soweit sie mit den Grundsätzen der italienischen Rechtsordnung vereinbar sind. In jedem Fall kann der Zusteller das Schriftstück dem Adressaten aushändigen, der es freiwillig entgegennimmt.
72. (Disposizioni transitorie) 1. La presente legge si applica in tutti i giudizi iniziati dopo la data della sua entrata in vigore, fatta salva l'applicabilità alle situazioni esaurite prima di tale data delle previgenti norme di diritto internazionale privato. 2. I giudizi pendenti sono decisi dal giudice italiano se i fatti e le norme che determinano la giurisdizione sopravvengono nel corso del processo.	**72. (Übergangsbestimmungen)** 1. Dieses Gesetz findet auf alle Verfahren Anwendung, die nach dem Tag seines Inkrafttretens eingeleitet wurden, vorbehaltlich der Anwendbarkeit der früher geltenden Vorschriften des internationalen Privatrechts auf Sachverhalte, die vor diesem Tag vollendet wurden. 2. Anhängige Verfahren werden vom italienischen Gericht entschieden, wenn die Tatsachen und Vorschriften, durch welche die Gerichtsbarkeit bestimmt wird, sich erst im Laufe des Verfahrens ergeben.
73. (Abrogazioni) (1) 1. Sono abrogati gli articoli dal 17 al 31 delle disposizioni sulla legge in generale premesse al codice civile, nonché gli articoli 2505 e 2509 del codice civile e gli articoli 2, 3, 4 e 37, secondo comma, del codice di procedura civile; gli articoli dal 796 all'805 del codice di procedura civile sono abrogati a far data dal 31 dicembre 1996. (1) Articolo così sostituito dall'art. 10, co. 1, d. l. 23 ottobre 1996, n. 542, convertito con l. 23 dicembre 1996, n. 649. Con tale norma è stata unicamente così spostata la data per l'abrogazione degli artt. 796-805 c.p.c., fissata al 1° gennaio 1996 dall'art. 8, co. 1, d. l. 28 agosto 1995, n. 361, convertito con modificazioni in l. 27 ottobre 1995, n. 437.	**73. (Aufhebungen) (1)** 1. Aufgehoben werden die Art 17 bis 31 der Bestimmungen über das Gesetz im Allgemeinen, die dem Zivilgesetzbuch vorangestellt sind, sowie die Art 2505 und 2509 des Zivilgesetzbuches und die Art 2, 3, 4 und 37 zweiter Absatz der Zivilprozessordnung; die Art 796 bis 805 der Zivilprozessordnung werden mit Wirkung vom 31. Dezember 1996 aufgehoben. (1) Fassung dieses Artikels laut Art 10, Abs 1, GD 23. Oktober 1996, Nr 542, umgewandelt in G 23. Dezember 1996, Nr 649. Durch diese Vorschrift wurde lediglich der Zeitpunkt für die Aufhebung der Art 796–805 ZPO verschoben, der durch Art 8, Abs 1 GD 28. August 1995, Nr 361, das mit Abänderungen in G 27. Oktober 1995, Nr 437, umgewandelt worden ist, auf den 1. Januar 1996 festgesetzt worden war.

74. (Entrata in vigore) (1) 1. La presente legge entra in vigore il 1° settembre 1995; gli articoli dal 64 al 71 entrano in vigore il 31 dicembre 1996. (1) Articolo così sostituito dall'art. 10, co. 1, d. l. 23 ottobre 1996, n. 542, convertito con l. 23 dicembre 1996, n. 649. Con tale norma è stata unicamente così spostata la data per l'abrogazione degli artt. 796-805 c.p.c., fissata al 1° gennaio 1996 dall'art. 8, co. 1, d. l. 28 agosto 1995, n. 361, convertito con modificazioni in l. 27 ottobre 1995, n. 437.	**74. (Inkrafttreten) (1)** 1. Dieses Gesetz tritt mit dem 1. September 1995 in Kraft; die Art 64 bis 71 treten mit dem 31. Dezember 1996 in Kraft. (1) Fassung dieses Artikels laut Art 10, Abs 1, GD 23. Oktober 1996, Nr 542, umgewandelt in G 23. Dezember 1996, Nr 649. Durch diese Vorschrift wurde lediglich der Zeitpunkt für die Aufhebung der Art 796–805 ZPO verschoben, der durch Art 8, Abs 1, GD 28. August 1995, Nr 361, das mit Abänderungen in G 27. Oktober 1995, Nr 437, umgewandelt worden ist, auf den 1. Januar 1996 festgesetzt worden war.

Abgekürzte Literatur

Die untenstehende Liste enthält lediglich die aus Platzgründen abgekürzt zitierte Literatur. Weitere allgemeine Literatur zum italienischen Internationalen Privatrecht findet sich jeweils am Beginn größerer Kapitel.

Alpa/Mariconda	*Alpa/Mariconda* (Hrsg), Codice Civile Commentato, 3. Aufl, IPSOA, Milano, 2013 Zitierweise: *Bearbeiter* in Alpa/Mariconda^{3} (2013) Art, Untertitelzahl (röm), Rz
Ballarino	*Ballarino,* Diritto internazionale privato italiano, 8. Aufl, CEDAM, Padova, 2016 Zitierweise: *Ballarino*^{8} (2016) Seite
Ballarino	*Ballarino,* Diritto internazionale privato, 2. Aufl, CEDAM, Padova, 1996 Zitierweise: *Ballarino*^{2} (1996) Seite
Barel/Armellini	*Barel/Armellini,* Diritto internazionale privato, Giuffrè, Milano, 2018 Zitierweise: *Barel/Armellini* (2018) Seite
Bariatti	*Bariatti* (Hrsg), Legge 31 maggio 1995, n. 218 – Riforma del sistema italiano di diritto internazionale privato – Commentario, in Nuove leggi civ.comm. 1996, Cedam, Padova, 1996 Zitierweise: *Bearbeiter* in Bariatti, Riforma, Nuove leggi civ.comm. 1996, Art, Seite
Bonilini	*Bonilini* (Hrsg), Trattato di diritto delle successioni e donazioni, Giuffrè, Milano, 2009 Zitierweise: *Autor* in Bonilini Bandzahl (röm) (Erscheinungsjahr) Seite
Bonilini	*Bonilini* (Hrsg), Trattato di diritto di famiglia, UTET, Milano, 2016 Zitierweise: *Autor* in Bonilini famiglia Bandzahl (röm) (Erscheinungsjahr) Seite
Bonilini/Cattaneo	*Bonilini/Cattaneo* (Hrsg), Il diritto di famiglia, UTET, Milano, 2007 Zitierweise: *Autor* in Bonilini/Cattaneo Bandzahl (röm)/Unterbandzahl (arab)^{Aufl} (Erscheinungsjahr) Seite
Bonomi/Wautelet	*Bonomi/Wautelet* (Hrsg), Il regolamento europeo sulle successioni, Commentario al Reg. UE 650/2012 in vigore dal 17 agosto 2015, Giuffrè, Milano, 2015 Zitierweise: *Bearbeiter* in Bonomi/Wautelet (Erscheinungsjahr) Seite
Boschiero	*Boschiero,* Appunti sulla riforma del sistema italiano di diritto internazionale privato, Giappichelli, Torino, 1996 Zitierweise: *Boschiero* (Erscheinungsjahr) Seite

Cian/Trabucchi	*Cian/Trabucchi* (Hrsg), Commentario breve al codice civile, 10. Aufl, CEDAM, Padova, 2011 Zitierweise: *Bearbeiter* in Cian/Trabucchi^{10} (Erscheinungsjahr) Art, Untertitelzahl (röm), Rz
Cian/Trabucchi	*Cian/Trabucchi* (Hrsg), Commentario breve al codice civile, 12. Aufl, CEDAM, Padova, 2016 Zitierweise: *Bearbeiter* in Cian/Trabucchi^{12} (Erscheinungsjahr) Art, Untertitelzahl (röm), Rz
Coaccioli	*Coaccioli,* Manuale di diritto internazionale privato e processuale, I. Parte generale, Giuffrè, Milano, 2011 Zitierweise: *Coaccioli I* (Erscheinungsjahr) Seite
Conetti/Tonolo/Vismara	*Conetti/Tonolo/Vismara* (Hrsg), Manuale di diritto internazionale privato, 3. Aufl, Giuffrè, Milano, 2017 Zitierweise: *Bearbeiter* in Conetti/Tonolo/Vismara^{Aufl} (Erscheinungsjahr) Seite
Dutta	*Dutta,* EuErbVO, in Münchener Kommentar, Band 11, 7. Aufl, C.H. Beck, München, 2018 Zitierweise: *Dutta* Art EuErbVO Rz
Eccher/Schurr/Christandl	*Eccher/Schurr/Christandl* (Hrsg), Handbuch Italienisches Zivilrecht, Linde, Wien, 2009 Zitierweise: *Bearbeiter* in Eccher/Schurr/Christandl (2009) Rz
Mosconi/Campiglio I	*Mosconi/Campiglio,* Diritto internazionale privato e processuale, I. Parte generale e obbligazioni, 8. Aufl, UTET, Milano, 2017 Zitierweise: *Mosconi/Campiglio I* Aufl (Erscheinungsjahr) Seite
Mosconi/Campiglio II	*Mosconi/Campiglio,* Diritto internazionale privato e processuale, II. Statuto personale e diritti reali, 4. Aufl, UTET, Milano, 2016 Zitierweise: *Mosconi/Campiglio II* Aufl (Erscheinungsjahr) Seite
Preite	*Preite* (Hrsg), Trattato notarile, Atti notarili nel diritto comunitario e internazionale, UTET, Milano, 2011 Zitierweise: *Bearbeiter* in Preite Bandzahl (röm) (Erscheinungsjahr) Seite
Riforma	*Autor,* Riforma del sistema italiano di diritto internazionale privato – Legge 31 maggio 1995, n. 218 – Commentario, in Rivista di diritto internazionale privato e processuale, 1996 Zitierweise: *Autor,* Riforma, Riv.dir.int.priv.proc. 1996, Art, Seite
Sesta	*Sesta* (Hrsg), Codice della famiglia, 3. Aufl, Giuffrè, Milano, 2015 Zitierweise: *Bearbeiter* in Sesta^{Aufl} (Erscheinungsjahr) Art, Seite
Vitta I	*Vitta,* Diritto internazionale privato, I. Parte generale, UTET, Torino, 1972 Zitierweise: *Vitta I* (Erscheinungsjahr) Seite

Vitta II	*Vitta,* Diritto internazionale privato, II. Stato e capacità delle persone, forma degli atti, diritto di famiglia, UTET, Torino, 1973 Zitierweise: *Vitta II* (Erscheinungsjahr) Seite
Vitta III	*Vitta,* Diritto internazionale privato, III. Diritti reali – Successioni e donazioni – Obbligazioni, UTET, Torino, 1975 Zitierweise: *Vitta III* (Erscheinungsjahr) Seite
Zaccaria	*Zaccaria* (Hrsg), Commentario al diritto di famiglia, 3. Aufl, CEDAM, Padova, 2016 Zitierweise: *Bearbeiter* in Zaccaria^{Aufl} (Erscheinungsjahr) Art, Untertitelzahl (röm), Rz

§ 1 Allgemeiner Teil

A. Begriff

Literatur:

Mosconi/Campiglio I[8] (2017) 1 ff; *Coaccioli I* (2011) 6 f; *Vitta I* (1972) 8 f; *Barile,* Diritto internazionale privato, Enc.dir. Bd XII (1964) 1048 f.

Der Begriff „Internationales Privatrecht" (kurz: IPR) (*diritto internazionale privato*, kurz: *d. i. pr.*, seltener dagegen *diritto privato internazionale*)[1] bezeichnet die Gesamtheit aller Vorschriften, die auf einen **Sachverhalt mit Auslandsberührung** *(elemento di estraneità)* Anwendung finden. Dabei werden in der Lehre traditionell drei Begriffsebenen unterschieden. **1/1**

Im **herkömmlichen und engen Sinn** *(in senso stretto)* umfasst das IPR ausschließlich jene Vorschriften, die das auf einen privatrechtlichen Sachverhalt mit Auslandsberührung **anzuwendende Recht** bestimmen, unter Ausschluss der Fragen des internationalen Zivilverfahrensrechts. Das IPR im engen Sinn beantwortet somit die Frage danach, welche der verschiedenen, den Einzelfall berührenden Rechtsordnungen zur Anwendung gelangen soll. Es geht somit ausschließlich um die Frage nach dem anwendbaren Recht *(diritto applicabile)*.[2] **1/2**

Beispiel:

Ein mit einer deutschen Staatsbürgerin verheirateter italienischer Staatsbürger sieht sich mit einem Scheidungsantrag seiner Frau konfrontiert. Er möchte wissen, welches Recht auf die von seiner Frau beantragte Ehescheidung anzuwenden ist. Eine Antwort darauf gibt das IPR im engen Sinn.

Im **weiteren Sinn** *(in senso intermedio)* umfasst das IPR neben dem IPR im engen Sinne **auch das internationale Zivilverfahrensrecht**. Diesem weiteren Begriff entsprechend enthält das IPRG aus 1995 (G 31. 5. 1995, Nr 218 *Riforma del sistema italiano di diritto internazionale privato*) Bestimmungen sowohl über die Frage des auf einen Fall mit Auslandsberührung anzuwendenden materiellen Rechts als auch über die Fragen der internationalen Zuständigkeit und der Anerkennung ausländischer Urkunden und Entscheidungen (vgl § 2). **1/3**

---

1 Der Begriff *diritto internazionale privato* ist Ausdruck der in Italien gepflegten Tradition, das IPR als Teil des internationalen Rechts zu verstehen, das sich in das öffentliche internationale Recht (= Völkerrecht) und das private internationale Recht gliedert. Beide Materien werden an italienischen Universitäten in aller Regel gemeinsam unterrichtet, wodurch die enge Verbindung zwischen dem Völkerrecht und dem IPR hervorgehoben werden soll. Vgl *Mosconi/Campiglio I*[8] (2017) 2. Diese Einordnung, der zuletzt auch das *Institut de droit international* zum universitären Unterricht von Völkerrecht und IPR folgte (*The Teaching of Public and Private International Law*, 1997), ist indes insofern irreführend, als sie suggeriert, die Quellen des IPR entsprängen dem „internationalen Recht". Ebenso können durch diese „völkerrechtliche Perspektive" die gerade im Zusammenhang mit dem Problem der Qualifikation weitaus bedeutenderen Verbindungen zum materiellen Recht leicht aus den Augen geraten.

2 In der Lehre wird zutreffend darauf hingewiesen, dass richtigerweise nur von „anwendbarem Recht" *(diritto applicabile)*, nicht dagegen von „anwendbarem Gesetz" die Rede sein sollte (so auch Art 1 IPRG, Überschrift des 3. Titels IPRG). Der gemeinrechtlichen Tradition *(conflictus legum/statutorum)* folgend wird jedoch in den Bestimmungen des IPRG fast ausschließlich die Bezeichnung „anwendbares Gesetz" *(legge applicabile)* verwendet. Vgl dazu *Mosconi/Campiglio I*[8] (2017) 16 f.

1/4 Im **weitesten Sinn** *(in senso lato)* umfasst das IPR alle Vorschriften, die einen Tatbestand mit Auslandsberührung zum Gegenstand haben, der Privatpersonen betrifft. Unter diesen sehr weiten Begriff fallen somit **auch** die Vorschriften des **internationalen Straf- und Strafprozessrechts,** des internationalen **Verwaltungsrechts** und des internationalen **Steuerrechts.**[3]

1/5 Der Begriff IPR wurde erstmals vom amerikanischen Juristen *Joseph Story*[4] verwendet und hat sich im Laufe des letzten Jahrhunderts allmählich in allen kontinentaleuropäischen Rechtsordnungen gegen die frühere gemeinrechtliche Bezeichnung *conflits de lois (conflictus legum, conflitti di leggi)* durchgesetzt. Dabei ist freilich anzumerken, dass diese weit verbreitete, auch in Italien selbstverständlich verwendete Bezeichnung in zweifacher Hinsicht ungenau ist.[5] Zum einen handelt es sich nicht um internationales Recht, sondern in erster Linie um nationales (staatliches) Recht, mag es auch zum Teil völkerrechtliche Wurzeln haben[6] und gerade in jüngster Zeit vor allem durch unionsrechtliches IPR verdrängt werden.[7] Zum anderen handelt es sich nicht um Privatrecht im materiellen Sinn, sondern um **Kollisionsrecht.** Es regelt nämlich ein Rechtsverhältnis nicht inhaltlich wie materielles Recht, sondern gibt lediglich die Kriterien dafür vor, welches von verschiedenen, den Fall berührenden staatlichen Rechten auf den Fall mit Auslandsberührung Anwendung finden soll. Insofern löst das IPR im übertragenen Sinn eine „Kollision" bzw einen „Konflikt" zwischen mehreren staatlichen Rechten auf, indem es dem Rechtsanwender Kriterien zur Verfügung stellt, mittels derer das auf den konkreten Fall anzuwendende Recht auszuwählen ist. Aufgrund der so ermöglichten Auswahl des anzuwendenden Rechts wird das IPR im angloamerikanischen Raum als *choice of law* bezeichnet.

Beispiel:

Schließen ein italienischer und ein deutscher Staatsbürger in der Schweiz einen Vertrag über eine Liegenschaft, die sich in Österreich befindet, dann weist dieser Vertrag Berührungspunkte zu vier verschiedenen Rechtsordnungen auf: Italien, Deutschland, Schweiz und Österreich. Das IPR löst diesen Konflikt mehrerer den Fall berührender staatlicher Rechte, indem es Kriterien für die Auswahl des auf den konkreten Fall anzuwendenden Rechts vorgibt.

1/6 Bei den Normen des IPR *(norme del d. i. pr.)* wird häufig zwischen **Kollisionsnormen** *(norme di conflitto)* und Funktionsnormen *(norme di funzionamento)* unterschieden. Diese Unterscheidung beruht auf dem spezifischen Zweck der jeweiligen Vorschriften. Während Kollisionsnormen die Kriterien für die **Ermittlung des anzuwendenden Rechts** enthalten (Art 1 IPRG: „criteri per l'individuazione del diritto applicabile"), erfüllen **Funktionsnormen** eine Hilfsfunktion. Sie legen die allgemeinen **Anwendungsvoraussetzungen der Kollisionsnormen** fest (vgl zB Art 1, 2 und 13–19 IPRG).[8]

---

3 Der Begriff „Internationales Privatrecht" erscheint hier jedoch durchwegs unzutreffend, weshalb in der Lehre der Vorschlag gemacht wurde, in Bezug auf diese nicht privatrechtlichen Materien mit Auslandsbezug von *„diritto interno in materia internazionale"* zu sprechen. Vgl *Coaccioli I* (2011) 6 Fn 4.

4 *Joseph Story,* Commentaries on the Conflict of Laws[5] (1857) ch 1, § 9, 12.

5 Kritisch zum Begriff IPR, ohne ihn aber grundsätzlich in Frage zu stellen, vgl zB *Vitta I* (1972) 8 f; *Barile,* Diritto internazionale privato, Enc.dir. Bd XII (1964) 1048 f.

6 Der Begriff „Internationales Privatrecht" entstammt insofern der überkommenen Vorstellung, dass das IPR im Wesentlichen in der nationalstaatlichen Erfüllung völkerrechtlicher Pflichten bestehe und somit im IPR für genuin „nationales Recht" kein Platz bleibe. Vgl *Vitta I* (1972) 8 f.

7 Vgl Rz 1/45 ff.

8 *Vitta I* (1972) 246–251.

B. Interessen im IPR

Literatur:

Mosconi/Campiglio I[8] (2017) 6 ff; *Vitta,* Diritto internazionale privato, Dig.disc.priv. sez.civ. Bd VI (1990) 233 ff; *Picone,* I metodi di coordinamento tra ordinamenti nel progetto di riforma del diritto internazionale privato, in Gaja, La riforma del diritto internazionale privato e processuale (1994) 176; *Mosconi,* Oggetto e funzione, in Baratta, Diritto internazionale privato (2010) 265 ff.

I. Weshalb IPR?

Angesichts eines Sachverhalts mit Auslandsberührung könnte eine Rechtsordnung entweder grundsätzlich die Anwendung des Rechts des Gerichtsstaats (sog *lex fori*) und damit des eigenen Rechts ohne Rücksicht auf ausländische Rechte anordnen oder ein eigenes materielles Recht[9] schaffen, das auf diese Fälle anzuwenden ist.[10] Obwohl Elemente dieser extremen Lösungen in allen Rechtsordnungen vorhanden sind,[11] hat sich doch keine Rechtsordnung ausschließlich für einen dieser Wege entschieden. Der Rechts- und Wirtschaftsverkehr zwischen den Staaten verlangt nach einer Gegenseitigkeit in den Beziehungen der Staaten untereinander und somit nach einer gegenseitigen Anerkennung der anderen Rechtsordnung. In diesem Sinne führt *Savigny*, im Anschluss an *Huber* und *Voet*, die Anerkennung ausländischen Rechts auf eine auf Gegenseitigkeit beruhende **„freundliche Zulassung“** *(comitas)* der Anwendung ausländischen Rechts im Inland zurück.[12] 1/7

In der italienischen Lehre wurden in der Vergangenheit verschiedene Theorien zur Frage der Geltung ausländischen Rechts im Inland vertreten. Nach der **Rezeptionstheorie** *(teoria del rinvio materiale)* wird das ausländische Recht durch den Verweis im Kollisionsrecht Teil der italienischen Rechtsordnung. Es kommt somit zu einer Inkorporation des ausländischen Rechts, das durch das IPR zu nationalem Recht wird.[13] Nach der sog **Produktionstheorie** (teoria della produzione giuridica) ist das ausländische Recht für die inländische Rechtsordnung ein bloßes Faktum, dem über die Vorschriften des IPR die Eigenschaft als Quelle inländischer Rechtsvorschriften Geltung verschafft wird. Somit führt das IPR zur Schaffung einer mit ausländischem Recht identischen inländischen Parallelnorm. Aus diesem Grund wird das IPR nach dieser Theorie als Quelle inländischer Rechtsnormen angesehen und das ausländische Recht als Tatsache, aus der sich diese inländischen Rechtsnormen schöpfen.[14] Beide Theorien gelten heute als überholt. 1/8

Der Grund für die Geltung ausländischen Rechts wird heute in der Notwendigkeit einer **Koordinierung der Rechtsordnungen** der sich gegenseitig anerkennenden Staaten gesehen,[15] wobei ausländisches Recht solches bleibt und über das Kollisionsrecht nicht in inländisches Recht transformiert wird.[16] 1/9

Die Notwendigkeit der Anerkennung ausländischen Rechts macht somit das IPR als Rechtsanwendungsrecht erforderlich. Es gibt folglich vor, nach welchen Gesichtspunkten zu entschei- 1/10

9 So etwa nach dem Vorbild des römischen Rechts, das für den Rechtsverkehr mit oder unter Nichtbürgern das sog *ius gentium* einführte. *Kaser/Knütel,* Römisches Privatrecht[20] (2014) 36 f.

10 *Mosconi/Campiglio I*[8] (2017) 6.

11 Vgl dazu unten zu den Schranken der Anwendung ausländischen Rechts Rz 1/135 ff.

12 *Savigny,* System des heutigen Römischen Rechts VIII (1849) 45 f.

13 Vgl *Pacchioni,* Diritto internazionale privato[2] (1935) 158 ff.

14 *Ago,* Teoria del diritto internazionale privato (1934) 101 ff.

15 *Vitta,* Diritto internazionale privato, Dig.disc.priv. sez.civ. VI (1990) 233 f; *Mosconi/Campiglio I*[8] (2017) 9.

16 Vgl dazu auch unten Rz 1/122 ff.

den ist, ob auf einen bestimmten Sachverhalt mit Auslandsbezug inländisches oder ausländisches Recht zur Anwendung kommen soll. Dabei spielen unterschiedliche Interessen eine Rolle und es stellt sich die Frage der **internationalprivatrechtlichen Gerechtigkeit** *(giustizia di d. i. pr.)*. Unabhängig vom materiellen Gerechtigkeitsgehalt einer bestimmten Rechtsordnung ist nämlich für Fälle mit Auslandsberührung abstrakt und generell zu entscheiden, auf welche Elemente es gerechterweise zur Bestimmung des *richtigen* anwendbaren Rechts *(ricerca della soluzione giusta)* ankommen soll.[17] Bei der Festlegung dieser **objektiv angemessenen Lokalisierung** *(localizzazione spaziale della fattispecie)*[18] von abstrakten Tatbeständen (zB Eherecht, Ehegüterrecht, Abstammung, Erbrecht) orientiert sich der IPR-Gesetzgeber an einer Reihe unterschiedlicher Interessen, die im Folgenden näher dargestellt werden.

II. Parteiinteressen

1/11 Bei der Bestimmung der relevanten Gesichtspunkte für die Wahl des anwendbaren Rechts auf einen Sachverhalt mit Auslandsberührung ist zunächst darauf zu achten, dass die Interessen der betroffenen Parteien Berücksichtigung finden. Gerade in Rechtsbereichen, die der Person sehr nahestehen (zB Personen-, Familien- und Erbrecht), besteht das Bedürfnis, nach dem Recht jenes Staates behandelt zu werden, mit dem die Person am engsten verbunden ist. Dies wird durch Anknüpfung an die Staatsangehörigkeit, den (gewöhnlichen) Aufenthalt oder den Wohnsitz berücksichtigt.[19] Bei Verträgen wird dem Parteiinteresse dadurch Rechnung getragen, dass eine **Rechtswahl**[20] der Parteien berücksichtigt wird und im Übrigen jenes Recht zur Anwendung kommt, zu dem der Vertrag die **engste Verbindung** aufweist.[21]

III. Verkehrsinteressen

1/12 Ferner müssen die Interessen des Rechtsverkehrs berücksichtigt werden. Wenngleich jemand an einem Rechtsverhältnis nicht unmittelbar beteiligt ist, davon aber mittelbar betroffen ist, hat er ein Interesse an **Vorhersehbarkeit, Transparenz und Sicherheit des Rechtsverkehrs.**

Die Frage des auf die Form von Rechtsgeschäften anwendbaren Rechts ist aufgrund der Verkehrsinteressen stets so gelöst (Art 28, 35 Abs 3, Art 48 IPRG), dass **mehrere parallele Anknüpfungskriterien** zur Verfügung stehen, sodass es zur Stärkung der Rechtssicherheit und zur Eindämmung von Formeinwänden genügt, dass die Formvorschriften einer der berufenen Rechtsordnungen eingehalten wurden.[22] Das Parteiinteresse, wonach die Geschäftsfähigkeit stets nach der Staatsangehörigkeit beurteilt wird (Art 23 Abs 1 IPRG), wird dort durchbrochen, wo die legitimen Erwartungen der anderen Verkehrsteilnehmer verletzt würden (Art 23 Abs 2 und 3 IPRG).

---

17 *Vitta,* Diritto internazionale privato, Dig.disc.priv. sez.civ. VI (1990) 234 f; *Picone,* I metodi di coordinamento tra ordinamenti nel progetto di riforma del diritto internazionale privato, in Gaja, La riforma del diritto internazionale privato e processuale (1994) 176.

18 *Mosconi*, Oggetto e funzione, in Baratta, Diritto internazionale privato (2010) 266; *Mosconi/Campiglio I*[8] (2017) 8.

19 Zu diesen subjektbezogenen Anknüpfungskriterien vgl Rz 1/70 ff. Zum Begriff „Anknüpfungskriterium" vgl Rz 1/58 f.

20 Vgl Rz 1/85 ff.

21 Vgl dazu Kapitel Vertragsrecht Rz 9/50.

22 Zur Alternativanknüpfung vgl Rz 1/68.

IV. Ordnungsinteressen

1. Internationaler Entscheidungseinklang

Neben Partei- und Verkehrsinteressen spielen auch Ordnungsinteressen eine Rolle, da das IPR auch eine **Koordinierungsfunktion** zwischen den unterschiedlichen staatlichen Rechtsordnungen erfüllt. Diesbezüglich ist zunächst der Gesichtspunkt des internationalen Entscheidungseinklangs *(armonia o uniformità internazionale delle soluzioni)*[23] zu berücksichtigen. Da jeder Staat sein eigenes IPR hat, kommt es vor, dass derselbe Sachverhalt in Staat A dem Recht des Staates B und in Staat C dem Recht des Staates D unterliegt. Dies führt in der Folge dazu, dass derselbe Sachverhalt jeweils nach unterschiedlichen Rechten beurteilt würde und die Entscheidungen in den einzelnen Staaten in Bezug auf dasselbe Rechtsverhältnis daher potentiell zueinander im Widerspruch stehen könnten. Zur **Vermeidung widersprechender Entscheidungen** müsste das Kollisionsrecht international vereinheitlicht werden, wofür sich *Mancini* mit Nachdruck eingesetzt hat.[24] Bei der Schaffung von IPR kann es somit ein wichtiger Gesichtspunkt sein, die Kollisionsnormen möglichst so auszugestalten, dass sie dem internationalen Trend entsprechen und somit eine **Angleichung** erreicht werden kann. Auch die Berücksichtigung der Rück- und Weiterverweisung fördert den internationalen Entscheidungseinklang.[25] **Völkervertragliches und unionsrechtrechtliches Kollisionsrecht** sind aufgrund der durch sie bewirkten internationalen Vereinheitlichung am besten geeignet, diesen internationalen Entscheidungseinklang herbeizuführen. 1/13

2. Innerer Entscheidungseinklang

Der innere Entscheidungseinklang *(armonia interna delle soluzioni)* wird dadurch hergestellt, dass dieselbe Frage **von** allen italienischen **Gerichten einheitlich beurteilt** wird und widersprüchliche bzw systemwidrige Entscheidungen in der eigenen Rechtsordnung vermieden werden.[26] Dieser Entscheidungseinklang im Inneren wird im italienischen Kollisionsrecht auf unterschiedlichen Wegen erreicht. Die **Schranke des *ordre public*** *(limite dell'ordine pubblico)* vermeidet, dass Wertungen des ausländischen Rechts eindringen, die mit dem Kern der Grundsätze der italienischen Rechtsordnung unvereinbar sind.[27] **Eingriffsnormen** *(norme di applicazione necessaria)*[28] und **Exklusivnormen** *(norme di conflitto legeforiste)*[29] tragen ebenfalls zum inneren Entscheidungseinklang bei. Darüber hinaus fördert auch die selbständige Vorfragenanknüpfung *(teoria disgiunta)* den inneren Entscheidungseinklang.[30] 1/14

---

23 *Vitta,* Diritto internazionale privato, Dig.disc.priv. sez.civ. VI (1990) 236 f; *Mosconi*, Oggetto e funzione, in Baratta, Diritto internazionale privato (2010) 265.

24 Vgl dazu Rz 1/23.

25 *Ballarino*[2] (1996) 249.

26 *Coaccioli I* (2011) 62 ff.

27 Vgl dazu Rz 1/137 ff.

28 Vgl dazu Rz 1/146 ff.

29 Vgl dazu Rz 1/56.

30 Vgl dazu Rz 1/105 f.

V. Weitere Interessen

1/15 Weitere relevante Interessen bei der Ausgestaltung von Kollisionsnormen können die **Rechtssicherheit** und **materiellrechtliche Gesichtspunkte** sein. Wenn ein Anknüpfungskriterium (zB der gewöhnliche Aufenthalt oder die Staatsangehörigkeit) an einem bestimmten Zeitpunkt festgemacht wird, kann ein wandelbares Statut vermieden und die damit verbundene Rechtsunsicherheit ausgeschlossen werden.

Die persönlichen Ehewirkungen unterliegen gem Art 29 IPRG stets dem Recht der gemeinsamen Staatsangehörigkeit der Ehepartner. Wechseln die Ehepartner ihre Staatsangehörigkeit (zB zwei ausländische Staatsangehörige nehmen die italienische Staatsangehörigkeit an), ändert sich damit auch das Ehestatut, dh das auf die Ehe anwendbare Recht.

1/16 **Materielle Interessen** können ebenso die Wahl des Anknüpfungskriteriums beeinflussen.[31] Die Bestimmung des anwendbaren Rechts wird somit nicht durch die Lokalisierung eines Rechtsverhältnisses und dessen räumliche Zuordnung zu einer bestimmten Rechtsordnung erreicht, sondern vom Inhalt der in Frage kommenden Rechtsordnungen abhängig gemacht. Es kommt schließlich jenes Recht zur Anwendung, das ein gewisses materielles Interesse **am besten erfüllt.**

Art 33 Abs 1 und 2 und Art 35 Abs 1 IPRG geben unter mehreren möglichen anwendbaren Rechten jeweils jenem Recht Vorrang, das die Feststellung der Kindschaft ermöglicht. Das damit verfolgte materielle Interesse wird als ***favor filiationis*** bezeichnet. Zum Teil macht der Gesetzgeber die Wahl des „besseren Rechts *(better law)*" auch von der Entscheidung (Rechtswahl) der Parteien abhängig (zB im Ehegüterrecht Art 30 Abs 1 IPRG, im Erbrecht Art 46 Abs 2 IPRG, im außervertraglichen Haftungsrecht Art 62 Abs 1 IPRG).[32] Ein weiterer Bereich von materiellrechtlich ausgerichteten Kollisionsnormen findet sich in Bezug auf Formfragen. Dort setzt sich das Interesse des ***favor validitatis*** durch (Eheschließung Art 28 IPRG, Form der Anerkennung von Kindern Art 35 Abs 3 IPRG, Testamentsform Art 48 IPRG, Schenkungsform Art 56 Abs 3 IPRG). Schließlich werden materielle Gesichtspunkte auch von Exklusivnormen berücksichtigt: Anwendung italienischen Rechts, wenn das ausländische Recht die Scheidung/Trennung nicht vorsieht, Art 31 Abs 2 IPRG.

C. Historische Entwicklung

Literatur:

*Ballarino*² (1996) 17 ff; *Barel/Armellini* (2018) 20 ff; *Vitta I* (1972) 25 ff; *Bariatti* in Bariatti, Riforma, Nuove leggi civ.comm. 1996, Art 1, 877 ff; *Boschiero* (1996) 3 ff.

I. Anfänge des modernen IPR

1/17 Die Wiege des modernen IPR befindet sich im **oberitalienischen Raum des Mittelalters.** Dort drängten sich zahlreiche mit eigenem Recht (sog ***statutum***) ausgestattete Stadtstaaten dicht nebeneinander, sodass mit zunehmendem Wirtschafts- und Personenverkehr alsbald die Frage

---

31 Vgl zu diesem an materiellen Gesichtspunkten orientierten Ansatz mit besonderem Bezug zur IPR-Reform *Picone,* I metodi di coordinamento tra ordinamenti nel progetto di riforma del diritto internazionale privato, in Gaja, La riforma del diritto internazionale privato e processuale (1994) 209 ff.

32 Vgl zur Rechtswahl Rz 1/85 ff.

aufkam, ob die eigenen Gerichte auch über Stadtfremde entscheiden konnten. Daran schloss sich unmittelbar die Frage an, ob Stadtfremde auch dem eigenen Recht unterworfen waren.[33]

Das römische Recht, an das man sich neben den Stadtrechten subsidiär weiterhin gebunden fühlte, gab darauf keine Antwort. Lediglich einer Textstelle eines Gesetzes des Kaisers Theodosius I. aus dem Jahr 380 n Chr ließ sich entnehmen, dass ein Kaiser nur über seine Untertanen befehlen könne.[34] Dazu merkte **Accursius** (~1182–1263), der Autor der *Glossa ordinaria*, zum *Corpus Iuris Civilis* an, dass ein Bologneser, der in Modena vor Gericht geladen werde, nicht nach den Statuten von Modena beurteilt werden dürfe, weil er diesen nicht unterworfen sei.[35] Entsprechend zog man den Schluss, dass sowohl der streitigen Gerichtsbarkeit als auch dem **Recht eines Stadtstaats nur Angehörige dieser Stadt unterworfen** seien. In der Praxis führte dies freilich häufig zur Anwendung fremder Stadtrechte, selbst dann, wenn dies den Umständen des Einzelfalls nicht gerecht wurde. **1/18**

Dem bereits ein halbes Jahrhundert davor ergangenen Rat des Glossators **Aldricus** (um 1160) folgend, lag es an den Gerichten selbst, das jeweils **bessere und nützlichere Recht** *(potior et utilior)* zu **wählen.** Dieser frühe sog *better law approach* ließ erste differenziertere IPR-Regeln aufkeimen, die sich bald verbreiteten und durch die Kommentatoren *Baldus* und *Bartolus* verfestigten. Der französische Jurist *D'Argentré* trug wesentlich zur Weiterentwicklung dieser Regeln bei und brach sie auf die Einteilung *statuta personalia*, *realia* und *mixta* herunter. Je nach Inhalt wurde eine Rechtsvorschrift einem dieser *statuta* zugeordnet und entsprechend das anzuwendende Recht bestimmt (**Statutentheorie**). In persönlichen Angelegenheiten war etwa das Recht des Gebiets anzuwenden, dem der Fremde angehörte, während bei Angelegenheiten, die bewegliche oder unbewegliche Sachen betrafen, das Recht am Belegenheitsort zur Anwendung gelangen sollte. Dies führte freilich dazu, dass Gerichte bei Auslandsberührungen nicht selten aufgrund fremden Rechts entscheiden sollten. Die niederländischen Juristen *Paul Voet*, sein Sohn *Johannes Voet* und *Ulrich Huber* wandten sich daher im 17. Jh der Frage zu, ob inländische Gerichte überhaupt verpflichtet seien, ausländisches Recht anzuwenden. Mit Rücksicht auf die Souveränität der Staaten wurde dies verneint, jedoch auf ein Entgegenkommen zwischen den Staaten *(comitas gentium)* verwiesen, das die Anwendung auch fremden Rechts im Inland begründen könne. **1/19**

II. Überwindung der Statutenlehre und Universalismus

Diesem Gedanken der *comitas* zwischen den Staaten folgte auch **Friedrich Carl von Savigny** (1779–1861), der gemeinsam mit **Carl Georg von Wächter** (1797–1880) als Überwinder der Statutenlehre gilt. *Savigny* löste seinen Blick vom Inhalt der Rechtsvorschriften und ihrem räumlichen und subjektiven Anwendungsbereich, indem er das Hauptaugenmerk auf das Rechtsverhältnis mit Auslandsberührung legte.[36] Auf dieses solle dasjenige Recht angewendet werden, **1/20**

33 *Ballarino*² (1996) 17–25; *Barel/Armellini* (2018) 20–32; *Kegel/Schurig,* Internationales Privatrecht⁹ (2004) 166–203.

34 Kaiser Theodosius I. verordnete in C 1,1,1 all jenen, die ihm Untertan waren, die christliche Religion.

35 *„Argumentum quod si Bononiensis conveniatur Mutinae, non debet iudicari secundum statuta Mutinae, quibus non subest".*

36 *Savigny,* System des heutigen Römischen Rechts VIII (1849) § 344. Insofern wurde auch von einer „kopernikanischen Wende" im IPR gesprochen: *Neuhaus,* Die Grundbegriffe des Internationalen Privatrechts (1976) 94.

dem es „seiner eigenthümlichen Natur nach angehört oder unterworfen ist (worin dasselbe seinen Sitz hat)".[37]

1/21 Die Frage nach dem anzuwendenden Recht beantwortet nach Ansicht *Savignys* zwar jeder Staat autonom, die Anwendung ausländischen Rechts könne aber trotz der Souveränität der Staaten aufgrund der Vorteilhaftigkeit der völkerrechtlichen Gemeinschaft nicht schlechthin ausgeschlossen werden. Daraus wird aber auch deutlich, dass das IPR nicht länger als universell geltendes Überrecht oder Völkerrecht verstanden wurde. Gegen das ursprünglich in der Wissenschaft entstandene IPR mit universellem Geltungsanspruch setzte sich so das Konzept eines **autonomen** (nationalen) **IPR** durch.

1/22 Eine Vorreiterrolle in der Entwicklung des nationalen IPR auf dem europäischen Kontinent übernahm der italienische Jurist **Pasquale Stanislao Mancini** (1817–1888).[38] Sein Beitrag bestand insbesondere darin, dem Zeitgeist entsprechend die Nation in den Mittelpunkt des IPR zu stellen und die **Nationalität *(nazionalità)***[39] zum entscheidenden Merkmal für die Anwendung eines bestimmten Rechts zu erheben. Von seinem theoretischen Ansatz her fiel er jedoch hinter *Savigny* zurück, da er nach dem Vorbild der im Grunde bereits überwundenen Statutentheorie neuerlich vom Inhalt bestimmter Normen auf deren Anwendungsbereich schloss.[40] So unterschied er Normen des sog **unabdingbaren Privatrechts** (zB Personen-, Familien- und Erbrecht), die in der Begriffswelt *Mancinis* den Spiegel der **Nationalität** darstellten. Für sie wollte er am Recht der Staatsangehörigkeit des Betroffenen anknüpfen. Beim **dispositiven Privatrecht** (etwa Vertragsrecht) sollte es dagegen in erster Linie auf den **Willen der Parteien** ankommen, womit *Mancini* auch als einer der frühen Verfechter der Privatautonomie im IPR gilt.[41] Die Vorschriften des öffentlichen Rechts und die öffentliche Ordnung waren für *Mancini* dagegen Ausdruck der Souveränität eines Staates und mussten daher für alle Personen auf dem gesamten Staatsgebiet gelten.[42]

1/23 *Mancini* erachtete dieses von ihm entwickelte System als Ausdruck von naturrechtlichen Grundsätzen universeller Geltung, die von allen Gesetzgebern befolgt werden sollten. Vor diesem Hintergrund wird *Mancinis* Bestreben, seine Grundsätze auf höherer Ebene zu verankern, leicht verständlich. Seit 1867 setzte er sich daher für die **Vereinheitlichung des IPR** auf internationaler Ebene ein. Das *Institut de droit international* befasste sich im Jahr 1874 in seiner ers-

37 *Vitta I* (1972) 25.

38 Für eine ausführliche Auseinandersetzung mit den Ideen Mancinis *Jayme*, Pasquale Stanislao Mancini. Internationales Privatrecht zwischen Risorgimento und praktischer Jurisprudenz (1980); *Nishitani,* Die Rechtswahlfreiheit im kollisionsrechtlichen System Mancinis, JahrbItR 14 (2001) 168–177; *von Bar/Mankowski,* Internationales Privatrecht I² (2003) 517–522; *Tonolo,* L'Italia e il resto del mondo nel pensiero di Pasquale Stanislao Mancini, Cuadernos de Derecho Transnacional 2011, N° 2, 178–192.

39 Die Nationalität ergebe sich aus dem Nationalbewusstsein einer Gemeinschaft von Menschen eines bestimmten Territoriums, mit gemeinsamer Herkunft, gemeinsamen Sitten und gemeinsamer Sprache. *Nishitani,* Die Rechtswahlfreiheit im kollisionsrechtlichen System Mancinis, JahrbItR 14 (2001) 168. Erst als im Zuge der Kodifikation des italienischen IPR die Nationalität in ein praktikables Kriterium verwandelt werden musste, wurde daraus die Staatsangehörigkeit. Vgl *Tonolo,* L'Italia e il resto del mondo nel pensiero di Pasquale Stanislao Mancini, Cuadernos de Derecho Transnacional 2011, N° 2, 180 ff.

40 *Jayme,* Pasquale Stanislao Mancini. Internationales Privatrecht zwischen Risorgimento und praktischer Jurisprudenz (1980) 10 f; *Nishitani,* Die Rechtswahlfreiheit im kollisionsrechtlichen System Mancinis, JahrbItR 14 (2001) 175 f.

41 *Nishitani,* Die Rechtswahlfreiheit im kollisionsrechtlichen System Mancinis, JahrbItR 14 (2001) 177 ff.

42 *Mancini,* Della nazionalità come fondamento del diritto delle genti (1851).

ten Sitzung mit diesem Anliegen. Auch als Außenminister des Königreichs Italien setzte sich *Mancini* auf diplomatischer Ebene für die Vereinheitlichung des IPR ein.[43] Wenngleich dieses Ziel erst nach seinem Tod in Einzelbereichen erreicht werden konnte, bleibt *Mancini* einer der großen Vordenker des modernen IPR in Europa.

III. Die erste Kodifikation des IPR in Italien

Bis 1865 war das italienische IPR im Wesentlichen das Ergebnis eines Zusammenspiels von Wissenschaft und Rechtsprechung. Dies sollte sich mit der Einigung Italiens im Jahr 1861 *(risorgimento)* ändern. Gelegenheit dafür bot der für das gesamte Königreich Italien im Jahr 1865 erlassene *Codice civile*, in dessen Einführungsbestimmungen *(disposizioni sulla pubblicazione, interpretazione ed applicazione delle leggi in generale,* kurz: ***preleggi***) das IPR erstmals in Europa umfassend kodifiziert wurde.[44] Vordenker und Verfasser dieser Bestimmungen (Art 6–12) war *Mancini*, der als Berichterstatter vor dem italienischen Parlament das Gesetzesvorhaben verteidigte und damit wesentlichen Einfluss auf dessen inhaltliche Ausgestaltung ausübte. **1/24**

Persönliche Angelegenheiten (Rechtsstellung, Rechts- und Handlungsfähigkeit sowie Familienrecht) wurden so dem **Heimatrecht** *(legge nazionale)* und damit dem Recht jenes Staates unterstellt, dem der Betroffene angehörte (Art 6). Dasselbe galt auch für bewegliche Sachen, sofern das Recht des Staates, in dem sie sich befanden, nichts Anderes vorsah (Art 7). Auch das Erbrecht wurde dem Personalstatut unterstellt (Art 8); ebenso Schenkungen und unter gewissen Umständen auch die Form letztwilliger und lebzeitiger Verfügungen (Art 9). **1/25**

Art 6 Lo stato e la capacità delle persone, ed i rapporti di famiglia, sono regolati dalla legge della nazione a cui esse appartengono.	Art 6 Die Rechtsstellung und die Fähigkeit der Personen sowie die Familienbeziehungen unterliegen dem Recht des Staates, dem sie angehören.
Art 7 I beni mobili sono soggetti alla legge della nazione del proprietario, salve le contrarie disposizioni della legge del paese nel quale si trovano. I beni immobili sono soggetti alle leggi del luogo dove sono situati.	Art 7 Die beweglichen Sachen unterliegen dem Recht des Staates des Eigentümers, vorbehaltlich anderslautender Vorschriften des Staates, in dem sie sich befinden. Die unbeweglichen Sachen unterliegen dem Recht des Staates, in dem sie sich befinden.
Art 8 Le successioni legittime e testamentarie però, sia quanto all'ordine di succedere, sia circa la misura dei diritti successorii e l'intrinseca validità delle disposizioni, sono regolate dalla legge nazionale della persona, della cui eredità si tratta, di qualunque natura siano i beni ed in qualunque paese si trovino.	Art 8 Die gesetzliche und die testamentarische Erbfolge aber unterliegen sowohl in Bezug auf die Erbordnung als auch in Bezug auf den Umfang der Erbansprüche und die inhaltliche Gültigkeit der Verfügungen dem Recht des Staates der Person, um deren Nachlass es sich handelt, unabhängig davon welcher Art die Vermögensgegenstände sind und in welchem Staat auch immer sie sich befinden.

43 *Vitta I* (1972) 41 f.

44 *Vitta I* (1972) 36; *Quadri,* Disposizioni sulla legge in generale. Dell'applicazione della legge in generale Art 16–21, in Scialoja/Branca (Hrsg), Commentario del Codice civile (1978) 58. Vereinzelte Vorschriften finden sich indes bereits in früheren Kodifikationen, etwa im Bayerischen Gesetzbuch (1756), im Preußischen Allgemeinen Landrecht (1794), im Code civil (1804), im ABGB (1811), im griechischen Bürgerlichen Gesetzbuch (1856) und im Sächsischen Gesetzbuch (1863).

Art 9 Le forme estrinseche degli atti tra vivi e di ultima volontà sono determinate dalla legge del luogo in cui sono fatti. È però in facoltà dei disponenti o contraenti di seguire le forme della loro legge nazionale, purché questa sia comune a tutte le parti.
La sostanza e gli effetti delle donazioni e delle disposizioni di ultima volontà si reputano regolati dalla legge nazionale dei disponenti. [...]

Art 9 Die äußeren Formen der lebzeitigen und letztwilligen Rechtshandlungen unterliegen dem Recht des Ortes, an dem sie vorgenommen wurden. Es steht den Vertragsparteien oder Verfügenden jedoch frei, die Formen ihres Heimatrechts zu wählen, soweit dieses allen Parteien gemeinsam ist.
Der Inhalt und die Wirkungen der Schenkungen und der letztwilligen Verfügungen unterliegen dem Heimatrecht der Verfügenden.

1/26 Im **Schuldrecht** galt der Grundsatz der **Privatautonomie.** Den Parteien wurde die Befugnis eingeräumt, das anwendbare Recht selbst zu bestimmen. Darin wird das klare Bekenntnis *Mancinis* zur Privatautonomie im IPR deutlich.[45] In Ermangelung eines anderslautenden Willens sollte das Recht des Orts der Vornahme *(lex loci contractus)* angewandt werden, es sei denn, beide Vertragspartner gehörten derselben ausländischen Rechtsordnung an. In diesem Fall galt das jeweilige ausländische Recht.

Art 9 [...] La sostanza e gli effetti delle obbligazioni si reputano regolati dalla legge del luogo in cui gli atti furono fatti, e se i contraenti stranieri appartengono ad una stessa nazione, dalla loro legge nazionale. È salva in ogni caso la dimostrazione di una diversa volontà.

Art 9 [...] Der Inhalt und die Wirkungen der schuldrechtlichen Verbindlichkeiten unterliegen dem Recht des Orts, an dem sie vorgenommen wurden, und wenn die Vertragsparteien demselben Staat angehören, ihrem Heimatrecht. Der Beweis eines abweichenden Willens bleibt jedenfalls vorbehalten.

1/27 Im **öffentlichen Recht** (Verfahrensrecht, Art 10; Strafrecht, Polizeirecht, öffentliche Sicherheit, Art 11; Verbotsgesetze, *ordre public* und gute Sitten, Art 12) galt der **Territorialitätsgrundsatz.** Wer sich im Königreich Italien befand, unterlag somit in Bezug auf das öffentliche Recht den öffentlichen Rechtsvorschriften dieses Staates.

Art 10 La competenza e le forme dei procedimenti sono regolate dalla legge del luogo in cui segue il giudizio.
I mezzi di prova delle obbligazioni sono determinati dalle leggi del luogo in cui l'atto fu fatto.
Le sentenze pronunziate da autorità straniere nelle materie civili avranno esecuzione nel regno, quando siano dichiarate esecutive nelle forme stabilite dal codice di procedura civile, salve le disposizioni delle convenzioni internazionali.
I modi di esecuzione degli atti e delle sentenza sono regolati dalla legge del luogo in cui si procede all'esecuzione.

Art 10 Die Zuständigkeit und die Formen der Verfahren unterliegen dem Recht des Orts, an dem das Verfahren läuft.
Die Beweismittel im Schuldrecht sind vom Recht jenes Ortes zu bestimmen, an dem die Rechtshandlung vorgenommen wurde.
Die von ausländischen Behörden erlassenen Urteile in Zivilsachen werden im Königreich vollstreckt, wenn sie nach Maßgabe der ZPO für vollstreckbar erklärt wurden, vorbehaltlich der Vorschriften internationaler Übereinkommen.

Art 11 Le leggi penali e di polizia e sicurezza pubblica obbligano tutti coloro che si trovano nel territorio del regno.

Art 11 Die Straf- und Polizeigesetze sowie die Vorschriften der öffentlichen Sicherheit sind für alle, die sich auf dem Gebiet des Königreichs befinden, verbindlich.

45 *Nishitani,* Die Rechtswahlfreiheit im kollisionsrechtlichen System Mancinis, JahrbItR 14 (2001) 178 ff.

Art 12 Non ostante le disposizioni degli articoli precedenti, in nessun caso gli atti e le sentenze di un paese straniero, e le private disposizioni e convenzioni potranno derogare alle leggi proibitive del regno che concernano le persone, i beni o gli atti, né alle leggi riguardanti in qualsiasi modo l'ordine pubblico ed il buon costume.

Art 12 Ungeachtet der vorangehenden Vorschriften dürfen die Akte und Urteile eines ausländischen Staats und die privaten Verfügungen und Übereinkommen in keinem Fall die Verbotsgesetze des Königreichs verletzen, die Personen, Güter und Akte betreffen, noch dürfen sie gegen Gesetze verstoßen, die in irgendeiner Weise die öffentliche Ordnung oder die guten Sitten betreffen.

Mit diesem großen Wurf traf *Mancini* den Nerv der Zeit. Das erstmals umfassend geregelte IPR Italiens entsprach einerseits dem **nationalistischen Zeitgeist** in Europa, da es die Nation mit der Staatsangehörigkeit zu einem Hauptanknüpfungskriterium erhob, und wurde gleichzeitig der **liberalistischen Grundtendenz** des ausgehenden 19. Jh gerecht, indem die Parteiautonomie zumindest im Schuldrecht in den Vordergrund gestellt wurde. **1/28**

Der große Erfolg der Lehre *Mancinis* im Ausland war aber besonders darauf zurückzuführen, dass er einen internationalen Zugang wählte, indem er versuchte, die Interessen des Inlands und des Auslands in gleichem Maße zu berücksichtigen. Die von ihm ersonnenen Kollisionsnormen unterschieden nicht zwischen inländischem und ausländischem Recht.[46] Es handelt sich insofern um **vollkommene oder allseitige Kollisionsnormen** *(norme bilaterali perfette)*, die in gleichem Maße inländisches oder fremdes Recht zur Anwendung berufen. Dieser Universalismus kennzeichnet das italienische IPR bis auf den heutigen Tag. **1/29**

Trotz des Modellcharakters, den das italienische IPR in der zweiten Hälfte des 19. Jh in Europa genoss, verlor es bald an Anziehungskraft, da gegen Ende des Jahrhunderts eine Reihe weiterer, inhaltlich bereits modernerer Kodifikationen in Europa folgten. Dennoch verspürte man in Italien zunächst keinen Reformbedarf. Erst die **Reform des ZGB** wurde zum Anlass genommen, um auch die kollisionsrechtlichen Vorschriften zu überarbeiten. Zu einer grundsätzlichen Reform kam es indes nicht. Vielmehr setzte das IPR des Jahres **1942** mit **vereinzelten Änderungen** (etwa in Bezug auf bewegliche Sachen, die nunmehr der *lex rei sitae* unterlagen) das System des Jahres 1865 fort. Insbesondere wurde am Hauptkriterium der Staatsangehörigkeit für die Wahl des anwendbaren Rechts sowie an der gleichberechtigten Berufung von ausländischem und inländischem Recht festgehalten.[47] Schließlich blieb die italienische IPR-Regelung mit 15 Bestimmungen weiterhin überschaubar kurz, wodurch freilich einerseits der breite Interpretationsspielraum zugunsten der Flexibilität der Vorschriften erhalten blieb, gleichzeitig aber auch die Rechtssicherheit in vielen Fragen litt. **1/30**

IV. Reform des italienischen IPR

Bereits zwei Jahrzehnte nachdem das neue ZGB in Kraft getreten war, wurden in der Literatur Stimmen für eine grundlegende Reform des im Wesentlichen immer noch aus dem Jahr 1865 stammenden IPR laut. Aus der Mitte der 60er Jahre des 20. Jh stammen die von *Edoardo Vitta* **1/31**

46 *Vitta I* (1972) 37.
47 *Vitta I* (1972) 40 f.

vorbereiteten ersten Vorentwürfe[48] für eine Reform des IPR.[49] Durch diese wurde eine über 30 Jahre anhaltende Reformdiskussion angestoßen, die im Jahr **1985** durch Einsetzung einer **Expertenkommission** des Justizministeriums unter dem Vorsitz von *Riccardo Monaco* offiziellen Charakter erhielt. Ihr Auftrag bestand darin, das System des italienischen IPR den inzwischen geänderten verfassungsrechtlichen, gesetzlichen, internationalen und europäischen Rahmenbedingungen anzupassen.[50] Nach fast fünfjähriger Arbeit wurden im Jahr 1989 die Ergebnisse dieser Kommission in Form eines ausformulierten Gesetzesvorschlags präsentiert, der mit wenigen Änderungen im Jahr **1993** von der Regierung als **Gesetzesentwurf Nr 1192** beim Senat eingebracht wurde. Nach der vorzeitigen Auflösung des Parlaments im Frühjahr 1994 wurde der Entwurf erneut beim Senat eingebracht und im September 1994 von diesem verabschiedet. Die Abgeordnetenkammer verabschiedete den Entwurf mit einigen Änderungen, die der Senat schließlich bestätigte. Das **Gesetz Nr 218 vom 31. 5. 1995** mit dem Titel **Reform des italienischen Systems des internationalen Privatrechts** *(Riforma del sistema italiano di diritto internazionale privato)*[51] trat somit zum überwiegenden Teil am 1. 9. 1995 in Kraft.[52]

1/32 Die **Gründe für die Reform** waren zahlreich: Italien hatte sich von einem Auswanderungsland zu einem Einwanderungsland gewandelt. Dadurch stellte sich verstärkt die Frage nach der Integration von Immigranten und deren rechtlicher Behandlung, die auch im IPR einer Verbesserung bedurfte.[53] Es hatte sich zwischenzeitlich aber auch die Gesellschaft tiefgreifend verändert und mit ihr das Recht.[54] Gerade im Familienrecht wurden diese Veränderungen deutlich und erzeugten auch im IPR Lücken. Als im Jahr 1970 die Ehescheidung eingeführt wurde, versäumte es der Gesetzgeber, diesbezüglich auch entsprechende Kollisionsnormen zu schaffen. Auch die große Reform des Familienrechts im Jahr 1975 wurde nicht von einer Reform des einschlägigen IPR flankiert. Dies rief den VfGH auf den Plan, da Bestimmungen des IPR unter Verletzung des Gleichheitsgrundsatzes dem Statut des Ehemannes Vorrang gegenüber jenem der Ehefrau einräumten. In der Folge wurden Art 18, 19 und 20 der Vorgesetze über die persönlichen Wirkungen der Ehe und die Kindschaft wegen Ungleichbehandlung der Ehefrau für verfassungswidrig erklärt und aufgehoben.[55] Schließlich waren in der zweiten Hälf-

---

48 Dieser Entwurf wurde veröffentlicht: *ISLE* (Hrsg), Prospettive del diritto internazionale privato. Un simposio (1968) 1 ff.

49 *Bariatti* in Bariatti, Riforma, Nuove leggi civ.comm. 1996, Art 1, 877 ff; *Pocar*, Riforma, Riv.dir.int.priv. proc. 1996, Art 1, 907 f.

50 Relazione al disegno di legge n. 1192 „Riforma del sistema italiano di diritto internazionale privato", in Pocar, Il nuovo diritto internazionale privato italiano² (2002) 154 f.

51 Zur Reform vgl *Bariatti* in Bariatti, Riforma, Nuove leggi civ.comm. 1996, Art 1, 877 ff; *Pesce,* Die Reform des italienischen Internationalen Privat- und Verfahrensrechts, RIW 1995, 977 ff; *Maglio/Thorn,* Neues Internationales Privatrecht in Italien, ZfVglRWiss 1997/4, 347 ff; *Giardina,* Il nuovo diritto internazionale privato, Notariato 1995, 437 ff; *Conetti,* La riforma del diritto internazionale privato e processuale civile internazionale, Stud.iur. 1995, 1 ff.

52 Dagegen trat Titel IV über die Anerkennung ausländischer Entscheidungen und Urkunden erst mit 31. 12. 1996 in Kraft.

53 *Bariatti* in Bariatti, Riforma, Nuove leggi civ.comm. 1996, Art 1, 878 f.

54 Insofern wurde das bis dahin geltende IPR als veraltet und überholt angesehen. *Boschiero* (1996) 11.

55 VfGH 26. 2. 1987, Nr 71 (Art 18); VfGH 10. 12. 1987, Nr 477 (Art 20); zuletzt wurde Art 19 (güterrechtliche Wirkungen der Ehe) auch für Altfälle wegen Geschlechterdiskriminierung für verfassungswidrig erklärt: VfGH 4. 7. 2006, Nr 254. Zu den verfassungsrechtlichen Gründen der Reform *Boschiero* (1996) 3 ff. Grundlegend zu Verfassung und IPR *Ballarino,* Costituzione e diritto internazionale privato (1974).

te des 20. Jh auch eine Vielzahl bedeutender internationaler Übereinkommen geschlossen worden, an die das italienische IPR angepasst werden sollte.[56]

Die Reform hat eine **grundlegende Erneuerung** des italienischen IPR bewirkt. Das neue Gesetz ist mit 74 Artikeln nicht nur wesentlich umfangreicher und detaillierter als die abgeschaffte Regelung in den Vorgesetzen zum ZGB, sondern es enthält nun auch das internationale Zivilprozessrecht und folgt in seinem **Aufbau** einer klaren Systematik. Diese stellt Fragen der gerichtlichen Zuständigkeit an den Beginn (Art 3–12) und lässt dann dem allgemeinen Teil des IPR (Art 13–19) einen detaillierten besonderen Teil (Art 20–63) folgen. Abgeschlossen wird das Gesetz durch Bestimmungen über die Anerkennung ausländischer Entscheidungen und Urkunden (Art 64–71) sowie durch Übergangsbestimmungen (Art 72–74). **1/33**

Inhaltlich beschränkte sich die Reform nicht bloß darauf, vormals bestehende Lücken zu füllen, sondern beschritt auch in grundsätzlichen Fragen **neue Wege**. Fragen der internationalen Zuständigkeit wurden etwa aus der ZPO in das Reformgesetz überführt und inhaltlich teilweise neu geregelt. Die Anknüpfungskriterien im Kollisionsrecht wurden erweitert, flexibler ausgestaltet[57] und stärker an materiellen Gesichtspunkten orientiert,[58] wenngleich der Gesetzgeber insgesamt an der Staatsangehörigkeit als Hauptkriterium festgehalten hat.[59] Beispielhaft sei etwa Art 35 über die Anerkennung nichtehelicher Kinder genannt, für welche im Günstigkeitsvergleich an jenem Recht anzuknüpfen ist, das für das Kind vorteilhaftere Bedingungen vorsieht. Im allgemeinen Teil der Bestimmungen über das anwendbare Recht wurde, im Gegensatz zur bisherigen Regelung (Art 30 Vorgesetze), das Prinzip der Gesamtverweisung aufgenommen, wonach Rück- und Weiterverweisung unter bestimmten Voraussetzungen berücksichtigt werden (Art 13). **1/34**

D. Rechtsquellen

Literatur:

Mosconi/Campiglio I^8 (2017) 28 ff; *Boschiero* (1996) 20 ff; *Bariatti,* Diritto internazionale privato dell'Unione Europea, in Baratta, Diritto internazionale privato (2010) 132 ff; *Bariatti* in Bariatti, Riforma, Nuove leggi civ. comm. 1996, Art 1, 886 ff.

I. Innerstaatliches Recht

Hauptquelle des autonomen italienischen IPR *(fonti interne di diritto internazionale privato)* ist das **Gesetz Nr 218 v 31. 5. 1995** idgF. Es gelangt immer dann zur Anwendung, wenn für den in Frage stehenden Sachverhalt weder Kollisionsrecht der Europäischen Union noch staatsvertragliches Kollisionsrecht (Art 2 IPRG) vorliegt. Insofern tritt das autonome italienische IPR **1/35**

56 *Boschiero* (1996) 11 ff.

57 Dies geschah einerseits durch flexiblere Anknüpfungskriterien wie den „Mittelpunkt des Ehelebens" in Art 29 Abs 2 IPRG, andererseits aber auch durch eine Vielzahl von Alternativanknüpfungen. Vgl *Pocar,* Riforma, Riv.dir.int.priv.proc. 1996, Art 1, 911.

58 *Bariatti* in Bariatti, Riforma, Nuove leggi civ.comm. 1996, Art 1, 883; *Lupone,* Diritto internazionale privato (disp. gen.), Enc.dir. Agg V (2001) 390.

59 *Mosconi/Campiglio* I^8 (2017) 14 f.

hinter die übrigen Quellen des IPR zurück und kommt somit lediglich **subsidiär zur Anwendung**. Im Bereich des Seerechts wird das autonome IPR durch die kollisionsrechtlichen Bestimmungen in den Vorgesetzen zum Seerechtsgesetzbuch *(Codice della navigazione)* ergänzt (Art 5–14),[60] soweit diese nicht auch durch staatsvertragliche Kollisionsnormen verdrängt werden.

1/36 Neben bloßen Kollisionsnormen kennt das italienische Recht auch **IPR-Sachnormen** *(norme di diritto internazionale privato materiale)*, die gleichzeitig als Kollisions- und Sachnorm fungieren und somit eine Doppelfunktion erfüllen. Dabei handelt es sich durchwegs um einseitige Kollisionsnormen mit Rechtsfolgenanordnung, weil sie durch Bezug auf konkrete Bestimmungen des italienischen Rechts ausschließlich das allenfalls anwendbare ausländische Recht ausschließen. Aufgrund dieses Vorrangs qualifiziert die Lehre diese Bestimmungen häufig auch als Eingriffsnormen gem Art 17 IPRG.[61]

Beispiele für solche IPR-Sachnormen sind Art 115 (Eheschließung des italienischen Staatsbürgers im Ausland) und 116 ZGB (Eheschließung des ausländischen Staatsbürgers im Inland),[62] Art 2507–2510 im Bereich des internationalen Gesellschaftsrechts sowie Art 29 ff AdoptionsG.[63] Dagegen ist etwa Art 3 Nr 2 e des Scheidungsgesetzes (Gesetz Nr 898 v 1. 12. 1970) eine bloße Sachnorm mit Auslandsbezug, da sie sich darauf beschränkt, die Aufhebung oder Auflösung der Ehe durch den ausländischen Ehepartner im Ausland oder die Eingehung einer neuen Ehe im Ausland als Scheidungsgrund anzuführen und damit die Anwendung italienischen Scheidungsrechts voraussetzt.

1/37 Soweit das IPRG **Lücken** aufweist, sind diese von der Rechtsprechung im Wege der **Analogie** bzw auf der Grundlage der **allgemeinen Prinzipien** der Rechtsordnung zu füllen (Art 12 Abs 2 Vorgesetze). Solche Lücken bestehen etwa im Zusammenhang mit den allgemeinen Lehren des IPR, die der Reformgesetzgeber nicht vollständig regeln wollte. So sind Fragen der Qualifikation, der Auslegung der Anknüpfungskriterien, die Vorfragenproblematik und die Wirkung von Eingriffsnormen von Drittstaaten (die weder die *lex fori* noch die *lex causae* stellen) offen geblieben und müssen daher von den Gerichten unter Zuhilfenahme der allgemeinen Rechtsgrundsätze gelöst werden.[64]

II. Völkerrecht

1/38 Art 2 IPRG räumt völkerrechtlichen Übereinkommen *(convenzioni, trattati, accordi internazionali)*, die von Italien ratifiziert und mit Anwendungsbefehl *(ordine di esecuzione)* in Kraft gesetzt wurden, **Vorrang vor dem autonomen italienischen IPR** ein. Dies bedeutet, dass völkerrechtlich vereinbartes Kollisionsrecht, das in Italien in Geltung gesetzt wurde, dem nationalem IPR stets vorgeht. Daher ist bei der Bestimmung des anwendbaren Rechts auf einen Fall mit Auslandsbezug stets vorrangig zu prüfen, ob völkerrechtliches Kollisionsrecht in Italien in Geltung ist, bevor das autonome italienische IPR angewendet werden kann.

60 Diese Bestimmungen hätten ebenso reformiert werden sollen. Die vom Ministerium eingesetzte Reformkommission hatte zwar einen Entwurf (vgl Foro it 1986, V, 352 ff und 372 ff) erarbeitet, dieser wurde aber niemals Gesetz. Vgl zum Zusammenspiel zwischen dem Kollisionsrecht im Seerechtsgesetzbuch und im Reformgesetz von 1995 *Boschiero* (1996) 82 ff.

61 Vgl dazu unten zB Rz 5/6 und 5/147.

62 In diesem Sinn auch und für weitere Beispiele *Mosconi/Campiglio I*[8] (2017) 283.

63 *Campiglio*, La disciplina delle unioni civili transnazionali e dei matrimoni esteri tra persone dello stesso sesso, Riv.dir.int.priv.proc. 2017, 35.

64 Zu diesen Lücken ausführlich *Bariatti* in Bariatti, Riforma, Nuove leggi civ.comm. 1996, Art 1, 886 ff.

Völkerrechtlich vereinbarte Kollisionsnormen sollen sicherstellen, dass in allen Vertragsstaaten einheitliche Anknüpfungskriterien zur Anwendung gelangen, sodass widersprüchliche Entscheidungen in vergleichbaren Fällen vermieden werden und es im Sinne der Rechtssicherheit für die Entscheidung des Falls nicht mehr darauf ankommt, welches Gericht welchen Staates angerufen wird. Aus diesem Ziel der **Vereinheitlichung des Kollisionsrechts** zur Erreichung eines internationalen Entscheidungseinklangs ergibt sich auch die in Art 2 Abs 2 IPRG vorgesehene Pflicht zur **autonomen Auslegung** von völkervertraglich vereinheitlichtem IPR. Daraus folgt, dass die Auslegung der völkervertraglichen Kollisionsnormen **nicht nach nationalem Recht** erfolgen darf.[65] **1/39**

Neben dem **formalen Verweis** *(rinvio formale)* auf den Vorrang völkerrechtlicher Kollisionsnormen in Art 2 Abs 1 IPRG enthalten einzelne Vorschriften des IPRG einen **materiellen Verweis** *(rinvio materiale/recettizio)* auf die einschlägigen internationalen Abkommen, die für Italien in Geltung sind oder waren,[66] zB Art 42 (Schutz Minderjähriger), Art 45 (Unterhalt in der Familie), Art 57 (vertragliche Schuldverhältnisse), Art 59 (Wertpapiere). Anders als im deutschen Recht[67] hat der italienische Gesetzgeber völkervertragliches Kollisionsrecht nicht in nationales IPR transformiert. Indes ist auch die nach dem Vorbild des Schweizer Rechts[68] gewählte Technik des ausdrücklichen Verweises nicht unproblematisch. Insbesondere wurde die Frage aufgeworfen, ob durch diesen Verweis der **Anwendungsbereich** der spezifisch erwähnten Übereinkommen insofern subjektiv **erweitert** wurde, als die Übereinkommen dadurch auch gegenüber Nichtvertragsstaaten zur Anwendung kommen (universelle Anwendung) und darüber hinaus auch in ihrem sachlichen Anwendungsbereich erweitert wurden.[69] Nach herrschender Ansicht ist diese Frage zu bejahen, unter anderem, weil der Gesetzgeber die Anwendung der Übereinkommen „in jedem Fall" *(in ogni caso)* angeordnet hat und damit die Übereinkommen in das nationale Recht inkorporiert hat *(nazionalizzazione di convenzioni internazionali).*[70] Im Anschluss daran stellt sich indes die weitere Frage, ob es sich um einen **starren oder einen dynamischen Verweis** auf die spezifisch erwähnten Übereinkommen handelt. Dies ist insofern von Bedeutung, als viele der Übereinkommen, auf die ausdrücklich verwiesen wird, durch jüngere, in Italien in Geltung stehende Übereinkommen ersetzt oder durch Unionsrecht verdrängt wurden. **1/40**

---

65 *Mosconi/Campiglio I*[8] (2017) 33 ff. Ausführlich *Boschiero* (1996) 35 ff.

66 Der formelle Verweis lässt somit die Rechtsnatur der internationalen Verträge als Völkerrecht unberührt, während der materielle Verweis das Völkerrecht in innerstaatliches Recht umwandelt, *Boschiero* (1996) 29.

67 *Bariatti* in Bariatti, Riforma, Nuove leggi civ.comm. 1996, Art 2, 891.

68 *Mosconi/Campiglio I*[8] (2017) 42 f.

69 *Pocar*, Convenzioni internazionali, in Baratta, Diritto internazionale privato (2010) 73; *Lupone,* Diritto internazionale privato (disp. gen.), Enc.dir. Agg V (2001) 392. In diesem Sinne auch die Materialien: Relazione al disegno di legge n. 1192 „Riforma del sistema italiano di diritto internazionale privato", in Pocar, Il nuovo diritto internazionale privato (2002) 156 f.

70 *Mosconi/Campiglio I*[8] (2017) 42 f*; Bariatti* in Bariatti, Riforma, Nuove leggi civ.comm. 1996, Art 2, 893 f; *Pocar*, Convenzioni internazionali, in Baratta, Diritto internazionale privato (2010) 74 f; *Coaccioli I* (2011) 17 ff; *Boschiero* (1996) 28 ff. In diesem Sinne auch die Materialien: Relazione al disegno di legge n. 1192 „Riforma del sistema italiano di diritto internazionale privato", in Pocar, Il nuovo diritto internazionale privato (2002) 156 f. Eine ausdrückliche Erweiterung des Anwendungsbereichs findet sich auch in Art 42 IPRG im Zusammenhang mit dem Haager Minderjährigenschutzabkommen. Die Anwendung wird insofern erweitert, als das Übereinkommen auch dann für anwendbar erklärt wird, wenn der Betroffene nur von seinem Heimatstatut als Minderjähriger anzusehen ist. Dazu *Boschiero* (1996) 20.

1/41 Der Gesetzgeber hat diese Frage nicht gelöst[71] und bisher auch nicht stets dafür gesorgt, die jeweils überholten Übereinkommen im Gesetz durch die Nachfolgeübereinkommen zu ersetzen. Es stellen sich somit auch im italienischen Recht **schwierige Konkurrenzfragen** hinsichtlich des Verhältnisses zwischen den Übereinkommen, auf die ausdrücklich verwiesen wird, und den späteren einschlägigen Übereinkommen sowie zwischen den ausdrücklich erwähnten Übereinkommen und späteren Verordnungen der EU in diesen Bereichen. Die Verordnungen der EU verdrängen die spezifisch erwähnten Konventionen jedenfalls aufgrund des Anwendungsvorrangs im Rahmen ihres Anwendungsbereichs. Die jüngeren Konventionen verdrängen die im Gesetz erwähnten Konventionen ebenso, allerdings nur in ihrem eigenen Anwendungsbereich, sodass für die alten, im IPRG erwähnten Konventionen ein Restanwendungsbereich verbleiben kann.[72] Kohärenter erschiene aber jedenfalls die teleologisch begründete, aber systematisch weniger leicht vertretbare Ansicht, dass der Verweis auf Konventionen im IPRG als dynamischer Verweis anzusehen ist und somit entsprechend der Entwicklung des für Italien in Geltung stehenden Konventionsrechts automatisch angepasst wird, ohne dass es hierfür einer Änderung des Verweisziels im IPRG bedürfte.[73]

Art 42 verweist für den Schutz Minderjähriger nach wie vor auf das Haager Minderjährigenschutzabkommen (MSA) vom 5. 10. 1961, wenngleich dieses in Italien mit Wirkung seit 1. 1. 2016 durch das Haager Kindesschutzübereinkommen (KSÜ) vom 19. 10. 1996 abgelöst wurde.[74] Art 45 verwies noch bis 2017 auf das Haager Unterhaltsübereinkommen vom 2. 10. 1973, wenngleich dieses vollständig durch den Verweis auf das Haager Unterhaltsprotokoll in Art 15 der EU-VO 4/2009 verdrängt worden war.[75] Inzwischen ist der Verweis auf das Haager Unterhaltsübereinkommen des Jahres 1973 durch die EU-VO 4/2009 ersetzt worden (Art 7 Abs 1 lit b, GvD 19. 1. 2017, Nr 7). Für Schuldverhältnisse, die ab dem 17. 12. 2009 geschlossen wurden, verdrängte die Rom I-VO vom 17. 6. 2008 das in Art 57 nach wie vor zitierte Europäische Schuldvertragsübereinkommen (EVÜ) vom 19. 6. 1980.[76]

---

71 Der Versuch einer gesetzlichen Lösung findet sich im Gesetzesentwurf zur Umsetzung des KSÜ in Italien (Art 7, Disegno di legge 1552bis Senat), wonach Art 2 IPRG insofern ergänzt werden soll (Abs 1bis), als sich jeder Verweis auf spezifische Übereinkommen im IPRG als dynamischer Verweis auf das jeweils für Italien geltende Übereinkommen bezieht: *„1bis. Il richiamo a convenzioni nominatamente indicate, fatto nella presente legge, deve intendersi sempre riferito a quelle sostitutive delle stesse, se firmate e ratificate dall'Italia ovvero se firmate e ratificate dall'Unione europea, qualora vincolanti per l'Italia"*.

72 In diesem Sinne mit Bezug auf Art 3 Abs 2 IPRG, wonach für Fragen der Zuständigkeit im Restanwendungsbereich neben der EuGVVO (VO [EG] 44/2001) weiterhin das EuGVÜ gelten soll: KassGH VS Ziv 21. 10. 2009, Nr 22239; anders KassGH VS Ziv 20. 2. 2013, Nr 4211, wo auf die EuGVVO verwiesen wird.

73 Diese Ansicht vertreten etwa *Mosconi/Campiglio I*[8] (2017) 42 ff; *Conetti* in Conetti/Tonolo/Vismara[3] (2017) 11 f; *Tonolo* in Conetti/Tonolo/Vismara[3] (2017) 265.

74 Weiterhin zu beachten bleibt das MSA in Bezug auf Staaten, die zwar dem MSA, nicht aber dem KSÜ beigetreten sind (Art 51 KSÜ): Nach dem Beitritt der Schweiz zum KSÜ gilt dies nur noch für die Sonderverwaltungszone Macau (China) und die Türkei, sodass auf Minderjährige, die in der Türkei oder in Macau ihren gewöhnlichen Aufenthalt haben, das MSA anzuwenden ist. Vgl *Distefano* in Zaccaria[3] (2016) Art 42 L 31. 5. 1995, n. 218, I, 2.

75 *Viarengo* in Zaccaria[3] (2016) Art 45 L 31. 5. 1995, n. 218, VII, 7.

76 Ob der Verweis auf das EVÜ heute als Verweis auf das Rom I-VO zu lesen ist, wird in der Lehre unterschiedlich beurteilt. Vgl dazu *Salerno* in Salerno/Franzina, Regolamento CE n. 593/2008 – Commentario, Nuove leggi civ.comm. 2009, 533 f; aA *Marongiu Buonaiuti*, aaO 534 ff.

1/42 Staatsverträge mit kollisionsrechtlichem Inhalt sind in aller Regel multilaterale Verträge, die zum Großteil im Rahmen der **Haager Konferenz**[77] ausgearbeitet wurden. Dabei handelt es sich um eine internationale Organisation mit heute 81 Mitgliedern (80 Staaten und die EU), die erstmals im Jahr 1874 auf Initiative der niederländischen Regierung tagte und seit 1956 in regelmäßigen Abständen zu Sitzungen zusammentritt. Die auf der Haager Konferenz von den jeweiligen Regierungsdelegationen der Mitgliedstaaten ausgehandelten Abkommen bedürfen für ihr Inkrafttreten einer Mindestzahl an Ratifikationen. Dies bedeutet, dass die Übereinkommen, um in Kraft zu treten, auf nationaler Ebene ratifiziert werden müssen. Für Italien ist hierfür gem Art 80 Verf ein ordentliches Gesetz erforderlich, das vom Gesetzgeber mit Anwendungsbefehl *(ordine di esecuzione)* zu versehen ist. Das Übereinkommen wird in Italien erst dann verbindlich, wenn es auf internationaler Ebene in Kraft getreten ist.[78] Es ist somit Aufgabe des Gerichts, bei Sachverhalten mit Auslandsbezug zu prüfen, ob staatsvertraglich vereinbartes und in Italien in Geltung gesetztes Kollisionsrecht existiert. Die Suche nach einschlägigen Übereinkommen gestaltet sich indes als schwierig, da es bisher keine effektiven Datenbanken hierfür gibt.[79]

1/43 Von den kollisionsrechtlichen Übereinkommen ist das **internationale Einheitsrecht** *(diritto uniforme)* zu unterscheiden. Dabei handelt es sich um in Staatsverträge gegossenes, **materielles Recht**, das von allen Gerichten der Vertragsstaaten angewendet wird. Solches Einheitsrecht existiert vor allem im Bereich des internationalen Handelsrechts, wo das Interesse an einer möglichst einheitlichen und vorhersehbaren Entscheidung von Streitfällen am größten ist. Ein bedeutender Teil des internationalen Einheitsrechts geht auf die Arbeit der *United Nations Commission on International Trade Law* (**UNCITRAL**) zurück. Dabei handelt es sich um eine im Jahr 1966 von der UN-Generalversammlung eingesetzte Kommission der UN mit Sitz in Wien, deren Ziel es ist, die Vereinheitlichung des internationalen Handelsrechts zu fördern.[80] Das bedeutendste Übereinkommen, das auf Betreiben der UNCITRAL entstand, ist die *Convention on the International Sale of Goods* (**CISG**) vom 11. 4. 1980 (auch genannt: UN-Kaufrecht, Wiener Kaufrecht). Darin werden die zentralen Fragen des internationalen Warenkaufs geregelt, ua der Vertragsabschluss, die Pflichten des Verkäufers und Käufers, Leistungsstörungen und der Gefahrübergang. Andere Beispiele für internationales Einheitsrecht sind: das Genfer Scheckrechtsabkommen vom 19. 3. 1931, das Genfer Wechselrechtsabkommen vom 7. 6. 1930, das Washingtoner Testamentsrechtsübereinkommen vom 26. 10. 1973. Das Verhältnis des Einheitsprivatrechts zum Kollisionsrecht wird häufig in den Übereinkommen zum Einheitsprivatrecht geregelt.[81]

1/44 Zu den zentralen, von Italien **ratifizierten**, multilateralen kollisionsrechtlichen **Übereinkommen** zählen (ohne Anspruch auf Vollständigkeit):

---

77 Für Informationen über bestehende Haager Übereinkommen und ihren Status vgl www.hcch.net (letzter Besuch: 28. 6. 2019).

78 Vgl im Überblick dazu *Mosconi/Campiglio I*[8] (2017) 28 f; *Coaccioli I* (2011) 16.

79 Zuletzt wurde auf der Homepage des Außenministeriums eine neue Datenbank der in Italien ratifizierten bilateralen und multilateralen Übereinkommen eingerichtet (ATRIO, http://itra.esteri.it/; letzter Besuch: 28. 6. 2019), welche die bisherige Datenbank ITRA ersetzt.

80 Für eine detaillierte Aufstellung der bisherigen Übereinkommen, die der Arbeit der UNCITRAL entstammen, vgl www.uncitral.org (letzter Besuch: 28. 6. 2019).

81 Vgl zB Art 1 Abs 1 b UN-Kaufrecht.

MINDERJÄHRIGE

- Haager Übereinkommen vom 5. 10. 1961 über die Zuständigkeit der Behörden und das anzuwendende Recht auf dem Gebiet des Schutzes von Minderjährigen
- Haager Übereinkommen vom 19. 10. 1996 über die Zuständigkeit, das anzuwendende Recht, die Anerkennung, Vollstreckung und Zusammenarbeit auf dem Gebiet der elterlichen Verantwortung und der Maßnahmen zum Schutz von Kindern

EHE, GERICHTLICHE TRENNUNG, SCHEIDUNG

- Haager Übereinkommen vom 1. 6. 1970 über die Anerkennung von Ehescheidungen und Ehetrennungen

KINDSCHAFT UND ADOPTION

- Haager Übereinkommen vom 29. 5. 1993 über den Schutz von Kindern und die Zusammenarbeit auf dem Gebiet der internationalen Adoption
- Münchener Übereinkommen vom 5. 9. 1980 über das auf Familiennamen und Vornamen anzuwendende Recht
- Haager Übereinkommen vom 25. 10. 1980 über die zivilrechtlichen Aspekte internationaler Kindesentführung

MENSCHEN MIT BEHINDERUNG

- UN Übereinkommen über die Rechte von Menschen mit Behinderungen, am 13. 12. 2006 von der Generalversammlung der Vereinten Nationen beschlossen.

UNTERHALTSVERPFLICHTUNGEN IN FAMILIÄREN BEZIEHUNGEN

- New Yorker Übereinkommen vom 24. 10. 1956 über das auf Unterhaltsverpflichtungen gegenüber Kindern anzuwendende Recht
- Haager Übereinkommen vom 2. 10. 1973 über das auf Unterhaltspflichten anzuwendende Recht
- Haager Übereinkommen vom 2. 10. 1973 über die Anerkennung und Vollstreckung von Unterhaltsentscheidungen
- Haager Übereinkommen vom 23. 11. 2007 über die internationale Geltendmachung der Unterhaltsansprüche von Kindern und anderen Familienangehörigen
- Haager Protokoll über das auf Unterhaltspflichten anzuwendende Recht vom 23. 11. 2007

GESELLSCHAFTEN UND JURISTISCHE PERSONEN

- Haager Übereinkommen vom 1. 7. 1985 über das auf Trusts anzuwendende Recht und über ihre Anerkennung

SACHENRECHTE

- Berner Übereinkommen über den Eisenbahnfrachtverkehr und den Eisenbahn-, Personen- und Gepäckverkehr vom 7. 2. 1970
- Genfer Übereinkommen über die internationale Anerkennung von Rechten an Luftfahrzeugen von 10. 6. 1948

III. EU-Recht

Die inzwischen bedeutendste Quelle des IPR ist das Recht der Europäischen Union. Bereits vor dem Vertrag von Amsterdam war die Europäische Wirtschaftsgemeinschaft im internationalen Privat- und Verfahrensrecht tätig, indem ihre Mitgliedstaaten gestützt auf Art 220 EGV aF multilaterale kollisionsrechtliche Übereinkommen schlossen. Von zentraler Bedeutung waren das in Art 3 IPRG ausdrücklich erwähnte **EuGVÜ** (Brüsseler Übereinkommen über die gerichtliche Zuständigkeit und die Vollstreckung gerichtlicher Entscheidungen in Zivil- und Handelssachen vom 27. 9. 1968) sowie das **EVÜ** (Übereinkommen von Rom über das auf vertragliche Schuldverhältnisse anzuwendende Recht vom 19. 6. 1980), auf das in Art 57 IPRG verwiesen wird. **1/45**

Mit dem Vertrag von Amsterdam erhielt die EG eine eigene **Kompetenz** im Bereich des **internationalen Privat- und Zivilverfahrensrechts**, sodass seither unter den Mitgliedstaaten keine weiteren kollisionsrechtlichen Abkommen mehr geschlossen wurden. Die entsprechende Rechtsgrundlage (Art 293 EGV aF) wurde im AEUV nicht fortgeschrieben. Nunmehr erlässt die Europäische Union auf der Grundlage von Art 81 Abs 2 lit c AEUV[82] **Verordnungen**[83] **zum internationalen Zivilverfahrens- und Kollisionsrecht**, die in den Mitgliedstaaten (mit Ausnahme von Großbritannien, Irland und Dänemark) **absoluten Anwendungsvorrang** genießen. **1/46**

Die **EG** ist am 3. 4. 2007 der **Haager Konferenz beigetreten**, nachdem diese ihre Satzung insofern geändert hatte, als sie den Beitritt der EG als regionale Wirtschaftsorganisation ermöglichte.[84] In der Folge wurde für das anwendbare Recht in Art 15 der Europäischen Unterhaltsverordnung (VO [EG] 4/2009) ein Verweis auf das Haager Unterhaltsprotokoll 2007 aufgenommen. Dieses trat somit vor seinem Inkrafttreten am 1. 8. 2013 bereits ab dem 18. 6. 2011 als sekundäres Gemeinschaftsrecht[85] in Kraft.[86] **1/47**

Das **Konkurrenzverhältnis** zwischen dem Unionsrecht und bestehenden kollisionsrechtlichen Staatsverträgen der Mitgliedstaaten wird jeweils von den Verordnungen geregelt. Dabei gilt der Grundsatz, dass bestehende Übereinkommen nur dann der Verordnung vorgehen, wenn es sich um Übereinkommen handelt, die nicht ausschließlich zwischen Mitgliedstaaten der EU geschlossen wurden.[87] Gem Art 216 Abs 1 Alt 4 AEUV ist die EU befugt, Staatsverträge mit Drittstaaten im Anwendungsbereich des Sekundärrechts zu schließen. Daraus folgt, dass die Mitgliedstaaten keine Befugnis mehr haben, in diesen Bereichen Abkommen mit Drittstaaten zu schließen. Mit den Verordnungen (EG) 662/2009 und 664/2009 wurde allerdings ein **1/48**

---

82 Vor dem Vertrag von Lissabon erfolgte die Kollisionsrechtsvereinheitlichung auf der Grundlage von Art 61 lit c, Art 65 lit b und Art 67 Abs 1 EGV.

83 Der Erlass von Verordnungen hat sich insofern zur Erreichung des Ziels der Harmonisierung des Kollisionsrechts durchgesetzt, wenngleich der EU-Gesetzgeber in der Wahl des Rechtsakttyps nicht beschränkt ist. *Bariatti,* Diritto internazionale privato dell'Unione Europea, in Baratta, Diritto internazionale privato (2010) 132.

84 Art 3 der Satzung, abrufbar unter: https://www.hcch.net/de/instruments/conventions/full-text (letzter Besuch: 28. 6. 2019).

85 *Andrae* in Rauscher, EuZPR – EuIPR IV[4] (2015) Art 15 EG-UntVO, Rz 17.

86 *Malatesta* in Zaccaria[3] (2016) Art 2 Protocollo dell'Aja del 23 novembre 2007 sulla legge applicabile alle obbligazioni alimentari, I, 1. Vgl auch *Castellaneta/Leandro,* Il regolamento CE N. 4/2009 relativo alle obbligazioni alimentari, in Nuove leggi civ.comm. 2009, 1055 ff.

87 Vgl zB Art 28 Rom II-VO.

Verfahren eingeführt, über das die Mitgliedstaaten ausnahmsweise in den Bereichen des vertraglichen und außervertraglichen Schuldrechts, des Ehe- und Kindschaftsrechts und des Unterhaltsrechts bilaterale kollisionsrechtliche Abkommen mit Drittstaaten schließen dürfen.[88]

1/49 Die Europäische Union hat zunächst Verordnungen im Bereich des europäischen Zivilprozessrechts erlassen. Daraufhin folgte eine Reihe von Verordnungen mit kollisionsrechtlichem Inhalt. Zu den bedeutendsten **Verordnungen** im Bereich des **europäischen Zivilprozessrechts** zählen:

- Verordnung (EG) 1346/2000 über Insolvenzverfahren (EuInsVO)
- Verordnung (EG) 44/2001 über die gerichtliche Zuständigkeit und die Anerkennung und Vollstreckung von Entscheidungen in Zivil- und Handelssachen (Brüssel I-VO)
- Verordnung (EG) 1206/2001 über die Zusammenarbeit zwischen den Gerichten der Mitgliedstaaten auf dem Gebiet der Beweisaufnahme in Zivil- oder Handelssachen
- Verordnung (EG) 743/2002 über eine allgemeine Rahmenregelung der Gemeinschaft für Aktivitäten zur Erleichterung der justiziellen Zusammenarbeit in Zivilsachen
- Verordnung (EG) 2201/2003 über die Zuständigkeit und die Anerkennung und Vollstreckung von Entscheidungen in Ehesachen und in Verfahren betreffend die elterliche Verantwortung (Brüssel IIa-VO)
- Verordnung (EG) 805/2004 zur Einführung eines europäischen Vollstreckungstitels für unbestrittene Forderungen
- Verordnung (EG) 1896/2006 zur Einführung eines europäischen Mahnverfahrens
- Verordnung (EG) 861/2007 zur Einführung eines europäischen Verfahrens für geringfügige Forderungen
- Verordnung (EG) 1393/2007 über die Zustellung gerichtlicher und außergerichtlicher Schriftstücke in Zivil- oder Handelssachen in den Mitgliedstaaten („Zustellung von Schriftstücken")

1/50 Im Bereich des **europäischen IPR** sind zu nennen:

- Verordnung (EG) 864/2007 über das auf außervertragliche Schuldverhältnisse anzuwendende Recht (Rom II)
- Verordnung (EG) 593/2008 über das auf vertragliche Schuldverhältnisse anzuwendende Recht (Rom I)
- Verordnung (EG) 4/2009 über die Zuständigkeit, das anwendbare Recht, die Anerkennung und Vollstreckung von Entscheidungen und die Zusammenarbeit in Unterhaltssachen
- Verordnung (EU) 1259/2010 zur Durchführung einer verstärkten Zusammenarbeit im Bereich des auf die Ehescheidung und Trennung ohne Auflösung des Ehebandes anzuwendenden Rechts
- Verordnung (EU) 650/2012 über die Zuständigkeit, das anzuwendende Recht, die Anerkennung und Vollstreckung von Entscheidungen und die Annahme und Vollstreckung öffentlicher Urkunden in Erbsachen sowie zur Einführung eines Europäischen Nachlasszeugnisses

---

88 *Bariatti,* Diritto internazionale privato dell'Unione Europea, in Baratta, Diritto internazionale privato (2010) 137.

- Verordnung (EU) 1103/2016 zur Durchführung einer verstärkten Zusammenarbeit im Bereich der Zuständigkeit, des anzuwendenden Rechts und der Anerkennung und Vollstreckung von Entscheidungen in Fragen des ehelichen Güterstands
- Verordnung (EU) 1104/2016 zur Durchführung der verstärkten Zusammenarbeit im Bereich der Zuständigkeit, des anzuwendenden Rechts und der Anerkennung und Vollstreckung von Entscheidungen in Fragen güterrechtlicher Wirkungen eingetragener Partnerschaften

IV. Hierarchie der Quellen des IPR

Das internationale Privatrecht entspringt somit dem autonomen nationalen IPR, dem staats- **1/51** vertraglichen IPR und dem europäischen IPR. Stehen diese Quellen in einem Konkurrenzverhältnis zueinander, weil sie sich in ihrem Anwendungsbereich überschneiden, so gilt folgende **Quellenhierarchie**. Das **europäische IPR genießt** in allen Mitgliedstaaten **absoluten Anwendungsvorrang**. Daraus folgt, dass alle anderen Quellen des IPR durch das europäische IPR verdrängt werden. Dieser Anwendungsvorrang gilt auch gegenüber Staatsverträgen der Mitgliedstaaten, soweit die Verordnungen der EU nicht selbst den Vorrang bestimmter Staatsverträge vorsehen.[89] Fehlt eine kollisionsrechtliche Regelung auf EU-Ebene, so ist stets zu prüfen, ob in Italien in Geltung stehendes **staatsvertragliches IPR** existiert, anhand dessen das anwendbare Recht bestimmt werden kann. Diese gehen nämlich gem Art 2 IPRG dem autonomen italienischen IPR stets vor. Erst wenn feststeht, dass für einen bestimmten Sachverhalt mit Auslandsbezug kein europäisches und kein staatsvertragliches Kollisionsrecht existieren, gelangt das **autonome italienische IPR zur Anwendung**.

E. Kollisionsnormen

Literatur:

Coaccioli I (2011) 64 ff; *Vitta I* (1972) 255 ff; *Ballarino*[2] (1996) 20 f; *Mosconi/Campiglio I*[8] (2017) 194 ff; *Barel/Armellini* (2018) 39 ff; *Conetti* in Conetti/Tonolo/Vismara[3] (2017) 43 ff; *Barel* in Bariatti, Riforma, Nuove leggi civ.comm. 1996, Art 19, 1075 ff.

I. Begriff

Das internationale Privatrecht ieS[90] besteht aus **Kollisionsnormen** *(norme di conflitto/di collisione)*, **1/52** denen die Aufgabe zukommt, das auf einen konkreten Sachverhalt mit Auslandsbezug anzuwendende Recht zu bestimmen. Insofern ordnen Kollisionsnormen keine materielle Rechtsfolge an, sondern enthalten lediglich **Rechtsanwendungsregeln**. Sie bezeichnen also anhand der in ihnen enthaltenen Kriterien das anwendbare Recht, ohne inhaltlich eine Lösung des konkreten Falls vorzugeben.[91] Darin unterscheidet sich das Kollisionsrecht vom materiellen Recht, das den Sachverhalt inhaltlich regelt. Im IPR bezeichnet der Begriff „**materielles Recht**“ *(diritto materiale)* alle Rechtsvorschriften, die nicht Kollisionsnormen sind. Darunter fallen somit nicht nur Sachnormen

89 Vgl dazu Rz 1/48.
90 Vgl dazu Rz 1/2.
91 *Coaccioli I* (2011) 65 f; *Conetti* in Conetti/Tonolo/Vismara[3] (2017) 43 ff; *Barel/Armellini* (2018) 39 ff.

ieS (zB das Zivilrecht, die Vorschriften des internationalen Einheitsrechts), sondern auch die Regeln des Verfahrensrechts.

Der Unterschied zwischen materiellem Recht und einer Kollisionsnorm lässt sich am besten anhand eines Beispiels verdeutlichen: Gem Art 2 ZGB erwirbt die Handlungsfähigkeit, wer das 18. Lebensjahr vollendet hat und damit volljährig ist. Daraus folgt gem Art 1425 ZGB, dass ein von einem Minderjährigen abgeschlossener Vertrag anfechtbar ist. Hierbei handelt es sich um materielles Recht. Im Gegensatz dazu enthält Art 23 IPRG eine Kollisionsnorm, die anordnet, dass für die Beurteilung der Handlungsfähigkeit von natürlichen Personen das Recht jenes Staates anzuwenden ist, dem der Betroffene aufgrund seiner Staatsbürgerschaft angehört (Heimatstatut, *legge nazionale*).

II. Aufbau

1/53 In ihrem Aufbau[92] besteht die Kollisionsnorm in ihrem ersten Teil stets aus einer **Tatbestandsseite** *(fattispecie astratta)*,[93] die ganz unterschiedlich formuliert sein kann, sich aber in der Regel auf Rechtsverhältnisse oder Rechtsfragen bezieht und den **Anknüpfungsgegenstand** *(oggetto della norma di conflitto)* beschreibt (zB Rechtsfähigkeit, Handlungsfähigkeit, Eheversprechen, Kindschaft, Vertrag, außervertragliche Haftung, Testament).

1/54 In ihrem zweiten Teil besteht die Kollisionsnorm aus einer **Rechtsfolgenseite**, die das zur Anwendung berufene Recht bestimmt *(richiamo del diritto applicabile)*, indem sie ein **Anknüpfungskriterium** oder einen **Anknüpfungspunkt**[94] *(criterio, momento, circostanza di collegamento)*[95] vorsieht, so etwa die Staatsangehörigkeit, den Errichtungsort eines Rechtsgeschäfts, den Mittelpunkt des Ehelebens. Das Anknüpfungskriterium stellt eine Verbindung zwischen dem konkreten Sachverhalt und dem anwendbaren Recht her.

III. Typen von Kollisionsnormen

1/55 Abhängig davon, ob es sich um eine **selbständige** oder **unselbständige Kollisionsnorm**[96] handelt, enthält die Norm selbst ein Anknüpfungskriterium oder verweist für dieses auf eine andere Kollisionsnorm und ist somit ergänzungsbedürftig („unselbständig"). Die unselbständige Kollisionsnorm enthält somit eine akzessorische Anknüpfung.

Als Beispiel für den Aufbau einer typischen selbständigen Kollisionsnorm kann Art 29 Abs 1 IPRG über das auf die persönlichen Ehewirkungen anzuwendende Recht genannt werden: „Die persönlichen Rechtsverhältnisse zwischen Ehegatten werden vom gemeinsamen Heimatrecht geregelt." Anknüpfungsgegenstand sind die persönlichen Rechtsverhältnisse zwischen den Ehepartnern, Anknüpfungskriterium ist die Staatsangehörigkeit, weil auf das Heimatrecht *(legge nazionale, lex patriae)* der Ehepartner abgestellt wird. Nicht immer enthält die Kollisionsnorm selbst ein Anknüpfungskriterium. In diesem Fall handelt es sich um eine unselbständige Kollisionsnorm, wie etwa in Art 30 Abs 1 S 1 IPRG über die vermögensrechtlichen Wirkungen der Ehe: „Die güter-

---

92 Ausführlich zu dem im Folgenden beschriebenen zweiteiligen Aufbau der Kollisionsnorm *Vitta I* (1972) 255 ff.

93 *Villani,* Diritto internazionale privato: profili generali, in Villani/Di Fabio/Sbordone, Nozioni di diritto internazionale privato (2013) 26 f; *Coaccioli I* (2011) 75, 77 ff.

94 Dieses wird auch als Anknüpfungspunkt oder Anknüpfungsmoment, im Englischen als *connecting factor* bezeichnet.

95 *Ballarino*[2] (1996) 221 f; *Coaccioli I* (2011) 87 ff; *Conetti* in Conetti/Tonolo/Vismara[3] (2017) 46 ff; *Barel/Armellini* (2018) 47 ff.

96 Diese Unterscheidung ist in der deutschen Literatur sehr geläufig, während sie in der italienischen Literatur nicht vorkommt.

rechtlichen Rechtsverhältnisse zwischen Ehegatten werden von dem auf ihre persönlichen Rechtsverhältnisse anzuwendenden Recht geregelt." Für die Bestimmung des Güterrechtsstatuts ist somit das Anknüpfungskriterium anzuwenden, das hinsichtlich der persönlichen Ehewirkungen vorgesehen ist.

Eine weitere häufig anzutreffende Unterscheidung bezieht sich auf die Grundausrichtung von Kollisionsnormen. Man spricht von **allseitigen Kollisionsnormen** *(norme di collisione bilaterali)*, wenn sie rechtsordnungsneutral ausgestaltet sind und daher völlig offen lassen, welches Recht im konkreten Fall anzuwenden ist. Dagegen handelt es sich um **einseitige Kollisionsnormen**, wenn sie lediglich den Anwendungsbereich des eigenen nationalen Rechts abstecken, ohne aber die Frage zu klären, wann ausländisches Recht anzuwenden ist. Als Paradebeispiel für eine einseitige Kollisionsnorm wird stets Art 3 Abs 3 des französischen *Code civil* genannt, wonach die Geschäftsfähigkeit von französischen Staatsbürgern unabhängig von ihrem ausländischen Wohnsitz stets nach französischem Recht beurteilt wird.[97] Im italienischen IPRG wurden einseitige Kollisionsnormen weitgehend vermieden. Nicht um einseitige Kollisionsnormen, sondern um **Exklusivnormen** *(norme di conflitto legeforiste)*[98] handelt es sich, wenn eine allseitige Kollisionsnorm in ihrem Anwendungsbereich durch eine Ausnahmevorschrift zugunsten des eigenen Rechts eingeschränkt wird.[99] **1/56**

Das auf einen Sachverhalt mit Auslandsbezug **konkret anzuwendende Recht** wird häufig, im Anschluss an die Statutenlehre, als **Statut** *(statuto)* bezeichnet. Wenn sich also in einem konkreten Fall nach Anwendung der Kollisionsnorm ergibt, dass auf die güterrechtlichen Wirkungen der Ehe deutsches Recht anzuwenden ist, wird das deutsche Recht als Güterrechtsstatut bezeichnet.[100] In der italienischen Terminologie wird der Begriff *statuto* aber auch häufig so verwendet, dass er sich auf die Gesamtheit aller Kollisionsnormen bezieht, die einen bestimmten Tatbestand betreffen.[101] So werden etwa die Kollisionsnormen zur Trennung als Trennungsstatut *(statuto della separazione)* bezeichnet. **1/57**

IV. Anknüpfungskriterien

1. Begriff

Als **Anknüpfungskriterium** (auch Anknüpfungsmoment oder Anknüpfungspunkt – *criterio, momento, circostanza di collegamento*[102]) bezeichnet man jenen Teil einer (selbständigen) Kollisionsnorm, der ihren Tatbestand mit einem bestimmten staatlichen Recht verbindet. Das Anknüpfungskriterium als Grundbaustein und Hauptmerkmal der Kollisionsnorm ist das **Binde-** **1/58**

97 *„Les lois concernant l'état et la capacité des personnes régissent les Français, même résidant en pays étranger."*

98 *Coaccioli I* (2011) 64.

99 Solche Exklusivnormen finden sich in Art 19 Abs 2 oder Art 25 Abs 1 IPRG zugunsten des italienischen Rechts. Der Begriff Exklusivnormen (*von Bar/Mankowski*, Internationales Privatrecht I[2] [2003] 13 f) hat in der italienischen Literatur, soweit ersichtlich, keinen Niederschlag gefunden. Häufig werden fälschlich Exklusivnormen als Beispiele für einseitige Kollisionsnormen zitiert.

100 Zur „richtigen" Verwendung des Begriffs Statut in der deutschen Terminologie vgl *von Bar/Mankowski*, Internationales Privatrecht I[2] (2003) 14 ff.

101 *Ballarino*[2] (1996) 20 f. So zum Teil auch in Deutschland. Vgl dazu kritisch *von Bar/Mankowski*, Internationales Privatrecht I[2] (2003) 15 f.

102 Der italienische Betriff entstammt der deutschen Terminologie. *Ballarino*[2] (1996) 221 f; *Coaccioli I* (2011) 87 ff; *Conetti* in Conetti/Tonolo/Vismara[3] (2017) 46 ff; *Barel/Armellini* (2018) 47 ff.

glied zwischen dem im **Tatbestand** der Kollisionsnorm umrissenen Rechtsverhältnis **und dem anzuwendenden staatlichen Recht** *(diritto richiamato).*

Art 23 IPRG bestimmt, dass die Handlungsfähigkeit natürlicher Personen nach ihrem Heimatstatut *(legge nazionale)* zu beurteilen ist. Das Anknüpfungskriterium ist somit die Staatsangehörigkeit der Person, über deren Handlungsfähigkeit zu entscheiden ist. Art 25 bestimmt, dass auf Gesellschaften, Vereine, Stiftungen und alle anderen privaten oder öffentlichen Einrichtungen das Recht jenes Staates zur Anwendung kommt, auf dessen Territorium das Gründungsverfahren abgeschlossen wurde. Der Gründungsort ist somit das Anknüpfungskriterium für das auf Gesellschaften und andere Körperschaften anzuwendende Recht. Das einseitige Versprechen unterliegt gem Art 58 dem Recht des Ortes, in dem es geäußert wurde. Das Anknüpfungskriterium ist daher der Ort der Willensäußerung.

1/59 Sofern die **Parteien** selbst das anzuwendende Recht **wählen** können, spricht man von **subjektiver Anknüpfung**. Der subjektiven Anknüpfung steht die **objektive Anknüpfung** gegenüber. Ist eine **Rechtswahl nicht möglich** oder wird sie von den Parteien nicht getroffen, kommen die vom Gesetz vorgesehenen objektiven Anknüpfungskriterien zur Anwendung.

2. Einteilungen

1/60 Anknüpfungskriterien entsprechen stets bestimmten Umständen, die aus der Sicht des IPR-Gesetzgebers für die Beurteilung eines konkreten Sachverhalts mit Auslandsbezug von zentraler Bedeutung sind und zur Anwendung des jeweils geeignetsten Rechts führen. Diese Umstände können sich entweder auf Tatsachen oder auf rechtliche Kriterien bzw Rechtsfolgen beziehen. Insofern kann man zwischen **faktischen und rechtlichen Anknüpfungskriterien** *(criteri di collegamento di fatto e giuridici)* unterscheiden.[103] Diese unterscheiden sich darin, dass bei den einen eine bloß faktische Feststellung, bei den anderen eine rechtliche Feststellung erforderlich ist.

Beispiele für faktische Anknüpfungskriterien sind etwa der Lageort einer Sache (Art 51 Abs 1 IPRG), der Gründungsort einer Gesellschaft (Art 25 IPRG) oder der Errichtungsort eines Testaments (Art 48 IPRG). Rechtliche Anknüpfungskriterien sind zB die Staatsangehörigkeit (zB Art 23 IPRG), der Wohnsitz (Art 48 IPRG) oder die Rechtswahl (Art 46 IPRG).

1/61 Eine weitere Unterscheidung zwischen **subjektiven und objektiven Anknüpfungskriterien** *(criteri di collegamento soggettivi e oggettivi)*[104] bezieht sich darauf, ob sich das Anknüpfungskriterium **auf Eigenschaften der** betroffenen **Person oder** auf Eigenschaften **des Tatbestands** bezieht.

So werden zB die Staatsangehörigkeit, der Wohnsitz oder der gewöhnliche Aufenthalt als subjektbezogene Umstände als subjektive Anknüpfungskriterien und der Lageort (*lex rei sitae*, Art 51 IPRG) oder der Handlungsort bei Delikten (lex loci delicti commissi, Art 62 IPRG) als objektive Anknüpfungskriterien bezeichnet. Sowohl objektive als auch subjektive Anknüpfungskriterien (zB Wohnsitz oder gewöhnlicher Aufenthalt) können sich auf einen Ort beziehen und werden daher als ortsbezogene Kriterien (criteri territoriali) bezeichnet.[105]

1/62 Die Umstände, auf die sich das Anknüpfungskriterium bezieht, können entweder bleibender oder veränderlicher Natur sein. Insofern spricht man von **unwandelbaren und wandelbaren Anknüpfungskriterien** *(criteri di collegamento costanti e variabili).*[106] So sind etwa die

---

103 *Vitta I* (1972) 263; *Mosconi/Campiglio I*^{8} (2017) 206 f; *Coaccioli I* (2011) 90; *Ballarino* in Preite I (2011) 103.
104 *Vitta I* (1972) 264; *Mosconi/Campiglio I*^{8} (2017) 207; *Coaccioli I* (2011) 90.
105 *Vitta I* (1972) 264.
106 *Mosconi/Campiglio I*^{8} (2017) 207; *Coaccioli I* (2011) 91; *Ballarino* in Preite I (2011) 104.

Staatsangehörigkeit, der Wohnsitz oder der gewöhnliche Aufenthalt einer Person wandelbare Kriterien. Unwandelbare Kriterien sind etwa der Errichtungsort eines Testaments, der Gründungsort einer Gesellschaft oder der Handlungsort einer unerlaubten Handlung. Die Unwandelbarkeit dieser Kriterien ergibt sich aus ihrer Verankerung in einem bestimmten Zeitpunkt. Auch die übrigen wandelbaren Kriterien werden in den meisten Fällen durch Verknüpfung mit einem bestimmten Zeitpunkt unwandelbar. Ist das nicht der Fall, dann kann eine Veränderung des anknüpfungsrelevanten Umstands zu einem **Statutenwechsel** *(cambiamento di statuto)* führen.

So ist etwa auf die Anerkennung eines Kindes das Heimatstatut des Kindes zum Zeitpunkt seiner Geburt anzuwenden (Art 35 IPRG). Dagegen knüpft das auf das Verhältnis zwischen Eltern und Kind anwendbare Recht am Heimatstatut des Kindes an und ist damit wandelbar (Art 33 IPRG). Daraus folgt, dass das Eltern-Kind-Verhältnis einem wandelbaren Statut unterliegt. Ändert das Kind also seine Staatsangehörigkeit, kommt es zu einem Statutenwechsel.[107]

Verweist eine Kollisionsnorm für das Anknüpfungskriterium auf eine andere Kollisionsnorm (Beispiel: Art 30 Abs 1 auf Art 29 IPRG), so spricht man von einer **akzessorischen Anknüpfung** *(collegamento accessorio)*.[108] **1/63**

3. Mehrfachanknüpfungen

Häufig kommt es vor, dass Kollisionsnormen nicht nur ein einziges Anknüpfungskriterium *(criterio di collegamento semplice)* angeben, sondern mehrere Anknüpfungskriterien gleichzeitig enthalten *(criteri di collegamento concorrenti)*. Je nach dem, in welchem Verhältnis die einzelnen Kriterien zueinander stehen, können diese sog **Mehrfachanknüpfungen** *(concorso di criteri di collegamento)* folgendermaßen typisiert werden: **1/64**

- **Anknüpfungsleitern** *(concorso successivo)*

Diese auch als Kaskadenanknüpfung bezeichnete Mehrfachanknüpfung besteht stets aus einer **Hauptanknüpfung und** einem oder mehreren **subsidiären Anknüpfungsmomenten**, die **in** einer vorgegebenen **absteigenden Reihenfolge** nacheinander herangezogen werden. Die Reihenfolge der Kriterien entspricht der Entscheidung des Gesetzgebers darüber, welche Kriterien das für den Anknüpfungsgegenstand geeignetste Recht zur Anwendung berufen.[109] **1/65**

Besonders häufig ist die Anknüpfungsleiter bei Kollisionsnormen, die als Hauptanknüpfungspunkt die **Staatsbürgerschaft** vorsehen. Ist die betroffene Person staatenlos oder fehlt bei Mehrpersonenverhältnissen eine gemeinsame Staatsbürgerschaft, so bedarf es weiterer Kriterien, um das anwendbare Recht zu bestimmen. Bei **Staatenlosen** *(apolidi)* sieht Art 19 IPRG eine Anknüpfung am Recht des Wohnsitzes und bei Fehlen eines Wohnsitzes eine Anknüpfung am Recht des gewöhnlichen Aufenthalts vor. Bei unterschiedlichen oder mehreren gemeinsamen Staatsbürgerschaften von Ehegatten ist auf die persönlichen Ehewirkungen das Recht jenes Staates anzuwenden, in dem das Eheleben seinen Mittelpunkt hat (Art 29 Abs 2 IPRG). **1/66**

Von zentraler Bedeutung ist die Anknüpfungsleiter auch dann, wenn die Kollisionsnorm den Parteien die Möglichkeit einer **Rechtswahl** einräumt (Art 30 Abs 2, Art 46 Abs 2 und Art 56 Abs 2 IPRG). Da es einen Zwang zur Wahl eines Rechts nicht gibt, muss die Kollisionsnorm **1/67**

107 *Ballarino*[2] (1996) 260 f; *Conetti* in Conetti/Tonolo/Vismara[3] (2017) 46.
108 *Barel/Armellini* (2018) 48.
109 *Mosconi/Campiglio I*[8] (2017) 210 f; *Coaccioli I* (2011) 92 f.

stets für jenen Fall vorsorgen, in dem die Parteien keine Wahl getroffen haben. An die Stelle der subjektiven Anknüpfung (Rechtswahl) tritt somit die vom Gesetz vorgesehene objektive Anknüpfung.[110] Eine besondere, **nach materiellen Gesichtspunkten** angeordnete Anknüpfungsleiter *(concorso successivo in funzione del risultato)* findet sich in Art 35 Abs 1 IPRG.[111] Demnach ist im Zusammenhang mit der Anerkennung eines Kindes auf das Heimatstatut des Kindes abzustellen, während das Heimatstatut des Anerkennenden nur dann zur Anwendung gelangt, wenn es zu einem günstigeren Ergebnis führt.[112]

- Alternative Anknüpfung *(concorso alternativo)*

1/68 Enthält eine Kollisionsnorm **mehrere Anknüpfungspunkte nebeneinander**, so spricht man von einer Alternativanknüpfung.[113] Im konkreten Anlassfall ist jenes Anknüpfungsmoment auszuwählen, das zu einem Recht führt, das die beabsichtigte Rechtsfolge eintreten lässt. Im Ergebnis bedeutet dies, dass nach dem **Günstigkeitsprinzip** jenes Recht zur Anwendung gelangt, das zu einem für das betroffene Rechtsverhältnis günstigen Ergebnis führt.[114] Besonders bedeutsam ist die Alternativanknüpfung in Kollisionsnormen, welche die Formgültigkeit von Rechtsgeschäften zum Gegenstand haben: die Form der Anerkennung eines Kindes (Art 35 Abs 3 IPRG), die Form der Schenkung (Art 56 Abs 3 IPRG), die Form der Vollmacht (Art 60 Abs 2 IPRG). In all diesen Fällen genügt es somit, wenn das Rechtsgeschäft nach dem Recht auch nur eines der berufenen Staaten formgültig zustande gekommen ist. Andere Fälle alternativer Anknüpfung im italienischen IPR finden sich in Art 30 Abs 2 IPRG, wonach die Gültigkeit der Rechtswahl über das Güterrecht zwischen Eheleuten entweder nach dem gewählten Recht oder nach dem Recht des Ortes der Vereinbarung zu beurteilen ist.

- Kumulative Anknüpfung *(concorso cumulativo)*

1/69 Berufen **mehrere Anknüpfungskriterien gleichzeitig** das Recht unterschiedlicher Staaten zur Anwendung, liegt eine kumulative Anknüpfung vor.[115] Das IPRG hat diese Fälle fast vollständig vermieden. Ein Beispiel stellt Art 25 Abs 3 IPRG dar, wonach eine Sitzverlegung von einem Staat in einen anderen oder eine Verschmelzung von Gesellschaften[116] oder anderen Körperschaften aus unterschiedlichen Staaten nur unter Bedingungen zulässig ist, die dem Recht beider Staaten genügen. Im Ergebnis bedeutet dies freilich, dass sich von den gleichzeitig zur Anwendung berufenen Rechten stets jenes Recht durchsetzt, das die strengeren Anforderungen stellt.[117]

---

110 *Mosconi/Campiglio I*[8] (2017) 211.

111 Dies gilt nunmehr auch für die Feststellung des Status als Kind gem Art 33 Abs 1 IPRG.

112 In der Literatur wird diese Anordnung der Anknüpfungskriterien mit explizitem Günstigkeitsvergleich teils auch als Alternativanknüpfung qualifiziert, *Mosconi/Campiglio I*[8] (2017) 209, 211. Das ist etwas irreführend, weil das Heimatstatut des Kindes als Hauptanknüpfungspunkt der subsidiären Anknüpfung nach dem Heimatstatut des anerkennenden Elternteils grundsätzlich vorgeht. Vgl dazu mwN *Carella* in Bariatti, Riforma, Nuove leggi civ.comm. 1996, Art 33, 1186 Fn 11.

113 *Ballarino*[2] (1996) 260.

114 *Mosconi/Campiglio I*[8] (2017) 209, 211; *Coaccioli I* (2011) 93 f.

115 *Ballarino*[2] (1996) 260.

116 Diesbezüglich ist allerdings die Fusionsrichtlinie idF vom 15. 2. 2005 (2005/19/EG) zu beachten.

117 *Mosconi/Campiglio I*[8] (2017) 211.

4. Subjektbezogene Anknüpfungskriterien

Eine Vielzahl von Anknüpfungskriterien bezieht sich auf rechtliche oder faktische Qualität der betroffenen Personen und ist somit subjektbezogen. Zu den als Anknüpfungskriterien verwendeten **rechtlichen Attributen** einer natürlichen Person zählen die Staatsangehörigkeit *(cittadinanza)* und der Wohnsitz *(domicilio)*. Zu den **faktischen Attributen** zählt bspw der gewöhnliche Aufenthalt *(residenza abituale)*. Für juristische Personen und andere Einrichtungen ist der Sitz der Verwaltung *(sede dell'amministrazione)* als subjektbezogenes Anknüpfungskriterium zu nennen. 1/70

a. Staatsangehörigkeit

Das **primäre Anknüpfungskriterium** im italienischen internationalen **Personen-, Ehe- und Erbrecht** blieb auch nach der Reform des Jahres 1995 die Staatsangehörigkeit,[118] mag sie auch im Vergleich zum alten IPR insgesamt als Anknüpfungskriterium ihre Vorrangstellung verloren haben, etwa weil sie nunmehr einen Rückverweis oder Weiterverweis nicht mehr ausschließt.[119] *Mancini* hatte dieses Anknüpfungskriterium im Bereich des Personen-, Familien- und Erbrechts (Personalstatut, *statuto personale*) damit begründet, dass die in der Staatsangehörigkeit zum Ausdruck kommende Nationalität den Spiegel der Identität der Person darstelle.[120] Für die Staatsangehörigkeit als Anknüpfungskriterium sprechen vor allem ihre **leichte Feststellbarkeit** und ihre **Stabilität**. 1/71

Indes stehen diesen Vorteilen viele **Probleme** gegenüber. Die Anknüpfung scheitert nämlich bei **Staatenlosen**, bei Personen mit ungeklärter Staatsangehörigkeit, bei Personen mit mehreren Staatsangehörigkeiten (**Mehrstaater**) und bei **Mehrpersonenverhältnissen mit verschiedenen Staatsangehörigen** (zB Ehe zwischen Personen unterschiedlicher Staatsangehörigkeit). Auch bei **Flüchtlingen** kann die Anknüpfung an die Staatsangehörigkeit problematisch sein, weil sie dadurch dem Recht jenes Staates unterworfen werden, dem sie entflohen sind.[121] Es sind daher stets **Ersatzanknüpfungen erforderlich**. Ein weiteres praktisches Problem der Anknüpfung an die Staatsangehörigkeit ergibt sich daraus, dass sie die inländischen Gerichte häufig auf das ausländische Recht verweist. Dies gilt nicht nur für die Feststellung der Staatsangehörigkeit selbst,[122] sondern auch für das anzuwendende Recht. Bei einem steigenden Anteil im Inland lebender ausländischer Staatsangehöriger bedeutet dies, dass die Gerichte vermehrt mit der Feststellung und Anwendung ausländischen Rechts belastet werden.[123] Im Übrigen **behindert** die Anknüpfung an die Staatsangehörigkeit die **Integration ausländischer Staatsangehöriger** im Inland, indem sie durch fortdauernde Anwendung des ausländischen Rechts auf per- 1/72

---

118 *Campiglio/Mosconi,* Diritto internazionale privato (riforma del), Dig.disc.priv. sez.civ. Agg I (2000) 341.

119 *Barel* in Bariatti, Riforma, Nuove leggi civ.comm. 1996, Art 19, 1075 ff.

120 *Ballarino*[2] (1996) 32 f.

121 *Barel* in Bariatti, Riforma, Nuove leggi civ.comm. 1996, Art 19, 1077 ff; *Mosconi/Campiglio I*[8] (2017) 218 f.

122 Die Frage, ob jemand Staatsangehöriger eines bestimmten Staates ist, muss nach dem Recht jenes Staates beurteilt werden, um dessen Angehörigkeit es geht. Die Frage, ob jemand deutscher Staatsbürger ist, muss daher nach deutschem Recht beurteilt werden. Vgl ausführlich zur Qualifikation der Staatsangehörigkeit als Anknüpfungskriterium *Mosconi/Campiglio I*[8] (2017) 216 ff.

123 Insofern wurde die Staatsangehörigkeit als Kriterium bezeichnet, das besonders in Staaten mit starker Emigration gewählt wird, während in Einwanderungsländern das Kriterium des Wohnsitzes Vorrang genieße. Vgl dazu *Vitta I* (1972) 266. Die etwas schwächere Stellung dieses Kriteriums im IPRG von 1995 wurde daher auch mit der Wandlung vom Aus- zum Einwanderungsland erklärt. Vgl etwa *Bariatti* in Bariatti, Riforma, Nuove leggi civ.comm. 1996, Art 1, 878.

sonen-, familien- und erbrechtliche Fragen deren Fremdsein markiert, was aus rechtspolitischer Sicht auf Dauer nicht wünschenswert sein kann.

1/73 Damit das Kriterium der Staatsangehörigkeit nicht in vielen Fällen ins Leere läuft, wurde im IPRG durch **Ersatzanknüpfungen** Vorsorge getroffen. Art 19 IPRG regelt die Anknüpfung an die Staatsangehörigkeit bei **Staatenlosen** *(apolidi)*, **Flüchtlingen** *(rifugiati)* und **Mehrstaatern** *(persone con più cittadinanze)*. Soll an die Staatsangehörigkeit von Staatenlosen und Flüchtlingen angeknüpft werden, so ist in einer Anknüpfungsleiter zunächst das Recht des Wohnsitzes und lediglich in Ermangelung eines Wohnsitzstaates *(legge dello Stato del domicilio)*, das Recht des Staates des gewöhnlichen Aufenthalts *(legge dello Stato di residenza)* anzuwenden. Diese Anknüpfungsleiter ist der Genfer Flüchtlingskonvention vom 28. 7. 1951 (Art 12) sowie dem New Yorker Übereinkommen über die Rechtsstellung der Staatenlosen vom 28. 9. 1954 (Art 12) entnommen, in denen jeweils für das Personalstatut zunächst auf das Recht des Wohnsitzstaates und bei Fehlen eines Wohnsitzes auf das Recht des Aufenthaltsstaates verwiesen wird.[124] Der Fall einer Person mit **unbekannter Staatsangehörigkeit** ist in Art 19 IPRG nicht geregelt. Diese Lücke wird zumindest teilweise dadurch entschärft, dass Minderjährige, die in Italien aufgefunden werden und deren Staatsangehörigkeit unbekannt ist, als italienische Staatsangehörige gelten, wenn keine andere Staatsangehörigkeit festgestellt wird.[125]

1/74 Bei **Mehrstaatern** gilt zunächst der bereits unter dem alten Recht vertretene Grundsatz der Effektivität,[126] wonach gem Art 19 Abs 2 IPRG am Recht jenes Staates anzuknüpfen ist, mit dem der Mehrstaater **am engsten verbunden** ist *(collegamento più stretto)*. Dabei muss das Gericht alle relevanten Umstände berücksichtigen, die diese engere Verbindung zu einem Staat rechtfertigen können. Der Grundsatz der Effektivität wird bei Personen, die auch italienische Staatsangehörige sind, durch den **Grundsatz des Vorrangs der italienischen Staatsangehörigkeit** ergänzt. Befindet sich unter den verschiedenen Staatsangehörigkeiten also auch die italienische, so ist italienisches materielles Recht anzuwenden.[127] Dieser Vorrang des italienischen Rechts muss allerdings hinter den Effektivitätsgrundsatz zurücktreten, wenn die Anwendung des italienischen Rechts die unionsrechtlichen Grundfreiheiten verletzen würde.[128]

1/75 Bei **Mehrpersonenverhältnissen im Familienrecht** stellt das IPRG ebenso häufig auf die **gemeinsame Staatsangehörigkeit** *(legge nazionale comune)* ab. Beispiele hierfür sind das Eheversprechen (Art 26 IPRG), die persönlichen und vermögensrechtlichen Ehewirkungen (Art 29 Abs 1, Art 20 Abs 1 IPRG), die Trennung und Scheidung (Art 31 Abs 1 IPRG), die Adoption (Art 38 IPRG) sowie das Verhältnis zwischen Adoptivkind und Adoptivfamilie (Art 39 IPRG).

---

124 *Castellaneta* in Preite I (2011) 656.

125 Art 1 Abs 2 G 5. 2. 1992, Nr 91. *Clerici,* La cittadinanza nell'ordinamento giuridico italiano (1993) 314 ff.

126 *Barel* in Bariatti, Riforma, Nuove leggi civ.comm. 1996, Art 19, 1081; *Mosconi/Campiglio I*[8] (2017) 220.

127 Diese Lösung, obgleich im internationalen Vergleich weit verbreitet, wurde in den ersten Kommentierungen zum IPRG kritisiert, weil sie den Rückverweis ausschließt und den internationalen Entscheidungseinklang gefährdet. *Barel* in Bariatti, Riforma, Nuove leggi civ.comm. 1996, Art 19, 1082. Kritisch auch *Campiglio*, La disciplina delle unioni civili transnazionali e dei matrimoni esteri tra persone dello stesso sesso, in Riv.dir. int.priv.proc. n.1/2017, 65.

128 Nach der Rechtsprechung des EuGH (ECLI:EU:C:2003:539, Garcia Avello v Belgien) kann in einer solchen Vorrangregel eine Diskriminierung aus Gründen der Staatsangehörigkeit verwirklicht sein. Im Übrigen könnte sich daraus eine Beeinträchtigung der Freizügigkeit ergeben (EuGH, ECLI:EU:C:2008:559, Grunkin v Paul). Vgl dazu *Castellaneta* in Preite I (2011) 659 ff; *Mosconi/Campiglio I*[8] (2017) 219 f.

Haben die Betroffenen allerdings **keine gemeinsame Staatsangehörigkeit**[129] oder mehrere gemeinsame Staatsangehörigkeiten, so gelten jeweils eigene **Anknüpfungsleitern**. Das Eheversprechen unterliegt bei Fehlen einer gemeinsamen Staatsangehörigkeit dem italienischen Recht. Dasselbe muss auch für den Fall mehrerer gemeinsamer Staatsangehörigkeiten gelten. In Bezug auf die persönlichen und vermögensrechtlichen Ehewirkungen sieht Art 29 Abs 2 IPRG vor, dass bei verschiedenen oder mehreren gleichen Staatsangehörigkeiten auf das Recht jenes Staates abzustellen ist, in dem sich der Mittelpunkt des Ehelebens befindet *(prevalente localizzazione della vita matrimoniale)*. Im Adoptionsrecht gelangt in Ermangelung einer gemeinsamen Staatsangehörigkeit der Adoptiveltern alternativ das Recht des Aufenthaltsstaates oder das Recht jenes Staates zur Anwendung, in dem das Eheleben seinen Mittelpunkt hat (Art 38 und 39 IPRG).

b. Wohnsitz (Domizil)

Der Wohnsitz *(domicilio)*, auch Domizil, hat als Anknüpfungskriterium für die Ermittlung des Personalstatuts eine sehr **lange Tradition**. Seit den Anfängen des modernen IPR wurde der Wohnsitz einer Person herangezogen, um das auf ihre persönlichen Verhältnisse anzuwendende Recht zu bestimmen. Der Wohnsitz bezeichnete damals gleichzeitig die Herkunft *(origo)* und die Zugehörigkeit zu einer bestimmten politischen Einheit.[130] Erst im Laufe des **19. Jh** wurde der Wohnsitz allmählich **durch** die **Staatsangehörigkeit ersetzt.**[131] 1/76

Im modernen **italienischen IPR** hatte der Wohnsitz **stets nur marginale Bedeutung**. So wird dieses Kriterium heute etwa bei Staatenlosen und Flüchtlingen (Art 19 IPRG) herangezogen bzw als alternativer Anknüpfungspunkt auch für die Beurteilung der Formgültigkeit des Testaments (Art 48 IPRG) und im Zusammenhang mit der autonomen Kollisionsnorm zur Produkthaftung (Art 63 IPRG) verwendet. Im autonomen italienischen IPR ist der Begriff Wohnsitz nach italienischem Recht auszulegen[132] und bezeichnet damit den Ort, an dem eine Person den **Hauptsitz** ihrer **Geschäfte und Interessen** begründet hat (Art 43 ZGB).[133] 1/77

Im **europäischen**[134] und **internationalen Kontext** kommt dem Begriff *domicile* aufgrund der englischen Tradition weit **größere Bedeutung** zu, wobei dabei allerdings die Verbundenheit nicht zu einem Ort, sondern zu einem bestimmten Rechtssystem im Vordergrund steht.[135] 1/78

---

129 Eine gemeinsame Staatsangehörigkeit liegt auch bei einer Ehe zwischen einem franko-italienischen Doppelstaatsangehörigen und einer französischen Staatsangehörigen vor. Auf die persönlichen und güterrechtlichen Verhältnisse gelangt somit französisches Recht zur Anwendung. Die Vorrangregel zugunsten der italienischen Staatsangehörigkeit gem Art 19 Abs 2 IPRG ist nicht anwendbar. *Mosconi/Campiglio I*[8] (2017) 220 f.

130 *Ballarino*[2] (1996) 301.

131 Vgl zu dieser Entwicklung *Mansel*, Personalstatut, Staatsangehörigkeit und Effektivität (1988) § 2.

132 *Vitta I* (1972) 267; *Barel*, Domicilio, residenza e dimora (domicilio III dir.int.priv.proc.) in Enc.giur. Bd XII, 1989, 2.

133 Zur Vielschichtigkeit dieses Begriffs und seinen Bedeutungen in anderen Rechtsordnungen vgl *Balladore Pallieri*, Diritto internazionale privato italiano (1974) 87; *Barel*, Domicilio, residenza e dimora (domicilio III dir.int.priv.proc.) in Enc.giur. Bd XII, 1989, 3 f.

134 Dies gilt insbesondere für das europäische internationale Prozessrecht. Vgl etwa Brüssel I-VO und Brüssel Ia-VO. Dazu *van Calster*, European Private International Law[2] (2016) 60 ff.

135 *Ballarino*[2] (1996) 301 f; *Kegel/Schurig*, Internationales Privatrecht[9] (2004) 440.

Dort, wo *domicile* in europäischen Verordnungen oder internationalen Übereinkommen verwendet wird, ist für die Bedeutung dieses Kriteriums stets auf die *lex fori* abzustellen.[136]

c. Aufenthalt

1/79 Nach italienischem IPR ist der Begriff **gewöhnlicher Aufenthalt** *(residenza)* im Sinne von Art 43 Abs 2 ZGB als jener Ort zu verstehen, an dem sich die Person hauptsächlich und auf Dauer, dh gewöhnlich aufhält (gewöhnlicher Aufenthalt). Der **einfache Aufenthalt** *(dimora)* ist jener Ort, an dem sich jemand nur vorübergehend aufhält. Das italienische IPR verwendet ausschließlich das Kriterium des gewöhnlichen Aufenthalts *(residenza)*; so etwa im Zusammenhang mit Fragen der gerichtlichen Zuständigkeit (Art 3 Abs 1, Art 9 und 22 Abs 2, Art 37 und 40 Abs 1 IPRG). Der Aufenthalt findet aber auch im Kollisionsrecht als nachrangiger Anknüpfungspunkt bei Staatenlosen und Flüchtlingen (Art 19 Abs 1), beim Adoptionsverhältnis (Art 38 und 39) und als alternatives Kriterium bei der Form der Eheschließung (Art 28) Anwendung. Er war auch im Zusammenhang mit der Rechtswahlmöglichkeit im Erbrecht (Art 46 Abs 2 IPRG: Wahl des Rechts des Aufenthaltsortes) relevant. Der einfache Aufenthalt fungiert dagegen im italienischen IPR nicht als Anknüpfungskriterium.

1/80 Das Kriterium des **gewöhnlichen Aufenthalts** *(residenza abituale)*, das **bereits im 19. Jh** im Bereich des deutschen internationalen Zivilprozessrechts **Anwendung** fand,[137] wurde von der Haager Konferenz schon im Vormundschaftsabkommen von 1902 und im Entmündigungsabkommen von 1905 aufgenommen und hat seither im internationalen und europäischen Kontext ständig an Bedeutung gewonnen. Es löst in Fragen des Personalstatuts den Gegensatz zwischen Staatsangehörigkeit und Wohnsitz zugunsten eines flexibel auslegbaren faktischen Kriteriums auf.[138]

1/81 Im **europäischen Kontext** findet das Kriterium sowohl als Anknüpfungspunkt für die gerichtliche Zuständigkeit[139] als auch als kollisionsrechtlicher Anknüpfungspunkt Verwendung. Die Rom I-VO und die Rom II-VO definieren den gewöhnlichen Aufenthalt **für Gesellschaften, Vereine und juristische Personen** als den Ort, an dem sich die Hauptverwaltung befindet, während für den **Unternehmer als natürliche Person** der gewöhnliche Aufenthalt am Ort der Hauptniederlassung liegt. Bei Zweigniederlassungen oder Agenturen fällt der gewöhnliche Aufenthalt mit der Niederlassung zusammen.[140] Für **natürliche Personen**, die nicht im Rahmen ihrer beruflichen Tätigkeit handeln, sind für die Ermittlung des gewöhnlichen Aufenthalts alle Umstände des Einzelfalls zu berücksichtigen. In der EuErbVO wird im Rahmen der objektiven Anknüpfung auf den gewöhnlichen Aufenthalt des Erblassers im Zeitpunkt des Todes abgestellt (Art 23 EuErbVO). Zur Ermittlung dieses Ortes ist eine Gesamtbeurteilung aller Lebensumstände des Erblassers vor und bei seinem Tod vorzunehmen.[141] Das Kriterium stellt so, ähnlich wie der

---

136 *Mosconi/Campiglio I*[8] (2017) 223 f; vgl etwa Art 59 Brüssel I-VO; Art 62 Brüssel IIa-VO; Art 27 Abs 1, Art 44 EuErbVO.

137 Zur Entwicklungsgeschichte dieses Anknüpfungspunkts vgl *Kränzle,* Heimat als Rechtsbegriff? (2014) 98 ff. Vitta I (1972) 46 f, 267; *Mosconi/Campiglio I*[8] (2017) 192 ff.

138 *Mosconi/Campiglio I*[8] (2017) 192 ff.

139 Vgl etwa Art 15 und 19 Brüssel I-VO.

140 Art 19 Rom I-VO, Art 23 Rom II-VO.

141 Erwägungsgrund 23 EuErbVO.

Wohnsitz nach italienischem Recht (Art 43 Abs 1 ZGB), auf den Lebensmittelpunkt des Betroffenen ab.[142]

d. Verwaltungssitz

Bei juristischen Personen, Vereinen und anderen Körperschaften folgt das italienische IPR (Art 25 Abs 1 IPRG) der **Gründungstheorie** und knüpft daher grundsätzlich am Recht des Ortes an, an dem das Gründungsverfahren abgeschlossen wurde (Gründungsort, *luogo di costituzione*). Indes ist auf juristische Personen und Körperschaften, die zwar im Ausland gegründet wurden, deren **Hauptverwaltung oder Haupttätigkeit** sich aber in Italien befindet, italienisches Recht anzuwenden.[143] Das italienische autonome IPR knüpft daher für juristische Personen und Körperschaften nur subsidiär am Ort des Verwaltungssitzes an. **1/82**

5. Objekt- und handlungsbezogene Anknüpfungskriterien

Anknüpfungskriterien können auch bestimmte Eigenschaften des Anknüpfungsgegenstands oder den Ort der anknüpfungsgegenständlichen Handlung betreffen. Als wichtigstes objektbezogenes Kriterium ist der in Art 51 IPRG für das internationale Sachenrecht verankerte **Belegenheitsgrundsatz** zu nennen. Für Fragen zum **Besitz** und zu **dinglichen Rechten** an beweglichen und unbeweglichen Sachen ist demnach die *lex rei sitae*, dh das Recht des Ortes, an dem sich die Sache befindet („an dem sie belegen ist“), anzuwenden. **1/83**

Handlungsbezogene Anknüpfungskriterien finden sich etwa im Zusammenhang mit juristischen Personen (Art 25 IPRG: Gründungsstatut), der Formgültigkeit der Eheschließung (Art 28 IPRG: Ort der Eheschließung) und des Testaments (Art 48 IPRG: Errichtungsort), mit den persönlichen und vermögensrechtlichen Ehewirkungen (Art 29 IPRG: subsidiär wird auf den Mittelpunkt des Ehelebens abgestellt), mit den Verträgen zwischen Lebensgefährten (Art 30bis IPRG: Mittelpunkt der Lebensgemeinschaft), mit der Scheidung und Trennung (Art 31 IPRG subsidiär: Mittelpunkt des Ehelebens) und mit der Adoption (Art 38 und 39 IPRG subsidiär: Mittelpunkt des Ehelebens). In Bezug auf die außervertragliche Haftung aus unerlaubter Handlung sah das autonome italienische IPR ebenso eine handlungsbezogene Anknüpfung vor: grundsätzlich war am Schadenseintrittsort *(lex loci damni)* anzuknüpfen, allerdings konnte der Geschädigte bei Distanzdelikten auch das Recht des Handlungsorts *(lex loci delicti commissi)* wählen (Art 62 IPRG). **1/84**

6. Subjektive Anknüpfung: Rechtswahl

Die Anknüpfung an eine **Rechtswahl** durch die Parteien *(optio iuris, professio iuris, scelta della legge applicabile)* im Vertragsrecht geht bis auf die Anfänge des modernen IPR zurück.[144] Die italienische IPR-Reform des Jahres 1995 hat in verschiedenen Bereichen die Rechtswahl als Anknüpfungskriterium aufgenommen und damit der **Privatautonomie im IPR** größeren Spielraum gewährt. In Fragen des ehelichen Güterrechts (Art 30 IPRG) können die Eheleute entweder das Recht des Staates, dem ein Ehepartner angehört, oder das Recht des Staates, in dem **1/85**

142 *Mosconi/Campiglio* I^8 (2017) 194 f.

143 Zur Bedeutung dieser Bestimmung im europäischen Gesellschaftsrecht vgl Rz 4/19.

144 *Mosconi/Campiglio* I^8 (2017) 197, die auf *Bartolus* und die Kommentatoren verweisen.

ein Ehepartner seinen gewöhnlichen Aufenthalt hat, wählen.[145] Zulässig ist eine Rechtswahl auch im Erbrecht zugunsten des Rechts des Aufenthalts des Erblassers zum Zeitpunkt seines Todes (Art 46 Abs 2 IPRG). Beide Vorschriften sind nun allerdings durch europäisches Kollisionsrecht verdrängt worden (Verordnung [EU] 2016/1103 [Güterrecht] sowie EuErbVO). Dasselbe gilt für die Rechtswahlmöglichkeiten im Bereich der außervertraglichen Haftung (Art 62 Abs 1 IPRG, Wahlmöglichkeit zugunsten des Handlungsorts) und der Produkthaftung (Art 63 IPRG, Wahl zwischen dem Recht des Verwaltungssitzes des Herstellers oder dem Recht des Staates, in dem das Produkt erworben wurde), die durch die Rom II-VO verdrängt wurden. Eine Rechtswahlmöglichkeit zugunsten des Rechts des Aufenthaltsorts ist weiterhin bei Schenkungen möglich (Art 56 Abs 2 IRPG), sofern diese nicht in den Anwendungsbereich der Rom I-VO fallen.

1/86 Die Rechtswahl stellt eines der **primären Anknüpfungskriterien** im **europäischen Kollisionsrecht** dar. Dies gilt insbesondere für das auf vertragliche Schuldverhältnisse (Art 3 Rom I-VO) anwendbare Recht, weil davon auszugehen ist, dass die Parteien am ehesten wissen, welches Recht am besten geeignet ist, ihr Vertragsverhältnis zu regeln. Im Bereich außervertraglicher Schuldverhältnisse (Rechtswahl *post factum*: Art 14 Rom II-VO), der Trennung und Scheidung (Art 5 VO [EU] 1259/2010), des ehelichen Güterrechts (Art 22 VO [EU] 2016/1103) und des Erbrechts (Art 22 EuErbVO) ist ebenfalls, wenngleich nur unter bestimmten Voraussetzungen, eine Rechtswahlmöglichkeit vorgesehen.

1/87 Gewählt werden kann grundsätzlich **jedes staatliche Recht** unter Ausschluss von nichtstaatlichen Rechtsordnungen.[146] Daher können Modellregeln, wie zB die *Principles of European Contract Law* (PECL) oder die *Principles of International Commercial Contracts* (PICC), nicht als anwendbares Recht gewählt werden. Die Parteien sind jedoch frei, diese Regeln in ihre vertragliche Vereinbarung aufzunehmen und somit zum Gegenstand ihrer Vereinbarung zu machen.[147] Sie finden dann insofern auf das Vertragsverhältnis Anwendung, als sie mit dem anwendbaren staatlichen Recht vereinbar sind und dortiges dispositives Recht verdrängen.

1/88 Die **materielle Wirksamkeit der Vereinbarung** über das anzuwendende Recht *(pactum de lege utenda)* ist nach **Unionsrecht** stets nach dem auf den Vertrag anzuwendenden Sachrecht *(lex causae)* zu beurteilen und **unterliegt** somit **dem gewählten Recht** (Art 3 Abs 5 iVm Art 10 Abs 1 Rom I-VO, Art 22 Abs 3 EuErbVO, Art 6 Abs 1 VO [EU] 1259/2010 [Trennung und Scheidung], Art 24 Abs 1 VO [EU] 2016/1103 [Güterrecht]). Im **autonomen italienischen IPR** wurde für die Frage der materiellen Wirksamkeit der Vereinbarung über das anzuwendende Recht ebenso auf das **gewählte Recht** abgestellt:[148] so etwa in Art 30 Abs 2 IPRG, wonach im Güterrecht eine Rechtswahl gültig war, wenn sie entweder dem gewählten Recht oder dem Recht des Errichtungsstaates der Vereinbarung entsprach. Die Frage der Geschäftsfähigkeit für den

---

145 Die Anerkennung dieses Wahlrechts geht in Frankreich auf *Dumoulin* zurück und ist auch in der Haager Ehegüterrechtskonvention 1978 (Art 3) anerkannt. *Ballarino*[2] (1996) 415 f.

146 Die Bestimmungen des IPRG nehmen in Bezug auf die Rechtswahl stets auf das Recht eines Staates Bezug. Vgl *Pagano,* Diritto internazionale privato[4] (2012) 151 f. Auch für das europäische Kollisionsrecht ist davon auszugehen, dass stets nur staatliches Recht gewählt werden kann. Vgl etwa bezüglich des Vertragsrechts (Rom I-VO) *van Calster,* European Private International Law[2] (2016) 213; im außervertraglichen Schuldrecht *Huber/Bach,* Rome II Regulation (2011) Art 14 Rz 9; in der EuErbVO Art 22.

147 Rom I-VO, Erwägungsgrund 13: „Diese Verordnung hindert die Parteien nicht daran, in ihrem Vertrag auf ein nichtstaatliches Regelwerk oder ein internationales Übereinkommen Bezug zu nehmen."

148 *Mosconi/Campiglio I*[8] (2017) 200 f.

Abschluss der Rechtswahlvereinbarung ist von der Rom I-VO nicht gedeckt und daher auf der Grundlage des autonomen IPR (Art 23 IPRG) zu beurteilen.[149]

Die Rechtswahl kann freilich auch zur **Umgehung** bestimmter zwingender inländischer Vorschriften missbraucht werden. Diese **Gefahr des Rechtsmissbrauchs** kann durch generelle Beschränkungen der Rechtswahlmöglichkeit und durch eine Beschränkung der Wirkungen der Rechtswahl eingedämmt werden. Der italienische Reformgesetzgeber hatte etwa im Zusammenhang mit der gem Art 46 Abs 2 IPRG zulässigen Rechtswahl des Erblassers die Gefahr gesehen, dass der Erblasser die Rechtswahl nutzen könnte, um seine Pflichtteilsberechtigten zu übergehen. Daher wurde einerseits die Rechtswahl nur zugunsten des Rechts des Wohnsitzstaats zugelassen und andererseits beschränkte man die Wirkungen der Rechtswahl bei in Italien ansässigen Pflichtteilsberechtigten auf den verfügbaren Teil. Art 46 Abs 2 IPRG ordnete nämlich an, dass auf das Pflichtteilsrecht von in Italien ansässigen Pflichtteilsberechtigten jedenfalls italienisches Recht anzuwenden ist. Die Rom I-VO zum Vertragsrecht sieht zwar keine allgemeinen Beschränkungen der Rechtswahlmöglichkeit vor, sie setzt aber dort Schranken, wo zwingende Vorschriften des nationalen Rechts oder des Unionsrechts verletzt würden (Art 3 Abs 3 und 4 Rom I-VO).[150] **1/89**

F. Anwendung des internationalen Privatrechts

Literatur:

Mosconi/Campiglio I[8] (2017) 182 ff; *Coaccioli I* (2011) 80 ff; *Vitta I* (1972) 215 ff; *Barel/Armellini* (2018) 43 ff; *Boschiero* (1996) 178 ff; *Baratta*, Qualificazioni, in Baratta, Diritto internazionale privato (2010) 315 ff; *Barile*, Lezioni di diritto internazionale privato[2] (1980) 74 ff; *Ballarino*[2] (1996) 225 ff; *Carella/Pizzolante* in Preite I (2011) 43 ff; *Munari* in Bariatti, Riforma, Nuove leggi civ.comm. 1996, Art 13, 1022 ff.

I. Kein fakultatives Recht

In der Literatur zur Anwendung des IPR wurde in der Vergangenheit die Frage diskutiert,[151] inwiefern die Kollisionsnormen überhaupt zwingenden oder bloß fakultativen Charakter haben.[152] Dass das Kollisionsrecht zwingenden Charakter hat und es somit nicht den Parteien überlassen bleibt, ob sie sich darauf berufen möchten, ist in der italienischen Rechtsprechung und Lehre nie ernsthaft bezweifelt worden.[153] Als Rechtsanwendungsrecht *(norme strumentali)*[154] ist das **1/90**

149 *Mosconi/Campiglio* I[8] (2017) 202.

150 Im Bereich der außervertraglichen Haftung gelten dieselben Schranken der lediglich nach Eintritt der schadensbegründenden Handlung zulässigen Rechtswahl: Art 14 Abs 2 und 3 Rom II-VO.

151 Vgl etwa *Mosconi/Campiglio* I[8] (2017) 182 ff; *Barel/Armellini* (2018) 43; *Coaccioli I* (2011) 97 ff; ausführlich *Boschiero,* Norme di diritto internazionale privato facoltative? Riv.dir.int.priv.proc. 1993, 565 ff.

152 Die italienische Diskussion dieser Problematik (vgl etwa *Morelli,* Diritto processuale civile internazionale[2] [1954] 54 ff) wurde durch die Diskussion in Deutschland zur Frage des sog „fakultativen Kollisionsrechts" neu belebt. *Flessner,* Fakultatives Kollisionsrecht, RabelsZ 1970, 547–584; zum heutigen Meinungsstand im deutschen Recht („kein fakultatives Kollisionsrecht") *von Bar/Mankowski,* Internationales Privatrecht I[2] (2003) 393 ff.

153 Dazu mit weiteren Nachweisen aus der Literatur *Boschiero* in Bariatti, Riforma, Nuove leggi civ.comm. 1996, Art 14, 1036 f.

154 *Vitta I* (1972) 215 ff.

IPR daher von den Gerichten nach dem Grundsatz *iura novit curia* **von Amtswegen** *(applicabilità d'ufficio)* **anzuwenden.**[155] Liegt demnach ein Sachverhalt mit Auslandsberührung vor, so hat das Gericht auch ohne Parteiantrag die Bestimmungen des internationalen Privatrechts zur Ermittlung des anwendbaren Rechts heranzuziehen.

1/91 Die Unterscheidung zwischen zwingenden und fakultativen Kollisionsnormen *(norme di conflitto cogenti/facoltative)*[156] im italienischen IPR ist daher abzulehnen. Selbst wenn den Parteien die Möglichkeit der Rechtswahl eingeräumt wird, bleibt die Kollisionsnorm, die diese Rechtswahlmöglichkeit vorsieht, eine zwingend anzuwendende Norm. Von einer fakultativen Kollisionsnorm kann somit auch bei einer Rechtswahlmöglichkeit keine Rede sein.

1/92 Der **zwingende Charakter des Kollisionsrechts** wird indirekt auch von Art 14 IPRG bekräftigt, wenn dort die Gerichte angehalten werden, das ausländische Recht von Amts wegen festzustellen und anzuwenden. Daraus folgt nämlich, dass die Anwendung des ausländischen Rechts **nicht im Ermessen der Parteien** liegt, sondern sich aus den amtswegig anzuwendenden Bestimmungen des IPRG ergibt.[157]

1/93 Daran schließt sich freilich die weitere Frage an, ob die Gerichte auch von Amts wegen überprüfen müssen, ob der vorgelegte Sachverhalt Auslandsberührungen aufweist. Dies ist entsprechend der **Dispositionsmaxime** im italienischen Zivilverfahrensrecht zu verneinen.[158] Das Gericht ist somit zur Anwendung des IPR nur verpflichtet, wenn sich aus den Verfahrensakten oder aus den Vorträgen der Parteien Elemente ergeben, die auf eine Auslandsberührung des Sachverhalts hindeuten.[159] Durch diese Abhängigkeit der Anwendung des IPR von den Parteivorträgen bzw Gerichtsakten wird der zwingende Charakter des Kollisionsrechts freilich relativiert, weil die Parteien die Auslandselemente des streitigen Sachverhalts verschweigen und damit die Anwendung des IPR vereiteln können.[160]

II. Qualifikation

1/94 Sofern sich also aus den Verfahrensakten und den Parteivorträgen Auslandselemente ergeben, hat das befasste Gericht über das Kollisionsrecht das anwendbare Recht zu bestimmen. Würde das Kollisionsrecht für alle unterschiedlichen Rechtsverhältnisse stets nur ein einziges Anknüpfungskriterium heranziehen, wäre diese Feststellung relativ einfach, denn die einzelnen Rechtsverhältnisse müssten voneinander nicht unterschieden werden. Indes verwendet das IPRG eine Reihe unterschiedlicher Anknüpfungskriterien, sodass der Sachverhalt mit Aus-

---

155 *Mosconi/Campiglio I*^{8} (2017) 183 ff.

156 So *Mosconi/Campiglio I*^{8} (2017) 183 f.

157 *Boschiero* in Bariatti, Riforma, Nuove leggi civ.comm. 1996, Art 14, 1036 f; *Coaccioli I* (2011) 103 f.

158 Dagegen befürwortet *Boschiero* (1996) 210 nach französischem Vorbild eine verfahrensrechtliche Sonderbehandlung von Auslandselementen, die vom Gericht auch dann eingewandt werden können, wenn sie nicht aus den Parteivorträgen, sondern auf andere Weise dem Gericht bekannt wurden.

159 KassGH Ziv 5. 6. 2009, Nr 13087, Mass.Giust.civ. 2009, 874. Vgl für einen Überblick zu dieser Rechtsprechung, die den zwingenden Charakter des Kollisionsrechts relativiert, *Coaccioli I* (2011) 100 ff. Dagegen für eine amtswegige Ermittlung der Auslandselemente *Boschiero* in Bariatti, Riforma, Nuove leggi civ. comm. 1996, Art 14, 1038 f; ebenso *Coaccioli I* (2011) 122 Fn 20. Am ehesten wird man dafür plädieren müssen, dass das Gericht von Amts wegen die aus den Akten und Parteivorträgen hervorgehenden Auslandselemente einwenden und somit die Bestimmungen des IPR anwenden muss.

160 Es sei denn, man verpflichtet die Parteien, die entsprechenden Elemente vorzubringen, wie in der Lehre vorgeschlagen wurde: *Campiglio/Mosconi,* Diritto internazionale privato (riforma del), Dig.disc.priv. sez.civ. Agg I (2000) 327.

landsberührung in einem ersten Schritt stets einem bestimmten Anknüpfungsgegenstand und damit einer bestimmten Kollisionsnorm zugeordnet werden muss, um dann in einem zweiten Schritt über das Anknüpfungskriterium das anwendbare Recht zu ermitteln. Den ersten Schritt, bei dem der **Sachverhalt einer bestimmten Kollisionsnorm zugeordnet** wird, bezeichnet man als Qualifikation.[161] Mit anderen Worten wird über die Qualifikation der sachliche Anwendungsbereich einer Kollisionsnorm abgesteckt. Zu diesem Zweck sind die weiten Systembegriffe der Kollisionsnormen (zB persönliche und vermögensrechtliche Wirkungen der Ehe, vertragliche Schuldverhältnisse, außervertragliche Schuldverhältnisse, Sachenrecht, Erbrecht etc) in ihrem Bedeutungsgehalt auszulegen.

Die **Auslegung**, dh die Qualifikation der Systembegriffe, kann entweder nach inländischem Recht *(lex fori)*, nach dem auf den Sachverhalt anwendbaren Recht *(lex causae)* oder anhand rechtsvergleichender Erkenntnisse erfolgen.[162] Für die Auslegung nach der *lex fori* spricht in erster Linie, dass es sich auch beim autonomen IPR um nationales Recht handelt und dieses daher entsprechend diesem nationalen Recht ausgelegt werden muss. Die Anknüpfung an der *lex causae*[163] will die Qualifikation der Systembegriffe in den Kollisionsnormen vom materiellen Recht abhängig machen, das auf den Sachverhalt anzuwenden ist.[164] Der dritte Ansatz trennt zwischen materiellem nationalem Recht und IPR und verlangt eine autonome Auslegung der kollisionsrechtlichen Systembegriffe im Lichte ihrer internationalen bzw rechtsvergleichenden Bedeutung.[165] **1/95**

In Ermangelung einer gesetzlichen Lösung der Frage der Qualifikation entspricht es der herrschenden Ansicht, dass die **Qualifikation nach der *lex fori*** zu erfolgen hat.[166] Systembegriffe des italienischen IPR sind demnach nach den **Begriffen des (materiellen) italienischen Privatrechts** zu lösen,[167] wenngleich für sie ein weites Verständnis gefordert wird. Aufgrund ihrer Funktion, möglichst alle Sachverhalte eines Bereichs aufzufangen, müssen sie für ein internationales Verständnis geöffnet werden, um ausreichend Flexibilität zu gewährleisten.[168] **1/96**

---

161 Ein anderes, aber im Ergebnis auf dasselbe hinauslaufende Verständnis der Qualifikation beschreibt diese als Auslegung der in den Kollisionsnormen verwendeten Systembegriffe. Vgl dazu *Vitta I* (1972) 305 f; *Baratta*, Qualificazioni, in Baratta, Diritto internazionale privato (2010) 315. Zum Meinungsstreit hinsichtlich des Gegenstands der Qualifikation *Boschiero* in Preite I (2011) 83 ff.

162 Im Überblick *Vitta I* (1972) 307 ff; *Baratta*, Qualificazioni, in Baratta, Diritto internazionale privato (2010) 317.

163 Dieser Ansatz geht auf *Despagnet,* Des conflits de lois relatifs à la qualification des rapports juridiques, Clunet (1898) 253 ff zurück. In Italien wurde dieser Ansatz von *Pacchioni,* Diritto internazionale privato^2 (1935) 171 ff vertreten.

164 Der logische Widerspruch dieses Ansatzes besteht darin, dass nach einem Recht zu qualifizieren wäre, das erst nach der Qualifikation feststehen kann. Man entkommt dem Zirkelschluss nur, wenn eine erste Qualifikation provisorischer Natur der endgültigen Qualifikation nach der *lex causae* vorangeht (*qualificazione per gradi*). Dazu vgl *Baratta*, Qualificazioni, in Baratta, Diritto internazionale privato (2010) 317. Zur Kritik an diesem Ansatz *Boschiero* in Preite I (2011) 75 ff.

165 Diesen internationalen Ansatz, der auf Ernst Rabel zurückgeht (*Rabel,* Das Problem der Qualifikation, RabelsZ 1931, 241–288), vertrat in der italienischen Literatur zB *Barile,* Lezioni di diritto internazionale privato^2 (1980) 89.

166 *Vitta I* (1972) 314 ff; *Campiglio/Mosconi* in Diritto internazionale privato (riforma del), Dig.disc.priv. sez.civ. Agg I (2000) 326; *Coaccioli I* (2011) 80; *Ballarino*^{2} (1996) 225; *Boschiero* in Preite I (2011) 72 ff.

167 Dagegen kritisch *Barile,* Lezioni di diritto internazionale privato^2 (1980) 85 ff.

168 *Vitta I* (1972) 317 f; *Baratta*, Qualificazioni, in Baratta, Diritto internazionale privato (2010) 319; *Coaccioli I* (2011) 81; *Ballarino*^{2} (1996) 225; *Mosconi/Campiglio I*^{8} (2017) 214 f.

1/97 Derselbe Grundsatz gilt für die **Qualifikation von Anknüpfungskriterien**. Auch sie unterliegen der Auslegung nach der *lex fori*.[169] Was somit ein Wohnsitz oder ein gewöhnlicher Aufenthalt, der Handlungsort oder der Mittelpunkt des Ehelebens ist, wird nach italienischem materiellem Privatrecht bestimmt. **Problematisch** erweist sich dieser Ansatz lediglich in Bezug auf die **Staatsangehörigkeit**. Das italienische Recht kann nämlich nichts darüber aussagen, ob eine Person Staatsbürger eines anderen Staates ist. Aus diesem Grund ist die Frage der Staatsangehörigkeit stets nach der *lex causae* anzuknüpfen. Wer behauptet, Staatsbürger des Staates X zu sein, muss die Voraussetzungen für den Erwerb nach den Vorschriften des Staates X erfüllen.[170]

1/98 Sofern sich die Frage der Qualifikation in Bezug auf Systembegriffe in **internationalen Übereinkommen** oder im **Unionsrecht** stellt, ist diese im Interesse eines internationalen Entscheidungseinklangs in allen Staaten gleich zu beurteilen. Dies bedeutet, dass die Qualifikation bei staatsvertraglichem Kollisionsrecht selbständig, dh **konventionsautonom**, zu erfolgen hat, es sei denn, die Konvention sieht für die Frage der Qualifikation etwas anderes vor.[171] Daraus folgt, dass die (zumeist ohnehin sehr weiten) Begriffe der internationalen Übereinkommen nach dem ihnen zugrundeliegenden Verständnis auszulegen sind und nicht nach dem jeweils nationalen Rechtsverständnis. Bei unionsrechtlichen Kollisionsnormen stellt die **autonome Qualifikation** ebenso eine Selbstverständlichkeit dar und wird darüber hinaus dadurch bekräftigt, dass bei Auslegungszweifeln im Zusammenhang mit der Anwendung des Unionsrechts der EuGH letztverbindlich entscheiden kann.[172]

1/99 Aufgrund der weiten Systembegriffe im Kollisionsrecht sollte es nicht vorkommen, dass bestimmte Sachverhalte nicht zugeordnet werden können. Falls aber ausnahmsweise doch **Lücken** im IPR auftreten sollten, wird die Ansicht vertreten, dass der Sachverhalt der *lex fori* unterliegt.[173] Die Frage der **Qualifikation unbekannter Rechtsinstitute** *(qualificazione di istituzioni sconosciute)*, wie sie in der Literatur häufig aufgeworfen wird, stellt sich schon deshalb nicht, weil nicht fremde Rechtsinstitute, sondern Sachverhalte nach den Systembegriffen des autonomen IPR zu qualifizieren sind.[174]

III. Vorfrage

1/100 Im Rahmen der Anwendung des Kollisionsrechts kann sich herausstellen, dass es für die Lösung der **Hauptfrage** notwendig ist, zunächst eine andere Rechtsfrage, die sog **Vorfrage**, zu lösen. Die Frage nach den persönlichen oder vermögensrechtlichen Ehewirkungen setzt zB voraus, dass überhaupt eine gültige Ehe geschlossen wurde. Ob ein Kind überhaupt Unterhaltsansprüche geltend machen kann, setzt voraus, dass der Anspruchsgegner Vater bzw Mutter des Kindes ist.

---

169 *Mosconi/Campiglio I*[8] (2017) 216.

170 *Vitta I* (1972) 322 f; *Coaccioli I* (2011) 95 f.

171 *Mosconi/Campiglio I*[8] (2017) 221 ff.

172 *Coaccioli I* (2011) 83; ausführlich *Baratta*, Qualificazioni, in Baratta, Diritto internazionale privato (2010) 320 ff.

173 *Vitta I* (1972) 320 f; *Coaccioli I* (2011) 82. AA *Barile*, Lezioni di diritto internazionale privato[2] (1980) 74, der das Recht mit der engsten Verbindung zum Fall zur Anwendung bringen will.

174 *Vitta I* (1972) 319; *Balladore Pallieri,* Diritto internazionale privato italiano (1974) 78.

Das erstmals in der deutschen Lehre[175] formulierte Vorfragenproblem betrifft die Frage, **nach welchem Recht die Vorfrage zu entscheiden** ist. Diese Problematik stellt sich praktisch gesehen nur dann, wenn das internationale Privatrecht des Gerichtsorts die Hauptfrage einem anderen ausländischen Recht unterwirft als die Vorfrage und das IPR des Gerichtsorts und das IPR der für die Hauptfrage berufenen Rechtsordnungen hinsichtlich der Vorfrage zu einem jeweils anderen anwendbaren Recht gelangen.[176] In Ermangelung einer gesetzlichen Regelung dieser Problematik wurden vier mögliche Lösungsansätze formuliert:[177] 1/101

- **Anknüpfung nach dem materiellen Recht der *lex causae*** *(teoria dell'assorbimento)*: Die Entscheidung über die Vorfrage erfolgt auf der Grundlage des auf die Hauptfrage anwendbaren Rechts:[178] Wenn also im Rahmen einer Erbschaft die Frage auftaucht, ob ein Adoptivkind als Kind und damit als Erbe des Verstorbenen anzusehen ist, dann wird diese Frage nach dem auf die Erbschaft anwendbaren materiellen Recht entschieden. In Italien fand dieser Ansatz insofern Anwendung, als etwa die Ehefähigkeit einer vorher geschiedenen Person zu beurteilen war. Demnach war nach dem auf die Hauptfrage der Ehefähigkeit anzuwendenden Recht auch die Frage der gültigen vorherigen Scheidung zu entscheiden.[179] 1/102
- **Anknüpfung nach dem materiellen Recht der *lex fori*** *(teoria legeforista)*: Demnach wäre die Vorfrage als Frage des inländischen Rechts zu behandeln und entsprechend nach den Kriterien des materiellen inländischen Rechts zu entscheiden. Dieser Ansatz widerspricht dem Geist des Kollisionsrechts, ausländisches Recht bei Fällen mit Auslandsberührung zu berücksichtigen, und steht im Übrigen im Widerspruch zur Berücksichtigung des ausländischen Rechts hinsichtlich der Hauptfrage.[180] 1/103
- **Anknüpfung nach dem IPR der *lex causae* (sog unselbständige Anknüpfung)** *(teoria congiunta)*: Nach diesem Ansatz soll die Vorfrage nach den Kriterien des IPR des für die Hauptfrage maßgeblichen Rechts entschieden werden. Wenn also für die Erbsache auf französisches Recht verwiesen wird, soll für die Frage, ob der Anspruchsteller Kind des Erblassers und damit Erbe ist, nach dem Recht entschieden werden, das vom französischen IPR zur Anwendung berufen wird. 1/104
- **Anknüpfung nach dem IPR der *lex fori* (selbständige Anknüpfung)** *(teoria disgiunta)*: Demnach ist die Vorfrage als selbständige Frage zu erfassen und nach den Kriterien des inländischen IPR anzuknüpfen. Ist also im Rahmen der Entscheidung über einen Erbfall auch die Eigenschaft einer Person als Kind festzustellen, ist diese Frage so zu behandeln, als wäre sie eine eigenständige Hauptfrage. Sie unterliegt somit dem nach italienischem IPR ermittelten Kindschaftsstatut. 1/105

---

175 *Melchior*, Die Grundlagen des deutschen internationalen Privatrechts (1932) 245 ff; *Wengler*, Die Vorfrage im Kollisionsrecht, RablesZ 1934, 148–251.

176 *Vitta I* (1972) 460 f; *Mosconi/Campiglio I*[8] (2017) 227 ff.

177 *Vitta I* (1972) 461; *Mosconi/Campiglio I*[8] (2017) 228 f.

178 In diesem Sinne *Barile*, Lezioni di diritto internazionale privato[2] (1980) 93 f.

179 Es handelte sich um eine englische Staatsbürgerin, die in Frankreich geschieden worden war. Nachdem England die ausländische Scheidung anerkannt hatte, war für das italienische Gericht die Vorfrage der erfolgten Scheidung vom englischen Recht entschieden worden. KassGH Ziv 14. 3. 1968, Nr 823, Riv.dir.int. priv.proc. 1968, 674.

180 *Vitta I* (1972) 461 f.

1/106 Die **selbständige Vorfragenanknüpfung** hat sich in der italienischen Lehre vor allem gegen die unselbständige Vorfragenanknüpfung als die vorzugswürdige Lösung des Vorfragenproblems **durchgesetzt.**[181] Die selbständige Anknüpfung vermeidet jedenfalls, dass dieselbe Frage unterschiedlich angeknüpft wird, nur weil sie einmal als Haupt- und einmal als Vorfrage relevant wird.[182] Diese Lösung ist auch dann vorzuziehen, wenn die Anknüpfung der Hauptfrage aufgrund einer staatsvertraglichen bzw unionsrechtlichen Kollisionsnorm erfolgt. Die Vorfrage ist somit auch in diesem Fall selbständig anzuknüpfen.[183]

IV. Rück- und Weiterverweisung (*renvoi*)

1/107 Wenn das inländische IPR auf einen Sachverhalt mit Auslandsberührung zB österreichisches Recht zur Anwendung beruft, stellt sich die grundsätzliche Frage, ob damit lediglich das österreichische materielle Recht gemeint ist oder ob auch das österreichische IPR von diesem Verweis erfasst ist. Wenn der Verweis auf ausländisches Recht auch das ausländische IPR umfasst, spricht man von einer **Gesamtverweisung** *(richiamo internazionalprivatistico, richiamo totale, rinvio all'ordinamento straniero nel suo complesso)*, denn die Verweisung gilt gleichsam für die gesamte ausländische Rechtsordnung einschließlich des IPR. Daraus ergibt sich folgende, als *renvoi* bekannte Problematik: Das ausländische IPR kann aufgrund abweichender Anknüpfungskriterien wieder auf das italienische Recht zurückverweisen. Man spricht somit von einer **Rückverweisung** *(rinvio indietro)*. Das ausländische IPR kann aber auch das Recht eines weiteren Staates zur Anwendung berufen. In diesem Fall liegt eine **Weiterverweisung** *(rinvio altrove, rinvio all'infuori, remission)* vor.

1/108 Als geradezu klassisch für die Problematik des renvoi gilt der **Fall Forgo**, der 1882 vom französischen Kassationsgericht entschieden wurde.[184] Franz Xaver Forgo, ein gebürtiger Bayer, hatte gemeinsam mit seiner bayerischen Mutter seit seiner frühen Kindheit in Frankreich gelebt und verstarb dort im Jahr 1869 als Staatsbürger Bayerns. Da er kein Testament errichtet hatte und ihn nur noch Seitenverwandte der Mutter in Bayern überlebten, kam es zu einem Erbschaftsstreit über den ausschließlich aus beweglichen Sachen bestehenden Nachlass zwischen dem französischen Fiskus und den bayerischen Verwandten. Die französischen Gerichte erachteten zunächst das bayerische Recht für anwendbar, weil Forgo dort seinen ursprünglichen Wohnsitz hatte und ein solcher rechtlicher Wohnsitz in Frankreich nie begründet worden war. Dagegen wandte sich der französische Fiskus mit der Begründung, das bayerische Kollisionsrecht verweise seinerseits für bewegliche Sachen im Nachlass auf das Recht des Staates, in dem der Erblasser seinen gewöhnlichen Aufenthalt hatte und somit auf französisches Recht. Dieser Argumentation folgte das französische Kassationsgericht, wonach eine Rückverweisung durch ausländisches Kollisionsrecht zu berücksichtigen und anzunehmen sei.[185] Ob mit dieser Entscheidung allerdings das dem Rückverweis innewohnende Problem des Ping-Pong-Spiels zwischen den Rechtsordnungen gelöst oder vielmehr eine lukrative Erbschaft für den französischen Fiskus gesichert werden sollte, bleibt bis heute Gegenstand von Spekulationen.[186]

1/109 Der IPR-Gesetzgeber kann der durch Rück- und Weiterverweisung entstehenden Rechtsunsicherheit entgehen, indem Verweisungen auf ausländisches Recht stets nur als **Sachnormverweisungen** *(rinvio alle norme materiali)* formuliert werden. Dies entsprach der italienischen

181 *Vitta I* (1972) 471; *Mosconi/Campiglio I*[8] (2017) 229 ff; *Coaccioli I* (2011) 140 f.
182 *Barel/Armellini* (2018) 72.
183 *Mosconi/Campiglio I*[8] (2017) 230 f.
184 Cass. civ, arrêt du 24. 6. 1878, Recueil Sirey 1878, 1429.
185 Ausführlich zum Fall Forgo: *Mosconi/Campiglio I*[8] (2017) 236 ff.
186 *Mosconi/Campiglio I*[8] (2017) 238.

Rechtslage bis zur **Reform des IPR** im Jahr 1995.[187] Gem Art 30 Vorgesetze war nämlich jede Verweisung auf ausländisches Recht stets als Verweisung auf ausländisches materielles Recht unter Ausschluss des ausländischen IPR zu verstehen.[188] Diese im internationalen Vergleich vereinzelt gebliebene, ablehnende Haltung gegenüber der Rück- und Weiterverweisung wurde auch noch im Reformentwurf mit Verweis auf praktische Gründe verteidigt und fortgeschrieben.[189] Erst die mit dem Reformentwurf befasste Kommission in der Abgeordnetenkammer setzte den gegenteiligen Grundsatz und damit die **Anerkennung der Rück- und Weiterverweisung** durch.[190]

Gem Art 13 IPRG ist nunmehr **ausländisches IPR grundsätzlich zu beachten**, und zwar dann, wenn dieses entweder auf das italienische Recht zurückverweist ***(rinvio indietro)*** oder auf das Recht eines Drittstaates verweist, der sein eigenes (materielles) Recht zur Anwendung beruft, dh den Weiterverweis annimmt ***(rinvio altrove accettato)***. **1/110**

Beispiel:

Wenn das italienische IPR für die Frage der Geschäftsfähigkeit eines in Italien verwurzelten Engländers auf das englische Recht verweist und das englische IPR am domicile *anknüpft, kommt es zu einer Rückverweisung auf italienisches Recht. Das italienische IPR nimmt diesen Rückverweis an, sodass die Geschäftsfähigkeit nach den Bestimmungen des italienischen ZGB zu beurteilen ist. Lebt der Engländer hingegen dauerhaft auf Malta, dann verweist das englische Recht für die Geschäftsfähigkeit auf das Recht Maltas. Das italienische Gericht wird in diesem Fall das Recht Maltas nur dann anwenden, wenn dieses die Verweisung annimmt und nicht auf das Recht eines weiteren Staates weiter- oder auf das Recht Englands zurückverweist.*

Wenn das Kollisionsrecht des Drittstaates den **Weiterverweis nicht annimmt**, indem es auf einen weiteren Staat verweist *(rinvio oltre)* oder einen Rückverweis enthält, stellt sich die Frage nach dem anwendbaren Recht. Art 13 IPRG enthält diesbezüglich keine ausdrückliche Anordnung. Nach herrschender Ansicht ist aber davon auszugehen, dass das materielle Recht der vom italienischen IPR zur Anwendung berufenen Rechtsordnung angewendet werden soll, der **Weiterverweis** also **unbeachtet** bleibt.[191] **1/111**

---

187 Die Gründe für die Ablehnung liegen im Dunkeln. Sie wurden aber von einem Teil der Lehre so erklärt, dass das IPR nach der Anschauung *Mancinis* nicht national, sondern international gedacht werden musste und entsprechend in der gesamten Welt vereinheitlicht werden müsse. Würde man fremdes IPR aufgrund der Zulässigkeit des Rückverweises anerkennen, widerspräche man diesem Postulat der Universalität des IPR. Vgl für diese Erklärung *Vitta I* (1972) 345. Dass aber gerade *Mancini* kein Gegner der Anerkennung des Rückverweises war, hat *Jayme,* Pasquale Stanislao Mancini. Internationales Privatrecht zwischen Risorgimento und praktischer Jurisprudenz (1980), abgedruckt in Jayme, Gesammelte Schriften IV (2009) 39 f, aufgezeigt. Unter anderem wurde die Ablehnung auch damit begründet, dass dadurch die Aufgabe des inländischen IPR an das ausländische IPR übertragen werde und somit staatliche Souveränität aufgegeben würde, *Boschiero* (1996) 178.

188 *„Art 30: Quando, ai termini degli articoli precedenti, si deve applicare una legge straniera, si applicano le disposizioni della legge stessa senza tener conto del rinvio da essa fatto ad altra legge."*

189 Relazione al disegno di legge n. 1192 „Riforma del sistema italiano di diritto internazionale privato", in Pocar, Il nuovo diritto internazionale privato[2] (2002), 161; *Campiglio/Mosconi* in Diritto internazionale privato (riforma del), Dig.disc.priv. sez.civ. Agg I (2000) 330.

190 Vgl zu den möglichen Beweggründen *Campiglio/Mosconi,* Diritto internazionale privato (riforma del), Dig. disc.priv. sez.civ. Agg I (2000) 330.

191 *Mosconi/Campiglio I*[8] (2017) 241 f; *Barel/Armellini* (2018) 76 f; *Pocar,* Il nuovo diritto internazionale privato italiano[2] (2002) 37; *Coaccioli I* (2011) 115; *Malatesta*, Rinvio, in Baratta, Diritto internazionale privato (2010) 427; *Carella/Pizzolante* in Preite I (2011) 43; *Pagano,* Diritto internazionale privato[4] (2012) 103. AA *Ballarino*[2] (1996) 251, der einen Weiterverweis auch dann für zulässig hält, wenn das Kollisionsrecht des

Beispiel:

Staat A (Eheschließungsort) verweist für die Ehefähigkeit auf Staat B (Staatsangehörigkeit eines Ehepartners) und Staat B verweist auf Staat C (gewöhnlicher Aufenthalt des Ehepartners). Nur wenn Staat C sein materielles Recht zur Anwendung kommen lässt, wird die Weiterverweisung zugelassen. Wenn Staat C dagegen wieder auf Staat B zurückverweist oder auf das Recht eines weiteren Staates weiterverweist (rinvio oltre), *dann ist das materielle Recht des Staates B anzuwenden.*

1/112 Gem Art 13 IPRG sind IPR-Verweisungen also stets als Gesamtverweisungen anzusehen, sodass ausländisches IPR grundsätzlich zu berücksichtigen ist. Dieser Grundsatz wird allerdings durch bedeutende **Ausnahmen** durchbrochen. Art 13 Abs 2 und 3 IPRG sieht vor, in welchen Fällen das ausländische Kollisionsrecht nicht zu beachten ist und daher eine Sachnormverweisung vorliegt:

- **Rechtswahl:** Haben die Parteien eine gültige Rechtswahl getroffen, so ist das von ihnen gewählte Recht als Verweis auf die materiellen Normen dieses Rechts zu verstehen. Dabei handelt es sich indes um eine widerlegliche Vermutung des Gesetzgebers, der davon ausgeht, dass die Parteien bei einer Rechtswahl das anwendbare Sachrecht bezeichnen wollten.[192]
- **Formstatut:** Wenn für die Formgültigkeit auf ein bestimmtes Recht verwiesen wird, so ist stets dessen Sachrecht gemeint. Das ausländische Kollisionsrecht ist nicht zu beachten, weil aufgrund des *favor negotii* die Vielzahl der Alternativanknüpfungen möglichst erhalten bleiben soll.[193]
- **Außervertragliche Schuldverhältnisse:** Wird für den Fall einer außervertraglichen Haftung auf ausländisches Recht verwiesen, so handelt es sich um einen Sachnormverweis. In der Literatur gibt es für diesen Ausschluss der Gesamtverweisung unterschiedliche Erklärungsansätze.[194] Einerseits seien die Anknüpfungskriterien an materiellen Gesichtspunkten orientiert, die durch eine Gesamtverweisung gestört werden könnten. Andererseits sei gerade beim Deliktsstatut eine gewisse Wahlmöglichkeit vorgesehen und im Übrigen handle es sich um Anknüpfungskriterien, die an einen bestimmten Ort oder an der engsten Verbindung anknüpfen und daher durch einen Rück- oder Weiterverweis nicht gestört werden sollen.[195] Die Rück- und Weiterverweisung ist auch unter der Rom II-VO (Art 24) ausgeschlossen.

Staates C auf einen weiteren Staat (E, F oder G etc) verweist, der den Verweis annimmt. Kritisch dazu *Mosconi/Campiglio I*[8] (2017) 245. Für einen Überblick zu den unterschiedlichen Meinungen *Munari* in Bariatti, Riforma, Nuove leggi civ.comm. 1996, Art 13, 1022 ff.

192 *Mosconi/Campiglio I*[8] (2017) 239 Fn 6; *Carella/Pizzolante* in Preite I (2011) 43 f; *Coaccioli I* (2011) 117 Fn 14; *Barel/Armellini* (2018) 78. AA *Boschiero* (1996) 192, wonach die Mitberücksichtigung des ausländischen IPR nicht wirksam vereinbart werden kann.

193 *Mosconi/Campiglio I*[8] (2017) 240; *Coaccioli I* (2011) 117 Fn 15; *Ballarino*[2] (1996) 253; *Lupone,* Diritto internazionale privato (disp. gen.), Enc.dir. Agg V (2001) 397 Fn 97.

194 Für einen Überblick vgl *Munari* in Bariatti, Riforma, Nuove leggi civ.comm. 1996, Art 13, 1030 f mit berechtigter Kritik.

195 *Mosconi/Campiglio I*[8] (2017) 240; *Lupone,* Diritto internazionale privato (disp. gen.), Enc.dir. Agg V (2001) 397 Fn 98; *Coaccioli I* (2011) 118 Fn 16; *Carella/Pizzolante* in Preite I (2011) 45.

Die Rück- und Weiterverweisung ist in folgenden zwei Fällen nur **bedingt zulässig:** **1/113**

- **Internationale Übereinkommen:** Wenn das IPRG internationale Übereinkommen für jedenfalls anwendbar erklärt,[196] ist die Zulässigkeit der Rück- und Weiterverweisung nach dem jeweiligen Übereinkommen zu beurteilen. Internationale Übereinkommen schließen in aller Regel die Rück- bzw Weiterverweisung aus, weil dadurch das von den Übereinkommen angestrebte Ziel der Vereinheitlichung des Kollisionsrechts in Frage gestellt würde.[197]
- **Kindschaft:** Soll gem Art 33–35 IPRG die Frage geklärt werden, ob eine Person Kind einer anderen ist, darf eine Rück- oder Weiterverweisung nur dann berücksichtigt werden, wenn diese zu einem Recht führt, das die Feststellung der Kindschaft erlaubt. Damit wird der Grundsatz des *favor filiationis* bekräftigt.[198]

In der Lehre wird ferner darauf hingewiesen, dass es **implizite Schranken der Rück- und Weiterverweisung** *(limiti impliciti al rinvio)* gebe. Dies sei etwa dann der Fall, wenn das italienische IPRG am „Mittelpunkt des Ehelebens" anknüpfe (Art 29, 38 und 39 IPRG) und somit ein materielles Kriterium im Sinne der „engsten Verbindung" wähle, das mit einer Rück- und Weiterverweisung unvereinbar sei.[199] Daher müsse auch in diesen Fällen die Berücksichtigung ausländischen Kollisionsrechts ausgeschlossen sein.[200] Da nur eine Entscheidung bekannt ist, in der Art 13 IPRG zur Rückverweisung überhaupt Anwendung fand,[201] gibt es diesbezüglich keine gefestigte Meinung. **1/114**

Im Zusammenhang mit der Rückverweisung stellt sich schließlich auch die Frage der **Qualifikation des ausländischen Kollisionsrechts** (sog sekundäre Qualifikation, *seconda qualificazione, rinvio di qualificazione*). Diesbezüglich gilt der Grundsatz, dass ausländisches Recht stets nach den eigenen Auslegungskriterien anzuwenden ist (Art 15 IPRG). Daraus ergibt sich, dass die primäre Qualifikation eines Sachverhalts nach den Systembegriffen des italienischen IPR von der sekundären Qualifikation des Sachverhalts **nach den Systembegriffen des ausländischen IPR** abweichen kann.[202] **1/115**

Im **europäischen Kollisionsrecht** ist der **Rückverweis** grundsätzlich **ausgeschlossen.**[203] Eine Ausnahme bildet lediglich die EuErbVO, die für das internationale Erbrecht eine Rück- und Weiterverweisung zulässt, sofern diese auf das Recht eines Mitgliedstaats weist oder der **1/116**

---

196 Es handelt sich somit um jene Übereinkommen, die der italienische Reformgesetzgeber ausdrücklich in das IPRG aufgenommen und für jedenfalls anwendbar erklärt hat.

197 *Coaccioli I* (2011) 119 Fn 18; *Munari* in Bariatti, Riforma, Nuove leggi civ.comm. 1996, Art 13, 1034 f; *Boschiero* (1996) 196 f.

198 *Mosconi/Campiglio I*[8] (2017) 240 f; ausführlich *Munari* in Bariatti, Riforma, Nuove leggi civ.comm. 1996, Art 13, 1031 f; *Carella/Pizzolante* in Preite I (2011) 47 ff.

199 Vgl dazu *Munari* in Bariatti, Riforma, Nuove leggi civ.comm. 1996, Art 13, 1031 f.

200 Für eine differenzierte Lösung *Munari* in Bariatti, Riforma, Nuove leggi civ.comm. 1996, Art 13, 1032. Diesem folgend *Carella/Pizzolante* in Preite I (2011) 45. *Mosconi/Campiglio I*[8] (2017) 242 beschränken sich darauf, das Problem aufzuwerfen.

201 LG Pordenone 7. 3. 2002, Riv.dir.int.priv.proc. 2002, 1052: Es handelte sich um eine Rückverweisung auf das italienische Recht in Bezug auf die Entmündigung einer argentinischen Staatsbürgerin.

202 Dazu *Mosconi/Campiglio I*[8] (2017) 244.

203 Vgl Art 20 Rom I-VO; Art 24 Rom II-VO; Art 11 VO (EU) 1259/2010 (Ehescheidung und Trennung); Art 32 VO (EU) 2016/1103 (Güterstand).

Drittstaat die Verweisung annimmt.[204] Rück- und Weiterverweisung sind nicht zu beachten, wenn ausnahmsweise das Kriterium der engeren Verbindung (Art 21 Abs 2 EuErbVO) zur Anwendung kommt oder eine Rechtswahl stattgefunden hat (Art 22). Dasselbe gilt für Anknüpfungen in Formfragen (Art 27 und 28 b) sowie für Anknüpfungen der Sondererbfolgen (Art 30).

V. Dépeçage

1/117 Der französische Begriff *dépeçage (frazionamento)* beschreibt zunächst ein Problem der IPR-Gesetzgebung. Das Kollisionsrecht kann entweder alle Aspekte eines Rechtsverhältnisses einheitlich einem einzigen Anknüpfungskriterium unterwerfen und somit erreichen, dass ohne Rücksicht auf Rück- und Weiterverweisung ein einziges Sachrecht auf ein Rechtsverhältnis zur Anwendung gelangt. Dagegen besteht aber auch die Möglichkeit, **einzelne Aspekte** eines Rechtsverhältnisses **unterschiedlichen Anknüpfungskriterien** zu **unterwerfen** (sog **Zerstückelung**), damit das jeweils am besten geeignete Recht den entsprechenden Teilaspekt regelt.[205] So geschieht es etwa im Zusammenhang mit der Geschäfts-, Ehe- oder Testierfähigkeit, die jeweils unabhängig von der jeweiligen Form des Rechtsgeschäfts bzw dessen Inhalt eigenständig angeknüpft werden.

Beispiel:

A (italienischer Staatsangehöriger) ehelicht B (französische Staatsbürgerin) in Österreich (Eheschließungsort) und lebt danach mit seiner Frau hauptsächlich in Deutschland (Mittelpunkt des Ehelebens). Die Ehefähigkeit von A ist nach italienischem Recht zu beurteilen (Art 27 IPRG). Die Formgültigkeit der Ehe ist nach österreichischem Recht (Eheschließungsort) oder nach italienischem oder französischem Recht (Heimatstatut der Eheleute) zu beurteilen (Art 28 IPRG). Die persönlichen Rechtswirkungen der Ehe ergeben sich aus dem deutschen Recht, weil die Ehegatten keine gemeinsame Staatsangehörigkeit haben und sich der Mittelpunkt ihres Ehelebens in Deutschland befindet (Art 29 Abs 2 IPRG).

1/118 Je detaillierter ein gewisses Rechtsverhältnis im IPR geregelt wird, desto eher stellt sich das Problem der Zerstückelung, das aufgrund der mangelnden Koordination zwischen den zur Anwendung berufenen Rechten zu sachlich nicht gerechtfertigten **Ungleichbehandlungen** führen kann.[206] Darüber hinaus wird bei einer großen Zahl von Sonderanknüpfungen auch die Frage der Qualifikation akut, weil die einzelnen Kollisionsnormen in ihrem Anwendungsbereich voneinander abgegrenzt werden müssen.[207]

1/119 Von *dépeçage* spricht man ferner auch dann, wenn dasselbe Rechtsverhältnis von den Parteien in einzelne Aspekte aufgespalten wird und darauf **aufgrund** einer **Rechtswahl** jeweils **unterschiedliche Rechte zur Anwendung gelangen** sollen. Dies ist etwa unter dem EVÜ und nun gem Art 3 Abs 1 Rom I-VO möglich. Demnach steht es den Parteien frei, eine Rechtswahl für den gesamten Vertrag oder für einzelne Vertragsteile zu treffen. Hierbei ist es also nicht der Gesetzgeber, der ein Rechtsverhältnis kollisionsrechtlich in unterschiedliche Aspekte aufteilt, sondern es sind die Parteien mittels der von ihnen vorgenommenen Teilrechtswahl.[208]

---

204 Dazu ausführlich *Damascelli,* I criteri di collegamento, in Franzina/Leandro, Il diritto internazionale privato europeo delle successioni *mortis causa* (2013) 96 ff.

205 *Vitta I* (1972) 291; *Pagano,* Diritto internazionale privato[4] (2012) 168 ff.

206 *Vitta I* (1972) 291.

207 *Mosconi/Campiglio I*[8] (2017) 226 f.

208 *Mosconi/Campiglio I*[8] (2017) 226 f.

Die parallele Anwendung unterschiedlicher Rechte auf Teilaspekte desselben Sachverhalts kann zu einem Normwiderspruch *(contrasto tra norme applicabili)*, einem Normmangel *(carenza di norme applicabili)* oder einer Normhäufung *(cumulo di norme applicabili)* führen.[209] **1/120**

Beispiel:

Der Ehemann von A verstirbt. Das auf die Erbfolge anwendbare Recht des Staates X sieht kein Erbrecht zugunsten der Ehefrau vor, weil das eheliche Güterrecht für einen Ausgleich sorgt. Das auf das Güterrecht zwischen den Ehegatten anwendbare Recht des Staates Y sieht Gütertrennung und damit keinen Ausgleich bei Tod eines Ehegatten vor. Die parallele Anwendung des Rechts des Staates X auf die Erbfolge und des Rechts des Staates Y auf das Güterrecht führt zu einem ***Normenmangel****. Die Ehefrau des A erhält nämlich weder nach dem Erbrecht noch nach dem Güterrecht eine Zuwendung. Im umgekehrten Fall, in dem Staat X ausschließlich im Erbrecht eine Zuwendung vorsieht, nicht aber im Güterrecht und Staat Y ausschließlich im Güterrecht, nicht aber im Erbrecht, besteht eine* ***Normenhäufung****. Wenn dagegen das Güterrecht des Staates Y einen Ausgleich ausschließt und das Erbrecht des Staates Y einen güterrechtlichen Ausgleich durch Erhöhung einer Erbquote im Erbrecht vorsieht, herrscht* ***Normenwiderspruch****.*

Diese Probleme werden durch die **Angleichung** *(adattamento, adeguamento)* gelöst, indem die zur Anwendung gelangenden ausländischen Rechte so angepasst („korrigiert“) werden, dass daraus für den Sachverhalt insgesamt ein harmonisches Ergebnis erzielt werden kann.[210] **1/121**

G. Anwendung des ausländischen Rechts

Literatur:

Boschiero (1996) 204 ff; *Boschiero* in Bariatti, Riforma, Nuove leggi civ.comm. 1996, Art 14, 16; *Carbone/Ivaldi* in Preite I (2011) 593 ff; *Mosconi/Campiglio I*[8] (2017) 245, 247 ff; *Coaccioli I* (2011) 123 ff; Vitta I (1972) 79 ff, 107 ff; *Barel/Armellini* (2018) 82 ff; *Contaldi*, Ordine pubblico, in Baratta, Diritto internazionale privato (2010) 276 ff; *Pocar*, Il nuovo diritto internazionale privato italiano[2] (2002) 43, 162 ff.

I. Feststellung des ausländischen Rechts

Der Verweis auf ausländisches Recht im IPR bedeutet für das italienische Gericht, dass es ausländisches Recht anwenden muss. Dies setzt voraus, dass dem Gericht das **ausländische Recht zugänglich und bekannt** ist. Es muss somit feststellbar sein, nach welchen Vorschriften des ausländischen Rechts der Sachverhalt zu beurteilen ist. Das mag sich als relativ einfach herausstellen, wenn es sich um eine hochentwickelte Rechtsordnung handelt, deren Rechtserkenntnisquellen einfach zugänglich sind. Schwieriger erweist sich diese Aufgabe indes, wenn ein ausländisches Recht in weiten Teilen auf Gewohnheitsrecht oder Richterrecht beruht und die Erkenntnisquellen erschwert zugänglich sind. **1/122**

Unabhängig von der **Erkennbarkeit** ausländischen Rechts stellt sich verfahrensrechtlich zunächst die Frage, ob das Gericht selbst tätig werden muss, um die anwendbaren Vorschriften des ausländischen Rechts zu ermitteln, oder ob es den Parteien obliegt, dem Gericht Auskunft über das ausländische Recht zu erteilen. Art 14 IPRG ist diesbezüglich unmissverständlich: Das **1/123**

209 *Vitta I* (1972) 481.
210 *Vitta I* (1972) 478 ff; *Balladore Pallieri*, Diritto internazionale privato italiano (1974) 123 ff.

Gericht hat das **ausländische Recht von Amts wegen** festzustellen.[211] Dies bedeutet in erster Linie, dass das ausländische Recht dem Grundsatz *iura novit curia* unterliegt und dieses somit gleich behandelt wird wie inländisches Recht.[212] Mit dieser ausdrücklichen Feststellung in Art 14 IPRG sollte aufgrund der widersprüchlichen Rechtsprechung der Vergangenheit klargestellt werden, dass es sich beim **ausländischen Recht nicht um eine Tatsachenfrage** ***(quaestio facti)***,[213] sondern um eine **Rechtsfrage** ***(quaestio iuris)*** handelt.[214] Daraus ergibt sich in weiterer Folge, dass Fehler der Instanzengerichte bei der Anwendung ausländischen Rechts im Rahmen einer **Kassationsbeschwerde** gerügt werden können. Es ist somit Aufgabe des italienischen Kassationsgerichts, die korrekte Anwendung ausländischen Rechts durch inländische Gerichte zu garantieren.[215]

1/124 Dass das ausländische dem inländischen Recht gleichgestellt wird, bedeutet nicht, dass die Gerichte mit diesen ausländischen Rechten vertraut sein müssen. Der Grundsatz *iura aliena novit curia* ist allerdings insofern umzusetzen, als sich die Gerichte bemühen müssen, das ausländische Recht zu ermitteln. Es stehen ihnen dabei unterschiedliche **Informationsquellen** zur Verfügung. Der Richter kann auf **eigene Kenntnisse** oder persönliche Informationskanäle zurückgreifen.[216] Er kann darüber hinaus selbstverständlich auch auf die **Informationssysteme** zurückgreifen, die von internationalen Übereinkommen eingerichtet wurden, oder entsprechende **Anfragen an das Justizministerium**[217] bzw an ausländische Konsulate richten. Ferner kann das Gericht auch einen Sachverständigen mit einem **Rechtsgutachten** beauftragen, was neben der Unterstützung durch die Parteien bei der Ermittlung des ausländischen Rechts als das praktisch bedeutendste und effizienteste Informationsmittel anzusehen ist.[218] Dabei sind die Parteien zur **Wahrung des rechtlichen Gehörs** vollumfänglich in die Ermittlung des aus-

---

211 *Boschiero* (1996) 205 spricht diesbezüglich von einer Rechtsmacht und Rechtspflicht (*potere-dovere*) des Gerichts.

212 KassGH Ziv 9. 5. 2007, Nr 10549, Riv.dir.int.priv.proc. 2008, 216; KassGH Ziv 24. 6. 2009, Nr 14777, Riv.dir.int.priv.proc. 2010, 192.

213 Vgl für den Meinungsstand in der älteren Lehre *Vitta I* (1972) 218; *Boschiero* (1996) 204 f.

214 Im Sinne des ausländischen Rechts als Tatsache, die von den Parteien vorzubringen und zu beweisen ist, KassGH Ziv 21. 3. 1980, Nr 1906, Riv.dir.int.priv.proc. 1981, 498; zuletzt in Bezug auf Verfahren, die vor Inkrafttreten der IPR-Reform eingeleitet wurden, KassGH Ziv 4. 4. 2013, Nr 8212, Foro it. 2013, I, 2515 ff; KassGH Ziv 16. 7. 2010, Nr 16630, Guid.dir. 2010, 41, 59. Bereits vor der Reform im Sinne der Anerkennung ausländischen Rechts als Recht, das vom Gericht von Amts wegen zu ermitteln ist, KassGH Ziv 16. 2. 1966, Nr 486, Riv.dir.int.priv.proc. 1966, 571; KassGH Ziv 23. 2. 1978, Nr 903, Riv.dir.int.priv.proc. 1978, 814. In diesem Sinn auch *Vitta I* (1972) 220; *Barile,* Lezioni di diritto internazionale privato[2] (1980) 80. Für einen Überblick zur Rechtsprechung vor der Reform vgl *Vitta I* (1972) 226 ff.

215 KassGH Ziv 26. 10. 2015, Nr 21712, Mass.Foro.it. 2015, 714; KassGH Ziv 21. 4. 2005, Nr 8360, Riv.comm. internaz. 2005, 613. Dies folgt aus der Qualifikation ausländischen Rechts als Recht. So bereits *Vitta I* (1972) 225. Vgl dazu auch *Carbone/Ivaldi* in Preite I (2011) 607.

216 *Coaccioli I* (2011) 123; *Carbone/Ivaldi* in Preite I (2011) 593; KassGH Ziv 9. 5. 2007, Nr 10549, Riv.dir.int. priv.proc. 2008, 216.

217 Von Bedeutung ist dabei, dass 2008 ein „Netz für die legislative Zusammenarbeit der Justizministerien der Mitgliedstaaten der Europäischen Union" eingerichtet wurde, um die gegenseitige Kenntnis der geltenden Rechtsvorschriften zu erleichtern, vgl *Mosconi/Campiglio I*[8] (2017) 247.

218 *Carbone/Ivaldi* in Preite I (2011) 594; *Boschiero* in Bariatti, Riforma, Nuove leggi civ.comm. 1996, Art 14, 1041.

ländischen Rechts einzubinden.[219] Die Parteien sind darüber hinaus auch berechtigt, bei der Ermittlung des ausländischen Rechts mitzuwirken (Art 14 Abs 2 IPRG).[220]

Trotz aller Bemühungen kann es vorkommen, dass die ausländische Rechtslage nicht geklärt werden kann. Für diesen Fall sieht Art 14 Abs 2 IPRG vor, dass das von weiteren Anknüpfungskriterien in derselben Kollisionsnorm bezeichnete Recht zur Anwendung kommen soll. Fehlen solche weiteren Anknüpfungspunkte oder können auch die so benannten Rechte nicht ermittelt werden, ist schließlich italienisches Recht anzuwenden.[221] In dieser **subsidiären Anwendung der *lex fori*** zeigt sich der Wunsch des Gesetzgebers, dem mit dem Fall am engsten verbundenen Recht Vorrang gegenüber dem italienischen Recht einzuräumen.[222] Jedenfalls darf diese Bestimmung, die als *ultima ratio*[223] das italienische Recht zur Anwendung beruft, nicht als Ausdruck eines Heimwärtsstrebens *(homeward trend, marcia verso casa propria)*[224] des italienischen IPR gelesen werden.[225] 1/125

Ist im Zusammenhang mit einer Gesamtverweisung das **ausländische IPR nicht feststellbar**, wurde vorgeschlagen, dass gem Art 14 Abs 2 IPRG zunächst nach den **anderen Anknüpfungskriterien** das anwendbare Recht ermittelt werden solle. Bleibt auch dies erfolglos, so sei auf das erste Anknüpfungskriterium zurückzukommen und die Verweisung als Sachnormverweisung zu lesen, sodass das ausländische materielle Recht zur Anwendung gelange.[226] Dieser Lösungsvorschlag bekräftigt zwar die subsidiäre Anwendung des italienischen Rechts, erkauft dies aber durch eine Ausblendung von Art 13 IPRG, sodass an der Gesetzeskonformität dieses Vorschlags Zweifel angemeldet werden müssen. Wenn bis zum letzten Anknüpfungskriterium das anwendbare Recht nicht festgestellt werden kann, ist nach Art 14 Abs 2 IPRG italienisches Recht anzuwenden. Dies muss folglich auch bei der Nichtfeststellbarkeit ausländischen Kollisionsrechts gelten. 1/126

219 *Coaccioli I* (2011) 125; *Boschiero* in Bariatti, Riforma, Nuove leggi civ.comm. 1996, Art 14, 1041; *Carbone/Ivaldi* in Preite I (2011) 595; in der Rechtsprechung allgemein zur Pflicht des Gerichts, amtswegig erhobene, entscheidungsrelevante Umstände den Parteien zur Stellungnahme vorzulegen, KassGH Ziv 9. 6. 2008, Nr 15194, Mass.Giust.civ. 2008, 901.

220 Als Recht formuliert bei *Coaccioli I* (2011) 126; *Mosconi/Campiglio I*[8] (2017) 247; als Pflicht formuliert bei *Boschiero* in Bariatti, Riforma, Nuove leggi civ.comm. 1996, Art 14, 1041; in diese Richtung auch *Carbone/Ivaldi* in Preite I (2011) 595, in dem Sinne, dass eine Verweigerung der Kooperation negativ gewertet werden könne.

221 Zu diesem Schluss war auch bereits die frühere Lehre und Rechtsprechung gekommen, allerdings mit unterschiedlichen Begründungen. In der Lehre wurde die Anwendung der *lex fori* damit begründet, dass das ausländische Recht in einem Spezialitätsverhältnis zur *lex fori* stehe und daher bei mangelnder Erkennbarkeit des ausländischen Rechts Anwendung finde. In der Rechtsprechung wurde damit argumentiert, dass das ausländische Recht als Tatsache von den Parteien zu beweisen sei und daher bei mangelndem Beweis italienisches Recht anzuwenden sei. Daneben kam auch die Begründung vor, dass von einer *praesumptio similitudinis* auszugehen sei und daher italienisches Recht angewendet werden könne. Vgl ausführlich zum Meinungsstand unter dem alten Recht *Vitta I* (1972) 230 ff.

222 *Boschiero* in Bariatti, Riforma, Nuove leggi civ.comm. 1996, Art 14, 1042.

223 Relazione al disegno di legge n. 1192 „Riforma del sistema italiano di diritto internazionale privato", in Pocar, Il nuovo diritto internazionale privato[2] (2002) 162.

224 *Vitta I* (1972) 226. Als Heimwärtsstreben wird jene in manchen Kollisionsrechten bzw bei Gerichten feststellbare Tendenz bezeichnet, das eigene nationale Recht nach Möglichkeit zur Anwendung zu bringen. Dazu *Pagano,* Diritto internazionale privato[4] (2012) 135 ff.

225 *Boschiero* in Bariatti, Riforma, Nuove leggi civ.comm. 1996, Art 14, 1042.

226 *Mosconi/Campiglio I*[8] (2017) 248 f.

II. Mehrrechtsstaaten

1/127 Die Feststellung ausländischen Rechts ist erschwert, wenn ein Staat über **keine einheitliche Privatrechtsordnung für das gesamte Staatsgebiet oder für alle Staatsangehörigen** verfügt, sondern nach Gebietseinheiten oder Bevölkerungsgruppen (zB Religionszugehörigkeit, Stammeszugehörigkeit) jeweils eigene Privatrechtsordnungen oder Gesetze vorsieht. Mehrrechtsstaaten *(ordinamenti plurilegislativi)* weisen somit entweder eine territoriale oder eine personelle Rechtsspaltung auf.

Beispiele für eine **territoriale Rechtsspaltung** finden sich etwa in Staaten, die aus zunächst unabhängigen Einzelgebieten zu einem Gesamtstaat zusammengewachsen sind. So etwa das Vereinigte Königreich, das sich aus England/Wales, Schottland und Nordirland zusammensetzt. Auch dort, wo sich lokales Gewohnheitsrecht gegen die Vereinheitlichung des Rechts durchgesetzt hat, besteht territoriale Rechtsspaltung. Als wichtiges Beispiel hierfür gilt Spanien, wo neben dem Código civil in einer Reihe von Regionen besondere Bestimmungen insbesondere im Familien- und Erbrecht gelten (vgl zB den *Código civil de Catalunya*). Auch die USA sind ein Mehrrechtsstaat, in dem jeder einzelne Bundesstaat eine eigene Privatrechtsordnung hat. Dasselbe gilt für die Provinzen und Territorien in Kanada. Beispiele für eine **personelle Rechtsspaltung** finden sich nach Religionszugehörigkeit getrennt etwa in islamisch geprägten Staaten Nordafrikas, in Israel, Indien,[227] Pakistan, Bangladesch und Jordanien. In Europa treten solche Unterschiede nur noch im religiös geprägten Eheschließungsrecht einzelner Staaten zutage. Ein Beispiel ist etwa die Konkordatsehe in Italien, die ausschließlich für Katholiken vorgesehen ist. Ähnliche Regelungen gibt es in Malta, Zypern und Griechenland. Darüber hinaus kann eine personelle Rechtsspaltung auch auf ethnischen Zugehörigkeiten beruhen (so etwa die Stammesrechte in einzelnen afrikanischen Staaten, Indonesien oder Malaysia).[228]

1/128 Das Nebeneinander verschiedener Privatrechtsordnungen in einem Staat stellt den Rechtsanwender vor die schwierige Frage, welches spezifische lokale oder personelle Recht zur Anwendung kommen soll. Es stellt sich somit auf innerstaatlicher Ebene dasselbe Problem, welches das IPR auf zwischenstaatlicher Ebene bei Fällen mit Auslandsberührung löst. Auf **innerstaatlicher Ebene** übernimmt diese Aufgabe das sog **interlokale bzw interpersonelle Recht** *(diritto interlocale/interpresonale)*.[229] Daraus ergeben sich die Anknüpfungskriterien, die für den Sachverhalt ein bestimmtes Teilrecht benennen. Fehlt es allerdings an solchen internen Verweisungsnormen im ausländischen Recht, müssen Kriterien zur Verfügung stehen, die eine Ermittlung des konkret anwendbaren Rechts erlauben.

1/129 Art 18 IPRG sieht vor, dass bei einem **Verweis auf einen Mehrrechtsstaat** *(richiamo di un ordinamento plurilegislativo)* zunächst die Anknüpfungskriterien des **interlokalen bzw interpersonellen Recht**s heranzuziehen sind. Wenn es keine solchen Kriterien gibt oder diese nicht ermittelt werden können, ist jenes Teilrecht anzuwenden, das die **engste Verbindung**[230] zum konkreten Sachverhalt aufweist.

1/130 Dabei stellt sich die Frage, ob Art 18 IPRG selbst dann anzuwenden ist, wenn ein **territoriales Anknüpfungskriterium im italienischen IPR** bereits die Bestimmung eines bestimmten Teilrechts erlauben würde. Als Beispiele zu nennen sind etwa der Wohnsitz oder der gewöhn-

227 Vgl LG Belluno 6. 3. 2009, Riv.dir.int.priv.proc. 2011, 140 in Bezug auf eine Scheidung zweier indischer Staatsangehöriger nach dem *Hindu Marriage Act*.

228 Vgl für die Beispiele BeckOK BGB/*Lorenz* EGBGB Art 4 Rz 18–18a; für die Gründe der Rechtsspaltung vgl auch *Conetti* in Bariatti, Riforma, Nuove leggi civ.comm. 1996, Art 18, 1072 Fn 1 mwN.

229 *Vitta I* (1972) 79 ff, 107 ff; *Ricci*, Il richiamo di ordinamenti plurilegislativi nel diritto internazionale privato (2004) 6 ff; *Boschiero* (1996) 263 f.

230 Bei der Ermittlung des Rechts mit der engsten Verbindung zum Fall sind die territorialen Elemente der Anknüpfungskriterien zu berücksichtigen, *Mosconi/Campiglio I*[8] (2017) 254.

liche Aufenthalt, der Lageort der Sache oder der Mittelpunkt des Ehelebens im Eherecht. Nach herrschender Ansicht wird auch in diesen Fällen die Anwendung des Art 18 IPRG bejaht, denn das italienische IPRG verweist stets nur auf staatliches Recht und niemals auf das Recht einzelner Teilrechtsordnungen.[231]

Im **europäischen Kollisionsrecht** gilt dagegen der Grundsatz, dass einzelne **Gebietseinheiten** bei Staaten ohne einheitliche Privatrechtsordnung für das anzuwendende Recht **als Staaten anzusehen** sind, sodass das interlokale Privatrecht im Falle territorialer Anknüpfungskriterien nicht zu beachten ist.[232] Eine Ausnahme bilden diesbezüglich lediglich die EU-UnterhaltsVO, die für das anwendbare Recht auf das Haager Unterhaltsprotokoll verweist, sowie die EuErbVO.[233] **1/131**

III. Auslegung des ausländischen Rechts

Bei der Anwendung ausländischen Rechts sind die **Auslegungskriterien der ausländischen Rechtsordnung** heranzuziehen (Art 15 IPRG). Dies bedeutet, dass das italienische Gericht das ausländische Recht als lebendiges Recht genauso anwenden und auslegen muss, als wäre es ein Gericht des ausländischen Staates.[234] Dabei hat es die Hierarchie der Rechtsquellen ebenso zu berücksichtigen wie die zeitliche Wirkung des Rechts.[235] Daraus wird deutlich, dass das ausländische Recht über den Verweis im IPRG niemals zum Teil der nationalen Rechtsordnung wird,[236] sondern ausländisches Recht bleibt, das dem inländischen Recht gleichgestellt wird und vom italienischen Gericht nach den ausländischen Regeln auszulegen ist.[237] **1/132**

Dieser Grundsatz wird allerdings **von der Rechtsprechung** insofern **relativiert**, als wiederholt festgestellt wurde, dass italienische Gerichte nicht verpflichtet sind, ausländische Rechtsprechung oder Lehre zu berücksichtigen, die eine der möglichen Auslegungen der ausländischen Bestimmung stützen könnten.[238] Dies bedeutet, dass das italienische Gericht sich auf die **selbständige Auslegung ausländischer Gesetzestexte** beschränken darf, was wohl der gängigen Praxis entspricht, aber jedenfalls die eindeutigen Vorgaben des Art 15 IPRG verletzt. Die Bedeutung ausländischer Bestimmungen kann sich nämlich nur aus dem lebendigen Recht ergeben, dessen Teile sowohl die Rechtsprechung als auch die Lehre sind. **1/133**

---

231 *Mosconi/Campiglio I*[8] (2017) 253; *Conetti* in Bariatti, Riforma, Nuove leggi civ.comm. 1996, Art 18, 1074; *Barel/Armellini* (2018) 82 ff; *Lupone,* Diritto internazionale privato (disp. gen.), Enc.dir. Agg V (2001) 394.

232 Dazu *Christandl,* Multi-unit States in European Union Private International Law, Journal of Private International Law 2013, 227 f.

233 Ausführlich dazu *Christandl,* Multi-unit States in European Union Private International Law, Journal of Private International Law 2013, 228 ff.

234 KassGH Ziv 26. 2. 2002, Nr 2791, Riv.dir.int.priv.proc. 2002, 730; KassGH Ziv 9. 1. 2004, Nr 115, Riv.dir.int.priv.proc. 2004, 1377; KassGH Ziv 4. 11. 2005, Nr 21395, Riv.dir.int.priv.proc. 2006, 791.

235 Relazione al disegno di legge n. 1192 „Riforma del sistema italiano di diritto internazionale privato", in Pocar, Il nuovo diritto internazionale privato italiano[2] (2002) 162; KassGH Ziv 26. 2. 2002, Nr 2791, Riv.dir.int.priv.proc. 2002, 730.

236 Vgl zu diesen *teorie recezioniste* in der älteren Lehre im Überblick *Vitta I* (1972) 217 ff.

237 *Carbone/Ivaldi* in Preite I (2011) 603f.

238 KassGH Ziv 26. 2. 2002, Nr 2791, Riv.dir.int.priv.proc. 2002, 730; KassGH Ziv 21. 4. 2005, Nr 8360, Giust. civ. 2006, I, 910; KassGH Ziv 12. 3. 2014, Nr 5708, Mass.Giust.civ. 2014, 252. Dies wird damit begründet, dass solche Recherchen unvollständig und daher irreführend sein könnten.

1/134 In den Materialien zur Reform des IPR wurde die Frage der **Verfassungswidrigkeit ausländischer Rechtsnormen** im ausländischen Verfassungssystem aufgeworfen.[239] Dabei wurde unterschieden, ob in der ausländischen Rechtsordnung jedes Gericht die Verfassungswidrigkeit einer Norm feststellen kann oder ob dies zentral durch ein Verfassungsgericht geschieht. In ersterem Fall stehe die Prüfung der Verfassungsmäßigkeit auch dem italienischen Gericht zu, im zweiten Fall gebe es für das italienische Gericht kein Vorlagerecht beim ausländischen Verfassungsgericht, sodass es sich darauf zu beschränken habe, die Rechtsprechung des ausländischen Verfassungsgerichts bei seiner Entscheidung zu berücksichtigen. Ob allerdings italienische Gerichte tatsächlich in der Lage sind, die Verfassungsmäßigkeit ausländischer Rechtsnormen zu beurteilen, darf bezweifelt werden. Im Übrigen wird die Anwendung von Normen, die im Ausland als verfassungswidrig anzusehen wären, häufig auch durch den Einwand des *ordre public* zu verhindern sein. Aus diesen Gründen hat die Frage der Verfassungswidrigkeit ausländischer Normen im ausländischen Verfassungssystem **keine praktische Relevanz.**

IV. Schranken der Anwendung des ausländischen Rechts

1/135 **Allseitige Kollisionsnormen**, wie sie im italienischen IPRG enthalten sind, sind gegenüber dem anwendbaren Recht neutral. Sie berufen daher ein **Recht** eines Staates **unabhängig von** seinem **materiellen Inhalt** zur Anwendung. Handelt es sich dabei um ausländisches Recht, bedeutet dies für den Gerichtsstaat einen „Sprung ins Dunkle",[240] denn es besteht die Gefahr, dass das zur Anwendung berufene Recht gegen wesentliche **Grundsätze der Rechtsordnung** des Gerichtsstaates **verstößt.** Um diese Gefahr zu bannen und den internen Entscheidungseinklang *(armonia interna)* zu wahren, räumt kein Staat ausländischem Recht uneingeschränkten Anwendungsvorrang ein. Es ist nicht hinnehmbar, dass ein italienisches Gericht zur Verletzung des Gleichheitsgrundsatzes nach Art 3 Verf gedrängt wird, weil es aufgrund der kollisionsrechtlichen Anknüpfung zB eine nach Geschlecht diskriminierende ausländische Vorschrift anwenden muss.

1/136 Das bedeutendste Kontrollinstrument zum Schutz des Kernbereichs der italienischen Rechtsordnung ist der ***ordre public*-Vorbehalt** (1). Darüber hinaus schützt die Rechtsordnung wesentliche Interessen dadurch, dass gewisse Rechtsvorschriften (sog **Eingriffsnormen**, *norme di applicazione necessaria*) unabhängig von der kollisionsrechtlichen Anknüpfung zwingend auch auf Sachverhalte mit Auslandsberührung anzuwenden sind (2).[241] Eine weitere, wenngleich praktisch weniger bedeutende Schranke der Anwendung ausländischen Rechts bildet der **Reziprozitätsgrundsatz** (3). Schließlich ist noch der **Rechtsmissbrauch** als mögliche Schranke der Anwendung ausländischen Rechts zu nennen (4).

---

239 Relazione al disegno di legge n. 1192 „Riforma del sistema italiano di diritto internazionale privato", in Pocar, Il nuovo diritto internazionale privato italiano[2] (2002) 162.

240 *Vitta I* (1972) 398. Der Begriff stammt von *Raape*, Internationales Privatrecht[5] (1961) 90.

241 Die in der deutschen Rechtswissenschaft verbreitete Unterscheidung zwischen positivem und negativem *ordre public* findet sich in der italienischen Literatur nicht. Diese Unterscheidung würde in Bezug auf den *ordre public*-Vorbehalt in Art 16 IPRG von negativem *ordre public* und in Bezug auf den Vorbehalt hinsichtlich der Eingriffsnormen gem Art 17 IPRG von positivem *ordre public* sprechen. Zu diesen Begriffen *Kegel/Schurig*, Internationales Privatrecht[9] (2004) 516 ff.

1. Ordre public

Durch die Schranke des *ordre public (limite dell'ordine pubblico)* wird ausländischen Rechtsvorschriften, die **mit der „öffentlichen Ordnung"**, dh mit elementaren Wertungen der italienischen Rechtsordnung **im Widerspruch** stehen, die Anwendung versagt. Art 16 IPRG bestimmt, dass die Anwendung ausländischen Rechts (einschließlich seines Kollisionsrechts[242]) ausgeschlossen ist, wenn dessen Wirkungen gegen die öffentliche Ordnung[243] verstoßen. Art 16 IPRG hat somit eine **negative Funktion**, indem die **Anwendung des ausländischen Rechts ausgeschlossen wird**. Entsprechende Vorschriften kennt jedes System des Internationalen Privatrechts. Dies gilt insbesondere auch für kollisionsrechtliche internationale Übereinkommen[244] sowie für das Kollisionsrecht der EU.[245] **1/137**

In der Vergangenheit wurde in der italienischen Lehre zwischen internem und internationalem *ordre public* differenziert.[246] Von **internem *ordre public*** *(ordine pubblico interno)* sprach man in Bezug auf Prinzipien der italienischen Rechtsordnung, die nur hinsichtlich **rein inländischer Sachverhalte** ohne Auslandsberührung relevant sind, im Sinne zwingenden nationalen Rechts. Von **internationalem *ordre public*** *(ordre public internazionale)* sprach man dagegen in Bezug auf Prinzipien der italienischen Rechtsordnung, die als **unantastbarer Kern der Rechtsordnung** von so grundlegender Bedeutung sind, dass sie sich bei Sachverhalten mit Auslandsbezug gegen zuwiderlaufendes fremdes Recht durchsetzen.[247] Daraus folgt, dass der Begriff des internen *ordre public* weiter ist als der Begriff des internationalen *ordre public.*[248] Für das internationale Privatrecht kommt es somit ausschließlich auf den internationalen *ordre public* an, weshalb die **Unterscheidung** in Bezug auf Art 16 IPRG nicht sinnvoll ist und von der **Lehre aufgegeben** wurde.[249] Dagegen greift die **Rechtsprechung nach wie vor** die Unterscheidung auf, um darzulegen, dass ein Grundsatz der italienischen Rechtsordnung zwar bei rein inländischen Sachverhalten relevant werden kann, aber bei Sachverhalten mit Auslandsbezug nur dann relevant wird, wenn er tatsächlich zum unantastbaren Kern der Rechtsordnung gehört. Nicht jede zwingende Vorschrift des nationalen Rechts, die es im ausländischen Recht nicht gibt, bewirkt somit einen Verstoß gegen den *ordre public.*[250] Wäre dies nämlich der Fall, so be- **1/138**

242 Auch das IPR des ausländischen Staates kann gegen Grundwerte der Rechtsordnung des Gerichtsstaats verstoßen, indem es etwa Anknüpfungen vorsieht, die nach Geschlecht diskriminieren. Vgl *Barel/Armellini* (2018) 88; *Coaccioli I* (2011) 170 ff.

243 Ein Bezug auf die guten Sitten (*buon costume*) fehlt im Vergleich zur Vorgängerbestimmung in Art 31 Vorgesetze, weil diese nur dann relevant sind, wenn sie mit der öffentlichen Ordnung zusammenfallen. Vgl *Pocar,* Il nuovo diritto internazionale privato italiano^2 (2002) 43.

244 Vgl zB Art 18 Haager Trustübereinkommen vom 1. 7. 1985; Art 22 Haager Kindesschutzübereinkommen (KSÜ) vom 19. 10. 1996.

245 Vgl zB Art 21 Rom I-VO; Art 26 Rom II-VO; Art 35 EuErbVO.

246 Die Unterscheidung geht auf *Brocher,* Théorie du droit international privé, Rev.dr.int.lég.comp. 1872, 196 f zurück. Dazu *Boschiero* in Bariatti, Riforma, Nuove leggi civ.comm. 1996, Art 16, 1049. Ausführlich *Feraci,* L'ordine pubblico nel diritto dell'Unione Europea (2012) 27 ff.

247 Für diese Unterscheidung vgl *Mosconi/Campiglio I^8* (2017) 257.

248 *Mosconi/Campiglio I^8* (2017) 259; *Boschiero* in Bariatti, Riforma, Nuove leggi civ.comm. 1996, Art 16, 1049; KassGH Ziv 25. 11. 2010, Nr 23933, Guid.dir. 2011, 8, 96.

249 *Boschiero* in Bariatti, Riforma, Nuove leggi civ.comm. 1996, Art 16, 1050.

250 Vgl etwa KassGH VS Ziv 5. 7. 2011, Nr 14650, Giust.civ. 2012, I, 2687 ff; KassGH Ziv 19. 7. 2007, Nr 16017, Riv.dir.int.priv.proc. 2008, 533.

stünde das Risiko, dass das IPR nur noch dann ausländisches Recht zur Anwendung kommen lässt, wenn es mit dem inländischen Recht übereinstimmt.[251]

Wenn ein Vertrag, der ausländischem Recht unterliegt, eine Vereinbarung über ein Verfallspfand (patto commissorio) enthält, verstößt dies zwar gegen inländisches zwingendes Recht (Verbot des Verfallspfands, Art 2744 ZGB), nicht aber gegen den unantastbaren Kern der italienischen Rechtsordnung. Nach Ansicht der Vereinigten Senate des Kassationsgerichts wird dies auch dadurch bestätigt, dass das Verbot des Verfallspfands in einer Reihe europäischer Rechtsordnungen unbekannt ist.[252] Dasselbe gilt für den Erbvertrag, der zwar nach italienischem Recht verboten (Art 458 ZGB), aber nicht Bestandteil des Kerns der Grundsätze der Rechtsordnung ist.[253]

1/139 Eine genaue **Definition** dessen, welche Grundsätze zum *ordre public* gehören, gibt es nicht. Dies hat seinen Grund vor allem darin, dass die Grundsätze einer Rechtsordnung nicht vollkommen statisch, sondern zu einem gewissen Teil **dynamisch** sind und sich jeweils an neue Entwicklungen anpassen.[254] Darüber hinaus hat die Rechtsprechung den Begriff in unterschiedlicher Weise geformt. Während bis in die 1980er Jahre die Bestimmung des *ordre public* vorwiegend mit Blick auf das staatliche Recht definiert wurde, hat die Rechtsprechung seither den Begriff gewandelt, sodass als *ordre public* vor allem Grundsätze gelten, die auch von einer größeren Staatengemeinschaft getragen werden.[255] Dazu zählen insbesondere die **Menschen- und Grundrechte**, deren Unverletzlichkeit der Anwendung zuwiderlaufenden ausländischen Rechts im Weg steht.

1/140 In der **Rechtsprechung** wurde der *ordre public* als Gesamtheit aller Grundsätze **definiert**, die sich aus der Verfassung ergeben oder auf denen die gesamte Rechtsordnung aufbaut und die für die Rechtsordnung zu einem bestimmten Zeitpunkt in der Geschichte so charakteristisch sind, dass sie den Dreh- und Angelpunkt der ethischen, sozialen und wirtschaftlichen Struktur der Gesellschaft darstellen.[256] Zuletzt haben die Vereinigten Senate des Kassationsgerichts darauf hingewiesen, dass der Begriff des *ordre public* einen grundlegenden Bedeutungswandel durchgemacht habe. Er falle mit dem Schutzsystem auf höchster normativer Ebene zusammen, sodass für die Bestimmung des *ordre public* auf die Verfassung und nach dem

251 KassGH Ziv 4. 5. 2007, Nr 10215, Rep.Foro.it. 2007, Diritto internazionale privato [2290] Nr 40.

252 KassGH VS Ziv 5. 7. 2011, Nr 14650, Giust.civ. 2012, I, 2687 ff.

253 *Barel,* La disciplina dei patti successori, in Franzina/Leandro, Il diritto internazionale privato europea delle successioni *mortis causa* (2013) 137 ff mwN; *Calò,* Il diritto internazionale privato e dell'Unione europea nella prassi notarile, consolare e forense (2010) 296 ff.

254 *Coaccioli I* (2011) 153 f; *Mosconi/Campiglio I*[8] (2017) 262; *Boschiero* in Bariatti, Riforma, Nuove leggi civ. comm. 1996, Art 16, 1052.

255 KassGH VS Ziv 5. 7. 2011, Nr 14650, Giur.comm. 2012, II 672; KassGH Ziv 22. 8. 2013, Nr 19405, Resp.civ. prev. 2014, 144 ff: *„l'ordine pubblico internazionale, da intendersi come complesso dei principi fondamentali caratterizzanti l'ordinamento interno in un determinato periodo storico o fondati su esigenze di garanzia, comuni ai diversi ordinamenti, di tutela dei diritti fondamentali dell'uomo"*; in der Lehre *Barile,* Lezioni di diritto internazionale privato[2] (1980) 133; *Contaldi,* Ordine pubblico, in Baratta, Diritto internazionale privato (2010) 281 f; im Überblick *Coaccioli I* (2011) 156 ff; *Boschiero* in Bariatti, Riforma, Nuove leggi civ.comm. 1996, Art 16, 1060 f. Kritisch wegen dieser so verstandenen „Internationalität" des *ordre public* Relazione al disegno di legge n. 1192 „Riforma del sistema italiano di diritto internazionale privato", in Pocar, Il nuovo diritto internazionale privato italiano[2] (2002) 163: *„l'aggettivo discusso [scil. Internazionale] ha l'inconveniente di far pensare a connotazioni propriamente internazionali del limite anzidetto (secondo una tesi accolta da talune interpretazioni giurisprudenziali recenti)".* Kritisch auch *Contaldi,* Ordine pubblico, in Baratta, Diritto internazionale privato (2010) 276 f.

256 KassGH Ziv 28. 12. 2006, Nr 27592, Riv.dir.int. 2007, 386.

Vertrag von Lissabon auch auf die EU-Grundrechtecharta Rücksicht zu nehmen sei, die gem Art 6 EUV zum Primärrecht erhoben wurde.[257]

Die weitere, in jüngerer Zeit wieder verblasste Tendenz in der Rechtsprechung, den Begriff des *ordre public* zu erweitern, je enger der Sachverhalt mit dem Inland verbunden (Inlandsbezug[258]) ist,[259] wurde in der Lehre zwar wiederholt als begriffsfremd zurückgewiesen,[260] kann jedoch mittelbar ein wirksames Instrument gegen Rechtsmissbrauch sein. **1/141**

Der vom **Gericht von Amts wegen** zu erhebende Einwand des *ordre public*[261] *(„eccezione" di ordine pubblico)* ist ein notwendiges Mittel zum Schutz des Rechts des Gerichtsorts und zum Erhalt der inneren Kohärenz der Rechtsordnung. Dabei geht es nach dem Wortlaut des Art 16 IPRG stets darum, dass das Gericht die **Wirkungen** des ausländischen Rechts danach bewertet, ob sie gegen den *ordre public* verstoßen (Art 16 IPRG).[262] **1/142**

Eine exzessive Anwendung des *ordre public*-Vorbehalts kann dazu führen, dass das Kollisionsrecht ausgehebelt wird. Es ist daher zwingend notwendig, dass die Anwendung des *ordre public*-Vorbehalts als *extrema ratio* nur in besonders eklatanten Fällen zur Anwendung gelangt und somit **Ausnahmecharakter** behält.[263] **1/143**

Anwendungsbeispiele für ordre public-Widrigkeiten sind: Vielehe *(poligamia)*,[264] einseitge Verstoßung der Ehefrau *(ripudio unilaterale)*,[265] mangelnde Möglichkeit der Anerkennung nichtehelicher Kinder,[266] Leihmutterschaft,[267] Eheverbot wegen unterschiedlicher Religionszugehörigkeit,[268] Ausschluss des Angehörigenschmerzensgelds.[269] Strafschadenersatz ist nach einer jüngeren Entscheidung der Vereinigten Senate des Kassationsgerichts nicht mehr ohne weiteres als ordre public-widrig anzusehen.[270]

---

257 KassGH VS Ziv 5. 7. 2017, Nr 16601, Foro it. 2017, I, 2613 ff; vgl in diesem Sinne bereits KassGH Ziv 21. 1. 2013, Nr. 1302, Riv.it.dir.lav. 2013, 3, II, 569 in einem arbeitsrechtlichen Fall zur Begründungspflicht bei Arbeitgeberkündigung.

258 Dazu im deutschen IPR *von Bar/Mankowski,* Internationales Privatrecht I^2 (2003) 717 f.

259 KassGH VS Ziv 8. 1. 1981, Nr 189, Foro it. 1981, I, 1052 ff; KassGH Ziv 14. 1. 1982, Nr 228, Dir.fam.pers. 1982, 454 ff. In der Lehre baut dieser Gedanke auf *Kahn,* Die Lehre vom *ordre public* (Prohibitivgesetze), in Jherings Jahrbücher 39 (1898) 4 ff auf. Dazu *Vitta I* (1972) 404 ff; *Boschiero* in Bariatti, Riforma, Nuove leggi civ.comm. 1996, Art 16, 1053 ff.

260 Vgl etwa *Coaccioli I* (2011) 160 ff; *Mosconi/Campiglio I*^{8} (2017) 268.

261 *Mosconi/Campiglio I*^{8} (2017) 261.

262 KassGH Ziv 4. 5. 2007, Nr 10215, Rep.Foro.it. 2007, Diritto internazionale privato [2290] Nr 40; das Abstellen auf die Wirkungen führt zu einer weiteren Flexibilisierung und zur Einschränkung des *ordre public*-Vorbehalts. *Lupone,* Diritto internazionale privato (disp. gen.), Enc.dir. Agg V (2001) 395; *Boschiero* in Bariatti, Riforma, Nuove leggi civ.comm. 1996, Art 16, 1055.

263 *Coaccioli I* (2011) 167; *Mosconi/Campiglio I*^{8} (2017) 261.

264 KassGH Ziv 28. 2. 2013, Nr 4984, Foro it. 2013, I, 2519 ff.

265 OLG Torino 9. 3. 2006, Dir.fam.pers. 2007, 156.

266 KassGH Ziv 28. 12. 2006, Nr 27592, Foro it. 2007, I, 1789 ff.

267 KassGH Ziv 11. 11. 2014, Nr 24001, Foro it. 2014, I, 3408 ff.

268 LG Barcellona Pozzo di Gotto 9. 3. 1995, Dir.fam.pers. 1996, 164.

269 Unter Verkennung der zumindest zwischenzeitlich geänderten österreichischen Rechtslage KassGH Ziv 22. 8. 2013, Nr 19405, Foro it. 2014, I, 2898 ff. Zuletzt wurde die serbische Vorschrift, wonach Angehörigenschmerzensgeld nur jenen Personen zusteht, die mit dem Opfer zusammengelebt haben, als *ordre public*-widrig angesehen, KassGH Ziv 30. 4. 2018, Nr 10321. Nach einer erstgerichtlichen Entscheidung soll hingegen eine geringere Höhe des Angehörigenschmerzensgelds nach ausländischem Recht (im konkreten Fall nach französischem Recht) nicht gegen den *ordre public* verstoßen, LG Bologna sez. III, 31. 12. 2016, www.dejure.it.

270 KassGH VS Ziv 5. 7. 2017, Nr 16601, Foro it. 2017, I, 2613 ff; die Frage wurde den Vereinigten Senaten von KassGH Ziv 16. 5. 2016, Nr 9978, Resp.civ.prev. 2016, 1232 vorgelegt. Die Rom II-VO stellt in den Er-

1/144 Es entspricht wohl der herrschenden Meinung, dass sich der *ordre public*-Vorbehalt im **staatsvertraglichen Kollisionsrecht** und im **Kollisionsrecht der** EU inhaltlich **nicht** von jenem in Art 16 IPRG **unterscheidet**, insofern also nicht autonom ist.[271] Im Ergebnis geht es nämlich stets darum, inwiefern das anwendbare Recht mit den (auch durch das Unionsrecht mitgeprägten) elementaren Grundwertungen des nationalen Rechts des Mitgliedstaats vereinbar ist.[272] Nach einer jüngeren Entscheidung der Vereinigten Senate des Kassationsgerichts soll das Verhältnis zwischen nationalem *ordre public* und unionsrechtlichem *ordre public* aber eines der Autonomie und Koexistenz sein.[273]

1/145 Bei Feststellung einer *ordre public*-Widrigkeit ausländischer Vorschriften sieht Art 16 Abs 2 IPRG als **Rechtsfolge** eine **Anknüpfungsleiter** vor. Demnach sind zunächst andere Anknüpfungskriterien heranzuziehen, die von der Kollisionsnorm erwähnt werden. Wenn allerdings keine anderen Anknüpfungskriterien vorgesehen sind bzw diese auf ein Recht verweisen, das ebenso gegen den *ordre public* verstößt,[274] so ist schließlich als *ultima ratio* **italienisches Recht** anzuwenden.[275] Durch diese Anknüpfungsleiter soll vermieden werden, dass Gerichte allzu leicht die Anwendung ausländischen Rechts zugunsten der *lex fori* ausschließen. Es ist daher in jedem Einzelfall zu bestimmen, welches Recht ersatzweise zur Anwendung gelangt, es sei denn, das Gesetz sieht ausnahmsweise die unmittelbare Anwendung italienischen Rechts vor.[276] Dies gilt nach herrschender Ansicht auch dann, wenn eine Verletzung des *ordre public* im Zusammenhang mit einer staatsvertraglichen oder unionsrechtlichen Kollisionsnorm festgestellt wurde und diese keine eigene Rechtsfolge anordnet.[277] Keinesfalls wird zur Beseitigung der *ordre public*-Widrigkeit in ausländisches Recht eingegriffen, indem etwa nur an die Stelle der inkriminierten Norm italienisches Recht träte.[278]

2. Eingriffsnormen

1/146 Als Eingriffsnormen oder zwingend anzuwendende Rechtsvorschriften *(norme di applicazione necessaria)* werden jene **materiellen Rechtsvorschriften der *lex fori*** bezeichnet, die einen Teilaspekt eines Sachverhalts ungeachtet des vom IPR bestimmten, anzuwendenden Rechts **zwin-**

---

wägungsgründen jedenfalls ausdrücklich klar, dass bei Strafschadensersatz ein Verstoß gegen den *ordre public* voliegen kann (Erwägungsgrund 32). Vgl dazu Rz 10/19.

271 AA *Feraci,* L'ordine pubblico nel diritto dell'Unione Europea (2012) 350 ff.

272 *Contaldi,* Ordine pubblico, in Baratta, Diritto internazionale privato (2010) 277 ff; *Mosconi/Campiglio I*[8] (2017) 265 ff.

273 *„È stato pertanto convincentemente detto che il rapporto tra l'ordine pubblico dell'Unione e quello di fonte nazionale non è di sostituzione, ma di autonomia e coesistenza.“* KassGH VS Ziv 5. 7. 2017, Nr 16601, Foro it. 2017, I, 2613 ff.

274 *Mosconi/Campiglio I*[8] (2017) 272 Fn 64.

275 Dies entspricht der Anordnung in Art 14 Abs 2 IPRG, wenn ausländisches Recht nicht festgestellt werden kann. *Boschiero* in Bariatti, Riforma, Nuove leggi civ.comm. 1996, Art 16, 1062.

276 So etwa Art 31 Abs 2 IPRG, der anordnet, dass italienisches Recht anzuwenden ist, wenn das ausländische Recht keine Trennung bzw Scheidung vorsieht.

277 *Mosconi/Campiglio I*[8] (2017) 273 f; *Contaldi,* Ordine pubblico, in Baratta, Diritto internazionale privato (2010) 285 f. Dagegen findet sich etwa in Art 10 Rom III-VO (Scheidung und Trennung) eine unmittelbare Anwendbarkeit der *lex fori,* wenn das anwendbare Recht eine Ehescheidung nicht vorsieht oder keinen zwischen den Geschlechtern gleichberechtigten Zugang zu Scheidung bzw Trennung gewährt.

278 *Coaccioli I* (2011) 170; *Contaldi,* Ordine pubblico, in Baratta, Diritto internazionale privato (2010) 284 f; *Mosconi/Campiglio I*[8] (2017) 272; aA *Ballarino*[2] (1996) 296; *Boschiero* in Bariatti, Riforma, Nuove leggi civ. comm. 1996, Art 16, 1062.

gend regeln. Im Gegensatz zum *ordre public* setzen sich diese Rechtsvorschriften gegen das Kollisionsrecht *ex ante* durch und verhindern auf diese Weise bereits im Vorhinein, dass in ihrem Anwendungsbereich ausländisches Recht zur Anwendung gelangen kann.[279] Dabei ist zu berücksichtigen, dass Eingriffsnormen, im Gegensatz zum *ordre public*, **stets nur Einzelaspekte** eines Sachverhalts betreffen und daher das vom Kollisionsrecht zur Anwendung berufene Recht niemals vollständig verdrängen.[280]

Als Beispiele sind etwa die Bestimmungen in Art 115 und 116 ZGB hinsichtlich der Eheschließung von italienischen Staatsangehörigen im Ausland und von ausländischen Staatsangehörigen in Italien zu nennen.[281] Die vom italienischen ZGB vorgesehenen Ehevoraussetzungen sind auch in Fällen mit Auslandsberührung zwingend anzuwenden. Ebenso zwingend anzuwenden sind die Bestimmungen über ausländische Gesellschaften in Art 2507–2510 ZGB.[282] Art 36bis IPRG bestimmt, welche Vorschriften im Kindschaftsrecht zwingend und somit ungeachtet eines Verweises auf ausländisches Recht anzuwenden sind. Dies sind Vorschriften, die a) beiden Elternteilen die elterliche Verantwortung zuerkennen; b) die Pflicht beider Elternteile festlegen, für den Unterhalt des Kindes zu sorgen; c) dem Gericht bei Vorliegen eines für das Kind nachteiligen Verhaltens die Befugnis erteilen, Verfügungen zur Einschränkung oder zum Entzug der elterlichen Verantwortung zu erlassen.[283]

Welche Normen des materiellen Rechts als zwingend im Sinne von Art 17 IPRG zu qualifizieren sind, ergibt sich teilweise aus den Bestimmungen selbst (sog *norme autolimitate*).[284] Im Übrigen ist es aber die **Aufgabe der Gerichte** zu bestimmen, ob eine materielle Norm aufgrund ihres Inhalts oder Zwecks[285] auch in Fällen mit Auslandsberührung jedenfalls und somit zwingend anzuwenden ist.[286] Dabei ist zu berücksichtigen, dass Art 17 IPRG sich ausschließlich auf materielle Normen des Privatrechts bezieht. Vorschriften des öffentlichen Rechts sind nicht Gegenstand des Internationalen Privatrechts.[287] **1/147**

Eingriffsnormen gibt es auch im **Kollisionsrecht der EU**. Der EuGH definiert diese als jene Vorschriften, deren Einhaltung für die Wahrung der politischen, sozialen oder wirtschaftlichen Ordnung eines Mitgliedstaats so wesentlich ist, dass ihre Beachtung zwingend vorgeschrieben ist.[288] Diese Definition wurde von Art 9 Abs 1 Rom I-VO übernommen.[289] Die kollisionsrechtlichen Verordnungen der EU enthalten allesamt einen Vorbehalt zugunsten von Eingriffsnor- **1/148**

---

279 *Mosconi/Campiglio I*[8] (2017) 276 f.

280 *Mosconi/Campiglio I*[8] (2017) 280.

281 *Campiglio/Mosconi,* Diritto internazionale privato (riforma del), Dig.disc.priv. sez.civ. Agg I (2000) 339.

282 *Santa Maria/Biscaretti di Ruffia,* Le società estere (2015) 149; *Biscaretti di Ruffia/Gambaro,* Delle Società costituite all'estero (2013) 6 f.

283 *Barel/Armellini* (2018) 93.

284 Diese Normen (siehe die Beispiele oben im Text) grenzen ihren eigenen Anwendungsbereich selbst ab, ohne hierfür der Bestimmungen des IPR zu bedürfen. Vgl *Focarelli*, Lezioni di diritto internazionale privato (2005) 71; *Coaccioli I* (2011) 175 f, 181 ff.

285 *Coaccioli I* (2011) 178 f.

286 *Mosconi/Campiglio I*[8] (2017) 279.

287 *Caccavale,* Diritto internazionale privato (2009) 36. Dies wird häufig bei der Aufzählung von Beispielen von Eingriffsnormen übersehen. Vgl etwa KassGH VS Ziv 5. 7. 2011, Nr 14650, Giust.civ. 2012, I, 2687 ff, wo auf Bestimmungen des Steuerrechts, des internationalen Finanzverkehrs und des Umweltrechts Bezug genommen wird.

288 EuGH, ECLI:EU:C:1999:575, Streitverfahren gegen Arblade und Arblade & Fils SARL und Leloup, Leloup und Sofrage SARL.

289 *„Eine Eingriffsnorm ist eine zwingende Vorschrift, deren Einhaltung von einem Staat als so entscheidend für die Wahrung seines öffentlichen Interesses, insbesondere seiner politischen, sozialen oder wirtschaftlichen Organisation, angesehen wird, dass sie ungeachtet des nach Maßgabe dieser Verordnung auf den Vertrag anzuwendenden Rechts auf alle Sachverhalte anzuwenden ist, die in ihren Anwendungsbereich fallen."*

men, die ungeachtet des nach der jeweiligen Verordnung anzuwendenden Rechts Vorrang genießen. Nachdem es sich dabei um Vorschriften handelt, die potentiell eine Beschränkung der unionsrechtlichen Grundfreiheiten bewirken, können sie von den Mitgliedstaaten nicht einseitig festgelegt werden und dürfen auch nur dann angewandt werden, wenn eine tatsächliche und hinreichend schwere Gefährdung eines Grundinteresses der Gesellschaft vorliegt.[290] Auch im Zusammenhang mit der Anwendung kollisionsrechtlicher **internationaler Übereinkommen** sind Eingriffsnormen anerkannt, die somit dem vom Übereinkommen zur Anwendung berufenen Recht jedenfalls vorgehen.[291]

1/149 **Eingriffsnormen ausländischer Rechtsordnungen** sind insofern zu berücksichtigen, als sie Teil der ausländischen Rechtsordnung sind, die von der italienischen Kollisionsnorm zur Anwendung berufen wird. Insofern können sie sich im Falle einer Gesamtverweisung auch gegen das ausländische Kollisionsrecht stellen und dieses ausschalten.[292] Ob auch Eingriffsnormen von Drittstaaten berücksichtigt werden können, sofern der Sachverhalt zu diesen eine besondere Beziehung hat, ist strittig. Im Rahmen des Art 9 Abs 3 Rom I-VO ist diese Frage hinsichtlich der Eingriffsnormen des Erfüllungsstaats gelöst.[293]

3. Reziprozität

1/150 Hinsichtlich des Grundsatzes der Reziprozität *(reciprocità)* ist zwischen zwei unterschiedlichen Begriffen zu unterscheiden. Im IPR kann die Reziprozität zur **Bedingung für die Anwendung ausländischen Rechts** gemacht werden.[294] Dies bedeutet, dass eine Kollisionsnorm ihre **Anwendung davon abhängig** macht, **ob das berufene ausländische Recht dieselbe Anknüpfung vorsieht**. Das italienische Recht kennt nur einen Fall einer solchen Reziprozität in Art 5 Vorgesetze zum Luft- und Schifffahrtsgesetzbuch *(codice della navigazione)*: Für Handlungen, die an Bord eines Flugzeugs oder Schiffes erfolgt sind, knüpft Art 5 am Recht des Flaggenstaates des Flugzeugs oder Schiffs an. Sofern diese Handlungen aber auf dem Hoheitsgebiet Italiens erfolgt sind, gilt die Anknüpfung am Recht des Flaggenstaats nur dann, wenn dieser im spiegelgleichen Fall ebenfalls am Recht des Flaggenstaats anknüpft.

Beispiel:

Somit unterliegt eine Handlung eines Offiziers an Bord eines Schiffs unter der Flagge Panamas, das sich gerade auf italienischem Hoheitsgebiet befindet, dem Recht Panamas unter der Voraussetzung, dass eine Handlung auf einem Schiff unter italienischer Flagge im Hoheitsgebiet Panamas auch dem Recht des Flaggenstaats und somit italienischem Recht unterliegt.

1/151 Dogmatisch wurde diese Reziprozität traditionell als **Schranke der Anwendung des Kollisionsrechts** eingeordnet. Nach anderer Meinung handelt es sich lediglich um Kollisionsnormen mit eingeschränktem Anwendungsbereich.[295]

---

290 EuGH, ECLI:EU:C:2012:694, Europäische Kommission v Hellenische Republik.
291 Dazu *Mosconi/Campiglio I*[8] (2017) 279 f.
292 *Barel/Armellini* (2018) 94 f.
293 *Barel/Armellini* (2018) 94 f.
294 *Pagano,* Diritto internazionale privato[4] (2012) 134.
295 Vgl dazu im Überblick *Vitta I* (1972) 454 ff.

Art 16 Vorgesetze ZGB enthält dagegen einen **materiellrechtlichen Reziprozitätsgrundsatz.**[296] Demnach genießt ein ausländischer Staatsangehöriger nur dann die vollen inländischen bürgerlichen Rechte, wenn diese dem italienischen Staatsangehörigen auch im betreffenden Ausland zugestanden werden. Hierbei handelt es sich um eine Vorschrift über die Behandlung von Ausländern in Italien, der allerdings nur noch **geringe praktische Bedeutung** zukommt, denn ausländische Staatsbürger mit rechtmäßigem Aufenthalt in Italien sind italienischen Staatsangehörigen in jeder Hinsicht gleichgestellt.[297] Dies gilt unabhängig vom rechtmäßigen Aufenthalt für durch Art 2 Verf verbürgte unverletzliche Grundrechte, die von der Verfassung allen gewährt werden, die sich auf italienischem Hoheitsgebiet befinden.[298] In Bezug auf EU-Bürger ist die Anwendung der Reziprozität bereits durch Art 18 AEUV (Diskriminierungsverbot nach Staatsangehörigkeit) ausgeschlossen. Der Reziprozitätsgrundsatz gilt somit **nur noch** für **Drittstaatsangehörige (Nicht-EU-Bürger) ohne Aufenthaltstitel** in Italien bzw für juristische Personen aus Drittstaaten.[299] 1/152

So kann zum Beispiel der Immobilienerwerb oder der Erwerb von in Italien befindlichen unbeweglichen Erbschaftssachen durch einen Nicht-EU-Bürger ohne Aufenthalt in Italien ausgeschlossen sein, wenn die Rechtsordnung dieses Nicht-EU-Bürgers italienischen Staatsangehörigen den Erwerb von Immobilien unter Lebenden oder von Todes wegen verwehrt.

4. Rechtsmissbrauch (*fraus legis*)

Von Rechtsmissbrauch im IPR spricht man dann, wenn die Parteien in Kenntnis der Anknüpfung einer Kollisionsnorm den für die Anknüpfung relevanten Umstand mit dem Ziel herbeiführen, sich den zwingenden Vorschriften einer gewissen Rechtsordnung zu entziehen. Im italienischen IPR hat sich, im Gegensatz zu Frankreich,[300] **keine allgemeine Lehre zur Gesetzesumgehung** entwickelt.[301] Sieht die Kollisionsnorm eine Rechtswahlmöglichkeit vor, besteht grundsätzlich keine Missbrauchsgefahr, denn die subjektive Anknüpfung soll gerade die freie Wahl des auf das Rechtsverhältnis anzuwendenden Rechts fördern. Insofern hat die Rechtsprechung stets die freie Rechtswahl in Bezug auf einen Trust bestätigt, der bis auf die Rechtswahl keinerlei Bezug zum Ausland aufweist (sog *trust interno*).[302] Indes hat der Gesetzgeber in einzelnen Fällen **Schranken der Rechtswahl** eingeführt, um einen offensichtlichen Missbrauch zu vermeiden. Dies galt etwa für die Beschränkung der Rechtswahlmöglichkeit im internationalen Erbrecht gem Art 46 Abs 2 IPRG. Demnach konnte ein italienischer Staatsangehöriger seine in Italien wohnhaften Pflichtteilsberechtigten nicht dadurch enterben, indem er seinen gewöhnlichen Aufenthalt in das Ausland verlegte und in seinem Testament das dortige Recht 1/153

296 Dazu grundlegend *Calò*, Il principio di reciprocità (1994).

297 Vgl Art 2 Abs 2 Einheitstext über die Einwanderung (*testo unico sull'immigrazione*) (GvD 25. 7. 1998, Nr 286). Dazu KassGH Ziv 21. 3. 2013, Nr 7210, Guid.dir. 2013, 23, 58.

298 Dies entspricht einer verfassungskonformen Auslegung von Art 16 Vorgesetze ZGB: KassGH Ziv 2. 2. 2012, Nr 1493, Giust.civ. 2012, I, 1466 ff; KassGH Ziv 4. 11. 2014, Nr 23432, www.dejure.it. Eine Verletzung dieser Grundrechte hat daher jedenfalls einen Anspruch auf Ersatz der vermögensrechtlichen und nichtvermögensrechtlichen Schäden zur Folge. Dazu *Winkler*, Il principio di reciprocità nell'era dei diritti fondamentali, Resp.civ.prev. 2012, 1179 ff.

299 *Pettinari*, Art 16 Preleggi, in Gabrielli, Commentario del Codice civile (2012) 326; *Marrella* in Preite I (2011) 130 ff.

300 Vgl *Vitta I* (1972) 441 f, für Deutschland vgl *Kegel/Schurig*, Internationales Privatrecht[9] (2004) 474 ff.

301 *Pagano*, Diritto internazionale privato[4] (2012) 133.

302 Vgl zB LG Urbino 14. 3. 2011, BBTC 2013, II, 160.

für seine Erbfolge wählte. Vorschriften zur Vermeidung der Gesetzesumgehung bestehen heute auch in der **Rom I-VO und der Rom II-VO** zum Schutz zwingender Vorschriften, bei Rechtsverhältnissen, die mit dem gewählten Recht in keinerlei Verbindung stehen (Art 3 Abs 3 und 4, Art 6 Abs 2, Art 8 Abs 1 Rom I-VO, Art 14 Abs 2 und 3 Rom II-VO).[303] Die **EuErbVO** sieht in ihren Erwägungsgründen ausdrücklich vor, dass diese Verordnung die Mitgliedstaaten nicht daran hindern soll, Maßnahmen gegen die Gesetzesumgehung *(fraude à la loi)* zu ergreifen.[304]

303 Dazu *Coaccioli I* (2011) 224 f.
304 Erwägungsgrund 26 EuErbVO.

§ 2 Internationale gerichtliche Zuständigkeit

A. Grundlagen

Literatur:

Ballarino[8] (2016) 17 ff; *Salerno,* Giurisdizione ed efficacia delle decisioni straniere nel regolamento (UE) n. 1215/2012 (rifusione)[4] (2015); *Conetti* in Conetti/Tonolo/Vismara[3] (2017) 17 ff; *Vismara* in Conetti/Tonolo/Vismara[3] (2017) 67 ff; *Barel/Armellini* (2018) 52 ff, 344 ff; *Laimer*, Eingeschränkte Rechtswahl im Internationalen Güterrecht für Eheleute und registrierte Lebenspartner, JBl 2017, 549 ff; *Carbone/Tuo*, Il nuovo spazio giudiziario europeo in materia civile e commerciale. Il regolamento UE n. 1215/2012 (2016); *Mosconi/Campiglio I*[8] (2017) 55 ff, 295 ff; *Luzzatto*, Riforma, Riv.dir.int.priv.proc. 1996, Art 12; *Franzina*, Regolamento „Bruxelles I", in Baratta, Diritto internazionale privato (2010) 340 ff.

Das Internationale Zivilverfahrensrecht (IZVR) ist italienisches Verfahrensrecht für Zivilprozesse mit ausländischen („internationalen") Elementen.[1] Eine **Beziehung zum Ausland** kann etwa wegen der betroffenen Parteien (zB ein Beteiligter wohnt in einem anderen Staat) oder des Streitgegenstandes (zB eine im Ausland gelegene Liegenschaft) vorliegen oder sich daraus ergeben, dass bspw eine Zustellung im Ausland zu bewirken ist, vor einem ausländischen Gericht ein Verfahren zwischen denselben Parteien über den gleichen Anspruch bereits zuvor anhängig gemacht wurde, für die Verfahrensabwicklung ein Beweismittel aus dem Ausland erforderlich ist, die Entscheidung eines ausländischen Gerichts oder etwa der Spruch eines internationalen Schiedsgerichts im Inland anzuerkennen und zu vollstrecken ist.[2] **2/1**

Derartige Fragen sind in Italien nicht in einer einheitlichen Kodifikation, sondern in diversen **EU-Verordnungen, völkerrechtlichen Übereinkommen** und hilfsweise im **autonomen italienischen Recht** geregelt.[3] **2/2**

Im Unterschied zum IPR ist das **IZVR** regelmäßig nicht Kollisionsrecht, mit dem festgelegt wird, welche von mehreren Rechtsordnungen zur Entscheidung einer Rechtsfrage berufen ist,[4] sondern es löst **verfahrensrechtliche Fragen, die nur im Auslandssachverhalt auftreten.**[5] Über diejenigen Vorschriften hinaus, die das streitige Verfahren mit Auslandsbezug vor staatlichen Gerichten betreffen (Internationales Zivilprozessrecht – **IZPR**), sind auch das interna- **2/3**

---

1 *Ballarino*[8] (2016) 18 f (*elementi di estraneità*); *Salerno,* Giurisdizione ed efficacia delle decisioni straniere nel regolamento (UE) n. 1215/2012 (rifusione)[4] (2015) 111 f.

2 *Conetti* in Conetti/Tonolo/Vismara[3] (2017) 17.

3 Dazu und dem zwischen den verschiedenen Rechtsquellen bestehenden Konkurrenzverhältnis bereits Rz 1/35 ff. Vgl *Barel/Armellini* (2018) 52 ff, 344 ff.

4 Siehe auch Rz 1/52.

5 *Barel/Armellini* (2018) 52, 344. In den Rechtsordnungen des romanischen Rechtskreises, wozu auch das italienische Recht zu zählen ist, wird vielfach eine Parallele darin gesehen, dass im IPR die Kollision von Rechtsordnungen (*conflitto di leggi*) behandelt wird, während es im Recht der internationalen gerichtlichen Zuständigkeit, dem Kerngebiet des IZPR, um die Abgrenzung von Jurisdiktionssphären geht (*conflitto di giurisdizioni*); siehe *Ballarino*[8] (2016) 17 f.

tionale Verfahrensrecht der freiwilligen Gerichtsbarkeit,[6] das internationale Insolvenzrecht[7] sowie die internationale Schiedsgerichtsbarkeit[8] umfasst.

2/4 Neben der Anerkennung *(riconoscimento)* und Vollstreckung *(esecuzione)* von Entscheidungen ausländischer Zivilgerichte[9] sowie weiterer Gegenstände, wie etwa der Anhängigkeit *(litispendenza)* eines ausländischen Verfahrens,[10] der Zustellung *(notificazione)*[11] oder Beweisaufnahme *(assunzione delle prove)*[12] im Ausland, erfasst das IZPR *(diritto processuale civile internazionale)*[13] insbesondere die Frage der **internationalen Gerichtsbarkeit** *(giurisdizione internazionale)* und allein um dieses zuletzt genannte Gebiet soll es in diesem Abschnitt gehen.

2/5 Nach dem Völkervertrags- und Völkergewohnheitsrecht ist jeder Staat **gegen die Gerichtsbarkeit eines anderen Staates immun** *(par in parem non habet imperium)*.[14] Innerhalb der Gemeinschaft souveräner Staaten wird demnach die Ausübung staatlicher Rechtsprechung über einen fremden Staat beschränkt. Die Regeln der Gerichtsbarkeit *(giurisdizione)* bestimmen daher **die völkerrechtlichen Grenzen der rechtsprechenden Tätigkeit** italienischer Gerichte. Innerhalb des italienischen Staatsgebietes ist die Ausübung der Zivilgerichtsbarkeit sodann auf verschiedene Richter verteilt, deren **Zuständigkeit** *(competenza)* für eine Streitsache nach sachlichen und räumlichen Kriterien bestimmt wird.[15]

2/6 Der **Begriff Gerichtsbarkeit** wird in Italien traditionell jedoch nicht nur für das soeben angesprochene Problem herangezogen, ob die Jurisdiktionsbefugnis inländischer Gerichte (wegen des Vorliegens einer völkerrechtlichen Immunität nicht) besteht. Vielmehr wird der Ausdruck auch für die Frage verwendet, ob eine Streitsache mit Auslandsberührung von italienischen oder ausländischen Zivilgerichten entschieden werden soll, womit die **internationale gerichtliche Zuständigkeit**,[16] mithin die Verteilung der Rechtsprechungstätigkeit zwischen mehreren

---

6 *Conetti* in Conetti/Tonolo/Vismara[3] (2017) 23 f.

7 Siehe EuInsVO (Verordnung [EU] 2015/848 über Insolvenzverfahren). Siehe jüngst etwa EuGH, ECLI:EU:C:2017:847, Tünkers France und Tünkers Maschinenbau.

8 Siehe insb das New Yorker Übereinkommen vom 10.6.1958 über die Anerkennung und Vollstreckung ausländischer Schiedssprüche (in Italien ratifiziert mit G 19. 1. 1968, Nr 62).

9 Für einen Überblick zu den Grundstrukturen der Anerkennung und Vollstreckung ausländischer gerichtlicher Entscheidungen in Zivil- und Handelssachen nach Art 36 ff Brüssel Ia-VO sowie nach dem autonomen italienischen Recht siehe Rz 2/102 ff. Siehe auch etwa Art 21 ff Brüssel IIa-VO (siehe hierzu Rz 5/101 ff), Art 39 ff EuErbVO (hierzu Rz 6/146; vgl *Laimer*, Der Erbvertrag im Internationalen Privatrecht, in Wolf et al, Der Erbvertrag aus rechtsvergleichender Sicht [2018] 113 ff), Art 36 ff EuGüVO und Art 36 ff EuPartVO (hierzu Rz 5/43; vgl *Laimer*, Eingeschränkte Rechtswahl im Internationalen Güterrecht für Eheleute und registrierte Lebenspartner, JBl 2017, 549 ff), aber auch etwa Art 20 ff EuVTVO. Vgl *Carbone/Tuo,* Il nuovo spazio giudiziario europeo in materia civile e commerciale. Il regolamento UE n. 1215/2012 (2016) 311 ff; *Mosconi/Campiglio I*[8] (2017) 289 ff; *Barel/Armellini* (2018) 60 ff; *Vismara* in Conetti/Tonolo/Vismara[3] (2017) 67 ff; *Neumayr* in Mayr, Handbuch des europäischen Zivilverfahrensrechts (2017) Rz 3.866 ff.

10 ZB Art 29 Brüssel Ia-VO.

11 Siehe EuZustVO.

12 Siehe EuBewVO.

13 *Ballarino*[8] (2016) 23.

14 Weitergehend zur Immunität siehe Rz 2/91 f.

15 *Mosconi/Campiglio I*[8] (2017) 56 f.

16 So die Bezeichnung auch in EU-Rechtsquellen, bspw schon im Titel der italienischen Version der Brüssel Ia-Verordnung, wo von *competenza giurisdizionale* gesprochen wird. Vgl auch *Ballarino*[8] (2016) 18 f; *Barel/*

betroffenen Staaten, angesprochen ist.[17] Freilich kennt das EU-Recht neben Vorschriften, die pauschal auf die Gerichte eines Staates verweisen (zB Art 4 Abs 1 oder Art 24 Brüssel Ia-VO), auch Normen, die über die internationale Zuständigkeit der Gerichte eines Staates hinaus gleichzeitig auch die konkrete örtliche Zuständigkeit eines bestimmten Gerichts innerhalb dieses Staates festlegen, indem sie nicht ein „Gericht des Staates", sondern ein „Gericht des Ortes" zur Entscheidung berufen (zB Art 7 Nr 1 oder Art 7 Nr 2 Brüssel Ia-VO).[18]

In weiterer Folge bietet dieser Abschnitt einen Überblick über die **gerichtliche Zuständigkeit bei vermögensrechtlichen Streitigkeiten** (Zivil- und Handelssachen) mit Auslandsbezug,[19] während die Zuständigkeitsregeln, die andere Rechtsgebiete betreffen,[20] jeweils im Sachzusammenhang behandelt werden. Dabei bildet das Europarecht, namentlich die **Brüssel Ia-Verordnung**, aufgrund ihres Anwendungsvorranges[21] in der nachfolgenden Darstellung den Ausgangspunkt.[22] Die Behandlung des autonomen italienischen Rechts kann sich sodann darauf beschränken, die Unterschiede zum europäischen Recht herauszustellen.[23] 2/7

B. Internationale gerichtliche Zuständigkeit in Zivil- und Handelssachen: Brüssel Ia-Verordnung

Literatur:

Malatesta, Origini, obiettivi e caratteri del regolamento (UE) n. 1215/2012 (Recast), in Malatesta, La riforma del regolamento Bruxelles I (2016) 1 ff; *Conetti* in Conetti/Tonolo/Vismara[3] (2017) 24 ff; *Carbone/Tuo*, Il nuovo spazio giudiziario europeo in materia civile e commerciale. Il regolamento UE n. 1215/2012 (2016); *Ballarino*[8] (2016) 25 ff; *Mosconi/Campiglio I*[8] (2017) 59 ff; *Salerno,* Giurisdizione ed efficacia delle decisioni straniere nel regolamento (UE) n. 1215/2012 (rifusione)[4] (2015); *Barel/Armellini* (2018) 55 ff, 347 ff; *Laimer*, Gerichtsstand und anwendbares Recht bei Verkehrsunfällen im Ausland, ZVR 2012, 450 ff; *Ferrari/Ragno*, Cross-border litigation in Europe: the Brussels I recast regulation as a panacea? (2015); *Nisi*, Le novità in materia di provvedimenti provvisori e cautelari, in Malatesta, La riforma del regolamento di Bruxelles I: il regolamento (UE) n. 1215/2012 sulla giurisdizione e l'efficacia delle decisioni in materia civile e commerciale (2016) 117 ff.

Armellini (2018) 52; *Salerno,* Giurisdizione ed efficacia delle decisioni straniere nel regolamento (UE) n. 1215/2012 (rifusione)[4] (2015) 112 („*competenza giurisdizionale internazionale*").

17 Nach dem Grundsatz *forum regit processum* unterliegt dann der Zivilprozess dem Verfahrensrecht des Gerichtsstaates (*lex fori processualis*), vgl Art 12 IPRG; *Junker*, Internationales Zivilprozessrecht[3] (2016) § 24 Rz 1; *Baratta* in Bariatti, Riforma, Nuove leggi civ.comm. 1996, Art 12, 1002 ff; *Luzzatto*, Riforma, Riv.dir. int.priv.proc. 1996, Art 12, 954 ff; notwendige Ausnahmen von diesem Prinzip ortet etwa *Schack*, Internationales Zivilverfahrensrecht[7] (2017) Rz 44 ff. Das von Art 122 Abs 1 ZPO abweichende Recht, in den Verfahren vor den Gerichten in der Provinz Bozen die deutsche Sprache zu verwenden, ist dabei auch Bürgern anderer EU-Mitgliedstaaten zu gewähren, EuGH, ECLI:EU:C:2014:189, Grauel Rüffer v Pokorná (Rz 27).

18 Siehe auch *Barel/Armellini* (2018) 53 f; *Mosconi/Campiglio I*[8] (2017) 58; *Salerno,* Giurisdizione ed efficacia delle decisioni straniere nel regolamento (UE) n. 1215/2012 (rifusione)[4] (2015) 115 f.

19 Vgl Rz 2/1.

20 Zur Abgrenzung siehe auch Rz 2/9 ff.

21 Siehe auch Rz 2/88 und bereits Rz 1/51. Vgl *Franzina*, Regolamento „Bruxelles I", in Baratta, Diritto internazionale privato (2010) 342 f.

22 Vgl zu dieser Vorgangsweise auch *Mosconi/Campiglio I*[8] (2017) 55 f.

23 Vgl Rz 2/88 ff. *Conetti* in Conetti/Tonolo/Vismara[3] (2017) 20.

I. Anwendungsbereich

2/8 Bevor die Regeln der Brüssel Ia-Verordnung herangezogen werden, ist zu überprüfen, ob der Anwendungsbereich dieses Instruments überhaupt eröffnet ist. Dabei muss zwischen dem **sachlichen Anwendungsbereich** *(ratione materiae*, Art 1 Abs 2 und 3 Brüssel Ia-VO)[24] und dem **räumlich-persönlichen Anwendungsbereich** (*ratione personae*, Art 4 Abs 1, Art 5 Abs 1 und Art 6 Abs 1)[25] unterschieden werden. Eine Sonderfrage stellt sich dann, wenn der Sachverhalt nicht Bezüge zu einem anderen EU-Mitgliedstaat, sondern zu einem Nichtmitgliedstaat (Drittstaat) aufweist.[26] Der **zeitliche Anwendungsbereich** ist in Art 81 geregelt, wonach alle Rechtsstreitigkeiten erfasst sind, die ab dem 10. 1. 2015 anhängig gemacht worden sind.[27]

1. Sachlicher Anwendungsbereich

2/9 Gem Art 1 Abs 1 S 1 Brüssel Ia-VO sind von der Verordnung alle **Zivil- und Handelssachen** *(materia civile e commerciale)* erfasst, und zwar ohne dass es auf die Art der Gerichtsbarkeit ankommt.[28] So ist bspw eine Klage auf Ersatz des durch eine strafbare Handlung entstandenen Schadens auch dann eine Zivil- und Handelssache, wenn sie mit einem Strafverfahren verbunden ist (vgl Art 7 Abs 3), also über das Begehren des als Zivilpartei am Verfahren beteiligten Geschädigten ein Straf- und nicht ein Zivilgericht entschieden hat.[29]

2/10 Dem Begriff „Zivil- und Handelssache" liegt nicht unbedingt die aus dem staatsinternen Recht bekannte Abgrenzung zwischen Privatrecht und öffentlichem Recht zugrunde,[30] sondern er ist vielmehr **verordnungsautonom**, mithin einheitlich europäisch auszulegen.[31] In Art 1 Abs 1 S 2 Brüssel Ia-VO wird ausdrücklich klargestellt, dass Steuer- und Zollsachen sowie verwaltungsrechtliche Angelegenheiten ebenso vom Anwendungsbereich der Verordnung ausgenommen sind wie die Haftung des Staates für Handlungen oder Unterlassungen im Rahmen der Ausübung hoheitlicher Rechte *(acta iure imperii)*.[32]

---

24 Vgl Rz 2/9 ff.

25 Vgl Rz 2/13 ff.

26 Vgl Rz 2/16 f.

27 Siehe hierzu etwa KassGH 20. 2. 2017, Nr 4308. Für ältere Rechtsstreitigkeiten gilt – ab 1. 3. 2002 – die Brüssel I-VO (Rz 1/49), noch davor – ab 1. 2. 1973 – das EuGVÜ (Rz 1/45). Für die Beziehung zur Schweiz gilt hingegen seit 1. 1. 2011 das an die Brüssel I-VO angepasste „neue" Übereinkommen von Lugano aus dem Jahr 2007 über die gerichtliche Zuständigkeit und die Vollstreckung gerichtlicher Entscheidungen in Zivil- und Handelssachen (LGVÜ). Vgl *Conetti* in Conetti/Tonolo/Vismara[3] (2017) 24 f; *Carbone/Tuo,* Il nuovo spazio giudiziario europeo in materia civile e commerciale. Il regolamento UE n. 1215/2012 (2016) 9 ff, 22 f; *Malatesta*, Origini, obiettivi e caratteri del regolamento (UE) n. 1215/2012 (Recast), in Malatesta, La riforma del regolamento di Bruxelles I: il regolamento (UE) n. 1215/2012 sulla giurisdizione e l'efficacia delle decisioni in materia civile e commerciale (2016) 11 f.

28 Vgl *Ballarino*[8] (2016) 29; *Carbone/Tuo,* Il nuovo spazio giudiziario europeo in materia civile e commerciale. Il regolamento UE n. 1215/2012 (2016) 23 ff.

29 EuGH, ECLI:EU:C:1993:144, Sonntag v Waidmann (Rz 16).

30 EuGH, ECLI:EU:C:2014:2319, flyLAL-Lithuanian Airlines AS v Starptautiskā lidosta Rīga VAS und Air Baltic Corporation AS (Rz 24). Vgl KassGH 27. 12. 2016, Nr 26990; KassGH 8. 7. 2015, Nr 14188.

31 Vgl auch Rz 1/98. EuGH, ECLI:EU:C:2002:656, Gemeente Steenbergen v Baten (Rz 28); EuGH, ECLI:EU:C:2011:668, Realchemie Nederland BV v Bayer CropScience AG (Rz 39). Vgl *Schack*, Internationales Zivilverfahrensrecht[7] (2017) Rz 102.

32 *Barel/Armellini* (2018) 352; *Carbone/Tuo,* Il nuovo spazio giudiziario europeo in materia civile e commerciale. Il regolamento UE n. 1215/2012 (2016) 28 ff.

So ist die Brüssel Ia-VO auch nicht in dem Rechtsstreit anzuwenden, in welchem die internationale Luftaufsichtsbehörde Eurocontrol mit Sitz in Brüssel in Wahrnehmung ihrer hoheitlichen Flugsicherungsaufgaben von einer deutschen Fluglinie die Bezahlung von Streckennavigationsgebühren verlangt.[33] Dagegen findet die Verordnung Anwendung, wenn die britische Steuerbehörde Schadenersatz aus unerlaubter Handlung von den dänischen Beteiligten eines Umsatzsteuer-Karussells verlangt.[34]

Schließlich normiert Art 1 Abs 2 Brüssel Ia-VO mit Rücksicht auf die Besonderheiten der Materie sowie auf speziellere Rechtsakte einige **Ausnahmen** von ihrem sachlichen Anwendungsbereich, und zwar unabhängig davon, ob es sich dabei um grundsätzlich als Zivil- und Handelssachen zu qualifizierende Rechtsgebiete handelt. Dies betrifft gem Art 1 Abs 2 lit a den **Personenstand** (insb die Ehescheidung[35]), die **Rechts- und Handlungsfähigkeit** sowie die **gesetzliche Vertretung** von natürlichen Personen, die **ehelichen Güterstände,**[36] mithin alle sich unmittelbar aus der Ehe oder ihrer Auflösung ergebenden vermögensrechtlichen Beziehungen,[37] sowie die Güterstände gleichgeschlechtlicher Lebenspartner.[38] **2/11**

Ausgenommen sind nach Art 1 Abs 2 lit b Brüssel Ia-VO überdies **Konkurse, Vergleiche und ähnliche Verfahren,**[39] wozu im Sinne einer weiten Auslegung alle Ansprüche gezählt werden, die unmittelbar der Verwirklichung des Konkursverfahrens dienen.[40] Das aus italienischer Sicht zweifellos dem öffentlichen Recht zuzurechnende **Recht der sozialen Sicherheit**[41] ist gem Art 1 Abs 2 lit c ebenso ausgeklammert wie das **Recht der Schiedsgerichtsbarkeit** (Art 1 Abs 2 lit d),[42] bei welchem die Anerkennung und Vollstreckung von Schiedssprüchen eigenen staatsvertraglichen Regelungen unterliegt.[43] Aus dem Anwendungsbereich der Brüssel Ia-Verordnung herausgenommen sind ferner **Unterhaltspflichten**, die auf einem Familien-, Verwandtschafts- oder eheähnlichen Verhältnis oder auf Schwägerschaft beruhen (Art 1 Abs 2 lit e),[44] und schließlich das Gebiet des **Testaments- und Erbrechts**, einschließlich solcher Unterhaltspflichten, die mit dem Tod entstehen (Art 1 Abs 2 lit f).[45] **2/12**

---

33 EuGH, ECLI:EU:C:1976:137, LTU Lufttransportunternehmen GmbH & Co. KG v Eurocontrol (Rz 4).

34 EuGH, ECLI:EU:C:2013:545, The Commissioners for Her Majesty's Revenue & Customs v Sunico ua (Rz 37).

35 Siehe dazu Brüssel-IIa-VO (Rz 5/77 ff).

36 Siehe hierzu EuGüVO (Rz 5/35 ff).

37 EuGH, ECLI:EU:C:1979:83, Jacques de Cavel v Louise de Cavel (Rz 7).

38 Siehe dazu EuPartVO (Rz 5/57 ff).

39 Siehe hierzu EuInsVO (Rz 2/3 Fn 7).

40 EuGH, ECLI:EU:C:2009:83, Seagon v Deko Marty Belgium NV (Rz 19); EuGH, ECLI:EU:C:2012:215, F-Tex SIA v Lietuvos-Anglijos UAB ‚Jadecloud-Vilma'; zB steht auch die Schadenersatzklage gegen Mitglieder eines Gläubigerausschusses in derart engem Zusammenhang mit dem Konkursverfahren, EuGH, ECLI:EU:C:2017:986, Valach ua v Waldviertler Sparkasse Bank AG ua (Rz 39 f).

41 Dazu gehört zB auch die Rückgriffsklage eines Sozialleistungsträgers, der anstelle der unterhaltspflichtigen Privatperson Leistungen erbracht hat, EuGH, ECLI:EU:C:2004:21, Freistaat Bayern v Blijdenstein (Rz 20). Vgl KassGH 7. 5. 2015, Nr 9210.

42 Auch etwa die Ernennung und Abberufung von Schiedsrichtern wird dazu gerechnet, EuGH, ECLI:EU:C:1991:319, Marc Rich & Co. AG v Società Italiana Impianti PA (Rz 29); siehe auch EuGH, ECLI:EU:C:2015:316, „Gazprom" OAO v Litauen (Rz 28 ff). Vgl *Carbone/Tuo,* Il nuovo spazio giudiziario europeo in materia civile e commerciale. Il regolamento UE n. 1215/2012 (2016) 39 ff.

43 Siehe Rz 2/3. Vgl *Mosconi/Campiglio I*[8] (2017) 66 ff.

44 Siehe dazu EuUntVO (Rz 5/180 ff).

45 Siehe hierzu EuErbVO (Rz 6/31 ff).

2. Räumlich-persönlicher Anwendungsbereich

2/13 Im Hinblick auf die Bestimmung des räumlich-persönlichen Anwendungsbereiches der Brüssel Ia-Verordnung muss zwischen **zwei Gruppen von Gerichtsständen**, denen abschließender Charakter zukommt *(„Numerus clausus“)*,[46] unterschieden werden: So sind einerseits die Regelungen über den allgemeinen Gerichtsstand (Art 4 Abs 1 Brüssel Ia-VO) und die besonderen Gerichtsstände der Art 7 bis 23 allein dann anwendbar, wenn der Beklagte seinen Wohnsitz *(domicilio)* im Hoheitsgebiet eines Mitgliedstaates hat,[47] wobei die besonderen Gerichtsstände des Art 7[48] freilich nur dann eröffnet sind, wenn sie in einem anderen Mitgliedstaat als dem Wohnsitzstaat des Beklagten liegen.[49] Andererseits bestehen hingegen für die ausschließlichen Gerichtsstände nach Art 24 („ohne Rücksicht auf den Wohnsitz“) sowie für die Vorschriften über Gerichtsstandsvereinbarungen (Art 25) davon abweichende gesonderte Anwendungsregelungen.[50]

2/14 In Art 4 Abs 1 Brüssel Ia-VO wird somit verlangt, dass der Beklagte seinen **Wohnsitz** im Hoheitsgebiet eines Mitgliedstaates hat, es wird darüber hinaus aber auch klargestellt, dass dessen Staatsangehörigkeit für die europäischen Gerichtsstände ohne Belang ist.[51] Diese Norm regelt freilich nur die internationale gerichtliche Zuständigkeit, nicht aber die konkrete örtliche Zuständigkeit innerhalb des Mitgliedstaates, weshalb Art 4 Abs 2 insofern spezifiziert, dass für ausländische Staatsangehörige mit Wohnsitz im Inland zur Bestimmung der Ortszuständigkeit selbst dann die für die inländischen Staatsangehörigen geltenden Vorschriften heranzuziehen sind, wenn diese mitgliedstaatlichen Regelungen nach der Nationalität differenzieren. Damit wird eine Diskriminierung nach der Staatsangehörigkeit unterbunden.

2/15 Von der EU-Kommission nach Art 76 Abs 1 lit a und Abs 4 Brüssel Ia-VO aufgelistete international besonders unerwünschte, beziehungsarme Gerichtsstände der nationalen Zuständigkeitsordnungen, sog **exorbitante Gerichtsstände** *(norme di competenza esorbitante)*,[52] können selbstverständlich ebenfalls nicht gegen Beklagte mit Wohnsitz in einem Mitgliedstaat (Art 5 Abs 2 Brüssel Ia-VO) geltend gemacht werden, wohl aber kann sich ein hier wohnhafter Kläger auf diese Zuständigkeiten gegen einen Beklagten ohne mitgliedstaatlichen Wohnsitz berufen (Art 6 Abs 2).[53]

---

46 Daher ist weder eine Erweiterung der Gerichtsstände der Art 7 bis 25 Brüssel Ia-VO im Wege der Auslegung noch deren Ergänzung durch Analogie zulässig (vgl Art 4 Abs 1 und Art 5 Abs 1 Brüssel Ia-VO), EuGH, ECLI:EU:C:2000:399, Group Josi Reinsurance Company SA v Universal General Insurance Company (UGIC) (Rz 49); EuGH, ECLI:EU:C:2004:77, Frahuil SA v Assitalia SpA (Rz 23).

47 Vgl Rz 2/17 ff.

48 Vgl Rz 2/20 ff.

49 *Carbone/Tuo,* Il nuovo spazio giudiziario europeo in materia civile e commerciale. Il regolamento UE n. 1215/2012 (2016) 50 ff; *Conetti* in Conetti/Tonolo/Vismara[3] (2017) 25 f.

50 Vgl Rz 2/55 ff und 2/67 ff. *Mosconi/Campiglio I*[8] (2017) 71.

51 *Barel/Armellini* (2018) 351.

52 Für das italienische Recht sind Art 3 und 4 IPRG genannt, ABl C 2015/390, 10. Hierzu *Salerno,* Giurisdizione ed efficacia delle decisioni straniere nel regolamento (UE) n. 1215/2012 (rifusione)[4] (2015) 117 ff. Vgl *Schack,* Internationales Zivilverfahrensrecht[7] (2017) Rz 225 f.

53 EuGH, ECLI:EU:C:2000:399, Group Josi Reinsurance Company SA v Universal General Insurance Company (UGIC) (Rz 51 f). Vgl *Ballarino*[8] (2016) 36. Krit *Carbone/Tuo,* Non-EU States and the Brussels I Recast Regulation: New Rules and Some Solutions for Old Problems, in Ferrari/Ragno, Cross-border litigation in Europe: the Brussels I recast regulation as a panacea? (2015) 19.

Der für die Anwendbarkeit der Brüssel Ia-Verordnung erforderliche **Auslandsbezug**[54] des Sachverhalts[55] liegt also nicht nur dann vor, wenn das Verfahren Anknüpfungspunkte zu einem weiteren EU-Mitgliedstaat aufweist.[56] Vielmehr ist der Anwendungsbereich der europäischen Zuständigkeitsregelungen auch dann eröffnet, wenn der Streitfall relevante Bezüge zu einem Nichtmitgliedstaat (**Drittstaat**) aufweist, sodass auch in diesen Fällen die Regeln des nationalen Zuständigkeitsrechts verdrängt werden.[57] 2/16

So konnte sich der befasste High Court of Justice in einem ansonsten rein britischen, aber mit dem Drittstaat Jamaika verknüpften Sachverhalt nicht auf die heimische, mit der Brüssel Ia-Verordnung unvereinbare *forum non conveniens*-Doktrin stützen, um auf diese Weise seine internationale Zuständigkeit zu verneinen.[58]

II. Allgemeiner Gerichtsstand

Nach der alten Grundregel „*actor sequitur forum rei*" sind Personen, die ihren Wohnsitz im Hoheitsgebiet eines Mitgliedstaates haben, gem Art 4 Abs 1 Brüssel Ia-VO ohne Rücksicht auf ihre Staatsangehörigkeit vor den Gerichten dieses Mitgliedstaates zu verklagen.[59] Es wird damit folglich die **internationale Zuständigkeit der Gerichte des Wohnsitzstaates** des Beklagten begründet, während sich die konkrete örtliche Zuständigkeit innerhalb dieses Staates aus dessen autonomem Recht ergibt.[60] 2/17

Dieser **allgemeine Gerichtsstand** *(foro generale del domicilio del convenuto)* konkurriert mit den besonderen Zuständigkeiten der Art 7 bis 9 Brüssel Ia-VO,[61] welche Wahlgerichtsstände außerhalb des Wohnsitzstaates der beklagten Partei begründen und auf diese Weise dem Kläger die Wahl einräumen, ob er die Klage beim allgemeinen oder beim besonderen Gerichtsstand einbringen will *(fori speciali alternativi al foro generale)*.[62] In Versicherungs-, Verbraucher- und Arbeitsvertragssachen (Art 10 bis 23)[63] kann hingegen nicht auf den allgemeinen Gerichtsstand zurückgegriffen werden, der ferner von den ausschließlichen Zuständigkeiten 2/18

---

54 Vgl Rz 2/1.

55 Vgl Erwägungsgrund 4 Brüssel Ia-VO („internationale Zuständigkeit"). Dabei kann sich die Auslandsberührung sogar aus der Verknüpfung des streitgegenständlichen mit einem anderen, auslandsbezogenen Rechtsverhältnis ergeben, EuGH, ECLI:EU:C:2013:735, Maletic und Maletic v lastminute.com Gmbh und TUI Österreich GmbH (Rz 26).

56 *Carbone/Tuo,* Il nuovo spazio giudiziario europeo in materia civile e commerciale. Il regolamento UE n. 1215/2012 (2016) 52 ff.

57 *Barel/Armellini* (2018) 351.

58 EuGH, ECLI:EU:C:2005:120, Owusu v Jackson, Inhaber der Firma „Villa Holidays Bal-Inn Villas" ua (Rz 37 ff). Vgl auch EuGH, ECLI:EU:C:2013:860, Corman-Collins SA v La Maison du Whisky SA (Rz 23). AA noch KassGH VS 26.7.2004, Nr 13968.

59 *Mosconi/Campiglio I*[8] (2017) 74.

60 *Barel/Armellini* (2018) 351.

61 Vgl Rz 2/20 ff.

62 *Ballarino*[8] (2016) 34.

63 Vgl Rz 2/42 ff.

nach Art 24 verdrängt wird.[64] Auch die Gerichtsstandsvereinbarung (Art 25 f) geht dem allgemeinen Gerichtsstand im Zweifel vor.[65]

2/19 Ist der **Wohnsitz** *(domicilio)* einer Partei zu bestimmen, so ist zwischen natürlichen und juristischen Personen zu unterscheiden. Nach Art 62 Abs 1 Brüssel Ia-VO ist der Wohnsitz **einer natürlichen Person** nach dem Recht des angerufenen Gerichts *(lex fori)* zu bestimmen.[66] Hat eine Partei danach keinen Wohnsitz, so wendet das angerufene Gericht bei der Beurteilung der Frage, ob die Person einen Wohnsitz in einem anderen Mitgliedstaat hat, das materielle Recht dieses anderen Staates an (Art 62 Abs 2).[67] Der „Wohnsitz" **einer Gesellschaft oder juristischen Person** wird dagegen einheitlich europäisch festgelegt, und zwar alternativ an dem Ort, an dem sich a) ihr satzungsmäßiger Sitz *(sede statutaria)*, b) ihre Hauptverwaltung *(amministrazione centrale)* oder c) ihre Hauptniederlassung *(centro d'attività principale)* befindet (Art 63 Abs 1).[68]

III. Besondere (fakultative) Gerichtsstände

1. Gerichtsstand am Erfüllungsort des Vertrages

2/20 Für **vertragliche Ansprüche** oder auch für **Streitigkeiten über das (Nicht-)Bestehen eines Vertrages** *(in materia contrattuale)* eröffnet Art 7 Nr 1 lit a Brüssel Ia-VO einen Wahlgerichtsstand, mithin ein alternativ zum allgemeinen Gerichtsstand zur Verfügung stehendes Forum,[69] vor dem Gericht des Ortes, an dem die streitige Verpflichtung erfüllt worden ist oder zu erfüllen wäre *(luogo di esecuzione dell'obbligazione dedotta in giudizio)*.[70] Auf diese Vorschrift kann sich der Kläger demnach unter der Voraussetzung berufen, dass – im Gegensatz zu einer gesetzlichen Verpflichtung[71] – „eine von einer Person gegenüber einer anderen **freiwillig eingegangene Verpflichtung** bestimmt werden kann, auf die sich die Klage stützt".[72] Der Gerichtsstand des Erfüllungsortes wird freilich von den Spezialvorschriften für Versicherungs-,

64 Vgl Rz 2/55 ff.

65 Vgl Rz 2/67 ff. *Carbone/Tuo,* Il nuovo spazio giudiziario europeo in materia civile e commerciale. Il regolamento UE n. 1215/2012 (2016) 59.

66 Für Italien vgl Art 43 Abs 1 ZGB. Vgl *Salerno,* Giurisdizione ed efficacia delle decisioni straniere nel regolamento (UE) n. 1215/2012 (rifusione)[4] (2015) 126 f.

67 Solange nicht feststeht, dass der Beklagte seinen Wohnsitz außerhalb der Europäischen Union genommen hat, ist der letzte bekannte Wohnsitz innerhalb der Union heranzuziehen, EuGH, ECLI:EU:C:2011:745, Hypoteční banka a.s. v Lindner (Rz 55); EuGH, ECLI:EU:C:2012:142, G v Cornelius de Visser; vgl *Conetti* in Conetti/Tonolo/Vismara[3] (2017) 26.

68 Eine Ausnahme hierzu bildet Art 24 Nr 2 S 2, wonach bei bestimmten Klagen aus dem Gesellschaftsverhältnis für die Bestimmung des Sitzes der Gesellschaft oder juristischen Person das nach den Kollisionsnormen der *lex fori* berufene Recht heranzuziehen ist.

69 *Barel/Armellini* (2018) 55 f, 353.

70 *Ballarino8* (2016) 36. Vgl KassGH 27.11.2015, Nr 24244.

71 EuGH, ECLI:EU:C:2002:499, Fonderie Officine Meccaniche Tacconi SpA v Heinrich Wagner Sinto Maschinenfabrik GmbH (Rz 25). Eine Annexzuständigkeit für deliktische Ansprüche ist im Vertragsgerichtsstand ebenfalls nicht gegeben, EuGH, ECLI:EU:C:2014:148, Brogsitter v Fabrication de Montres Normandes EURL und Fräßdorf (Rz 20 ff).

72 EuGH, ECLI:EU:C:1992:268, Handte & Co. GmbH v Traitements mécano-chimiques des surfaces SA (Rz 15); EuGH, ECLI:EU:C:2004:77, Frahuil SA v Assitalia SpA (Rz 24); EuGH, ECLI:EU:C:2005:33, Engler v Janus Versand GmbH (Rz 51). Vgl *Salerno,* Giurisdizione ed efficacia delle decisioni straniere nel regolamento (UE) n. 1215/2012 (rifusione)[4] (2015) 133; KassGH 1. 2. 2015, Nr 6604.

Verbraucher- und Arbeitsverträge (Art 10 bis 23)[73] sowie für Miet- und Pachtverträge über unbewegliche Sachen (Art 24 Nr 1) verdrängt.[74]

Art 7 Nr 1 Brüssel Ia-VO verweist wie die anderen besonderen Vorschriften des Art 7 – mit Ausnahme von Art 7 Nr 6[75] – direkt auf das Gericht des Ortes, an dem das entscheidende Tatbestandsmerkmal erfüllt ist, womit abweichend vom allgemeinen Gerichtsstand auch die konkrete **örtliche Zuständigkeit** *(competenza territoriale)* festgelegt wird.[76] 2/21

Nach Art 7 Nr 1 Brüssel Ia-VO liegt die besondere Verbindung zwischen dem Verfahrensgegenstand und dem zuständigen Gericht im Erfüllungsort der Verpflichtung. Für die zwei praktisch bedeutsamsten Vertragstypen, namentlich für den **Verkauf beweglicher Sachen**[77] *(compravendita di beni)* und die **Erbringung von Dienstleistungen**[78] *(prestazione di servizi)*, sieht Art 7 Nr 1 lit b einen unionsrechtlich autonom festgelegten **einheitlichen Erfüllungsort** dort vor, wo die für den Vertrag **charakteristische Leistung**, mithin die das gesamte Vertragsverhältnis prägende Verpflichtung, erbracht worden ist oder zu erfüllen wäre.[79] 2/22

Beim Verkauf beweglicher Sachen ist demzufolge der Lieferort der Mobilien der **Erfüllungsort**, bei Dienstleistungsverträgen wird auf den Ort der Dienstleistungen abgestellt. Vor Leistungserbringung ist maßgeblich, wo die Lieferung oder Dienstleistung nach dem Vertrag hätte erbracht werden müssen.[80] Danach ist der tatsächliche Leistungsort heranzuziehen, sofern er den vertraglichen Bestimmungen entspricht oder die Leistung vom Vertragspartner an diesem Ort vertragsgemäß angenommen worden ist.[81] Haben die Parteien bei einem Versendungskauf den Erfüllungsort weder ausdrücklich noch konkludent vereinbart, dann ist der end- 2/23

---

73 Vgl Rz 2/42 ff.

74 Vgl Rz 2/58 ff. *Conetti* in Conetti/Tonolo/Vismara³ (2017) 27.

75 Vgl Rz 2/34.

76 KassGH Ziv 11. 12. 2012, Nr 22731. Vgl *Mosconi/Campiglio I*⁸ (2017) 80.

77 Zur verordnungsautonomen Auslegung des Begriffes EuGH, ECLI:EU:C:2009:257, Falco Privatstiftung und Rabitsch v Weller-Lindhorst (Rz 19 ff). Zur Abgrenzung vom Werkvertrag EuGH, ECLI:EU:C:2010:90, Car Trim GmbH v KeySafety Systems Srl. Vgl KassGH VS Ziv 2. 5. 2012, Nr 6640; *Carbone/Tuo,* Il nuovo spazio giudiziario europeo in materia civile e commerciale. Il regolamento UE n. 1215/2012 (2016) 101 ff.

78 Auch zB ein Rahmenvertrag über den Vertrieb von Markenprodukten, EuGH, ECLI:EU:C:2013:860, Corman-Collins SA v La Maison du Whisky SA (Rz 38 f); ein Beförderungsvertrag, EuGH, ECLI:EU:C:2009:439, Rehder v Air Baltic Corporation (Rz 40); mangels geschuldeter Tätigkeit hingegen nicht die Einräumung eines Nutzungsrechts wie etwa eine Lizenz zur Verbreitung von Musikstücken, EuGH, ECLI:EU:C:2009:257, Falco Privatstiftung und Thomas Rabitsch v Weller-Lindhorst (Rz 29 f). Vgl zum Handelsvertretervertrag KassGH VS Ziv 19. 12. 2007, NR 26746. Vgl *Salerno,* Giurisdizione ed efficacia delle decisioni straniere nel regolamento (UE) n. 1215/2012 (rifusione)⁴ (2015) 149 ff.

79 *Mosconi/Campiglio I*⁸ (2017) 80 f. Vgl KassGH 17. 1. 2017, Nr 965; KassGH 31. 5. 2016, Nr 11381; KassGH 26. 2. 2016, Nr 3802.

80 (Auch konkludente) Vereinbarungen über den Erfüllungsort begründen einen Gerichtsstand nach Art 7 Nr 1 grundsätzlich dann, wenn sie den Erfordernissen des Vertragsstatuts genügen, EuGH, ECLI:EU:C:1980:15, Zelger v Salinitri I (Rz 6); EuGH, ECLI:EU:C:2011:375, Electrosteel Europe SA v Edil Centro SpA (Rz 22). Vgl KassGH VS Ziv 6. 7. 2005, Nr 14208; KassGH VS Ziv 14. 6. 2007, Nr 13891. Jedoch müssen Vereinbarungen, die keinen realen Leistungsort festlegen, sondern lediglich einen Gerichtsstand bestimmen sollen, den von Art 25 Abs 1 S 3 und Abs 2 für Gerichtsstandsvereinbarungen festgelegten Formvorschriften genügen, EuGH, ECLI:EU:C:1997:70, Mainschiffahrts-Genossenschaft eG (MSG) v Les Gravières Rhénanes SARL (Rz 31, 35).

81 EuGH, ECLI:EU:C:2010:137, Wood Floor Solutions Andreas Domberger GmbH v Silva Trade SA (Rz 38, 40); EuGH, ECLI:EU:C:2011:375, Electrosteel Europe SA v Edil Centro SpA (Rz 16). Vgl KassGH VS Ziv 5. 10. 2009, Nr 21191; KassGH 10. 2. 2017, Nr 3558.

gültige Bestimmungsort der Ware als Lieferort heranzuziehen.[82] Im Fall mehrerer Leistungsorte kann am Ort der hauptsächlichen Leistungserbringung Klage erhoben werden.[83]

2/24 Für **alle anderen** (nicht Kauf- oder Dienstleistungs-)**Verträge** sowie für solche Warenkauf- und Dienstleistungsverträge, deren Erfüllungsort nicht in einem Mitgliedstaat liegt, besteht hingegen kein solcher einheitlicher Vertragsgerichtsstand, sondern Art 7 Nr 1 lit a und c Brüssel Ia-VO beruft den **Gerichtsstand der jeweils streitigen Verpflichtung.**[84] Über den Erfüllungsort dieser Verbindlichkeit entscheidet danach das auf die konkret streitige Leistungspflicht nach dem IPR des Gerichtsstaates anzuwendende materielle Recht,[85] womit eine zuständigkeitsrechtliche Aufspaltung von Streitigkeiten aus einem einheitlichen Vertragsverhältnis einhergeht.[86]

2. Gerichtsstand für Deliktsklagen

2/25 Für **Klagen aus unerlaubter Handlung** *(in materia di illeciti civili dolosi o colposi)* beruft Art 7 Nr 2 Brüssel Ia-VO das „Gericht des Ortes, an dem das **schädigende Ereignis** eingetreten ist oder einzutreten droht" *(forum delicti commissi)*.[87] Für diesen – alternativ zum allgemeinen Gerichtsstand[88] – zur Verfügung stehenden Wahlgerichtsstand sprechen insbesondere dessen

82 EuGH, ECLI:EU:C:2010:90, Car Trim GmbH v KeySafety Systems Srl (Rz 62) (Ort der körperlichen Übergabe der Ware, „durch die der Käufer am endgültigen Bestimmungsort des Verkaufsvorgangs die tatsächliche Verfügungsgewalt über diese Waren erlangt hat oder hätte erlangen müssen"). Vgl KassGH VS Ziv 5. 10. 2009, Nr 21191; KassGH VS Ziv 19. 6. 2014, Nr 13941; KassGH VS Ziv 26. 2. 2016, Nr 3802; *Carbone/Tuo,* Il nuovo spazio giudiziario europeo in materia civile e commerciale. Il regolamento UE n. 1215/2012 (2016) 107 f. So kann eine Fluggesellschaft, die in einem Mitgliedstaat nur den ersten Flug einer aus zwei Teilstrecken bestehenden Flugreise (Umsteigeflug) durchgeführt hat, vor den Gerichten am Endziel in einem anderen Mitgliedstaat auf Verspätungsentschädigung verklagt werden, EuGH, ECLI:EU:C:2018:160, flightright (Rz 69 ff); zum multimodalen Güterbeförderungsvertrag EuGH, ECLI:EU:C:2018:558, Zurich Insurance plc und Metso Minerals Oy v Abnormal Load Services (International) Ltd (Rz 25); vgl *Laimer/Perathoner,* Jurisdiction Based on Place of Performance in the Case of a Multimodal Transport, EuLF 2 (2019) 39 ff.

83 Ist kein Ort der Hauptlieferung feststellbar, dann besteht eine konkurrierende Zuständigkeit aller Gerichte, in deren Bezirk geliefert wurde, EuGH, ECLI:EU:C:2007:262, Color Drack GmbH v Lexx International Vertriebs GmbH (Rz 36, 45). Ebenso bei Erfüllungsorten in mehreren Mitgliedstaaten, EuGH, ECLI:EU:C:2009:439, Rehder v Air Baltic Corporation (Rz 38 ff). Bei einem Handelsvertreter wird hingegen hilfsweise sein Wohn- oder Geschäftssitz herangezogen, von dem aus er zu seinen Geschäften aufbricht, EuGH, ECLI:EU:C:2010:137, Wood Floor Solutions Andreas Domberger GmbH v Silva Trade SA (Rz 40 ff); EuGH, ECLI:EU:C:2018:173, Saey Home & Garden NV/SA v Lusavouga-Máquinas e Acessórios Industriais SA (Rz 44 ff).

84 Also diejenige Verpflichtung, deren Nichterfüllung zur Begründung der Klage behauptet wird, EuGH, ECLI:EU:C:1976:134, A. De Bloos, SPRL v Société en commandite par actions Bouyer (Rz 13). Vgl *Salerno,* Giurisdizione ed efficacia delle decisioni straniere nel regolamento (UE) n. 1215/2012 (rifusione)[4] (2015) 139 ff.

85 EuGH, ECLI:EU:C:1976:133, Industrie Tessili Italiana Como v Dunlop AG (Rz 15); EuGH, ECLI:EU:C:2009:257, Falco Privatstiftung und Thomas Rabitsch v Weller-Lindhorst (Rz 47).

86 *Junker,* Internationales Zivilprozessrecht[3] (2016) § 9 Rz 17.

87 Mit dem Zusatz „oder einzutreten droht" (*o può avvenire*) wird klargestellt, dass auch vorbeugende Unterlassungsklagen und Anträge im einstweiligen Rechtsschutz im Gerichtsstand des Tatortes geltend gemacht werden können, EuGH, ECLI:EU:C:2002:555, Verein für Konsumenteninformation v Henkel (Rz 41 ff). Vgl *Carbone/Tuo,* Il nuovo spazio giudiziario europeo in materia civile e commerciale. Il regolamento UE n. 1215/2012 (2016) 133 ff.

88 Vgl Rz 2/17 ff.

Vorhersehbarkeit für beide Parteien[89] sowie die Sach- und Beweisnähe des erkennenden Gerichts.[90] Auch beim Deliktsgerichtsstand ist nämlich neben der internationalen Zuständigkeit der Gerichte eines Mitgliedstaates zugleich die örtliche Zuständigkeit innerhalb dieses Staates geregelt.[91]

Der unionsrechtlich autonom auszulegende **Begriff der unerlaubten Handlung** bezieht 2/26
sich auf alle Klagen, „mit denen eine Schadenshaftung des Beklagten geltend gemacht wird und die nicht an einen ‚Vertrag' [iSv Art 7 Nr 1 Brüssel Ia-VO] anknüpfen".[92] Erfasst sind Ansprüche aus **Delikt**,[93] aber auch Streitigkeiten darüber, ob überhaupt ein Delikt vorliegt,[94] wobei nicht vorausgesetzt ist, dass tatsächlich ein Schaden eingetreten ist.[95] Soweit im Verhältnis der Parteien keine freiwillig eingegangene Verpflichtung vorliegt, sind auch die auf ein **Verschulden bei den Vertragsverhandlungen** *(responsabilità precontrattuale)* gestützten Klagen unter Art 7 Nr 2 zu subsumieren.[96] Dagegen sind Ansprüche aus ungerechtfertigter Bereicherung *(ripetizione dell'indebito)*[97] ebenso wenig erfasst wie Gläubigeranfechtungsklagen, mit denen ein Gläubiger anstrebt, dass eine Verfügungshandlung über ein dingliches Recht an einer unbeweglichen Sache, die sein Schuldner nach seinem Vorbringen absichtlich zur Beeinträchtigung seiner Rechte vorgenommen hat, ihm gegenüber für unwirksam erklärt wird.[98]

Im Hinblick auf den einheitlich europäisch bestimmten **Ort des schädigenden Ereignisses** 2/27
(luogo dell'evento dannoso) ist darauf Bedacht zu nehmen, dass ein schädigendes Ereignis aus der schadensbegründenden Handlung (oder Unterlassung) sowie dem Eintritt eines Schadens besteht.[99] Liegen sowohl der Handlungsort *(luogo dell'azione)* als auch der Schadensort („Erfolgsort"; *luogo dell'evento*) im selben Gerichtsbezirk, so lässt sich der Gerichtsstand nach Art 7 Nr 2 Brüssel Ia-VO problemlos bestimmen. Fallen jedoch bei sog **Distanzdelikten** der Handlungs- und der Erfolgsort auseinander, so hat der Kläger die Wahl zwischen dem Gericht des

89 EuGH, ECLI:EU:C:2004:74, DFDS Torline (Rz 36 f); EuGH, ECLI:EU:C:2004:364, Kronhofer v Maier ua (Rz 20).

90 EuGH, ECLI:EU:C:2009:475, Zuid-Chemie BV v Philippo's Mineralenfabriek NV/SA (Rz 24).

91 *Gottwald* in Münchener Kommentar zur ZPO III[5] (2017), VO (EU) 1215/2012 Art 7, Rz 45.

92 EuGH 27. 9. 1988, ECLI:EU:C:1988:459, Kalfelis v Bankhaus Schröder, Münchmeyer, Hengst & Co. ua (Rz 18); EuGH, ECLI:EU:C:2016:286 Austro Mechana v Amazon EU (Rz 32). Zunächst ist also auszuschließen, dass es sich um eine Klage aus einem Vertrag handelt, EuGH, ECLI:EU:C:2002:436, Gabriel (Rz 33 f). Auch eine Annexzuständigkeit für – mit Deliktsansprüchen zusammenhängende – Vertragsansprüche ist nicht gegeben, EuGH, ECLI:EU:C:1998:509, Réunion européenne SA ua v Spliethoff's Bevrachtingskantoor BV und den Kapitän des Schiffes „Alblasgracht V002" (Rz 49).

93 So zB Fälle der Produkthaftung (*responsabilità da prodotto*), EuGH, ECLI:EU:C:2014:7, Kainz v Pantherwerke AG (Rz 18 ff); oder etwa Fälle der Prospekthaftung (*responsabilità da prospetto*), EuGH, ECLI:EU:C:2015:37, Kolassa v Barclays Bank plc (Rz 44). Vgl *Salerno,* Giurisdizione ed efficacia delle decisioni straniere nel regolamento (UE) n. 1215/2012 (rifusione)[4] (2015) 163, 166 f.

94 Auch für eine negative Feststellungsklage (*azione di accertamento negativo*) ist das Deliktsforum eröffnet, EuGH, ECLI:EU:C:2012:664, Folien Fischer AG und Fofitec AG v Ritrama SpA (Rz 55). Anders noch KassGH VS Ziv 19. 12. 2003, Nr 19550.

95 EuGH, ECLI:EU:C:2004:74, DFDS Torline (Rz 27 f).

96 EuGH, ECLI:EU:C:2002:499, Fonderie Officine Meccaniche Tacconi SpA v Heinrich Wagner Sinto Maschinenfabrik GmbH (Rz 25). Vgl KassGH VS Ziv 10. 7. 2003, Nr 10896; KassGH VS Ziv 11. 9. 2003, Nr 13390; KassGH VS Ziv 17. 12. 2007, Nr 26479; KassGH 19. 1. 2017, Nr 1311.

97 KassGH VS Ziv 27. 3. 2009, Nr 7428.

98 EuGH, ECLI:EU:C:1992:149, Reichert, Reichert und Kockler v Dresdner Bank AG (Rz 19).

99 Vgl *Ballarino*[8] (2016) 40 f.

Ortes, an dem das „ursächliche Geschehen“[100] stattgefunden hat, und dem Gericht des Ortes, an dem sich der „Schadenserfolg“[101] verwirklicht hat (sog Ubiquitätsregel).[102]

2/28 Abzustellen ist dabei auf den **ersten Verletzungsort** bzw den **Ort des ersten Schadenserfolgs** (bei einer Vermögensschädigung),[103] während die Orte, an denen Folgeschäden *(danni indiretti o consequenziali)* eintreten, belanglos sind, und zwar auch dann, wenn sie von Dritten, etwa Angehörigen des Unfallopfers, geltend gemacht werden.[104]

2/29 Bei sog **Streudelikten** liegen mehrere Erfolgsorte in verschiedenen Staaten. So ist etwa bei einem deliktischen Schadenersatzanspruch wegen eines ehrverletzenden, in mehreren Mitgliedstaaten verbreiteten Presseartikels *(diffamazione a mezzo stampa)* der Handlungsort die Niederlassung des Herausgebers, womit hier regelmäßig ein Gleichlauf mit dem allgemeinen Gerichtsstand des Beklagten auftreten wird,[105] an welchem der Kläger den Ersatz des gesamten erlittenen Schadens geltend machen kann.[106] In diesen Fällen bestehen jedoch Erfolgsorte in allen Mitgliedstaaten, in denen das Medium verbreitet und nach der Klagebehauptung das Ansehen des Betroffenen verletzt wurde. Nach der Rechtsprechung ist freilich auch bei derartigen Streudelikten an sämtlichen Orten der Verwirklichung des Schadenserfolgs ein Gerichtsstand gegeben, allerdings darf das jeweils zuständige Gericht nur über jenen Teil des Gesamtschadens entscheiden, der im Gerichtsstaat eingetreten ist (sog **Mosaikprinzip**).[107] Bei der Verletzung von Persönlichkeitsrechten im **Internet** kann die betroffene Person jedoch darüber hi-

---

100 EuGH, ECLI:EU:C:2009:475, Zuid-Chemie BV v Philippo's Mineralenfabriek NV/SA (Rz 27). Bei Unterlassungen ist der Ort maßgeblich, an dem die Handlung zu setzen gewesen wäre, *Czernich* in Czernich/Kodek/ Mayr[4], Europäisches Gerichtsstands- und Vollstreckungsrecht: Brüssel Ia-Verordnung (EuGVVO 2012) und Übereinkommen von Lugano 2007 (2015) Art 7 Rz 127; zB bei weltweiter Unterlassungsverpflichtung ist sie nicht lokalisierbar, vgl *Leible* in Rauscher, EuZPR – EuIPR I[4] (2016) Art 7 Brüssel Ia-VO, Rz 138.

101 EuGH, ECLI:EU:C:1995:61, Shevill ua v Presse Alliance SA (Rz 21); EuGH, ECLI:EU:C:2014:1318, Coty Germany GmbH v First Note Perfumes NV (Rz 54).

102 EuGH, ECLI:EU:C:1976:166, Handelskwekerij G. J. Bier BV v Mines de potasse d'Alsace SA (Rz 24 f); EuGH, ECLI:EU:C:2013:305, Melzer v MF Global UK Ltd (Rz 25); EuGH, ECLI:EU:C:2013:635, Pinckney v KDG Mediatech AG (Rz 26); EuGH, ECLI:EU:C:2014:7, Kainz v Pantherwerke AG (Rz 23); EuGH, ECLI:EU:C:2015:335, Cartel Damage Claims (CDC) Hydrogen Peroxide SA v Akzo Nobel NV ua (Rz 38). Vgl *Mosconi/Campiglio I*[8] (2017) 86 f; KassGH VS Ziv 5. 5. 2006, Nr 10312; KassGH 27. 12. 2011, Nr 28811; KassGH 28. 4. 2015, Nr 8571.

103 Bei reinen Vermögensschäden gibt der Lageort der konkret geschädigten Vermögensbestandteile den Ausschlag, EuGH, ECLI:EU:C:2004:364, Kronhofer v Maier ua (Rz 21).

104 EuGH, ECLI:EU:C:1995:289, Marinari v Lloyds Bank plc und Zubaidi Trading Company (Rz 13 ff); EuGH, ECLI:EU:C:1990:8, Dumez France SA und Tracoba SARL v Hessische Landesbank m.fl. (Rz 22). Vgl KassGH VS Ziv 4. 11. 1996, Nr 9533; KassGH VS Ziv 27. 11. 1996, Nr 10524; KassGH VS Ziv 11. 2. 2003, Nr 2060; KassGH VS Ziv 13. 12. 2005, Nr 27403; KassGH 27. 11. 2015, Nr 24245.

105 Vgl Rz 2/17 ff.

106 Hier könnte der vermeintliche Schädiger auch eine negative Feststellungsklage einbringen, EuGH, ECLI: EU:C:2012:664, Folien Fischer AG und Fofitec AG v Ritrama SpA (Rz 55).

107 EuGH, ECLI:EU:C:1995:61, Shevill ua v Presse Alliance SA (Rz 24 ff, 30). Vgl KassGH VS Ziv 27. 10. 2000, Nr 1141; KassGH VS Ziv 21. 6. 2006, Nr 14287. Die Mosaiktheorie ist auch bei der Verletzung von Urheberrechten über das Internet heranzuziehen, EuGH, ECLI:EU:C:2013:635, Pinckney v KDG Mediatech AG (Rz 45); EuGH, ECLI:EU:C:2015:28, Hejduk v EnergieAgentur.NRW GmbH (Rz 38). Bei einer Verletzung von Markenrechten liegt der Erfolgsort des Internetdelikts hingegen allein in dem Staat, in dem die Marke eingetragen ist, EuGH, ECLI:EU:C:2012:220, Wintersteiger AG v Products 4U Sondermaschinenbau GmbH (Rz 39). Vgl *Salerno,* Giurisdizione ed efficacia delle decisioni straniere nel regolamento (UE) n. 1215/ 2012 (rifusione)[4] (2015) 171; *Picht/Kopp*, Die internationale Zuständigkeit für Immaterialgüterrechtsverletzungen im Internet nach den EuGH-Entscheidungen Hejduk und Pinckney, GRUR Int 2016, 232 ff.

naus „bei den Gerichten des Mitgliedstaats, in dem sich der Mittelpunkt ihrer Interessen befindet, eine Haftungsklage auf Ersatz des gesamten entstandenen Schadens" erheben.[108] Nur vor diesem Gericht kann eine Klage auf Richtigstellung und Entfernung der verletzenden Inhalte erhoben werden.[109]

Bei einer natürlichen Person entspricht der **Mittelpunkt der Interessen** im Allgemeinen dem Mitgliedstaat ihres gewöhnlichen Aufenthalts, sofern nicht andere Indizien (wie die Berufsausübung) etwas anderes nahelegen. Bei einer juristischen Person richtet sich der Mittelpunkt der Interessen danach, wo sie den wesentlichen Teil ihrer wirtschaftlichen Tätigkeit ausübt, wobei dieser Ort nicht mit ihrem satzungsmäßigen Sitz ident sein muss.[110] **2/30**

3. Weitere Wahlgerichtsstände des Art 7 Brüssel Ia-VO

a. Gerichtsstand des Adhäsionsverfahrens

Kann ein **Strafgericht** nach dessen nationalem Recht,[111] etwa bei einem Straßenverkehrsunfall, gleichzeitig über **deliktische Ansprüche auf Ersatz des durch eine strafbare Handlung entstandenen Schadens** oder auf Wiederherstellung des vorigen Zustands entscheiden *(in materia di risarcimento a seguito di reato)*,[112] begründet Art 7 Nr 3 Brüssel Ia-VO dessen internationale und örtliche Zuständigkeit auch hinsichtlich dieser zivilrechtlichen Klagen.[113] Daneben stehen in diesen Fällen die Zuständigkeiten nach Art 4 Abs 1[114] sowie Art 7 Nr 2[115] zur Verfügung, sodass Art 7 Nr 3 allein dann einen zusätzlichen Gerichtsstand begründet, wenn das Strafverfahren weder im Wohnsitzstaat des Schädigers noch am Ort des Schadensereignisses stattfindet.[116] **2/31**

b. Wiedererlangung eines Kulturguts

Gem Art 7 Nr 4 Brüssel Ia-VO kann ferner der Eigentümer eines von einem Mitgliedstaat iSd Art 1 Nr 1 der RL 2014/60/EU[117] zum nationalen **Kulturgut** erklärten Gegenstandes den auf **2/32**

---

108 EuGH, ECLI:EU:C:2011:685, eDate Advertising GmbH ua v X und Société MGN LIMITED (Rz 52). Vgl *Carbone/Tuo,* Il nuovo spazio giudiziario europeo in materia civile e commerciale. Il regolamento UE n. 1215/2012 (2016) 141 ff.

109 EuGH, ECLI:EU:C:2017:766, Bolagsupplysningen OÜ und Ilsjan v Svensk Handel AB (Rz 44, 48 f).

110 EuGH, ECLI:EU:C:2017:766, Bolagsupplysningen OÜ und Ilsjan v Svensk Handel AB (Rz 40 ff). Vgl etwa *Hau,* Klagemöglichkeiten juristischer Personen nach Persönlichkeitsverletzungen im Internet, GRUR 2018, 163 ff.

111 Nachdem auf die *lex fori* abgestellt wird, können uU auch exorbitante nationale Zuständigkeitsnormen für Strafverfahren zum Tragen kommen, krit *Junker,* Internationales Zivilprozessrecht[3] (2016) § 11 Rz 1.

112 Für Italien siehe im Hinblick auf den als Zivilpartei (*parte civile*) am Strafverfahren beteiligten Geschädigten Art 74 ff StPO sowie Art 185 StGB. Vgl *Mosconi/Campiglio I*[8] (2017) 91. Im deutschsprachigen Raum (abgeleitet vom lateinischen *adhaesio,* „das Anhaften") auch als Adhäsionsverfahren bezeichnet, vgl etwa *Mayr,* Europäisches Zivilprozessrecht (2011) Rz II/65.

113 *Carbone/Tuo,* Il nuovo spazio giudiziario europeo in materia civile e commerciale. Il regolamento UE n. 1215/2012 (2016) 147 f.

114 Vgl Rz 2/17 ff.

115 Vgl Rz 2/25 ff.

116 *Salerno,* Giurisdizione ed efficacia delle decisioni straniere nel regolamento (UE) n. 1215/2012 (rifusione)[4] (2015) 173 f; *Junker,* Internationales Zivilprozessrecht[3] (2016) § 11 Rz 2.

117 In Italien umgesetzt mit GVD 7. 1. 2016, Nr 2.

sein Eigentum gestützten Herausgabeanspruch auch vor dem Gericht des Ortes geltend machen, an dem sich das Kulturgut bei Klageerhebung befindet *(recupero di un bene culturale)*.[118]

c. Gerichtsstand der Niederlassung

2/33 Gem Art 7 Nr 5 Brüssel Ia-VO kann eine Klage gegen[119] das in einem Mitgliedstaat ansässige[120] Stammhaus auch vor dem Gericht des in einem anderen Mitgliedstaat liegenden Ortes erhoben werden, an dem dieses Stammhaus eine **Niederlassung**, mithin eine Zweigniederlassung *(succursale)*, eine Agentur *(agenzia)* oder eine sonstige Niederlassung *(qualsiasi altra sede d'attività)* unterhält, sofern die klagegegenständliche Streitigkeit aus dem Betrieb dieser Niederlassung stammt.[121] Nach der einheitlichen europäischen Auslegung durch die Rechtsprechung ist die Niederlassung eine dauerhafte Außenstelle des Stammhauses, die eine Geschäftsführung hat und für den eigenständigen Geschäftsbetrieb mit Dritten eingerichtet ist, dennoch aber unter Aufsicht des Stammhauses steht.[122] Alleinvertriebshändler[123] oder selbständige Handelsvertreter[124] sind demnach nicht als Niederlassungen anzusehen, sehr wohl aber die am privaten Rechtsverkehr teilnehmende Botschaft eines ausländischen Staates.[125]

d. Gerichtsstand für Trust-Klagen

2/34 Gem Art 7 Nr 6 Brüssel Ia-VO kann der Begründer, Trustee oder Begünstigte eines aufgrund Gesetzes oder durch (schriftliches) Rechtsgeschäft errichteten **Trusts** auch vor den Gerichten jenes Mitgliedstaates in Anspruch genommen werden, in dessen Hoheitsgebiet der Trust seinen Sitz (Art 63 Abs 3) hat *(in materia di trust)*.[126]

---

118 *Conetti* in Conetti/Tonolo/Vismara[3] (2017) 27 f; *Salerno,* Giurisdizione ed efficacia delle decisioni straniere nel regolamento (UE) n. 1215/2012 (rifusione)[4] (2015) 174 ff. Vgl *Gebauer,* A New Head of Jurisdiction in relation to the Recovery of Cultural Objects, in Ferrari/Ragno, Cross-border Litigation in Europe: the Brussels I Recast Regulation as a Panacea? (2015) 31 ff.

119 Ein Klägergerichtsstand für den Inhaber der Niederlassung wird hiermit hingegen nicht geschaffen, *Junker,* Internationales Zivilprozessrecht[3] (2016) § 11 Rz 7.

120 Nur in Versicherungs-, Verbraucher- und Arbeitsvertragssachen (Art 10 bis 23; Rz 2/42 ff) kann auch ein Stammhaus mit Sitz in einem Drittstaat am Sitz der Niederlassung in einem Mitgliedstaat verklagt werden (Art 11 Abs 2, Art 17 Abs 2, Art 20 Abs 2).

121 *Carbone/Tuo,* Il nuovo spazio giudiziario europeo in materia civile e commerciale. Il regolamento UE n. 1215/2012 (2016) 151; *Salerno,* Giurisdizione ed efficacia delle decisioni straniere nel regolamento (UE) n. 1215/2012 (rifusione)[4] (2015) 177 f.

122 EuGH, ECLI:EU:C:1978:205, Somafer SA v Saar-Ferngas AG (Rz 12); EuGH, ECLI:EU:C:1981:70, Blanckaert & Willems PVBA v Trost (Rz 11); EuGH, ECLI:EU:C:2012:491, Mahamdia v Demokratische Volksrepublik Algerien (Rz 48).

123 EuGH, ECLI:EU:C:1976:134, A. De Bloos, SPRL v Société en commandite par actions Bouyer (Rz 20).

124 EuGH, ECLI:EU:C:1981:70, Blanckaert & Willems PVBA v Trost (Rz 13).

125 EuGH, ECLI:EU:C:2012:491, Mahamdia v Demokratische Volksrepublik Algerien (Rz 49 ff).

126 *Barel/Armellini* (2018) 353 f; *Carbone/Tuo,* Il nuovo spazio giudiziario europeo in materia civile e commerciale. Il regolamento UE n. 1215/2012 (2016) 151 ff.

e. Gerichtsstand für Berge- und Hilfslohn

Schließlich begründet Art 7 Nr 7 Brüssel Ia-VO einen **Gerichtsstand für Berge- und Hilfslohn,** wenn einem Schiff in Seenot ohne vertragliche Grundlage Hilfe geleistet wurde *(assistenza o salvataggio in mare).*[127] 2/35

4. Wahlgerichtsstände des Sachzusammenhangs

Im Folgenden werden nun weitere **besondere Zuständigkeiten** nach Art 8 und 9 Brüssel Ia-VO behandelt, die mit dem allgemeinen Beklagtengerichtsstand des Art 4 Abs 1 konkurrieren.[128] Der Kläger hat also auch danach – so wie bei Art 7[129] – die **Wahl**, ob er seine Klage vor dem Gericht am Wohnsitz des Beklagten oder vor einem der besonderen Gerichtsstände erhebt.[130] Nach den Vorschriften kann der Kläger **mehrere Klagen, die eine Verbindung zueinander aufweisen** *(cause connesse),*[131] vor dasselbe Gericht bringen, womit – sofern wahrgenommen – widersprüchliche Entscheidungen hintan gehalten werden können.[132] 2/36

a. Gerichtsstand der Streitgenossenschaft

Bei Parteienmehrheit auf der Beklagtenseite *(pluralità di convenuti)* räumt der **Gerichtsstand der Streitgenossenschaft** des Art 8 Nr 1 Brüssel Ia-VO dem Kläger die Möglichkeit ein, mehrere Personen mit Wohnsitz in verschiedenen Mitgliedstaaten[133] gemeinsam am allgemeinen Gerichtsstand (Art 4 Abs 1) einer dieser Personen zu verklagen,[134] sofern die gegen die einzelnen Beklagten geltend gemachten Ansprüche in einem so engen Zusammenhang *(connessione)* zueinander stehen, „dass eine gemeinsame Verhandlung und Entscheidung geboten erscheint, um zu vermeiden, dass in getrennten Verfahren widersprechende Entscheidungen ergehen könnten".[135] Der geforderte enge **Sachzusammenhang**, mit dem auch der missbräuchlichen 2/37

---

127 Vgl *Ballarino*[8] (2016) 42; *Salerno,* Giurisdizione ed efficacia delle decisioni straniere nel regolamento (UE) n. 1215/2012 (rifusione)[4] (2015) 180 f.

128 Vgl Rz 2/17 ff. Die Sonderbestimmungen der Art 10 bis 23 für Versicherungs-, Verbraucher- und Arbeitsverträge (Rz 2/42 ff) gehen freilich den Zuständigkeiten nach Art 8 grundsätzlich vor. Der Gerichtsstand des Art 8 Nr 1 ist allerdings auch bei Arbeitsvertragssachen eröffnet, wenn die Klage gegen den Arbeitgeber erhoben wird (vgl Art 20 Abs 1 aE).

129 Vgl Rz 2/20 ff.

130 *Mosconi/Campiglio I*[8] (2017) 95 f.

131 *Salerno,* Giurisdizione ed efficacia delle decisioni straniere nel regolamento (UE) n. 1215/2012 (rifusione)[4] (2015) 181 („*c.d. connessione attributiva*").

132 EuGH, ECLI:EU:C:1988:459, Kalfelis v Bankhaus Schröder, Münchmeyer, Hengst & Co. ua (Rz 11). Vgl *Carbone/Tuo,* Il nuovo spazio giudiziario europeo in materia civile e commerciale. Il regolamento UE n. 1215/2012 (2016) 156 f.

133 Gegen Beklagte mit Wohnsitz in einem Nichtmitgliedstaat steht der Gerichtsstand der Streitgenossenschaft daher nicht zur Verfügung, EuGH, ECLI:EU:C:2013:228, Land Berlin v Sapir ua (Rz 56). Anders noch KassGH VS 24. 7. 2003, Nr 11526; KassGH VS 27. 2. 2008, Nr 5090.

134 Vgl Rz 2/17 ff. Es genügt nicht, wenn im Gerichtsstaat lediglich ein besonderer Gerichtsstand nach Art 7 (Rz 2/20 ff) besteht, EuGH, ECLI:EU:C:1998:509, Réunion européenne SA ua v Spliethoff's Bevrachtingskantoor BV und den Kapitän des Schiffes „Alblasgracht V002" (Rz 46). Bei aufgrund anderer Gründe unzulässiger Hauptklage darf das Vorliegen des erforderlichen Sachzusammenhanges jedoch nicht schon deshalb verneint werden, EuGH, ECLI:EU:C:2006:471, Reisch Montage AG v Kiesel Baumaschinen Handels GmbH (Rz 32 f).

135 Vgl auch Art 30 Abs 3. *Mosconi/Campiglio I*[8] (2017) 96.

Erschleichung einer Zuständigkeit vorgebeugt wird,[136] kann etwa zwischen Vertrags- und Deliktsansprüchen,[137] Delikts- und Bereicherungsansprüchen[138] oder bei Kartellschadenersatzklagen gegen mehrere Beklagte gegeben sein.[139]

b. Gerichtsstand der Gewährleistungs- und Interventionsklage

2/38 Eine Person mit Wohnsitz in einem Mitgliedstaat kann gem Art 8 Nr 2 Brüssel Ia-VO in einem anderen Mitgliedstaat vor dem **Gericht des Hauptprozesses** verklagt werden, wenn es sich um eine – im romanischen Rechtskreis verbreitete, indes den meisten anderen europäischen Rechtsordnungen unbekannte[140] – **Gewährleistungs-** *(chiamata in garanzia)* **oder Interventionsklage** *(o altra chiamata di terzo)* handelt, mit welcher der Beklagte einen Dritten für die eigene Schadloshaltung vorsorglich in den Rechtsstreit einbezieht.[141] Überdies gilt die Regelung nach der Rechtsprechung für die von einem Dritten gegen den Beklagten des Hauptprozesses erhobene Klage, mit der ein mit dem Hauptprozess eng zusammenhängender Anspruch geltend gemacht wird.[142] Freilich darf die Klage nicht allein deshalb erhoben worden sein, um den Drittbeteiligten in missbräuchlicher Weise dem für ihn zuständigen Gericht zu entziehen, was vom angerufenen nationalen Gericht zu prüfen ist.[143]

c. Gerichtsstand der Widerklage

2/39 Die vom Beklagten **in demselben Verfahren** gegen den Kläger erhobene eigenständige **Widerklage** *(domanda riconvenzionale)*, die sich auf denselben Vertrag oder Sachverhalt wie die Klage selbst stützt, kann gem Art 8 Nr 3 Brüssel Ia-VO vor dem Gericht erhoben werden, bei dem die Klage anhängig ist.[144] Die ausschließlichen Gerichtsstände des Art 24 können damit freilich nicht umgangen werden.[145]

---

136 EuGH, ECLI:EU:C:2006:458, Roche Nederland BV ua v Primus und Goldenberg (Rz 26, 32 ff); EuGH, ECLI:EU:C:2012:445, Solvay SA v Honeywell Fluorine Products Europe BV ua (Rz 30). Vgl KassGH VS Ziv 25. 10. 2005, Nr 20998; KassGH VS Ziv 27. 2. 2008, Nr 5090.

137 EuGH, ECLI:EU:C:2007:595, Freeport plc v Arnoldsson (Rz 46 f).

138 EuGH, ECLI:EU:C:2013:228, Land Berlin v Sapir ua (Rz 45).

139 EuGH, ECLI:EU:C:2015:335, Cartel Damage Claims (CDC) Hydrogen Peroxide SA v Akzo Nobel NV ua (Rz 20 ff).

140 Vgl Art 65 Abs 1, nach dem sich Mitgliedstaaten, die eine Anwendung des Art 8 Nr 2 ausschließen wollen, in eine entsprechende Liste eintragen lassen können. Siehe *Junker*, Internationales Zivilprozessrecht[3] (2016) § 12 Rz 15; *Carbone/Tuo*, Il nuovo spazio giudiziario europeo in materia civile e commerciale. Il regolamento UE n. 1215/2012 (2016) 169 f.

141 Vgl schon *Jenard*, Bericht zu dem Übereinkommen vom 27. 9. 1968 über die gerichtliche Zuständigkeit und die Vollstreckung gerichtlicher Entscheidungen in Zivil- und Handelssachen, ABl C 1979/59, 73. Vgl KassGH VS Ziv 28. 10. 2005, Nr 20998; KassGH VS Ziv 28. 3. 2006, Nr 7040; KassGH VS Ziv 15. 3. 2007, Nr 5978.

142 EuGH, ECLI:EU:C:2016:41, SOVAG, Schwarzmeer und Ostsee Versicherungs-Aktiengesellschaft v If Vahinkovakuutusyhtiö Oy (Rz 47).

143 EuGH, ECLI:EU:C:2005:327, Groupement d'intérêt économique (GIE) Réunion européenne ua v Zurich España und Société pyrénéenne de transit d'automobiles (Rz 29, 32).

144 EuGH, ECLI:EU:C:1995:239, Danværn Production A/S v Schuhfabriken Otterbeck GmbH & Co (Rz 15). Vgl *Carbone/Tuo,* Il nuovo spazio giudiziario europeo in materia civile e commerciale. Il regolamento UE n. 1215/2012 (2016) 170 f.

145 Vgl Rz 2/55 ff. *Conetti* in Conetti/Tonolo/Vismara[3] (2017) 29 f.

d. Dinglicher Gerichtsstand

Nach Art 8 Nr 4 Brüssel Ia-VO kann die **schuldrechtliche Klage** aus der dinglich (zB mittels Hypothek) gesicherten Forderung, die **mit der dinglichen Klage verbunden** wird *(azione contrattuale connessa ad azione immobliare)*, ebenso vor dem Gericht des Mitgliedstaats erhoben werden, in dessen Hoheitsgebiet das Grundstück belegen ist.[146] **2/40**

e. Schiffshaftpflicht

Gem Art 9 Brüssel Ia-VO ist ein Gericht, vor dem ein Schiffseigentümer von seinen Gläubigern verklagt werden kann, auch für die selbständige **Klage des Schiffseigners** zuständig, mit der er die Feststellung begehrt,[147] dass er seine **Haftung** auf der Grundlage des – in Italien allerdings (noch) nicht ratifizierten[148] – Londoner Übereinkommens über die Beschränkung der Haftung für Seeforderungen von 1976 auf bestimmte Höchstsummen **begrenzt** hat *(azioni relative alla responsabilità nell'impiego o nell'esercizio di una nave)*.[149] **2/41**

IV. Schutz schwächerer Parteien

Nach dem **sozialpolitischen Zweck**, der den Art 10 bis 23 Brüssel Ia-VO innewohnt, soll damit der Versicherungsnehmer,[150] Verbraucher[151] oder Arbeitnehmer[152] geschützt werden, weil er „in aller Regel der wirtschaftlich Schwächere ist".[153] Diesen **typischerweise unterlegenen Personengruppen** sollen uU die mit einem im Ausland zu führenden Prozess verbundenen (zB sprachlichen oder kostenmäßigen) Hürden nicht zugemutet werden. In ihrem Anwendungsbereich handelt es sich grundsätzlich um abschließende Regelungen, welche die Gerichtsstände der Art 4 Abs 1,[154] 7[155] und 8[156] verdrängen.[157] Mit den Sonderbestimmungen geht insofern eine zuständigkeitsrechtliche **Privilegierung** samt einer **Beschränkung der** Privatautonomie im Hinblick auf **Gerichtsstandsvereinbarungen** einher.[158] Eine wirksame Prorogation ist nämlich – abweichend von Art 25[159] – im Allgemeinen nur dann möglich, wenn diese Verein- **2/42**

146 Vgl Art 24 Nr 1 (Rz 2/58). *Mosconi/Campiglio I*[8] (2017) 98.
147 EuGH, ECLI:EU:C:2004:615, Mærsk Olie & Gas A/S v Firma M. de Haan en W. de Boer (Rz 39 ff).
148 Siehe https://treaties.un.org/pages/showDetails.aspx?objid=08000002800f9404 (letzter Besuch: 28. 6. 2019).
149 *Carbone/Tuo,* Il nuovo spazio giudiziario europeo in materia civile e commerciale. Il regolamento UE n. 1215/2012 (2016) 172.
150 Vgl Rz 2/44 ff.
151 Vgl Rz 2/48 ff.
152 Vgl Rz 2/52 ff.
153 EuGH, ECLI:EU:C:1983:217, Gerling Konzern Speziale Kreditversicherungs-AG ua v Amministrazione del Tesoro dello Stato (Rz 17); EuGH, ECLI:EU:C:2005:280, Société financière et industrielle du Peloux v Axa Belgium ua (Rz 30). Vgl *Ballarino*[8] (2016) 43; *Carbone/Tuo,* Il nuovo spazio giudiziario europeo in materia civile e commerciale. Il regolamento UE n. 1215/2012 (2016) 175.
154 Vgl Rz 2/17 ff.
155 Vgl Rz 2/20 ff.
156 Vgl Rz 2/36 ff.
157 Ausnahmen bestehen nach Art 10, 17 Abs 1 und Art 20 Abs 1 für den Gerichtsstand der Niederlassung (Art 7 Nr 5; Rz 2/33) sowie gem Art 20 Abs 1 aE in Arbeitsvertragssachen für den Mehrparteiengerichtsstand (Art 8 Nr 1; Rz 2/37).
158 Vgl auch EuGH, ECLI:EU:C:2005:32, Gruber (Rz 34); KassGH 18. 5. 2015, Nr 10088.
159 Vgl Rz 2/67 ff.

barung (1) nach der Entstehung der Streitigkeit getroffen wird oder (2) der schwächeren Vertragspartei die Befugnis einräumt, andere als die nach Art 10 ff vorgesehenen Gerichte anzurufen (Art 15, 19 und 23).[160]

2/43 Der **räumlich-persönliche Anwendungsbereich** der im folgenden behandelten Sonderbestimmungen ist bereits dann eröffnet, wenn der beklagte – in einem Drittstaat ansässige – Versicherer, Unternehmer oder Arbeitgeber in irgendeinem Mitgliedstaat eine **Niederlassung**[161] hat (Art 11 Abs 2, Art 17 Abs 2, Art 21 Abs 2).[162] In Verbrauchersachen kann sogar ein in einem Drittstaat ansässiger Unternehmer am **Verbraucherwohnsitz** verklagt werden, wenn sich nur dieser in der EU befindet (Art 18 Abs 1). Ebenso kann ein in einem Drittstaat ansässiger Arbeitgeber am **gewöhnlichen Arbeitsort** oder am **Ort der einstellenden Niederlassung** verklagt werden, wenn diese Orte in der EU liegen.[163]

1. Versicherungssachen

2/44 Der autonom auszulegende[164] Begriff der Versicherungssachen *(in materia di assicurazioni)* erfasst allein die **Erstversicherung**, nicht hingegen die Rückversicherung.[165] Einbezogen ist selbst die Versicherung von **Großrisiken**, bei der – wie bei See- und Luftfahrtversicherungen – jedoch Gerichtsstandsvereinbarungen erlaubt sind (Art 15 Nr 5 iVm Art 16 Brüssel Ia-VO).[166] Ausgenommen sind (mangels Schutzbedürftigkeit) aber Streitigkeiten zwischen Versicherern untereinander.[167]

2/45 Für **Klagen gegen den Versicherer** *(assicuratore)* sind gem Art 11 Brüssel Ia-VO, nach Wahl des Klägers, die Gerichte im Sitzstaat des Versicherers oder das Wohnsitzgericht des Versicherungsnehmers (dem Vertragspartner des Versicherers; *contraente dell'assicurazione)*, des vom Versicherungsnehmer verschiedenen Versicherten *(assicurato)* oder des Begünstigten *(beneficiario*; zB bei der Lebensversicherung) zuständig.[168]

2/46 Bei der **Haftpflichtversicherung** *(assicurazione della responsabilità civile)* ist auch das Wohnsitzgericht des Geschädigten für den vom materiellen Recht – etwa bei einem Ver-

160 *Barel/Armellini* (2018) 354 f. Vgl KassGH 1. 7. 2016, Nr 13536. Zur Gerichtsstandsvereinbarung in Verbrauchersachen zwischen zwei Parteien mit gewöhnlichem Aufenthalt im selben Mitgliedstaat siehe Art 19 Nr 3; in Versicherungssachen siehe parallel hierzu Art 15 Nr 3, sowie zu Vereinbarungen mit Versicherungsnehmern aus Drittstaaten siehe Art 15 Nr 4; zur Prorogation bei der Versicherung von Großrisiken siehe Rz 2/44 ff.

161 Vgl Rz 2/33.

162 EuGH, ECLI:EU:C:2012:491, Mahamdia v Demokratische Volksrepublik Algerien (Rz 41 ff).

163 *Carbone/Tuo,* Il nuovo spazio giudiziario europeo in materia civile e commerciale. Il regolamento UE n. 1215/2012 (2016) 176.

164 EuGH, ECLI:EU:C:2012:719, Gothaer Allgemeine Versicherung AG ua v Samskip GmbH (Rz 25).

165 EuGH, ECLI:EU:C:2000:399, Group Josi Reinsurance Company SA v Universal General Insurance Company (Rz 66). Vgl *Salerno,* Giurisdizione ed efficacia delle decisioni straniere nel regolamento (UE) n. 1215/2012 (rifusione)[4] (2015) 220 f.

166 EuGH, ECLI:EU:C:2005:280, Société financière et industrielle du Peloux v Axa Belgium ua (Rz 36 ff).

167 EuGH, ECLI:EU:C:2005:327, Groupement d'intérêt économique (GIE) Réunion européenne ua v Zurich España und Société pyrénéenne de transit d'automobiles (Rz 24, 28).

168 *Carbone/Tuo,* Il nuovo spazio giudiziario europeo in materia civile e commerciale. Il regolamento UE n. 1215/2012 (2016) 177 f.

kehrsunfall[169] – gewährten Direktanspruch gegen den Haftpflichtversicherer des Schädigers zuständig.[170] Dies gilt jedoch – mangels vergleichbarer Schutzbedürftigkeit – nicht für den Ersatzanspruch, der durch Legalzession auf eine private oder gesetzliche Krankenversicherung übergegangen ist.[171] Bei der Haftpflichtversicherung und der **Versicherung unbeweglicher Sachen** *(assicurazione sugli immobili)* kann der Versicherer ferner beim Gericht am Schadenseintrittsort verklagt werden (Art 12).[172]

Für (Aktiv-)**Klagen des Versicherers** sind hingegen ausschließlich die Gerichte im Wohnsitzstaat des Beklagten zuständig, wobei die örtliche Zuständigkeit dem dortigen nationalen Recht zu entnehmen ist.[173] **2/47**

2. Verbrauchersachen

Der persönliche Anwendungsbereich der in Art 17 bis 19 Brüssel Ia-VO niedergelegten Sonderregeln ist allein dann eröffnet, wenn „ein Vertrag oder Ansprüche aus einem Vertrag, den eine Person, der **Verbraucher**, zu einem Zweck geschlossen hat, der nicht der beruflichen oder gewerblichen Tätigkeit dieser Person zugerechnet werden kann, den Gegenstand des Verfahrens" bilden *(in materia di contratti conclusi da consumatori)*.[174] Demnach ist die Verbrauchereigenschaft jeweils für das mit einem (zu beruflich-gewerblichen Zwecken handelnden) Unternehmer abgeschlossene, konkret streitgegenständliche Geschäft zu bestimmen.[175] Daher tritt auch eine ansonsten unternehmerisch tätige Person bei ihren Privatgeschäften (etwa der Kauf einer Waschmaschine für ihr Privathaus) als Verbraucher auf.[176] Bei Transaktionen mit **gemischtem** – also teils unternehmerischem, teils privatem – **Zweck** liegt ein Verbrauchervertrag iSd Art 17 Abs 1 freilich nur dann vor, wenn „der beruflich-gewerbliche Zweck derart nebensächlich ist, dass er im Gesamtzusammenhang des Geschäfts nur eine ganz untergeordnete Rolle spielt".[177] Auch ein Vertrag, welcher der **Vorbereitung** einer künftigen gewerblichen Tätigkeit **2/48**

---

169 Vgl Art 18 RL 2009/103/EG, in Italien umgesetzt mit Art 144 Cod.ass.priv.

170 EuGH, ECLI:EU:C:2007:792, FBTO Schadeverzekeringen NV v Odenbreit (Rz 26 ff). Vgl *Basedow*, Der Direktanspruch gegen den ausländischen Kfz-Haftpflichtversicherer, in Liber Amicorum Rokas (2017) 1 ff; *Bariatti* in Dickinson/Lein, The Brussels I Regulation Recast (2015) Rz 5.42 f; *Laimer*, Gerichtsstand und anwendbares Recht bei Verkehrsunfällen im Ausland, ZVR 2012, 450 ff.

171 EuGH, ECLI:EU:C:2009:561, Vorarlberger Gebietskrankenkasse v WGV-Schwäbische Allgemeine Versicherungs AG (Rz 25 ff, 41 ff). Vgl idZ *Laimer*, Der gesetzliche Forderungsübergang auf den Sozialversicherungsträger nach italienischem Recht, ZVR 2009, 242 ff. Siehe auch EuGH, ECLI:EU:C:2018:50, Paweł Hofsoe v LVM Landwirtschaftlicher Versicherungsverein Münster AG (Rz 47).

172 Durch Streitverkündung oder Interventionsklage (siehe Rz 2/37 f) kann der Haftpflichtversicherer schließlich vor dem Gericht des Hauptprozesses zwischen Geschädigtem und Versicherten verklagt werden (Art 13).

173 *Carbone/Tuo,* Il nuovo spazio giudiziario europeo in materia civile e commerciale. Il regolamento UE n. 1215/2012 (2016) 177.

174 Zur unionsrechtlich autonomen Auslegung EuGH, ECLI:EU:C:1993:15, Shearson Lehmann Hutton Inc. v TVB Treuhandgesellschaft für Vermögensverwaltung und Beteiligungen mbH (Rz 13).

175 *Carbone/Tuo,* Il nuovo spazio giudiziario europeo in materia civile e commerciale. Il regolamento UE n. 1215/2012 (2016) 187 f.

176 EuGH, ECLI:EU:C:1999:202, Mietz v Intership Yachting Sneek BV (Rz 25).

177 Verneint bei einem Landwirt, der Ziegel kauft, um das Dach sowohl über den Stallungen als auch den privaten Wohnräumen seines Bauernhofes zu decken, EuGH, ECLI:EU:C:2005:32, Gruber (Rz 41).

dient, ist ebenso wenig ein Verbrauchergeschäft[178] wie die Bürgschaft, die der **Gesellschafter** oder **Geschäftsführer** für Verbindlichkeiten der Gesellschaft eingeht.[179]

2/49 Zu den Verbrauchersachen werden allerdings nur **bestimmte Vertragsarten** gezählt, namentlich Verträge über den Kauf beweglicher Sachen auf Teilzahlung (*vendita a rate di beni mobili materiali*; Art 17 Abs 1 lit a Brüssel Ia-VO)[180] sowie Kreditverträge *(operazioni di credito)* zur Finanzierung eines solchen Teilzahlungskaufs (Art 17 Abs 1 lit b).[181] Andere Verträge – mit Ausnahme von Beförderungsverträgen[182] – fallen hingegen dann in den Schutzbereich des hier behandelten Abschnitts, wenn (1) der Vertragspartner im Wohnsitzstaat des Verbrauchers eine **gewerbliche Tätigkeit ausübt oder** seine geschäftlichen Aktivitäten (auch) auf diesen Mitgliedstaat **ausrichtet** und (2) der konkrete Vertrag in den Bereich dieser Tätigkeit fällt (Art 17 Abs 1 lit c).[183] Dabei ist das Tatbestandselement der „Ausrichtung" der gewerblichen Tätigkeit auf den Wohnsitzstaat des Verbrauchers auf der Basis der **gesamten Umstände** des konkreten Falles zu beurteilen.[184]

2/50 Für **Klagen des Verbrauchers** sind – nach seiner Wahl – die Gerichte im Wohnsitzstaat seines Vertragspartners (Klagegegner)[185] oder das Wohnsitzgericht des Konsumenten zuständig (Art 18 Abs 1 Brüssel Ia-VO).[186] Tritt der Verbraucher seine Rechte ab und erfüllt der **Zessionar** die Voraussetzungen für die Einordnung als privater Endverbraucher selbst nicht, so kann er den Verbrauchergerichtsstand freilich nicht in Anspruch nehmen.[187] Auch auf **Verbandsklagen** *(azioni collettive)* von Verbraucherschutzvereinen *(associazioni dei consumatori)* ist Art 18 nicht anwendbar.[188]

---

178 EuGH, ECLI:EU:C:1997:337, Benincasa v Dentalkit Srl (Rz 19).

179 EuGH, ECLI:EU:C:2013:165, Česká spořitelna, a.s. v Feichter (Rz 32 ff).

180 EuGH, ECLI:EU:C:1978:137, Bertrand v Paul Ott KG (Rz 19 ff).

181 EuGH, ECLI:EU:C:1999:202, Mietz v Intership Yachting Sneek BV (Rz 33).

182 Art 17 Abs 3, wobei für Pauschalreiseverträge (*pacchetti turistici*) eine Gegenausnahme vorgesehen ist. Zu Gewinnzusagen *Carbone/Tuo,* Il nuovo spazio giudiziario europeo in materia civile e commerciale. Il regolamento UE n. 1215/2012 (2016) 190 f.

183 EuGH, ECLI:EU:C:2012:542, Mühlleitner v Yusufi und Yusufi (Rz 44).

184 Zu beispielhaften Kriterien, nach denen der Unternehmer seine Tätigkeit bereits mit seinem Internetauftritt auf den Verbraucherwohnsitzstaat ausrichtet, siehe EuGH, ECLI:EU:C:2010:740, Pammer v Reederei Karl Schlüter GmbH & Co KG (C-585/08) und Hotel Alpenhof GesmbH v Heller (C-144/09) (Rz 92 f); EuGH, ECLI:EU:C:2012:542, Mühlleitner v Yusufi und Yusufi (Rz 44 f); EuGH, ECLI:EU:C:2013:666, Emrek v Sabranovic (Rz 25 f, 31 f); EuGH, ECLI:EU:C:2015:844, Hobohm v Benedikt Kampik Ltd & Co KG ua (Rz 40). Vgl *Salerno,* Giurisdizione ed efficacia delle decisioni straniere nel regolamento (UE) n. 1215/2012 (rifusione)[4] (2015) 226 f.

185 EuGH, ECLI:EU:C:2013:735, Maletic und Maletic v lastminute.com Gmbh und TUI Österreich GmbH (Rz 32).

186 *Carbone/Tuo,* Il nuovo spazio giudiziario europeo in materia civile e commerciale. Il regolamento UE n. 1215/2012 (2016) 185.

187 EuGH, ECLI:EU:C:1993:15, Shearson Lehmann Hutton Inc. v TVB Treuhandgesellschaft für Vermögensverwaltung und Beteiligungen mbH (Rz 22 ff).

188 EuGH, ECLI:EU:C:2002:555, Verein für Konsumenteninformation v Henkel (Rz 33). Ebenso kann ein Verbraucher am Verbrauchergerichtsstand nicht gleichzeitig mit seinen eigenen Ansprüchen auch gleichgerichtete Ansprüche geltend machen, die ihm von anderen Verbrauchern mit Wohnsitz im gleichen Mitgliedstaat, in anderen Mitgliedstaaten oder in Drittstaaten abgetreten wurden, EuGH, ECLI:EU:C:2018:37, Schrems v Facebook Ireland Limited (Rz 48 f).

Für **Klagen des Vertragspartners des Verbrauchers** sind hingegen allein die Gerichte des Mitgliedstaats international zuständig, in dessen Hoheitsgebiet der Verbraucher seinen Wohnsitz hat (Art 18 Abs 2 Brüssel Ia-VO).[189] Die örtliche Zuständigkeit ist dem dortigen nationalen Recht zu entnehmen. 2/51

3. Individuelle Arbeitsverträge

Die Regelungen der Art 20 bis 23 Brüssel Ia-VO sind dann anzuwenden, wenn „ein **individueller Arbeitsvertrag** oder Ansprüche aus einem individuellen Arbeitsvertrag" den Gegenstand des Verfahrens bilden (*in materia di contratti individuali di lavoro*; Art 20 Abs 1).[190] Zentral für die europäisch autonome Auslegung des Begriffs des Arbeitsvertrages ist die Erbringung von Dienstleistungen in **sozialer Abhängigkeit.**[191] Daher kann auch ein GmbH-Geschäftsführer, der seine Leistungen nach den Weisungen der Gesellschafterversammlung zu erbringen hat, den europäischen Arbeitnehmerbegriff erfüllen, selbst wenn das betroffene nationale Recht sein Beschäftigungsverhältnis anders einordnen würde.[192] Streitigkeiten des kollektiven Arbeitsrechts sind hingegen nicht vom Anwendungsbereich dieses fünften Abschnitts erfasst.[193] 2/52

Für **Klagen gegen den Arbeitgeber** *(datore di lavoro)* kann der Arbeitnehmer zwischen den Gerichten im Wohnsitzstaat des Arbeitgebers (Art 21 Abs 1 lit a Brüssel Ia-VO) und dem Gericht an seinem gewöhnlichen Arbeitsort (Art 21 Abs 1 lit b Var i) wählen. Dabei ist unter dem gewöhnlichen Arbeitsort jener Ort zu verstehen, an dem oder von dem aus der Arbeitnehmer den wesentlichen Teil seiner Verpflichtungen gegenüber seinem Arbeitgeber tatsächlich erfüllt.[194] Wenn bei einem Arbeitnehmer, der seine Tätigkeit nicht in ein und demselben Staat verrichtet oder verrichtet hat, ein solcher gewöhnlicher Arbeitsort jedoch nicht auszumachen ist, dann kann er den Arbeitgeber stattdessen vor dem Gericht des Ortes verklagen, an dem sich die einstellende Niederlassung befindet oder befand (Art 21 Abs 1 lit b Var ii).[195] 2/53

Für **Klagen des Arbeitgebers gegen den Arbeitnehmer** *(lavoratore)* sind hingegen allein die Gerichte im Wohnsitzstaat des Arbeitnehmers international zuständig (Art 22 Abs 1). Die örtliche Zuständigkeit ist dem dortigen nationalen Recht zu entnehmen.[196] 2/54

---

189 Vgl EuGH, ECLI:EU:C:2013:666, Emrek v Sabranovic (Rz 31).

190 Hiervon unberührt bleibt gem Art 67 jedoch die von Art 6 der Arbeitnehmer-Entsenderichtlinie 96/71/EG (ABl L 1997/18, 1) vorgesehene besondere Zuständigkeit.

191 EuGH, ECLI:EU:C:1987:11, Shenavai v Kreischer (Rz 16). Vgl auch EuGH, ECLI:EU:C:2008:299, Glaxosmithkline und Laboratoires Glaxosmithkline v Rouard (Rz 19).

192 EuGH 10. 9. 2015, C-47/14, Holterman Ferho Exploitatie ua, ECLI:EU:C:2015:574 (Rz 41, 47).

193 *Salerno,* Giurisdizione ed efficacia delle decisioni straniere nel regolamento (UE) n. 1215/2012 (rifusione)[4] (2015) 228.

194 EuGH, ECLI:EU:C:2017:688, Nogueira ua v Crewlink Ireland Ltd (Rz 59). Vgl *Ballarino*[8] (2016) 39 f, 44 f.

195 EuGH, ECLI:EU:C:2002:122, Weber v Universal Ogden Services Ltd (Rz 36); EuGH, ECLI:EU:C:2003:219, Pugliese v Finmeccanica SpA, Betriebsteil Alenia Aerospazio (Rz 26). Zum abhängig beschäftigen Handelsvertreter EuGH, ECLI:EU:C:1997:7, Rutten v Cross Medical Ltd (Rz 27); EuGH, ECLI:EU:C:1993:306, Mulox IBC Ltd v Geels (Rz 24 ff).

196 *Carbone/Tuo,* Il nuovo spazio giudiziario europeo in materia civile e commerciale. Il regolamento UE n. 1215/2012 (2016) 202 f.

V. Ausschließliche Gerichtsstände

2/55 Art 24 Brüssel Ia-VO sieht einen taxativen Katalog von „ausschließlichen" internationalen (nicht örtlichen) Zuständigkeiten vor, die allen anderen Gerichtsständen vorgehen *(fori esclusivi e inderogabili)*,[197] zumal die dort aufgezählten Materien eine besonders **enge**, vom Wohnsitz der beteiligten Parteien ganz unabhängige **Beziehung** zu einem Mitgliedstaat aufweisen.[198]

2/56 Die Bestimmung gilt daher auch für Personen mit Wohnsitz in einem Drittstaat.[199] Liegt umgekehrt hingegen nicht der Wohnsitz, sondern der Anknüpfungspunkt der Zuständigkeit in einem Drittstaat (zB ein außerhalb der Mitgliedstaaten gelegenes Grundstück), so ist die Vorschrift freilich nicht anwendbar, weshalb das Wohnsitzgericht des Beklagten seine Zuständigkeit gem Art 4 Abs 1 nicht (auch nicht aufgrund einer „Reflexwirkung" des drittstaatlichen Rechts, das eine entsprechende ausschließliche Zuständigkeit kennt[200]) verneinen muss.[201]

2/57 Als Ausnahme von der prinzipiellen Zuständigkeit des Gerichts am Wohnsitz des Beklagten sind die ausschließlichen Zuständigkeiten des Art 24 Brüssel Ia-VO ihrem besonderen Zweck[202] entsprechend **eng auszulegen.**[203] Die exklusiven Gerichtszuständigkeiten sind allein dann begründet, wenn die von der Bestimmung umfassten Streitigkeiten die **Hauptfrage** und nicht eine bloße Vorfrage des geltend gemachten Anspruchs darstellen.[204]

1. Unbewegliche Sachen

2/58 Für Verfahren, die **dingliche Rechte an unbeweglichen Sachen** *(diritti reali immobiliari)* zum Gegenstand haben, sind ausschließlich die Gerichte des Mitgliedstaates zuständig, in dem die unbewegliche Sache belegen ist (Art 24 Nr 1 UAbs 1 Var 1 Brüssel Ia-VO).[205] Ebenso dürfen Klagen, welche die **Miete und Pacht von unbeweglichen Sachen** *(contratti di locazione di immobili)* – mit Ausnahme der kurzzeitigen Gebrauchsüberlassung von Ferienimmobilien[206] – zum Gegenstand haben, ausschließlich im **Belegenheitsstaat** der gemieteten (oder verpachteten) Immobilie erhoben werden (Art 24 Nr 1 UAbs 1 Var 2).[207]

---

197 *Barel/Armellini* (2018) 55, 355 f. Die Parteien können also auch nicht mittels Gerichtsstandsvereinbarung (Rz 2/67 ff) davon abweichen, *Mosconi/Campiglio I*[8] (2017) 98 f.

198 Vgl EuGH, ECLI:EU:C:1985:302, AS-Autoteile Service GmbH v Malhé (Rz 16).

199 EuGH, ECLI:EU:C:2000:399, Group Josi Reinsurance Company SA v Universal General Insurance Company (UGIC) (Rz 46); EuGH, ECLI:EU:C:2005:120, Owusu v Jackson, Inhaber der Firma „Villa Holidays Bal-Inn Villas" ua (Rz 28).

200 Zu dieser Problematik etwa *Ballarino*[8] (2016) 33.

201 Vgl Erwägungsgrund 24 Abs 2.

202 EuGH, ECLI:EU:C:1977:208, Sanders v van der Putte (Rz 17 f); EuGH, ECLI:EU:C:1992:149, Reichert, Reichert und Kockler v Dresdner Bank AG (Rz 25); EuGH, ECLI:EU:C:2011:300, Berliner Verkehrsbetriebe (BVG) v JPMorgan Chase Bank NA, Frankfurt Branch (Rz 30); EuGH, ECLI:EU:C:2015:833, Komu ua v Komu und Komu (Rz 24).

203 EuGH, ECLI:EU:C:2005:607, Klein v Rhodos Management Ltd (Rz 15); EuGH, ECLI:EU:C:2008:534, Hassett v South Eastern Health Board und Doherty v North Western Health Board (Rz 19 ff).

204 *Salerno,* Giurisdizione ed efficacia delle decisioni straniere nel regolamento (UE) n. 1215/2012 (rifusione)[4] (2015) 191; *Junker*, Internationales Zivilprozessrecht[3] (2016) § 14 Rz 5.

205 *Carbone/Tuo,* Il nuovo spazio giudiziario europeo in materia civile e commerciale. Il regolamento UE n. 1215/2012 (2016) 207.

206 Vgl Rz 2/60.

207 Vgl KassGH VS Ziv 18.6.2010, Nr 14702.

Der Begriff des „dinglichen Rechts" ist europäisch autonom auszulegen.[208] Das **dingliche Recht** ist – im Gegensatz zu einem allein gegen den Schuldner geltend zu machenden persönlichen Anspruch[209] – durch seine **Wirkung gegenüber jedermann** *(erga omnes)* gekennzeichnet.[210] Dabei muss die Klage auf ein dingliches Recht gestützt sein,[211] während ein bloßer Zusammenhang damit nicht ausreicht.[212] 2/59

In die ausschließliche Zuständigkeit gem Art 24 Nr 1 UAbs 1 Var 2 Brüssel Ia-VO fallen alle „Rechtsstreitigkeiten, welche die sich **aus dem Mietvertrag ergebenden** jeweiligen **Verpflichtungen** [...] betreffen".[213] Sind neben der Gebrauchsüberlassung (zB beim Beherbergungsvertrag in einem Hotel) weitere Leistungen geschuldet, so handelt es sich dabei nicht mehr um ein Miet- oder Pachtverhältnis iS der Vorschrift.[214] Auch Timesharing-Modelle auf vereins- oder gesellschaftsrechtlicher Basis sind nicht als Miete oder Pacht zu qualifizieren.[215] Vom Anwendungsbereich der Norm ausgenommen ist schließlich die kurzzeitige Überlassung von (Ferien-)Immobilien (1) zum **vorübergehenden privaten Gebrauch** (2) für **höchstens sechs aufeinanderfolgende Monate** (3) an **natürliche Personen**, sofern (4) der Eigentümer und sein Vertragspartner den **Wohnsitz in demselben Mitgliedstaat** haben (Art 24 Nr 1 UAbs 2).[216] 2/60

2. Juristische Personen

Für Klagen, welche die **Gültigkeit** *(validità della costituzione)*, die **Nichtigkeit** *(nullità)* oder die **Auflösung** *(scioglimento)* einer Gesellschaft *(società)*[217] oder juristischen Person *(persona giuridica)* oder die **Gültigkeit der Beschlüsse** *(validità delle decisioni)* ihrer Organe zum Gegenstand haben, sind ausschließlich die **Gerichte ihres Sitzstaates** international zuständig (Art 24 Nr 2 S 1 Brüssel Ia-VO).[218] Der Sitz der Gesellschaft oder juristischen Person bestimmt sich hierbei – abweichend von Art 63 – nach dem IPR des angerufenen Gerichts (Art 24 Nr 2 S 2).[219] 2/61

Von Art 24 Nr 2 S 1 Var 2 Brüssel Ia-VO sind jedoch nur solche Rechtsstreitigkeiten erfasst, „in denen eine Partei die **Gültigkeit eines Beschlusses** des Organs einer Gesellschaft im Hinblick auf das geltende Gesellschaftsrecht oder die satzungsmäßigen Vorschriften über das 2/62

208 EuGH, ECLI:EU:C:1992:149, Reichert, Reichert und Kockler v Dresdner Bank AG (Rz 8).
209 EuGH, ECLI:EU:C:1994:241, Lieber v Göbel und Göbel (Rz 14); EuGH, ECLI:EU:C:2001:209, Gaillard v Chekili (Rz 19).
210 EuGH, ECLI:EU:C:2014:212, Weber v Weber (Rz 47).
211 EuGH, ECLI:EU:C:1994:193, Webb v Webb (Rz 14); EuGH, ECLI:EU:C:2000:45, Dansommer A/S v Götz (Rz 22).
212 EuGH, ECLI:EU:C:2006:330, Land Oberösterreich v ČEZ as (Rz 33 f). Vgl KassGH 30. 9. 2016, Nr 19471.
213 EuGH, ECLI:EU:C:1985:6, Rösler v Rottwinkel (Rz 28 f).
214 EuGH, ECLI:EU:C:1992:92, Hacker v Euro-Relais GmbH (Rz 11 ff).
215 EuGH, ECLI:EU:C:2005:607, Klein v Rhodos Management Ltd (Rz 26).
216 *Carbone/Tuo,* Il nuovo spazio giudiziario europeo in materia civile e commerciale. Il regolamento UE n. 1215/2012 (2016) 212 ff.
217 Auch Gesellschaften, die keine eigene Rechtspersönlichkeit aufweisen, etwa die OHG (*società in nome collettivo*), sind erfasst, *Carbone/Tuo,* Il nuovo spazio giudiziario europeo in materia civile e commerciale. Il regolamento UE n. 1215/2012 (2016) 214.
218 *Conetti* in Conetti/Tonolo/Vismara[3] (2017) 30.
219 *Mosconi/Campiglio I*[8] (2017) 101.

Funktionieren der Organe dieser Gesellschaft anficht".[220] Der Anwendungsbereich ist entsprechend nicht eröffnet, wenn es sich bei dem behaupteten Beschlussmangel lediglich um eine **Vorfrage** in dem Rechtsstreit handelt.[221]

3. Öffentliche Register

2/63 Für Klagen, welche die **Gültigkeit von Eintragungen** (nicht aber den Streit über die Eintragungswirkungen) in öffentliche Register *(pubblici registri)*, wie etwa das Handelsregister oder das Grundbuch,[222] zum Gegenstand haben, sind gem Art 24 Nr 3 Brüssel Ia-VO ausschließlich die **Gerichte des Registerstaats**, also jenes Mitgliedstaats international zuständig, in dem diese Register geführt werden.[223]

4. Gewerbliche Schutzrechte

2/64 Für Verfahren, welche die **Eintragung** *(registrazione)* oder die **Gültigkeit** *(validità)* von Patenten *(brevetti)*, Marken *(marchi)*, Mustern *(disegni)* und Modellen *(modelli)* sowie ähnlicher Rechte, die einer Hinterlegung oder Registrierung bedürfen, zum Gegenstand haben, sind gem Art 24 Nr 4 UAbs 1 Brüssel Ia-VO ausschließlich die **Gerichte des Hinterlegungs- oder Registrierungsstaats** international zuständig.[224] Ein Rechtsstreit, der allein die Frage betrifft, wer als Markeninhaber anzusehen ist, fällt hingegen ebenso wenig in den Anwendungsbereich der Bestimmung[225] wie etwa der Streit zwischen dem Arbeitnehmer-Erfinder und seinem Arbeitgeber.[226]

2/65 Eine Sonderregelung gilt gem Art 24 Nr 4 UAbs 2 Brüssel Ia-VO für **europäische Patente**, jedoch unterliegt der praktisch bedeutsame Einwand *(eccezione)* der Ungültigkeit des Patents ebenfalls der ausschließlichen Zuständigkeit nach Art 24 Nr 4 („unabhängig davon, ob die Frage im Wege der Klage oder der Einrede aufgeworfen wird").[227]

5. Zwangsvollstreckung

2/66 Für Verfahren, welche die Zwangsvollstreckung aus Entscheidungen von mitgliedstaatlichen Gerichten zum Gegenstand haben *(in materia di esecuzione di decisioni giudiziarie)*, sind aus-

---

220 Es reicht daher nicht, dass „eine Klage in irgendeinem Zusammenhang mit einer von einem Gesellschaftsorgan erlassenen Entscheidung steht", EuGH, ECLI:EU:C:2008:534, Hassett v South Eastern Health Board und Doherty v North Western Health Board (Rz 22 f, 26); EuGH, ECLI:EU:C:2014:2319, flyLAL-Lithuanian Airlines AS v Starptautiskā lidosta Rīga VAS und Air Baltic Corporation AS (Rz 40). Vgl KassGH VS Ziv 12. 1. 2005, Nr 385.

221 EuGH, ECLI:EU:C:2011:300, Berliner Verkehrsbetriebe (BVG) v JPMorgan Chase Bank NA, Frankfurt Branch (Rz 34 ff).

222 Nicht aber das gem Art 1 Abs 2 lit a vom Anwendungsbereich der Verordnung ausgenommene Personenstandsregister.

223 *Carbone/Tuo,* Il nuovo spazio giudiziario europeo in materia civile e commerciale. Il regolamento UE n. 1215/2012 (2016) 218.

224 *Conetti* in Conetti/Tonolo/Vismara[3] (2017) 30.

225 EuGH, ECLI:EU:C:2017:738, Hanssen Beleggingen BV v Prast-Knipping (Rz 39).

226 EuGH, ECLI:EU:C:1983:326, Duijnstee v Goderbauer (Rz 28).

227 EuGH, ECLI:EU:C:2006:457, Gesellschaft für Antriebstechnik mbH & Co KG v Lamellen und Kupplungsbau Beteiligungs KG (Rz 31); EuGH, ECLI:EU:C:2012:445, Solvay SA v Honeywell Fluorine Products Europe BV ua (Rz 45).

schließlich die **Gerichte des Exekutionsstaats**, also jenes Mitgliedstaats international zuständig, in dessen Hoheitsgebiet die Vollstreckung durchgeführt werden soll oder durchgeführt worden ist (Art 24 Nr 5 Brüssel Ia-VO).[228] Davon betroffen sind sämtliche Verfahren, die unmittelbaren Bezug zur Zwangsvollstreckung haben, nicht aber solche, in denen die Rechtsmäßigkeit der Exekution lediglich eine Vorfrage darstellt, oder die, wie etwa Auskunftsansprüche oder Gläubigeranfechtungen, nur der Vorbereitung der Vollstreckung dienen.[229]

VI. Gerichtsstandsvereinbarungen

Als Ausfluss der Vertragsfreiheit können die Parteien das für die Streitentscheidung – international oder auch örtlich („ein Gericht oder die Gerichte eines Mitgliedstaats") – zuständige Gericht im Rahmen des Art 25 Brüssel Ia-VO in gewissen Grenzen durch ihren gemeinsamen Willen frei bestimmen *(proroga di competenza)*.[230] Nach Art 25 Abs 1 S 2 wird vermutet, dass eine solche **Gerichtsstandsvereinbarung** sowohl die Abwahl der ansonsten zum Tragen kommenden objektiven Zuständigkeit (**Derogation**) als auch die Neuwahl einer anderen Zuständigkeit (**Prorogation**) beinhaltet,[231] wobei die Parteien freilich auch abweichendes verabreden können, indem sie zB zusätzlich zu den gesetzlich vorgesehenen ein weiteres Gericht für zuständig erklären.[232] **2/67**

1. Anwendungsbereich

Der räumlich-persönliche Anwendungsbereich des Art 25 Abs 1 S 1 Brüssel Ia-VO ist unabhängig davon eröffnet, ob die Parteien ihren Wohnsitz in einem Mitgliedstaat oder in einem Drittstaat haben,[233] sofern der für die Anwendung der Verordnung erforderliche **Auslandsbezug** gegeben ist.[234] Die Bestimmung verlangt jedoch die Vereinbarung der Zuständigkeit eines Gerichts oder der Gerichte eines **Mitgliedstaats**, sodass die Prorogation der Gerichte eines Drittstaats grundsätzlich dem autonomen Recht des Forumstaats unterliegt.[235] Allerdings müssen **2/68**

228 *Carbone/Tuo,* Il nuovo spazio giudiziario europeo in materia civile e commerciale. Il regolamento UE n. 1215/2012 (2016) 223 f. Vgl KassGH 12. 4. 2017, Nr 9350.

229 EuGH, ECLI:EU:C:1992:149, Reichert, Reichert und Kockler v Dresdner Bank AG (Rz 28); EuGH, ECLI:EU:C:1994:13, Owens Bank Ltd v Bracco und Bracco Industria Chimica SpA (Rz 24).

230 Vgl *Ballarino*[8] (2016) 45. Einer solchen Vereinbarung sind gem Art 25 Abs 3 die Bedingungen eines Trusts (der auch durch einseitiges Rechtsgeschäft errichtet werden kann) gleichgestellt, welche die gerichtliche Zuständigkeit für Klagen gegen den Begründer, den Trustee oder den Begünstigten regeln.

231 Im Zweifel gilt die Prorogation für beide Parteien, EuGH, ECLI:EU:C:1986:255, Anterist v Crédit lyonnais (Rz 9 ff).

232 Vgl KassGH VS Ziv 28. 3. 2006, Nr 7035.

233 *Barel/Armellini* (2018) 361 f; *Carbone/Tuo,* Il nuovo spazio giudiziario europeo in materia civile e commerciale. Il regolamento UE n. 1215/2012 (2016) 225. Vgl *Mankowski*, The Role of Party Autonomy in the Allocation of Jurisdiction in Contractual Matters, in Ferrari/Ragno, Cross-border Litigation in Europe: the Brussels I Recast Regulation as a Panacea? (2015) 97, 99 f.

234 Vgl Rz 2/1. EuGH, ECLI:EU:C:2011:745, Hypoteční banka a.s. v Lindner (Rz 29 f); EuGH, ECLI:EU:C:2013:62, Refcomp SpA v Axa Corporate Solutions Assurance SA ua (Rz 17); EuGH, ECLI:EU:C:2013:735, Maletic und Maletic v lastminute.com Gmbh und TUI Österreich GmbH (Rz 26).

235 Zu Italien vgl Rz 2/97 ff; EuGH, ECLI:EU:C:2000:606, Coreck Maritime GmbH v Handelsveem BV ua (Rz 19). Vgl *Mosconi/Campiglio I*[8] (2017) 109.

auch Vereinbarungen der Zuständigkeit drittstaatlicher Gerichte die in Art 15, 19 und 23 zum Schutz schwächerer Parteien aufgestellten Grenzen beachten (Art 25 Abs 4 Var 1).[236]

2. Zustandekommen der Gerichtsstandsvereinbarung

2/69 Während der Begriff der Gerichtsstandsvereinbarung einheitlich europäisch zu bestimmen ist,[237] sind (Vor-)Fragen der Willenseinigung[238] gem Art 25 Abs 1 S 1 Brüssel Ia-VO dem **Recht des vereinbarten Forums** unterstellt („es sei denn, die Vereinbarung ist nach dem Recht dieses Mitgliedstaats materiell nichtig").[239] Die als Teil eines Vertrages zustande gekommene Gerichtsstandsvereinbarung ist als eine von den sonstigen Vertragsbestimmungen **unabhängige Abrede** anzusehen, die auch die Zuständigkeit des vereinbarten Gerichts für den Streit über die Wirksamkeit des Hauptvertrages begründet (Art 25 Abs 5).[240]

2/70 Die Gerichtsstandsvereinbarung muss sich im Sinne ihrer inhaltlichen **Bestimmtheit** auf eine bereits entstandene Rechtsstreitigkeit oder auf einen künftigen, aus einem bestimmten Rechtsverhältnis (zB einem Schuld- oder Gesellschaftsvertrag[241]) entspringenden Rechtsstreit beziehen (Art 25 Abs 1 S 1 Brüssel Ia-VO).[242] Die Parteien müssen in ihrer Vereinbarung ferner zumindest die objektiven Kriterien zur Bestimmung des zur Entscheidung berufenen Gerichts oder des Mitgliedstaates so genau nennen, dass das angerufene Gericht feststellen kann, ob es zuständig ist.[243]

2/71 Um sicherzustellen, „dass eine Willenseinigung der Parteien tatsächlich vorliegt"[244] und um insbesondere die schwächere Partei davor zu schützen, „dass Gerichtsstandsklauseln, die einseitig in den Vertrag eingefügt worden sind, unbemerkt bleiben",[245] stellt Art 25 Abs 1 S 3 Brüssel Ia-VO zudem bestimmte **Formanforderungen** auf. Danach kann die Gerichtsstandsvereinbarung „schriftlich" abgeschlossen werden,[246] wobei eine Unterschrift dafür nicht immer er-

---

236 Vgl Rz 2/42. EuGH, ECLI:EU:C:2012:491, Mahamdia v Demokratische Volksrepublik Algerien (Rz 66).

237 EuGH, ECLI:EU:C:1992:115, Powell Duffryn plc v Petereit (Rz 13 f); EuGH, ECLI:EU:C:2013:62, Refcomp SpA v Axa Corporate Solutions Assurance SA ua (Rz 21 f).

238 ZB zur Stellvertretung oder zu Willensmängeln. Vgl *Carbone/Tuo,* Il nuovo spazio giudiziario europeo in materia civile e commerciale. Il regolamento UE n. 1215/2012 (2016) 244 f.

239 Wobei es sich um eine Gesamtverweisung handelt (vgl Erwägungsgrund 20).

240 EuGH, ECLI:EU:C:1997:337, Benincasa v Dentalkit Srl (Rz 32). Vgl *Salerno,* Giurisdizione ed efficacia delle decisioni straniere nel regolamento (UE) n. 1215/2012 (rifusione)[4] (2015) 205 f.

241 EuGH, ECLI:EU:C:1992:115, Powell Duffryn plc v Petereit (Rz 31).

242 EuGH, ECLI:EU:C:2013:62, Refcomp SpA v Axa Corporate Solutions Assurance SA ua (Rz 25).

243 EuGH, ECLI:EU:C:2000:606, Coreck Maritime GmbH v Handelsveem BV ua (Rz 13 ff).

244 EuGH, ECLI:EU:C:1997:70, Mainschiffahrts-Genossenschaft eG (MSG) v Les Gravières Rhénanes SARL (Rz 17).

245 EuGH, ECLI:EU:C:1999:142, Trasporti Castelletti Spedizioni Internazionali SpA v Hugo Trumpy SpA (Rz 19); EuGH, ECLI:EU:C:2003:657, Erich Gasser GmbH v MISAT Srl (Rz 50). Vgl KassGH 10. 2. 2017, Nr 3559.

246 Art 25 Abs 2 stellt den schriftlichen Vereinbarungen elektronische Übermittlungen gleich, die eine dauerhafte Aufzeichnung der Vereinbarung ermöglichen. Vgl *Carbone/Tuo,* Il nuovo spazio giudiziario europeo in materia civile e commerciale. Il regolamento UE n. 1215/2012 (2016) 231.

forderlich ist.[247] Ist die Gerichtsstandsklausel in – etwa auf der Rückseite der Vertragsurkunde abgedruckten – Allgemeinen Geschäftsbedingungen enthalten, so muss der Hauptvertragstext aber ausdrücklich auf die AGB Bezug nehmen.[248] Alternativ kann eine zunächst mündlich von den Parteien getroffene Einigung später schriftlich bestätigt werden.[249] Das Schriftformerfordernis wird ferner durch jene Form ersetzt, „welche den Gepflogenheiten entspricht, die zwischen den Parteien entstanden sind" (Art 25 Abs 1 S 3 lit b). Eine wirksame Gerichtsstandsvereinbarung kann schließlich im Handelsverkehr in jeder anderen Form geschlossen werden, sofern ein entsprechender internationaler Handelsbrauch besteht (Art 25 Abs 1 S 3 lit c).[250]

3. Wirkungen der Gerichtsstandsvereinbarung

Die ausschließlichen Gerichtsstände des Art 24 Brüssel Ia-VO[251] können mit einer Gerichtsstandsvereinbarung nicht wirksam abbedungen werden (Art 25 Abs 4 Var 2).[252] Ebenso entfaltet die Gerichtsstandsabrede **keine rechtliche Wirkung**, die den zum Schutz schwächerer Parteien vorgesehenen Vorschriften der Art 15, 19 und 23 über Versicherungs-, Verbraucher- und Arbeitsvertragssachen zuwiderläuft (Art 25 Abs 4 Var 1).[253] 2/72

Die Gerichtsstandsvereinbarung führt, mangels einer abweichenden Parteiabrede, zur **ausschließlichen Zuständigkeit** des oder der vereinbarten Gerichte.[254] Durch Auslegung der Gerichtsstandsklausel nach dem Recht des angerufenen Gerichts *(lex fori)* ist ihre **Reichweite** zu 2/73

247 So genügt es – unabhängig von der Art des Aktienerwerbs – bezüglich der Aktionäre, dass die Gerichtsstandsklausel in der im Handelsregister öffentlich zugänglichen Satzung der Gesellschaft enthalten ist, EuGH, ECLI:EU:C:1992:115, Powell Duffryn plc v Petereit (Rz 29). Siehe jedoch auch KassGH VS Ziv 6. 7. 2005, Nr 14208; KassGH VS Ziv 27. 9. 2006, Nr 20887.

248 EuGH, ECLI:EU:C:1976:177, Estasis Salotti di Colzani Aimo e Gianmario Colzani s.n.c. v Rüwa Polstereimaschinen GmbH (Rz 10); EuGH, ECLI:EU:C:2016:282, Profit Investment SIM SpA v Ossi ua (Rz 26); EuGH, ECLI:EU:C:2016:525, Hőszig Kft v Alstom Power Thermal Services (Rz 39). Vgl KassGH VS Ziv 20. 3. 2008, Nr 7444; KassGH VS Ziv 9. 3. 2012, Nr 3693. Erwähnung der Gerichtsstandsklausel bloß in der Rechnung reicht freilich nicht, EuGH, ECLI:EU:C:2018:173, Saey Home & Garden NV/SA v Lusavouga-Máquinas e Acessórios Industriais SA (Rz 44 ff). Nationale Formvorschriften, wie etwa Art 1341 f ZGB, sind hingegen nicht anzuwenden, EuGH, ECLI:EU:C:1981:148, Elefanten Schuh GmbH v Jacqmain (Rz 25 ff); vgl KassGH VS Ziv 3. 12. 1990, Nr 11559; KassGH VS Ziv 28. 2. 2007, Nr 4634; KassGH 6. 4. 2017, Nr 8895; KassGH 4. 3. 2016, Nr 4253.

249 EuGH, ECLI:EU:C:1985:337, F. Berghoefer GmbH & Co KG v ASA SA (Rz 16); EuGH, ECLI:EU:C:1986:423, SpA Iveco Fiat v Van Hool NV (Rz 18); zur nachträglichen Übermittlung von AGB mit Gerichtsstandsklausel EuGH, ECLI:EU:C:1976:178, Galeries Segoura SPRL v Société Rahim Bonakdarian (Rz 12). Vgl KassGH VS Ziv 3. 1. 2007, Nr 6.

250 EuGH, ECLI:EU:C:1997:70, Mainschiffahrts-Genossenschaft eG (MSG) v Les Gravières Rhénanes SARL (Rz 25); EuGH, ECLI:EU:C:1999:142, Trasporti Castelletti Spedizioni Internazionali SpA v Hugo Trumpy SpA (Rz 30). Vgl KassGH VS Ziv 15. 2. 2005, Nr 2983; KassGH VS Ziv 5. 5. 2006, Nr 10312; KassGH VS Ziv 2. 4. 2007, Nr 8095; KassGH VS Ziv 10. 9. 2009, Nr 19447; KassGH 7. 9. 2016, Nr 17675; KassGH 4. 3. 2016, Nr 4254.

251 Vgl Rz 2/55 ff.

252 *Conetti* in Conetti/Tonolo/Vismara[3] (2017) 34.

253 Vgl Rz 2/42 ff. *Mosconi/Campiglio I*[8] (2017) 110 f.

254 Zur entsprechenden Derogationsvermutung des Art 25 Abs 1 S 2 siehe Rz 2/67. *Barel/Armellini* (2018) 365.

ermitteln, mithin die Frage zu klären, welche Streitigkeiten die Parteien[255] am vereinbarten Gerichtsstand konzentrieren wollten.[256]

VII. Rügelose Einlassung und Prüfung der Zuständigkeit

2/74 Ein nach den europäischen Zuständigkeitsvorschriften unzuständiges Gericht wird grundsätzlich gem Art 26 Abs 1 S 1 Brüssel Ia-VO zuständig, wenn sich der Beklagte **vorbehaltlos** auf das Verfahren **einlässt** *(comparizione)*.[257] Dies wird dogmatisch darauf gestützt, „dass die Einlassung des Beklagten als stillschweigende Anerkennung und somit als Vereinbarung der Zuständigkeit des angerufenen Gerichts betrachtet werden kann".[258]

2/75 Die Bestimmung greift daher **nicht, wenn** vor oder zumindest gleichzeitig mit dem ersten Verteidigungsvorbringen die fehlende **Zuständigkeit** (konkludent) **gerügt** wird *(eccezione di incompetenza*; Art 26 Abs 1 S 2 Var 1 Brüssel Ia-VO).[259] Ebenso treten die Wirkungen des Art 26 Abs 1 S 1 nicht ein, wenn ein anderes Gericht nach Art 24 **ausschließlich zuständig** ist (Art 26 Abs 1 S 2 Var 2).[260] Das Gericht hat gem Art 27 iÜ **von Amts wegen** *(d'ufficio)* zu prüfen *(esame della competenza)*, ob das Gericht eines anderen Mitgliedstaats ausschließlich zuständig ist.[261]

2/76 Im Bereich der **Versicherungs-, Verbraucher- und Arbeitsvertragssachen**[262] darf sich das Gericht jedoch nur gem Art 26 Abs 1 S 1 Brüssel Ia-VO für zuständig erklären, nachdem es sichergestellt hat, dass die besonders schützenswerte, schwächere Partei über ihr Recht, die

---

255 Nur ausnahmsweise Wirkung für andere Personen bei Rechtsnachfolge, EuGH, ECLI:EU:C:1984:217. Partenreederei ms. Tilly Russ und Russ v NV Haven- & Vervoerbedrijf Nova und NV Goeminne Hout (Rz 24); beim Vertrag zugunsten Dritter, EuGH, ECLI:EU:C:1983:217,Gerling Konzern Speziale Kreditversicherungs-AG ua v Amministrazione del tesoro dello Stato (Rz 20). Vgl *Salerno,* Giurisdizione ed efficacia delle decisioni straniere nel regolamento (UE) n. 1215/2012 (rifusione)[4] (2015) 202.

256 EuGH, ECLI:EU:C:1992:115, Powell Duffryn plc v Petereit (Rz 37); EuGH, ECLI:EU:C:1997:337, Benincasa v Dentalkit Srl (Rz 31); wobei dem nationalen Gericht etwa in EuGH, ECLI:EU:C:2015:335, Cartel Damage Claims (CDC) Hydrogen Peroxide SA v Akzo Nobel NV ua (Rz 69) eine gewisse Orientierungslinie vorgegeben wurde. Vgl etwa KassGH VS Ziv 20. 2. 2007, Nr 3841; KassGH VS Ziv 14. 6. 2007, Nr 13894; KassGH 17. 2. 2017, Nr 4219.

257 Der Einspruch gegen einen Europäischen Zahlungsbefehl stellt in diesem Sinne noch keine Einlassung, mithin keine unmittelbar auf Klageabweisung abzielende Verteidigung dar, EuGH, ECLI:EU:C:2013:393, Goldbet Sportwetten GmbH v Sperindeo (Rz 43). Vgl KassGH 30. 9. 2016, Nr 19473.

258 EuGH, ECLI:EU:C:2010:290, Česká podnikatelská pojišťovna as, Vienna Insurance Group v Bilas (Rz 21); EuGH, ECLI:EU:C:2014:109, Cartier parfums, lunettes SAS und Axa Corporate Solutions assurances SA v Ziegler France SA ua (Rz 34); EuGH, ECLI:EU:C:2016:176, Taser International Inc v SC Gate 4 Business SRL und Anastasiu (Rz 21).

259 EuGH, ECLI:EU:C:1981:148, Elefanten Schuh GmbH v Jacqmain (Rz 14, 17 f). Vgl *Ballarino*[8] (2016) 46.

260 Vgl Rz 2/55 ff. *Carbone/Tuo,* Il nuovo spazio giudiziario europeo in materia civile e commerciale. Il regolamento UE n. 1215/2012 (2016) 256 f; *Conetti* in Conetti/Tonolo/Vismara[3] (2017) 34. Eine ausschließliche Gerichtsstandsvereinbarung (Rz 2/73) schließt die Wirkungen des Art 26 Abs 1 S 1 hingegen nicht aus, EuGH, ECLI:EU:C:1985:105, Spitzley v Sommer Exploitation SA (Rz 24); EuGH, ECLI:EU:C:2016:176, Taser International Inc v SC Gate 4 Business SRL und Anastasiu (Rz 23 f). Vgl KassGH 27. 11. 2015, Nr 24246.

261 *Mosconi/Campiglio I*[8] (2017) 111 f. Vgl KassGH VS Ziv 24. 5. 2007, Nr 12067.

262 Vgl Rz 2/42 ff.

Unzuständigkeit zu rügen, und über die Folgen der (Nicht-)Einlassung auf das Verfahren belehrt worden ist (Art 26 Abs 2).[263]

Nur noch in einem weiteren Fall ist das Gericht verpflichtet, von Amts wegen seine Zuständigkeit zu überprüfen, und zwar gem Art 28 Abs 1 dann, wenn der Beklagte, der seinen Wohnsitz im Hoheitsgebiet eines Mitgliedstaats hat und vor den Gerichten eines anderen Mitgliedstaats verklagt wird, sich **nicht** auf das Verfahren **einlässt.**[264] Sollte das Gericht sich für zuständig erachten, so hat es zunächst noch festzustellen, dass dem Beklagten die verfahrenseinleitenden Schriftstücke so rechtzeitig zugestellt wurden, dass er ausreichend Zeit hatte, um seine Verteidigung zu organisieren.[265] 2/77

VIII. Einstweilige Maßnahmen

Ist ein **Gericht** nach Art 4, 7 bis 26 Brüssel Ia-VO für die Entscheidung **in der Hauptsache zuständig,**[266] so hat es auch die Zuständigkeit für die Anordnung einstweiliger Maßnahmen mitsamt Sicherungsverfügungen *(provvedimenti provvisori e cautelari)*, und zwar auch dann, wenn das Hauptverfahren noch nicht anhängig ist (Art 2 lit a UAbs 2 S 1).[267] Prägend für **einstweilige Maßnahmen** ist es, dass sie „eine Sach- oder Rechtslage erhalten sollen, um Rechte zu sichern, deren Anerkennung im Übrigen bei dem in der Hauptsache zuständigen Gericht beantragt wird".[268] Es handelt sich dabei auch um anerkennungs- und vollstreckungsfähige Entscheidungen iSd Art 36 ff, sofern der Beklagte vorgeladen oder ihm die Verfügung vor der Vollstreckung zugestellt worden ist (Art 2 lit a UAbs 2 S 1).[269] 2/78

Nach Art 35 Brüssel Ia-VO können aber auch bei **anderen Gerichten**, die keine Entscheidungen in der Hauptsache treffen können, weil dafür das Gericht eines anderen Mitgliedstaats 2/79

263 *Barel/Armellini* (2018) 366; *Carbone/Tuo,* Il nuovo spazio giudiziario europeo in materia civile e commerciale. Il regolamento UE n. 1215/2012 (2016) 255; vgl *Simotta*, Änderungen in Verbrauchersachen durch die neue EuGVVO, in FS Eccher (2017) 1119, 1129 ff.

264 *Ballarino*[8] (2016) 48; *Carbone/Tuo* (2016) 273 ff.

265 *Barel/Armellini* (2018) 368. Zur Zustellung (*notificazione*) in das EU-Ausland *Salerno,* Giurisdizione ed efficacia delle decisioni straniere nel regolamento (UE) n. 1215/2012 (rifusione)[4] (2015) 255 ff; vgl KassGH 29. 5. 2015, Nr 11140.

266 Ob die Gerichte, deren Zuständigkeit für das Hauptsacheverfahren mittels Gerichtsstandsvereinbarung (Rz 2/67 ff) abbedungen worden ist, trotzdem einstweilige Maßnahmen anordnen können, ist – mangels der Praxis, aber anzuratender Festlegung durch die Parteien – umstritten; dafür *Garber* in Mayr, Handbuch des europäischen Zivilverfahrensrechts (2017) Rz 3.858 mwN; dagegen etwa *Geimer* in Geimer/Schütze, Europäisches Zivilverfahrensrecht[3] (2010) Art 31 EuGVVO Rz 192, 229.

267 EuGH, ECLI:EU:C:1998:543, Van Uden Maritime BV, auch handelnd unter dem Namen Van Uden Africa Line v Kommanditgesellschaft in Firma Deco-Line ua (Rz 19). *Nisi*, Le novità in materia di provvedimenti provvisori e cautelari, in Malatesta, La riforma del regolamento di Bruxelles I: il regolamento (UE) n. 1215/2012 sulla giurisdizione e l'efficacia delle decisioni in materia civile e commerciale (2016) 117 ff. Vgl auch *Garcimartín*, The Cross-Border Effectiveness of Inaudita Parte Measures in the Brussels I Recast Regulation: an Appraisal, in Ferrari/Ragno, Cross-border litigation in Europe: the Brussels I recast regulation as a panacea? (2015) 171 ff.

268 EuGH, ECLI:EU:C:1992:149, Reichert, Reichert und Kockler v Dresdner Bank AG (Rz 34); zum Gebot der engen Auslegung des Begriffs EuGH, ECLI:EU:C:2005:255, St. Paul Dairy Industries NV v Unibel Exser BVBA (Rz 11). Vgl *Carbone/Tuo,* Il nuovo spazio giudiziario europeo in materia civile e commerciale. Il regolamento UE n. 1215/2012 (2016) 264 ff.

269 *Mosconi/Campiglio I*[8] (2017) 125 f.

(sogar ausschließlich gem Art 24)[270] zuständig ist, die von der *lex fori* vorgesehenen einstweiligen Maßnahmen beantragt werden, selbst wenn ein Hauptsacheverfahren bereits eingeleitet worden ist.[271] Dies gilt allerdings nur, wenn zwischen dem Gegenstand der einstweiligen Rechtsschutzmaßnahme und dem Gericht eine **reale Verknüpfung** *(effettivo nesso di collegamento)* insoweit besteht, als „die beantragte Maßnahme nur bestimmte Vermögensgegenstände des Antragsgegners betrifft, die sich im örtlichen Zuständigkeitsbereich des angerufenen Gerichts befinden".[272] Diese Entscheidungen sind jedoch nicht anerkennungs- und vollstreckungsfähig iSd Art 36 ff.[273]

IX. Anhängigkeit und im Zusammenhang stehende Verfahren

2/80 Da dem Kläger neben dem allgemeinen Gerichtsstand[274] im Wohnsitzstaat des Beklagten vielfach konkurrierende Wahlgerichtsstände[275] zur Verfügung stehen, muss mit entsprechenden Regelungen der **Gefahr** entgegengetreten werden, dass zwischen denselben Parteien in verschiedenen Mitgliedstaaten **Parallelverfahren** über denselben Streitgegenstand geführt werden, in denen eventuell gar **widersprüchliche Entscheidungen** ergehen.[276]

1. Anhängigkeit

2/81 Sind folglich bei prinzipiell zuständigen Gerichten verschiedener Mitgliedstaaten Klagen[277] wegen desselben Anspruchs zwischen denselben Parteien[278] **anhängig** *(litispendenza)*,[279] dann setzt das später angerufene Gericht das Verfahren von Amts wegen aus (Art 29 Brüssel Ia-

270 EuGH, ECLI:EU:C:2012:445, Solvay SA v Honeywell Fluorine Products Europe BV ua (Rz 31 ff).

271 EuGH, ECLI:EU:C:2002:342, Italian Leather SpA v WECO Polstermöbel GmbH & Co. (Rz 39). Vgl *Ballarino*[8] (2016) 46 f; *Salerno,* Giurisdizione ed efficacia delle decisioni straniere nel regolamento (UE) n. 1215/2012 (rifusione)[4] (2015) 295 ff; LG Bozen 31. 3. 2015.

272 EuGH, ECLI:EU:C:1998:543, Van Uden Maritime BV, auch handelnd unter dem Namen Van Uden Africa Line v Kommanditgesellschaft in Firma Deco-Line ua (Rz 40, 47); EuGH, ECLI:EU:C:1999:202, Mietz v Intership Yachting Sneek BV (Rz 42).

273 *Carbone/Tuo,* Il nuovo spazio giudiziario europeo in materia civile e commerciale. Il regolamento UE n. 1215/2012 (2016) 322 f.

274 Vgl Rz 2/17 ff.

275 Vgl Rz 2/20 ff.

276 EuGH, ECLI:EU:C:1987:528, Gubisch Maschinenfabrik KG v Palumbo (Rz 8); EuGH, ECLI:EU:C:2004:615, Mærsk Olie & Gas A/S v Firma M. de Haan und de Boer (Rz 31). Vgl *Conetti* in Conetti/Tonolo/Vismara[3] (2017) 35 f.

277 Dem steht die Widerklage gleich, nicht aber etwa die prozessuale Aufrechnung, EuGH, ECLI:EU:C:2003:257, Gantner Electronic GmbH v Basch Exploitatie Maatschappij BV (Rz 32). So begründen Einwendungen des Beklagten die Rechtshängigkeitssperre iSd Art 29 Brüssel Ia-VO nicht, *Geimer* in Geimer/Schütze, Europäisches Zivilverfahrensrecht[3] (2010) Art 27 EuGVVO Rz 43. Vgl *Laimer,* Internationale Streitanhängigkeit nach Art 27 EuGVVO (OGH 15. 7. 2011, 8 Ob 149/10k), ecolex 2011, 1014 ff.

278 Teilidentität und ggf sogar Interessenidentität kann ausreichen, wenn das gegen eine Partei ergehende Urteil auch gegenüber der anderen Partei Rechtswirkungen entfalten würde, EuGH, ECLI:EU:C:1998:242, Drouot assurances SA v Consolidated metallurgical industries (CMI industrial sites), Protea assurance und Groupement d'intérêt économique (GIE) Réunion européenne (Rz 19).

279 Ist hingegen in einem ausländischen Verfahren bereits eine rechtskräftige Entscheidung iSd Art 2 lit a ergangen, dann ist eine erneute Klage mit identischem Streitgegenstand in einem anderen Mitgliedstaat ohnehin unzulässig (vgl Art 36 und 39), *Junker,* Internationales Zivilprozessrecht[3] (2016) § 23 Rz 22.

VO).[280] Sobald die Zuständigkeit des zuerst angerufenen Gerichts feststeht,[281] erklärt sich das später angerufene Forum gem Art 29 Abs 3 für unzuständig (**Prioritätsprinzip**).[282]

Dabei betreffen zwei Verfahren dann denselben Anspruch,[283] wenn sie insofern denselben Gegenstand haben, als der **rechtliche Kernpunkt** beider Rechtsstreitigkeiten identisch ist.[284]

Ist die erste Klage auf die Verletzung einer nationalen Marke im Gebiet eines Mitgliedstaats und die zweite auf die Verletzung einer Unionsmarke im gesamten Gebiet der Union gestützt, hat sich das später angerufene Gericht für jenen Teil des Rechtsstreits für unzuständig zu erklären, der sich auf das Gebiet des Mitgliedstaats bezieht, um das es in der beim zuerst angerufenen Gericht erhobenen Verletzungsklage geht.[285] **2/82**

Für den verordnungsautonom festgelegten **Zeitpunkt**, an dem die Anhängigkeit eintritt, wird gem Art 32 Abs 1 UAbs 1 Brüssel Ia-VO auf das erste Element des Zivilprozesses nach der *lex fori* abgestellt, sodass es auf die Einreichung der Klage bei Gericht (lit a) oder – falls, wie nach italienischem Recht, das maßgebliche Schriftstück zunächst dem Beklagten zuzustellen ist – auf die Einleitung des Zustellvorganges ankommt (lit b).[286] **2/83**

Ein Schuldner kann sich die oben beschriebene Prioritätsregel[287] zunutze machen, um die gerichtliche Durchsetzung des Anspruchs seines Gläubigers hinauszuzögern, indem er eine negative Feststellungsklage in einem Mitgliedstaat einbringt, dessen Gerichte äußerst langsam arbeiten („Italian torpedo").[288] Um eklatantem Missbrauch entgegenzutreten, wird die Grund- **2/84**

---

280 Nach Art 29 Abs 2 sind die Gerichte auf Antrag zu gegenseitiger Information verpflichtet; *Mosconi/Campiglio I*[8] (2017) 115 ff.

281 Diese Prüfung obliegt allein dem ersten Gericht, EuGH, ECLI:EU:C:1991:279, Overseas Union Insurance Ltd ua v New Hampshire Insurance Company (Rz 23); EuGH, ECLI:EU:C:2003:657, Erich Gasser GmbH v MISAT Srl (Rz 48). Vgl *Ballarino*[8] (2016) 48.

282 Das Prioritätsprinzip gilt gem Art 31 Abs 1 auch in dem – praktisch seltenen – Fall, dass die ausschließliche Zuständigkeit mehrerer Gerichte nach Art 24 (Rz 2/55 ff) besteht, *Carbone/Tuo,* Il nuovo spazio giudiziario europeo in materia civile e commerciale. Il regolamento UE n. 1215/2012 (2016) 293.

283 Es ist unerheblich, ob es sich bei der früheren Klage um eine Leistungs- oder eine Feststellungsklage handelt, EuGH, ECLI:EU:C:1994:400, die Eigentümer der Ladung an Bord des Schiffes „Tatry" v die Eigentümer des Schiffes „Maciej Rataj" (Rz 45). Hauptsacheverfahren und einstweilige Rechtsschutzverfahren (Rz 2/78 f) betreffen hingegen nicht denselben Anspruch, *Garber* in Mayr, Handbuch des europäischen Zivilverfahrensrechts (2017) Rz 3.729.

284 EuGH, ECLI:EU:C:2004:615, Mærsk Olie & Gas A/S v Firma M. de Haan und de Boer (Rz 34). Vgl KassGH Ziv 15. 5. 2007, Nr 11185. Zur autonomen Definition des Begriffs der „Anhängigkeit" *Kropholler/von Hein,* Europäisches Zivilprozessrecht: Kommentar zu EuGVO, Lugano-Übereinkommen 2007, EuVTVO, EuMVVO und EuGFVO[9] (2011) Art 27 EuGVO Rz 16.

285 EuGH, ECLI:EU:C:2017:771, Merck KGaA v Merck & Co Inc ua (Rz 44, 53).

286 *Carbone/Tuo,* Il nuovo spazio giudiziario europeo in materia civile e commerciale. Il regolamento UE n. 1215/2012 (2016) 288 ff; *Mosconi/Campiglio I*[8] (2017) 113 f. Vorausgesetzt ist, dass der Kläger die erforderlichen Verfahrensschritte innerhalb einer angemessenen Frist bewirkt, *Simons* in Simons/Hausmann, Brüssel I-Verordnung: Kommentar zur VO (EG) 44/2001 und zum Übereinkommen von Lugano (2012) Art 30 Rz 6.

287 Vgl Rz 2/81.

288 *Barel/Armellini* (2018) 327 f. Vgl *Nielsen,* The End of Torpedo Actions? in Ferrari/Ragno, Cross-border litigation in Europe: the Brussels I recast regulation as a panacea? (2015) 153 ff; *Vitellino,* Le novità in materia di litispendenza e connessione, in Malatesta, La riforma del regolamento di Bruxelles I: il regolamento (UE) n. 1215/2012 sulla giurisdizione e l'efficacia delle decisioni in materia civile e commerciale (2016) 92, 99 ff.

regel des Art 29 Abs 1 daher dann umgekehrt, wenn ein von den Parteien gem Art 25 **ausschließlich gewähltes Gericht** als zweites angerufen wird, sodass hier das zuerst befasste Gericht sein Verfahren aussetzen muss, bis das später angerufene prorogierte Gericht über seine Zuständigkeit entschieden hat (Art 31 Abs 2 bis 4).[289]

2. Konnexe Verfahren

2/85 Sind bei Gerichten verschiedener Mitgliedstaaten Verfahren anhängig, die zwar nicht denselben Streitgegenstand aufweisen, aber gleichwohl **im Zusammenhang stehen** *(connessione)*, weil „zwischen ihnen eine so enge Beziehung gegeben ist, dass eine gemeinsame Verhandlung und Entscheidung geboten erscheint, um zu vermeiden, dass in getrennten Verfahren widersprechende Entscheidungen ergehen könnten", so liegt es im **Ermessen** des später angerufenen Gerichts, das Verfahren **auszusetzen** (Art 30 Abs 1 und 3 Brüssel Ia-VO).[290] Nach Art 30 Abs 2 kann sich das später befasste Gericht **für unzuständig erklären**, wenn (a) beide Verfahren noch in erster Instanz anhängig sind, (b) das zuerst angerufene Gericht für beide Klagen zuständig ist und (c) die Verbindung der Klagen nach dem Recht des zuerst angerufenen Gerichts zulässig ist.[291]

3. Verfahren in Drittstaaten

2/86 Wird ein Gericht eines Mitgliedstaats angerufen, dessen Zuständigkeit auf Art 4 oder Art 7 bis 9 Brüssel Ia-VO beruht, obwohl vor dem Gericht eines Drittstaates bereits ein Verfahren wegen **desselben Anspruchs** zwischen **denselben Parteien anhängig** ist, so **kann** *(può)*[292] es das **Verfahren aussetzen**, wenn zu erwarten ist, dass die Entscheidung des drittstaatlichen Gerichts in dem Mitgliedstaat **anerkannt und vollstreckt** werden kann (Art 33 Abs 1 lit a), und es überdies zu der Überzeugung gelangt, dass die Aussetzung des Verfahrens im **Interesse einer geordneten Rechtspflege** erforderlich ist (Art 33 Abs 1 lit b).[293] Das mitgliedstaatliche Gericht kann das Verfahren freilich jederzeit, speziell bei zu erwartender unangemessen langer Dauer des Prozesses vor dem Drittstaatengericht, wieder fortsetzen (Art 33 Abs 2).[294] Ist das Verfahren vor dem drittstaatlichen Gericht jedoch abgeschlossen und dort eine Entscheidung ergangen, die in dem Mitgliedstaat anerkannt und vollstreckt werden kann, dann hat das mitgliedstaatliche Gericht sein Verfahren einzustellen (Art 33 Abs 3).[295]

2/87 Dieselben Regeln gelten nach Art 34 Brüssel Ia-VO auch, wenn ein mitgliedstaatliches Gericht angerufen wird, das nach Art 4 oder Art 7 bis 9 zuständig ist, während vor dem Gericht

---

289 *Mosconi/Campiglio I*[8] (2017) 119 f; *Carbone/Tuo,* Il nuovo spazio giudiziario europeo in materia civile e commerciale. Il regolamento UE n. 1215/2012 (2016) 280; *Salerno,* Giurisdizione ed efficacia delle decisioni straniere nel regolamento (UE) n. 1215/2012 (rifusione)[4] (2015) 272 ff.

290 *Ballarino*[8] (2016) 49 f.

291 *Barel/Armellini* (2018) 372; *Salerno,* Giurisdizione ed efficacia delle decisioni straniere nel regolamento (UE) n. 1215/2012 (rifusione)[4] (2015) 275 ff.

292 *Carbone/Tuo,* Il nuovo spazio giudiziario europeo in materia civile e commerciale. Il regolamento UE n. 1215/2012 (2016) 305 („*carattere facoltativo*").

293 *Ballarino*[8] (2016) 49. Vgl *Carbone/Tuo*, Non-EU States and the Brussels I Recast Regulation: New Rules and Some Solutions for Old Problems, in Ferrari/Ragno, Cross-border Litigation in Europe: the Brussels I Recast Regulation as a Panacea? (2015) 1, 6 ff.

294 *Barel/Armellini* (2018) 372 f.

295 *Mosconi/Campiglio I*[8] (2017) 124.

eines Drittstaats bereits ein Prozess anhängig ist, der mit dem Verfahren vor dem Mitgliedstaatengericht **in Zusammenhang steht** (konnexe Verfahren).[296]

C. Italienisches (autonomes) Recht: IPR-Gesetz

Literatur:

Biagioni in Preite I (2011) 504 ff; *Carbone/Queirolo* in Preite I (2011) 482 ff; *Giorgetti* in Preite I (2011) 540 ff; *Carbone/Tuo,* Il nuovo spazio giudiziario europeo in materia civile e commerciale. Il regolamento UE n. 1215/2012 (2016); *Castellaneta* in Preite I (2011) 474 ff, 502 f, 563 ff; *Mosconi/Campiglio I*[8] (2017) 55 ff; *Barel/Armellini* (2018) 57 ff, 348 ff; *Ballarino*[8] (2016) 19 ff; *Conetti* in Conetti/Tonolo/Vismara[3] (2017) 17 ff; *Pocar,* Il nuovo diritto internazionale privato italiano[2] (2002) 20 ff; *Bariatti*, Riforma, Nuove leggi civ.comm. 1996, 905 ff; *Boschiero* (1996) 104 ff, 126 ff; *Carlevaris*, Competenza giurisdizionale (materia cautelare), in Baratta, Diritto internazionale privato (2010) 62 ff; *Vitellino,* Le novità in materia di litispendenza e connessione, in Malatesta, La riforma del regolamento di Bruxelles I: il regolamento (UE) n. 1215/2012 sulla giurisdizione e l'efficacia delle decisioni in materia civile e commerciale (2016) 92 ff; *Conetti/Tonolo/Vismara,* Commento alla riforma del diritto internazionale privato italiano[2] (2009) 13 ff.

I. Einführung

Dem **autonomen innerstaatlichen Recht**, mithin den vom italienischen Gesetzgeber in jenen Bereichen erlassenen Regelungen, in denen er weder von EU-Rechtsakten noch von völkerrechtlichen Übereinkommen in der Rechtssetzung beschränkt ist, kommt im Bereich der internationalen gerichtlichen Zuständigkeit nur **begrenzte Bedeutung** zu. Das autonome italienische IZPR ist nämlich nur insoweit anwendbar, als nicht europarechtliche Instrumente oder Staatsverträge den **Vorrang** beanspruchen, weil deren Anwendungsbereich eröffnet ist.[297] Im Bereich der internationalen gerichtlichen Zuständigkeit bei vermögensrechtlichen Streitigkeiten (Zivil- und Handelssachen)[298] ist das IPR-Gesetz sohin allein dann heranzuziehen, wenn es sich um eine Streitsache handelt, die nicht vom Anwendungsbereich der Brüssel Ia-Verordnung[299] – oder anderer vorrangiger Rechtsquellen wie etwa des LGVÜ für die Beziehung zur Schweiz[300] – umfasst ist.[301] 2/88

So werden die autonomen Regelungen des Art 7 IPRG über die **Anhängigkeit eines ausländischen Verfahrens** *(pendenza di un processo straniero)* im sachlichen Anwendungsbereich der Brüssel Ia-Verordnung vollständig verdrängt,[302] und zwar selbst für den Fall, dass es sich um die Beachtung von Verfahren vor drittstaatlichen Gerichten handelt (Art 33 f Brüssel Ia- 2/89

296 Zu der – Art 30 Abs 3 entsprechenden – Voraussetzung des Art 34 Abs 1 lit a vgl bereits Rz 2/85.

297 Vgl Rz 1/51. *Castellaneta* in Preite I (2011) 475 f; *Carbone/Tuo,* Il nuovo spazio giudiziario europeo in materia civile e commerciale. Il regolamento UE n. 1215/2012 (2016) 20 f. Vgl allgemein etwa *Salerno,* Convenzioni internazionali e legge di riforma del diritto internazionale privato (1997).

298 Zu besonderen Gerichtsständen in anderen Bereichen siehe hingegen im Sachzusammenhang (vgl schon oben Rz 2/11 f).

299 Vgl Rz 2/8 ff.

300 Vgl schon Rz 2/8 Fn 27.

301 Siehe *Mosconi/Campiglio I*[8] (2017) 55 f, 58 f, 133 f.

302 *Barel/Armellini* (2018) 373; *Carbone/Tuo,* Il nuovo spazio giudiziario europeo in materia civile e commerciale. Il regolamento UE n. 1215/2012 (2016) 303, 309.

VO).[303] Allein Regeln in gewissen völkerrechtlichen Verträgen sind nach Art 73 Abs 3 Brüssel Ia-VO weiter anzuwenden.[304]

II. Umfang der Gerichtsbarkeit

2/90 Naturgemäß hat der italienische Staat **kein** wesentliches **Interesse an einer** gar **universellen Zuständigkeit** seiner Gerichte,[305] sodass auch nach den autonomen nationalen Regelungen nur jene Streitigkeiten vor heimischen Gerichten verhandelt werden sollen, die eine **hinreichend enge Beziehung** zur italienischen Rechtsordnung aufweisen.[306] Nach den grundlegenden Bestimmungen der Art 3 und 4 IPRG wird für die Beurteilung dieser Nahebeziehung nicht mehr auf die Staatsbürgerschaft,[307] sondern auf den Wohnsitz oder den gewöhnlichen Aufenthalt des Beklagten oder seines Vertreters[308] sowie auf den Parteiwillen[309] abgestellt.[310] Dem Prinzip der Gegenseitigkeit (vgl Art 16 Vorgesetz ZGB), wonach ausländischen Personen im Inland nur unter der Bedingung Rechte eingeräumt werden, dass die italienischen Staatsangehörigen in dem ausländischen Staat die gleichen Rechte erhalten würden, wird im Hinblick auf die Frage des Vorliegens italienischer Gerichtsbarkeit hingegen keine Bedeutung zugemessen.[311]

1. Grenzen der Gerichtsbarkeit

2/91 Überhaupt **ausgeschlossen** ist die italienische Gerichtsbarkeit durch **Immunitäten**, die sich aus dem Völkergewohnheitsrecht[312] oder dem Völkervertragsrecht ergeben.[313] So sind **ausländische Staaten** – im Sinne der souveränen Gleichheit der Staaten untereinander – in Ausübung ihrer hoheitlichen Funktionen *(acta iure imperii)*, nicht aber bei Streitigkeiten aus Pri-

303 Siehe Rz 2/86 f. Vgl *Ballarino*[8] (2016) 26 f; *Conetti* in Conetti/Tonolo/Vismara[3] (2017) 36 f. Zum verbliebenen schmalen Anwendungsbereich für nationale Normen, in Italien namentlich Art 7 IPRG, siehe *Vitellino*, Le novità in materia di litispendenza e connessione, in Malatesta, La riforma del regolamento di Bruxelles I: il regolamento (UE) n. 1215/2012 sulla giurisdizione e l'efficacia delle decisioni in materia civile e commerciale (2016) 92 (110 f).

304 Vgl Erwägungsgrund 23 f Brüssel Ia-VO.

305 *Pocar,* Il nuovo diritto internazionale privato italiano[2] (2002) 21.

306 *Mosconi/Campiglio I*[8] (2017) 134.

307 *Broggini* in Bariatti, Riforma, Nuove leggi civ.comm. 1996, Art 3, 906 f; *Boschiero* (1996) 104. Vgl KassGH VS Ziv 11. 2. 2003, Nr 2060; KassGH VS Ziv 7. 3. 2005, Nr 4807; KassGH VS Ziv 24. 3. 2006, Nr 6585; KassGH VS Ziv 11. 7. 2006, Nr 15666; KassGH Ziv 4. 4. 2011, Nr 7599. Anders noch die – durch Art 73 IPRG aufgehobenen – Art 2 und 4 aF ZPO.

308 Vgl Rz 2/93 f. *Conetti* in Conetti/Tonolo/Vismara[3] (2017) 21.

309 Vgl Rz 2/97 ff. *Barel/Armellini* (2018) 57 ff.

310 In Sicherungsangelegenheiten (*in materia cautelare*) schließlich ist die italienische Gerichtsbarkeit nicht nur dann gegeben, wenn sie für das Hauptsacheverfahren vorliegt, sondern darüber hinaus auch dann, wenn die Maßnahme in Italien vollstreckt werden muss (Art 10 IPRG). Vgl *Carlevaris*, Competenza giurisdizionale (materia cautelare), in Baratta, Diritto internazionale privato (2010) 62, 64 f; *Giorgetti* in Preite I (2011) 540 ff; *Salerno* in Bariatti, Riforma, Nuove leggi civ.comm. 1996, Art 10, 983 ff; *Conetti/Tonolo/Vismara,* Commento alla riforma del diritto internazionale privato italiano[2] (2009) 30 f zu Art 10; LG Roma 30. 9. 2002, Riv.dir.int.priv.proc. 2003, 181.

311 KassGH VS Ziv 29. 11. 2007, Nr 24814; KassGH VS Ziv 27. 5. 2005, Nr 11225. Eine Durchbrechung findet jedoch bei Verbrechen gegen die Menschlichkeit statt, KassGH VS Ziv 29. 5. 2008, Nr 14199; vgl auch KassGH VS Ziv 29. 5. 2008, Nr 14201; KassGH VS Ziv 11. 3. 2004, Nr 5044.

312 Vgl Art 10 Abs 1 Verf.

313 Vgl Art 11 IPRG ([...] *esclusa per effetto di una norma internazionale*; Rz 2/101). Vgl Rz 2/5.

vatrechtsverhältnissen *(acta iure gestionis)* der inländischen Gerichtsbarkeit entzogen.[314] Ferner genießen **internationale Organisationen** in dem für die Erreichung ihrer satzungsmäßigen Ziele erforderlichen Umfang Immunität.[315] Während ihrer Amtszeit sind **ausländische Staatsoberhäupter** selbst bezüglich ihrer privaten Handlungen von der inländischen Gerichtsbarkeit ausgenommen.[316] Ebenso kommt den **Diplomaten** (samt den zu ihrem Haushalt gehörenden Familienmitgliedern) im Empfangsstaat nahezu absolute Immunität zu.[317] **Konsuln** sind hingegen nur im Hinblick auf die von ihnen in Wahrnehmung konsularischer Aufgaben gesetzten Handlungen nicht der Zivilgerichtsbarkeit des Empfangsstaates unterstellt.[318] Außerdem sind die **Räumlichkeiten** einer diplomatischen Mission[319] und uU die konsularischen Räumlichkeiten unverletzlich.[320]

Die italienische Gerichtsbarkeit ist ferner **für Klagen über dingliche Rechte** *(azioni reali)* an **unbeweglichen Sachen**, die **im Ausland gelegen** sind *(beni immobili situati all'estero)*, **nicht** gegeben (Art 5 IPRG).[321] Angesichts des Anwendungsbereichs von Art 24 Nr 1 Brüssel Ia-VO[322] kommt Art 5 IPRG freilich nur dann zum Tragen, wenn eine Liegenschaft betroffen ist, die in einem **Drittstaat** belegen ist.[323] 2/92

2. Wohnsitz, gewöhnlicher Aufenthalt oder Vertreter des Beklagten in Italien

Nach Art 3 Abs 1 IPRG ist die italienische Gerichtsbarkeit gegeben,[324] wenn der **Beklagte** in Italien seinen **Wohnsitz** *(domicilio)* oder seinen **gewöhnlichen Aufenthalt** *(residenza)* hat oder dort einen gem Art 77 ZPO zur Führung von Rechtsstreitigkeiten ermächtigten **Vertre-** 2/93

314 KassGH VS Ziv 19. 7. 2006, Nr 16461. Vgl *Barel/Armellini* (2018) 358 f; *Conetti/Tonolo/Vismara*, Commento alla riforma del diritto internazionale privato italiano[2] (2009) 33 zu Art 11.

315 Siehe zB Übereinkommen v 13. 2. 1946 über die Vorrechte und Immunitäten der Vereinten Nationen; Übereinkommen über die Vorrechte und Immunitäten der Sonderorganisationen der Vereinten Nationen v 21. 11. 1947; Allgemeines Abkommen über die Vorrechte und Immunitäten des Europarates v 2. 9. 1949; Abkommen zwischen den Parteien des Nordatlantikvertrags über die Rechtsstellung ihrer Truppen („NATO-Truppenstatut") v 19. 6. 1951; bilateral zwischen Italien und dem NATO-Hauptquartier (*Comando Supremo Alleato*) das Abkommen v 26. 7. 1961. Vgl KassGH VS Ziv 23. 3. 1988, Nr 2549; KassGH VS Ziv 20. 4. 1990, Nr 3336; KassGH VS Ziv 18. 10. 2005, Nr 20106; KassGH Ziv 26. 5. 2011, Nr 11581. Zum Souveränen Malteserorden (*Sovrano Ordine di Malta*) KassGH VS Ziv 12. 11. 2003, Nr 17087.

316 Differenzierend *Spitzer*, Inländische Gerichtsbarkeit und Immunität, ÖJZ 2008, 871 (873 ff); für einen restriktiveren Ansatz auch *Schack*, Internationales Zivilverfahrensrecht[7] (2017) Rz 170.

317 Siehe Wiener Übereinkommen über diplomatische Beziehungen v 18. 4. 1961. Ausgenommen sind zB dingliche Klagen bezüglich privater Immobilien im Empfangsstaat, die der Diplomat nicht im Auftrag des Entsendestaats und auch nicht für Botschaftszwecke besitzt (Art 31 Abs 1 S 2 lit a leg cit).

318 Siehe Wiener Übereinkommen über konsularische Beziehungen v 24. 4. 1963.

319 KassGH VS Ziv 17. 7. 2008, Nr 19600.

320 *Mosconi/Campiglio I*[8] (2017) 141 f.

321 *Castellaneta* in Preite I (2011) 501; *Barel/Armellini* (2018) 358 zu Art 5.

322 Vgl Rz 2/58 ff.

323 Vgl *Malatesta* in Bariatti, Riforma, Nuove leggi civ.comm. 1996, Art 5, 934 f.

324 Das italienische Gericht befindet dabei gem Art 6 inzident (*incidenter tantum*), also ohne Bindungswirkung für ein nachfolgendes Verfahren, auch über darüber hinausgehende reine Vorfragen (*questioni preliminari*), deren Entscheidung für die Beurteilung der Hauptsache notwendig ist; vgl *Consolo* in Bariatti, Riforma, Nuove leggi civ.comm. 1996, Art 6, 937 ff; *Biagioni* in Preite I (2011) 504 ff; *Barel/Armellini* (2018) 70 f zu Art 6.

ter *(rappresentante)* bestellt hat.[325] Der Wohnsitz einer natürlichen Person befindet sich nach Art 43 Abs 1 ZGB an dem Ort, an dem sie den Hauptsitz ihrer Geschäfte und Interessen begründet hat.[326] Dem stellt Art 43 Abs 2 ZGB jenen Ort gegenüber, an dem sich die natürliche Person gewöhnlich aufhält. Dabei geht die Vermutung dahin, dass Wohnsitz und gewöhnlicher Aufenthalt übereinstimmen (vgl Art 44 ZGB).[327]

2/94 Für die Bestimmung der Gerichtsbarkeit ist der **Zeitpunkt** der Einleitung des Verfahrens maßgeblich (Art 8 S 1 IPRG iVm Art 5 ZPO),[328] wobei die Gerichtsbarkeit auch dann gegeben ist,[329] wenn sich die Tatsachen und Vorschriften, durch die sie bestimmt wird (zB eine Verlegung des Beklagtenwohnsitzes nach Italien), erst im Laufe des Prozesses ergeben (Art 8 S 2 IPRG).[330] Der Beklagte kann sich umgekehrt jedoch nicht durch eine spätere Verlegung seines Wohnsitzes ins Ausland der italienischen Gerichtsbarkeit entziehen *(perpetuatio iurisdictionis)*.[331]

3. Verweis auf besondere Gerichtsstände des EuGVÜ

2/95 Nach dem Verweis des Art 3 Abs 2 S 1 IPRG sollen daneben die **besonderen Gerichtsstände** des **EuGVÜ** (Titel II, Abschnitte 2 bis 4) über den persönlichen Anwendungsbereich des Übereinkommens hinaus in Italien dann zur Verfügung stehen, wenn der **Beklagte** seinen **Wohnsitz im Gebiet eines Drittstaates** hat.[332] Voraussetzung ist allerdings, dass es sich um Streitigkeiten handelt, die vom sachlichen Anwendungsbereich der Konvention erfasst werden.[333] Vielfach wird davon ausgegangen, dass es sich hierbei um einen **dynamischen Verweis** handelt,[334] so dass er sich mittlerweile auf die Abschnitte 2 bis 5 der **Brüssel Ia**-Verordnung, also die Wahlgerichtsstände[335] sowie die Gerichtsstände in Versicherungs-, Verbraucher- und Arbeitsvertragssachen,[336] bezieht.[337]

---

325 *Ballarino*[8] (2016) 24 f.

326 Bei juristischen Personen wird auf ihren Sitz abgestellt, *Broggini* in Bariatti, Riforma, Nuove leggi civ.comm. 1996, Art 3, 907.

327 Die Kriterien sind also anhand der *lex fori* zu bestimmen, KassGH VS Ziv 29. 11. 2006, Nr 25275.

328 *Castellaneta* in Preite I (2011) 519 f.

329 Es wird dabei fingiert, dass sie von Anfang an (*ab initio*) gegeben war, *Broggini* in Bariatti, Riforma, Nuove leggi civ.comm. 1996, Art 8, 971.

330 Vgl KassGH VS Ziv 30. 12. 1998, Nr 12907. Vgl *Conetti/Tonolo/Vismara,* Commento alla riforma del diritto internazionale privato italiano[2] (2009) 26 f zu Art 8.

331 *Mosconi/Campiglio I*[8] (2017) 162.

332 Siehe auch Rz 1/45. *Ballarino*[8] (2016) 28; *Boschiero* (1996) 108. Wobei die auf diese Weise in die nationale Gesetzgebung inkorporierten Bestimmungen sinnvollerweise trotzdem entlang der Rsp des EuGH ausgelegt werden sollen, *Broggini* in Bariatti, Riforma, Nuove leggi civ.comm. 1996, Art 3, 909.

333 Vgl KassGH VS Ziv 19. 6. 2000, Nr 448; KassGH VS Ziv 17. 1. 2002, Nr 503; KassGH VS Ziv 17. 7. 2008, Nr 19595; KassGH VS Ziv 12. 3. 2009, Nr 5965; KassGH VS Ziv 1. 10. 2009, Nr 21053.

334 Siehe bereits Rz 1/41; *Barel/Armellini* (2018) 348; KassGH VS Ziv 20. 2. 2013, Nr 4211; KassGH VS Ziv 20. 9. 2013, Nr 21589. AA aber KassGH VS Ziv 21. 10. 2009, Nr 22239; KassGH VS Ziv 4. 11. 2011, Nr 22883; KassGH VS Ziv 12. 4. 2012, Nr 5765; vgl *Castellaneta* in Preite I (2011) 479 f.

335 Vgl Rz 2/20 ff.

336 Vgl Rz 2/46 ff.

337 *Mosconi/Campiglio I*[8] (2017) 136; *Conetti* in Conetti/Tonolo/Vismara[3] (2017) 22 f, 26.

4. Doppelfunktionalität der Vorschriften über die örtliche Zuständigkeit

Für Streitigkeiten, für die der Verweis des Art 3 Abs 2 S 1 IPRG[338] nicht greift, weil sie nicht vom sachlichen Anwendungsbereich des EuGVÜ bzw der Brüssel Ia-Verordnung umfasst sind,[339] **folgt** die **internationale Zuständigkeit** italienischer Gerichte gem Art 3 Abs 2 S 2 IPRG hingegen **aus** ihrer **örtlichen Zuständigkeit,**[340] also insb aus den einschlägigen Regelungen der Zivilprozessordnung und damit etwa auch dem Art 18 Abs 2 ZPO, wonach ein Gerichtsstand am gewöhnlichen Aufenthalt des Klägers besteht, sofern der Beklagte in Italien weder einen Wohnsitz noch seinen gewöhnlichen Aufenthalt noch einen (bekannten) Aufenthaltsort *(dimora)* hat.[341] 2/96

5. Annahme und Abwahl der Gerichtsbarkeit

Die Parteien können sich der italienischen Gerichtsbarkeit gem Art 4 Abs 1 Var 1 IPRG auf der Grundlage einer schriftlich[342] nachzuweisenden *(ad probationem)*[343] **Vereinbarung unterwerfen** *(proroga)*, selbst wenn die Gerichtsbarkeit nach Art 3[344] nicht gegeben ist.[345] Dasselbe wird aus dem prozessualen Verhalten des Beklagten abgeleitet *(accettazione tacita)*,[346] der sich **in das Verfahren einlässt, ohne** im ersten Verteidigungsvorbringen[347] **das Fehlen der Gerichtsbarkeit einzuwenden** (Art 4 Abs 1 Var 2).[348] 2/97

Nach Art 4 Abs 2 IPRG ist zudem die **einvernehmliche Abwahl** der grundsätzlich vorliegenden italienischen Gerichtsbarkeit *(deroga convenzionale della giurisdizione)* zugunsten der Zuständigkeit eines – bei sonstiger Unwirksamkeit der Abrede zu bezeichnenden[349] – auslän- 2/98

338 Vgl Rz 2/95.

339 Vgl Rz 2/9 ff. *Broggini* in Bariatti, Riforma, Nuove leggi civ.comm. 1996, Art 3, 909 f.

340 *Luzzatto*, Riforma, Riv.dir.int.priv.proc. 1996, Art 3, 935; *Barel/Armellini* (2018) 349 f; *Conetti* in Conetti/Tonolo/Vismara[3] (2017) 22 f.

341 *Castellaneta* in Preite I (2011) 481; *Mosconi/Campiglio I*[8] (2017) 137; krit *Conetti/Tonolo/Vismara,* Commento alla riforma del diritto internazionale privato italiano[2] (2009) 15 f zu Art 3. Vgl KassGH VS Ziv 3. 2. 2004, Nr 1994; KassGH VS Ziv 27. 11. 1998, Nr 12056. AA *Ballarino*[8] (2016) 56.

342 Dem wird gleichgehalten, wenn jene Partei, die nicht unterzeichnet hat, das Schriftstück in das Verfahren einbringt und sich darauf stützt, KassGH VS Ziv 17. 1. 2005, Nr 731.

343 Hierzu *Carbone* in Bariatti, Riforma, Nuove leggi civ.comm. 1996, Art 4, 920 f; *Pocar,* Il nuovo diritto internazionale privato italiano[2] (2002) 29 f; KassGH VS Ziv 10. 3. 2000, Nr 58.

344 Vgl Rz 2/90 ff.

345 *Luzzatto*, Riforma, Riv.dir.int.priv.proc. 1996, Art 3, 938.

346 *Carbone/Queirolo* in Preite I (2011) 501 f; *Boschiero* (1996) 126.

347 KassGH VS Ziv 3. 5. 2005, Nr 9107. Der Einwand fehlender örtlicher Zuständigkeit oder die Beanstandung des heranzuziehenden materiellen Rechts wird nicht als Rüge fehlender Gerichtsbarkeit gewertet, KassGH VS Ziv 24. 7. 2003, Nr 11526; KassGH VS Ziv 24. 10. 2006, Nr 22818. Dagegen wurde die Rüge selbst bei verspäteter Einlassung berücksichtigt, KassGH VS Ziv 1. 10. 2009, Nr 21053.

348 Aus der rügelosen Einlassung in ein Sicherungsverfahren (*in materia cautelare*, vgl Art 10) ist freilich keineswegs abzuleiten, dass der Beklagte auch die Gerichtsbarkeit für das spätere Hauptverfahren stillschweigend akzeptiert habe, KassGH VS Ziv 6. 2. 2006, Nr 2448.

349 Auch die Bezeichnung der Gerichte eines Staates, nach dessen Verfahrensrecht die örtliche Zuständigkeit bestimmt wird, ist jedoch zulässig, KassGH VS Ziv 14. 2. 2011, Nr 3568. Vgl *Carbone* in Bariatti, Riforma, Nuove leggi civ.comm. 1996, Art 4, 923 f, 928; *Ballarino*[8] (2016) 64.

dischen[350] Gerichts (oder auch Schiedsgerichts) zulässig.[351] Dieser ebenfalls schriftlich nachzuweisenden[352] Vereinbarung wird Vertragscharakter zugemessen,[353] wobei sonstige besondere Formerfordernisse, wie etwa die von Art 1341 f ZGB für AGB und Vertragsformblätter vorgesehenen Anforderungen, nicht anzuwenden sind.[354] Inhaltlich sind die Parteien allerdings insoweit beschränkt,[355] als sie die italienische Gerichtsbarkeit auf diese Weise nur für einen Rechtsstreit abwählen dürfen, der Rechte betrifft, über welche die Parteien nach italienischem Recht frei verfügen können.[356]

2/99 Um ein Rechtsschutzdefizit zu vermeiden,[357] ist der vereinbarte Ausschluss der Gerichtsbarkeit schließlich gem Art 4 Abs 3 IPRG dann **unwirksam**, wenn das von den Parteien bezeichnete Gericht (oder Schiedsgericht) seine Zuständigkeit ablehnt oder aus irgendeinem Grund über den Rechtsstreit nicht erkennen kann.[358]

III. Wahrnehmung fehlender Gerichtsbarkeit

2/100 Fehlende Gerichtsbarkeit hat der Beklagte, der sich in das Verfahren einlässt, gem Art 11 IPRG, in jeder Lage und Instanz des Verfahrens *(in qualunque stato e grado del processo)*, mit seinem ersten Verteidigungsvorbringen[359] **einzuwenden.**[360] Unterlässt er dies, dann unterwirft er sich stillschweigend der italienischen Gerichtsbarkeit (Art 4 Abs 1 Var 2).[361] Der Einwand muss freilich fehlschlagen, wenn sich der Beklagte durch schriftliche Vereinbarung mit der Gegenpartei der italienischen Gerichtsbarkeit unterworfen hat (Art 4 Abs 1 Var 1).

2/101 **Von Amts wegen** *(d'ufficio)* nimmt das Gericht die fehlende Gerichtsbarkeit hingegen allein dann wahr, wenn (1) der Beklagte **säumig** *(contumace)* ist, (2) die Klage **dingliche Rechte an im Ausland belegenen unbeweglichen Sachen** betrifft (Art 5),[362] oder (3) die Gerichtsbar-

---

350 Dabei muss es sich jedoch um das Gericht eines Staates handeln, der nicht EU-Mitglied ist (Drittstaat), da Art 4 IPRG ansonsten von Art 25 Brüssel Ia-VO verdrängt wird (siehe bereits Rz 2/88). Dazu, dass auch bei Vereinbarung der Zuständigkeit eines drittstaatlichen Gerichts die in Art 15, 19 und 23 Brüssel Ia-VO zum Schutz schwächerer Parteien aufgestellten Grenzen zu beachten sind (Art 25 Abs 4 Var 1) siehe Rz 2/68.

351 *Barel/Armellini* (2018) 361 f.

352 KassGH VS Ziv 23. 9. 2013, Nr 21672. Vgl *Conetti* in Conetti/Tonolo/Vismara[3] (2017) 33.

353 KassGH VS Ziv 3. 6. 1992, Nr 6787.

354 VfGH 18. 10. 2000, Nr 428. Vgl KassGH VS Ziv 18. 5. 2011, Nr 10862; *Luzzatto*, Riforma, Riv.dir.int.priv.proc. 1996, Art 3, 940 f.

355 Eine derartige Einschränkung kennt Art 4 Abs 1 (Rz 2/17 ff) hingegen nicht, KassGH Ziv 14. 1. 2003, Nr 365.

356 Vgl *Carbone/Queirolo* in Preite I (2011) 494 ff; *Carbone* in Bariatti, Riforma, Nuove leggi civ.comm. 1996, Art 4, 924 ff; *Conetti/Tonolo/Vismara,* Commento alla riforma del diritto internazionale privato italiano[2] (2009) 18 zu Art 4. So wurde etwa eine auf arbeitsrechtliche Streitigkeiten bezogene – auch kollektivvertraglich nicht für zulässig erklärte – Schiedsklausel für nichtig befunden, KassGH VS Ziv 4. 5. 2006, Nr 10219.

357 *Boschiero* (1996) 134.

358 Womit ein italienisches Gericht, selbst wenn es die Gerichtsbarkeit auf der Grundlage der Parteienvereinbarung zuvor rechtskräftig ausgeschlossen hatte, wieder entscheidungsbefugt wird, *Mosconi/Campiglio I*[8] (2017) 140.

359 Die Rsp verlangt überdies, dass der Beklagte das stattdessen zuständige Gericht anführt, KassGH VS Ziv 17. 7. 2008, Nr 19595.

360 *Barel/Armellini* (2018) 367. Die in erster Instanz erhobene Einwendung muss der Beklagte mit seiner Berufung wieder aufgreifen, KassGH VS Ziv 26. 5. 2011, Nr 11559.

361 Vgl Rz 2/97. KassGH VS Ziv 6. 2. 2006, Nr 2448.

362 Vgl Rz 2/92.

keit aufgrund einer **internationalen Vorschrift** *(norma internazionale)*, etwa weil der Beklagte Immunität genießt,[363] nicht gegeben ist.[364]

D. Anerkennung und Vollstreckung ausländischer gerichtlicher Entscheidungen in Zivil- und Handelssachen – Grundstrukturen

Literatur:

Barel/Armellini (2016) 60 ff, 326 ff; *Carbone/Tuo*, Il nuovo spazio giudiziario europeo in materia civile e commerciale. Il regolamento UE n. 1215/2012 (2016) 311 ff; *Vismara* in Conetti/Tonolo/Vismara[3] (2017) 67 ff; *Malatesta/Nisi*, Le novità in materia di riconoscimento ed esecuzione delle decisioni, in Malatesta, La riforma del regolamento Bruxelles I (2016) 135 ff; *Mosconi/Campiglio I*[8] (2017) 295 ff; *Conetti/Tonolo/Vismara,* Commento alla riforma del diritto internazionale privato italiano[2] (2009) 313 ff.

I. Einführung

Im Sinne des sog Territorialitätsprinzips entfalten die Entscheidungen staatlicher Gerichte nur innerhalb der territorialen Grenzen des eigenen Staates (Erststaat oder Urteilsstaat)[365] unmittelbare hoheitliche Wirkungen.[366] In einem anderen Staat (Zweitstaat oder Anerkennungsstaat)[367] kommen solchen Entscheidungen hingegen nur dann Rechtswirkungen zu, wenn dieser Staat sie **anerkennt** *(riconoscimento)*.[368] Ein ausländisches Leistungsurteil, das im Zweitstaat **vollstreckt** werden soll *(esecuzione)*, muss – zumindest nach dem autonomen italienischen Recht,[369] nicht dagegen nach der Brüssel Ia-Verordnung[370] – zunächst durch eine Behörde dieses Staates **für vollstreckbar erklärt** werden (Exequatur).[371] **2/102**

Uneinheitlich wird jedoch die Frage beantwortet, welche Wirkungen[372] die Anerkennung einer ausländischen Entscheidung zeitigt.[373] Auf Basis der Theorie der **Wirkungserstreckung** *(estensione di effetti)* werden einer anerkannten Entscheidung dieselben Rechtswirkungen zuer- **2/103**

---

363 Vgl Rz 2/91.

364 *Onniboni* in Bariatti, Riforma, Nuove leggi civ.comm. 1996, Art 3, 998 f; *Castellaneta* in Preite I (2011) 565 ff; *Conetti/Tonolo/Vismara,* Commento alla riforma del diritto internazionale privato italiano[2] (2009) 33 zu Art 11.

365 Auch „Ursprungsmitgliedstaat", siehe Art 2 lit d Brüssel Ia-VO.

366 Grundlegend *Wurmnest* in Basedow/Hopt/Zimmermann, Handwörterbuch des Europäischen Privatrechts I (2009) 55 f.

367 Auch „ersuchter Mitgliedstaat", siehe Art 2 lit e Brüssel Ia-VO.

368 *Carbone/Tuo,* Il nuovo spazio giudiziario europeo in materia civile e commerciale. Il regolamento UE n. 1215/2012 (2016) 312 f.

369 Vgl Rz 2/109.

370 Vgl Rz 2/106.

371 *Vismara* in *Conetti/Tonolo/Vismara3* (2017) 67 ff.

372 Dies betrifft insb die objektiven und subjektiven Grenzen der materiellen Rechtskraft sowie die Präklusions- und die Gestaltungswirkung, siehe *Neumayr* in Mayr, Handbuch des europäischen Zivilverfahrensrechts (2017) Rz 3.908; *Carbone/Tuo*, Il nuovo spazio giudiziario europeo in materia civile e commerciale. Il regolamento UE n. 1215/2012 (2016) 323 f.

373 Siehe *Junker*, Internationales Zivilprozessrecht[3] (2016) § 27 Rz 14.

kannt wie im Erststaat, unabhängig davon, ob diese Wirkungen stärker oder schwächer als diejenigen im Zweitstaat sind.[374] Nach der Theorie der **Wirkungsgleichstellung** *(assimilazione di effetti)* wird die anerkannte Entscheidung hingegen einem entsprechenden Akt im Zweitstaat gleichgestellt.[375] Nach einer **Kombinationslösung** entfaltet die Entscheidung im Zweitstaat keine weitergehenden Wirkungen als im Erststaat (vgl Art 54 Abs 1 UAbs 2 Brüssel Ia-VO), jedoch gesteht der Zweitstaat dem ausländischen Akt höchstens die Wirkungen einer inländischen Entscheidung zu.[376]

II. Nach der Brüssel Ia-Verordnung

2/104 Für – auch bloß vorläufig vollstreckbare (Art 39 Brüssel Ia-VO)[377] – Entscheidungen in Zivil- und Handelssachen[378] iSd Art 2 lit a[379] aus einem anderen Mitgliedstaat gelten die Regelungen über die Anerkennung und Vollstreckung der Brüssel Ia-Verordnung (Art 36–57). Danach werden **Entscheidungen mitgliedstaatlicher Gerichte** in anderen Mitgliedstaaten **ohne besonderes Verfahren anerkannt** (Art 36 Abs 1).[380] Kommt es also in einem Rechtsstreit auf den Inhalt einer ausländischen Entscheidung an, so prüft das befasste Gericht deren Anerkennung gem Art 36 Abs 3 im Verlauf des Verfahrens *(in via incidentale)*.[381] Dabei kommt dem Zweitgericht aber keineswegs die Befugnis zu, die anzuerkennende Entscheidung auf ihre sachliche Richtigkeit zu überprüfen (Art 52; sog Verbot der *révision au fond)*.[382]

2/105 Vielmehr zählt Art 45 Abs 1 Brüssel Ia-VO taxativ[383] die Gründe auf, nach denen die Anerkennung versagt wird *(diniego del riconoscimento)*.[384] Die **Anerkennungshindernisse** sind freilich beschränkt auf (a) offensichtliche Verstöße gegen die öffentliche Ordnung *(ordre public)*,[385]

---

374 Für den Anwendungsbereich der Brüssel Ia-Verordnung siehe EuGH, ECLI:EU:C:1988:61, Hoffmann v Krieg (Rz 11); EuGH, ECLI:EU:C:2012:719, Gothaer Allgemeine Versicherung AG ua v Samskip GmbH (Rz 34).

375 *Barel/Armellini* (2018) 382.

376 So *Mosconi/Campiglio I*[8] (2017) 301 f. In diese Richtung deutet auch EuGH, ECLI:EU:C:2011:653, Prism Investments v Jaap Anne van der Meer (Rz 38).

377 *Carbone/Tuo,* Il nuovo spazio giudiziario europeo in materia civile e commerciale. Il regolamento UE n. 1215/2012 (2016) 320. Das befasste Gericht kann das Verfahren jedoch aussetzen, wenn die Entscheidung im Erststaat angefochten wird, Art 38 lit a; siehe auch Art 51. Vgl EuGH, ECLI:EU:C:1977:188, Industrial Diamond Supplies v Riva (Rz 42).

378 Vgl Rz 2/8 ff.

379 Dazu zählen grundsätzlich auch einstweilige Maßnahmen, siehe Rz 2/78 f.

380 *Barel/Armellini* (2018) 382.

381 Nach Art 36 Abs 2 kann der Gläubiger allerdings (fakultativ) die gerichtliche Feststellung beantragen, dass keine Gründe für eine Versagung der Anerkennung (dazu Rz 2/105) gegeben sind, während der Schuldner die Feststellung begehren kann, dass dem Urteil die Anerkennung zu versagen ist (siehe Art 45 Abs 4). Vgl *Malatesta/Nisi*, Le novità in materia di riconoscimento ed esecuzione delle decisioni, in Malatesta, La riforma del regolamento Bruxelles I (2016) 138 ff.

382 *Barel/Armellini* (2018) 383 („divieto di riesame del merito").

383 Als Anerkennungshindernis tritt freilich das Fehlen der Gerichtsbarkeit im völkerrechtlichen Sinn hinzu, siehe dazu oben Rz 2/6, 2/91.

384 *Vismara* in Conetti/Tonolo/Vismara[3] (2017) 70 f.

385 Zum verfahrensrechtlichen *ordre public* etwa EuGH, ECLI:EU:C:2009:219, Gambazzi v DaimlerChrysler; EuGH, ECLI:EU:C:2006:787, ASML v SEMIS; EuGH, ECLI:EU:C:2012:531, Trade Agency v Seramico Investments; EuGH, ECLI:EU:C:2000:164, Krombach v Bamberski. Zum materiellen *ordre public* etwa EuGH,

(b) Verletzungen bestimmter Verfahrensrechte (rechtliches Gehör),[386] (c) Unvereinbarkeit mit einer im Zweitstaat zwischen denselben Parteien ergangenen Entscheidung,[387] (d) Unvereinbarkeit mit einer früheren, in einem anderen Mitgliedstaat oder einem Drittstaat wegen desselben Anspruchs zwischen den gleichen Parteien ergangenen Entscheidung, sowie (e) Verletzungen der zum Schutz schwächerer Parteien[388] vorgesehenen Zuständigkeitsvorschriften in Versicherungs-, Verbraucher- und Arbeitsvertragssachen oder der von Art 24[389] geregelten ausschließlichen Zuständigkeiten.[390]

Mit dem erklärten Ziel, die grenzüberschreitende **Vollstreckung** zu erleichtern, will die Brüssel Ia-Verordnung eine von den Gerichten eines Mitgliedstaats erlassene Entscheidung so behandeln, „als sei sie im ersuchten Mitgliedstaat ergangen".[391] Nach Art 39 Brüssel Ia-VO sind daher in einem Mitgliedstaat ergangene, dort vollstreckbare Entscheidungen auch in den anderen Mitgliedstaaten vollstreckbar, **ohne** dass es – im Unterschied zur Regelung in der Vorgängerverordnung[392] – einer häufig zeitaufwändigen **Vollstreckbarerklärung** (Exequatur) im Zweitstaat bedarf.[393] **2/106**

Soll in einem Mitgliedstaat eine in einem anderen Mitgliedstaat ergangene Entscheidung vollstreckt werden, so hat der Antragsteller der zuständigen Behörde eine **vollstreckbare Ausfertigung des Titels** und die – nach Art 53 iVm Anhang I Brüssel Ia-VO vom Erstgericht auf einem Formblatt ausgestellte – **Bescheinigung der Vollstreckbarkeit**[394] vorzulegen.[395] Vor der ersten Vollstreckungsmaßnahme ist dem Schuldner diese Bescheinigung über die Vollstreckbarkeit zuzustellen (Art 43 Abs 1). Der (übersetzte[396]) Titel ist beizufügen, sofern dem Schuldner die Entscheidung bis dahin noch nicht zugestellt wurde.[397] Einen Antrag auf **Versagung der Vollstreckung** *(diniego dell'esecuzione)* muss der Schuldner bei dem im Zweitstaat für die **2/107**

ECLI:EU:C:2015:471, Diageo Brands v Simiramida. Vgl KassGH 18. 1. 2017, Nr 1239; KassGH 15. 6. 2016, Nr 12364.

386 Vgl etwa EuGH, ECLI:EU:C:2005:606, Scania Finance France v Rockinger; EuGH, ECLI:EU:C:2016:349, Meroni v Recoletos; EuGH, ECLI:EU:C:1995:243, Hengst Import v Campese.

387 Grundsätzlich sollten die Regelungen zur Anhängigkeit (siehe Rz 2/80 ff) verhindern, dass in verschiedenen Mitgliedstaaten unvereinbare Entscheidungen ergehen; schlägt dies fehl, greifen Art 45 Abs 1 lit c und d ein, EuGH, ECLI:EU:C:2013:597, Salzgitter Mannesmann v Laminorul.

388 Siehe Rz 2/42 ff.

389 Siehe Rz 2/55 ff.

390 Dabei ist das Zweitgericht an die Tatsachenfeststellungen gebunden, aufgrund deren das Erstgericht seine Zuständigkeit angenommen hat, Art 45 Abs 2. Überdies darf das Zweitgericht keine weitergehende Überprüfung der Zuständigkeit des Erstgerichts vornehmen, Art 45 Abs 3.

391 Vgl Erwägungsgrund 26 S 2, 3.

392 Siehe zur Brüssel I-VO oben Rz 2/8 Fn 27.

393 *Vismara* in Conetti/Tonolo/Vismara[3] (2017) 72 f; *Barel/Armellini* (2018) 60, 373 f.

394 Davon kann die Vollstreckungsbehörde nach ihrem Ermessen eine Übersetzung verlangen (Art 42 Abs 3), vom Titel hingegen nur, wenn sie das Verfahren ohne eine solche Übersetzung nicht fortsetzen kann (Art 42 Abs 4). Zur Sprache, in die zu übersetzen ist, siehe Art 57.

395 Vgl Art 42 Abs 1, zur Vollstreckung einstweiliger Maßnahmen siehe Art 42 Abs 2.

396 Vgl Art 43 Abs 2.

397 *Carbone/Tuo*, Il nuovo spazio giudiziario europeo in materia civile e commerciale. Il regolamento UE n. 1215/2012 (2016) 335 f.

Vollstreckung zuständigen Gericht einbringen und gem Art 46 auf die in Art 45[398] genannten Gründe stützen.[399]

III. Nach dem italienischen (autonomen) Recht

2/108 Im Verhältnis zu Drittstaaten gilt freilich das autonome italienische Anerkennungsrecht.[400] Ein **ausländisches Urteil** *(sentenza straniera)* **wird** nach Art 64 IPRG in Italien **anerkannt, ohne** dass dazu ein **Verfahren** erforderlich ist,[401] **sofern** die folgenden – über die Anforderungen der Brüssel Ia-Verordnung hinausgehenden[402] – **Voraussetzungen** gegeben sind: Es muss gewährleistet sein, dass (a) das Erstgericht nach den italienischen Regeln über die internationale gerichtliche Zuständigkeit[403] über den Rechtsstreit erkennen konnte, (b) das rechtliche Gehör gewahrt wurde,[404] (c) die Parteien sich in das Verfahren vor dem Erstgericht eingelassen haben oder wenigstens die Säumnis in Übereinstimmung mit der *lex fori* erklärt wurde, (d) das Urteil Rechtskraft erlangt hat,[405] (e) es nicht einem italienischen rechtskräftigen Urteil widerspricht, (f) kein Verfahren vor einem italienischen Gericht über dieselbe Sache und zwischen denselben Parteien anhängig ist, das vor dem ausländischen Verfahren begonnen hat, und (g) das anzuerkennende Urteil keine *ordre public*-widrigen Wirkungen erzeugt.[406]

2/109 Aus einem ausländischen Urteil findet die **Zwangsvollstreckung** *(esecuzione forzata)* gem Art 67 Abs 2 IPRG allerdings nur statt, nachdem das Vorliegen der Anerkennungsvoraussetzungen[407] gerichtlich festgestellt wurde (**Exequatur**).[408] Dieses Feststellungsbegehren hat der Gläubiger an das OLG, in dessen Sprengel das Urteil vollstreckt werden soll, zu richten, das nach den Regeln des Sonderverfahrens gem Art 702bis ff ZPO *(rito sommario di cognizione)*[409] entscheidet.[410]

---

398 Dazu Rz 2/105.

399 *Malatesta/Nisi*, Le novità in materia di riconoscimento ed esecuzione delle decisioni, in Malatesta, La riforma del regolamento Bruxelles I (2016) 147 ff; *Carbone/Tuo*, Il nuovo spazio giudiziario europeo in materia civile e commerciale. Il regolamento UE n. 1215/2012 (2016) 340 ff.

400 Zum Vorrang von Staatsverträgen siehe Rz 1/38 ff; zu dem im Verhältnis zur Schweiz geltenden LGVÜ siehe bereits oben Rz 2/8 Fn 27. Vgl *Vismara* in Conetti/Tonolo/Vismara[3] (2017) 77 f.

401 Wird die Anerkennung, etwa in Bezug auf ein ausländisches Feststellungs- oder Gestaltungsurteil, jedoch bestritten, so kann gem Art 67 Abs 1 beim OLG die Feststellung begehrt werden (siehe dazu auch Rz 2/109), dass (keine) Gründe für eine Versagung der Anerkennung vorliegen. Erfolgt die Bestreitung im Rahmen eines Verfahrens, dann entscheidet das damit befasste Gericht nach Art 67 Abs 3 – auch von Amts wegen, KassGH VS Ziv 22. 2. 2004, Nr 13662 – mit auf das Verfahren beschränkter Wirksamkeit (*con efficacia limitata al giudizio*).

402 *Mosconi/Campiglio I*[8] (2017) 358.

403 Siehe dazu oben Rz 2/88 ff.

404 Vgl etwa KassGH Ziv 17. 7. 2013, Nr 17463; KassGH Ziv 29. 9. 2011, Nr 19932.

405 Die Reichweite der Rechtskraft ist jedoch der *lex fori* zu entnehmen, KassGH Ziv 9. 1. 2004, Nr 115.

406 *Conetti/Tonolo/Vismara*, Commento alla riforma del diritto internazionale privato italiano[2] (2009) 313 ff zu Art 64; *Mosconi/Campiglio I*[8] (2017) 358 ff; *Vismara* in Conetti/Tonolo/Vismara[3] (2017) 80 ff. Vgl jüngst KassGH VS Ziv 5. 7. 2017, Nr 16601.

407 Siehe Rz 1/108.

408 Zum Feststellungscharakter des Urteils siehe KassGH Ziv 1. 8. 2007, Nr 16991.

409 Siehe Art 67 Abs 1bis IPRG iVm Art 30 GVD 1. 9. 2011, Nr 150.

410 *Barel/Armellini* (2018) 379.

§ 3 Recht der natürlichen Personen

A. Personalstatut

Literatur:

Ballarino[8] (2016) 303; *Pocar,* Il nuovo diritto internazionale privato (2002) 165; *Cafari Panico* in Bariatti, Riforma, Nuove leggi civ.comm. 1996, Art 20, 1086 f.

Vor dem Gesetz sind alle Menschen gleich (Art 3 Verf). Nach den Vorschriften des materiellen Rechts kommt daher jedem Menschen dieselbe **Rechtsposition** zu, aus der sich eine Fülle von Rechten ableitet, die als Persönlichkeitsrechte *(diritti della personalità)* mit der Existenz der Person untrennbar verbunden sind. **Fragen des Personenrechts** betreffen die allgemeine und besonderen Rechts- und Handlungsfähigkeit(en), die Persönlichkeitsrechte und Fragen des Erwachsenenschutzrechts. Sie werden als Recht der Person (Personalstatut, *statuto personale*) grundsätzlich und mit wenigen Ausnahmen dem **Heimatrecht** *(legge nazionale)* des Betroffenen unterstellt.[1] Die auch im internationalen Vergleich vorherrschende Anknüpfung von Fragen des Personenrechts an der Staatsangehörigkeit trägt insbesondere dem gesteigerten **Bedürfnis nach Stabilität und Kontinuität** der persönlichen Rechtsposition Rechnung.[2] 3/1

Bei Sachverhalten mit Auslandsberührung stellt sich die Frage nach dem auf die Begründung, Änderung und Beendigung dieser persönlichen Rechtsposition anzuwendenden Recht. In Ermangelung einschlägiger allgemeiner internationaler **Rechtsquellen** ist dieses grundsätzlich nach den Bestimmungen des autonomen IPR (Art 20–24 IPRG) zu ermitteln. Darüber hinaus sind bei besonderen Geschäftsfähigkeiten Art 27 IPRG (Ehefähigkeit), Art 35 IPRG (Fähigkeit zur Anerkenntnis von Kindern) und bis zum Inkrafttreten der EuErbVO Art 47 IPRG (Testierfähigkeit)[3] zu beachten. In Bezug auf Maßnahmen des Erwachsenenschutzes ist weiterhin Art 43 IPRG anzuwenden, da Italien das Haager Erwachsenenschutzübereinkommen zwar unterzeichnet, bislang aber nicht ratifiziert hat. Im unionsrechtlichen IPR, das dem autonomen IPR vorgeht, finden sich nur vereinzelt Bezüge zu Fragen des Personenrechts, zB hinsichtlich der Geschäftsfähigkeit im internationalen Vertragsrecht (Art 13 Rom I-VO) oder der Testierfähigkeit (Art 26 EuErbVO). 3/2

Das IPRG aus 1995 hat insofern eine Reform dieses Bereichs mit sich gebracht, als nunmehr für die Rechts- und Handlungsfähigkeit sowie für Persönlichkeitsrechte und juristische Personen **getrennte Anknüpfungsregeln** vorgesehen sind und der Begriff Personenstatus *(stato della persona)* als rechtlich unkonturierter Anknüpfungsgegenstand aufgegeben wurde.[4] Die 3/3

1 Bei Flüchtlingen, Staatenlosen und Mehrstaatern gelten die Hilfsanknüpfungen gem Art 19 IPRG (vgl oben Rz 1/71 ff).

2 Darüber hinaus kann die Anknüpfung am Heimatrecht, gerade für einen Auswanderungsstaat, auch den Zweck verfolgen, auf ausgewanderte Staatsangehörige weiterhin das eigene Recht zur Anwendung bringen, vgl *Ballarino*[8] (2016) 303.

3 Vgl dazu Rz 6/23 ff und 6/84.

4 Ausführlich zur Problematik des Begriffs *stato delle persone* in Art 17 aF Vorgesetze ZGB *Balladore Pallieri,* Diritto internazionale privato italiano (1974) 129 ff; *Vitta II* (1973) 2 ff; *Quadri,* Disposizioni sulla legge in generale. Dell'applicazione della legge in generale Art 16–21, in Scialoja/Branca (Hrsg), Commentario del

durch diese Zerstückelung der ursprünglich umfassenden Kollisionsnorm in Art 17 Vorgesetz ZGB *(dépeçage)*[5] erzeugte Qualifikationsproblematik ist insofern entschärft, als der Gesetzgeber mit dem Heimatstatut ein einheitliches Anknüpfungskriterium vorgibt.[6]

B. Rechtsfähigkeit

Literatur:

Mosconi/Campiglio II[4] (2016) 3 ff; *Villani*, Capacità e diritti (dir. intern. priv.), Enc.Dir. Agg IV (2000), 175 ff; *Ballarino*[2] (1996) 308; *Tonolo* in Conetti/Tonolo/Vismara[3] (2017) Art 22, 117; *Tonolo*, Scomparasa, assenza e morte presunta, in Baratta, Diritto internazionale privato (2010) 442 f; Relazione al disegno di legge n. 1192 „Riforma del sistema italiano di diritto internazionale privato“, in Pocar, Il nuovo diritto internazionale privato (2002) 165; *Di Blase,* Riforma, Riv.dir.int.priv.proc. 1996, Art 20, 1009 f; *Villani*, Capacità e diritti (dir. intern. priv.), Enc.Dir. Agg IV (2000) 176 f.

I. Grundregel

3/4 Rechtsfähigkeit ist die **Fähigkeit einer Person, selbständig Träger von Rechten und Pflichten** zu sein. Nach italienischem Recht steht diese Fähigkeit allen natürlichen Personen ab dem Zeitpunkt ihrer Geburt zu (Art 1 ZGB) und endet mit ihrem Tod. Dieser Grundsatz stellt ein Prinzip des ***ordre public*** dar, sodass ausländischen Regelungen, die der Person die Rechtsfähigkeit vor ihrem Tod entziehen (sog bürgerlicher Tod, *morte civile*), die Anwendung gem Art 16 IPRG zu versagen ist.[7] Unter den Rechtsordnungen dieser Welt besteht weitgehend Einigkeit darüber, dass grundsätzlich alle Menschen rechtsfähig sind. Indes bestehen häufig unterschiedliche Regelungen hinsichtlich des Beginns und des Endes der Rechtsfähigkeit.

3/5 Bei Auslandsberührung eines Sachverhalts ist somit nach der Grundregel des **Art 20 S 1 IPRG** auf Fragen der Rechtsfähigkeit das **Heimatstatut** der betroffenen Person anzuwenden. Dabei ist lediglich zu beachten, dass aufgrund der Zulässigkeit der **Rück- und Weiterverweisung** (Art 13 IPRG)[8] im Ergebnis auch ein vom Heimatstatut abweichendes Recht zur Anwendung gelangen kann.

3/6 In aller Regel stellt die Frage der Rechtsfähigkeit einer Person eine **Vorfrage** *(questione preliminare)*[9] für die Beurteilung eines anderen Rechtsverhältnisses dar. So ist etwa für Zwecke des Schadensersatzanspruchs bei vorgeburtlicher Schädigung zu klären, ob das verstorbene Kind überhaupt rechtsfähig war. Aufgrund der **selbständigen Anknüpfung** von Vorfragen ist

---

Codice civile (1978) 74 ff; *Luzzatto*, Persona fisica (dir. intern. priv.), Enc.dir. XXXIII (1983) 228 f; *Mosconi*, Capacità nel diritto internazionale privato, Dig.disc.priv. sez.civ. II (1988) 228; zur Aufgabe des Begriffs im Zuge der Reform: Relazione al disegno di legge n. 1192 „Riforma del sistema italiano di diritto internazionale privato“, in Pocar, Il nuovo diritto internazionale privato (2002) 165; *Cafari Panico* in Bariatti, Riforma, Nuove leggi civ.comm. 1996, Art 20, 1086 f; *Villani*, Capacità e diritti (dir. intern. priv.), Enc.dir. Agg IV (2000) 174.

5 Vgl oben Rz 1/117 ff.

6 *Mosconi/Campiglio II*[4] (2016) 1.

7 *Mosconi/Campiglio II*[4] (2016) 6 f; *Di Blase,* Riforma, Riv.dir.int.priv.proc. 1996, Art 20, 1009 f; *Tonolo* in Conetti/Tonolo/Vismara[3] (2017) Art 20, 114 f.

8 Vgl dazu oben Rz 1/107 ff.

9 Vgl dazu oben Rz 1/100 ff.

die Frage der Rechtsfähigkeit nicht nach dem Statut der Hauptfrage, sondern gem Art 20 S 1 IPRG autonom zu beurteilen.

Geht es dagegen um **besondere Bedingungen der Rechtsfähigkeit** *(condizioni speciali di capacità)*, welche die allgemeine Rechtsfähigkeit in Bezug auf ein bestimmtes Rechtsverhältnis einschränken,[10] ist **akzessorisch an diesem Rechtsverhältnis** *(lex causae)* anzuknüpfen. Als Beispiel für solche besonderen Bedingungen der Rechtsfähigkeit wird im italienischen Recht zumeist die relative Erbunfähigkeit gem Art 596–598 ZGB angeführt.[11] Die in der Literatur angeführten Beispiele im italienischen Recht sind indes verwirrend, weil sie zumeist auf besondere Ausformungen der Handlungsfähigkeit Bezug nehmen. So ist auch die Deliktsfähigkeit als besondere Form der Handlungsfähigkeit nicht als besondere Rechtsfähigkeit zu diskutieren. 3/7

II. Erwerb der Rechtsfähigkeit

Während nach italienischem Recht der Mensch **mit Geburt** die Rechtsfähigkeit erwirbt (Art 1 ZGB), galt noch bis 2011 im spanischen Recht die Regel, dass das Neugeborene mindestens 24 Stunden außerhalb der Mutter überleben musste, um als rechtsfähig zu gelten.[12] Nach chilenischem Recht muss das Neugeborene für einen gewissen Moment überlebt haben, um nicht als rechtlich inexistent angesehen zu werden.[13] Nach dem Recht Costa Ricas gilt das später geborene Kind als bereits 300 Tage vor seiner Geburt geboren und erwirbt somit für begünstigende Rechtsgeschäfte rückwirkend Rechtsfähigkeit.[14] Hinsichtlich des Zeitpunkts des Erwerbs der Rechtsfähigkeit bestehen **im Rechtsvergleich** also **Unterschiede**, weshalb die Frage des auf die Rechtsfähigkeit anwendbaren Rechts im Einzelfall von großer praktischer Bedeutung sein kann. 3/8

Der Grundsatz, dass alle lebenden Menschen rechtsfähig sind, ist zwar iS des ***ordre public*** unumstößlich. Geringfügige Abweichungen, etwa hinsichtlich des Erwerbszeitpunkts, der in einzelnen Rechtsordnungen zur Feststellung der Überlebensfähigkeit etwas verzögert wird, werden indes nicht als Verstoß gegen den *ordre public* gewertet.[15] 3/9

Inwieweit ein ***Nasciturus*** bereits begünstigt werden kann, bevor er rechtsfähig wird, ist nach hA akzessorisch nach dem Recht des relevanten Rechtsverhältnisses *(lex causae)* zu beurteilen, während die Frage der Rechtsfähigkeit, von welcher der wirksame Rechtserwerb durch den später geborenen *Nasciturus* abhängt, dem Heimatstatut unterliegt.[16] 3/10

---

10 *Mosconi/Campiglio II*[4] (2016) 4 f.

11 Vgl zB *Ballarino*[2] (1996) 308. Demnach sind bestimmte Personen (zB Vormund, Notar, Zeugen, Übersetzer, Testamentsschreiber) als testamentarisch Begünstigte einer gewissen Person ausgeschlossen. Die relative Erbunfähigkeit gem Art 596–598 ZGB stellt bei näherer Betrachtung auch keine Beschränkung der Rechtsfähigkeit der betroffenen Personen dar, sondern vielmehr ein Testierverbot, das die Nichtigkeit entsprechender Verfügungen zugunsten dieser Personen zur Folge hat. Dazu *Christandl*, Selbstbestimmtes Testieren in einer alternden Gesellschaft (2016) 348. Die ebenfalls in der Literatur erwähnte Erbunwürdigkeit stellt jedenfalls keine Beschränkung der Rechtsfähigkeit dar *(indignus potest capere, sed non potest retinere)*.

12 Nunmehr genügt die Lebendgeburt, vgl Art 30 Código civil (Spanien).

13 Art 74 Abs 2 Código civil (Chile).

14 Art 31 iVm Art 36 Código civil (Costa Rica).

15 *Villani*, Capacità e diritti (dir. intern. priv.), Enc.Dir. Agg IV (2000) 176 f.

16 *Villani*, Capacità e diritti (dir. intern. priv.), Enc.Dir. Agg IV (2000) 177 f.

III. Verlust der Rechtsfähigkeit

3/11 Die Rechtsfähigkeit endet mit dem **Tod der Person**. Eine davon abweichende ausländische Vorschrift, die einen früheren Verlust der Rechtsfähigkeit einer lebenden Person vorsieht, verstößt gegen den *ordre public*. Die Frage nach dem **Todeszeitpunkt**, dh, ob der Tod mit Herz- oder Hirntod eintritt, wird im Rechtsvergleich nicht einheitlich beantwortet.[17] Daher ist auch bezüglich des Verlusts der Rechtsfähigkeit durch Tod die Ermittlung des anwendbaren Rechts von großer praktischer Relevanz.

3/12 Wenn eine Person verschwindet *(scomparsa)* und nicht festgestellt werden kann, ob sie zwischenzeitlich verstorben ist, behilft sich das Recht mit **Sonderregeln**, die bei entsprechend lang andauernder **Abwesenheit** *(assenza)* den Tod vermuten lassen.[18] Die Voraussetzungen und die Wirkungen der Abwesenheit, Verschollenheit oder Todeserklärung werden nach dem **letzten Heimatstatut** (Art 22 IPRG) der verschwundenen Person beurteilt. Sofern die Abwesenheit oder Todeserklärung als Vorfrage etwa im Zusammenhang mit dem Ehe- oder Erbrecht zu beantworten ist, ist sie nach hA selbständig, dh getrennt von der Hauptfrage anzuknüpfen.[19]

3/13 Wenn zwei oder mehrere Personen im Zuge desselben Ereignisses versterben und nicht festgestellt werden kann, wer von diesen Personen wen überlebt hat, behilft sich das Recht mit Vermutungen (**Kommorientenvermutung**), die je nach Rechtsordnung unterschiedlich ausfallen können. Während nach italienischem Recht zeitgleiches Versterben angenommen wird (Art 4 ZGB), bestand in Frankreich bis 2001 eine Vermutung des Vorversterbens je nach Alter und Geschlecht.[20] Die Frage hat nur dann Bedeutung, wenn sich aus dem Vorversterben einer Person ein Rechtserwerb des Nachverstorbenen ableiten ließe (etwa im Erbrecht oder im ehelichen Güterrecht). Gem Art 21 IPRG ist hinsichtlich der Vermutung **akzessorisch am Recht des Rechtsverhältnisses** anzuknüpfen, für welches die Feststellung zu treffen ist. Der Anwendungsbereich von Art 21 IPRG wurde indes durch Art 32 EuErbVO erheblich beschränkt.[21] Dass sich die Vermutungen in den Erbstatuten zweier gemeinsam Verstorbener widersprechen, war vor Inkrafttreten der EuErbVO ein vieldiskutiertes Problem im Zusammenhang mit Art 21 IPRG,[22] das nun aber aufgrund von Art 32 EuErbVO beseitigt wurde.

---

17 Nach italienischem Recht ist der Mensch mit der irreversiblen Einstellung der Gehirnfunktionen (trotz anhaltenden Herzschlags oder fortdauernder Atmung) gem Art 5 G 29. 12. 1993, Nr 578 als tot anzusehen.

18 Im italienischen Recht vgl Art 48 ff ZGB; *Christandl* in Eccher/Schurr/Christandl (2009) 2/17 ff.

19 *Mosconi/Campiglio II*[4] (2016) 9; *Tonolo*, Scomparsa, assenza e morte presunta, in Baratta, Diritto internazionale privato (2010) 442 f; *Ubertazzi*, La capacità delle persone fisiche nel diritto internazionale privato (2006) 371; *Tonolo* in Conetti/Tonolo/Vismara[3] (2017) Art 22, 117; aA *Di Blase,* Riforma, Riv.dir.int.priv.proc. 1996, Art 22, 1016.

20 Nunmehr wird zeitgleiches Versterben angenommen, Art 725 Code civil.

21 Vgl dazu Rz 6/95 ff.

22 Vgl *Villani*, Capacità e diritti (dir. intern. priv.), Enc.Dir. Agg IV (2000) 179; *Tonolo* in Conetti/Tonolo/Vismara[3] (2017) Art 21, 116.

C. Handlungsfähigkeit

Literatur:

Villani, Capacità e diritti (dir. intern. priv.), Enc.Dir. Agg IV (2000) 179; *Tonolo* in Conetti/Tonolo/Vismara[3] (2017) Art 21, 116; *Mosconi/Campiglio II*[4] (2016) 12 f; *Di Blase,* Riforma, Riv.dir.int.priv.proc. 1996, Art 23, 1018; Relazione al disegno di legge n. 1192 „Riforma del sistema italiano di diritto internazionale privato", in Pocar, Il nuovo diritto internazionale privato (2002) Art 62, 194 f; *Ubertazzi*, La capacità delle persone fisiche nel diritto internazionale privato (2006) 288 f; *Franzina*, La protezione degli adulti nel diritto internazionale privato (2012) 187 ff, 221; *Rossolillo*, Protezione degli incapaci, in Baratta, Diritto internazionale privato (2010) 301 ff.

I. Grundregel

Handlungsfähig *(capacità di agire)* ist, wer durch eigenes Handeln gültig **Rechte und Pflichten erwerben kann.** Im Rahmen der Handlungsfähigkeit kann weiter zwischen Geschäftsfähigkeit *(capacità negoziale)*, Deliktsfähigkeit *(capacità di rispondere per fatto illecito)*[23] und Partei- und Prozessfähigkeit *(capacità di stare in giudizio, capacità processuale)* unterschieden werden. **3/14**

Auch im Zusammenhang mit der Handlungsfähigkeit stellt die Staatsangehörigkeit gem **3/15**
Art 23 IPRG das zentrale Anknüpfungskriterium dar. Ob eine Person handlungsfähig ist, muss daher in erster Linie nach ihrem **Heimatstatut** beurteilt werden. Dies gilt etwa für die Frage, ob eine Person die Volljährigkeit erreicht hat[24] oder ob sie als Voraussetzung oder als Folge der Eheschließung geschäftsfähig wurde *(emancipazione)*.[25] Wenn dagegen das auf ein Rechtsverhältnis anwendbare Recht besondere Voraussetzungen für die Handlungsfähigkeit vorsieht, ist auf diese das Recht dieses Rechtsverhältnisses *(lex causae)* anzuwenden. Als Beispiel für eine **besondere Handlungsfähigkeit** kann etwa die **Parteifähigkeit**[26] des Konkursverwalters genannt werden, die nach dem auf das Konkursverfahren anzuwendenden Recht zu bestimmen ist.[27] Auch die **Deliktsfähigkeit** ist ein Fall einer besonderen Handlungsfähigkeit und unterliegt als solche dem Recht der außervertraglichen Haftung.[28] Dieselbe Regel gilt nunmehr auch unter der Rom II-VO.[29]

---

23 Dem italienischen Recht ist die Deliktsfähigkeit als eigenständige Handlungsfähigkeit fremd, denn für sie kommt es gem Art 2046 ZGB lediglich auf die Einsichts- und Willensfähigkeit an.

24 Diesbezüglich stellt sich die Frage, ob eine Person infolge eines Wechsels der Staatsangehörigkeit ihren Status als volljährige Person verlieren kann. Diese Frage stellt sich zB, wenn nach dem Recht der aufgegebenen Staatsangehörigkeit Volljährigkeit mit 18 eintritt und nach dem Recht der neuen Staatsangehörigkeit erst mit 21. Nach einer Ansicht bleibt die bereits erworbene Volljährigkeit trotz Statutenwechsels aufrecht, nach einer anderen Ansicht dagegen geht die Volljährigkeit verloren, ohne dass dies aber Auswirkungen auf bereits vorgenommene Rechtgeschäfte hätte. Vgl für den Erhalt der Volljährigkeit *Villani*, Capacità e diritti (dir. intern. priv.), Enc.Dir. Agg IV (2000) 184; aA *Mosconi/Campiglio II*[4] (2016) 12 f; *Di Blase,* Riforma, Riv.dir.int.priv.proc. 1996, Art 23, 1018.

25 Diese Frage ist somit dem Ehestatut entzogen. *Baruffi* in Bariatti, Riforma, Nuove leggi civ.comm. 1996, Art 23, 1097; *Villani*, Capacità e diritti (dir. intern. priv.), Enc.Dir. Agg IV (2000) 184; *Mosconi/Campiglio II*[4] (2016) 18.

26 *Mosconi/Campiglio II*[4] (2016) 13.

27 KassGH Ziv 29. 7. 2005, Nr 15946, Rep.Foro.it. 2006, Diritto internazionale privato [2290] Nr 20, 23, 25.

28 Relazione al disegno di legge n. 1192 „Riforma del sistema italiano di diritto internazionale privato", in *Pocar,* Il nuovo diritto internazionale privato (2002) Art 62, 194 f.

29 Vgl Art 15 Abs 1 lit a Rom II-VO.

3/16 Wenn jemand in einem Zustand der dauerhaften oder vorübergehenden Unzurechnungsfähigkeit (etwa unter Einfluss von Drogen oder Alkohol) einen Vertrag schließt oder ein einseitiges Rechtsgeschäft vornimmt, kann das Rechtsgeschäft wegen **natürlicher Geschäftsunfähigkeit** *(incapacità naturale)* aufgehoben werden (Art 428 ZGB). Im internationalen Privatrecht stellt sich die Frage der Anknüpfung der Unzurechnungsfähigkeit als Ungültigkeitsgrund rechtsgeschäftlicher Handlungen. In Ermangelung einer Anknüpfungsnorm stellt Art 23 Abs 1 S 2 IPRG nach hA ein valides Indiz dafür dar, dass die Frage der natürlichen Geschäftsunfähigkeit akzessorisch an der *lex causae* anzuknüpfen ist. Ob also der von einem Unzurechnungsfähigen geschlossene Vertrag gültig ist, muss nach dem Recht entschieden werden, das auf den Vertrag anwendbar ist.[30]

II. Verkehrsschutz

3/17 Wenn ein Vertragspartner nach seinem Heimatstatut als geschäftsunfähig anzusehen ist, hat dies in aller Regel negative Folgen für die Gültigkeit des geschlossenen Vertrags. Die Anknüpfung der Geschäftsfähigkeit am Heimatstatut gem Art 23 Abs 1 IPRG birgt daher eine erhebliche Gefahr für die Sicherheit des Rechtsverkehrs in sich. Entsprechend sehen die Abs 2 und 3 von Art 23 IPRG **Ausnahmen von der Regelanknüpfung** vor, um jene zu schützen, die nach dem Recht des Vertragsabschlussorts darauf vertrauen, dass die Geschäftsfähigkeit ihres Geschäftspartners gegeben ist.[31] Der Gesetzgeber unterscheidet dabei mit jeweils unterschiedlichen Anwendungsvoraussetzungen zwischen Verträgen (Abs 2) und einseitigen Rechtsgeschäften (Abs 3).

3/18 In Bezug auf **Verträge** gelten folgende, fast wörtlich aus Art 11 EVÜ (jetzt Art 13 Rom I-VO) übernommene Voraussetzungen:[32]

- Die Vertragspartner müssen sich zum Zeitpunkt des Vertragsschlusses im selben Staat befinden. Unanwendbar ist die Ausnahme daher auf grenzüberschreitende Distanzverträge.
- Der Vertragspartner, dessen Geschäftsfähigkeit in Frage steht, muss nach dem Recht des Vertragsabschlussorts geschäftsfähig sein.
- Der Einwand der Geschäftsunfähigkeit muss sich auf das Heimatrecht des Vertragspartners stützen.
- Der andere Vertragspartner darf zum Zeitpunkt des Vertragsschlusses keine Kenntnis von der Geschäftsunfähigkeit gehabt haben und die Unkenntnis darf nicht aufgrund von Fahrlässigkeit bestanden haben (Kennen müssen).

---

30 *Mosconi/Campiglio II*[4] (2016) 13 f; *Villani,* Capacità e diritti (dir. intern. priv.), Enc.Dir. Agg IV (2000) 188; *Baruffi* in Bariatti, Riforma, Nuove leggi civ.comm. 1996, Art 23, 1098; *Di Blase,* Riforma, Riv.dir.int.priv.proc. 1996, Art 23, 1020 f; *Tonolo* in Conetti/Tonolo/Vismara[3] (2017) Art 23, 119 f.

31 Diese Ausnahmen im Interesse des Verkehrsschutzes sehen auf eine lange Tradition zurück und waren bereits in Art 17 Abs 2 Vorgesetze ZGB enthalten. Ihr Vorbild fanden sie in der Entscheidung Lizardi des französischen Kassationsgerichts: Cass civ 16. 1. 1861. Dazu *Ubertazzi,* La capacità delle persone fisiche nel diritto internazionale privato (2006) 288 f.

32 Sie unterscheiden sich im Wesentlichen nur in einem Detail: Art 11 EVÜ bzw Art 13 Rom I-VO lassen für die Geltendmachung der Geschäftsunfähigkeit die Berufung auf ein „anderes Recht" zu und beschränken dieses nicht auf das Heimatrecht, weil im Gegensatz zum IPRG das EVÜ bzw die Rom I-VO keine Regelanknüpfung für Fragen der Geschäftsfähigkeit kennt. Dazu *Di Blase,* Riforma, Riv.dir.int.priv.proc. 1996, Art 23, 1022; *Mosconi/Campiglio II*[4] (2016) 15.

In Bezug auf **einseitige Rechtsgeschäfte** gelten folgende Voraussetzungen: 3/19

- Der Handelnde, dessen Geschäftsfähigkeit in Frage steht, muss nach dem Recht des Staates, in dem das einseitige Rechtsgeschäft vorgenommen wird, geschäftsfähig sein.
- Der Einwand der Geschäftsunfähigkeit muss sich auf das Heimatrecht des Handelnden stützen.
- Dritte, die ohne Fahrlässigkeit auf die Geschäftsfähigkeit des Handelnden vertraut haben, dürfen daraus keinen Schaden erleiden.

Unanwendbar sind diese Bestimmungen dort, wo das Interesse des Verkehrsschutzes in den Hintergrund rückt. Dies gilt für **familien- und erbrechtliche Rechtsgeschäfte** sowie für Verträge über in **einem anderen Staat belegene Immobilien**, weshalb in diesen Fällen die Ausnahmen der Abs 2 und 3 nicht durchgreifen und die Regelanknüpfung gem Abs 1 anzuwenden ist (Abs 4). 3/20

Unanwendbar sind diese Bestimmungen auch auf **schuldrechtliche Verträge** einschließlich der darauf bezogenen einseitigen Rechtsgeschäfte (zB Vertragsangebot, Annahme des Angebots, Kündigung, Rücktrittserklärung), die bis zum Wirksamwerden der Rom I-VO am 17. 12. 2009 **Art 11 EVÜ** unterlagen und seither der inhaltlich identischen Bestimmung in **Art 13 Rom I-VO** unterstellt sind. Seit Inkrafttreten des Art 23 IPRG stellte sich insofern die Frage, welchen Anwendungsspielraum Abs 2 und 3 überhaupt haben. Häufig wurde darauf hingewiesen, dass es sich angesichts des materiellen Verweises auf das EVÜ[33] in Art 57 IPRG lediglich um ein Versehen handeln konnte, weil versäumt wurde, diese Bestimmungen aus dem Gesetzesentwurf zu streichen.[34] Aus dem materiellen Verweis auf das EVÜ bzw nunmehr auf die Rom I-VO folgt nämlich, dass selbst jene schuldrechtlichen Verträge, die vom objektiven Anwendungsbereich des EVÜ bzw der Rom I-VO ausgenommen sind, den Regelungen des EVÜ bzw der Rom I-VO unterliegen, soweit für sie im IPRG keine besondere Anknüpfungsnorm besteht.[35] Im Ergebnis verbleibt für **Art 23 Abs 2 IPRG** im Bereich der schuldrechtlichen Verträge **kein Anwendungsspielraum.**[36] 3/21

In Bezug auf **einseitige Rechtsgeschäfte**, wie zB die Vollmacht *(procura)*, ist die Vorschrift zum Schutz der Sicherheit des Rechtsverkehrs gem Art 23 Abs 3 IPRG dagegen ohne weiteres anwendbar. 3/22

Im Bereich der einseitigen Rechtsgeschäfte stellt sich allerdings auch ein Koordinierungsproblem in Bezug auf das internationale Wechsel- und Scheckrecht (Genfer Übereinkommen vom 7. 6. 1930 und vom 19. 3. 1931). Art 59 IPRG enthält einen materiellen Verweis auf die 3/23

33 Vgl dazu oben Rz 1/41, 1/45.

34 *Di Blase,* Riforma, Riv.dir.int.priv.proc. 1996, Art 23, 1023; *Mosconi/Campiglio II*[4] (2016) 15.

35 Dies gilt zB für Gesellschaftsverträge, die vom Anwendungsbereich der Rom I-VO ausgenommen sind, aber nicht der *lex contractus*, sondern der *lex societatis* gem Art 25 unterstellt werden. *Tonolo* in Conetti/Tonolo/Vismara[3] (2017) Art 25, 130 ff.

36 *Tonolo* in Conetti/Tonolo/Vismara[3] (2017) Art 23, 118 ff. Dagegen meinen *Mosconi/Campiglio II*[4] (2016) 16 f, Art 23 Abs 2 IPRG sei weiterhin auf Grundstücksverträge anwendbar, die vom Anwendungsbereich der Rom I-VO nicht erfasst sind und daher nur kraft des materiellen Verweises der Rom I-VO unterliegen. In diesem Fall gehe nämlich die *lex specialis* in Art 23 Abs 2 IPRG dem Verweis in Art 57 IPRG vor. Unklar ist indes, welche (schuldrechtlichen) Grundstücksverträge vom Anwendungsbereich der Rom I-VO nicht erfasst sind.

einschlägigen Übereinkommen und erklärt sie somit in jedem Fall für anwendbar. Die entsprechenden Bestimmungen in diesen Übereinkommen gehen Art 23 Abs 3 IPRG jedenfalls vor.[37]

III. Erwachsenenschutz

3/24 Wenn ein Erwachsener aufgrund einer geistigen oder körperlichen Behinderung nicht imstande ist, seine Interessen selbständig wahrzunehmen, sieht das Recht eines Staates in der Regel gewisse Maßnahmen vor, um die Interessen dieses **„verletzlichen Erwachsenen"** zu schützen *(misure di protezione dei maggiori d'età)*. In Italien sind hierfür die Entmündigung *(interdizione)*, die Teilentmündigung *(inabilitazione)* und die Sachwalterschaft *(amministrazione di sostegno)* vorgesehen.[38]

3/25 In Bezug auf das auf diese Schutzmaßnahme anwendbare Recht sieht Art 43 IPRG eine Anknüpfung am **Heimatrecht** des Betroffenen vor. Da es sich bei diesen Maßnahmen häufig um Beschränkungen der Geschäftsfähigkeit des Betroffenen handelt, erweist sich diese Anknüpfung als mit Art 23 IPRG kohärent.[39] Diesem Heimatrecht unterliegen alle Fragen des Erwachsenenschutzes, dh auch das Vorliegen der Voraussetzungen und seine Wirkungen[40] ebenso wie die Frage der inhaltlichen Ausgestaltung dieser Maßnahmen (Bestellung eines Vormunds, Beistands, Pflegers, Sachwalters).[41] Als problematisch erweist sich die Subsumtion von privatautonomen Schutzmaßnahmen (zB Vorsorgevollmacht) unter Art 43 IPRG, da diese im italienischen Recht noch unbekannt sind. Der Anknüpfungsgegenstand ist aber weit genug, um auch diese zu erfassen.[42]

3/26 Die Anknüpfung am Heimatrecht kann dazu führen, dass das Recht der Schutzmaßnahmen von jenem des Gerichtsorts abweicht und somit italienische Gerichte ausländische, dem italienischen Recht unbekannte Maßnahmen anordnen müssen. Dieses **Auseinanderfallen von *lex causae* und *lex fori*** wurde im Haager Erwachsenenschutzübereinkommen vom 13. 1. 2000 überwunden. Indes hat Italien dieses bislang nicht ratifiziert.[43] Bei **Dringlichkeit** kann das italienische Gericht auch bei ausländischen Staatsangehörigen vorübergehend Erwachsenenschutzmaßnahmen des italienischen Rechts anwenden (Art 43 Abs 2 IPRG), sodass *lex fori* und *lex causae* zumindest vorübergehend zusammenfallen können.

3/27 Das italienische Gericht kann gem Art 44 Abs 1 IPRG nicht nur nach den allgemeinen **Zuständigkeitsregeln** in Art 3 und 9 IPRG mit einer Angelegenheit im Bereich des Erwachsenenschutzes befasst werden, sondern ist auch dann zuständig, wenn eine dringliche Maßnahme zu ergreifen ist. Liegt etwa ein ausländischer Staatsangehöriger nach einem Verkehrsunfall in Italien im Koma und muss ermittelt werden, wer über die Anwendung der lebenserhaltenden Maßnahmen entscheiden kann, dann ist das italienische Gericht zuständig und kann nach ita-

---

37 *Ubertazzi*, La capacità delle persone fisiche nel diritto internazionale privato (2006) 296; *Tonolo* in Conetti/Tonolo/Vismara^3 (2017) Art 23, 118 ff.

38 Vgl Art 404 ff ZGB; *Christandl* in Eccher/Schurr/Christandl (2009) 2/40 ff.

39 *Rossolillo*, Protezione degli incapaci, in Baratta, Diritto internazionale privato (2010) 301 ff.

40 *Franzina*, La protezione degli adulti nel diritto internazionale privato (2012) 193 ff.

41 *Mosconi/Campiglio II*^{4} (2016) 50.

42 *Franzina*, La protezione degli adulti nel diritto internazionale privato (2012) 187 ff, 221.

43 Dagegen liegt ein Gesetzesvorschlag zur Ratifikation dieses Übereinkommens seit 2014 im Parlament zur Genehmigung durch die Kammern vor, *Mosconi/Campiglio II*^{4} (2016) 51.

lienischem Recht alle dringenden und erforderlichen Maßnahmen anordnen (Art 43 S 2, Art 44 Abs 1 IPRG). Für die Abänderung und Ergänzung von im Ausland angeordneten und in Italien gem Art 66 IPRG wirksamen Maßnahmen besteht ebenfalls italienische Gerichtszuständigkeit (Art 44 Abs 2 IPRG).

D. Persönlichkeitsrechte

Literatur:

Vitta II (1973) 18 ff; *Tonolo* in Conetti/Tonolo/Vismara[3] (2017) Art 24, 122 f; *Baruffi* in Bariatti, Riforma, Nuove leggi civ.comm. 1996, Art 24, 1107; *Rossolillo*, Identità personale e diritto internazionale privato (2009) 217 ff; *Ministero dell'Interno*, Massimario dello Stato civile 2012, 102.

I. Allgemein

Der Gesetzgeber des Jahres 1995 hat eine **eigene Kollisionsnorm** für Persönlichkeitsrechte *(diritti della personalità)* in das IPRG aufgenommen, um damit Zweifelsfragen (etwa im Zusammenhang mit dem Namensrecht oder der Verletzung von Persönlichkeitsrechten),[44] die in der Vergangenheit entstanden waren, auszuräumen. Als Persönlichkeitsrechte sind alle der **Person innewohnenden Rechte** zu verstehen, die im Verhältnis zwischen Privatrechtssubjekten von Bedeutung sind.[45] Dazu zählen etwa das Recht auf körperlich-geistige Unversehrtheit *(integrità psico-fisica)*, auf Gesundheit *(salute)*, auf Ehre *(onore)*, auf Privatsphäre *(riservatezza)*, auf das eigene Bild *(immagine)*, auf den eigenen Namen, das Urheberpersönlichkeitsrecht *(diritto morale d'autore)*, das Recht auf die Begründung von Familienbeziehungen *(diritto di creare rapporti familiari)*. 3/28

Nach der in **Art 24 S 1 IPRG** niedergelegten Grundregel unterliegen Persönlichkeitsrechte dem **Heimatstatut** der betroffenen Person. Im Falle mehrerer Staatsbürgerschaften gilt grundsätzlich die Regelung gem Art 19 IPRG. Lediglich in Bezug auf die Bevorzugung des italienischen Rechts bei einem italienischen Mehrstaater sind unionsrechtliche Bedenken anzumelden, weil diese Regelung zu einer verbotenen Diskriminierung führen kann.[46] 3/29

Die Regelanknüpfung wird durch **zwei Ausnahmen** durchbrochen: Wird das Persönlichkeitsrecht aus einem **Familienverhältnis** abgeleitet, wie zB das Namensrecht des Kindes aus dem Kindschaftsverhältnis, so unterliegt dieses Persönlichkeitsrecht dem Recht des Familienverhältnisses. Bei **Verletzung von Persönlichkeitsrechten** knüpft Art 24 Abs 2 IPRG akzessorisch am Recht an, das auf die Deliktshaftung gem Art 62 IPRG anzuwenden ist. 3/30

---

44 *Vitta II* (1973) 18 ff; *Tonolo* in Conetti/Tonolo/Vismara[3] (2017) Art 24, 122 f.

45 *Baruffi* in Bariatti, Riforma, Nuove leggi civ.comm. 1996, Art 24, 1107.

46 EuGH, ECLI:EU:C:2003:539, Garcia Avallo v Belgien. Im Übrigen könnte damit auch eine Beeinträchtigung der Grundfreiheit der Freizügigkeit verbunden sein (EuGH, ECLI:EU:C:2008:559, Grunkin und Paul). Vgl dazu bereits Rz 1/74.

II. Namensrecht

3/31 Der Name hat als Merkmal der persönlichen Identität[47] große praktische Relevanz im internationalen Umfeld. Dabei steht insbesondere das Bedürfnis nach **Kontinuität des (Vor- und Nach-) Namens** unabhängig von veränderlichen äußeren Umständen im Vordergrund. Ein wichtiger Beitrag zur Sicherung der Kontinuität des Namens im internationalen Kontext stellt das **Münchener Übereinkommen vom 5. September 1980** dar, das von der Internationalen Kommission für das Zivilstandswesen (CIEC) ausgearbeitet wurde und für Namensfragen mit dem **Heimatstatut** des Namensträgers ein **einheitliches Anknüpfungskriterium** vorgibt.

3/32 Bei **Wechsel der Staatsbürgerschaft** soll sich auch das anwendbare Recht entsprechend ändern (Art 1 Abs 2 Münchener Übereinkommen). Unbestritten ist dabei aber, dass das neue Recht lediglich auf künftige Namensänderungen Anwendung findet und den Namen und somit die persönliche Identität des bisher ausländischen Staatsbürgers unberührt lässt.[48]

3/33 Das von Italien ratifizierte Münchener Übereinkommen[49] geht iSv Art 2 Abs 1 IPRG der Bestimmung über die Anknüpfung von Persönlichkeitsrechten gem Art 24 IPRG vor. Indes handelt es sich um ein **kollisionsrechtliches Übereinkommen**, das eine Rück- oder Weiterverweisung nicht ausschließt. Der Verweis auf das Heimatrecht des Namensträgers in Art 1 des Übereinkommens ist daher als eine **Gesamtverweisung**[50] zu verstehen. Daraus folgt, dass auf italienische Staatsbürger Art 24 Abs 1 HS 2 IPRG Anwendung findet,[51] sodass Namensfragen, soweit sie sich im Zusammenhang mit Familienverhältnissen ergeben, dem Recht des Familienverhältnisses unterworfen sind. Entsprechend unterliegt das Namensrecht des Kindes dem Recht der Abstammung (Art 36 IPRG), während das Ehenamensrecht nach dem Recht zu beurteilen ist, das auf die persönlichen Beziehungen zwischen den Ehegatten Anwendung findet (Art 29 IPRG). Dasselbe gilt für gleichgeschlechtliche Partner einer eingetragenen Partnerschaft, wenngleich der Gesetzgeber für diese ein von der Ehe abweichendes Anknüpfungskriterium gewählt hat (Art 32ter Abs 4 IPRG).

3/34 ***Beispiel:***

Der italienische Staatsbürger Fabris geht mit dem österreichischen Staatsbürger Schuster eine eingetragene Partnerschaft in Österreich ein, wo sie dauerhaft wohnen. Sie nutzen die Möglichkeit einer Namensbestimmung gem § 93 ABGB und bilden einen Doppelnamen aus den Familiennamen beider Partner: Fabris-Schuster. Der italienische Staatsbürger Fabris-Schuster stellt nun den Antrag auf Eintragung seines neuen Namens im Zivilstandsregister seiner Heimatgemeinde in Italien. Für das auf den Ehenamen anzuwendende Recht verweist das Münchener Übereinkommen auf das Heimatstatut der Betroffenen. Für den italienischen Staatsbürger ist somit für die Namensänderung italienisches Recht einschließlich des italienischen IPR anzuwenden. Gem Art 24 Abs 1 HS 2 IPRG ist auf den Namen aus einem Familienverhältnis akzessorisch am Recht des Familienverhältnisses anzuknüpfen. Das auf die persönlichen Wirkungen der eingetragenen Partnerschaft und damit auch auf den Namen anzuwendende Recht ist das Recht des Staates, in dem die eingetragene Partnerschaft eingegangen

---

47 Ausführlich zum Namensrecht im IPR *Rossolillo*, Identità personale e diritto internazionale privato (2009) 217 ff.

48 OLG Torino 3. 6. 1998, Riv.dir.int.priv.proc. 1999, 975 ff; *Tonolo* in Conetti/Tonolo/Vismara[3] (2017) Art 24, 124 ff.

49 G. 19. 11. 1984, Nr 950, in Kraft für Italien seit 1. 1. 1990.

50 Vgl Rz 1/107.

51 Dazu ausführlich *Christandl*, Das Ehenamensrecht italienischer Staatsbürger in Österreich, ZfRV 2008, 163 f.

wurde, und somit österreichisches Recht. Dasselbe gilt für ein österreichisch-italienisches Ehepaar, das seinen Lebensmittelpunkt in Österreich hat (Art 29 Abs 2 IPRG).[52]

Trotz dieser eindeutigen Gesetzeslage haben italienische Standesämter die Eintragung solcher im Ausland vorgenommener Namensänderungen durch Verwaltungsakt bei **Eheschließung** von italienischen Staatsbürgern im Ausland **verweigert.**[53] Dies wurde damit begründet, dass für Namensänderungen grundsätzlich eine ausländische Gerichtsentscheidung erforderlich sei.[54] Darauf besteht das Innenministerium wohl nach wie vor, und zwar gegen den Wortlaut des Art 64 IPRG, der die Anerkennung solcher die Persönlichkeitsrechte betreffender ausländischer Verwaltungsakte ausdrücklich vorsieht und eine Gerichtsentscheidung nicht verlangt. **3/35**

Auch hinsichtlich der im Ausland geschlossenen **eingetragenen Partnerschaft** wird eine Namensänderung bei italienischen Staatsbürgern wegen Verpartnerung **vermutlich verweigert** werden. Entgegen den ursprünglichen namensrechtlichen Bestimmungen des italienischen Gesetzes über die eingetragene Partnerschaft (Art 1 Abs 10 G 20. 5. 2016, Nr 76) sind inzwischen mit der Namenswahl bei Verpartnerung keine Änderungen der Personendaten mehr verbunden. Nach der jüngsten Durchführungsverordnung Nr 5/2017 handelt es sich bei dem gewählten Namen der Partner lediglich um einen Gebrauchsnamen im gesellschaftlichen Verkehr. Bereits erfolgte tatsächliche Namensänderungen sollten von Amtswegen korrigiert werden.[55] **3/36**

Im Lichte der **Rechtsprechung des EuGH**[56] dürfte indes kein Zweifel mehr daran bestehen, dass ein in einem anderen Mitgliedstaat der EU verliehener Name ungeachtet der Staatsbürgerschaft iS der Freizügigkeit und des unionsrechtlichen Diskriminierungsverbots von den italienischen Behörden anzuerkennen und einzutragen ist. Das italienische Innenministerium wendet die Grundsätze dieser EuGH-Rechtsprechung allerdings ausschließlich in Bezug auf Kindesnamen an und schließt ohne weitere Begründung eine analoge Anwendung auch in Fragen des Ehenamensrechts ausdrücklich aus.[57] **3/37**

In Bezug auf den **Familiennamen von im Ausland geborenen italienischen Staatsbürgern** sieht Art 98 Abs 2 der StandesamtsO die automatische Ersetzung des nach ausländischem Recht zugewiesenen Familiennamens durch den nach italienischem Recht zuzuweisenden Familiennamen vor. Bei der Anwendung dieser Bestimmung weist das Innenministerium allerdings auf die Einhaltung der Vorgaben des EuGH hin, wenngleich nur in Bezug auf Mehrstaater. Wer im Ausland geboren ist und neben der italienischen Staatsbürgerschaft auch die **3/38**

---

52 Dazu *Christandl*, Das Ehenamensrecht italienischer Staatsbürger in Österreich, ZfRV 2008, 161 ff.

53 Rundschreiben des Innenministeriums, Prot. Nr 397, Comunicazione urgente in tema di applicabilità dell'art. 98 c. 2 del D.P.R. n. 396, 15. 5. 2008: *„è importante ribadire che per l'ordinamento italiano il cognome da prendere a riferimento è solo quello attribuito al momento della nascita, per motivi di coerenza con il sistema complessivo ed in coerenza con i principi costituzionali in materia di parità di sessi.“*

54 *Ministero dell'Interno*, Massimario dello Stato civile 2012, 102.

55 Art 8 Abs 1 GvD 19. 1. 2017, Nr 5.

56 EuGH, ECLI:EU:C:2003:539, Garcia Avallo v Belgien; EuGH, ECLI:EU:C:2008:559, Grunkin und Paul.

57 Rundschreiben des Innenministeriums, Prot. Nr 397, Comunicazione urgente in tema di applicabilità dell'art. 98 c. 2 del D.P.R. n. 396/2000, 15. 5. 2008: *„Si precisa che i principi di cui sopra riguardano il solo cognome attribuito alla nascita.“*

Staatsbürgerschaft eines anderen EU-Mitgliedstaats bzw eines anderen Staates erworben hat, dessen Name wird vom italienischen Standesamt nicht amtswegig, sondern nur auf Antrag geändert.[58] Nach der EuGH-Entscheidung Grunkin Paul, C-353/06 muss dies auch für ausschließlich italienische Staatsbürger gelten, ungeachtet des Umstands, dass das Innenministerium den Standesämtern für diese Fälle bisher noch keine entsprechende Anweisung erteilt hat.[59]

58 Rundschreiben des Innenministeriums, Prot. Nr 397, Comunicazione urgente in tema di applicabilità dell'art. 98 c. 2 del D.P.R. n. 396, 15. 5. 2008.

59 Dagegen wird auf der Homepage des italienischen Konsulats in Madrid nach wie vor darauf hingewiesen, dass bei einem im Ausland geborenen italienischen Staatsbürger die Zuweisung eines Nachnamens durch einen ausländischen Standesbeamten vom italienischen Standesamt gem Art 98 StandesamtsO amtswegig korrigiert wird.

§ 4 Gesellschaftsrecht

A. Gesetzliche Ausgangslage im IPRG

Literatur:

Bariatti, Sulla riforma degli articoli 25 e 57 della legge n. 218/95, Riv.dir.int.priv.proc. 2011, 650; *Milan* in Preite II (2011) 690; *Ballarino*[8] (2016) 161 f; *Tonolo* in Conetti/Tonolo/Vismara[3] (2017) 141; *Ballarino*, Riv.soc. 2004, 669 ff; *Crespi*, Riv.dir.int.priv.proc. 2009, 869 ff; *Gestri*, Riv.dir.int. 2000, 71 ff; *Vismara*, Riv.dir.int.priv.proc. 2010, 635 ff.

Die Grundlage für das IPR der **Handelsgesellschaften** *(società commerciali)* und der **juristischen Personen** *(persone giuridiche)* im Allgemeinen bildet Art 25 IPRG.[1] Diese Vorschrift bestimmt, dass Gesellschaften *(società)*, Vereine *(associazioni)*, Stiftungen *(fondazioni)* und jede weitere privat- oder öffentlich-rechtliche Rechtsform *(ogni altro ente, pubblico o privato)* auch bei Fehlen eines korporativen Elements *(anche se privo di natura associativa)* dem Gesetz desjenigen Staates unterliegen, in dem die **Errichtung** *(costituzione)* stattgefunden hat. **4/1**

Wie die weiteren Ausführungen zeigen werden, folgt Italien seit Inkrafttreten des IPRG tendenziell eher der **Gründungstheorie** *(teoria dell'incorporazione)* als der Sitztheorie *(teoria della sede reale)*.[2] Art 25 IPRG bestimmt auch, welche Elemente der Gesellschaft vom Regelungsumfang umfasst sind, so etwa die Rechtsnatur *(natura giuridica)*, der Name bzw die Bezeichnung *(denominazione o ragione sociale)*, die Errichtung *(costituzione)*, Umwandlung *(trasformazione)* und Löschung *(estinzione)* usw.[3] Aus **rechtsvergleichender Perspektive** ist anzumerken, dass sich der italienische Gesetzgeber bei der Abfassung von Art 25 IPRG an Art 155 des Schweizer IPRG angelehnt hat.[4] **4/2**

In Art 25 IPRG hat der Gesetzgeber an erster Stelle das Personalstatut *(statuto personale)* der ausländischen Gesellschaften adressiert. Vor Inkrafttreten des IPRG ergab sich aus den Bestimmungen des internationalen Gesellschaftsrechts eher ein der **Sitztheorie** ähnlicher Rechtszustand für im Ausland errichtete oder im Ausland tätige Gesellschaften *(società costituite all'estero od operanti all'estero)*.[5] **4/3**

Wie unten näher ausgeführt wird,[6] ist unter einer **juristischen Person** im Sinne des internationalen Gesellschaftsrechts eine **Gesellschaft** oder **sonstige Personen- oder Vermögensbindung** zu verstehen, die Trägerin von Rechten und Pflichten sein kann. Infolge der EU-Mitgliedschaft Italiens ist das italienische internationale Gesellschaftsrecht sehr eng mit den **4/4**

1 Vgl zu dieser Vorschrift *Bariatti*, Sulla riforma degli articoli 25 e 57 della legge n. 218/95, Riv.dir.int.priv.proc. 2011, 650.

2 Zu den Begriffen aus italienischer Perspektive vgl *Milan* in Preite II (2011) 690.

3 Zu den einzelnen Regelungsbereichen siehe unten Rz 4/9.

4 *Ballarino*[8] (2016) 161 f.

5 Vgl Art 2505 ZGB aF; vgl dazu *Ballarino*[8] (2016) 162; *Tonolo* in Conetti/Tonolo/Vismara[3] (2017) 141.

6 Siehe unten Rz 4/7.

Vorgaben des EU-Rechts verbunden.[7] Die kompromisslosen Aussagen des EuGH[8] zum Diskriminierungsverbot und zur Niederlassungsfreiheit (Art 49, 54 AEUV) haben das italienische internationale Gesellschaftsrecht nachhaltig geprägt.[9]

B. Allgemeine Grundsätze zu ausländischen Gesellschaften

Literatur:

Ballarino[8] (2016) 163 f; *Tonolo* in Conetti/Tonolo/Vismara[3] (2017) 130.

4/5 Gem Art 16 Abs 2 iVm Abs 1 Vorgesetz ZGB genießen **ausländische juristische Personen** unter der Bedingung der Gegenseitigkeit und vorbehaltlich der in Sondergesetzen enthaltenen Bestimmungen die inländischen Gesellschaften zuerkannten bürgerlichen Rechte. Dies bedeutet, dass einer Gesellschaft, die ausländischem Recht untersteht, grundsätzlich in Italien dieselben Rechte zuerkannt werden wie inländischen Gesellschaften.[10]

4/6 Dies gilt etwas für alle Vorschriften des **Rechtsverkehrs**, für die **Anerkennung der Gesellschaft** vor Gericht als Klägerin und Beklagte und auch für die Fragen der **Publizität**. Vor Inkrafttreten des IPRG war Art 16 Abs 2 Vorgesetz ZGB die zentrale Bestimmung für die Herleitung des Personalstatuts von (ausländischen) Gesellschaften. Auch wenn diese Vorschrift nach wie vor in Kraft ist, hat sie insoweit an Bedeutung verloren, als Art 25 IPRG nun die zentralen Fragen des IPR für Gesellschaften abschließend regelt.[11]

C. Anwendbares Recht

Literatur:

Broggini, La riforma del diritto internazionale privato. Società ed altri enti, in Comitato regionale notarile lombardo (Hrsg), La riforma del diritto internazionale privato, Atti della giornata di Studio (1996) 57 ff; *Tonolo* in Conetti/Tonolo/Vismara[3] (2017) 131; *Ballarino*[8] (2016) 169; *Vismara*, La legge applicabile alle società e alle attività degli amministratori nell'integrazione Europea, Riv.dir.int.priv.proc. 2010, 635 ff; *Malatesta*, In tema di legge regolatrice della responsabilità dell'unico azionista, Riv.dir.int.priv.proc. 2000, 945 ff; *Draetta*, Brevi note sulla legge applicabile ai patti parasociali, Riv.dir.int.priv.proc. 2004, 565; *Milan* in Preite II (2011) 692.

---

7 *Milan* in Preite II (2011) 689.

8 Vgl insb EuGH, ECLI:EU:C:1988:456, The Queen v Daily Mail; EuGH, ECLI:EU:C:1999:126, Centros Ltd v Erhvervs – og Selskabsstyrelsen; EuGH, ECLI:EU:C:2002:632, Überseering BV v Nordic Construction Company Baumanagement GmbH; EuGH, ECLI:EU:C:2003:512, Kamer van Koophandel en Fabrieken voor Amsterdam v Inspire Art Ltd; EuGH, ECLI:EU:C:2008:723, CARTESIO Oktató és Szolgáltató bt; EuGH, ECLI:EU:C:2017:682, Panayi; EuGH, ECLI:EU:C:2017:804, Polbud.

9 Vgl *Ballarino*, Riv.soc. 2004, 669 ff; *Crespi*, Riv.dir.int.priv.proc. 2009, 869 ff; *Gestri*, Riv.dir.int. 2000, 71 ff; *Vismara*, Riv.dir.int.priv.proc. 2010, 635 ff.

10 *Ballarino*[8] (2016) 163 f.

11 Vgl dazu ausführlich Rz 4/8 ff; *Tonolo* in Conetti/Tonolo/Vismara[3] (2017) 130.

I. Anwendungsbereich

Bei Abfassung des IPRG stellte Art 25 eine der markantesten Neuerungen dar, da es eine ausdrückliche IPR-rechtliche Regelung des Gesellschaftsrechts zuvor nicht gegeben hatte.[12] Terminologisch hat der Gesetzgeber in Art 25 den Anwendungsbereich explizit mit **Gesellschaften und andere Körperschaften** *(società ed altri enti)* bezeichnet. Aus der systematischen Verankerung und dem Wortlaut der Vorschrift kann man ableiten, dass sich der Regelungsgehalt der Vorschrift nicht nur auf **Gesellschaften, Stiftungen** und **Vereine** im eigentlichen Sinne bezieht, sondern auch auf Rechtsformen, die **keine Rechtspersönlichkeit** haben, wie etwa Vereine ohne Rechtspersönlichkeit *(associazioni privi di di personalità giuridica)*. Damit fallen auch Organisationsformen, die nicht auf dem Zusammenschluss von Personen beruhen *(enti privi di natura associativa)*, unter den gesellschaftsrechtlichen Anwendungsbereich.[13] In den nun folgenden Überlegungen soll der Begriff der Gesellschaft in IPR-rechtlichem Sinne und daher sehr weit verwendet werden, so dass etwa auch Trusts unter diesen Terminus zu subsumieren sein werden.[14] **4/7**

II. Regelungsbereiche

1. Verhältnis zwischen allgemeiner und besonderer Regelung

Der *status quo* der Gesetzgebung sieht vor, dass neben der **besonderen Vorschrift** von Art 25 IPRG, dessen Regelungsbereiche gleich unten näher beleuchtet werden sollen, die sich immer noch in Kraft befindliche **allgemeine Vorschrift** von Art 16 Vorgesetz ZGB steht. Zwischen den beiden Normen besteht ein gewisses **Spannungsverhältnis**: Art 16 Vorgesetz ZGB ist nach wie vor in Kraft, auch wenn er für die Regelungsbereiche von Art 25 Abs 2 lit a bis i IPRG verdrängt wurde.[15] **4/8**

2. Vom Wortlaut umfasste Regelungsbereiche

Aus Art 25 Abs 2 IPRG ergeben sich die Regelungsbereiche in einer nicht abschließenden Aufzählung. Insbesondere werden von dem auf die Gesellschaft anzuwendenden Recht die Rechtsform *(natura giuridica)* sowie die Firma *(denominazione o ragione sociale)* geregelt.[16] Von der Firma eingeschlossen sind auch die Fragen rund um die Rechte der Gesellschaft an den IP-Rechten (wie etwa der emblematisch bzw bildlich gestalteten Firma). Das allgemeine Persönlichkeitsrecht der juristischen Person *(diritti della personalità della persona giuridica)*, das sich aus Art 24 IPRG ergibt, schließt freilich auch die Verletzung des Namens bzw der Firma *(denominazione o ragione sociale)* mit ein. Insoweit ist im Einzelfall zu prüfen, ob es um eine strikt gesellschafts- **4/9**

---

12 Die damals geltenden Vorschriften des internationalen Gesellschaftsrechts, nämlich Art 2505 und 2509 ZGB, wurden aufgehoben; dies ergibt sich aus Art 73 IPRG 1995; vgl dazu *Broggini*, La riforma del diritto internazionale privato. Società ed altri enti, in Comitato regionale notarile lombardo (Hrsg), La riforma del diritto internazionale privato, Atti della giornata di Studio (1996) 57 ff.

13 Vgl KassGH Ziv 16. 11. 2000, Nr 14870, Riv.dir.int.priv.proc. 2002, 193 zur IPR-rechtlichen Behandlung von liechtensteinischen Anstalten und Treuunternehmen in Italien; vgl dazu *Tonolo* in Conetti/Tonolo/Vismara^{3} (2017) 131.

14 Zur Behandlung von Trusts im italienischen Recht vgl unten Rz 4/42 ff.

15 Siehe dazu oben Rz 4/6.

16 KassGH Ziv 17. 5. 2001, Nr 6757, Riv.dir.int.priv.proc. 2002, 450.

rechtliche Frage geht oder um eine Frage des unlauteren Wettbewerbs *(concorrenza sleale)*. Im ersten Fall bemisst sich die Frage des anwendbaren Rechts nach Art 25 Abs 2 lit b, im zweiten Fall nach Art 24 Abs 1 IPRG.[17]

4/10 In Art 25 Abs 2 lit c IPRG ist der gesamte Verlauf der Existenz der Rechtsperson von der „Wiege bis zum Grab" berührt. So wird in dieser Vorschrift auch die **Gründung** *(costituzione)*, die **Umwandlung** *(trasformazione)* und das **Erlöschen** *(estinzione)* der Gesellschaft normiert.[18] Unter den Bereich von Art 25 Abs 2 lit c IPRG fallen nicht nur die freiwillige Auflösung und Liquidation der Gesellschaft, sondern auch die Fälle, in denen die Auflösung etwa wegen Zeitablaufs, Erreichen bzw Nichterreichbarkeit des Gesellschaftszwecks bzw Unterschreiten des Mindestkapitals verpflichtend ist. Wie unten näher aufgezeigt wird, ist Abs 2 lit c für grenzüberschreitende Sitzverlegung und Fusion von großer Bedeutung.[19]

4/11 Die IPR-rechtliche Einordnung der *Corporate Governance* ergibt sich aus Art 25 Abs 2 lit e und f IPRG. Dabei erstreckt sich der Anwendungsbereich auf die **Rechts- und Handlungsfähigkeit** *(capacità)*, die **Bildung** *(formazione)*, die **Befugnisse** und die **Art und Weise** der Tätigkeit der Organe *(poteri e modalità di funzionamento degli organi)*. Das anwendbare Recht regelt sämtliche organschaftlichen Pflichten der Organe im Bereich der Leitung des Unternehmens und der Kontrolle.[20] Miteingeschlossen ist auch die **Vertretung der Körperschaft** *(rappresentanza dell'ente)*.[21] Allerdings nur soweit, als es um eine **organschaftliche Vertretung** geht, dh nicht um eine Vertretung lediglich für ein bestimmt bezeichnetes Rechtsgeschäft *(rappresentanza per uno specifico affare)*. Im letzteren Fall ist nicht der Anwendungsbereich von Art 25 Abs 2 lit f eröffnet; vielmehr ist dann auf Art 60 IPRG abzustellen, wonach die gewillkürte Vertretung vom Recht jenes Staates geregelt wird, in dem der Vertreter seinen Geschäftssitz hat.

4/12 Der Status der Gesellschafter *(soci)*, Mitglieder *(membri)*, Aktionäre *(azionisti)* usw ist in Art 25 Abs 2 lit g IPRG geregelt. Hierbei spricht der italienische Gesetzgeber explizit die Art und Weise des Erwerbs und des Verlusts der Eigenschaft eines Mitglieds oder Gesellschafters *(le modalità di acquisto e di perdita della qualità di associato o socio)* sowie die mit dieser Eigenschaft verbundenen Rechte und Pflichten *(i diritti e gli obblighi inerenti a tale qualità)* an. Das anwendbare Recht bestimmt dabei unter anderem, ob es eine völlige Vermögenstrennung *(separazione patrimoniale perfetta)* zwischen der Gesellschaft und den Gesellschaftern gibt oder ob die Gesellschafter subsidiär, (un-)begrenzt und ggf solidarisch für die Gesellschaftsverbindlichkeiten einstehen müssen. Diese Fragen, ergeben sich – auch aus insolvenzrechtlicher Perspektive – gerade bei Vorliegen eines **Einzelaktionärs** *(unico azionista)*.[22]

4/13 Die Vorschrift regelt auch die **Haftung für Verbindlichkeiten** der Körperschaft *(responsabilità per le obbligazioni dell'ente)* sowie die Folgen von Verstößen gegen das Gesetz oder den Gründungsakt *(le conseguenze delle violazioni della legge o dell'atto costitutivo)*. Hierbei geht es insbesondere darum, zu bestimmen, welches Gesetz auf die Fragen der Organhaftung anzuwenden

17 *Tonolo* in Conetti/Tonolo/Vismara[3] (2017) 131.

18 *Ballarino*[8] (2016) 169.

19 Vgl unten Rz 4/53 ff.

20 Vgl zur Bestimmung des auf die Organe anwendbaren Rechts *Vismara*, La legge applicabile alle società e alle attività degli amministratori nell'integrazione Europea, Riv.dir.int.priv.proc. 2010, 635 ff.

21 *Ballarino*[8] (2016) 169.

22 Vgl *Malatesta*, In tema di legge regolatrice della responsabilità dell'unico azionista, Riv.dir.int.priv.proc. 2000, 945 ff.

ist: Dies wird bei Anwendung von Art 25 Abs 2 lit h und i IPRG im Zweifel immer das auf die Gesellschaft anzuwendende Recht sein. Es geht dabei nicht nur um eine Haftung der Organe gegenüber der Gesellschaft selbst und damit die Anwendung der ***business judgement rule***. Vielmehr geht es auch um eine etwaige Direkthaftung gegenüber den anderen Personengruppen, insbesondere gegenüber den Gesellschaftern *(soci, shareholder liability)* und gegenüber Dritten, die am Erfolg der Gesellschaft ein berechtigtes Interesse haben *(stakeholder liability)*. Auch repressive Maßnahmen durch das Gericht, insbesondere Fragen der **gerichtlichen Abberufung** bzw der gerichtlich verhängten **Außerkraftsetzung von Organbeschlüssen** usw, fallen in den Regelungsbereich von Art 25 Abs 2 lit h und i IPRG.

3. Regelungsbereiche außerhalb des Wortlauts

Das Wort **insbesondere** *(in particolare)* am Anfang von Abs 2 des Art 25 IPRG verdeutlicht, dass die Aufzählung der Regelungsbereiche nicht abschließend ist.[23] Insoweit gibt es auch jenseits der ausdrücklichen Liste noch weitere Anwendungsbereiche. Besonders einzugehen ist dabei auf den **prozessualen Bereich**: Die Prozessfähigkeit *(capacità di stare in giudizio)*, dh, die Fähigkeit der Gesellschaft zu klagen und verklagt zu werden, ergibt sich ebenso aus dem anwendbaren Gesellschaftsrecht. Dieser Grundsatz entspringt nicht nur der konsequenten Anwendung der EU-rechtlichen Prinzipien,[24] sondern auch direkt aus der italienischen Rechtsprechung.[25] Hinsichtlich der Vertretung der Gesellschaft durch ihre Organe ist anzumerken, dass im Einzelfall nicht die tatsächlich als Organ handelnde natürliche Person nachweisen muss, vertretungsberechtigt zu sein,[26] sondern dass ein etwaiger Beweis mangelnder Vertretungsbefugnis von der Gegenseite zu erbringen ist.[27] 4/14

Zudem bemessen sich die Regelungsbereiche rund um **Aktionärsbindungsverträge** bzw **Syndikatsverträge** *(patti parasociali)* hinsichtlich ihrer gesellschaftsrechtlichen Auswirkungen aus dem anwendbaren Gesellschaftsrecht und nicht aus dem internationalen Vertragsrecht.[28] Dies ist damit zu erklären, dass derartige vertragliche Verbindungen zwischen den Gesellschaftern (bzw zwischen den Gesellschaftern und der Gesellschaft selbst) – trotz ihrer Wirkung *inter partes* und nicht *erga omnes* – so eng mit der Gesellschaft verbunden sind, dass sie dem auf die Gesellschaft selbst anzuwendenden Recht unterliegen.[29] Lediglich hinsichtlich ihres Zustandekommens und ihrer Konformität mit den strikt vertragsrechtlichen Mindestanforderungen ist auf Art 57 IPRG und damit auf die Rom I-VO abzustellen.[30] Insoweit ergibt sich bei Aktionärsbindungsverträgen bzw Syndikatsbindungsverträgen *(patti parasociali)* das anwendbare Recht aus den gesellschaftsrechtlichen IPR-Grundsätzen für den gesellschaftsrechtlichen Regelungsbereich und aus den vertragsrechtlichen Grundsätzen für die strikt „technischen" vertragsrechtlichen Bestimmungen. Es sind demnach die zwei genannten Aspekte des Aktionärsbindungsvertrags unterschiedlichen Anknüpfungskriterien unterworfen *(dépeçage)*. 4/15

---

23 Vgl dazu *Tonolo* in Conetti/Tonolo/Vismara[3] (2017) 132.

24 EuGH, ECLI:EU:C:2005:172, Kommission der Europäischen Gemeinschaften v AMI Semiconductor Belgium BVBA ua, in Riv.dir.int.priv.proc. 2005, 823.

25 KassGH Ziv VS 15. 1. 1996, Nr 264, Riv.dir.int.priv.proc. 1997, 127.

26 LG Trani 22. 1. 1996, Riv.dir.int.priv.proc. 1997, 178.

27 *Tonolo* in Conetti/Tonolo/Vismara[3] (2017) 132.

28 *Draetta*, Brevi note sulla legge applicabile ai patti parasociali, Riv.dir.int.priv.proc. 2004, 565.

29 *Tonolo* in Conetti/Tonolo/Vismara[3] (2017) 134.

30 Vgl dazu unten Rz 9/12 ff.

4/16 Ein **Spannungsverhältnis** zwischen internationalem Gesellschaftsrecht und **internationalem Vertragsrecht** ergibt sich auch aus der Tatsache, dass ja jede Gesellschaft im engeren Sinne bzw jede vom Regelungsbereich von Art 25 IPRG erfasste Körperschaft (etwa Vereine und Stiftungen) bzw sonstige Rechtsform (etwa Trusts) grds durch Vertrag errichtet wird.[31] Der zur Entstehung der Körperschaft führende Vertrag kann dabei entweder als „Vor-Geschäft" zur Entstehung der Gesellschaft betrachtet werden oder als eigenständiger Bestandteil der Gesellschaft selbst. Die erste Variante würde dazu führen, auf den Gesellschaftsvertrag Art 57 IPRG und damit die Rom I-VO[32] anzuwenden und das auf die Gesellschaft anzuwendende Recht nur ab Vervollständigung der Errichtung zur Anwendung zu bringen. Letztlich scheint es völlig praxisfremd und nicht sachgerecht, das auf die Errichtung der Gesellschaft direkt hinwirkende Rechtsgeschäft unter die Anwendung eines anderen Rechts zu stellen als das Recht der zu errichtenden Gesellschaft selbst. Insoweit ist dem Regelungsbereich von Art 25 IPRG grundsätzlich der Charakter der Spezialität gegenüber dem allgemeineren Art 57 IPRG, der auf die Anwendung der Rom I-VO verweist, zuzugestehen. Lediglich geschäftliche Verbindungen bzw Vorverträge, die zwischen den Gründern einer zukünftigen Gesellschaft im Hinblick auf die anstehende Gesellschaftsgründung bestehen, könnten unter Art 57 IPRG und damit unter den Anwendungsbereich der Rom I-VO fallen.[33]

D. Rechtsvergleichende Überlegung zu den Kriterien für die Bestimmung des Personalstatuts

Literatur:

Santagata, Le società estere. La „trasformazione" internazionale, in Cian (Hrsg), Diritto Commerciale II (2014) 779 f; *Ballarino*[8] (2016) 170 f.

4/17 Grundsätzlich lässt sich das Personalstatut entweder aus dem Sitz der Gesellschaft begründen, was mit dem Begriff der **Sitztheorie** *(principio della sede)* charakterisiert wird. Daneben ist die Bestimmung des **Personalstatuts** anhand des Ortes der Gründung möglich, was wiederum mit dem Begriff der **Gründungstheorie** *(principio di costituzione* bzw *principio di incorporazione)* zusammengefasst wird. Die erste Theorie hat ihren Ursprung mehrheitlich im kontinentaleuropäischen Umfeld und lässt sich damit erklären, dass der Staat, in dem die Gesellschaft ihren Sitz hat, ein Interesse daran hat, dass sich diese gut in den heimischen wirtschaftlichen Gesamtkontext einordnet. Die zweite Theorie hat ihren Ursprung im angloamerikanischen Rechtskreis und stellt lediglich auf die Rechtsordnung ab, in dem die Gesellschaft errichtet worden und in dem sie domiziliert ist. Dieser Heimatort *(domicilio)* lässt sich durch Parteiwillen nicht verändern. Vielmehr lässt sich der Ort der Verwaltung bzw der wirtschaftlichen Tätigkeit, dh der Tätigkeitsort *(residenza)*, beliebig verändern. Nach der zweitgenannten Theorie geht es darum, die Identität der Gesellschaft auch hinsichtlich des anzuwendenden Rechts zu wahren, auch wenn diese an einem anderen Ort (oder mehreren anderen Orten) als dem Gründungsort ihren Verwaltungssitz hat bzw eine wirtschaftliche Tätigkeit entfaltet. Aufgrund des EU-Rechts (früher

---

31 Zum Verhältnis der am Trust beteiligten Personen vgl *Milan* in Preite II (2011) 692.

32 Verordnung (EG) 593/2008 (Rom I).

33 Vgl *Tonolo* in Conetti/Tonolo/Vismara[3] (2017) 134.

Gemeinschaftsrechts) wurden die bisherigen unterschiedlichen Ansätze der Sitz- und der Gründungstheorie im Wege der konsequenten Anwendung des EU-Rechts, insbesondere im Hinblick auf das Diskriminierungsverbot und die Niederlassungsfreiheit (Art 49, 54 AEUV), angeglichen.[34]

Aufgrund des EU-Rechts sind Einschränkungen der Niederlassungsfreiheit nur zulässig, wenn sie keine diskriminierende Wirkung haben, aus zwingenden Gründen des Allgemeininteresses gerechtfertigt sind, zur Gewährleistung und Verwirklichung des verfolgten Zieles geeignet sind und verhältnismäßig sind, dh, sich auf das beschränken, was zur Erreichung des Zieles erforderlich ist.[35] **4/18**

E. Verbindung mit dem Gründungsstaat und Grenzen

Literatur:

Tonolo in Conetti/Tonolo/Vismara[3] (2017) 137 f; *Santagata*, Le società estere. La „trasformazione" internazionale, in Cian (Hrsg), Diritto Commerciale II (2014) 781.

Wie bereits mehrfach verdeutlicht, hat der italienische Gesetzgeber in Art 25 Abs 1 IPRG geregelt, dass Gesellschaften und Körperschaften jeder Art vom Recht jenes Staates geregelt werden, in dessen Gebiet der Gründungsvorgang abgeschlossen wurde *(collegamento del luogo di costituzione dell'ente)*. Allerdings enthält gerade jener Abs 1 der eben zitierten Vorschrift eine entscheidende Einschränkung insoweit, als italienisches Recht anzuwenden ist, wenn sich der Sitz der Verwaltung in Italien befindet oder aber der Hauptgegenstand dieser Körperschaften in Italien liegt. Damit wurde der mit Einführung des IPRG abgeschaffte Art 2505 ZGB aF sinngemäß ins IPRG übertragen.[36] Während also der erste Satz von Art 25 Abs 1 IPRG die **Verankerung der Gründungstheorie** *(teoria della incorporazione)* mit sich gebracht hat, scheint sich aus dem Satz 2 eine Eingrenzung dieser Theorie – wenn auch keine völlige „Rückkehr" in das graue Zeitalter der Sitztheorie – ableiten zu lassen. Bevor auf einige praktische Fragen eingegangen wird, ist festzuhalten, dass Art 25 Abs 1 S 1 IPRG die **Regel** darstellt und Abs 2 die **Ausnahme**.[37] **4/19**

Letztlich kann die Sinnhaftigkeit von Art 25 Abs 1 S 2 IPRG nur darin gesehen werden, jeglicher Form des ***renvoi*** *(rinvio)* im Gesellschaftsrechtsbereich den Wind aus den Segeln zu nehmen. So wird eine Gesellschaft, die im Ausland errichtet worden ist und deren **Gegenstand der Betätigung** *(oggetto principale)* aber schwerpunktmäßig in Italien liegt, dem italienischen Recht unterstehen. Aufgrund der klaren Aussage ist es insoweit überflüssig zu prüfen, ob sich aus einem *renvoi* die Anwendung italienischen Rechts ergeben würde. Unter *renvoi* im gesellschaftsrechtlichen Kontext wäre zu verstehen, dass das inländische IPR (auf einen Sachverhalt mit Auslandsberührung) ausländisches Recht des Staates A für anwendbar erklärt und dabei nicht nur das materielle Recht des Staates A, sondern auch das IPR des Staates A umfasst.[38] Liegt eine **4/20**

---

34 *Santagata*, Le società estere. La „trasformazione" internazionale, in Cian (Hrsg), Diritto Commerciale II (2014) 779 f.

35 *Ballarino*[8] (2016) 170 f.

36 Die Abschaffung von Art 2505 ZGB aF ergibt sich aus Art 73 IPRG 1995.

37 Siehe dazu Rz 1/82.

38 Vgl zum *renvoi* Rz 1/107 ff.

derartige **Gesamtverweisung** vor *(richiamo totale)*, dann könnte sich der Umstand ergeben, dass das IPR des Staates A aufgrund abweichender Anknüpfungskriterien wieder auf das italienische Recht zurückverweist, etwa weil das Gesellschaftsrechts-IPR des Staates A an den Sitz der Gesellschaft anknüpft. Sollte sich im Verhältnis von Italien zu einem anderen Staat eine derartige **Rückverweisung** *(rinvio indietro)* ergeben, dann wäre gar nicht erst auf den *renvoi* abzustellen, da hier ohnedies Art 25 Abs 1 S 2 IPRG für Rechtssicherheit sorgt.[39]

4/21 Die sachliche Rechtfertigung für die Anwendung italienischen Rechts auf ausländische Gesellschaften *(applicazione del diritto italiano a persone giuridiche straniere)* und damit für die Einschränkung der reinen Verbindung mit dem Gründungsstaat, die sich – wie eben angesprochen – in Art 25 Abs 1 S 2 IPRG findet, lässt sich mit der **Risikoeinschätzung** durch den italienischen Gesetzgeber erklären.[40] Ohne diese Vorschrift würden Gesellschaften, die im Ausland errichtet worden sind und damit erst einmal dem ausländischen Recht unterstehen, aber in Italien **ihren tatsächlichen Sitz** haben bzw **(nahezu) ausschließlich tätig** wären, unter keinerlei Kontrolle durch das italienische Recht fallen. Legt man Art 25 Abs 1 S 2 IPRG richtig aus, dann darf die Ausnahme von der **Gründungstheorie** *(teoria dell'incorporazione)* nur greifen, wenn der **Hauptgegenstand** *(oggetto principale)* in Italien liegt. Es geht also in der Praxis darum, aufgrund des Gründungsakts *(atto costitutivo)* und des Status *(statuto)* zu bestimmen, wo der Hauptgegenstand angesiedelt ist. Hierbei ist auf eine geographische Bestimmung sowie auf eine Analyse der örtlichen Ausrichtung des Marktes abzustellen. Fraglich ist, ob eine Feststellung des Hauptgegenstands innerhalb Italiens auch dann möglich ist, wenn formell in den Unterlagen der Gesellschaft etwas anderes normiert ist, die Gesellschaft aber *de facto* ihre Haupttätigkeit im italienischen Staatsgebiet ausübt.[41]

4/22 Die Frage, ob der Anwendungsbereich von Art 25 Abs 1 S 2 IPRG im Hinblick auf Art 2507 ZGB reduziert wird, ist differenziert zu beantworten.[42] Solange die Anwendung italienischen Rechts lediglich der Kontrolle gegen Missbrauch durch Einsetzung ausländischer Rechtsformen dient, beschränkt Art 2507 ZGB den **Anwendungsbereich** von Art 25 Abs 1 S 2 IPRG keinesfalls auf null. Wenn allerdings die Niederlassungsfreiheit ausländischer Gesellschaften mit einer zu strikten Auslegung der letztgenannten Vorschrift einherginge, dann müsste Art 2507 ZGB herangezogen werden, um die Wahrung der EU-Grundfreiheiten, dh insbesondere der **Niederlassungs- und Kapitalverkehrsfreiheit**, sicherzustellen.

4/23 Freilich kann sich aus dem **Regel-Ausnahme-Verhältnis** (innerhalb von Art 25 Abs 1 IPRG), das eben beschrieben worden ist, die ein oder andere Schwierigkeit bei der **praktischen Anwendung** ergeben. Dies gilt etwa dann, wenn der Ort der Errichtung der Körperschaft bzw der Personenvereinigung schwer festzumachen ist, was etwa bei grenzüberschreitenden ***Joint Ventures*** immer wieder der Fall ist.[43] Ähnliche Überlegungen könnte man für den **Trust** anstellen, der zwar im gesellschaftsrechtlichen Sinn nicht als Gesellschaft verstanden werden kann, wohl aber im IPR-rechtlichen Sinne unter den weiten Begriff der Gesellschaft zu subsumieren

---

39 *Tonolo* in Conetti/Tonolo/Vismara[3] (2017) 137 f.

40 *Santagata*, Le società estere. La „trasformazione" internazionale, in Cian (Hrsg), Diritto Commerciale II (2014) 781.

41 *Tonolo* in Conetti/Tonolo/Vismara[3] (2017) 138.

42 Zur Bedeutung von Art 2507 ZGB siehe unten Rz 4/24.

43 Siehe dazu etwa *Tonolo* in Conetti/Tonolo/Vismara[3] (2017) 136.

ist.[44] Nachdem Trusts idR durch einseitige Erklärung zustande kommen, ist hinsichtlich des auf den Errichtungsakt anzuwendenden Rechts auf Art 58 IPRG zu verweisen, wonach einseitige Versprechen *(promesse unilaterali)* vom Recht des Staates geregelt werden, in denen sie abgegeben werden.[45]

F. Europarechtskonforme Anwendung italienischen Rechts auf ausländische Gesellschaften

Literatur:

Santagata, Le società estere. La „trasformazione" internazionale, in Cian (Hrsg), Diritto Commerciale II (2014) 780.

Der italienische Gesetzgeber hat sich ausdrücklich dazu bekannt, dass die gesellschaftsrechtlichen Vorschriften zu ausländischen Gesellschaften mit Zweigniederlassungen in Italien und andere Fragen des IPR rund um ausländische Gesellschaften **im Lichte des geltenden EU-Rechts** ausgelegt werden sollen (so Art 2507 ZGB).[46] Mit dieser Kernaussage verdeutlicht der italienische Gesetzgeber die **Normenhierarchie**, aufgrund derer die einschlägigen Grundfreiheiten, insbesondere die **Niederlassungs- und Kapitalverkehrsfreiheit**, bei der Auslegung und Anwendung des nationalen Rechts Vorrang haben. Damit wird die Verbindlichkeit der langjährigen Rechtsprechung des EuGH zur Niederlassungsfreiheit und somit zur gegenseitigen Anerkennung von Gesellschaften innerhalb der EU für direkt anwendbar erklärt.[47] 4/24

Im systematischen Zusammenhang von Art 2507 ZGB befinden sich die Art 2508–2510, in denen weitere IPR-rechtliche Grundsätze aufgestellt wurden, die im Zusammenhang mit Art 25 IPRG auszulegen sind. Diese werden im Weiteren näher erörtert. 4/25

44 Siehe dazu oben Rz 4/7.

45 Zu Trusts vgl unten Rz 4/42 ff.

46 *Santagata*, Le società estere. La „trasformazione" internazionale, in Cian (Hrsg), Diritto Commerciale II (2014) 780 .

47 EuGH, ECLI:EU:C:1988:456, The Queen v Daily Mail; EuGH, ECLI:EU:C:1999:126, Centros Ltd v Erhvervs – og Selskabsstyrelsen; EuGH, ECLI:EU:C:2002:632, Überseering BV v Nordic Construction Company Baumanagement GmbH; EuGH, ECLI:EU:C:2003:512, Kamer van Koophandel en Fabrieken voor Amsterdam v Inspire Art Ltd; EuGH, ECLI:EU:C:2008:723, CARTESIO Oktató és Szolgáltató bt (vgl zu dieser Entscheidung EuGH, ECLI:EU:C:2017:682, Panayi; EuGH, ECLI:EU:C:2017:804, Polbud).

G. Publizitätserfordernisse für ausländische Gesellschaften

Literatur:

Santagata, Le società estere. La „trasformazione" internazionale, in Cian (Hrsg), Diritto Commerciale II (2014) 781; *Cassoni*, L'Anstalt nel diritto internazionale privato italiano, Riv.dir.int.priv.proc. 1976, 210 ff.

I. Gesetzliche Grundlagen

4/26 Gem Art 2508 unterstehen **im Ausland gegründete Gesellschaften** *(società costituite all'estero)*, die in Italien eine oder mehrere **Zweigniederlassungen** mit ständiger Vertretung errichten, für jede dieser Niederlassungen den Bestimmungen der italienischen Gesetze über die öffentliche Bekanntmachung der Rechtshandlungen der Gesellschaft. Festgehalten ist in dieser Vorschrift auch die Bekanntmachung der Identität der **ständigen Vertreter** im Inland.[48]

4/27 Besonders zu beachten ist, dass Dritten, die mit der Zweigniederlassung Geschäfte getätigt haben, **nicht entgegengehalten** werden kann, dass die öffentlich bekanntgemachten Rechtshandlungen nicht mit jenen übereinstimmen, die im Staate, in welchem sich der Hauptsitz *(sede principale)* befindet, öffentlich bekanntgemacht worden sind.

4/28 Die im Ausland gegründeten Gesellschaften unterstehen außerdem hinsichtlich ihrer **Zweigniederlassungen** den Bestimmungen, die den Betrieb des Unternehmens regeln oder die das Unternehmen von der Beachtung besonderer Bedingungen abhängig machen.[49]

4/29 Der italienische Gesetzgeber hat in Art 2508 Abs 4 ZGB auch für die **Zweigniederlassungen ausländischer Gesellschaften** die zentralen gesellschaftsrechtlichen Publizitätskriterien, dh Art 2250 ZGB, für verbindlich erklärt. Gemäß der letztgenannten Vorschrift müssen in den Urkunden und im Schriftverkehr der eingetragenen Gesellschaften der Sitz der Gesellschaft und das Handelsregisteramt, bei dem sie eingetragen ist, und die Zahl der Eintragungen angegeben werden.

II. Unbekannte Gesellschaftsformen

4/30 Gem Art 2509 ZGB unterstehen ausländische Gesellschaften mit einer aus italienischer Perspektive „atypischen" Rechtsform (dh einer Rechtsform, die **von den** in diesem Gesetzbuch **geregelten Rechtsformen verschieden** ist) hinsichtlich der Verpflichtungen zur Eintragung der Rechtshandlungen der Gesellschaft in das Handelsregister und der Haftung der Verwalter den Vorschriften über die Aktiengesellschaft. Hierbei ist unter Anwendung der **Methode der Rechtsvergleichung** zu ermitteln, ob eine ausländische Gesellschaft ein Pendant im italienischen Recht hat.

4/31 Aus der Perspektive Österreichs, Deutschlands, der Schweiz und Liechtensteins kann man davon ausgehen, dass eine **Gesellschaft mit beschränkter Haftung** ihre Entsprechung in der italienischen *società a responsabilità limitata* (srl) hat und die **Genossenschaft** in der italie-

---

48 Gem Art 2508 müssen die Angaben zum Ständigen Vertreter den Vor- und Zunamen, Geburtstag- und -ort sowie Befugnisse der genannten Vertretungspersonen umfassen.

49 *Santagata*, Le società estere. La „trasformazione" internazionale, in Cian (Hrsg), Diritto Commerciale II (2014) 781.

nischen *cooperativa*. Dagegen kann bei einer Gesellschaftsform wie etwa der **liechtensteinischen Anstalt** bzw des **liechtensteinischen Treuunternehmens** davon ausgegangen werden, dass es keine entsprechende Gesellschaftsform im italienischen Recht gibt. Eine liechtensteinische Anstalt bzw ein liechtensteinisches Treuunternehmen müssten daher bei Errichtung einer Zweigniederlassung in Italien für die Publizität die Vorschriften der Aktiengesellschaft *(società per azioni)* befolgen.[50] Wie vom Kassationsgerichtshof mit Hinweis auf Art 16 Vorgesetz ZGB mehrfach verdeutlicht, gilt diese Anerkenntnisregelung etwa für liechtensteinische Anstalten, für die es weder in der italienischen Rechtsordnung noch in anderen Rechtsordnungen ein Pendant gibt.[51]

III. Sanktionen

Werden die einschlägigen Publizitätsvorschriften für ausländische Gesellschaften ignoriert bzw nicht eingehalten, dann droht die drakonische Sanktion der **gesamtschuldnerischen Haftung**. Gem Art 2509bis haften diejenigen, die im Namen der Gesellschaft handeln, bis zur Erfüllung der oben angegebenen Förmlichkeiten unbegrenzt und als Gesamtschuldner für die Verbindlichkeiten der Gesellschaft. Mit dieser Vorschrift wird sichergestellt, dass sich in Italien eine (natürliche bzw juristische Person) befindet, auf welche potentielle inländische Gläubiger bei Missachtung der Publizitätserfordernisse zugreifen können. **4/32**

Würde zB eine nach englischem Recht errichtete *Limited* Gesellschaft, die aufgrund ihres Verwaltungssitzes bzw ihrer Tätigkeit publizitätspflichtig ist, den Publizitätsanforderungen nicht gerecht, wäre die persönliche Haftung der in Italien handelnden Vertreter eröffnet. **4/33**

H. Neueste Entwicklungen in der Europäischen Rechtsprechung zum IPR von Kapitalgesellschaften

Literatur:

Ballarino, Sulla mobilità delle società nella Comunità Europea, da Daily mail a Überseering: Norme imperative, norme di conflitto e libertà comunitarie, Riv.soc. 2004, 669 ff; *Gestri*, Mutuo riconoscimento delle società comunitarie, norme di conflitto nazionali e frode alla legge: il caso Centros, Riv.dir.int. 2000, 71 ff.

I. Ausgangslage

Mit der im Jahre 2017 ergangenen Entscheidung *Polbud*[52] hat der EuGH Kernaussagen seiner bisherigen Rechtsprechung zu den Auswirkungen der Niederlassungsfreiheit *(libertà di stabilimento)* auf Gesellschaften innerhalb des Binnenmarktes bekräftigt und zudem hinsichtlich der grenz- **4/34**

50 Zur Behandlung der Anstalt im italienischen IPR vgl *Cassoni*, L'Anstalt nel diritto internazionale privato italiano, Riv.dir.int.priv.proc. 1976, 210 ff.

51 Vgl KassGH Ziv 15. 2. 1993, Nr 1853; KassGH Ziv 28. 7. 1977, Nr 3352.

52 EuGH, ECLI:EU:C:2017:804, Polbud.

überschreitenden Umwandlung *(trasformazione transfrontaliera)* für Klarheit gesorgt.[53] Wie die weiteren Ausführungen zeigen werden, erleichtert die Entscheidung *Polbud* die **Sitzverlegung** von **italienischen Gesellschaften** ins Ausland und umgekehrt. Hinsichtlich des Gesellschaftsrechts trägt die Entscheidung zur Verschärfung des Wettbewerbs zwischen Rechtsordnungen in Europa bei. Mit seinem sehr attraktiven Kapitalgesellschaftsrecht hat **Italien** im Wettbewerb nichts zu befürchten, sondern kann als attraktiver Gesellschaftsstandort nur gewinnen.

II. Grundlage für die Entscheidung

4/35 Mit einem Beschluss von 2011 entschied die Gesellschafterversammlung einer polnischen Kapitalgesellschaft namens *Polbud*, den bisherigen polnischen Sitz nach Luxemburg zu verlegen. Im Beschluss der Gesellschafter wurde nicht darauf hingewiesen, dass damit auch der Verwaltungssitz von *Polbud* nach Luxemburg verlegt werden sollte. Ebenso wenig ging der Beschluss der Gesellschafter darauf ein, dass der Ort der tatsächlichen Ausübung der wirtschaftlichen Tätigkeit von *Polbud* nach Luxemburg verlegt werden sollte. Dieser Beschluss führte zur Eröffnung des Liquidationsverfahrens; es kam zu einer entsprechenden Eintragung ins Handelsregister in Polen sowie zur Bestellung eines Liquidators. Der satzungsmäßige Sitz von *Polbud* wurde im Jahr 2013 nach Luxemburg verlegt. *Polbud* wurde zu einer Gesellschaft luxemburgischen Rechts mit dem Namen „Consoil Geotechnik Sàrl". Gleichzeitig wurde von *Polbud* beim örtlich und sachlich zuständigen polnischen Registergericht beantragt, die Gesellschaft *Polbud* aus dem polnischen Handelsregister zu löschen.

4/36 Das Registergericht lehnte den Löschungsantrag ab. Die Abweisung des Löschungsantrags durch das polnische Register wurde von *Polbud* beim örtlich und sachlich zuständigen Gericht bekämpft. Im Rechtsmittelverfahren legte der Oberste Gerichtshof Polens *(Sąd Najwyższy)* den Fall dem EuGH zur Vorabentscheidung vor. Es war zu prüfen, ob die Niederlassungsfreiheit für die Verlegung lediglich des satzungsmäßigen Sitzes einer nach dem Recht eines Mitgliedstaats gegründeten Gesellschaft in einen anderen Mitgliedstaat gilt, wenn die Gesellschaft ohne Verlegung ihres tatsächlichen Sitzes in eine dem Recht dieses anderen Mitgliedstaats unterliegende Gesellschaft umgewandelt wird. Zudem war zu klären, ob die polnische Regelung, welche die Löschung im Handelsregister davon abhängig macht, dass die Gesellschaft am Ende eines Liquidationsverfahrens aufgelöst wird, mit der Niederlassungsfreiheit vereinbar ist. Der EuGH hat betont, dass alle Gesellschaften, die nach dem Recht eines Mitgliedstaats gegründet wurden und ihren satzungsmäßigen Sitz, ihre Hauptverwaltung oder ihre Hauptniederlassung innerhalb der Europäischen Union haben, von der Niederlassungsfreiheit profitieren.

III. Auswirkungen der Niederlassungsfreiheit auf die Mobilität von Gesellschaften

4/37 Die Niederlassungsfreiheit umfasst den Anspruch der Gesellschaft auf Umwandlung in eine dem Recht eines anderen Mitgliedstaats unterliegende Gesellschaft. Somit hat auch *Polbud* aufgrund der Niederlassungsfreiheit einen Anspruch auf Umwandlung in eine Gesellschaft lu-

53 Zur Mobilität von Gesellschaften innerhalb der EU vgl *Ballarino*, Sulla mobilità delle società nella Comunità Europea, da Daily mail a Überseering: Norme imperative, norme di conflitto e libertà comunitarie, Riv.soc. 2004, 669 ff.

xemburgischen Rechts. Dieser Anspruch besteht, soweit *Polbud* die nach luxemburgischem Recht für die Gründung einer Gesellschaft geltenden Voraussetzungen erfüllt.

Zudem ist erforderlich, dass *Polbud* die Kriterien erfüllt, die in Luxemburg für die Verbundenheit einer Gesellschaft mit seiner nationalen Rechtsordnung erforderlich sind. Laut EuGH ist die Niederlassungsfreiheit uneingeschränkt anzuwenden, auch wenn die Gesellschaft ihre Geschäftstätigkeit im Wesentlichen oder ausschließlich im ersten Mitgliedstaat ausüben möchte. 4/38

IV. Frage des Missbrauchs

Freilich stand auch hier – wie in vielen Entscheidungen zu den Grundfreiheiten im Gesellschaftsrecht – die Frage nach dem nicht schützenswerten Missbrauch im Vordergrund. Laut EuGH handelt es sich im konkreten Fall nicht um erheblichen Missbrauch. Der Beschluss von *Polbud*, nur ihren satzungsmäßigen Sitz (und nicht ihren tatsächlichen Sitz) nach Luxemburg zu verlegen, führt nicht zum Ausschluss der Anwendung der Niederlassungsfreiheit.[54] Das polnische Recht verlangt die Durchführung der Liquidation der heimischen Gesellschaft, bevor – bei Verlegung des satzungsmäßigen Sitzes – eine Löschung im polnischen Handelsregister vorgenommen werden kann. 4/39

Das polnische Recht definiert diese Art der Liquidation sehr weit; es sind davon folgende Punkte umfasst: Beendigung der laufenden Geschäfte und Beitreibung der Forderungen der Gesellschaft, Erfüllung der Verbindlichkeiten und Verflüssigung des Gesellschaftsvermögens, Befriedigung oder Absicherung der Gläubiger, Erstellung eines Finanzberichts über die Vornahme dieser Handlungen und Benennung des Verwahrers der Bücher und Unterlagen der abzuwickelnden Gesellschaft. Der EuGH hat befunden, dass das polnische Recht mit dieser spezifischen Regelung zur Liquidation geeignet ist, die grenzüberschreitende Umwandlung einer Gesellschaft zu erschweren oder gar zu verhindern. Die Regelung, die bei grenzüberschreitender Umwandlung die Liquidation vorschreibt, beschränkt insoweit die Niederlassungsfreiheit. Die polnische Liquidationsvorschrift ist laut EuGH zu undifferenziert. Die Liquidationsverpflichtung gilt ausnahmslos. Im Recht des Mitgliedstaats fehlt eine Prüfung, ob eine konkrete Gefahr für *Shareholder* oder *Stakeholder* besteht. Die auf *Polbud* angewendete gesetzliche Regelung schießt insoweit über das Ziel hinaus. Das legitime Ansinnen des Mitgliedstaats, missbräuchliche Verhaltensweisen zu bekämpfen, kann die durchgängig geltende Liquidationsverpflichtung nicht rechtfertigen. Laut EuGH kommt die allgemeine Pflicht zur Durchführung eines Liquidationsverfahrens einer allgemeinen Missbrauchsvermutung gleich. 4/40

Der EuGH hat insoweit ein sehr strenges Maß an gesetzliche Regelungen gelegt, die eine Sitzverlegung beinträchtigen können. Bei der Gestaltung grenzüberschreitender **Sitzverlegungen von Italien in einen anderen EU-Mitgliedstaat** besteht diesbezüglich keine Gefahr, dass das italienische Recht die Niederlassungsfreiheit behindert.[55] Bei einer umgekehrten **Sitzverlegung nach Italien** ist jeweils zu prüfen, ob das anwendbare ausländische Recht eine dem in der *Polbud*-Entscheidung für rechtswidrig befundene Rechtslage aufweist. 4/41

54 Zu Fragen des Missbrauchs in diesem Zusammenhang vgl schon *Gestri*, Mutuo riconoscimento delle società comunitarie, norme di conflitto nazionali e frode alla legge: il caso Centros, Riv.dir.int. 2000, 71 ff.

55 Vgl dazu oben Rz 4/4.

I. Die Anerkennung von Trusts im italienischen Recht

Literatur:

Tonolo in Conetti/Tonolo/Vismara[3] (2017) 136 f; *Schurr*, Trusts in Civil Law Environments, in Nolan/Low/Tang (Hrsg), Trusts and Modern Wealth Management (2018) 510 f; *Carbone*, Autonomia privata, scelta della legge regolatrice del trust e riconoscimento dei suoi effetti nella Convenzione dell'Aja del 1985, Riv.dir.int.priv.proc. 1999, 774 ff; *Contaldi*, Il trust nel diritto internazionale privato italiano (2005); *Lupoi*, Istituzioni del diritto dei trust negli ordinamenti di origine e in Italia[3] (2016); *Lupoi*, Trusts[2] (2001); *Luzzatto*, „Legge applicabile" e „riconoscimento" di trusts secondo la Convenzione dell'Aja del 1 luglio 1985, Riv.dir.int.priv.proc. 1999, 5 ff; *Milan* in Preite II (2011) 692; *Ballarino*[8] (2016) 174; *Crespi*, Le fusioni transfrontaliere davanti alla Corte di Giustizia: il caso Sevic, Riv.dir.int.priv.proc. 2007, 345 ff.

I. Grundlagen

4/42 Das Haager Trustübereinkommen (HTÜ) bestimmt die IPR-rechtliche Behandlung von Trusts in Italien.[56] In Italien ist der Trend spürbar, wonach der Trust nicht nur in der angelsächsischen Welt, sondern auch im *civil law*-Rechtskreis an Bedeutung gewonnen hat, etwa als Instrument für internationale Finanztranskationen, als **Alternative für letztwillige Verfügungen** *(will substitute)*, für die **Gestaltung von Vermögensverhältnissen** bzw für **gemeinnützige Zielsetzungen.**[57] Gerade in Italien ist das Interesse für den Trust wesentlich früher zum Ausdruck gekommen als etwa in Österreich oder Deutschland.[58] Unter einem Trust versteht man im anglo-amerikanischen Rechtskreis ein Rechtsverhältnis, bei dem bestimmte Vermögenswerte **treuhänderisch** auf eine oder mehrere Personen *(trustees)* **übertragen** werden, welche diese zu verwalten und für einen vom Treugeber *(settlor)* vorgegebenen Zweck zu verwenden haben.[59]

4/43 Das HTÜ wurde in Italien (und gleichzeitig in Luxemburg und den Niederlanden) bereits am 1.7.1985 unterzeichnet. Nachdem es vom Vereinigten Königreich, von Italien und von Australien ratifiziert worden war, trat es am 1. 1. 1992 in Kraft.[60]

II. Das auf „italienische Trusts" anwendbare Recht

4/44 Für die italienische Praxis besonders wichtig sind die Bestimmungen des HTÜ zu dem auf den jeweiligen Trust **anwendbaren Recht.** Die damit verbundene in Italien gewährleistete Anerkennung von Trusts unter dem HTÜ bewirkt, dass das Trustvermögen im Falle eines Konkurses

---

56 Siehe dazu *Tonolo* in Conetti/Tonolo/Vismara[3] (2017) 136 f.

57 *Schurr*, Trusts in Civil Law Environments, in Nolan/Low/Tang (Hrsg), Trusts and Modern Wealth Management (2018) 510 f.

58 Aus dem ital Schrifttum zu IPR-rechtlichen Fragen des Trusts vgl etwa *Carbone*, Autonomia privata, scelta della legge regolatrice del trust e riconoscimento dei suoi effetti nella Convenzione dell'Aja del 1985, Riv.dir.int.priv.proc. 1999, 774 ff; *Contaldi*, Il trust nel diritto internazionale privato italiano (2005); *Lupoi*, Istituzioni del diritto dei trust negli ordinamenti di origine e in Italia[3] (2016); *Lupoi*, Trusts[2] (2001); *Luzzatto*, „Legge applicabile" e „riconoscimento" di trusts secondo la Convenzione dell'Aja del 1 luglio 1985, Riv.dir.int.priv.proc. 1999, 5 ff.

59 *Milan* in Preite II (2011) 692.

60 *Schurr*, Trusts in Civil Law Environments, in Nolan/Low/Tang (Hrsg), Trusts and Modern Wealth Management (2018) 515 f.

des *Trustee* stets aussonderbar bleibt. Zudem werden eigentumsrechtliche Fragen, dh das Eigentum des *Trustee* an den Trustgütern, geregelt.[61]

Das Übereinkommen kommt nicht nur **zwischen Vertragsstaaten** zur Anwendung, sondern **auch** dann, wenn das anzuwendende Recht dasjenige eines **Nichtvertragsstaats** ist.[62] Dies ergibt sich *ex contrario* aus Art 21 HTÜ. Insoweit kann für italienische Parteien ein Trust nach dem Recht einer beliebigen Trust-Rechtsordnung errichtet werden,[63] wobei in Italien volle Anerkennung gewährleistet ist. **4/45**

Nach Art 6 HTÜ unterliegt jeder Trust grundsätzlich dem vom *Settlor* gewählten Recht. Möchte zB ein italienisches Ehepaar zur Regelung der Nachfolge als Alternative zu einem Testament *(will substitute)* einen Trust errichten, dann muss diese **Rechtswahl ausdrücklich** sein oder sich durch Auslegung aus dem Errichtungsgeschäft ergeben. Fehlt eine Rechtswahl gem Art 6 oder geht sie ins Leere (etwa, weil das gewählte Recht keine Vorschriften über Trusts enthält), erfolgt **subsidiär eine objektive Anknüpfung**. Der Trust untersteht dann demjenigen Recht, mit welchem er die engste Verbindung hat, so etwa der Ort der Verwaltung bzw die Belegenheit des Trust-Vermögens.[64] **4/46**

III. Der Trust als „Gesellschaft“ im Sinne des IPR

Wie oben bereits angesprochen,[65] regelt Art 25 IPRG das Personalstatut von Gesellschaften. Betroffen sind neben den Gesellschaften im engeren Sinne (so zB der AG) auch die Rechtspersonen, die typischerweise keine Gewinnerzielungsabsicht haben *(enti non profit)*, darunter fallen etwa **Vereine** *(associazioni)* und **Stiftungen** *(fondazioni)*. Fraglich ist, ob auch Trusts, die wegen der Umsetzung des eben beschriebenen Haager Trust Übereinkommens in Italien im Laufe der Jahre errichtet wurden, unter diesen Gesellschaftsbegriff fallen. Nachdem Art 25 IPRG auch Einrichtungen ohne ein mitgliedschaftliches Element *(enti privi di natura associativa)* umfassen, ist davon auszugehen, dass die Regelungen zum Personalstatut, die sich in Art 25 IPRG finden, auch für Trusts Wirksamkeit entfalten.[66] **4/47**

IV. Steigerung der Rechtssicherheit für „italienische Trusts“ durch neueste EuGH-Rechtsprechung

In einer aktuellen Entscheidung hat der EuGH entschieden, dass die **Niederlassungsfreiheit** auf Trusts voll anzuwenden ist.[67] Damit hat der EuGH insbesondere auch für Trusts mit **italienischen Begünstigten**, mit einem **italienischen *Trustee*** bzw mit **italienischem Trustvermögen** für Rechtssicherheit im europäischen Binnenmarkt gesorgt. Bei der konkreten Entscheidung handelte es sich um ein Vorabentscheidungsverfahren: Der EuGH hatte sich mit der Frage zu befassen, ob eine Steuer, die vom Vereinigten Königreich verhängt worden war, **4/48**

---

61 Vgl *Tonolo* in Conetti/Tonolo/Vismara[3] (2017) 136.
62 *Milan* in Preite II (2011) 692 f.
63 So zB Jersey, Guernsey, Neuseeland, die Britischen Jungferninseln, Irland usw.
64 *Milan* in Preite II (2011) 692 f.
65 Vgl oben Rz 4/7.
66 *Ballarino*[8] (2016) 174.
67 EuGH, ECLI:EU:C:2017:682, Panayi.

mit dem EU-Recht vereinbar war. Die Steuer betraf die **Migration** eines UK-Trusts ins Ausland. Die Hauptfrage war, ob Trusts **von den Grundfreiheiten profitieren** und ob diese Grundfreiheiten herangezogen werden können, um diese *Exit Tax* zu bekämpfen. Der EuGH hatte keinen Zweifel, dass die Grundfreiheiten auf Trusts anzuwenden sind.[68] Im vorliegenden Fall ging es um die Migration eines Trusts vom Vereinigten Königreich nach Zypern. Insoweit war der Anwendungsbereich der Grundfreiheiten eröffnet. Für **Italien** ist die **Entscheidung** insoweit **gültig**, wenn es um die Migration eines italienischen Trusts in einen anderen EU-Mitgliedstaat geht bzw um die umgekehrte Migration nach Italien.

4/49 Freilich musste erst geklärt werden, ob der **Trust als Gesellschaft** im Sinne von Art 54 Abs 2 AEUV verstanden werden kann. Art 49 Abs 1 AEUV schreibt die Beseitigung von Beschränkungen der freien Niederlassung von Staatsangehörigen eines Mitgliedstaats im Hoheitsgebiet eines anderen Mitgliedstaats vor.

4/50 Nach Art 54 Abs 1 AEUV stehen die nach den Rechtsvorschriften eines Mitgliedstaats gegründeten **Gesellschaften** für die Anwendung der Bestimmungen des AEUV über die **Niederlassungsfreiheit** natürlichen Personen gleich, die Angehörige der Mitgliedstaaten sind.

4/51 Dies gilt für **Gesellschaften** und **andere rechtliche Einheiten**, die ihren satzungsmässigen Sitz, ihre Hauptverwaltung oder ihre Hauptniederlassung innerhalb der Union haben. Als Gesellschaften gelten nach Art 54 Abs 2 AEUV die Gesellschaften des bürgerlichen Rechts und des Handelsrechts einschließlich der Genossenschaften und die sonstigen juristischen Personen des öffentlichen und privaten Rechts mit **Ausnahme** derjenigen, die **keinen Erwerbszweck** verfolgen. Die Niederlassungsfreiheit ist eine der grundlegenden Vorschriften des Unionsrechts und ist sehr weitreichend.[69] Darunter versteht man eine Einheit, die nach dem nationalen Recht über Rechte und Pflichten verfügt, die es ihr erlauben, ungeachtet des Fehlens einer speziellen Rechtsform als solche im Rechtsverkehr aufzutreten.[70] Diese Einheit muss einen Erwerbszweck verfolgen. Beim Trust liegt zwischen dem ***Settlor***, dem ***Trustee*** und den ***Beneficiaries*** eine Verbindung vor, aufgrund derer der Trust – trotz Fehlens der Rechtspersönlichkeit – als eine Einheit betrachtet werden muss.

4/52 Für Trusts, die in **Italien** im Zuge der Anwendung des HTÜ unter Wahl eines ausländischen Rechts errichtet wurden, gilt demnach, dass aufgrund der eben beschriebenen EuGH-Rechtsprechung[71] eine Migration in einen anderen EU-Mitgliedstaat möglich ist, da die unsichtbare Verbindung zwischen dem ***Trustee*** (mit Sitz in **Italien**), dem ***Settlor*** und den ***Beneficiaries*** letztlich für die internationalprivatrechtliche Ausrichtung wie eine **italienische Kapitalgesellschaft** behandelt wird.

---

68 Der EuGH folgte im Ergebnis weitgehend der Entscheidung E-3/13 and E-20/13 des EFTA-Gerichtshofs im Fall *Olsen* vom 9. 7. 2014.

69 EuGH, ECLI:EU:C:2011:334, Europäische Kommission v Belgien; EuGH, ECLI:EU:C:2005:762, SEVIC Systems AG; vgl dazu *Crespi*, Le fusioni transfrontaliere davanti alla Corte di Giustizia: il caso Sevic, Riv.dir. int.priv.proc. 2007, 345 ff.

70 So auch Schlussanträge der Generalanwältin Kokott Nr 33 f.

71 EuGH, ECLI:EU:C:2017:682, Panayi.

J. Grenzüberschreitende Sitzverlegungen und Fusionen

Literatur:

Tonolo in Conetti/Tonolo/Vismara³ (2017) 140 f.

Zuletzt ist noch auf die in Art 25 Abs 3 IPRG geregelten Fälle der grenzüberschreitenden Sitzverlegungen und Fusionen *(trasferimenti di sede all'estero e fusioni con sedi in stati diversi)* einzugehen. Gemäß dieser Vorschrift sind Verlegungen des von der Satzung bestimmten Sitzes in einen anderen Staat und Verschmelzungen von Körperschaften, die ihren Sitz in verschiedenen Staaten haben, nur dann wirksam, wenn sie in Übereinstimmung mit dem Recht der davon betroffenen Staaten *(conformemente alle leggi di detti Stati interessati)* vorgenommen werden. **4/53**

Das Verhältnis zwischen Art 25 Abs 1 und Abs 3 IPRG lässt sich einfach bestimmen. Um festzustellen, welcher Ort der tatsächliche Sitz der Gesellschaft sei, ist auf das **Recht** abzustellen, in dessen **Geltungsbereich** die Gesellschaft errichtet worden ist (Art 25 Abs 1 IPRG). Für diese entscheidende Frage hat also Art 25 Abs 1 grundsätzlich keine Bedeutung.[72] **4/54**

Art 25 Abs 3 IPRG stellt im Vergleich zu den anderen Absätzen des Art 25 IPRG einen **Systembruch** dar, da es sich nicht um eine IPR-Bestimmung im engeren Sinne handelt, sondern eher um eine materielle Rechtsvorschrift. Im Zusammenspiel mit Art 25 Abs 2 lit c IPRG ist anzumerken,[73] dass die Gründung *(costituzione)*, die Umwandlung *(trasformazione)* und das Erlöschen *(estinzione)* ohnedies von dem auf die Gesellschaft anwendbaren Recht geregelt sind. Daher kann es durchaus sein, dass sich in Anwendung von Art 25 Abs 2 lit c IPRG die Zulässigkeit und die Modalitäten einer grenzüberschreitenden Sitzverlegung bzw Fusion im Einzelfall (auch) **nach ausländischem Recht** bestimmen. Dagegen lässt sich aus Abs 3 lediglich die Kompetenz des italienischen Richters ableiten, zu prüfen, ob die Veränderung aus italienischer Sicht anzuerkennen ist; dies wird im Einzelfall regelmäßig zu bejahen sein, wenn die materiellrechtlichen Regelungen der nach Abs 25 Abs 2 lit c anzuwendenden Rechtsvorschriften beachtet wurden. Freilich erfordert die grenzüberschreitende Sitzverlegung eine **rechtsvergleichende Analyse**. So kann eine italienische Gesellschaft nur dann ihren Sitz in eine andere Rechtsordnung verlegen, wenn dort eine Gesellschaft mit ähnlichen Wesenszügen als „neues Kleid" gewählt wird. So ist bspw die Sitzverlegung einer italienischen Aktiengesellschaft verbunden mit einer Umwandlung in eine österreichische bzw deutsche Aktiengesellschaft möglich, selbst wenn die Gesellschaft im Hinblick auf ihre *Corporate Governance* an die in Österreich bzw Deutschland übliche Form des **dualistischen Systems** angepasst werden müsste. Dagegen wäre eine grenzüberschreitende Sitzverlegung dann problematisch, wenn die Sitzverlegung dazu führen würde, dass die neue Gesellschaftsform im Ausland einen Typus darstellen würde, der in Italien unbekannt ist. Diese Schwierigkeiten, die von der Rechtsprechung bejaht worden sind,[74] müssen jedenfalls gegenüber Drittstaaten gelten, können allerdings innerhalb der EU im Hinblick auf die gegenseitige Anerkennung von Gesellschaftsformen im Wege der Niederlassungsfreiheit beseitigt werden. **4/55**

---

72 KassGH Ziv VS 16. 2. 2006, Nr 3368, Riv.dir.int.priv.proc. 2006, 1074.

73 Vgl dazu oben Rz 4/10.

74 OLG Torino 1. 12. 1995, Riv.dir.int.priv.proc. 1997, 685.

4/56 Bei der Planung der **Fusion** einer **italienischen Gesellschaft** mit einer **ausländischen Gesellschaft** muss in Anlehnung an Art 25 Abs 2 lit c und Abs 3 IPRG erst einmal geprüft werden, ob das Recht der betreffenden Gesellschaft die Fusion mit einer italienischen Gesellschaft zulässt. Hierbei ist die Kompatibilität mit dem Typus zu prüfen. Dann erst wird konkret geprüft werden, ob das italienische Recht, das wegen der Zugehörigkeit der zu fusionierenden Gesellschaft zu Italien (auch) einschlägig ist, eine entsprechende Fusion zulässt. Hier ist nun aus italienischer Perspektive die Kompatibilität der Typen zu prüfen. Dennoch ist hinsichtlich der einzelnen zur Gesetzeskonformität verpflichteten juristischen Personen zu differenzieren. Bei einer Fusion von Gesellschaften aus mehreren Rechtsordnungen kann die italienische Gesellschaft nur dazu verpflichtet sein, das italienische materielle Gesellschaftsrecht samt der speziellen Vorschrift von Abs 3 iVm Art 25 Abs 2 lit c IPRG zu beachten. Dagegen sind die anderen ausländischen Gesellschaften, die an der Fusion beteiligt sind, ihrerseits angehalten, die Vorschriften des eigenen Rechts zu beachten.[75]

Zusätzliche Literatur:

Angelici, Le società nel nuovo diritto internazionale privato, in La riforma del sistema di diritto internazionale privato e processuale, Quaderni Rivista trimestrale di diritto e procedura civile (1996) 111 ff; *Azzolini*, Problemi relativi alle persone giuridiche nella riforma del diritto internazionale privato, Riv.dir.int.priv.proc. 1993, 893 ff; *Ballarino*, Sulla mobilità delle società nella Comunità Europea, da Daily mail a Überseering: Norme imperative, norme di conflitto e libertà comunitarie, Riv.soc. 2004, 669 ff; *Ballarino*, Le società per azioni nella disciplina internazional-privatistica, in Colombo/Portale (Hrsg), Trattato delle società per azioni IX (1994) 1; *Benedettelli*, Diritto internazionale privato delle società e ordinamento comunitario, in Picone (Hrsg), Diritto internazionale privato e diritto comunitario (2004) 205 ff; *Broggini*, La riforma del diritto internazionale privato. Società ed altri enti, in Comitato regionale notarile lombardo (Hrsg), La riforma del diritto internazionale privato, Atti della giornata di Studio (1996) 57 ff; *Capelli*, Le società costituite all'estero secondo la nuova disciplina italiana, Dir. comunit. 1996, 187 ff; *Capotorti*, La nazionalità delle società (1953); *ders*, Considerazioni sui conflitti di leggi in materia di società, Riv.dir.int.priv.proc. 1965, 623 ff; *Carbone*, Lex mercatus e lex societatis tra principi di diritto internazionale privato e disciplina dei mercati finanziari, Riv.dir.int.priv.proc. 2007, 27 ff; *Caruso*, Le società nella CEE – contributo alla teoria della nazionalità delle società (1969); *Cassoni*, L'Anstalt nel diritto internazionale privato italiano, Riv.dir.int.priv.proc. 1976, 210 ff; *Coscia*, Il riconoscimento delle società straniere (1984); *Crespi*, Le fusioni transfrontaliere davanti alla Corte di Giustizia: il caso Sevic, Riv.dir.int.priv.proc. 2007, 345 ff; *ders*, Il trasferimento all'estero della sede delle società: la sentenza Cartesio, Riv.dir.int.priv.proc. 2009, 869 ff; *Damascelli*, I confliti di legge in materia di società (2004); *Draetta*, Brevi note sulla legge applicabile ai patti parasociali, Riv.dir.int.priv.proc. 2004, 565 ff; *Gestri*, Mutuo riconoscimento delle società comunitarie, norme di conflitto nazionali e frode alla legge: il caso Centros, Riv.dir.int. 2000, 71 ff; *Malatesta*, In tema di legge regolatrice della responsabilità dell'unico azionista, Riv.dir.int.priv.proc. 2000, 945 ff; *Migliazza*, I problemi di diritto internazionale relativi alla creazione di una società commerciale europea, Riv.dir.int.priv. proc. 1970, 761 ff; *Picone*, Diritto internazionale privato e riconoscimento di „Anstalten" e „Treuunternehmen" nell'ordinamento italiano, Comunicazioni e studi dell'Istituto di Diritto Internazionale e Straniero dell'Università di Milano XV (1978) 83 ff; *Pietrobon*, L'interpretazione della nozione comunitaria di filiale (1990); *Santa Maria*, Le società nel diritto internazionale privato^2 (1973); *Seatzu*, Sulla nuova disciplina delle società nel diritto internazionale privato italiano, Giust.civ. 1997, 830 ff; *Vismara*, La legge applicabile alle società e alle attività degli amministratori nell'integrazione europea, Riv.dir.int.priv.proc. 2010, 635 ff.

75 Siehe *Tonolo* in Conetti/Tonolo/Vismara^3 (2017) 140 f.

§ 5 Familienrecht

A. Eheversprechen

Literatur:[1]

Corbetta in Zaccaria[3] (2016) Art 26 L 31. 5. 1995, n. 218; *Bertaso* in Sesta[3] (2015) Art 26 L 31. 5. 1995, n. 218, 3197 ff; *Mosconi/Campiglio II*[4] (2016) 85 f; *Boschiero* in Bariatti, Riforma, Nuove leggi civ.comm. 1996, Art 26, 1148 ff; *Saravalle*, Riforma, Riv.dir.int.priv.proc. 1996, Art 26, 1043 ff; *Queirolo* in Preite I (2011) 736 ff.

Hauptanknüpfungskriterium für das Eheversprechen *(promessa di matrimonio)* ist das **gemeinsame Heimatrecht** der Verlobten. Mangels eines solchen ist das italienische Recht anzuwenden (Art 26 IPRG).[2] Maßgeblicher **Anknüpfungszeitpunkt** ist jener, in dem sich die Rechtsfrage stellt.[3] Die Fragen der **Handlungsfähigkeit** unterliegen hingegen dem Heimatrecht des betreffenden Verlobten (Art 20 und 23 IPRG).[4] Die **Formvoraussetzungen** des Eheversprechens bestimmen sich nach dem Recht, das für das Eheversprechen selbst maßgeblich ist.[5] Dasselbe gilt für Ansprüche aufgrund der **Verletzung des Versprechens.**[6] **5/1**

Nach italienischem Recht verpflichtet das Eheversprechen nicht zur Ehe (Art 79 ZGB), wohl aber zur Rückgabe der Geschenke sowie zum Ersatz des Schadens für die getätigten Auslagen oder eingegangenen Verbindlichkeiten (Art 80 und 81 ZGB). Ausländische Rechtsordnungen, die die Verlobten zur Ehe oder im Falle des Rücktritts vom Eheversprechen zu im Voraus bestimmten Zahlungen verpflichten, verstoßen gegen den Grundsatz der **Ehefreiheit** *(libertà matrimoniale* – Art 79 ZGB) und folglich gegen den **ordre public.**[7]

B. Ehevoraussetzungen

Literatur:

Corbetta in Zaccaria[3] (2016) Art 27 L 31. 5. 1995, n. 218 und Art 115–116 ZGB; *Bertaso* in Sesta[3] (2015) Art 27 L 31. 5. 1995, n. 218, 3199 ff; *Campione* in Sesta[3] (2015) Art 115–116 ZGB, 366 ff; *Saravalle*, Riforma, Riv.dir.int.priv.proc. 1996, Art 27, 1047 ff; *Carella* in Bariatti, Riforma, Nuove leggi civ.comm. 1996, Art 27, 1157 ff; *Nascimbene/Bergamini* in Bonilini famiglia I (2016) 261 ff; *Queirolo* in Preite I (2011) 749 ff.

---

1 Die *Università degli Studi di Verona* hat eine ausführliche Bibliografie zur Familie im italienischen und europäischen internationalen Privatrecht erstellt. Sie ist unter folgendem Link verfügbar: cde.univr.it/wp-content/uploads/dossier_diritto_famiglia_mar.2018.pdf (letzter Besuch: 28. 6. 2019).

2 Vgl krit zur Bevorzugung der *lex fori Saravalle*, Riforma, Riv.dir.int.priv.proc. 1996, Art 26, 1046. Die Weiterverweisung ist nicht ausgeschlossen. Vgl *Corbetta* in Zaccaria[3] (2016) Art 26 L 31. 5. 1995, n. 218, III, 2.

3 *Corbetta* in Zaccaria[3] (2016) Art 26 L 31. 5. 1995, n. 218, III, 3.

4 *Corbetta* in Zaccaria[3] (2016) Art 26 L 31. 5. 1995, n. 218, III, 4.

5 *Mosconi/Campiglio II*[4] (2016) 85 f; *Boschiero* in Bariatti, Riforma, Nuove leggi civ.comm. 1996, Art 26, 1153; *Saravalle*, Riforma, Riv.dir.int.priv.proc. 1996, Art 26, 1045.

6 *Boschiero* in Bariatti, Riforma, Nuove leggi civ.comm. 1996, Art 26, 1153; *Saravalle*, Riforma, Riv.dir.int.priv.proc. 1996, Art 26, 1044 f.

7 *Boschiero* in Bariatti, Riforma, Nuove leggi civ.comm. 1996, Art 26, 1148; *Corbetta* in Zaccaria[3] (2016) Art 26 L 31. 5. 1995, n. 218, III, 6. *Mosconi/Campiglio II*[4] (2016) 85 qualifiziert Art 79 ZGB insofern als Eingriffsnorm.

I. Autonomes Kollisionsrecht

1. Sachlicher Anwendungsbereich

5/2 Zu den **materiellen Ehevoraussetzungen** *(condizioni per contrarre matrimonio)* zählen die Ehefähigkeit *(capacità di contrarre matrimonio)* und die anderen Voraussetzungen für die Eheschließung, wie das Fehlen von Ehehindernissen oder Willensmängeln *(impedimenti e vizi di volontà)*.[8] Die **Rechtsfolgen** der Verletzung von Ehevoraussetzungen sowie die Fristen für deren Geltendmachung knüpfen an das für die Ehevoraussetzungen selbst maßgebliche Recht an.[9]

2. Anknüpfung

5/3 Die Ehevoraussetzungen bestimmen sich nach dem **Heimatrecht** eines jeden Verlobten (Art 27 IPRG).[10] Bei gemischten Ehen, wenn also ein gemeinsames Heimatrecht fehlt, sind die einseitigen Ehevoraussetzungen (wie zB das Mindestalter) für jeden Ehegatten getrennt nach dem jeweiligen Personalstatut zu beurteilen (**gekoppelte oder distributive Anwendung**; *applicazione disgiuntiva/distributiva*). Bilaterale Ehehindernisse (wie etwa die Verwandtschaft zwischen den Ehegatten) stehen einer Ehe jedoch selbst dann im Wege, wenn sie nur von einem Personalstatut vorgesehen sind (kumulative Anwendung; *applicazione cumulativa*).[11] **Weiter- bzw Rückverweisung** sind nach Art 13 IPRG zulässig.[12]

5/4 **Maßgeblicher Anknüpfungszeitpunkt** ist jener der Eheschließung.[13] Ein späterer Wechsel der Staatsbürgerschaft hat keine Auswirkungen auf die Gültigkeit der Ehe. Eine **Heilung** der ursprünglich ungültigen Ehe durch ein neues Heimatrecht ist ausgeschlossen.[14]

5/5 Bei Widerspruch gegen den ***ordre public*** kann die Anwendung fremden Rechts ausgeschlossen werden (Art 16 IPRG).[15]

---

8 *Saravalle*, Riforma, Riv.dir.int.priv.proc. 1996, Art 27, 1047 f; *Carella* in Bariatti, Riforma, Nuove leggi civ.comm. 1996, Art 27, 1158; *Ballarino*[8] (2016) 175. Die Ehefähigkeit knüpft somit gleich wie die Rechts- und Handlungsfähigkeit (*capacità giuridica e capacità d'agire*; Art 20 und 23 IPRG) an das Heimatrecht des Verlobten an. Im Unterschied zu Art 20 und 23 IPRG legt Art 27 IPRG einen Anknüpfungszeitpunkt fest. Vgl *Mosconi/Campiglio II*[4] (2016) 88.

9 *Ballarino*[8] (2016) 175; *Vitta*, Diritto di famiglia nel diritto internazionale privato e processuale, Dig.disc. priv. sez.civ. Bd VI (1990) 200; *Carella* in Bariatti, Riforma, Nuove leggi civ.comm. 1996, Art 27, 1158; *Barel/Armellini* (2018) 150. Vgl Rz 5/104 ff.

10 Bei Mehrstaatigkeit entscheidet der engere Bezug des Verlobten zu einem der in Frage kommenden Heimatstaaten. Hat der Verlobte auch die italienische Staatsbürgerschaft, hat diese Vorrang vor dem Recht des ausländischen extra-europäischen Staates (Art 19 Abs 2 IPRG). Vgl *Corbetta* in Zaccaria[3] (2016) Art 27 L 31. 5. 1995, n. 218, II, 8. Für die Ehevoraussetzungen haben die internationalen Kollisionsnormen kaum Bedeutung. So geht zwar die Haager Konvention vom 12. 6. 1902 (Abkommen zur Regelung des Geltungsbereichs der Gesetze auf dem Gebiet der Eheschließung; Haager Eheschließungsabkommen) Art 27 IPRG vor, da sie aber nur mehr zwischen Deutschland und Italien und unter Beachtung der verfassungsrechtlichen Bestimmungen in Kraft ist, kommt ihr praktisch keine große Bedeutung zu.

11 *Carella* in Bariatti, Riforma, Nuove leggi civ.comm. 1996, Art 27, 1163 ff; *Bertaso* in Sesta[3] (2015) Art 27 L 31. 5. 1995, n. 218, 3199; *Ballarino*[8] (2016) 176; *Nascimbene* in Bonilini/Cattaneo I/1[2] (2007) 195.

12 *Corbetta* in Zaccaria[3] (2016) Art 27 L 31. 5. 1995, n. 218, II, 7; *Munari* in Bariatti, Riforma, Nuove leggi civ.comm. 1996, Art 13, 1018 ff.

13 *Mosconi/Campiglio II*[4] (2016) 88; *Corbetta* in Zaccaria[3] (2016) Art 27 L 31. 5. 1995, n. 218, II, 2.

14 *Corbetta* in Zaccaria[3] (2016) Art 27 L 31. 5. 1995, n. 218, II, 2.

15 *Corbetta* in Zaccaria[3] (2016) Art 27 L 31. 5. 1995, n. 218, II, 5.

Einschränkungen der Ehefreiheit zB aufgrund der Zugehörigkeit zu einer bestimmten **Religion oder Rasse** stehen offensichtlich im Widerspruch zum ordre public.[16] Wenn also ein ausländischer Verlobter aufgrund solcher Einschränkungen in seinem Heimatstaat kein Ehefähigkeitszeugnis *(nulla osta)* erhält, kann er dennoch in Italien die Ehe schließen.[17]

Das vom italienischen Recht vorgeschriebene **Mindestalter** für die Ehe (grundsätzlich 16 Jahre; Art 84 ZGB) gilt nach Auffassung der Rsp als Vorgabe iSd *ordre public* auch für ausländische Minderjährige.[18] Wenn das Heimatrecht des Minderjährigen hingegen ein höheres Mindestalter vorsieht, muss dieses nach dem Grundsatz des *favor minoris* auch für Inlandstrauungen gelten.[19]

Auch (tatsächlich) **polygame Ehen** widersprechen grundsätzlich dem *ordre public*,[20] können aber dennoch beschränkte Wirkungen haben, so zB als Ehehindernis.[21] Ausländer können in Italien keine zweite Ehe eingehen, da auch für sie der Ledigenstand (Art 86 ZGB) zwingende Ehevoraussetzung ist (Art 116 ZGB).[22]

Im Falle der Auslandstrauung eines italienischen Staatsbürgers oder der Inlandstrauung eines ausländischen Staatsbürgers sind die in **Art 115 und 116 ZGB** enthaltenen **IPR-Sachnormen** *(norme di diritto internazionale privato materiale)* anzuwenden.[23] Sie schließen die Anwendung des ausländischen Rechts insofern aus, als dass sie auf eine Reihe von Bestimmungen des ZGB verweisen, die jedenfalls anzuwenden und somit als **Eingriffsnormen** *(norme di applicazione necessaria)* iSv Art 17 IPRG zu verstehen sind.[24] 5/6

Art 115 ZGB schreibt für italienische Staatsbürger die Anwendung der Sachnormen betreffend die Ehevoraussetzungen (Art 84 ff ZGB) auch bei **Auslandseheschließungen** vor und wiederholt damit im Grunde die in Art 27 IPRG vorgesehene Anknüpfung nach dem Heimatrecht des Verlobten.[25] 5/7

---

16 *Ballarino*[8] (2016) 179; *Conetti* in Conetti/Tonolo/Vismara[3] (2017) 145.

17 LG Piacenza 5. 5. 2011, Rep.Foro.it. 2011, Matrimonio [4130], Nr 101. Vgl auch VfGH 30. 1. 2003, Nr 14, Giur.cost. 2003, 1. Zum Ehefähigkeitszeugnis vgl Rz 5/8.

18 Selbst wenn ein Minderjähriger nach seinem Heimatrecht bereits früher ehefähig ist, kann er in Italien keine Ehe schließen. JG Bologna 9. 2. 1990, Riv.dir.int. 1990, 421; JG Roma 24. 7. 1989, Riv.dir.int.priv.proc. 1991, 114. So auch *Ballarino*[8] (2016) 179. Dagegen *Carella* in Bariatti, Riforma, Nuove leggi civ.comm. 1996, Art 27, 1165. Auszuschließen ist jedoch, dass ausländische Minderjährige in solchen Fällen nur bei Vorliegen schwerwiegender Gründe und mit gerichtlicher Genehmigung (Art 84 ZGB) heiraten dürfen. Vgl JG Bologna 9. 2. 1990, Riv.dir.int. 1990, 421; *Ballarino*[2] (1996) 383. Dagegen JG Roma 24. 7. 1989, Riv.dir.int.priv.proc. 1991, 114; JG Roma 19. 7. 1989, Dir.fam.pers. 1990, 538.

19 JG Roma 19. 7. 1989, Dir.fam.pers. 1990, 53.

20 *Barel/Armellini* (2018) 156.

21 *Barel/Armellini* (2018) 156. Zulässig ist eine Eheschließung zwischen zwei Personen, die nach den Gesetzen einer ausländischen Rechtsordnung geschlossen wurde, welche polygame Ehen vorsieht. Vgl *Corbetta* in Zaccaria[3] (2016) Art 27 L 31. 5. 1995, III, 2; *Nascimbene* in Bonilini/Cattaneo I/1[2] (2007) 204. Vgl auch KassGH Ziv 2. 3. 1999, Nr 1739, Giust.civ. 1999, I, 2695.

22 *Ballarino*[8] (2016) 178.

23 *Mosconi/Campiglio II*[4] (2016) 87; *Barel/Armellini* (2018) 153 f.

24 *Ballarino*[2] (1996) 380; *Vitta*, Diritto di famiglia nel diritto internazionale privato e processuale, Dig.disc.priv. sez.civ. Bd VI (1990), 202; *Conetti* in Conetti/Tonolo/Vismara[3] (2017) 145; *Bertaso* in Sesta[3] (2015) Art 27 L 31. 5. 1995, n. 218, 3200. Ein großer Teil der Lehre definiert Art 115 und 116 ZGB selbst als Eingriffsnormen. Vgl *Panella* in Ferrando/Fortino/Ruscello, Trattato di diritto di famiglia I/1[2] (2011) 734; *Nascimbene* in Bonilini/Cattaneo I/1[2] (2007) 190; *Saravalle*, Riforma, Riv.dir.int.priv.proc. 1996, Art 27, 1048 f; *Campione* in Sesta[3] (2015) Art 115 ZGB, 367. Zu den Eingriffsnormen vgl 1/146 ff.

25 *Saravalle*, Riforma, Riv.dir.int.priv.proc. 1996, Art 27, 1048; *Ballarino*[8] (2016) 175; *Corbetta* in Zaccaria[3] (2016) Art 115 ZGB, II, 1. Art 115 ZGB kann nicht selbst als Eingriffsnorm bezeichnet werden, da er nicht die Anwendung der italienischen Normen vorschreibt und die Anwendung ausländischen Rechts ausschließt, auf welches die Kollisionsnormen verweisen. Vgl *Corbetta* in Zaccaria[3] (2016) Art 115 ZGB, II, 1.

5/8 Weitreichender sind hingegen die in Art 116 ZGB vorgesehenen Bestimmungen für **Ausländer, die in Italien die Ehe schließen** wollen. Ausländische Verlobte müssen neben den von ihrem Heimatrecht (oder jenem Recht, auf das jenes verweist; Art 13 IPRG) vorgesehenen, drei weitere Voraussetzungen erfüllen:[26]

a) Nach Art 116 Abs 1 ZGB müssen sie dem italienischen Standesbeamten ein **Ehefähigkeitszeugnis** (sog ***nulla osta***) vorlegen.[27] Dabei handelt es sich um eine Erklärung der zuständigen Behörde des Heimatstaates, aus der hervorgeht, dass nach den Gesetzen, denen sie unterworfen sind (was aufgrund der möglichen Rück- und Weiterverweisungen nicht notwendigerweise ihrem Heimatrecht entsprechen muss), einer Eheschließung nichts entgegensteht (Art 116 Abs 1 ZGB).[28] Das Münchner Übereinkommen über die Ausstellung von Ehefähigkeitszeugnissen vom 5. 9. 1980 sieht ein gemeinsames Muster für Ehefähigkeitszeugnisse in verschiedenen Sprachen vor.[29]

Kann ein ausländischer Verlobter kein *nulla osta* vorbringen, weil zB sein Heimatrecht keine solche Erklärung vorsieht oder die ausländischen Behörden die Ausstellung der Erklärung verweigern, entscheidet das Landesgericht auf seinen Antrag hin über die Ehefähigkeit (Art 112 ZGB).[30] Wird eine Ehe ohne Ehefähigkeitszeugnis geschlossen, so bewirkt dies nicht deren Nichtigkeit, sofern die substantiellen Voraussetzungen tatsächlich gegeben sind. In der Regel werden die betreffenden Personen ohne Ehefähigkeitszeugnis jedoch erst gar nicht zur Ehe-

---

Dagegen *Panella* in Ferrando/Fortino/Ruscello, Trattato di diritto di famiglia I/1[2] (2011) 734; *Nascimbene* in Bonilini/Cattaneo I/1[2] (2007) 190; *Saravalle*, Riforma, Riv.dir.int.priv.proc. 1996, Art 27, 1048 f; *Campione* in Sesta[3] (2015) Art 115 ZGB, 367. Im Ausland geschlossene Ehen von italienischen Staatsbürgern sind aufgrund des Grundsatzes des *favor matrimonii* in Italien selbst bei Verletzung von Ehevoraussetzungen so lange gültig, bis sie nicht von einem der Berechtigten aufgrund von Art 117 ZGB erfolgreich angefochten wurden. KassGH Ziv 2. 3. 1999, Nr 1739, Riv.dir.int.priv.proc. 1999, 613; KassGH Ziv 13. 4. 2001, Nr 5537, Mass. Giust.civ. 2001, 788. Vgl auch *Nascimbene* in Bonilini/Cattaneo I/1[2] (2007) 196.

26 *Nascimbene* in Bonilini/Cattaneo I/1[2] (2007) 191.

27 Zum *nulla osta* vgl ausführlich *Corbetta* in Zaccaria[3] (2016) Art 116 ZGB, II.

28 *Ballarino*[8] (2016) 176 f. Die Erklärung iSv Art 116 ZGB kann ein gerichtliches oder ein verwaltungsrechtliches Dokument sein. Die zuständige Behörde für die Ausstellung des *nulla osta* bestimmt sich nach dem Heimatrecht des ausländischen Verlobten. Vgl *Panella* in Alpa/Mariconda[3] (2013) Art 116, I, 3.

29 *Zilioli*, Convenzione di Monaco relativa al rilascio di un certificato di capacità matrimoniale, Riv.dir.int.priv. proc. 1985, 789 ff; *Fontana* in Sesta[3] (2015) Convenzione relativa al rilascio di un certificato di capacità matrimoniale, Monaco, 5 settembre 1980, 3356 ff. Das Übereinkommen wurde ratifiziert mit G 19. 11. 1984, Nr 950 und ist anwendbar im Verhältnis zu folgenden Staaten: Österreich, Deutschland, Spanien, Luxemburg, Niederlande, Portugal, Schweiz, Türkei und Moldawien. Die Ratifizierung des Münchner Übereinkommens hat keine bedeutenden Änderungen für die in Italien geltende Praxis gebracht. Vgl *Vitta*, Diritto di famiglia nel diritto internazionale privato, Dig.disc.priv. sez.civ. Bd VI (1990) 202. Für die Legalisation ausländischer Urkunden relevant sind für Italien das Haager Übereinkommen zur Befreiung ausländischer öffentlicher Urkunden von der Beglaubigung vom 5. 10. 1961, das Europäische Übereinkommen von London vom 7. 6. 1968 zur Befreiung der von diplomatischen oder konsularischen Vertretern errichteten Urkunden von der Beglaubigung, das Brüsseler Übereinkommen zur Befreiung von Urkunden von der Legalisation vom 25. 5. 1987 sowie zahlreiche bilaterale Abkommen, ua mit Deutschland (Vertrag zwischen der Bundesrepublik Deutschland und der Italienischen Republik über den Verzicht auf die Legalisation von Urkunden vom 7. 6. 1969) und Österreich (Vertrag zwischen der Republik Österreich und der Italienischen Republik über den Entfall der Beglaubigung, die Übermittlung von Personenstandsurkunden und die Vereinfachung der der Eheschließung vorangehenden Förmlichkeiten vom 29. 3. 1990).

30 *Vitta*, Diritto di famiglia nel diritto internazionale privato, Dig.disc.priv. sez.civ. Bd VI (1990) 201 f; *Ferrando* in Cicu/Messineo, Il matrimonio[2] (2015) 401; *Ballarino*[2] (1996) 379; *Panella* in Alpa/Mariconda[3] (2013) Art 116, I, 8.

schließung zugelassen.[31] Für Staatenlose und Flüchtlinge ist die Vorlage des Ehefähigkeitszeugnisses nicht verpflichtend, da sie nach Art 19 Abs 2 IPRG und Art 12 der Genfer Flüchtlingskonvention von 1951 dem Recht des Wohnsitzstaates bzw dem Recht des Staates unterliegen, in dem sie ihren gewöhnlichen Aufenthalt haben.[32]

b) Art 116 Abs 2 ZGB verweist weiter auf einige im *codice civile* vorgesehene **Ehehindernisse**, die bei Inlandstrauungen auch für Ausländer gelten. Darunter fallen die Entmündigung wegen Geisteskrankheit (Art 85), der fehlende Ledigenstand (Art 86), die Verwandtschaft in gerader und in Seitenlinie sowie die Schwägerschaft (Art 87 Z 1, 2 und 4), die Verurteilung wegen Mord oder Mordversuch am Ehegatten des anderen (Art 88) und das zeitweilige Verbot einer neuen Eheschließung (Art 89). Die entsprechenden Bestimmungen sind Eingriffsnormen *(norme di applicazione necessaria)*[33] und die darin aufgezählten Voraussetzungen ergänzen jene, die das Heimatrecht des ausländischen Verlobten vorschreibt.[34]

c) Schließlich muss der ausländische Verlobte, der in Italien seinen Wohnsitz oder seinen gewöhnlichen Aufenthalt *(domicilio o residenza)* hat, das **Aufgebot** *(pubblicazioni)* nach italienischem Recht bestellen.[35]

Die Notwendigkeit der Vorlage einer Urkunde, in der der **rechtmäßige (gewöhnliche) Aufenthalt** im italienischen Staatsgebiet bescheinigt wird (Art 116 Abs 1 ZGB), ist hingegen seit 2011 weggefallen.[36]

3. Ledigenstand

Der Ledigenstand ist für italienische sowie ausländische Staatsbürger, die in Italien die Ehe schließen wollen, eine gleichermaßen **zwingende Ehevoraussetzung** (Art 86 iVm Art 116 Abs 2 ZGB). Grundsätzlich ist das Vorliegen des Ledigenstandes nach dem Personalstatut des Verlobten zu beurteilen (Art 27 IPRG). Nach Art 27 S 2 IPRG bleibt ein Ledigenstand, der von einem der Verlobten aufgrund einer italienischen oder in Italien anerkannten rechtskräftigen Entscheidung erworben worden ist, **unberührt**. Dh, eine Ehe, die in Italien zwar nicht mehr wirksam ist, weil sie von einem italienischen Gericht oder mit einer in Italien anerkannten Entscheidung aufgehoben, aufgelöst oder für ungültig erklärt wurde, nach dem Heimatrecht eines Verlobten aber weiterhin besteht, steht einer weiteren Eheschließung nicht im Wege.[37] Das italienische Recht nimmt zur Wahrung der Kohärenz des Rechtssystems demnach sog hinkende Ehen *(matrimonio claudicante)* in Kauf, die zwar in Italien wirksam sind, im Heimatstaat des Ehegatten aber nicht anerkannt werden.[38] 5/9

31 *Ballarino*[2] (1996), 379 f; *Nascimbene* in Bonilini/Cattaneo I/1[2] (2007) 210.

32 *Ballarino*[2] (1996) 380; *Panella* in Alpa/Mariconda[3] (2013) Art 116, I, 5.

33 *Vitta*, Diritto di famiglia nel diritto internazionale privato e processuale, Dig.disc.priv. sez.civ. Bd VI (1990) 202; *Mosconi/Campiglio II*[4] (2016) 95; *Ballarino*[2] (1996) 380; *Corbetta* in Zaccaria[3] (2016) Art 116 ZGB, I, 2; *Barel/Armellini* (2018) 154.

34 *Ballarino*[8] (2016) 177; *Conetti* in Conetti/Tonolo/Vismara[3] (2017) 145.

35 Zum Aufgebot vgl Rz 5/11 ff.

36 Diese Bestimmung wurde mit Art 1 Abs 15 G 15. 7. 2009, Nr 94 eingeführt und vom VfGH, 20. 7. 2011, Nr 245, Giust.civ. 2011, I, 1933, für verfassungswidrig erklärt.

37 In diesem Fall ist es dem ausländischen Verlobten natürlich nicht möglich, von den zuständigen Behörden seines Heimatstaates das *nulla osta* zu erhalten. Vgl *Mosconi/Campiglio II*[4] (2016) 96.

38 *Corbetta* in Zaccaria[3] (2016) Art 27 L 31. 5. 1995, n. 218, V, 1; *Bertaso* in Sesta[3] (2015) Art 27 L 31. 5. 1995, n. 218, 3204.

5/10 Auch die Frage, ob eine **gleichgeschlechtliche Ehe oder eine eingetragene Partnerschaft** ein Ehehindernis darstellt, ist nach dem Heimatrecht des Verlobten zu beurteilen (Art 27 IPRG).[39] Für italienische Staatsbürger gilt eine eingetragene Partnerschaft oder eine im Ausland geschlossene gleichgeschlechtliche Ehe als Ehehindernis (Art 86 ZGB und Art 32bis IPRG).[40] Dies gilt aufgrund der zwingenden Anwendung von Art 86 ZGB auch im Falle der Inlandstrauung eines Ausländers (Art 116 Abs 2 ZGB).[41]

II. Aufgebot

5/11 Die kollisionsrechtliche **Qualifikation** des Aufgebots *(pubblicazioni)* ist umstritten.[42] Der hL zufolge fällt es in den Anwendungsbereich von Art 27 IPRG, da es der Aufdeckung von Ehehindernissen dient.[43]

5/12 **Ausländer, die in Italien ihren Wohnsitz oder gewöhnlichen Aufenthalt** *(domicilio o residenza)* haben, müssen zum Zwecke der Eheschließung das Eheaufgebot *(pubblicazioni matrimoniali)* nach den Bestimmungen des ZGB bestellen (Art 116 Abs 3 ZGB).[44] Im Falle der **Auslandstrauung von Inländern** ist die Pflicht zum Eheaufgebot (Art 115 Abs 2 ZGB aF) hingegen weggefallen.[45] Eine Ausnahme von dieser Regel besteht nur dann, wenn das ausländische Recht die Pflicht zum Eheaufgebot vorsieht.[46] Die Unterlassung des Eheaufgebots führt jedenfalls nicht zur Ungültigkeit der Ehe,[47] sondern bewirkt lediglich verwaltungsrechtliche Sanktionen.[48]

C. Form der Eheschließung

Literatur:

Carella in Bariatti, Riforma, Nuove leggi civ.comm. 1996, Art 28, 1166 ff; *Saravalle*, Riforma, Riv.dir.int.priv. proc. 1996, Art 28, 1050 ff; *Corbetta* in Zaccaria³ (2016) Art 28 L 31. 5. 1995, n. 218; *Bertaso* in Sesta³ (2015) Art 28 L 31. 5. 1995, n. 218, 3204 ff; *Mosconi/Campiglio II⁴* (2016) 98 ff; *Queirolo* in Preite I (2011) 770 ff.

---

39 *Mosconi/Campiglio II³* (2014) 106.

40 Vgl Rz 5/44 ff.

41 Vgl Rz 5/8.

42 Es könnte einerseits den Ehevoraussetzungen und andererseits der Form der Eheschließung zugeordnet werden.

43 *Mosconi/Campiglio II⁴* (2016) 90; *Vitta II* (1973) 170. Dagegen *Ballarino*, Forma degli atti e diritto internazionale privato (1970) 266 ff, der das Aufgebot zur Form der Eheschließung zählt. Nach *Carella* in Bariatti, Riforma, Nuove leggi civ.comm. 1996, Art 27, 1158 fallen etwa das Verfahren des Aufgebots einschließlich der. Fristen an sich unter die Kollisionsnormen zur Form der Eheschließung (Art 28 IPRG), während das Widerspruchsverfahren (Gründe für den Widerspruch und die Widerspruchsberechtigung) zu den Ehevoraussetzungen (Art 27 IPRG) zählt.

44 *Corbetta* in Zaccaria³ (2016) Art 116 ZGB, I, 3. Diese Pflicht kommt dabei zu einer eventuellen Pflicht zum Aufgebot nach der *lex loci celebrationis* hinzu. Vgl *Carella* in Bariatti, Riforma, Nuove leggi civ.comm. 1996, Art 27, 1158.

45 Art 110 Abs 3 StandesamtsO. Auch zuvor bewirkte das fehlende Aufgebot nicht die Ungültigkeit der Ehe. Vgl KassGH Ziv 17. 9. 1993, Nr 9578, Giust.civ. 1994, I, 79.

46 Rundschreiben des Innenministeriums vom 22. 5. 2008, Nr 5659. Vgl *Mosconi/Campiglio II⁴* (2016) 90.

47 *Mosconi/Campiglio II⁴* (2016) 90.

48 KassGH Ziv 17. 9. 1993, Nr 9578, Giust.civ. 1994, I, 79; KassGH Ziv 28. 4. 1990, Nr 3599, Riv.dir.int.priv. proc. 1991, 750. Vgl auch *Nascimbene/Bergamini* in Bonilini famiglia I (2016) 290.

Die Form der Eheschließung umfasst neben der Art der Willensäußerungen der Ehegatten auch die Mitwirkung von Standesbeamten *(ufficiale di stato civile)*, Geistlichen *(ministro di culto)* oder Zeugen sowie die Eintragung *(trascrizione)* in ein Register uÄ.[49] **5/13**

Hinsichtlich der Form sieht Art 28 IPRG mehrere alternative Anknüpfungen vor *(**favor validitatis**)*, die jede für sich die formale Gültigkeit der Eheschließung begründen können. Dementsprechend ist eine Eheschließung formgültig, wenn sie nach einer der folgenden Rechtsordnungen als solche angesehen wird: das Recht des Trauungsortes *(lex loci celebrationis)*, das für wenigstens einen der Ehegatten im Zeitpunkt der Eheschließung maßgebende Heimatrecht oder das Recht des Staates des in diesem Zeitpunkt gemeinsamen gewöhnlichen Aufenthaltes *(residenza)*.[50] Anwendung findet das für die Gültigkeit der Eheschließung **günstigste Recht**.[51] Aufgrund dieser Vielzahl von möglichen Anknüpfungskriterien sind Ehen mit Auslandsbezug selten formungültig.[52] **5/14**

Beispiel:

Das LG Milano 2. 2. 2007 befand die Ehe zwischen zwei pakistanischen Staatsbürgern (mit gewöhnlichem Aufenthalt jeweils in Italien und in Pakistan) als gültig, die – wie nach pakistanischem Recht zulässig – am Telefon geschlossen wurde. Das Gericht sah die Mindestformvoraussetzungen gegeben, insofern die Eheleute nach pakistanischem Recht für die Eheschließung vor einer öffentlichen Behörde – im konkreten Fall vor einem Gericht (für die im Heimatland gebliebene Partei) sowie einem Beamten der Botschaft (für die im Ausland lebende Partei) – erscheinen müssen.[53]

Der für die Beurteilung der Form **maßgebliche Zeitpunkt** ist dabei der Zeitpunkt der Eheschließung.[54] In Formfragen ist allgemein nach Art 13 Abs 2 lit b IPRG **keine Weiterverweisung** zulässig.[55] Für die **Folgen der Formverletzungen** ist die *lex formae* maßgeblich. Sollte die Ehe aber nach keiner der alternativen Rechtsordnungen gültig sein, so bestimmen sich die Folgen nach dem Recht des Trauungsortes *(lex loci actus)*.[56] **5/15**

Neben der Zivilehe *(matrimonio civile)* besteht in Italien die Möglichkeit der **Konkordatsehe** *(matrimonio concordatario)* oder der **nichtkatholischen Ehe** *(matrimonio acattolico)*.[57] Sie **5/16**

---

49 *Carella* in Bariatti, Riforma, Nuove leggi civ.comm. 1996, Art 28, 1167; *Bertaso* in Sesta³ (2015) Art 28 L 31. 5. 1995, n. 218, 3204.

50 *Mosconi/Campiglio II*⁴ (2016) 98; *Corbetta* in Zaccaria³ (2016) Art 28 L 31. 5. 1995, n. 218, I, 1; *Bertaso* in Sesta³ (2015) Art 28 L 31. 5. 1995, n. 218, 3205. Das Anknüpfungskriterium des gemeinsamen gewöhnlichen Aufenthaltes wird nach *Mosconi/Campiglio II*⁴ (2016) 100 kaum verwendet, da es meist mit einem der beiden anderen Kriterien übereinstimmt.

51 *Carella* in Bariatti, Riforma, Nuove leggi civ.comm. 1996, Art 28, 1167, *„la legge più favorevole alla validità formale del matrimonio"*.

52 Folglich wird Art 28 IPRG auch als IPR-Sachnorm *(norma di diritto internazionale privato materiale)* qualifiziert, da er die Gültigkeit von Ehen mit Auslandsbezug rein auf Grundlage der Tatsache vorsieht, dass sie geschlossen wurden. *Carella* in Bariatti, Riforma, Nuove leggi civ.comm. 1996, Art 28, 1167.

53 LG Milano 2. 2. 2007, Dir.fam.pers. 2008, 1, 155. Vgl auch in einem ähnlichen Fall LG Bologna 7. 1. 2014, Riv.dir.int.priv.proc. 2014, 679. Auch der KassGH bestätigte die Gültigkeit einer Ehe (ohne Widerspruch zum *ordre public*) zwischen zwei pakistanischen Staatsbürgern, die nach pakistanischem Recht geschlossen wurde, wobei nur der Ehegatte vor den pakistanischen Behörden erschienen war und die Ehefrau auf telematischem Wege zugeschaltet wurde. KassGH Ziv 25. 7. 2016, Nr 15343, Dir.fam.pers. 2016, 1044.

54 *Mosconi/Campiglio II*⁴ (2016) 98 f.

55 *Corbetta* in Zaccaria³ (2016) Art 28 L 31. 5. 1995, n. 218, I, 3. Zum Verbot der Weiterverweisung in Formfragen vgl Rz 1/112.

56 *Ballarino*⁸ (2016) 185 f.

57 *Christandl* in Eccher/Schurr/Christandl (2009) Rz 5/57 ff.

finden ihre Regelung in dem zwischen dem italienischen Staat und dem Heiligen Stuhl am 11. 2. 1929 geschlossenen Konkordat (mit Änderungen durch das Übereinkommen vom 18. 2. 1984), dem G 24. 6. 1929, Nr 1159 über die Ausübung der in Italien zugelassenen Religionen (Art 7 ff) sowie in den Übereinkommen mit den verschiedenen nichtkatholischen Glaubensgemeinschaften.[58] Die Rsp lässt die Konkordatsehe von Italienern (nach ihrem Heimatstatut) im Ausland[59] und die Konkordatsehe von Ausländern in Italien nach der *lex loci* zu.[60] Sie erlangen aber erst mit ihrer Eintragung in die Personenstandsregister (konstitutive) Wirkung.[61]

Für Italiener und Ausländer gleichermaßen möglich ist eine **Konsularehe** *(matrimonio consolare)*.[62] Zum einen können zwei italienische Staatsbürger oder ein Italiener und ein Ausländer im Ausland die Ehe vor der diplomatisch-konsularischen Vertretung eingehen.[63] Ebenso können zwei Ausländer nach dem Heimatrecht eines der Verlobten vor der entsprechenden konsularischen Vertretung in Italien die Ehe schließen.[64]

Letztlich betrifft auch die **Eheschließung durch Vertreter** *(matrimonio per procura)* eine Formfrage.[65] Im Falle der Eheschließung in Italien kommt ausschließlich Art 111 Abs 2 ZGB zur Anwendung. Eine Eheschließung durch Vertreter kann demnach ausnahmsweise von einem Gericht genehmigt werden, wenn einer der Brautleute seinen Wohnsitz im Ausland hat und schwerwiegende Gründe dafür sprechen. Die Vollmacht unterliegt dabei einem strengen Formzwang (öffentliche Urkunde – *atto pubblico*). Bei Auslandstrauungen unterliegen die Zulässigkeit der Eheschließung durch Vertreter sowie die Form der Vollmacht jenem Recht, nach dem die Eheschließung vorgenommen wird.[66] Für italienische Staatsbürger kommen die strengen Formvorschriften von Art 111 ZGB auch bei Eheschließungen im Ausland zwingend zur Anwendung.[67]

5/17 Die von einem italienischen Staatsbürger im Ausland geschlossene Ehe muss zu Publizitätszwecken *(efficacia dichiarativa)* in das Personenstandsregister **eingetragen werden** *(trascrizione del matrimonio estero)*. Die Eintragung erfüllt dabei keine rechtsbegründende Wirkung *(efficacia costitutiva)*.[68] Konkordatsehen werden hingegen erst mit Eintragung in das Personenstandsregister wirksam (Art 8 Übereinkommen zwischen dem Hl. Stuhl und Italien 1984).[69]

---

58 Ua gibt es Übereinkommen mit den Waldensern und der Kirche der Siebenten-Tags-Adventisten, der jüdischen Gemeinschaft sowie den Baptisten.

59 KassGH Ziv 25. 1. 1979, Nr 557, Dir.fam.pers. 1979, 694; KassGH Ziv 25. 5. 1985, Nr 3187, Giust.civ. 1986, I, 472. Vgl auch *Carella* in Bariatti, Riforma, Nuove leggi civ.comm. 1996, Art 28, 1171; *Conetti* in Conetti/Tonolo/Vismara[3] (2017) 147 f.

60 LG Roma 19. 7. 1989, Dir.fam.pers. 1990, 538; KassGH Ziv 29. 10. 1971, Nr 3041, Mass.Giust.civ. 1971, 1636 f. Vgl auch *Carella* in Bariatti, Riforma, Nuove leggi civ.comm. 1996, Art 28, 1170; *Vitta II* (1973) 223 ff; *Conetti* in Conetti/Tonolo/Vismara[3] (2017) 147.

61 *Ballarino*[8] (2016) 180; *Nascimbene* in Bonilini/Cattaneo I/1[2] (2007) 214, 217.

62 Zur Konsularehe vgl auch *Christandl* in Eccher/Schurr/Christandl (2009) Rz 5/67 Fn 146.

63 Art 16 DPR 3. 11. 2000, Nr 396.

64 *Mosconi/Campiglio II*[4] (2016) 100; *Nascimbene/Bergamini* in Bonilini famiglia I (2016) 291; *Ballarino*[8] (2016) 184.

65 *Vitta II* (1973) 212; *Ballarino*[8] (2016) 184; *Carella* in Bariatti, Riforma, Nuove leggi civ.comm. 1996, Art 28, 1168; *Nascimbene/Bergamini* in Bonilini famiglia I (2016) 289.

66 Also der *lex loci*, dem Heimatrecht eines Ehegatten oder dem Recht des Staates, in dem der gemeinsame Wohnsitz liegt. *Ballarino*[8] (2016) 184.

67 *Ballarino*[8] (2016) 185; *Nascimbene/Bergamini* in Bonilini famiglia I (2016) 289 f.

68 KassGH Ziv 19. 10. 1998, Nr 10351, Riv.dir.int.priv.proc. 1999, 595; KassGH Ziv 17. 9. 1993, Nr 9578, Mass.Giust.civ. 1993, 1408; KassGH Ziv 28. 4. 1990, Nr 3599, Riv.dir.int.priv.proc. 1991, 750. Vgl auch *Ballarino*[8] (2016) 180; *Carella* in Bariatti, Riforma, Nuove leggi civ.comm. 1996, Art 28, 1169.

69 *Nascimbene/Bergamini* in Bonilini famiglia I (2016) 291 f. Zu den verschiedenen Auffassungen in Lehre und Rechtsprechung vgl *Ballarino*, Il matrimonio concordatario nel diritto internazionale privato, Riv.dir.int. 1991, 821 ff.

Gleichermaßen können in Italien ansässige Ausländer ihre im Ausland geschlossene Ehe (oder in Italien geschlossene Konsularehe) in ihrer Wohnsitzgemeinde eintragen lassen.[70]

D. Persönliche Rechtsverhältnisse zwischen Ehegatten

Literatur:

Clerici in Zaccaria[3] (2016) Art 29 L 31. 5. 1995, n. 218; *dies*, Riforma, Riv.dir.int.priv.proc. 1996, Art 29, 1054 ff; *Biaggio* in Sesta[3] (2015) Art 29 L 31. 5. 1995, n. 218, 3207 ff; *Conetti* in Bariatti, Riforma, Nuove leggi civ. comm. 1996, Art 29, 1172 ff; *Cagnazzo* in Preite I (2011) 785 ff; *Mosconi/CampiglioII*[4] (2016) 101 ff; *Ballarino*[8] (2016) 186 ff.

I. Sachlicher Anwendungsbereich

Die persönlichen Ehewirkungen richten sich nach Art 29 IPRG. Er normiert die **Grundregeln** für die Rechtsverhältnisse unter Ehegatten im Allgemeinen, da er (tendenziell) einheitliche Anknüpfungskriterien auch für die vermögensrechtlichen Rechtsverhältnisse sowie für die Ehetrennung und Ehescheidung vorsieht.[71] Dieser Grundsatz wurde jedoch aufgrund des Einflusses europarechtlicher Kollisionsnormen in diesen beiden letzten Bereichen zunehmend aufgeweicht.[72] **5/18**

Der sachliche Anwendungsbereich von Art 29 IPRG umfasst **alle nichtvermögensrechtlichen Rechte und Pflichten** unter Ehegatten, also die Treuepflicht, die Pflicht zum moralischen Beistand und zum gemeinsamen Wohnen sowie namensrechtliche Ehewirkungen.[73] Auch die primären vermögensrechtlichen Rechtsverhältnisse *(regime patrimoniale primario)*, also die **Pflicht zur Deckung der (vermögensrechtlichen) Bedürfnisse der Familie**, sind nach Art 29 IPRG anzuknüpfen.[74] Ausgeschlossen sind hingegen die Unterhaltspflichten *(obblighi alimentari)* unter Ehegatten, die der EuUVO unterliegen (Art 45 IPRG).[75] **5/19**

70 Art 19 Abs 1 und 2 StandesamtsO.

71 *Clerici* in Zaccaria[3] (2016) Art 29 L 31. 5. 1995, I, 1. Vgl Rz 5/23 ff und 5/77 ff.

72 Vgl Rz 5/23 ff und 5/85 ff.

73 *Ballarino*[8] (2016) 188; *Clerici* in Zaccaria[3] (2016) Art 29 L 31. 5. 1995, n. 218, III, 1–3. Für das Namensrecht einer Person ist nach dem Münchner Übereinkommen über das auf Familiennamen und Vornamen anzuwendende Recht vom 5. 9. 1980, in Italien ratifiziert mit G 19. 11. 1984, Nr 950 (Art 1 Abs 1), dessen Heimatrecht maßgeblich. Für italienische Staatsbürger gilt Art 24 IPRG, wonach sich das auf die Ehenamen anzuwendende Recht nach Art 29 IPRG bestimmt. Vgl *Biaggio* in Sesta[3] (2015) Art 29 L 31. 5. 1995, n. 218, 3209; inbs Rz 3/31 ff.

74 *Mosconi/Campiglio II*[4] (2016) 101; *Clerici* in Zaccaria[3] (2016) Art 29 L 31. 5. 1995, n. 218, III, 1. Dies ist insofern relevant, als für die vermögensrechtlichen Rechtsverhältnisse unter bestimmten Voraussetzungen eine Rechtswahl möglich ist, die hingegen für die persönlichen Rechtsverhältnisse ausgeschlossen ist. Persönliche Pflichten, die sich aus dem anzuwendenden Recht für die Ehegatten ergeben, können somit nicht durch Rechtswahl umgangen werden. Vgl auch *Clerici* in Zaccaria[3] (2016) Art 29 L 31. 5. 1995, n. 218, III, 1.

75 Vgl Rz 5/178 ff.

II. Anknüpfung

5/20 Primäres Anknüpfungskriterium für die persönlichen Rechtsverhältnisse zwischen Ehegatten ist nach Art 29 IPRG das **gemeinsame Heimatrecht der Ehegatten.**[76] Bei unterschiedlichen oder mehreren gemeinsamen Staatsbürgerschaften ist subsidiär das Recht jenes Staates maßgeblich, **in dem das Eheleben vorwiegend** stattfindet (Art 29 Abs 2 IPRG). Bei Mehrstaatigkeit mind eines Ehegatten greift der Vorrang des italienischen Rechts nach Art 19 Abs 2 IPRG also nicht, selbst wenn beide Ehegatten (auch) italienische Staatsbürger sind.[77] Wie der Ort ermittelt wird, in dem das Eheleben vorwiegend stattfindet, ist der **Auslegung durch das Gericht** überlassen.[78] Dabei wird nach hL auf den Ort abgezielt, an dem das Eheleben konkret stattfindet. Der gewöhnliche Aufenthalt der Ehegatten ist dabei ein wichtiges Indiz.[79]

Beispiel:

Die Ehegattin ist Italienerin und Französin, der Ehegatte Franzose. Beide leben zusammen in Italien. Die persönlichen Rechtsverhältnisse zwischen den Ehegatten richten sich nach dem einzigen gemeinsamen Heimatrecht, dem französischen Recht. Der Vorrang des italienischen Rechts ist ausgeschlossen.[80]

5/21 Aufgrund der Wandelbarkeit der anknüpfungsrelevanten Tatsachen für die persönlichen Rechtsverhältnisse[81] muss der maßgebliche **Anknüpfungszeitpunkt** jener sein, in dem sich die Rechtsfrage stellt.[82] Ferner handelt es sich um eine **Gesamtverweisung,** dh eine Weiter- oder Rückverweisung nach den Vorgaben des Art 13 IPRG ist zulässig.[83]

5/22 Führt die Anwendung einer ausländischen Rechtsordnung zur Verletzung des Grundsatzes der Gleichheit der Ehegatten, darf diese unter Verweis auf den ***ordre public*** nach Art 16 IPRG nicht angewandt werden.[84]

---

76 Nach Art 18 Vorgesetze ZGB war für die persönlichen Rechtsverhältnisse das Heimatrecht des Ehemannes zum Zeitpunkt der Eheschließung maßgeblich. Dieser offensichtlichen Verletzung des Grundsatzes der Gleichheit der Ehegatten kam der VfGH mit seinem Urteil vom 5. 3. 1987, Nr 71 entgegen und schuf eine Regelungslücke, die erst mit G 31. 5. 1995, Nr 218 gefüllt werden konnte. Vgl *Biaggio* in Sesta[3] (2015) Art 29 L 31. 5. 1995, n. 218, 3208.

77 *Mosconi/CampiglioII*[4] (2016) 103; *Conetti* in Bariatti, Riforma, Nuove leggi civ.comm. 1996, Art 29, 1175.

78 *Conetti* in Bariatti, Riforma, Nuove leggi civ.comm. 1996, Art 29, 1175.

79 *Clerici* in Zaccaria[3] (2016) Art 29 L 31. 5. 1995, n. 218, II, 3; *Mosconi/Campiglio II*[4] (2016) 104. Zu den Vor- und Nachteilen dieses Anknüpfungskriteriums vgl *Villani*, I rapporti patrimoniali tra coniugi nel nuovo diritto internazionale privato, Giust.civ. 1996, II, 452.

80 Vgl LG Venezia 14. 11. 1996, Riv.dir.int.priv.proc. 1997, 158.

81 Ein Statutenwechsel kann sich durch einen Wechsel des Heimatrechts oder durch die räumliche Verlegung des Mittelpunktes des Ehelebens ergeben. S *Mosconi/Campiglio II*[4] (2016) 104. *Conetti* in Bariatti, Riforma, Nuove leggi civ.comm. 1996, Art 29, 1175 verweist auch auf die Möglichkeit des Statutenwechsels aufgrund der abweichenden Auslegung durch unterschiedliche Gerichte hinsichtlich des Staates, in dem das Eheleben vorwiegend stattfindet.

82 *Mosconi/Campiglio II*[4] (2016) 104; *Ballarino*[8] (2016) 190.

83 *Mosconi/Campiglio II*[4] (2016) 105; *Ballarino*[8] (2016) 189.

84 *Ballarino*[8] (2016) 188; *Carella*, Rapporti di famiglia (dir. int. priv.), Enc.dir. Agg V (2001) 914. Die persönlichen Rechtsverhältnisse richten sich dann nach dem subsidiären Anknüpfungskriterium (Mittelpunkt des Ehelebens) bzw nach italienischem Recht (Art 16 Abs 2 IPRG). Vgl *Clerici* in Zaccaria[3] (2016) Art 29 L 31. 5. 1995, n. 218, IV, 1. Der *ordre public* verbietet bspw die Gehorsamspflicht der Frau gegenüber dem Mann, die Pflicht des Zusammenlebens für die Frau in einer polygamen Ehe oder das Verbot der Arbeit für die verheiratete Frau. *Clerici* in Zaccaria[3] (2016) Art 29 L 31. 5. 1995, n. 218, IV, 1. Auch ausländische Normen, die die Einschränkungen in der Handlungsfähigkeit der Ehefrau (zB durch die Notwendigkeit der Genehmigung der Rechtshandlungen von Seiten des Ehemannes) oder sogar deren Handlungsunfähigkeit

E. Ehegüterrecht

Literatur:

Mosconi/Campiglio II[4] (2016) 101 ff; *Barel/Armellini* (2018) 167 ff; *Conetti* in Conetti/Tonolo/Vismara[3] (2017) 149 ff; *Arceri*, I regimi patrimoniali della famiglia in prospettiva europea (2016); *Damascelli*, La legge applicabile ai rapporti patrimoniali tra coniugi, uniti civilmente e conviventi di fatto nel diritto internazionale privato italiano ed europeo, Riv.dir.int. 2017, 1103 ff; *Pinardi*, I regolamenti europei del 24 giugno 2016 nn. 1103 e 1104 sui regimi patrimoniali tra coniugi e sugli effetti patrimoniali delle unioni registrate, Europa e Diritto Privato 2018, 733 ff; *Malagoli*, Regime patrimoniale dei coniugi ed effetti patrimoniali delle unioni civili: i regolamenti UE „gemelli" n. 2016/1103 e n. 2016/1104, Contratto e impresa. Europa, 2016, 828 ff; *Vismara*, Legge applicabile in mancanza di scelta e clausola di eccezione nel regolamento (UE) n. 2016/1103 in materia di regimi patrimoniali tra i coniugi, Riv.dir.int.priv. 2017, 356 ff; *Clerici* in Zaccaria[3] (2016) Art 30 L 31. 5. 1995, n. 218; *Biaggio* in Sesta[3] (2015) Art 30 L 31. 5. 1995, n. 218, 3211 ff; *Conetti* in Bariatti, Riforma, Nuove leggi civ.comm. 1996, Art 30, 1176 ff; *Viarengo* in Preite I (2011) 789 ff.

I. Allgemeines

Im Bereich des Ehegüterrechts werden die Bestimmungen des IPRG durch jene der **EuGüterVO** verdrängt.[85] Sie enthält neben den Bestimmungen zum anzuwendenden Recht auch solche zur internationalen Zuständigkeit sowie zur Anerkennung und Vollstreckung von Entscheidungen. Die EuGüterVO wurde im Rahmen der **verstärkten Zusammenarbeit** erlassen, ist am 28. 7. 2016 in Kraft getreten und gilt seit 29. 1. 2019 in allen teilnehmenden Mitgliedstaaten.[86] 5/23

Bis dahin erfolgte die Anknüpfung nach **autonomem Kollisionsrecht** (Art 30 IPRG).[87] Aufgrund fehlender Sonderbestimmungen zur internationalen **Zuständigkeit und Anerkennung** ausländischer Entscheidungen fanden die allgemeinen Normen Anwendung.[88] 5/24

II. Autonomes Kollisionsrecht

1. Sachlicher Anwendungsbereich

Das Ehegüterrecht (Art 30 IPRG) umfasst die sog sekundären vermögensrechtlichen Rechtsverhältnisse *(regime patrimoniale secondario)*, also die Inhaberschaft *(titolarità)* und die Verwaltung *(amministrazione)* des Vermögens der Ehegatten.[89] Dazu zählen ua die Fähigkeit zum Abschluss, 5/25

vorsehen, stehen im Widerspruch zum *ordre public* und sind folglich nicht anwendbar. Ebenso verstößt die Haftung des Ehemannes für unerlaubte Handlungen der Ehefrau gegen den *ordre public*. Diese Fragen fallen unter den Anwendungsbereich von Art 29 IPRG, da sie mit der Vormachtstellung des Ehemannes in der Familie zusammenhängen. Vgl *Conetti* in Bariatti, Riforma, Nuove leggi civ.comm. 1996, Art 29, 1173; *Carella*, Rapporti di famiglia (dir. int. priv.), Enc.dir. Agg V (2001) 914.

85 Verordnung (EU) 1103/2016 des Rates vom 24. 6. 2016 zur Durchführung einer Verstärkten Zusammenarbeit im Bereich der Zuständigkeit, des anzuwendenden Rechts und der Anerkennung und Vollstreckung von Entscheidungen in Fragen des ehelichen Güterstands. Vgl Rz 5/33 ff.

86 Teilnehmende Mitgliedstaaten sind Belgien, Bulgarien, die Tschechische Republik, Deutschland, Finnland, Frankreich, Griechenland, Italien, Kroatien, Luxemburg, Malta, Niederlande, Österreich, Portugal, Schweden, Slowenien, Spanien und Zypern (Stand: 28. 6. 2019).

87 Vgl Rz 5/25 ff.

88 Vgl Rz 2/108 und 2/88 ff. Dabei ist die Anwendung von Art 65 IPRG auszuschließen, da das Ehegüterrecht nicht das Bestehen von familienrechtlichen Rechtsverhältnissen betrifft. *Barel/Armellini* (2018) 166.

89 *Clerici* in Zaccaria[3] (2016) Art 30 L 31. 5. 1995, n. 218, III, 1; *Barel/Armellini* (2018) 167.

zur Abänderung oder zum Erlöschen von **Ehegüterverträgen** *(convenzioni matrimoniali)* und die Fähigkeit zur Durchführung von Handlungen der **ordentlichen oder außerordentlichen Verwaltung** der Ehegüter, sofern sie von der ordentlichen Rechts- bzw Handlungsfähigkeit abweichen (Art 22 und 23 IPRG).[90] Auch die Fähigkeit zum Abschluss von **Eheverträgen** *(accordi prematrimoniali)*[91] im Hinblick auf eine künftige Trennung oder Scheidung und Schenkungen mit Auswirkungen auf den Güterstand der Ehegatten fallen unter Art 30 IPRG.[92]

5/26 Umstritten ist hingegen, ob Art 30 IPRG die **vermögensrechtlichen Rechtsverhältnisse** zwischen den Ehegatten auch nach erfolgter Trennung oder Scheidung regelt.[93] Diesbezüglich ist wohl die Meinung vorzuziehen, dass sich die vermögensrechtlichen Rechtsverhältnisse zwischen den (Ex-)Ehegatten weiterhin nach Art 30 iVm Art 29 IPRG richten und den Parteien somit die Möglichkeit der Rechtswahl erhalten bleibt.[94]

5/27 Für **Unterhaltspflichten** ist hingegen die EuUVO maßgeblich.[95]

2. Anknüpfung

5/28 Die Ehegatten haben die Möglichkeit einer beschränkten **Rechtswahl**. Sie erfolgt durch eine zweiseitige **Vereinbarung** *(pactum de lege utenda)* und kann vor oder zum Zeitpunkt der Eheschließung sowie während der Ehe getroffen werden.[96] Die Wahl kann dabei nur auf das Recht eines Staates fallen, mit dem die (künftigen) Ehegatten eine enge Verbindung haben,[97] also konkret das Recht des Staates, dessen Staatsbürgerschaft wenigstens einer von ihnen innehat oder in dem wenigstens einer von ihnen seinen gewöhnlichen Aufenthalt *(residenza)* hat (Art 30 Abs 1 IPRG).[98] Sie ist dann gültig, wenn sie vom gewählten Recht oder alternativ vom Recht des Ortes, an dem die Vereinbarung geschlossen worden ist, als gültig angesehen wird

---

90 *Clerici* in Zaccaria³ (2016) Art 30 L 31. 5. 1995, n. 218, III, 3.

91 *Clerici* in Zaccaria³ (2016) Art 30 L 31. 5. 1995, n. 218, III, 4.

92 *Clerici* in Zaccaria³ (2016) Art 30 L 31. 5. 1995, n. 218, III, 6.

93 Die Frage stellt sich hingegen nicht für die persönlichen Rechtsverhältnisse, da die Anknüpfungskriterien von Art 29 und 31 identisch sind, *Carella*, Rapporti di famiglia (dir. intern. priv.), Enc.dir. Agg V (2001) 909 Fn 64.

94 *Mosconi/Campiglio II⁴* (2016) 107 f; *Biaggio* in Sesta³ (2015) Art 30 L 31. 5. 1995, n. 218, 3212 begründen diese Auffassung insb mit Verweis auf Art 1 Abs 2 lit e Rom III-VO, der die vermögensrechtlichen Folgen der Ehe aus seinem Anwendungsbereich ausschließt. Vgl auch *Conetti* in Bariatti, Riforma, Nuove leggi civ.comm. 1996, Art 31, 1179 f; *Arceri*, I regimi patrimoniali della famiglia in prospettiva europea (2016) 227; LG Tivoli 14. 11. 2002, Riv.dir.int.priv.proc. 2003, 534; LG Pordenone 14. 10. 2014, Riv.dir.int.priv. proc 2014, 1011. Dagegen und somit für die Anwendung des Scheidungsstatuts auf die vermögensrechtlichen Rechtsverhältnisse ua *Baratta*, Scioglimento e invalidità del matrimonio nel diritto internazionale privato (2004) 34; *Viarengo*, Autonomia della volontà e rapporti patrimoniali tra coniugi nel diritto internazionale privato (1996) 31; *Clerici* in Zaccaria³ (2016) Art 31 L 31. 5. 1995, n. 218, III, 2. Vgl Rz 5/28.

95 Vgl Rz 5/178 ff. *Barel/Armellini* (2018) 168 wirft die Schwierigkeit der Abgrenzung zwischen vermögensrechtlichen Rechtsverhältnissen und Unterhaltspflichten ein.

96 *Mosconi/Campiglio II⁴* (2016) 105. Auch wenn die Vereinbarung vor der Eheschließung erfolgt, wird sie erst mit der Eheschließung selbst wirksam. Vgl *Conetti* in Bariatti, Riforma, Nuove leggi civ.comm. 1996, Art 30, 1178. Zur Rechtsnatur der Vereinbarung vgl *Carella*, Rapporti di famiglia (dir. int. priv.), Enc.dir. Agg V (2001) 912 f.

97 *Villani*, I rapporti patrimoniali tra coniugi nel nuovo diritto internazionale privato, Giust.civ. 1996, II, 453.

98 Zur Frage der Mehrstaatigkeit und der Koordinierung mit Art 19 Abs 2 IPRG vgl *Carella*, Rapporti di famiglia (dir. int. priv.), Enc.dir. Agg V (2001) 913. Die Voraussetzung der Staatszugehörigkeit bzw des gewöhnlichen Aufenthaltes muss zu dem Zeitpunkt gewährleistet sein, in dem die Vereinbarung getroffen

(Art 30 Abs 2 IPRG; *favor validitatis*).[99] **Mindestformvoraussetzung** für die Gültigkeit der Vereinbarung ist jedenfalls die **Schriftlichkeit** (Art 30 Abs 1 IPRG).[100] Die Vereinbarung kann jederzeit **widerrufen oder abgeändert** werden, sofern die Formvorschriften eingehalten werden und die Rechtswahl eine der zulässigen Rechtsordnungen trifft.[101] Die **Weiterverweisung** ist bei Rechtswahl nach Art 13 Abs 2 lit a IPRG **ausgeschlossen.**[102]

Bei **fehlender oder ungültiger Rechtswahl** gilt für das Ehegüterrecht das auf die persönli- **5/29**
chen Rechtsverhältnisse anzuwendende Recht (Art 30 Abs 1 S 1 IPRG).[103] **Maßgeblicher Zeitpunkt** ist jener, in dem sich die Rechtsfrage stellt. Es handelt sich demnach um ein wandelbares Statut *(conflitto mobile).*[104] Nur die **Rechtswahl** ermöglicht den Ehegatten, einen ungewollten **Wechsel** des anzuwendenden Rechts zu **vermeiden.**[105]

In Fällen, in denen die **Zuerkennung eines dinglichen Rechts** von einem familienrecht- **5/30**
lichen Rechtsverhältnis abhängt, werden der Erwerb und der Verlust des Eigentums oder von anderen dinglichen Rechten nicht von der *lex rei sitae* (Art 51 Abs 2 IPRG) geregelt, sondern von dem Recht, das auf das familienrechtliche Rechtsverhältnis anzuwenden ist.[106] Demnach ist das nach Art 30 IPRG bestimmte Recht maßgeblich für die Frage, ob die Ehegatten einen Rechtstitel für den Erwerb eines Rechts *pro quota* haben.[107] Die *lex rei sitae* ist hingegen für den Inhalt des Rechts und die Erwerbsarten *(modo di acquisto)* maßgeblich (Art 51 Abs 1 IPRG).[108]

Zum Zwecke des **Vertrauensschutzes** kann der zwischen Ehegatten bestehende Güter- **5/31**
stand, der von einem ausländischen Recht geregelt wird, Dritten nur dann entgegengehalten

---

wird. Vgl *Mosconi/Campiglio II*[4] (2016) 105; *Conetti* in Bariatti, Riforma, Nuove leggi civ.comm. 1996, Art 30, 1178; *Clerici* in Zaccaria[3] (2016) Art 30 L 31. 5. 1995, n. 218, II, 1.

99 *Villani*, I rapporti patrimoniali tra coniugi nel nuovo diritto internazionale privato, Giust.civ. 1996, II, 454 f; *Biaggio* in Sesta[3] (2015) Art 30 L 31. 5. 1995, n. 218, 3214; *Mosconi/Campiglio II*[4] (2016) 105; *Barel/Armellini* (2018) 168.

100 *Mosconi/Campiglio II*[4] (2016) 105.

101 *Conetti* in Bariatti, Riforma, Nuove leggi civ.comm. 1996, Art 30, 1177.

102 *Ballarino*[8] (2016) 191.

103 Dasselbe gilt für den Fall, dass das gewählte Recht aufgrund eines Widerspruchs seiner Wirkungen zum *ordre public* nicht anwendbar ist (Art 16 Abs 2 IPRG). *Mosconi/Campiglio II*[4] (2016) 102. In diesen Fällen knüpfen die güterrechtlichen Rechtsverhältnisse an das gemeinsame Heimatrecht der Ehegatten oder das Recht jenes Staates an, in dem das Eheleben vorwiegend stattfindet (Art 29 IPRG). Nach *Clerici* in Zaccaria[3] (2016) Art 30 L 31. 5. 1995, n. 218, I, 1 dürfen die Umstände zur Bestimmung des auf die persönlichen und vermögensrechtlichen Rechtsverhältnisse zwischen Ehegatten anzuwendenden Rechts nicht unterschiedlich gewertet werden.

104 *Ballarino*[8] (2016) 190. Diesbezüglich können sich va dann nicht unwesentliche Probleme ergeben, wenn der Wechsel des anzuwendenden Rechtes einen Wechsel des Güterstandes *(regime patrimoniale)* mit sich bringt. So können bspw aufgrund des Statutenwechsels etwa wegen eines Wechsels der Staatsbürgerschaft oder des Ortes, in dem das Eheleben vorwiegend stattfindet, Sachen, die zuvor in die Gütergemeinschaft der Ehegatten gefallen sind, zum persönlichen Eigentum eines Ehegatten werden, *Barel/Armellini* (2018) 169.

105 *Conetti* in Bariatti, Riforma, Nuove leggi civ.comm. 1996, Art 30, 1176 f.

106 *Luzzato*, Riforma, Riv.dir.int.priv.proc. 1996, Art 51, 1156; *Biaggio* in Sesta[3] (2015) Art 30 L 31. 5. 1995, n. 218, 3212; *Clerici* in Zaccaria[3] (2016) Art 30 L 31. 5. 1995, n. 218, III, 7.

107 *Biaggio* in Sesta[3] (2015) Art 30 L 31. 5. 1995, n. 218, 3212.

108 *Luzzato*, Riforma, Riv.dir.int.priv.proc. 1996, Art 51, 1155 ff; *Conetti* in Bariatti, Riforma, Nuove leggi civ.comm. 1996, Art 30, 1177; *Mosconi/Campiglio II*[4] (2016) 106.

werden, wenn diese davon **Kenntnis hatten oder sie ihn aus ihrem Verschulden nicht kannten** (Art 30 Abs 3 S 1 IPRG).[109]

Aufgrund vieler Faktoren wie etwa der Wandelbarkeit der anknüpfungsrelevanten Tatsachen für den Güterstand der Ehegatten, des Ermessens in der Bestimmung des Ortes, an dem das Eheleben vorwiegend stattfindet, der unzureichenden Publizität des Ehegüterstandes (dessen Kenntnis in zahlreichen Rechtsordnungen vorausgesetzt wird) sowie der fehlenden Publizität der Rechtswahlvereinbarung der Ehegatten konnten die Ehegatten Dritten ihren Güterstand in der Praxis oft schwer entgegenhalten.[110] Nach Art 19 und 69 StandesamtsO können Ausländer, die im Ausland die Ehe geschlossen, aber ihren gewöhnlichen Aufenthalt *(residenza)* in Italien haben, ihre Heiratsurkunde samt darin enthaltener Rechtswahl nach Art 30 Abs 1 IPRG in das Personenstandsregister eintragen oder ihre Ehegüterverträge am Rande der Heiratsurkunde anmerken lassen.[111]

5/32 Dingliche Rechte an **Immobilien** können Dritten schließlich nur dann entgegengehalten werden, wenn die Formen der öffentlichen Bekanntmachung eingehalten wurden, die von der *lex rei sitae* vorgeschrieben werden (Art 30 Abs 3 S 2 IPRG).[112]

III. Europäisches Ehegüterrecht

1. Grundsätzliches

5/33 Das autonome Ehegüterkollisionsrecht[113] ist vor kurzem von der **EuGüterVO** (VO 2016/1103 zur Durchführung einer **Verstärkten Zusammenarbeit** im Bereich der Zuständigkeit, des anzuwendenden Rechts und der Anerkennung und Vollstreckung von Entscheidungen in Fragen des ehelichen Güterstands) verdrängt worden. Sie ist am 28. 7. 2016 in Kraft getreten und gilt seit 29. 1. 2019 in allen teilnehmenden Mitgliedstaaten (Art 70 EuGüterVO).[114]

---

109 Art 30 Abs 3 S 1 IPRG stellt somit eine IPR-Sachnorm *(norma di diritto internazionale privato materiale)* dar. Vgl *Mosconi/Campiglio II*[4] (2016) 107; *Clerici* in Zaccaria[3] (2016) Art 30 L 31. 5. 1995, n. 218, IV, 1; *Barel/Armellini* (2018) 169.

110 *Conetti* in Bariatti, Riforma, Nuove leggi civ.comm. 1996, Art 30, 1178.

111 *Clerici* in Zaccaria[3] (2016) Art 30 L 31. 5. 1995, n. 218, IV, 2; *Barel/Armellini* (2018) 169. In der Anwendung vgl LG Mantova 16. 3. 2010, Riv.dir.int.priv.proc. 2011, 1041; LG Monza 31. 3. 2007, Dir.fam.pers. 2007, 1736.

112 *Mosconi/Campiglio II*[4] (2016) 107. Die öffentliche Bekanntmachung von dinglichen Rechten knüpft schließlich am Recht jenes Staates an, in dem sich die betreffende Sache befindet. Maßgeblicher Zeitpunkt ist jener, in dem die Rechtshandlung vorgenommen wird, die zur Begründung, zur Übertragung oder zum Erlöschen des dinglichen Rechtes führt (Art 55 IPRG). Vgl Rz 7/26 ff.

113 Vgl Rz 5/25 ff.

114 Teilnehmende Mitgliedstaaten sind Belgien, Bulgarien, die Tschechische Republik, Deutschland, Finnland, Frankreich, Griechenland, Italien, Kroatien, Luxemburg, Malta, Niederlande, Österreich, Portugal, Schweden, Slowenien, Spanien und Zypern (Stand: 28. 6. 2019). Nach Art 69 Abs 1 ist die VO vorbehaltlich der Abs 2 und 3 nur auf Verfahren, öffentliche Urkunden oder gerichtliche Vergleiche anzuwenden, die am 29. 1. 2019 oder danach eingeleitet, förmlich errichtet oder eingetragen bzw gebilligt oder geschlossen worden sind. Ist das Verfahren im Ursprungsmitgliedstaat vor dem 29. 1. 2019 eingeleitet worden, so werden nach diesem Zeitpunkt ergangene Entscheidungen nach Maßgabe des Kapitels IV anerkannt und vollstreckt, soweit die angewandten Zuständigkeitsvorschriften mit denen des Kapitels II übereinstimmen (Art 69 Abs 2). Die neuen Kollisionsnormen gelten nur für Ehegatten, die nach dem 29. 1. 2019 die Ehe eingegangen sind oder eine Rechtswahl des auf ihren Güterstand anzuwendenden Rechts getroffen haben (Art 69 Abs 3).

Der **Begriff** „Ehe" wird in der EuGüterVO nicht definiert, sondern bestimmt sich nach dem nationalen Recht der Mitgliedstaaten (Erwägungsgrund Nr 17 und 21).[115] Der **eheliche Güterstand** wird hingegen autonom ausgelegt und umfasst sämtliche vermögensrechtlichen Regelungen, die zwischen den Ehegatten und in ihren Beziehungen zu Dritten aufgrund der Ehe oder der Auflösung der Ehe gelten (Art 3 lit a).[116] **5/34**

2. Internationale Zuständigkeit

Die EuGüterVO erlaubt, verschiedene miteinander verbundene Klagen vor den Gerichten[117] **5/35**
desselben Mitgliedstaates zu verhandeln.[118] Wenn etwa ein Gericht eines Mitgliedstaates im Zusammenhang mit der **Rechtsnachfolge von Todes wegen eines Ehegatten** angerufen wurde, so sind die Gerichte dieses Mitgliedstaates auch für Fragen des Ehegüterrechts zuständig (Art 4).[119] Dasselbe gilt für den Fall, dass ein Gericht eines Mitgliedstaates zur Entscheidung über eine **Ehescheidung, Trennung ohne Auflösung des Ehebandes oder Ungültigerklärung der Ehe**[120] angerufen wurde, wobei diesbezüglich eine entsprechende Vereinbarung der Ehegatten notwendig ist (Art 5).[121]

---

115 *Malagoli*, Regime patrimoniale dei coniugi ed effetti patrimoniali delle unioni civili: i regolamenti UE „gemelli" n. 2016/1103 e n. 2016/1104, Contratto e impresa. Europa, 2016, 830.

116 *Mosconi/Campiglio II*[4] (2016) 109; *Barel/Armellini* (2018) 170. Zur Frage, ob der Familienbetrieb *(impresa familiare)* in den Anwendungsbereich der EuGüterVO fällt, vgl *Henrich*, Zur EU-Güterrechtsverordnung: Handlungsbedarf für die nationalen Gesetzgeber, ZfRV 2016, 174. Von deren Anwendungsbereich ausgeschlossen bleiben a) die Rechts-, Geschäfts- und Handlungsfähigkeit der Ehegatten; b) das Bestehen, die Gültigkeit oder die Anerkennung einer Ehe; c) die Unterhaltspflichten; d) die Rechtsnachfolge nach dem Tod eines Ehegatten; e) die soziale Sicherheit; f) die Berechtigung, Ansprüche auf Alters- oder Erwerbsunfähigkeitsrente, die während der Ehe erworben wurden und die während der Ehe zu keinem Renteneinkommen geführt haben, im Falle der Ehescheidung, der Trennung ohne Auflösung des Ehebands oder der Ungültigerklärung der Ehe zwischen den Ehegatten zu übertragen oder anzupassen; g) die Art der dinglichen Rechte an Vermögen und h) jede Eintragung von Rechten an beweglichen oder unbeweglichen Vermögensgegenständen in ein Register.

117 Dabei versteht man unter dem Begriff „Gericht" auch alle anderen Behörden und Angehörigen von Rechtsberufen mit Zuständigkeiten in Fragen des ehelichen Güterstands, die gerichtliche Funktionen ausüben (Art 3 Abs 2).

118 *Mosconi/Campiglio II*[4] (2016) 109; *Barel/Armellini* (2018) 171.

119 Vgl LG Belluno, 29. 12. 2015, zitiert nach *Malagoli*, Regime patrimoniale dei coniugi ed effetti patrimoniali delle unioni civili: i regolamenti UE „gemelli" n. 2016/1103 e n. 2016/1104, Contratto e impresa. Europa, 2016, 831, Fn 8. Das nach der EuErbVO zuständige Gericht ist auch für Fragen des Ehegüterrechts zuständig.

120 Die Ungültigerklärung entspricht im italienischen Sachrecht der Aufhebung der Ehe *(annullamento del matrimonio)*. So auch im deutschen Recht. Vgl *Rauscher*, EuZPR-EuIPR IV[4] (2015) Art 1 Brüssel IIa-VO, Rz 3.

121 Das nach der Brüssel IIa-VO zuständige Gericht ist dann auch für Fragen des Ehegüterrechts zuständig. *Mosconi/Campiglio II*[4] (2016) 109; *Barel/Armellini* (2018) 171. Die Zuständigkeit für Fragen des ehelichen Güterstands nach Art 5 Abs 1 unterliegt der Vereinbarung der Ehegatten, wenn das Gericht, das mit dem Antrag auf Ehescheidung, Trennung ohne Auflösung des Ehebands oder Ungültigerklärung der Ehe angerufen wird, a) das Gericht eines Mitgliedstaats ist, in dem der Antragsteller nach Art 3 Abs 1 lit a Gedankenstrich 5 der Verordnung (EG) Nr. 2201/2003 seinen gewöhnlichen Aufenthalt hat und sich dort seit mind einem Jahr unmittelbar vor der Antragstellung aufgehalten hat, b) das Gericht eines Mitgliedstaats ist, dessen Staatsangehörigkeit der Antragsteller nach Art 3 Abs 1 lit a Gedankenstrich 6 der Verordnung (EG) Nr. 2201/2003 besitzt und in dem der Antragsteller seinen gewöhnlichen Aufenthalt hat und sich dort seit mind sechs Monaten unmittelbar vor der Antragstellung aufgehalten hat, c) nach Art 5 der Verordnung (EG) Nr. 2201/2003 in Fällen der Umwandlung einer Trennung ohne Auflösung des Ehebands in

5/36 In allen anderen Fällen sieht Art 6 eine **Zuständigkeitsleiter** vor *(criteri di competenza „a cascata")*,[122] wobei vorwiegend das Kriterium des gewöhnlichen Aufenthaltes *(residenza abituale)* ausschlaggebend ist.[123] Daneben gibt es die Möglichkeit der **Gerichtsstandsvereinbarung** nach Art 7.[124] Schließlich kann sich die **Zuständigkeit durch rügelose Einlassung** ergeben (Art 8). Wenn die streitgegenständliche Ehe vom Mitgliedstaat des angerufenen Gerichts nicht anerkannt wird, so kann sich das Gericht für unzuständig erklären. Für diesen Fall sieht Art 9 Abs 2 **alternative Zuständigkeiten** vor. Ergibt sich nach Art 5–9 EuGüterVO keine Zuständigkeit der Gerichte eines Mitgliedstaates, so liegt die **subsidiäre Zuständigkeit** bei den Gerichten des Mitgliedstaates, in dessen Hoheitsgebiet unbewegliches Vermögen eines oder beider Ehegatten belegen ist. Diese Zuständigkeit beschränkt sich auf Entscheidungen über dieses unbewegliche Vermögen. Als *ultima ratio* ergibt sich die **Notzuständigkeit** *(forum necessitatis)* der Gerichte eines Mitgliedstaates, mit dem der Rechtsstreit einen „ausreichenden Bezug" hat (Art 11).[125]

3. Kollisionsrecht

5/37 Die EuGüterVO hat **universelle Geltung**. Dh, das nach der Verordnung maßgebliche Recht ist auch dann anzuwenden, wenn es nicht das Recht eines Mitgliedstaates ist (Art 20).[126] Dem nach ihr anzuwendenden Recht unterliegt das gesamte Vermögen der Ehegatten ungeachtet seiner Belegenheit (sog **Einheit des anzuwendenden Rechts**; Art 21).

5/38 Mit dem Ziel der Förderung der Privatautonomie[127] können die (künftigen) Ehegatten nach Art 22 EuGüterVO das auf ihren ehelichen Güterstand anzuwendende Recht durch **Vereinbarung** *(pactum de lege utenda)* bestimmen oder abändern.[128] Sie haben hierzu eine **beschränk-**

---

eine Ehescheidung angerufen wird oder d) nach Art 7 der Verordnung (EG) Nr. 2201/2003 in Fällen angerufen wird, in denen ihm eine Restzuständigkeit zukommt (Art 5 Abs 2).

122 *Mosconi/Campiglio II*[4] (2016) 109 f.

123 Zunächst sind a) das Gericht des Staates des gewöhnlichen Aufenthaltes *(residenza abituale)* der Ehegatten zum Zeitpunkt der Anrufung des Gerichts oder b) des letzten gemeinsamen gewöhnlichen Aufenthalts (sofern einer von ihnen dort noch seinen gewöhnlichen Aufenthalt hat) zuständig. Andernfalls kann auch c) das Gericht des Staates, in dem der Beklagte seinen gewöhnlichen Aufenthalt hat oder d) dessen Staatsangehörigkeit beide Ehegatten zum Zeitpunkt der Anrufung des Gerichts besitzen, über das Ehegüterrecht entscheiden (Art 6).

124 Wählbar sind die Gerichte des Mitgliedstaates, dessen Recht aufgrund der Rechtwahl der Ehegatten (Art 22) oder gem Art 26 Abs 1 lit a und b anzuwenden ist sowie die Gerichte jenes Mitgliedstaates, in dem die Ehe geschlossen wurde. Dies sichert die Übereinstimmung von *ius* und *forum*. Vgl *Barel/Armellini* (2018) 171. Die Vereinbarung bedarf der Schriftform, ist zu datieren und von den Parteien zu unterzeichnen. Elektronische Übermittlungen, die eine dauerhafte Aufzeichnung der Vereinbarung ermöglichen, sind der Schriftform gleichgestellt (Art 7 Abs 2).

125 Die Notzuständigkeit ergibt sich immer dann, wenn es nicht zumutbar oder unmöglich ist, ein Verfahren in einem Drittstaat einzuleiten oder zu führen, mit dem der Rechtsstreit einen engen Bezug aufweist.

126 Der Widerspruch zum *ordre public* (Art 31) und die Eingriffsnormen des Forums (Art 30) können dabei jedoch die Anwendung des nach der Verordnung bestimmten Rechts ausschließen. *Barel/Armellini* (2018) 174.

127 *Malagoli*, Regime patrimoniale dei coniugi ed effetti patrimoniali delle unioni civili: i regolamenti UE „gemelli" n. 2016/1103 e n. 2016/1104, Contratto e impresa. Europa, 2016, 835.

128 Die Rechtswahlvereinbarung ist vom Ehegütervertrag/Vereinbarung über den Ehegüterstand *(convenzione matrimoniale)* zu unterscheiden, mit dem die Ehegatten ihren ehelichen Güterstand regeln wollen (Art 3 Abs 1 lit b). Vgl *Viarengo*, Sulla disciplina degli obblighi alimentari nella famiglia e dei rapporti patrimoniali tra coniugi, Riv.dir.int.priv.proc. 2015, 831; *Malagoli*, Regime patrimoniale dei coniugi ed effetti pa-

te Rechtswahl.[129] **Formale Mindestkriterien** der Rechtswahlvereinbarung sind die Schriftlichkeit, Datierung und Unterzeichnung durch beide Parteien (Art 23).[130]

Bei **fehlender Rechtswahl** bestimmt sich das Ehegüterrecht (in dieser Reihenfolge) nach a) dem Recht des Staates des ersten gemeinsamen gewöhnlichen Aufenthaltes *(residenza abituale)* der Ehegatten, b) dem (einzigen) gemeinsamen Heimatrecht der Ehegatten im Zeitpunkt der Eheschließung oder – mangels eines solchen – c) dem Recht des Staates, mit dem die Eheleute die engste Verbindung aufweisen (Art 26).[131] **5/39**

Die Möglichkeit der Rechtswahl bietet offensichtliche Vorteile für die Ehegatten, macht jedoch auch den **Schutz Dritter** notwendig. Zu diesem Zweck sieht Art 28 vor, dass das für den ehelichen Güterstand maßgebende Recht Dritten nicht entgegengehalten werden kann, es sei denn, sie hatten **Kenntnis** von diesem Recht oder hätten bei **gebührender Sorgfalt** davon Kenntnis haben müssen.[132] **5/40**

---

trimoniali delle unioni civili: i regolamenti UE „gemelli" n. 2016/1103 e n. 2016/1104, Contratto e impresa. Europa, 2016, 834.

129 Wählbar sind: a) das Recht des Staates, in dem beide oder einer von ihnen zum Zeitpunkt der Rechtswahl ihren/seinen gewöhnlichen Aufenthalt haben/hat, oder b) das Recht eines Staates, dessen Staatsangehörigkeit einer der Ehegatten oder künftigen Ehegatten zum Zeitpunkt der Rechtswahl besitzt (Art 22 Abs 1).

130 Elektronische Übermittlungen, die eine dauerhafte Aufzeichnung der Vereinbarung ermöglichen, sind der Schriftform gleichgestellt (Art 23 Abs 1 S 2). Sieht das Recht des Mitgliedstaats, in dem beide Ehegatten zum Zeitpunkt der Rechtswahl ihren gewöhnlichen Aufenthalt haben, zusätzliche Formvorschriften für Vereinbarungen über den ehelichen Güterstand vor, so sind diese Formvorschriften anzuwenden. Haben die Ehegatten zum Zeitpunkt der Rechtswahl ihren gewöhnlichen Aufenthalt in verschiedenen Mitgliedstaaten und sieht das Recht beider Staaten unterschiedliche Formvorschriften für Vereinbarungen über den ehelichen Güterstand vor, so ist die Vereinbarung formgültig, wenn sie den Vorschriften des Rechts eines dieser Mitgliedstaaten genügt. Hat zum Zeitpunkt der Rechtswahl nur einer der Ehegatten seinen gewöhnlichen Aufenthalt in einem Mitgliedstaat und sind in diesem Staat zusätzliche Formvorschriften für Vereinbarungen über den ehelichen Güterstand vorgesehen, so sind diese Formvorschriften anzuwenden (Art 23). Die materielle Wirksamkeit *(validità sostanziale)* der Rechtswahlvereinbarung richtet sich nach dem gewählten Recht. Ein Ehegatte kann sich jedoch für die Behauptung, er habe der Vereinbarung nicht zugestimmt, auf das Recht des Staates berufen, in dem er zum Zeitpunkt der Anrufung des Gerichts seinen gewöhnlichen Aufenthalt hat, wenn sich aus den Umständen ergibt, dass es nicht angemessen wäre, die Wirkung seines Verhaltens nach dem in Abs 1 bezeichneten Recht zu bestimmen (Art 24 Abs 1–2).

131 Ausnahmsweise kann das Gericht, das für Fragen des ehelichen Güterstands zuständig ist, auf Antrag eines der Ehegatten entscheiden, dass das Recht eines anderen Staates als des Staates, dessen Recht nach Abs 1 lit a anzuwenden ist, für den ehelichen Güterstand gilt, sofern der Antragsteller nachweist, dass a) die Ehegatten ihren letzten gemeinsamen gewöhnlichen Aufenthalt in diesem anderen Staat über einen erheblich längeren Zeitraum als in dem in Abs 1 lit a bezeichneten Staat hatten und b) beide Ehegatten auf das Recht dieses anderen Staates bei der Regelung oder Planung ihrer vermögensrechtlichen Beziehungen vertraut hatten, es sei denn, die Ehegatten haben vor der Begründung ihres letzten gemeinsamen gewöhnlichen Aufenthalts in diesem anderen Staat eine Vereinbarung über den ehelichen Güterstand getroffen (Art 26 Abs 3). Die Anwendung des Rechts des anderen Staates darf die Rechte Dritter, die sich auf das nach Abs 1 lit a anzuwendende Recht gründen, nicht beeinträchtigen (Art 26 Abs 2). Vgl auch *Vismara*, Legge applicabile in mancanza di scelta e clausola di eccezione nel regolamento (UE) n. 2016/1103 in materia di regimi patrimoniali tra i coniugi, Riv.dir.int.priv. 2017, 359 ff und 363 ff.

132 *Viarengo*, Sulla disciplina degli obblighi alimentari nella famiglia e dei rapporti patrimoniali tra coniugi, Riv.dir.int.priv.proc. 2015, 830 f.

5/41 Ähnlich wie die EuErbVO sieht auch die EuGüterVO die **Anpassung dinglicher Rechte** vor (Art 29).[133]

5/42 Die Verweisungen nach der EuGüterVO sind schließlich als Sachnormverweisungen zu verstehen, dh, **Weiter- und Rückverweisungen** werden nicht berücksichtigt (Art 32). Die Anwendung des nach der VO bestimmten Rechts kann allerdings bei Unvereinbarkeit mit dem ***ordre public*** (Art 31) oder bei Anwendung von **Eingriffsnormen** (*norme di applicazione necessaria*; Art 30) ausgeschlossen werden.[134]

4. Anerkennung und Vollstreckung

5/43 Nach dem Grundsatz der **automatischen Anerkennung** (Art 36) werden die in einem Mitgliedstaat ergangenen Entscheidungen in den anderen Mitgliedstaaten anerkannt, ohne dass es hierfür eines besonderen Verfahrens bedarf.[135] Sie werden mittels **Exequaturverfahren** (Art 44–57) vollstreckbar.[136]

F. Eingetragene Partnerschaft und gleichgeschlechtliche Ehe

Literatur:

*Mosconi/Campiglio II*⁴ (2016) 113 ff; *Barel/Armellini* (2018) 150 ff; *Campiglio*, La disciplina delle unioni civili transnazionali e dei matrimoni esteri tra persone dello stesso sesso, Riv.dir.int.priv.proc. 2017, 33 ff; *Lopes Pegna*, Effetti dei matrimoni same-sex contratti all'estero dopo il „riordino" delle norme italiane di diritto internazionale privato, Riv.dir.int. 2017, 527 ff; *Biagioni*, Unioni same-sex e diritto internazionale privato: il nuovo quadro normativo dopo il d.lgs. n. 7/2017, Riv.dir.int. 2017, 496 ff; *Cubeddu Wiedemann* in Corder/Cubeddu Wiedemann, I decreti attuativi sulle unioni civili (2017) 31 ff; *Viarengo*, Effetti patrimoniali delle unioni civili transfrontaliere: la nuova disciplina europea, Riv.dir.int.priv.proc. 2018, 33 ff; *Damascelli*, La legge applicabile ai rapporti patrimoniali tra coniugi, uniti civilmente e conviventi di fatto nel diritto internazionale privato italiano ed europeo, Riv.dir.int. 2017, 1103 ff; *Coppola* in Bonilini famiglia V (2017) 44 ff; *Rossolillo*, Registered

---

133 *Barel/Armellini* (2018) 174. Macht eine Person ein dingliches Recht geltend, das ihr nach dem auf den ehelichen Güterstand anzuwendenden Recht zusteht, und kennt das Recht des Mitgliedstaats, in dem das Recht geltend gemacht wird, das betreffende dingliche Recht nicht, so ist dieses Recht soweit erforderlich und möglich an das in der Rechtsordnung dieses Mitgliedstaats am ehesten vergleichbare Recht anzupassen, wobei die mit dem besagten dinglichen Recht verfolgten Ziele und Interessen und die mit ihm verbundenen Wirkungen zu berücksichtigen sind (Art 29). Eine analoge Regelung findet sich in Art 31 EuErbVO. Zur EuErbVO vgl Rz 6/101 ff.

134 *Barel/Armellini* (2018) 174. Vgl Rz 1/137 ff und 1/146 ff.

135 Gründe für die Nichtanerkennung einer Entscheidung (Art 37) können sein: a) der Widerspruch der Entscheidung zum *ordre public* des Staates, in dem die Anerkennung beantragt wurde, b) die Tatsache, dass sich der Beklagte nicht in das Verfahren hat einlassen können, da ihm das verfahrenseinleitende Schriftstück nicht rechtzeitig oder nicht in der Weise zugestellt worden ist, dass er sich verteidigen konnte, c) die Unvereinbarkeit mit einer Entscheidung im Mitgliedstaat, in dem die Anerkennung beantragt wird, oder d) mit einer anerkennungsfähigen Entscheidung eines anderen Mitgliedstaates oder Drittstaates in einem Verfahren zwischen denselben Parteien und wegen desselben Anspruchs.

136 Vgl ausführlich *Barel/Armellini* (2018) 174; *Malagoli*, Regime patrimoniale dei coniugi ed effetti patrimoniali delle unioni civili: i regolamenti UE „gemelli" n. 2016/1103 e n. 2016/1104, Contratto e impresa. Europa, 2016, 837 f.

partnerships e matrimoni tra persone dello stesso sesso: problemi di qualificazione ed effetti nell'ordinamento italiano, Riv.dir.int.priv.proc. 2003, 363 ff; *Tonolo*, Le unioni civili nel diritto internazionale privato (2007); *Winkler*, Disposizioni di attuazione, finali e transitorie, in Buffone/Gattuso/Winkler, Unione civile e convivenza (2017) 394 ff.

I. Eingetragene Partnerschaft

1. Allgemeines

Die **eingetragene Partnerschaft für gleichgeschlechtliche Paare** *(unione civile tra persone dello stesso sesso)* wurde mit G 20. 5. 2016, Nr 76 eingeführt.[137] Im **IPRG** finden sich die entsprechenden Zuständigkeits- und Kollisionsnormen in **Art 32ter bis Art 32quinquies.**[138] Sie sind im Bereich der familienrechtlichen Normen angesiedelt[139] und an die eherechtlichen Bestimmungen angelehnt.[140] **5/44**

137 Dieses Gesetz ist die Folge der Verurteilung Italiens durch den EGMR im Jahr 2015. Der Gerichtshof stellte eine Verletzung von Art 8 EMRK fest und verpflichtete den italienischen Staat zur Schaffung eines gesetzlichen Rahmens für gleichgeschlechtliche Paare zur Anerkennung und zum Schutz ihrer Beziehung. Vgl EGMR 21. 7. 2015, 18766/11 und 36030/11, Oliari ua v Italien, insb Par 185. Vgl auch EGMR 30. 6. 2016, 51362/09, Taddeucci und McCall v Italien. Die eingetragene Partnerschaft weist, was ihre Voraussetzungen sowie ihre Wirkungen betrifft, große Ähnlichkeit mit der Ehe auf. Eine Ausnahme stellt dabei insb das Kindschafts- und Adoptionsrecht dar.

138 Sie wurden mit Art 1 GvD 19. 1. 2017, Nr 7 in das IPRG eingefügt und sind seit dem 11. 2. 2017 in Kraft. Das G 20. 5. 2016, Nr 76 enthält keine IPR-Normen, sondern beauftragte die Regierung mit der Änderung und Neuordnung der IPR-Normen. Dies geschah unter der Vorgabe, dass die italienischen materiell-rechtlichen Normen zur eingetragenen Partnerschaft auf alle Partnerschaften zwischen Personen, die im Ausland die Ehe, eine eingetragene Partnerschaft oder ein vergleichbares Rechtsinstitut eingegangen sind, Anwendung finden sollen (Art 1 Abs 18 lit b G 20. 5. 2016, Nr 76). Diesem Auftrag ist man mit GvD 19. 1. 2017, Nr 7 nachgekommen. Nach Art 1 Abs 31 G 20. 5. 2016, Nr 76 kann die Regierung innerhalb von zwei Jahren ab Inkrafttreten des GvD iSv Art 1 Abs 28 und unter Einhaltung der darin enthaltenen Grundsätze und Kriterien weitere Bestimmungen zur Ergänzung oder Korrektur erlassen.

139 Auch wenn G 20. 5. 2016, Nr 76 nur in einer einzigen Norm das Wort „Familie" enthält (Art 1 Abs 12), so zählt die eingetragene Partnerschaft unweigerlich zu den familienrechtlichen Rechtsverhältnissen. Vgl auch *Campiglio*, La disciplina delle unioni civili transnazionali e dei matrimoni esteri tra persone dello stesso sesso, Riv.dir.int.priv.proc. 2017, 53; *Cubeddu Wiedemann* in Corder/Cubeddu Wiedemann, I decreti attuativi sulle unioni civili (2017) 33 f; *Winkler*, Disposizioni di attuazione, finali e transitorie, in Buffone/Gattuso/Winkler, Unione civile e convivenza (2017) 398; *Biagioni*, Unioni same-sex e diritto internazionale privato: il nuovo quadro normativo dopo il d.lgs. n. 7/2017, Riv.dir.int. 2017, 502. Folge der familienrechtlichen Qualifikation der eingetragenen Partnerschaft ist ua die Anwendung von Art 65 IPRG für die Anerkennung ausländischer Verfügungen.

140 *Biagioni*, Unioni same-sex e diritto internazionale privato: il nuovo quadro normativo dopo il d.lgs. n. 7/2017, Riv.dir.int. 2017, 506. Auch aus diesem Grund wurde bis zu deren Inkrafttreten mit 11. 2. 2017 die Anwendung der eherechtlichen IPR-Normen auf alle Aspekte der eingetragenen Partnerschaft vorgenommen, die mit der Ehe vergleichbar sind. Nach Art 20 G 20. 5. 2016, Nr 76 sollen nämlich zur Sicherung der Rechte und der Pflichten, die sich aus der eingetragenen Partnerschaft ergeben, die Bestimmungen, die sich auf die Ehe beziehen, und jene, die die Bezeichnungen „Ehegatten" oder Ähnliches in allen Gesetzen, Rechtsanordnungen mit Gesetzeskraft, Verwaltungsakten oder Kollektivverträgen enthalten, auch auf die Partner angewandt werden. Dies gilt auch für das IPRG. Vgl *Mosconi/Campiglio II*[4] (2016) 115; *Barel/Armellini* (2018) 148; *Malgieri*, L'unione civile alla prova del diritto internazionale privato: all'ombra di una delega legislativa, GenIUS 2016/2, 96 ff. Allerdings gelten die Bestimmungen für im Ausland geschlossene gleichgeschlechtliche Ehen rückwirkend. Vgl KassGH Ziv 14. 5. 2018, Nr 11696, Foro it. 2018, I, 1948.

5/45 Sofern es keine ausdrücklichen anderweitigen Bestimmungen gibt, gelten auch für die eingetragene Partnerschaft die allgemeinen **Zuständigkeits- und Anerkennungs**bestimmungen.[141]

5/46 Zwar ist es nach italienischem Recht nur gleichgeschlechtlichen Paaren möglich, eine eingetragene Partnerschaft zu begründen. In der Lehre wird jedoch vorgeschlagen, die entsprechenden IPR-Normen auch auf **verschiedengeschlechtliche eingetragene Partner** auszudehnen.[142]

2. Voraussetzungen für die Begründung der eingetragenen Partnerschaft

5/47 Grundsätzlich sind nach Art 32ter Abs 1 IPRG **die Fähigkeit und die anderen Voraussetzungen** für die Begründung einer eingetragenen Partnerschaft *(condizioni per costituire un'unione civile)* nach dem Heimatrecht der künftigen Partner zum Zeitpunkt der Begründung zu bestimmen. Sollte das Heimatrecht eines Partnerschaftswerbers die eingetragene Partnerschaft nicht zulassen, gilt für ihn das italienische Recht (Art 32ter Abs 1 S 2 IPRG).[143] Das so bestimmte Recht regelt neben den Voraussetzungen auch die **Gültigkeit** der Partnerschaft.[144] **Weiter- und Rückverweisung** sind zulässig.[145]

5/48 Zu den vom anzuwendenden Recht vorgesehenen, kommen weitere **zwingende Voraussetzungen** hinzu.[146] Dazu zählt zunächst die Volljährigkeit der Partnerschaftswerber.[147] Daneben gelten die in Art 1 Abs 4 G 20. 5. 2016, Nr 76 vorgesehenen Partnerschaftshindernisse zwingend (Art 32ter Abs 1 letzter S IPRG).[148] Folglich steht eine bereits bestehende Ehe oder eingetragene Partnerschaft einer weiteren eingetragenen Partnerschaft im Wege.[149] Auch Art 87 ZGB ist als Eingriffsnorm zu verstehen: Verwandtschaft, Schwägerschaft und Adoption stellen ein Hindernis für die Begründung einer eingetragenen Partnerschaft dar.[150]

---

141 *Barel/Armellini* (2018) 149 f, 161. Vgl dazu Rz 2/1 ff, 2/102 ff.

142 *Barel/Armellini* (2018) 151, 153; *Cubeddu Wiedemann* in Corder/Cubeddu Wiedemann, I decreti attuativi sulle unioni civili (2017) 42.

143 Das Recht auf Begründung einer eingetragenen Partnerschaft für gleichgeschlechtliche Paare wird somit zu einem Grundwert der italienischen Rechtsordnung *(ordre public)*. Vgl *Cubeddu Wiedemann* in Corder/Cubeddu Wiedemann, I decreti attuativi sulle unioni civili (2017) 35; *Biagioni*, Unioni same-sex e diritto internazionale privato: il nuovo quadro normativo dopo il d.lgs. n. 7/2017, Riv.dir.int. 2017, 509.

144 *Barel/Armellini* (2018) 151.

145 *Barel/Armellini* (2018) 151.

146 *Biagioni*, Unioni same-sex e diritto internazionale privato: il nuovo quadro normativo dopo il d.lgs. n. 7/2017, Riv.dir.int. 2017, 507.

147 Art 1 Abs 2 G 20. 5. 2016, Nr 76. Die Volljährigkeit ist dabei nach dem Heimatrecht des Partnerschaftswerbers (Art 32ter Abs 1 IPRG) festzustellen. Vgl *Campiglio*, La disciplina delle unioni civili transnazionali e dei matrimoni esteri tra persone dello stesso sesso, Riv.dir.int.priv.proc. 2017, 56; *Conetti* in Conetti/Tonolo/Vismara^3 (2017) 163.

148 Sie gelten für alle Sachverhalte mit Auslandsberührung, dh für die Begründung einer eingetragenen Partnerschaft von Italienern im Ausland oder von Ausländern in Italien. *Barel/Armellini* (2018) 155.

149 Art 1 Abs 4 lit a G 20. 5. 2016, Nr 76. *Barel/Armellini* (2018) 156. Dies gilt auch für eine vorausgehende im Ausland geschlossene gleichgeschlechtliche Ehe oder ein im Ausland geschlossenes ähnliches Rechtsinstitut.

150 Art 1 Abs 4 lit c G 20. 5. 2016, Nr 76. *Mosconi/Campiglio II*^{4} (2016) 114.

Ausländische Staatsbürger, die in Italien eine eingetragene Partnerschaft begründen wollen, müssen zu diesem Zweck ein **Partnerschaftsfähigkeitszeugnis** *(nulla osta)*[151] vorlegen, also einen Nachweis, dass nach dem Recht, dem sie unterstehen, einer eingetragenen Partnerschaft nichts im Wege steht (Art 32ter Abs 2 IPRG; Art 1 Abs 19 G 20. 5. 2016, Nr 76 iVm Art 116 Abs 1 ZGB).[152] Für das Partnerschaftsfähigkeitszeugnis sind die Hindernisse betreffend das Geschlecht der Parteien unerheblich.[153] Unberührt bleibt schließlich ein Ledigenstand, der aufgrund einer italienischen oder in Italien anerkannten Entscheidung erworben wurde (Art 32bis Abs 2 letzter S IPRG).[154] 5/49

Beispiel:

Ein künftiger Partner aus Marokko möchte mit einem Italiener in Italien die eingetragene Partnerschaft begründen. Das marokkanische Recht kennt die eingetragene Partnerschaft für gleichgeschlechtliche Paare nicht. Daher werden die Voraussetzungen für den marokkanischen Partnerschaftswerber nach italienischem Recht beurteilt (Art 32ter Abs 1 IPRG). In Marokko ist die Homosexualität darüber hinaus strafrechtlich relevant. Der marokkanische künftige Partner kann sich folglich nicht an die Behörden seines Landes wenden, um ein Partnerschaftsfähigkeitszeugnis zu beantragen, da er die strafrechtliche Verfolgung riskiert und jedenfalls kein Partnerschaftsfähigkeitszeugnis erhalten wird. Daher kann er das Partnerschaftsfähigkeitszeugnis mit einer anderen Urkunde oder Erklärung ersetzen, die den Ledigenstand bescheinigen kann,[155] *oder aber mit einer Ersatzerklärung gem DPR 28. 12. 2000, Nr 445 (Art 32ter Abs 2 IPRG).*

Italienische Staatsbürger können **im Ausland** eine eingetragene Partnerschaft (mit einem anderen Italiener oder einem Ausländer) vor der diplomatischen oder konsularischen Vertretung *(autorità diplomatica o consolare)* oder vor den ausländischen Behörden nach deren Recht begründen (Art 16 StandesamtsO).[156] 5/50

Eine eingetragene Partnerschaft ist dann **formgültig**, wenn sie nach dem Recht des Ortes, an dem sie errichtet worden ist, oder nach dem Heimatrecht eines Partners oder nach dem Recht des Staates, in dem die Partner im Zeitpunkt der Begründung der Partnerschaft ihren gemeinsamen gewöhnlichen Aufenthalt *(residenza)* haben, gültig ist (alternative Anknüpfung; 5/51

---

151 Das Partnerschaftszeugnis entspricht dem Ehefähigkeitszeugnis nach Art 116 Abs 1 ZGB, wobei nach Art 32ter Abs 2 IPRG die Hindernisse betreffend das Geschlecht der Parteien in diesem Fall unerheblich sind. Zum Ehefähigkeitszeugnis vgl Rz 5/8.

152 *Mosconi/Campiglio II*[4] (2016) 116. Art 19 ist somit eine IPR-Sachnorm *(norma di diritto internazionale privato materiale)*. Vgl *Campiglio*, La disciplina delle unioni civili transnazionali e dei matrimoni esteri tra persone dello stesso sesso, Riv.dir.int.priv.proc. 2017, 38 f.

153 Sofern die Vorlage dieser Bescheinigung aufgrund der mangelnden Anerkennung der eingetragenen Partnerschaft zwischen Personen des gleichen Geschlechts oder eines ähnlichen Rechtsinstituts nach dem Heimatrecht des ausländischen Staatsbürgers nicht möglich ist, wird die Bescheinigung durch eine Bestätigung oder eine andere Urkunde ersetzt, die jedenfalls geeignet ist, den Ledigenstand zu bescheinigen, oder aber durch eine Eigenerklärung des Partnerschaftswerbers (Art 32ter Abs 2 S 2 IPRG).
Diese Bestimmung stellt die logische Konsequenz aus der Nichtanwendung des ausländischen Rechts dar, welches gleichgeschlechtlichen Paaren keinen Zugang zur eingetragenen Partnerschaft gewährt. Vgl *Biagioni*, Unioni same-sex e diritto internazionale privato: il nuovo quadro normativo dopo il d.lgs. n. 7/2017, Riv.dir.int. 2017, 504; *Ballarani*, Comma 19, in Bianca, Le unioni civili e le convivenze (2017) 234. *Barel/Armellini* (2018) 155.

154 Die entsprechende Bestimmung gibt es auch für die Ehe in Art 27 IRPG. Vgl Rz 5/9 f.

155 Dies kann jede Urkunde sein, die den Ledigenstand bescheinigt. So wurde bspw eine konsularische Erklärung, die den Ledigenstand eines ausländischen Staatsbürgers bescheinigt, der in Italien eine eingetragene Partnerschaft begründen wollte, zugelassen. Vgl *Cubeddu Wiedemann* in Corder/Cubeddu Wiedemann, I decreti attuativi sulle unioni civili (2017) 37.

156 *Coppola* in Bonilini famiglia V (2017) 52.

favor validitatis; Art 32ter Abs 3 IPRG).[157] Weiter- und Rückverweisung sind in Formfragen ausgeschlossen (Art 13 Abs 2 lit b IPRG).[158]

3. Persönliche und vermögensrechtliche Wirkungen der eingetragenen Partnerschaft

a. Autonomes Kollisionsrecht

5/52 Grundsätzlich unterliegen die persönlichen und vermögensrechtlichen Rechtsverhältnisse zwischen den Partnern dem **Recht des Registerstaates** (Art 32ter Abs 4 IPRG), wobei dies als Gesamtverweisung zu verstehen ist.[159] Auf Antrag eines Partners *kann* das Gericht eine Ersatzanknüpfung *(criterio successivo)* vornehmen und die Anwendung des Rechts jenes Staates verfügen, in dem **das gemeinsame Leben vorwiegend stattfindet** (Art 32ter Abs 4 S 1–2 IRPG).[160] Das Gericht muss jene Rechtsordnung wählen, mit der die Partner einen engeren Bezug haben.[161] Da das Gericht diese Ersatzanknüpfung selbst im Falle eines gemeinsamen Antrags der Partner nicht zwingend vornehmen muss, handelt es sich nicht um eine echte *professio iuris*.[162]

5/53 Gem Art 32ter Abs 4 S 3 IPRG können die Partner darüber hinaus ihre rein **vermögensrechtlichen Rechtsverhältnisse** mit einer schriftlichen Vereinbarung dem Recht jenes Staates unterwerfen, dessen Staatsbürgerschaft einer von ihnen besitzt oder in dem einer von ihnen seinen gewöhnlichen Aufenthalt *(residenza)* hat.[163] Mit 29. 1. 2019 wurde Art 32ter Abs 4 IPRG allerdings – was die vermögensrechtlichen Rechtsverhältnisse betrifft – von der **EuPartnerschaftsVO** verdrängt.[164]

---

157 *Cubeddu Wiedemann* in Corder/Cubeddu Wiedemann, I decreti attuativi sulle unioni civili (2017) 35; *Biagioni*, Unioni same-sex e diritto internazionale privato: il nuovo quadro normativo dopo il d.lgs. n. 7/2017, Riv.dir. int. 2017, 504; *Coppola* in Bonilini famiglia V (2017) 49.

158 *Barel/Armellini* (2018) 153.

159 Der Gesetzgeber hat sich demzufolge für eine „gesellschaftliche" Anknüpfung entschieden, was im Einklang mit der EuPartnerschaftsVO steht. *Campiglio*, La disciplina delle unioni civili transnazionali e dei matrimoni esteri tra persone dello stesso sesso, Riv.dir.int.priv.proc. 2017, 58 f.

160 *Biagioni*, Unioni same-sex e diritto internazionale privato: il nuovo quadro normativo dopo il d.lgs. n. 7/ 2017, Riv.dir.int. 2017, 513.

161 *Biagioni*, Unioni same-sex e diritto internazionale privato: il nuovo quadro normativo dopo il d.lgs. n. 7/ 2017, Riv.dir.int. 2017, 513.

162 *Biagioni*, Unioni same-sex e diritto internazionale privato: il nuovo quadro normativo dopo il d.lgs. n. 7/ 2017, Riv.dir.int. 2017, 514. Vgl aber auch *Cubeddu Wiedemann* in Corder/Cubeddu Wiedemann, I decreti attuativi sulle unioni civili (2017) 43. In der Praxis wird wohl kein Gericht die Ersatzanknüpfung gegen den Willen beider Partner (und sofern der Schutz der Rechte Dritter gewahrt wird) verweigern können. Vgl dazu *Cubeddu Wiedemann* in Corder/Cubeddu Wiedemann, I decreti attuativi sulle unioni civili (2017) 43.

163 Aufgrund mangelnder Wirksamkeits- und Formvorschriften für diese Vereinbarung sind wohl Art 30 Abs 2 und 3 IPRG analog anzuwenden. Vgl *Campiglio*, La disciplina delle unioni civili transnazionali e dei matrimoni esteri tra persone dello stesso sesso, Riv.dir.int.priv.proc. 2017, 58; *Cubeddu Wiedemann* in Corder/ Cubeddu Wiedemann, I decreti attuativi sulle unioni civili (2017) 43; *Biagioni*, Unioni same-sex e diritto internazionale privato: il nuovo quadro normativo dopo il d.lgs. n. 7/2017, Riv.dir.int. 2017, 515. Die Rechtswahl muss in der Begründungsurkunde angemerkt werden (Art 69 Abs 1bis StandesamtsO).

164 *Viarengo*, Effetti patrimoniali delle unioni civili transfrontaliere: la nuova disciplina europea, Riv.dir.int. priv.proc. 2018, 47; *Barel/Armellini* (2018) 169. Zur EuPartnerschaftsVO vgl Rz 5/57 ff.

Eine Sonderregelung gilt für den Fall, dass **zwei italienische Staatsbürger**, die ihren **gewöhnlichen Aufenthalt** *(residenza abituale)* **in Italien** haben, im Ausland eine eingetragene Partnerschaft oder ein dieser ähnliches Rechtsinstitut[165] begründen. Diese unterliegen nicht dem Recht des Registerstaates, sondern haben in Italien die Wirkungen einer vom italienischen Recht geregelten eingetragenen Partnerschaft, dh G 20. 5. 2016, Nr 76 findet Anwendung (Art 32quinquies IPRG).[166] Ziel der Norm ist es zu vermeiden, dass sich solche Paare einzig deshalb ins Ausland begeben, um dort die eingetragene Partnerschaft zu begründen und damit die italienischen Bestimmungen zu umgehen, dann aber sogleich wieder nach Italien zurückkehren (*system shopping*).[167] 5/54

Die **Unterhaltspflichten** zwischen eingetragenen Partnern unterliegen der EuUVO.[168] Auch die **EuErbVO** ist unter den Partnern anwendbar.[169] Was die **Kindschaft und Adoption** anbelangt, so müssen die entsprechenden Kollisionsnormen herangezogen werden.[170] 5/55

Im Ausland begründete eingetragene Partnerschaften zwischen **Personen unterschiedlichen Geschlechts** werden der hL zufolge der eingetragenen Partnerschaft gleichgeschlechtlicher Paare gleichgestellt.[171] 5/56

165 Dazu zählen sicherlich die eingetragene Lebenspartnerschaft in Deutschland, die eingetragene Partnerschaft in Österreich, die eingetragene Partnerschaft gleichgeschlechtlicher Paare *(unione domestica registrata)* in der Schweiz, die *civil partnership* in Großbritannien usw. Umstritten ist hingegen die Einordnung des *Pacte civil de solidarité*, sog PACS, in Frankreich. Nach hL hat er trotz seiner vertragsrechtlichen Struktur vorwiegend familienrechtlichen Charakter. Vgl dazu *Rossolillo*, Registered partnerships e matrimoni tra persone dello stesso sesso: problemi di qualificazione ed effetti nell'ordinamento italiano, Riv.dir.int.priv.proc. 2003, 367; *Armellini*, Qualificazione e istituti di diritto di famiglia sconosciuti, in Cagnazzo/Preite/Tagliaferri, Il nuovo diritto di famiglia IV (2015) 782 f. Dagegen *Winkler*, Disposizioni di attuazione, finali e transitorie, in Buffone/Gattuso/Winkler, Unione civile e convivenza (2017) 401; *Malgieri*, L'unione civile alla prova del diritto internazionale privato: all'ombra di una delega legislativa, GenIus, 2016/2, 90 f.

166 Der Zeitpunkt, in dem der gewöhnliche Aufenthalt in Italien gegeben sein muss, ist jener der Begründung der Partnerschaft. Ein späterer Wechsel des gewöhnlichen Aufenthalts ins Ausland hat keine Auswirkungen. *Campiglio*, La disciplina delle unioni civili transnazionali e dei matrimoni esteri tra persone dello stesso sesso, Riv.dir.int.priv.proc. 2017, 49; *Viarengo*, Effetti patrimoniali delle unioni civili transfrontaliere: la nuova disciplina europea, Riv.dir.int.priv.proc. 2018, 39.

167 *Cubeddu Wiedemann* in Corder/Cubeddu Wiedemann, I decreti attuativi sulle unioni civili (2017) 40 und 41; *Barel/Armellini* (2018) 154 f und 167.

168 Diesbezüglich findet sich ein ausdrücklicher Verweis in Art 32ter Abs 5 iVm Art 45 IPRG. Zur Notwendigkeit des ausdrücklichen Verweises vgl *Davì/Zanobetti*, Le obbligazioni alimentari tra parti dell'unione civile e tra conviventi nel diritto internazionale privato, Riv.trim.dir.proc.civ. 2017, 202 ff. Zur EuUVO vgl Rz 5/178 ff.

169 *Lopes Pegna*, Effetti dei matrimoni same sex contratti all'estero dopo il „riordino" delle norme italiane di diritto internazionale privato, Riv.dir.int. 2017, 546; *Biagioni*, Unioni same-sex e diritto internazionale privato: il nuovo quadro normativo dopo il d.lgs. n. 7/2017, Riv.dir.int. 2017, 518. Zur EuErbVO vgl allgemein Rz 6/31 ff.

170 *Biagioni*, Unioni same-sex e diritto internazionale privato: il nuovo quadro normativo dopo il d.lgs. n. 7/2017, Riv.dir.int. 2017, 519. Vgl Rz 5/111 ff und 5/163 ff.

171 *Cubeddu Wiedemann* in Corder/Cubeddu Wiedemann, I decreti attuativi sulle unioni civili (2017) 42; *Barel/Armellini* (2018) 167. Vgl auch *Campiglio*, La disciplina delle unioni civili transnazionali e dei matrimoni esteri tra persone dello stesso sesso, Riv.dir.int.priv.proc. 2017, 66.

b. Europäisches Partnerschaftsgüterrecht

5/57 Die autonomen Kollisionsnormen im Bereich des Partnerschaftsgüterrechts wurden mit 29. 1. 2019 von der **EuPartnerschaftsVO** verdrängt.[172] Sie enthält neben den Bestimmungen zum anzuwendenden Recht auch solche zur internationalen Zuständigkeit sowie zur Anerkennung und Vollstreckung von Entscheidungen in Fragen güterrechtlicher Wirkungen eingetragener Partnerschaften. Bis zum 29. 1. 2019 galten die Bestimmungen des IPRG.[173] Die EuPartnerschaftsVO lehnt sich stark an die EuGüterVO an, hat denselben Aufbau und sieht in fast allen Bereichen beinahe identische Lösungen vor.[174]

5/58 Anders als die EuGüterVO **definiert** die EuPartnerschaftsVO die eingetragene Partnerschaft als eine „rechtlich vorgesehene Form der Lebensgemeinschaft zweier Personen, deren Eintragung nach den betreffenden rechtlichen Vorschriften verbindlich ist und welche die in den betreffenden Vorschriften vorgesehenen rechtlichen Formvorschriften für ihre Begründung erfüllt“ (Art 3 Abs 1 lit a).[175] Während die eingetragene Partnerschaft jedenfalls dieser Definition entspricht, fällt die Lebensgemeinschaft *(convivenza di fatto)*; sollte kursiv sein des italienischen Rechts nach hL nicht in den Anwendungsbereich der Verordnung.[176] Unerheblich ist hingegen, ob es sich um gleich- oder verschiedengeschlechtliche Paare handelt.[177]

---

172 Die VO (EU) 2016/1104 des Rates vom 24. 6. 2016 zur Durchführung der Verstärkten Zusammenarbeit im Bereich der Zuständigkeit, des anzuwendenden Rechts und der Anerkennung und Vollstreckung von Entscheidungen in Fragen güterrechtlicher Wirkungen eingetragener Partnerschaften ist am 28. 7. 2016 in Kraft getreten. Teilnehmende Mitgliedstaaten sind Belgien, Bulgarien, die Tschechische Republik, Deutschland, Griechenland, Spanien, Frankreich, Kroatien, Italien, Zypern, Luxemburg, Malta, die Niederlande, Österreich, Portugal, Slowenien, Finnland und Schweden (Stand: 28. 6. 2019).

173 Vgl Rz 5/52 ff. Nach Art 69 Abs 1 ist die VO vorbehaltlich der Abs 2 und 3 nur auf Verfahren, öffentliche Urkunden oder gerichtliche Vergleiche anzuwenden, die am 29. 1. 2019 oder danach eingeleitet, förmlich errichtet oder eingetragen bzw gebilligt oder geschlossen worden sind. Ist das Verfahren im Ursprungsmitgliedstaat vor dem 29. 1. 2019 eingeleitet worden, so werden nach diesem Zeitpunkt ergangene Entscheidungen nach Maßgabe des Kapitels IV anerkannt und vollstreckt, soweit die angewandten Zuständigkeitsvorschriften mit denen des Kapitels II übereinstimmen (Art 69 Abs 2). Die neuen Kollisionsnormen gelten nur für Partner, die nach dem 29. 1. 2019 ihre Partnerschaft haben eintragen lassen oder eine Rechtswahl des auf die güterrechtlichen Wirkungen ihrer eingetragenen Partnerschaft anzuwendenden Rechts getroffen haben (Art 69 Abs 3).

174 *Viarengo*, Effetti patrimoniali delle unioni civili transfrontaliere: la nuova disciplina europea, Riv.dir.int.priv.proc. 2018, 34. Zur EuGüterVO vgl Rz 5/33 ff.

175 Vorfragen wie das Bestehen, die Gültigkeit oder die Anerkennung einer eingetragenen Partnerschaft richten sich hingegen nach nationalem Recht (Erwägungsgrund Nr 21).

176 *Barel/Armellini* (2018) 174; *Viarengo*, Effetti patrimoniali delle unioni civili transfrontaliere: la nuova disciplina europea, Riv.dir.int.priv.proc. 2018, 36 f. Vgl ausführlich *Cubeddu Wiedemann*, Art 64, in Bianca, Le unioni civili e le convivenze (2017) 746 ff. Vgl auch Erwägungsgrund Nr 16 EuPartnerschaftsVO. Die Anerkennung von im Ausland geschlossenen Ehen und eingetragenen Partnerschaften kann sich als Vorfrage für das Partnerschaftsgüterrecht stellen und unterliegt dem nationalen Recht einschließlich dem IPR (Erwägungsgrund Nr 21). Dh, die EuPartnerschaftsVO findet in Italien auch auf im Ausland begründete eingetragene Partnerschaften zwischen Italienern mit gewöhnlichem Aufenthalt in Italien sowie auf im Ausland geschlossene Ehen, die nach Art 32bis IPRG die Wirkungen einer eingetragenen Partnerschaft in Italien haben, Anwendung. Vgl *Viarengo*, Effetti patrimoniali delle unioni civili transfrontaliere: la nuova disciplina europea, Riv.dir.int.priv.proc. 2018, 39; *Lopes Pegna*, Effetti dei matrimoni same sex contratti all'estero dopo il „riordino“ delle norme italiane di diritto internazionale privato, Riv.dir.int. 2017, 547. Zur Lebensgemeinschaft vgl Rz 5/72 ff.

177 *Viarengo*, Effetti patrimoniali delle unioni civili transfrontaliere: la nuova disciplina europea, Riv.dir.int.priv.proc. 2018, 37.

Als **güterrechtliche Wirkungen** einer eingetragenen Partnerschaft gelten die vermögensrechtlichen Regelungen, die im Verhältnis der Partner zueinander und in ihren Beziehungen zu Dritten aufgrund des mit der Eintragung der Partnerschaft oder ihrer Auflösung begründeten Rechtsverhältnisses gelten (Art 3 Abs 1 lit b). **5/59**

Die Bestimmungen zur **internationalen Zuständigkeit** nach der EuPartnerschaftsVO unterscheiden sich kaum von jenen der EuGüterVO[178] und verfolgen insbesondere das Ziel, miteinander verbundene Verfahren zu vereinen (Art 4 und 5).[179] So wird die Zuständigkeit der Gerichte des Mitgliedstaats, dessen Gerichte im Zusammenhang mit der Rechtsnachfolge von Todes wegen nach der EuErbVO angerufen wurden,[180] auf Entscheidungen über die güterrechtlichen Wirkungen der eingetragenen Partnerschaft in Verbindung mit diesem Nachlass ausgedehnt (Art 4). Sofern die Partner dies vereinbaren, erfolgt eine Ausdehnung der Zuständigkeit auch für Verfahren betreffend die Auflösung oder Ungültigerklärung *(scioglimento o annullamento)* der eingetragenen Partnerschaft (Art 5).[181] In allen anderen Fällen sieht Art 6 eine Zuständigkeitsleiter *(competenze a cascata)* vor.[182] Das angerufene Gericht kann sich jedenfalls für unzuständig erklären, sollte seine Rechtsordnung das Rechtsinstitut der eingetragenen Partnerschaft nicht vorsehen. Für solche Fälle sieht Art 9 eine Reihe von alternativen Zuständigkeitskriterien vor.[183] Die **subsidiäre Zuständigkeit** (Art 10) und die **Notzuständigkeit** (Art 11) sind schließlich va in den Fällen von Bedeutung, in denen die Partnerschaft nicht in einem teilnehmenden Mitgliedstaat begründet worden ist.[184] **5/60**

Die in der EuPartnerschaftsVO enthaltenen **Kollisionsnormen** finden **universelle Anwendung**, dh, sie gelten auch dann, wenn das anzuwendende Recht jenes eines Nicht-Mitgliedstaates ist (Art 23).[185] Die Partner haben dabei die Möglichkeit der **Rechtswahl** (*optio iuris*; **5/61**

---

178 *Mosconi/Campiglio II*[4] (2016) 113. Zur EuGüterVO vgl Rz 5/35 f.

179 *Viarengo*, Effetti patrimoniali delle unioni civili transfrontaliere: la nuova disciplina europea, Riv.dir.int. priv.proc. 2018, 41.

180 Zur EuErbVO vgl allgemein Rz 6/31 ff.

181 Die Ungültigerklärung entspricht im italienischen Sachrecht der Aufhebung der eingetragenen Partnerschaft *(annullamento dell'unione civile)*. Die Vereinbarung kann auch während des Verfahrens getroffen werden. Vgl *Viarengo*, Effetti patrimoniali delle unioni civili transfrontaliere: la nuova disciplina europea, Riv.dir.int.priv.proc. 2018, 42. Sofern sie vor Anrufung des Gerichts getroffen wird, bedarf sie der Schriftform, ist zu datieren und von den Parteien zu unterzeichnen (Art 5 Abs 2 iVm Art 7).

182 *Mosconi/Campiglio II*[4] (2016) 113; *Viarengo*, Effetti patrimoniali delle unioni civili transfrontaliere: la nuova disciplina europea, Riv.dir.int.priv.proc. 2018, 43. Danach sind die Gerichte des Mitgliedstaats zuständig, a) in dessen Hoheitsgebiet die Partner zum Zeitpunkt der Anrufung des Gerichts ihren gewöhnlichen Aufenthalt haben oder anderenfalls b) in dessen Hoheitsgebiet die Partner zuletzt ihren gewöhnlichen Aufenthalt hatten, sofern einer von ihnen zum Zeitpunkt der Anrufung des Gerichts dort noch seinen gewöhnlichen Aufenthalt hat, oder anderenfalls c) in dessen Hoheitsgebiet der Antragsgegner zum Zeitpunkt der Anrufung des Gerichts seinen gewöhnlichen Aufenthalt hat oder anderenfalls d) dessen Staatsangehörigkeit beide Partner zum Zeitpunkt der Anrufung des Gerichts besitzen oder anderenfalls e) nach dessen Recht die eingetragene Partnerschaft begründet wurde.

183 *Viarengo*, Effetti patrimoniali delle unioni civili transfrontaliere: la nuova disciplina europea, Riv.dir.int. priv.proc. 2018, 44 f.

184 *Mosconi/Campiglio II*[4] (2016) 113. In der Praxis ist die Anrufung des *forum necessitatis* äußerst selten. Vgl *Viarengo*, Effetti patrimoniali delle unioni civili transfrontaliere: la nuova disciplina europea, Riv.dir.int. priv.proc. 2018, 46.

185 Sie ersetzen somit gänzlich die Bestimmungen des Art 32ter Abs 4 IPRG. Vgl *Viarengo*, Effetti patrimoniali delle unioni civili transfrontaliere: la nuova disciplina europea, Riv.dir.int.priv.proc. 2018, 47. Das anzuwendende Recht soll dabei die güterrechtlichen Wirkungen der eingetragenen Partnerschaft insgesamt,

Art 22).[186] Wählbar sind das Recht des Staates, in dem zumindest ein (künftiger) Partner zum Zeitpunkt der Rechtswahl seinen gewöhnlichen Aufenthalt *(residenza abituale)* hat, das Heimatrecht eines (künftigen) Partners oder das Recht des Staates, nach dessen Recht die eingetragene Partnerschaft begründet wurde.[187] Eingriffsnormen *(norme di applicazione necessaria)* haben Vorrang (Art 30).[188] **Mangels Rechtswahl** unterliegt das Partnerschaftsgüterrecht dem Recht des Staates, nach dessen Recht sie begründet wurde (Art 26), welches nicht notwendigerweise mit jenem des Registerstaates übereinstimmt.[189] Das für die güterrechtlichen Wirkungen maßgebende Recht kann Dritten nicht entgegengehalten werden, es sei denn, der Dritte hatte Kenntnis von diesem Recht oder hätte bei gebührender Sorgfalt davon Kenntnis haben müssen (Art 28).

5/62 Die **Anerkennung** von Entscheidungen betreffend das Partnerschaftsgüterrecht, die in einem anderen Mitgliedstaat ergangen sind, erfolgt **automatisch** (Art 36).[190] Für die **Vollstreck-**

---

dh, das gesamte den güterrechtlichen Wirkungen der eingetragenen Partnerschaft unterliegende Vermögen erfassen, um eine Aufspaltung der güterrechtlichen Wirkungen zu vermeiden (Erwägungsgrund Nr 42).

186 Die Vereinbarung kann vor oder bei Begründung der eingetragenen Partnerschaft sowie auch zu einem späteren Zeitpunkt getroffen werden (Erwägungsgrund Nr 44). Die Vereinbarung bedarf der Schriftform, ist zu datieren und von beiden Partnern zu unterzeichnen. Elektronische Übermittlungen, die eine dauerhafte Aufzeichnung der Vereinbarung ermöglichen, sind der Schriftform gleichgestellt. Darüber hinaus müssen eventuelle strengere Formvorschriften eingehalten werden, wenn das Recht des Mitgliedstaats, in dem beide Partner zum Zeitpunkt der Rechtswahl ihren gewöhnlichen Aufenthalt haben, solche vorsieht. Haben die Partner zum Zeitpunkt der Rechtswahl ihren gewöhnlichen Aufenthalt in verschiedenen Mitgliedstaaten und sieht das Recht beider Staaten unterschiedliche Formvorschriften für Vereinbarungen über die güterrechtlichen Wirkungen einer eingetragenen Partnerschaft vor, so ist die Vereinbarung formgültig, wenn sie den Vorschriften des Rechts eines dieser Mitgliedstaaten genügt. Hat zum Zeitpunkt der Rechtswahl nur einer der Partner seinen gewöhnlichen Aufenthalt in einem Mitgliedstaat und sind in diesem Staat zusätzliche Formvorschriften für Vereinbarungen über die güterrechtlichen Wirkungen einer eingetragenen Partnerschaft vorgesehen, so sind diese Formvorschriften anzuwenden (Art 23).

187 Fällt nach getroffener Rechtswahl der Anknüpfungspunkt weg (etwa aufgrund der Änderung des gewöhnlichen Aufenthalts oder der Staatsbürgerschaft), verliert die Vereinbarung nicht automatisch ihre Wirksamkeit. Wohl könnte dies Auswirkungen gegenüber Dritten haben, die in Art 28 ihre Regelung finden. Vgl *Viarengo*, Effetti patrimoniali delle unioni civili transfrontaliere: la nuova disciplina europea, Riv.dir.int.priv.proc. 2018, 49.

188 *Cubeddu Wiedemann* in Corder/Cubeddu Wiedemann, I decreti attuativi sulle unioni civili (2017) 46.

189 *Cubeddu Wiedemann* in Corder/Cubeddu Wiedemann, I decreti attuativi sulle unioni civili (2017) 45 f. Nach Erwägungsgrund Nr 48 versteht man darunter das Recht jenes Staates, nach dessen Recht die verbindliche Eintragung zur Begründung der Partnerschaft vorgenommen wurde. Auf Antrag eines Partners kann das Gericht die Anwendung des Rechts eines anderen Staates verfügen, sofern der Antragsteller nachweist, dass die Partner ihren letzten gemeinsamen gewöhnlichen Aufenthalt über einen erheblich langen Zeitraum in diesem Staat hatten und beide Partner auf das Recht dieses anderen Staates bei der Regelung oder Planung ihrer güterrechtlichen Beziehungen vertraut hatten (Art 26 Abs 2).

190 Gründe für die Nichtanerkennung liegen vor, wenn a) die Anerkennung der öffentlichen Ordnung *(ordre public)* des Mitgliedstaats, in dem sie beantragt wird, offensichtlich widersprechen würde; b) dem Beklagten, der sich auf das Verfahren nicht eingelassen hat, das verfahrenseinleitende Schriftstück oder ein gleichwertiges Schriftstück nicht rechtzeitig und in einer Weise zugestellt worden ist, dass er sich verteidigen konnte, es sei denn, der Beklagte hat die Entscheidung nicht angefochten, obwohl er die Möglichkeit dazu hatte; c) sie mit einer Entscheidung unvereinbar ist, die in einem Verfahren zwischen denselben Parteien in dem Mitgliedstaat, in dem die Anerkennung beantragt wird, ergangen ist; d) sie mit einer früheren Entscheidung unvereinbar ist, die in einem anderen Mitgliedstaat oder in einem Drittstaat in einem Verfahren zwischen denselben Parteien wegen desselben Anspruchs ergangen ist, sofern die frühere Entscheidung die notwendigen Voraussetzungen für ihre Anerkennung in dem Mitgliedstaat, in dem die An-

barkeit ausländischer Entscheidungen bedarf es hingegen des in Art 44 ff vorgesehenen **Exequaturverfahrens** (Art 42).[191] Die Anerkennung und die Vollstreckung von Entscheidungen implizieren schließlich nicht die Anerkennung der eingetragenen Partnerschaft, die Anlass zu der Entscheidung gegeben hat (Erwägungsgrund Nr 63).

4. Auflösung der eingetragenen Partnerschaft

Art 32quater IPRG sieht die **internationale Zuständigkeit** italienischer Gerichte in Fragen der Auflösung *(scioglimento)*, der Nichtigkeit *(nullità)* und der Aufhebung *(annullamento)* der eingetragenen Partnerschaft neben den in Art 3 und 9 IPRG vorgesehenen Fällen[192] auch immer dann gegeben, wenn ein Partner italienischer Staatsbürger ist oder die eingetragene Partnerschaft in Italien begründet worden ist.[193] Die Anwendung der Brüssel IIa-VO ist hingegen nach hL ausgeschlossen.[194] 5/63

Die **Anknüpfung** der Auflösung der eingetragenen Partnerschaft erfolgt nach der Rom III-VO (Art 32quater Abs 2 IPRG).[195] Die Partner haben demnach die Möglichkeit der **Rechtswahl**. Sollten sie diese nicht in Anspruch nehmen, sieht Art 8 Rom III-VO eine Anknüpfungsleiter *(criteri successivi)* vor.[196] Demnach ist das Recht jenes Staates anzuwenden, in dem die Partner zum Zeitpunkt der Anrufung des Gerichts ihren gewöhnlichen Aufenthalt *(residenza abituale)* haben. In Ermangelung findet das Recht des Staates Anwendung, in dem die Partner zuletzt ihren gewöhnlichen Aufenthalt hatten, sofern dieser nicht vor mehr als einem Jahr vor Anru- 5/64

erkennung geltend gemacht wird, erfüllt (Art 37). Dabei sind die Gerichte ausdrücklich dazu aufgerufen, die Charta der Grundrechte und insb den Grundsatz der Nichtdiskriminierung zu beachten (Art 38). Dies bedeutet, dass die Anerkennung oder Vollstreckung einer Entscheidung nicht verweigert werden kann, nur weil der Mitgliedstaat das Rechtsinstitut der eingetragenen Partnerschaft nicht kennt. Vgl *Viarengo*, Effetti patrimoniali delle unioni civili transfrontaliere: la nuova disciplina europea, Riv.dir.int.priv.proc. 2018, 58.

191 Dies erschwert den Zugang zur Vollstreckung in einem anderen Mitgliedstaat. Vgl *Viarengo*, Effetti patrimoniali delle unioni civili transfrontaliere: la nuova disciplina europea, Riv.dir.int.priv.proc. 2018, 56.

192 Vgl dazu ausführlich *Forganni/Zanobetti*, L. 31 maggio 1995, n. 218, art. 32-quater, in Sesta, Codice dell'-unione civile e delle convivenze (2017) 2332 ff. Vgl allgemein Rz 2/88 ff.

193 *Forganni/Zanobetti*, L. 31 maggio 1995, n. 218, art. 32-quater, in Sesta, Codice dell'unione civile e delle convivenze (2017) 2332 ff; *Cubeddu Wiedemann* in Corder/Cubeddu Wiedemann, I decreti attuativi sulle unioni civili (2017) 47; *Campiglio*, La disciplina delle unioni civili transnazionali e dei matrimoni esteri tra persone dello stesso sesso, Riv.dir.int.priv.proc. 2017, 62. *Barel/Armellini* (2018) 161 dehnen die Anwendbarkeit von Art 32quater Abs 1 IPRG auch auf verschiedengeschlechtliche Paare aus.

194 *Mosconi/Campiglio II*[4] (2016) 158; *Baruffi* in Zaccaria[3] (2016) Art 1–2 Regolamento (CE) 27 novembre 2003, n. 2201/2003, II, 2; *Bergamini* in Sesta[3] (2015) Art 1 Reg. CE n. 2201/2003, 3039; *Tomasi*, La tutela degli status familiari nel diritto dell'Unione Europea: tra mercato interno e spazio di libertà, sicurezza e giustizia (2007) 294 f; *Queirolo*, Il regolamento 2201/2003: circolazione delle sentenze in materia di separazione, divorzio e annullamento del matrimonio, in Cagnazzo/Preite/Tagliaferri, Il nuovo diritto di famiglia IV (2015) 836. Zur Brüssel IIa-VO vgl Rz 5/77 ff.

195 *Campiglio*, La disciplina delle unioni civili transnazionali e dei matrimoni esteri tra persone dello stesso sesso, Riv.dir.int.priv.proc. 2017, 62 f; *Cubeddu Wiedemann* in Corder/Cubeddu Wiedemann, I decreti attuativi sulle unioni civili (2017) 47; *Biagioni*, Unioni same-sex e diritto internazionale privato: il nuovo quadro normativo dopo il d.lgs. n. 7/2017, Riv.dir.int. 2017, 505. Die Bestimmung enthält dabei keine Kollisionsnormen für die Nichtigkeit *(nullità)* und Aufhebung *(annullamento)* der eingetragenen Partnerschaft. Vgl dazu *Winkler*, Disposizioni di attuazione, finali e transitorie, in Buffone/Gattuso/Winkler, Unione civile e convivenza (2017) 413.

196 Vgl Rz 5/85 ff.

fung des Gerichts endete und einer der Partner zum Zeitpunkt der Anrufung des Gerichts dort noch seinen gewöhnlichen Aufenthalt hat oder das gemeinsame Heimatrecht. Zuletzt bleibt die Anknüpfung nach der *lex fori.*[197]

5/65 Für die **Anerkennung** ausländischer Urteile und Verfügungen im Bereich der Auflösung, Nichtigkeit und Aufhebung der eingetragenen Partnerschaft finden Art 64 ff IPRG Anwendung.[198]

II. Gleichgeschlechtliche Ehe

5/66 Sofern es keine ausdrücklichen anderweitigen Bestimmungen gibt, gelten auch für die gleichgeschlechtliche Ehe *(matrimonio omosessuale)* die allgemeinen **Zuständigkeits- und Anerkennungs**normen.[199] Die hL schließt die Anwendbarkeit der Brüssel IIa-VO für gleichgeschlechtliche Ehen grundsätzlich aus.[200]

5/67 Das italienische Recht kennt die gleichgeschlechtliche Ehe nicht, weshalb eine **Eheschließung in Italien für gleichgeschlechtliche Paare** nicht möglich ist. Wird eine Ehe im Ausland geschlossen, so unterscheidet man bezüglich der Wirkungen in Italien zwischen Ehen, die von italienischen oder ausländischen Staatsbürgern geschlossen wurden.[201]

5/68 Wenn ein **italienischer Staatsbürger** mit einem anderen italienischen Staatsbürger oder mit einem Ausländer[202] im Ausland eine gleichgeschlechtliche Ehe eingeht, so hat diese in Ita-

---

197 *Campiglio,* La disciplina delle unioni civili transnazionali e dei matrimoni esteri tra persone dello stesso sesso, Riv.dir.int.priv.proc. 2017, 63; *Cubeddu Wiedemann* in Corder/Cubeddu Wiedemann, I decreti attuativi sulle unioni civili (2017) 48.

198 *Campiglio,* La disciplina delle unioni civili transnazionali e dei matrimoni esteri tra persone dello stesso sesso, Riv.dir.int.priv.proc. 2017, 63 f; *Barel/Armellini* (2018) 189; *Forganni/Zanobetti,* L. 31 maggio 1995, n. 218, art. 32-quater, in Sesta, Codice dell'unione civile e delle convivenze (2017) 2332. Vgl Rz 2/108.

199 *Barel/Armellini* (2018) 149. Vgl Rz 2/1 ff.

200 *Mosconi/Campiglio II*[4] (2016) 127 und 158; *Barel/Armellini* (2018) 178; *Tomasi,* La tutela degli status familiari nel diritto dell'Unione Europea: tra mercato interno e spazio di libertà, sicurezza e giustizia (2007) 294 f; *Baruffi* in Zaccaria[3] (2016) Art 1–2 Regolamento (CE) 27 novembre 2003, n. 2201/2003, II, 2; *Bergamini* in Sesta[3] (2015) Art 1 Reg. CE n. 2201/2003, 3039; *Queirolo,* Il regolamento 2201/2003: circolazione delle sentenze in materia di separazione, divorzio e annullamento del matrimonio, in Cagnazzo/Preite/Tagliaferri, Il nuovo diritto di famiglia IV (2015) 836. Vgl Rz 5/77 ff.

201 Die gleichgeschlechtliche Ehe ist nicht *ordre public*-widrig. Vgl KassGH Ziv 14. 5. 2018, Nr 11696, Foro it. 2018, I, 1948.

202 Nach dem Wortlaut von Art 32bis IPRG („gleichgeschlechtliche Ehen von italienischen Staatsbürgern") gilt dies für den Fall, dass es sich bei den Ehegatten um zwei italienische Staatsbürger oder um einen italienischen und einen ausländischen Staatsbürger handelt. KassGH Ziv 14. 5. 2018, Nr 11696, Foro it. 2018, I, 1948. IdS auch *Campiglio,* La disciplina delle unioni civili transnazionali e dei matrimoni esteri tra persone dello stesso sesso, Riv.dir.int.priv.proc. 2017, 44 ff; *Biagioni,* Unioni same-sex e diritto internazionale privato: il nuovo quadro normativo dopo il d.lgs. n. 7/2017, Riv.dir.int. 2017, 498; *Conetti* in Conetti/Tonolo/Vismara[3] (2017) 163. Auch dieser Meinung aber krit *Lopes Pegna,* Effetti dei matrimoni same sex contratti all'estero dopo il „riordino" delle norme italiane di diritto internazionale privato, Riv.dir.int. 2017, 536 ff; *Barel/Armellini* (2018) 160. Dagegen *Boggiali/Ruotolo, Consiglio nazionale del notariato,* Modifica e riordino delle disposizioni di diritto internazionale privato in materia di unioni civili tra persone dello stesso sesso, https://www.osservatoriofamiglia.it/include/aprifile.asp?iddocumento=1561 (letzter Besuch: 28. 6. 2019); *Marseglia,* I matrimoni contratti all'estero fra cittadini italiani dello stesso sesso dopo la legge Cirinnà, www.rivistafamilia.it/wp-content/uploads/2017/10/6_I-matrimoni-contratti-all%E2%80%99estero-fra-cittadini-italiani-dello-stesso-sesso-dopo-la-legge-Cirinna-1.pdf (letzter Besuch: 28. 6. 2019),

lien die Wirkungen einer eingetragenen Partnerschaft nach G 20. 5. 2016, Nr 76 (Art 32bis IPRG).[203] Es kommt folglich zu einer Herabstufung der Ehewirkungen *(downgrade recognition)*.[204] Solche Ehen können in das Register der eingetragenen Partnerschaften **eingetragen** *(trascrizione)* werden.[205]

Für gleichgeschlechtliche Ehen, die im Ausland zwischen zwei **Ausländern** geschlossen wurden, erfolgt die Anknüpfung hingegen nach den eherechtlichen Kollisions- und Zuständigkeitsnormen (Art 26 ff IPRG sowie – sofern anwendbar – Brüssel IIa-VO und Rom III-VO).[206] Die Ehe wird somit ohne Herabstufungen als solche anerkannt.[207] Haben die gleichgeschlechtlichen Ehegatten ihren gewöhnlichen Aufenthalt *(residenza)* in Italien, so kann die Ehe als solche **eingetragen** *(trascrizione)* werden.[208] Allerdings können ausländische Staatsbürger, deren 5/69

340 f, wonach Art 32bis IRPG nur für im Ausland geschlossene Ehen zwischen zwei italienischen Staatsbürgern gelten soll. Eine Ausnahme bildet OLG Napoli 8. 7. 2015, Foro it. 2016, I, 297, das die Eintragung einer in Frankreich geschlossenen Ehe einer Frau mit französischer und italienischer Staatsbürgerschaft mit einer Französin zulässt.

203 *Campiglio*, La disciplina delle unioni civili transnazionali e dei matrimoni esteri tra persone dello stesso sesso, Riv.dir.int.priv.proc. 2017, 42; *Cubeddu Wiedemann* in Corder/Cubeddu Wiedemann, I decreti attuativi sulle unioni civili (2017) 38. Art 32bis IPRG ist somit eine IPR-Sachnorm *(norma di diritto internazionale privato materiale)*. Vgl *Barel/Armellini* (2018) 159. Dabei unterscheidet man zwischen dem ehelichen Status, der auch in Italien als solcher anerkannt wird, und den Wirkungen, die daraus erwachsen und dem italienischen Recht unterliegen. *Barel/Armellini* (2018) 160. Laut KassGH Ziv 14. 5. 2018, Nr 11696, Foro it. 2018, I, 1948 sollen die Art 32bis ff IPRG auch auf Ehen angewandt werden, die vor ihrem Inkrafttreten geschlossen wurden. Da Art 32bis IPRG nach seinem Wortlaut die Anwendung des italienischen materiellen Rechts anordnet und daher jene der Kollisionsnormen zur eingetragenen Partnerschaft ausschließt, handelt es sich hier um eine einseitige Kollisionsnorm (vgl Rz 1/36 und 1/56). *Lopes Pegna*, Effetti dei matrimoni same sex contratti all'estero dopo il „riordino" delle norme italiane di diritto internazionale privato, Riv.dir.int. 2017, 541 ff äußert sich kritisch dazu.

204 *Mosconi/Campiglio II*[4] (2016) 117; *Barel/Armellini* (2018) 159; *Cubeddu Wiedemann* in Corder/Cubeddu Wiedemann, I decreti attuativi sulle unioni civili (2017) 37; *Casaburi*, Anm zu KassGH Ziv 14. 5. 2018, Nr 11696, Foro it. 2018, I, 1965; *Viarengo*, Effetti patrimoniali delle unioni civili transfrontaliere: la nuova disciplina europea, Riv.dir.int.priv.proc. 2018, 38.

205 Art 134bis Abs 3 lit a KglD 9. 7. 1939 Nr 1238. KassGH Ziv 14. 5. 2018, Nr 11696, Foro it. 2018, I, 1948. Vgl auch *Lopes Pegna*, Effetti dei matrimoni same sex contratti all'estero dopo il „riordino" delle norme italiane di diritto internazionale privato, Riv.dir.int. 2017, 548.

206 KassGH Ziv 14. 5. 2018, Nr 11696, Foro it. 2018, I, 1948. In der Lehre *Lopes Pegna*, Effetti dei matrimoni same sex contratti all'estero dopo il „riordino" delle norme italiane di diritto internazionale privato, Riv.dir.int. 2017, 527 ff; *Biagioni*, Unioni same-sex e diritto internazionale privato: il nuovo quadro normativo dopo il d.lgs. n. 7/2017, Riv.dir.int. 2017, 499; *Barel/Armellini* (2018) 160; *Coppola* in Bonilini famiglia V (2017) 56. Für die Anknüpfung nach dem ausländischen Recht jenes Staates, in dem die Ehe begründet wurde (analoge Anwendung von Art 32ter Abs 4 IPRG), *Barel/Armellini* (2018) 160; *Conetti* in Conetti/Tonolo/Vismara[3] (2017) 163. *Campiglio*, La disciplina delle unioni civili transnazionali e dei matrimoni esteri tra persone dello stesso sesso, Riv.dir.int.priv.proc. 2017, 45 spricht sich für die Qualifizierung solcher Ehen als eingetragene Partnerschaften aus.

207 KassGH Ziv 14. 5. 2018, Nr 11696, Foro it. 2018, I, 1948. Dies gilt auch dann, wenn ein Partner neben der ausländischen auch die italienische Staatsbürgerschaft besitzt. Vgl dazu *Viarengo*, Effetti patrimoniali delle unioni civili transfrontaliere: la nuova disciplina europea, Riv.dir.int.priv.proc. 2018, 39; *Campiglio*, La disciplina delle unioni civili transnazionali e dei matrimoni esteri tra persone dello stesso sesso, Riv.dir.int.priv.proc. 2017, 46.

208 Die Eintragung erfolgt als Ehe, aber in das Register der eingetragenen Partnerschaften. Vgl KassGH Ziv 14. 5. 2018, Nr 11696, Foro it. 2018, I, 1948. IdS auch *Oliva*, Trascrivibilità del matrimonio same sex contratto all'estero tra un cittadino italiano e uno straniero, Ilfamiliarista.it, 24. 8. 2018 mit Verweis auf Art 134bis Abs 3 lit a KglD 9. 7. 1939 Nr 1238; *Barel/Armellini* (2018) 164. Für eine Eintragung in die Ehe-

Heimatrecht die gleichgeschlechtliche Ehe gestattet, in Italien keine gleichgeschlechtliche Ehe schließen.[209]

5/70 Nach neuester Rsp finden Art 32bis ff IPRG auch auf gleichgeschlechtliche Ehen Anwendung, die vor deren Inkrafttreten im Ausland geschlossen wurden.[210]

5/71 Die **Trennung und Scheidung** gleichgeschlechtlicher Ehen kann nach der hL nach der Rom III-VO angeknüpft werden.[211] Zwar können die teilnehmenden Mitgliedstaaten deren Anwendung verweigern, sofern sie die gleichgeschlechtliche Ehe nicht zulassen oder als ungültig ansehen (Art 13 Rom III-VO).[212] Darauf dürften sich italienische Gerichte wohl aber nicht berufen können. Selbst wenn das italienische Recht die gleichgeschlechtliche Ehe nicht gestattet, so erkennt es im Ausland geschlossene gleichgeschlechtliche Ehen als solche oder als eingetragene Partnerschaften *(unioni civili)* an.[213] Darüber hinaus schreibt es die Anwendung der Rom III-VO aufgrund des ausdrücklichen Verweises in Art 32quater IPRG im Falle der Auflösung der eingetragenen Partnerschaft vor.[214] Daher muss die Rom III-VO auch für Trennung und Scheidung gleichgeschlechtlicher Ehen gelten, selbst wenn ein Ehegatte italienischer Staatsbürger ist.[215]

register (Art 19 und Art 63 Abs 2 lit cbis StandesamtsO) *Lopes Pegna*, Effetti dei matrimoni same sex contratti all'estero dopo il „riordino" delle norme italiane di diritto internazionale privato, Riv.dir.int. 2017, 541; *Cubeddu Wiedemann* in Corder/Cubeddu Wiedemann, I decreti attuativi sulle unioni civili (2017) 39; *Winkler,* Disposizioni di attuazione, finali e transitorie, in Buffone/Gattuso/Winkler, Unione civile e convivenza (2017) 406. IdS auch schon OLG Napoli 13. 3. 2015, Foro it. 2016, I, 297.

209 *Mosconi/Campiglio II*[4] (2016) 117; *Barel/Armellini* (2018) 156.

210 KassGH Ziv 14. 5. 2018, Nr 11696, Foro it. 2018, I, 1948.

211 *Barel/Armellini* (2018) 178; *Rossolillo*, Commentario al Reg. UE n. 1259/2010, Nuove leggi civ.comm. 2011, 1451 f; *Zanobetti*, Reg. UE n. 1259/2010, in Sesta, Codice dell'unione civile e delle convivenze (2017) 2338. Vgl Rz 5/85 ff.

212 Vgl auch Erwägungsgrund Nr 30 mit Verweis auf Art 21 Charta der Grundrechte der Europäischen Union (Verbot der Diskriminierung aufgrund der sexuellen Ausrichtung). *Rossolillo*, Commentario al Reg. UE n. 1259/2010, Nuove leggi civ.comm. 2011, 1451 ff; *Viarengo*, La legge applicabile al divorzio nel regolamento c.d. „Roma III", in Cagnazzo/Preite/Tagliaferri, Il nuovo diritto di famiglia IV (2015) 807; *Clerici* in Zaccaria[3] (2016) Art 1–4 Regolamento (UE) 20 dicembre 2010, n. 1259/2010, II, 1; *Zanobetti* in Sesta[3] (2015) Art 1–4 Reg. UE n. 1259/2010, 3238; *Barel/Armellini* (2018) 178. IdS erfolgt die Qualifikation der Ehe als Voraussetzung für die Anwendbarkeit der Rom III-VO nicht autonom, sondern nach der *lex fori* (Art 1 Abs 2 lit b Rom III-VO). *Mosconi/Campiglio II*[4] (2016) 146; *Viarengo*, La legge applicabile al divorzio nel regolamento c.d. „Roma III", in Cagnazzo/Preite/Tagliaferri, Il nuovo diritto di famiglia IV (2015) 806.

213 Vgl Rz 5/68 f.

214 *Cubeddu Wiedemann* in Corder/Cubeddu Wiedemann, I decreti attuativi sulle unioni civili (2017) 47. Zuvor wurde die Anwendung auf eingetragene Partnerschaften von der hL ausgeschlossen. Vgl *Clerici* in Zaccaria[3] (2016) Art 1–4 Regolamento (UE) 20 dicembre 2010, n. 1259/2010, III, 5; *Rossolillo*, Commentario al Reg. UE n. 1259/2010, Nuove leggi civ.comm. 2011, 1450 f; *Viarengo*, La legge applicabile al divorzio nel regolamento c.d. „Roma III", in Cagnazzo/Preite/Tagliaferri, Il nuovo diritto di famiglia IV (2015) 806.

215 Vgl *Zanobetti*, Reg. UE n. 1259/2010, in Sesta, Codice dell'unione civile e delle convivenze (2017) 2338. Gleichgeschlechtliche Ehen von italienischen Staatsbürgern, die im Ausland geschlossen wurden, haben in Italien die Wirkung einer eingetragenen Partnerschaft (Art 32bis IPRG).

G. Lebensgemeinschaft

Literatur:

Winkler, La legge applicabile ai contratti di convivenza in Buffone/Gattuso/Winkler, Unione civile e convivenza (2017) 513 ff; *Mosconi/Campiglio II*[4] (2016) 117 f; *Barel/Armellini* (2018) 150 ff; *Cubeddu Wiedemann*, Art 64, in Bianca, Le unioni civili e le convivenze (2017) 742 ff; *Di Rosa*, I contratti di convivenza (art. 1, commi 50 ss., l. 20 maggio 2016, n. 76), in Nuove leggi civ.comm. 2016, 715; *Biagioni*, Unioni same-sex e diritto internazionale privato: il nuovo quadro normativo dopo il d.lgs. n. 7/2017, Riv.dir.int. 2017, 496 ff.

Neben der eingetragenen Partnerschaft wurde mit G 20. 5. 2016, Nr 76 auch die Lebensgemeinschaft *(convivenza di fatto)* gesetzlich geregelt. Eine solche besteht zwischen zwei volljährigen Personen in einer stabilen, emotionalen Paarbeziehung, die sich durch gegenseitige geistige und materielle Fürsorge kennzeichnet (Art 1 Abs 36 G 2016/76).[216] **5/72**

Zur Regelung ihrer vermögensrechtlichen Rechtsverhältnisse können die Lebenspartner einen **Vertrag über die Lebensgemeinschaft** (*contratto di convivenza*; Art 1 Abs 50 G 2016/76) miteinander abschließen.[217] Die kollisionsrechtliche Qualifikation dieses Vertrages als familienrechtliches oder vertragliches Rechtsverhältnis ist umstritten. Zu bevorzugen ist dessen Qualifikation als Vertrag *sui generis*.[218] **5/73**

Für den Vertrag über die Lebensgemeinschaft hat der Gesetzgeber eine **Anknüpfungsleiter** *(concorso successivo)* vorgesehen (Art 30bis IPRG).[219] Hauptanknüpfungskriterium ist das gemeinsame Heimatrecht der Lebenspartner. Die nationalen, europäischen und internationalen Bestimmungen zur Mehrstaatigkeit bleiben unbeschadet (Art 30bis IPRG).[220] Bei unterschiedli- **5/74**

216 Die Eintragung der Lebensgemeinschaft in die Melderegister *(registri anagrafici)* gem Art 4 und 13 Abs 1 lit b DPR 30. 5. 1989 Nr 223 ist nach hL nur für Beweiszwecke notwendig. Vgl *ex plurimis Bianca*, Premessa al comma 36 e seguenti, in Bianca, Le unioni civili e le convivenze (2017) 470; *Patti*, Le convivenze „di fatto“ tra normativa di tutela e regime opzionale, Foro it. 2017, 304; *Trimarchi*, Unioni civili e convivenze, Famiglia e diritto 2016, 866; *Balestra*, La convivenza di fatto. Nozione, presupposti, costituzione e cessazione, Famiglia e diritto 2016, 927. Vgl insb auch LG Milano 31. 5. 2016, Foro it. 2016, I, 2920.

217 *Di Rosa*, I contratti di convivenza (art. 1, commi 50 ss., l. 20 maggio 2016, n. 76), Nuove leggi civ.comm. 2016, 694 ff; *Dosi*, La nuova disciplina delle unioni civili e delle convivenze di fatto (2016) 183 ff; *Oberto* in Blasi ua, La nuova regolamentazione delle unioni civili e delle convivenze (2016) 59 ff. Man beachte, dass nicht jeder Vertrag zwischen den Lebenspartnern *(contratto tra conviventi)* auch ein Vertrag über die Lebensgemeinschaft *(contratto di convivenza)* sein muss. Vgl dazu *Cubeddu Wiedemann*, Art 64, in Bianca, Le unioni civili e le convivenze (2017) 757 ff.

218 *Biagioni*, Unioni same-sex e diritto internazionale privato: il nuovo quadro normativo dopo il d.lgs. n. 7/2017, Riv.dir.int. 2017, 503. IdS auch *Di Rosa*, I contratti di convivenza (art. 1, commi 50 ss., l. 20 maggio 2016, n. 76), Nuove leggi civ.comm. 2016, 715; *Cubeddu Wiedemann*, Art 64, in Bianca, Le unioni civili e le convivenze (2017) 743. Zur Anwendung der Rom I-VO auf Verträge über die Lebenspartnerschaft vgl *Malgieri*, L'unione civile alla prova del diritto internazionale privato: all'ombra di una delega legislativa, GenIUS 2016/2, 89 f. Für eine familienrechtliche Qualifikation vgl *Conetti* in Conetti/Tonolo/Vismara[3] (2017) 164.

219 *Biagioni*, Unioni same-sex e diritto internazionale privato: il nuovo quadro normativo dopo il d.lgs. n. 7/2017, Riv.dir.int. 2017, 504.

220 Für den Fall, dass ein Lebenspartner zwei Heimatrechte hat, wobei eines das gemeinsame Heimatrecht mit dem anderen Lebenspartner ist, ist die ausländische gemeinsame Staatsbürgerschaft maßgeblich, selbst wenn das andere Heimatrecht das italienische ist. Vgl *Cubeddu Wiedemann*, Art 64, in Bianca, Le unioni civili e le convivenze (2017) 754.

cher Staatsbürgerschaft findet das Recht jenes Ortes Anwendung, an dem das Zusammenleben vorwiegend stattfindet.[221] Da sich die Anknüpfungspunkte ändern können, handelt es sich um ein wandelbares Statut.[222] Weiter- und Rückverweisungen sind zulässig (Art 13 IPRG).[223] Im Vergleich zu den Ehegatten wird den Lebenspartnern die Möglichkeit der Rechtswahl allerdings vorenthalten.[224] Die Anwendbarkeit der EuPartnerschaftsVO auf die vermögensrechtlichen Rechtsverhältnisse unter den Lebenspartnern ist nach hL auszuschließen.[225]

5/75 In Ermangelung einer ausdrücklichen Bestimmung zum maßgeblichen **Beurteilungszeitpunkt** muss man wohl davon ausgehen, dass der Zeitpunkt ausschlaggebend ist, in dem sich die Rechtsfrage stellt. Auch die **Formvoraussetzung** eines Partnerschaftsvertrages entbehrt einer besonderen kollisionsrechtlichen Regelung. Daher muss, ähnlich wie für die Form der Eheschließung (Art 28 IPRG), ein *favor validitatis* gelten.[226]

5/76 Kollisionsrechtlich wurde nur der (fakultative) Vertrag über die Lebensgemeinschaft bedacht. Daher bleibt offen, welches Recht bspw auf die **persönlichen** und in Ermangelung eines Vertrages auf die **vermögensrechtlichen Rechtsverhältnisse** zwischen den Lebenspartnern oder aber die **Auflösung** der Lebensgemeinschaft anzuwenden ist.[227] Da die Lebensgemeinschaft ein familienrechtliches Rechtsverhältnis darstellt, unterliegen **Unterhalt**sfragen der EuUVO.[228]

---

221 Zur Bestimmung dieses Ortes können dieselben Kriterien in Betracht gezogen werden wie für die Rechtsverhältnisse zwischen Ehegatten, also der gewöhnliche Aufenthalt der Lebenspartner, die Staatsbürgerschaft, der Wohnsitz, der Belegenheitsort von Vermögen usw. Vgl Rz 5/20 ff.

222 *Cubeddu Wiedemann*, Art 64, in Bianca, Le unioni civili e le convivenze (2017) 755.

223 *Cubeddu Wiedemann*, Art 64, in Bianca, Le unioni civili e le convivenze (2017) 756; *Barel/Armellini* (2018) 153.

224 *Mosconi/Campiglio II*⁴ (2016) 118; *Barel/Armellini* (2018) 153; *Winkler*, La legge applicabile ai contratti di convivenza, in Buffone/Gattuso/Winkler, Unione civile e convivenza (2017) 515; *Cubeddu Wiedemann*, Art 64, in Bianca, Le unioni civili e le convivenze (2017) 755.

225 *Barel/Armellini* (2018) 174. Vgl ausführlich *Cubeddu Wiedemann*, Art 64, in Bianca, Le unioni civili e le convivenze (2017) 746 ff. Vgl auch Erwägungsgrund Nr 16 EuPartnerschaftsVO.

226 Vgl *Bergamini*, Contratti di convivenza e unioni civili: la nuova sfida per il diritto internazionale privato e dell'Unione europea, http://rivista.eurojus.it/contratti-di-convivenza-e-unioni-civili-la-nuova-sfida-per-il-diritto-internazionale-privato-italiano-e-dellunione-europea/?print=pdf (letzter Besuch: 28. 6. 2019); *Cubeddu Wiedemann*, Art 64, in Bianca, Le unioni civili e le convivenze (2017) 758. *Barel/Armellini* (2018) 153 sprechen sich hingegen für die Anwendung von Art 30bis IPRG auch auf Form- und Voraussetzungsfragen aus.

227 *Biagioni*, Unioni same-sex e diritto internazionale privato: il nuovo quadro normativo dopo il d.lgs. n. 7/2017, Riv.dir.int. 2017, 503; *Cubeddu Wiedemann*, Art 64, in Bianca, Le unioni civili e le convivenze (2017) 752. *Barel/Armellini* (2018) 166 und 169 f schlagen diesbezüglich die Ausdehnung des Anwendungsbereichs von Art 30bis IPRG vor. *Cubeddu Wiedemann*, Art 64, in Bianca, Le unioni civili e le convivenze (2017) 748 f, schließt die Anwendung des Rechtes des Gründungsstaates aus und verweist diesbezüglich auf die rein deklaratorische Wirkung der Eintragung der Lebensgemeinschaft nach italienischem Recht.

228 *Davì/Zanobetti*, Le obbligazioni alimentari tra parti dell'unione civile e tra conviventi nel diritto internazionale privato, Riv.trim.dir.proc.civ. 2017, 208 f; *Cubeddu Wiedemann*, Art 64, in Bianca, Le unioni civili e le convivenze (2017) 759. Zur EuUVO vgl Rz 5/178 ff.

H. Ehetrennung und Ehescheidung

Literatur:

Mosconi/Campiglio II[4] (2016) 123 ff; *Barel/Armellini* (2018) 175 ff; *Baruffi* in Zaccaria[3] (2016) Regolamento (CE) 27 novembre 2003, n. 2201/2003; *Clerici* in Zaccaria[3] (2016) Regolamento (UE) N. 1259/2010 sulla legge applicabile al divorzio; *Zanobetti* in Sesta[3] (2015) Reg. UE n. 1259/2010, 3233 ff; *Forganni* in Sesta[3] (2015) Art 31–32 L 31. 5. 1995, n. 218, 3249 ff; *Viarengo*, La legge applicabile al divorzio nel regolamento c.d. „Roma III", in Cagnazzo/Preite/Tagliaferri, Il nuovo diritto di famiglia IV (2015) 799 ff; *dies*, International divorce proceedings in Italy: issues arising in the case law, Riv.dir.int.priv.proc. 2016, 701 ff; *Queirolo*, Il regolamento 2201/2003: circolazione delle sentenze in materia di separazione, divorzio e annullamento del matrimonio, in Cagnazzo/Preite/Tagliaferri, Il nuovo diritto di famiglia IV (2015) 825 ff; *Baratta*, Scioglimento e invalidità del matrimonio nel diritto internazionale privato (2004); *Nascimbene*, Divorzio, diritto internazionale privato e dell'Unione Europea (2011).

I. Internationale Zuständigkeit

1. Brüssel IIa-VO

In Zuständigkeitskonflikten zwischen EU-Mitgliedstaaten mit Ausnahme von Dänemark[229] gilt die **Brüssel IIa-VO.**[230] Sie regelt auch die Anerkennung und die Vollstreckung von Entscheidungen, die in einem Mitgliedstaat getroffen wurden.[231] 5/77

Ihr **Anwendungsbereich** umfasst nach Art 1 neben der Ehescheidung und der Trennung ohne Auflösung des Ehebandes *(divorzio e separazione)* auch die Ungültigerklärung einer Ehe *(annullamento del matrimonio)*[232] sowie Fragen der elterlichen Verantwortung *(responsabilità genitoriale)*.[233] Die hL schließt die Verfahren betreffend gleichgeschlechtliche Ehen *(matrimonio omosessuale)* wie auch eingetragene Partnerschaften *(unioni civili)* vom Anwendungsbereich der Brüssel IIa-VO aus.[234] 5/78

---

229 Art 2 Nr 3 Brüssel IIa-VO.

230 Verordnung (EG) Nr 2201/2003 des Rates vom 27. 11. 2003 über die Zuständigkeit und die Anerkennung und Vollstreckung von Entscheidungen in Ehesachen und in Verfahren betreffend die elterliche Verantwortung und zur Aufhebung der Verordnung (EG) Nr 1347/2000. Sie geht nach Art 60 lit b dem Luxemburger Übereinkommen vom 8. 9. 1967 über die Anerkennung von Entscheidungen in Ehesachen vor. Zur Anwendung der VO in Italien vgl *Viarengo*, International divorce proceedings in Italy: issues arising in the case law, Riv.dir.int.priv.proc. 2016, 701 ff. Zur Brüssel IIa-VO im Allgemeinen vgl *Bergamini* in Sesta[3] (2015), Reg. CE n. 2201/2003, 3027 ff; VA in Zaccaria[3] (2016), Regolamento (CE) 27 novembre 2003, n. 2201/2003.

231 Vgl Rz 5/101 ff.

232 Die Ungültigerklärung entspricht im italienischen Sachrecht der Aufhebung der Ehe *(annullamento del matrimonio)*. Vgl *Baruffi* in Zaccaria[3] (2016) Art 1–2 Regolamento (CE) 27 novembre 2003, n. 2201/2003, II, 1. So auch im dt Recht. Vgl *Rauscher*, EuZPR-EuIPR IV[4] (2015) Art 1 Brüssel IIa-VO, Rz 3. Vgl Rz 5/104.

233 Vgl Rz 5/136 ff.

234 *Mosconi/Campiglio II*[4] (2016) 127 und 158; *Barel/Armellini* (2018) 178 f; *Tomasi*, La tutela degli status familiari nel diritto dell'Unione Europea: tra mercato interno e spazio di libertà, sicurezza e giustizia (2007) 294 f; *Baruffi* in Zaccaria[3] (2016) Art 1–2 Regolamento (CE) 27 novembre 2003, n. 2201/2003, II, 2; *Bergamini* in Sesta[3] (2015) Art 1 Reg. CE n. 2201/2003, 3039; *Queirolo*, Il regolamento 2201/2003: circolazione delle sentenze in materia di separazione, divorzio e annullamento del matrimonio, in Cagnazzo/Preite/Tagliaferri, Il nuovo diritto di famiglia IV (2015) 836. Die internationale Zuständigkeit in Angelegenheiten der Auflösung der eingetragenen Partnerschaft unterliegt Art 32quater IPRG. Vgl Rz 5/63 ff.

5/79 Nach Art 3 Abs 1 Brüssel IIa-VO sind verschiedene **alternative Zuständigkeiten** möglich. Die Parteien können das *forum* jedoch nicht durch eine gemeinsame Vereinbarung bestimmen.[235] Die Zuständigkeitskriterien nehmen entweder auf den **gewöhnlichen Aufenthalt** *(residenza abituale)* oder die **Staatsangehörigkeit** *(cittadinanza)* Bezug.[236] Der Begriff des **gewöhnlichen Aufenthalts** bestimmt sich **autonom** und nicht nach der *lex fori*.[237] Dabei kommt es auf den tatsächlichen Aufenthaltsort an, der nicht nur vorübergehend den Mittelpunkt der beruflichen und privaten Interessen und Beziehungen der betreffenden Person darstellt.[238] Die **Staatsangehörigkeit** definiert sich hingegen nach dem **nationalen Recht** jedes Mitgliedstaates.[239]

5/80 Das in der Hauptsache *(domanda principale)* zuständige Gericht kann auch über den **Gegenantrag** *(domanda riconvenzionale)* entscheiden, soweit er in den Anwendungsbereich der Verordnung fällt (Art 4). Dies betrifft nicht Fragen zur elterlichen Verantwortung, sofern nicht die Anwendung der Normen in Abschn 2 der VO (insb Art 12) dazu führt, dass die Gerichtsstände für das Verfahren zur Beendigung der Ehe und für die elterliche Verantwortung zusammenfallen.[240]

Beispiel:

Zwei italienische Ehegatten mit gewöhnlichem Aufenthalt in Großbritannien wollen sich trennen und wenden sich an ein italienisches Gericht. Da beide italienische Staatsbürger sind, ist die Zuständigkeit italienischer Gerichte nach Art 3 Abs 1 lit b Brüssel IIa-VO gegeben. Im selben Verfahren stellen sie Antrag auf gemeinsames Sorgerecht (affidamento condiviso) *und Festlegung des Kindesunterhaltes* (determinazione degli alimenti). *Die Kinder leben seit ihrer Geburt in Großbritannien. Für die Anträge betreffend die Kinder besteht die internationale Zuständigkeit italienischer Gerichte grundsätzlich nicht, da nach Art 8 für Entscheidungen die elterliche*

---

235 *Conetti* in Conetti/Tonolo/Vismara[3] (2017) 152.

236 Konkret sind nach Art 3 Abs 1 Brüssel IIa-VO die Gerichte jenes Mitgliedstaates zuständig, 1) in dessen Hoheitsgebiet beide Ehegatten ihren gewöhnlichen Aufenthalt haben oder 2) die Ehegatten zuletzt beide ihren gewöhnlichen Aufenthalt hatten, sofern einer von ihnen dort noch seinen gewöhnlichen Aufenthalt hat, oder 3) der Antragsgegner seinen gewöhnlichen Aufenthalt hat oder 4) im Fall eines gemeinsamen Antrags einer der Ehegatten seinen gewöhnlichen Aufenthalt hat oder 5) der Antragsteller seinen gewöhnlichen Aufenthalt hat, wenn er sich dort seit mind einem Jahr unmittelbar vor der Antragstellung aufgehalten hat, oder 6) der Antragsteller seinen gewöhnlichen Aufenthalt hat, wenn er sich dort seit mind sechs Monaten unmittelbar vor der Antragstellung aufgehalten hat und entweder Staatsangehöriger des betreffenden Mitgliedstaats ist oder, im Fall des Vereinigten Königreichs und Irlands, dort sein *domicile* hat. Ebenso zuständig ist der Mitgliedstaat 7) dessen Staatsangehörigkeit beide Ehegatten besitzen, oder, im Fall des Vereinigten Königreichs und Irlands, in dem sie ihr gemeinsames *domicile* haben.

237 *Ricci* in Zaccaria[3] (2016) Art 3–7 Regolamento (CE) 27 novembre 2003, n. 2201/2003, III, 2; *Mosconi/Campiglio II*[4] (2016) 135.

238 KassGH Ziv VS 17. 2. 2010, Nr 3680, Giust.civ. 2011, 1059. Für den gemeinsamen gewöhnlichen Aufenthalt der Ehegatten *(residenza abituale comune)* ist irrelevant, ob die Parteien an demselben Ort wohnen, solange sie im selben Staat ihren gewöhnlichen Aufenthalt haben. *Ricci* in Zaccaria[3] (2016) Art 3–7 Regolamento (CE) 27 novembre 2003, n. 2201/2003, IV, 1.

239 *Ricci* in Zaccaria[3] (2016) Art 3–7 Regolamento (CE) 27 novembre 2003, n. 2201/2003, III, 7. Für Italien bedeutet dies die Anwendung des G 5. 2. 1992, Nr 91. Der Begriff *„domicile"* iSd Verordnung bestimmt sich nach dem Recht des Vereinigten Königreichs und Irlands. Bei Mehrstaatigkeit beider Ehegatten (die die Staatsangehörigkeit derselben zwei Mitgliedstaaten besitzen) steht ihnen die Wahl des Gerichts des Mitgliedstaats, das mit dem Rechtsstreit befasst werden soll, frei. Vgl EuGH, ECLI:EU:C:2009:474, Hadadi (Hadady) v Mesko, verheiratet Hadadi (Hadady).

240 *Ricci* in Zaccaria[3] (2016) Art 3–7 Regolamento (CE) 27 novembre 2003, n. 2201/2003, V, 1.

Verantwortung betreffend die Gerichte jenes Mitgliedstaates zuständig sind, in dem das Kind zum Zeitpunkt der Antragstellung seinen gewöhnlichen Aufenthalt hat. Die Ehegatten haben allerdings die Möglichkeit, die Zuständigkeit italienischer Gerichte auch für die Sorgerechts- und Unterhaltsfragen mittels Vereinbarung gem Art 12 zu begründen.[241]

Das Gericht, das über den Trennungsantrag entschieden hat, ist daneben auch für die **Umwandlung der Trennung in eine Ehescheidung** zuständig, sofern dies im Recht des betreffenden Mitgliedstaates vorgesehen ist, selbst wenn die Voraussetzungen aufgrund einer Änderung der zuständigkeitsbegründenden Tatsachen nicht mehr vorliegen (Art 5).[242] Dies gilt allerdings nicht für Italien, wo die Ehescheidung ein neues und von der Trennung ohne Auflösung des Ehebandes unabhängiges Verfahren darstellt.[243] 5/81

2. Zuständigkeitsregeln des nationalen Rechts

Der Anwendungsbereich der Zuständigkeitsbestimmungen des nationalen Rechts wird in Angelegenheiten der Nichtigkeit *(nullità)*, der Aufhebung *(annullamento)*, der Trennung und der Scheidung *(separazione e divorzio)* der Ehe durch **Brüssel IIa-VO** stark eingeschränkt.[244] Sie greifen nur mehr dann, wenn sich aus Art 3–5 Brüssel IIa-VO keine Zuständigkeit eines Gerichts eines Mitgliedstaates ergibt (sog **Restzuständigkeit**, Art 7 Brüssel IIa-VO).[245] 5/82

Die internationale Zuständigkeit italienischer Gerichte bestimmt sich in solchen Fällen nach Art 3 und 32 IPRG. Nach Art 3 IPRG ist sie immer dann gegeben, wenn der **beklagte Ehegatte seinen Wohnsitz** *(domicilio)* **oder seinen gewöhnlichen Aufenthalt** *(residenza)* **in Italien** hat[246] sowie in den weiteren vom Gesetz vorgesehenen Fällen (sog *foro generale*).[247] Scheidung, persönliche Trennung und Aufhebung der Ehe fallen dabei nicht in den Anwendungsbereich des in Art 3 Abs 2 IPRG zitierten Übereinkommens von Brüssel über die gerichtliche Zuständigkeit und die Vollstreckung gerichtlicher Entscheidungen in Zivil- und Handelssachen von 1968. Daher begründen auch die Kriterien für die **örtliche Zuständigkeit** 5/83

241 Diesbezüglich kann gem KassGH Ziv die fehlende Bestreitung der Gerichtsbarkeit betreffend die Trennung nicht als Vereinbarung über die Zuständigkeit iSv Art 12 gewertet werden. KassGH Ziv VS 30. 12. 2011, Nr 30646, Mass.Giust.civ. 2011, 1925.

242 Hierbei handelt es sich um ein alternatives Forum, das jedoch nicht ausschließt, dass ein nach Art 3 zuständiges Gericht über die Trennung entscheiden kann. *Ricci* in Zaccaria[3] (2016) Art 3–7 Regolamento (CE) 27 novembre 2003, n. 2201/2003, V, 2.

243 *Ricci* in Zaccaria[3] (2016) Art 3–7 Regolamento (CE) 27 novembre 2003, n. 2201/2003, V, 2.

244 Zum Anwendungsbereich von Brüssel IIa-VO allgemein vgl *Queirolo*, Il regolamento 2201/2003: circolazione delle sentenze in materia di separazione, divorzio e annullamento del matrimonio, in Cagnazzo/Preite/Tagliaferri, Il nuovo diritto di famiglia IV (2015) 834 ff. Zur Brüssel IIa-VO vgl Rz 5/77 ff.

245 *Ricci* in Zaccaria[3] (2016) Art 32 L 31. 5. 1995, n. 218, VI, 8; *Mosconi/Campiglio II*[4] (2016) 139. Vgl auch KassGH Ziv VS 17. 2. 2010, Nr 3680, Giust.civ. 2011, 1059. Nach dem EuGH ist die ausschließliche Zuständigkeit nach der VO aber auch dann gegeben, wenn der Beklagte weder Bürger eines Mitgliedstaates ist, noch im Hoheitsgebiet eines Mitgliedstaates seinen gewöhnlichen Aufenthalt hat. Vgl EuGH, ECLI:EU:C:2007:740, Sundelind Lopez v Lopez Lizazo.

246 Wohnsitz bzw gewöhnlicher Aufenthalt sind nach der *lege fori* (also Art 43–45 ZGB) zu qualifizieren Vgl *Ricci* in Zaccaria[3] (2016) Art 32 L 31. 5. 1995, n. 218, IV, 2.

247 Vgl Rz 2/90 ff. Aufgrund der Persönlichkeit der in den hier relevanten Verfahren betroffenen Rechte reicht es hingegen nicht aus, wenn der beklagte Ehegatte in Italien einen gem Art 77 ZPO zur Führung von Rechtsstreitigkeiten ermächtigten Vertreter bestellt hat. *Baratta*, Scioglimento e invalidità del matrimonio nel diritto internazionale privato (2004) 80 f; *Ricci* in Zaccaria[3] (2016) Art 32 L 31. 5. 1995, n. 218, IV, 4.

(competenza per territorio)[248] die internationale Zuständigkeit italienischer Gerichte in diesen Sachbereichen (Art 3 Abs 2 IPRG).[249] Relevant sind dabei ua Art 706 ZPO und Art 4 ScheidungsG.[250] Daneben ist die internationale Zuständigkeit italienischer Gerichte auch immer dann gegeben, wenn einer der Ehegatten **italienischer Staatsbürger** ist[251] oder die **Ehe in Italien geschlossen wurde** (Art 32 IPRG).[252]

Umstritten bleibt, ob das Verfahren zur Bestätigung der einvernehmlichen Ehetrennung *(omologazione della separazione consensuale)* in den Anwendungsbereich von Art 32 oder von Art 9 IPRG (**außerstreitige Gerichtsbarkeit**, *volontaria giurisdizione*) fällt.[253]

5/84 Nach Art 6 IPRG können italienische Gerichte mit auf das betreffende Verfahren beschränkter Wirksamkeit auch über **Vorfragen** *(questioni pregiudiziali)*, wie etwa die Gültigkeit oder das Bestehen der Ehe, entscheiden, für die die internationale Zuständigkeit italienischer Gerichte nicht gegeben ist.[254] Die Zuständigkeit für **verbundene Fragen** *(questioni connesse)* muss hingegen von Fall zu Fall beurteilt werden.[255]

---

248 Vgl Rz 2/90 ff.

249 *Ricci* in Zaccaria[3] (2016) Art 32 L 31. 5. 1995, n. 218, IV, 7 und V; *Forganni* in Sesta[3] (2015) Art 32 L 31. 5. 1995, n. 218, 3254. KassGH Ziv VS 21. 10. 2009, Nr 22239, Giust.civ. 2010, I, 2202 betont, dass der Verweis in Art 3 Abs 2 IPRG nur das darin ausdrücklich erwähnte Brüsseler Übereinkommen von 1968 umfasst, nicht aber die VO 44/2001.

250 Bspw erlaubt Art 4 ScheidungsG dem Antragsteller (neben dem bereits von Art 3 Abs 1 IPRG vorgesehenen Fall, dass der beklagte Ehegatte in Italien seinen Wohnsitz oder seinen gewöhnlichen Aufenthalt *(domicilio o residenza)* hat) das Verfahren an dem Ort einzuleiten, an dem er selbst seinen Wohnsitz oder gewöhnlichen Aufenthalt hat, wenn sich der Antragsgegner im Ausland aufhält oder unauffindbar ist. Umstritten ist die Anwendbarkeit von Art 4 Abs 1 S 2 Hs 2 ScheidungsG, also die Zuständigkeit eines jeden italienischen Gerichts, wenn beide Ehegatten ihren gewöhnlichen Aufenthalt im Ausland haben. Vgl *Clerici*, Separazione personale dei coniugi (IV dir.int.priv.proc.), Enc.giur. Bd XXVIII (1998) 9; *Baratta*, Scioglimento e invalidità del matrimonio nel diritto internazionale privato (2004) 84 ff; *Ricci* in Zaccaria[3] (2016) Art 32 L 31. 5. 1995, n. 218, V, 10. Dafür *Mosconi/Campiglio II*[4] (2016) 141.

251 Zur Verfassungsmäßigkeit des Vorrangs der italienischen Staatsbürgerschaft vgl *Ricci* in Zaccaria[3] (2016) Art 32 L 31. 5. 1995, n. 218, II, 4–5. Zur Anwendung in der Rsp vgl *Forganni* in Sesta[3] (2015) Art 32 L 31. 5. 1995, n. 218, 3253.

252 Zum Stand der Rsp vgl *Ricci* in Zaccaria[3] (2016) Art 32 L 31. 5. 1995, n. 218, III, 2. Vgl insb KassGH Ziv VS 8. 2. 2001, Nr 47, Giur.it. 2002, 516. Der Anwendungsbereich von Art 32 IPRG umfasst dabei nur die Pathologie der Ehe. Daher sind bspw Klagen auf Erfüllung der ehelichen Pflichten ausgeschlossen. *Mosconi/Campiglio II*[4] (2016) 140. Art 32 IPRG enthält keinen Verweis auf Art 4 IPRG. Umstritten bleibt daher, ob sich die Zuständigkeit durch Vereinbarung unter den Parteien bzw aufgrund des mangelnden Einwands der fehlenden Zuständigkeit ergeben kann. Vgl dazu *Baratta*, Scioglimento e invalidità del matrimonio nel diritto internazionale privato (2004) 74; *Mosconi/Campiglio II*[4] (2016) 140; *Ballarino*[8] (2016) 197 f; *Barel/Armellini* (2018) 184.

253 Für die Anwendung von Art 32 IPRG *Honorati* in Bariatti, Riforma, Nuove leggi civ.comm. 1996, Art 9, 973; *Baratta*, Scioglimento e invalidità del matrimonio nel diritto internazionale privato (2004) 72 f; *Forganni* in Sesta[3] (2015) Art 32 L 31. 5. 1995, n. 218, 3255. Dagegen *Mosconi/Campiglio II*[4] (2016) 142; *Conetti* in Conetti/Tonolo/Vismara[3] (2017) 153.

254 *Baratta*, Scioglimento e invalidità del matrimonio nel diritto internazionale privato (2004) 86; *Forganni* in Sesta[3] (2015) Art 32 L 31. 5. 1995, n. 218, 3255.

255 So unterliegen etwa Unterhaltspflichten *(obbligazioni alimentari)* der EuUVO, während Sorgerechtsfragen *(affidamento dei figli)* in den Anwendungsbereich der Brüssel IIa-VO und des KSÜ 1996 fallen. Vgl *Forganni* in Sesta[3] (2015) Art 32 L 31. 5. 1995, n. 218, 3255 f. Zur Brüssel IIa-VO und dem KSÜ 1996 vgl Rz 5/136 ff.

II. Rom III-VO

1. Allgemeines

Ab dem 21. 6. 2012 ersetzt **die Rom III-VO**[256] die nationalen Kollisionsnormen im Bereich der Ehetrennung und Ehescheidung (Art 31 IPRG).[257] Sie wurde im Rahmen der **verstärkten Zusammenarbeit** *(cooperazione rafforzata)* erlassen und gilt daher nur in den Staaten, die ihr beigetreten sind, darunter auch Italien, Österreich und Deutschland.[258] **5/85**

Die Rom III-VO hat **universelle Wirkung** (Art 4 Rom III-VO), dh, sie ist jedenfalls immer dann anzuwenden, wenn in einem der teilnehmenden Mitgliedstaaten ein Streit über die Beendigung der Ehe (Ehetrennung und Ehescheidung) mit **Auslandsbezug** aufkommt.[259] Insbesondere ist das nach ihr maßgebliche Recht auch dann anzuwenden, wenn es jenes eines nicht teilnehmenden Mitgliedstaates oder eines Drittstaates ist (vgl Erwägungsgrund Nr 12).[260] **5/86**

Unbeschadet bleiben nur die **internationalen Übereinkommen**, denen ein oder mehrere teilnehmende Staaten zum Zeitpunkt der Annahme der Verordnung oder zum Zeitpunkt der Annahme des Beschlusses gem Art 331 Abs 1 Unterabs 2 oder 3 des AEUV angehören und die Kollisionsnormen für Ehescheidung oder Trennung ohne Auflösung des Ehebandes enthalten (Art 19 Abs 1). Die Rom III-VO hat aber **Vorrang** vor nur zwischen teilnehmenden Mitgliedstaaten abgeschlossenen Übereinkommen (Art 19 Abs 2).[261]

2. Sachlicher Anwendungsbereich

Der **Anwendungsbereich** der Rom III-VO umfasst die Ehescheidung und die Trennung ohne Auflösung des Ehebandes in Fällen, die eine Verbindung zum Recht verschiedener Staaten aufweisen (Art 1 Abs 1). **5/87**

Ein grenzüberschreitender Fall liegt zB immer dann vor, wenn die Ehegatten unterschiedliche Staatsbürgerschaften besitzen oder ihren gewöhnlichen Aufenthalt in verschiedenen Staaten oder in einem Staat haben, der nicht der Heimatstaat mind eines Ehegatten ist.[262]

In den **sachlichen Anwendungsbereich** der Rom III-VO fallen insbesondere Fragen der Zulässigkeit *(ammissibilità)* der Trennung oder Scheidung wie auch die Arten der Scheidung oder **5/88**

256 Verordnung (EU) 1259/2010 des Rates vom 20. 12. 2010 zur Durchführung einer Verstärkten Zusammenarbeit im Bereich des auf die Ehescheidung und Trennung ohne Auflösung des Ehebandes anzuwendenden Rechts. Zur Anwendung der VO in Italien vgl *Viarengo*, International divorce proceedings in Italy: issues arising in the case law, Riv.dir.int.priv.proc. 2016, 710 ff.

257 *Mosconi/Campiglio II*[4] (2016) 145 f; *Clerici* in Zaccaria[3] (2016) Art 31 L 31. 5. 1995, n. 218, I, 1.

258 Derzeit gilt sie für Belgien, Bulgarien, Deutschland, Estland, Griechenland, Spanien, Frankreich, Italien, Lettland, Litauen, Luxemburg, Ungarn, Malta, Österreich, Portugal, Rumänien und Slowenien (Stand 28. 6. 2019).

259 *Rossolillo*, Commentario al Reg. UE n. 1259/2010, Nuove leggi civ.comm. 2011, 1454 f; *Clerici* in Zaccaria[3] (2016) Art 1–4 Regolamento (UE) 20 dicembre 2010, n. 1259/2010, IV, 1–2. Dabei macht es keinen Unterschied, ob der Bezug zu einem anderen teilnehmenden Mitgliedstaat, einem nicht teilnehmenden Mitgliedstaat oder einem Drittstaat besteht. Vgl *Zanobetti* in Sesta[3] (2015) Art 1–4 Reg. UE n. 1259/2010, 3236.

260 *Leandro*, Commentario al Reg. UE n. 1259/2010, Nuove leggi civ.comm. 2011, 1468; *Clerici* in Zaccaria[3] (2016) Art 1–4 Regolamento (UE) 20 dicembre 2010, n. 1259/2010, IV, 5.

261 Diese Bestimmung hat kaum praktische Bedeutung. Vgl *Biagioni*, Commentario al Reg. UE n. 1259/2010, Nuove leggi civ.comm. 2011, 1537 ff.

262 *Mosconi/Campiglio II*[4] (2016) 147.

(gerichtlichen bzw einvernehmlichen) Trennung *(separazione giudiziale e/o consensuale),*[263] die Trennungs- bzw Scheidungsgründe und -voraussetzungen, die Wirkungen der Einreichung des Antrags *(effetti della proposizione della domanda)*, die Möglichkeit der Umwandlung der Trennung in Scheidung und die mögliche Wartezeit, die eingehalten werden muss, bevor man die Scheidung erlangen kann.[264] Ausgeschlossen sind – wenn auch nicht ganz unumstritten – die Auswirkungen auf die persönlichen Rechtsverhältnisse zwischen den Ehegatten.[265]

5/89 Ausdrücklich **ausgenommen** sind hingegen Fragen betreffend a) die Rechts- und Handlungsfähigkeit natürlicher Personen; b) das Bestehen, die Gültigkeit oder die Anerkennung einer Ehe; c) die Ungültigkeitserklärung einer Ehe *(annullamento del matrimonio)*;[266] d) das Namensrecht der Ehegatten;[267] e) die vermögensrechtlichen Folgen der Ehe; f) die elterliche Verantwortung; g) Unterhaltspflichten oder h) Trusts und Erbschaften (Art 1 Abs 2). Diese sind **getrennt** anzuknüpfen.

5/90 Grundsätzlich fallen auch **gleichgeschlechtliche Ehen** in den Anwendungsbereich der Rom III-VO, wobei die teilnehmenden Mitgliedstaaten, die eine solche Ehe nicht vorsehen oder als ungültig ansehen, nicht verpflichtet sind, die VO anzuwenden (Art 13).[268] Für eingetragene Partnerschaften ist die Rom III-VO aufgrund des ausdrücklichen Verweises in Art 32quater Abs 2 IPRG anzuwenden.[269] Die Anknüpfung der Auflösung von Lebensgemeinschaften *(convivenze di fatto)* nach Rom III-VO ist hingegen weiterhin auszuschließen.[270]

---

263 Die VO umfasst nur Scheidungen vor öffentlichen Gerichten oder staatlichen Behörden. Privatscheidungen vor geistlichen Gerichten fallen nicht in den Anwendungsbereich der Rom III-VO. Vgl EuGH, ECLI: EU:C:2017:988, Sahyouni v Mamisch.

264 *Rossolillo*, Commentario al Reg. UE n. 1259/2010, Nuove leggi civ.comm. 2011, 1462.

265 *Crespi Reghizzi*, Commentario al Reg. UE n. 1259/2010, Nuove leggi civ.comm. 2011, 1445; *Zanobetti* in Sesta[3] (2015) Art 1–4 Reg. UE n. 1259/2010, 3237. *Contra Rossolillo*, Commentario al Reg. UE n. 1259/2010, Nuove leggi civ.comm. 2011, 1462; *Clerici* in Zaccaria[3] (2016) Art 1–4 Regolamento (UE) 20 dicembre 2010, n. 1259/2010, II, 7.

266 Die Rom III-VO verwendet den Begriff Ungültigerklärung, der im italienischen Sachrecht der Aufhebung der Ehe *(annullamento del matrimonio)* entspricht. Vgl *Rossolillo*, Commentario al Reg. UE n. 1259/2010, Nuove leggi civ.comm. 2011, 1457. So auch im deutschen Recht. Vgl *Rauscher*, EuZPR-EuIPR V[4] (2016) Art 1 Rom III-VO, Rz 35.

267 Für das Namensrecht italienischer Staatsbürger ist nach dem Münchner Übereinkommen 1980 iVm Art 24 IPRG das auf die Ehescheidung anzuwendende Recht maßgeblich und es findet folglich das nach Rom III-VO bestimmte Recht Anwendung. Vgl *Zanobetti* in Sesta[3] (2015) Art 1–4 Reg. UE n. 1259/2010, 3237. Und vgl Rz 3/31 ff.

268 *Franzina*, The Law applicable to Divorce and legal Separation unter Regulation (EU) No. 1259/2010 of 20 December 2010, Cuadernos de Derecho Transnational (CDT) 2011, 101 f; *Rossolillo*, Commentario al Reg. UE n. 1259/2010, Nuove leggi civ.comm. 2011, 1450. Dagegen *Rauscher*, EuZPR-EuIPR V[4] (2016) Art 1 Rom III-VO, Rz 5 f. Vgl auch Erwägungsgrund Nr 30 mit Verweis auf Art 21 Charta der Grundrechte der Europäischen Union (Verbot der Diskriminierung aufgrund der sexuellen Ausrichtung). Vgl für Italien ausführlich Rz 5/66 ff.

269 *Cubeddu Wiedemann* in Corder/Cubeddu Wiedemann, I decreti attuativi sulle unioni civili (2017) 47; *Barel/Armellini* (2018) 180. Zuvor wurde die Anwendung auf eingetragene Partnerschaften von der hL ausgeschlossen. Vgl *Clerici* in Zaccaria[3] (2016) Art 1–4 Regolamento (UE) 20 dicembre 2010, n. 1259/2010, III, 5; *Rossolillo*, Commentario al Reg. UE n. 1259/2010, Nuove leggi civ.comm. 2011, 1450 f; *Viarengo*, La legge applicabile al divorzio nel regolamento c.d. „Roma III", in Cagnazzo/Preite/Tagliaferri, Il nuovo diritto di famiglia IV (2015) 806. Vgl Rz 5/63 ff.

270 *Viarengo*, La legge applicabile al divorzio nel regolamento c.d. „Roma III", in Cagnazzo/Preite/Tagliaferri, Il nuovo diritto di famiglia IV (2015) 806.

3. Anknüpfung

Die Parteien haben bezüglich des Trennungs- und Scheidungsstatuts die Möglichkeit der **Rechtswahl**. Entscheidend ist dabei ein enger Bezug der Ehegatten zur gewählten Rechtsordnung (Erwägungsgrund Nr 14).[271] Ein solcher wird immer dann angenommen, wenn es sich um eines der folgenden Rechte handelt: a) das Recht des Staates, in dem die Ehegatten zum Zeitpunkt der Rechtswahl ihren gewöhnlichen Aufenthalt *(residenza abituale)* haben; b) das Recht des Staates, in dem die Ehegatten zuletzt ihren gewöhnlichen Aufenthalt hatten, sofern einer von ihnen zum Zeitpunkt der Rechtswahl dort noch seinen gewöhnlichen Aufenthalt hat; c) das Recht des Staates, dessen Staatsangehörigkeit einer der Ehegatten zum Zeitpunkt der Rechtswahl besitzt oder d) das Recht des Staates des angerufenen Gerichts (Art 5). 5/91

Beispiel:

So können bspw ein spanischer und ein italienischer Ehegatte, die in Italien ihren gewöhnlichen Aufenthalt haben, vor einem italienischen Gericht (internationale Zuständigkeit nach Art 3 Abs 1 lit a Brüssel IIa-VO) die Scheidung nach spanischem Recht erlangen (= Recht des Staates, dessen Staatsbürgerschaft ein Ehegatte besitzt; Art 5 Abs 1 lit c Rom III-VO), dessen Scheidungsnormen bekanntlich viel offener sind als die entsprechenden italienischen Bestimmungen.[272]

Die Rechtswahlvereinbarung kann **jederzeit geschlossen und geändert** werden, spätestens aber bis zur Anrufung des Gerichts oder auch im Laufe des Verfahrens, sollte die *lex fori* dies vorsehen (Art 5 Abs 2 und 3).[273] Ebenso kann sie im Einvernehmen der Ehegatten widerrufen werden.[274] Für das Zustandekommen und die Wirksamkeit der Rechtswahlvereinbarung oder einzelner Klauseln ist jenes Recht maßgeblich, das die Parteien gewählt haben (Art 6 Abs 1).[275] In jedem Fall muss die Vereinbarung **schriftlich** erfolgen, **datiert und von beiden Ehegatten unterzeichnet** sein.[276] Strengere Formvorschriften des teilnehmenden Mitgliedstaates, in dem die Ehegatten zum Zeitpunkt der Rechtswahl ihren gewöhnlichen Aufenthalt hatten, gehen vor (Art 7 Abs 2). Wird die Rechtswahlvereinbarung in Italien geschlossen und haben die Ehegatten dort ihren gemeinsamen gewöhnlichen Aufenthalt, reicht die Schriftform nach Art 7 Abs 1 Rom III-VO aus.[277] 5/92

---

271 *Mosconi/Campiglio II*[4] (2016) 149.

272 *Clerici* in Zaccaria[3] (2016) Art 5–7 Regolamento (UE) 20 dicembre 2010, n. 1259/2010, I, 3.

273 Vgl ua LG Milano 11. 12. 2012, Riv.dir.priv.proc. 2013, 768; LG Milano 10. 2. 2014, Dir.fam.pers. 2014, 1107; LG Belluno 23. 12. 2014, Riv.dir.int.priv.proc. 2016, 206. Vgl auch *Clerici* in Zaccaria[3] (2016) Art 5–7 Regolamento (UE) 20 dicembre 2010, n. 1259/2010, II, 6–8.

274 *Biagioni*, Commentario al Reg. UE n. 1259/2010, Nuove leggi civ.comm. 2011, 1482; *Clerici* in Zaccaria[3] (2016) Art 5–7 Regolamento (UE) 20 dicembre 2010, n. 1259/2010, II, 12.

275 Ergibt sich jedoch aus den Umständen, dass es nicht gerechtfertigt wäre, die Wirkung des Verhaltens eines Ehegatten nach dem in Abs 1 bezeichneten Recht zu bestimmen, so kann sich dieser Ehegatte für die Behauptung, er habe der Vereinbarung nicht zugestimmt, auf das Recht des Staates berufen, in dem er zum Zeitpunkt der Anrufung des Gerichts seinen gewöhnlichen Aufenthalt hat (Art 6 Abs 2 Rom III-VO). Vgl *Conetti* in Conetti/Tonolo/Vismara[3] (2017) 160 f. Krit *Biagioni*, Commentario al Reg. UE n. 1259/2010, Nuove leggi civ.comm. 2011, 1486 f.

276 Zulässig sind auch elektronische Übermittlungen, sofern sie eine dauerhafte Aufzeichnung der Vereinbarung ermöglichen (Art 7 Abs 1 Rom III-VO).

277 LG Milano 10. 2. 2014, Dir.fam.pers. 2014, 1107. Vgl auch *Clerici* in Zaccaria[3] (2016) Art 5–7 Regolamento (UE) 20 dicembre 2010, n. 1259/2010, III, 5; *Viarengo*, La legge applicabile al divorzio nel regolamento c.d. „Roma III“, in Cagnazzo/Preite/Tagliaferri, Il nuovo diritto di famiglia IV (2015) 814. Nach LG Belluno 23. 12. 2014, Riv.dir.int.priv.proc. 2016, 206, müssen die Willenserklärungen der Ehegatten nicht notwendigerweise gleichzeitig und im selben Dokument erfolgen. Solange keine Pflicht zur Teilnahme einer

5/93 Bei **fehlender oder ungültiger Rechtswahl** sieht Art 8 Rom III-VO eine **Anknüpfungsleiter** vor *(concorso successivo)*.[278] Auf der ersten Stufe steht das Recht am gewöhnlichen Aufenthalt *(residenza abituale)* beider Ehegatten.[279] Haben die Ehegatten den gewöhnlichen Aufenthalt nicht im selben Staat, so wird an den letzten gemeinsamen gewöhnlichen Aufenthalt angeknüpft.[280] Andernfalls ist das gemeinsame Heimatrecht maßgeblich.[281] Auf der letzten Stufe steht das Recht des Staates des angerufenen Gerichts *(lex fori)*. Maßgeblicher **Anknüpfungszeitpunkt** ist jener der Anrufung des Gerichts (Art 8).[282]

5/94 Das auf die Trennung angewandte Recht ist – mangels einer anderweitigen Vereinbarung der Parteien – auch für die Ehescheidung maßgeblich (Art 9 Abs 1).[283] Sieht das auf die Trennung anzuwendende Recht hingegen keine (automatische) **Umwandlung der Trennung in eine Scheidung** vor (wie etwa Italien),[284] so wird das anzuwendende Recht nach Art 8 Rom III-VO bestimmt, wobei auch in diesem Falle die Parteien einvernehmlich davon abweichen können (Art 9 Abs 2).[285]

Beispiel:

Ein spanisches Ehepaar lebt zum Zeitpunkt der Trennung in Portugal, also einem Staat, der die Umwandlung der Trennung in Scheidung kennt. Nach der Trennung ziehen beide Ehegatten in andere Länder (Deutschland und Österreich). Das angerufene portugiesische Gericht muss bei fehlender Rechtswahl der Ehegatten auf die Trennung das portugiesische Recht anwenden. Nach Ablauf der für die Umwandlung der Trennung in Scheidung vorgesehenen Zeit (also mind ein Jahr ab dem Zeitpunkt, in dem die Entscheidung über die Trennung Rechtskraft erlangt hat), müsste das portugiesische Gericht aber für die Scheidung spanisches Recht anwenden (also das gemeinsame Heimatrecht der Ehegatten), da die Ehegatten seit mehr als einem Jahr den gemeinsamen gewöhnlichen Aufenthalt nicht mehr im selben Staat haben. Art 9 Abs 1 Rom III-VO erlaubt hingegen, das portugiesische Recht auch auf die Ehescheidung anzuwenden, was der Einheitlichkeit der Regelung der beiden Institute zugutekommt.[286]

Amtsperson *(pubblico ufficiale)* besteht, bleibt freilich das Risiko, dass die Rechtswahlvereinbarung, zu der es in einem Zeitpunkt gekommen ist, in dem noch Einigkeit unter den Ehegatten herrschte, im Streitfall dann von einem Ehegatten versteckt oder zerstört wird. Vgl *Bergamini*, La famiglia nel diritto dell'unione europea (2012) 232.

278 *Mosconi/Campiglio II*[4] (2016) 152.

279 Der Begriff des gewöhnlichen Aufenthalts muss autonom ausgelegt werden und zielt auf den faktischen Aufenthalt des Betreffenden ab. *Crespi Reghizzi*, Commentario al Reg. UE n. 1259/2010, Nuove leggi civ. comm. 2011, 1496 ff; *Clerici* in Zaccaria[3] (2016) Art 5–7 Regolamento (UE) 20 dicembre 2010, n. 1259/ 2010, II, 3.

280 Dabei wird vorausgesetzt, dass der gemeinsame gewöhnliche Aufenthalt nicht vor mehr als einem Jahr vor Anrufung des Gerichts endete und einer der Ehegatten dort noch seinen gewöhnlichen Aufenthalt hat (Art 8 Abs 1 lit b).

281 Wie bei mehrfacher Staatsangehörigkeit zu verfahren ist, bestimmt sich nach innerstaatlichem Recht, wobei die Grundsätze der EU uneingeschränkt zu achten sind. Vgl dazu *Clerici* in Zaccaria[3] (2016) Art 8 Regolamento (UE) 20 dicembre 2010, n. 1259/2010, II, 8-9; *Crespi Reghizzi*, Commentario al Reg. UE n. 1259/2010, Nuove leggi civ.comm. 2011, 1499 ff.

282 *Clerici* in Zaccaria[3] (2016) Art 8 Regolamento (UE) 20 dicembre 2010, n. 1259/2010, II, 1.

283 Die Umwandlung der Trennung in eine Scheidung gibt es in Belgien, Frankreich und Portugal. Vgl *Rossolillo*, Commentario al Reg. UE n. 1259/2010, Nuove leggi civ.comm. 2011, 1502, Fn 1.

284 *Clerici* in Zaccaria[3] (2016) Art 9 Regolamento (UE) 20 dicembre 2010, n. 1259/2010, I; *Zanobetti* in Sesta[3] (2015) Art 5–16 Reg. UE n. 1259/2010, 3244 f.

285 Krit *Rossolillo*, Commentario al Reg. UE n. 1259/2010, Nuove leggi civ.comm. 2011, 1502 f.

286 *Rossolillo*, Commentario al Reg. UE n. 1259/2010, Nuove leggi civ.comm. 2011, 1502.

Die Bestimmungen der Rom III-VO verstehen sich als Sachnormverweisung, dh, **Rück- oder Weiterverweisung** sind ausgeschlossen (Art 11).[287] 5/95

Auch der europäische Gesetzgeber sieht den *ordre public* als allgemeine Grenze der Kollisionsnormen. Er verhindert den Eintritt von ausländischen Werten und Normen, deren Anwendung **offensichtlich** den Grundwerten der Rechtsordnung des Forums widerspricht.[288] Die Grundwerte der Rechtsordnung der einzelnen teilnehmenden Staaten umfassen dabei auch die Grundwerte der Europäischen Union.[289] Reine Abweichungen des ausländischen Rechts von der eigenen nationalen Regelung können unter Berufung auf den *ordre public* hingegen nicht umgangen werden.[290] 5/96

In Art 12 Rom III-VO findet sich eine **Generalklausel** für den *ordre public*. Danach hat das angerufene Gericht eines jeden Mitgliedstaates im konkreten Fall zu prüfen, ob es die ausländische Norm unter Berufung auf den *ordre public* nicht anwenden kann.[291] 5/97

Widerrufbare Scheidungen *(divorzio revocabile)* nach marokkanischem Recht oder Blitzscheidungen *(divorzio lampo)*, wie sie etwa in den Niederlanden möglich sind, können bspw in Italien keine Anwendung finden.[292] Ebenfalls fällt eine Scheidung aus rassistischen Gründen sicherlich in den Anwendungsbereich der *ordre public*-Klausel.[293] Die Anwendung von fremdem Recht, das andere Scheidungsgründe als das italienische Recht vorsieht, kann unter Berufung auf den ordre public hingegen nicht ausgeschlossen werden.[294]

Neben der Generalklausel (Art 12) findet sich in Art 10 Rom III-VO eine **Sondernorm** *(clausola „speciale“)*,[295] die auch als zwingend anzuwendende materielle Norm *(norma materiale imperativa)* bezeichnet wird.[296] Danach kommt es zur Anwendung der *lex fori*, sofern das nach der Rom III-VO anzuwendende Recht die Ehescheidung nicht vorsieht.[297] Die Anwendung der ausländischen Norm ist zudem auch immer dann untersagt, wenn sie zur Diskriminierung aufgrund der Geschlechtszugehörigkeit eines Ehegatten im Zugang zur Ehetrennung oder Scheidung führt (Art 10).[298] 5/98

Dazu gehören bspw solche Rechtsordnungen, die die einseitige Verstoßung *(ripudio unilaterale)*, meist nur zugunsten des Ehemannes, vorsehen.[299]

---

287 Das Problem der Rück- oder Weiterverweisung stellt sich natürlich nur, wenn das nach Art 5 und 8 Rom III-VO bestimmte Recht jenes eines nicht teilnehmenden Mitgliedstaates oder eines Drittstaates ist. *Leandro*, Commentario al Reg. UE n. 1259/2010, Nuove leggi civ.comm. 2011, 1509.

288 *Leandro*, Commentario al Reg. UE n. 1259/2010, Nuove leggi civ.comm. 2011, 1512 f.

289 *Clerici* in Zaccaria^3 (2016) Art 10–16 Regolamento (UE) 20 dicembre 2010, n. 1259/2010, III, 1; *Mosconi/Campiglio I*^{8} (2017) 265 ff.

290 *Leandro*, Commentario al Reg. UE n. 1259/2010, Nuove leggi civ.comm. 2011, 1515; *Conetti* in Conetti/Tonolo/Vismara^3 (2017) 161. Vgl auch KassGH Ziv 28. 5. 2004, Nr 10378, Riv.dir.int.priv.proc. 2005, 209.

291 In der Tat kann sich das Gericht dazu entschließen, das ausländische Recht nicht anzuwenden, muss es aber nicht. Vgl *Clerici* in Zaccaria^3 (2016) Art 10–16 Regolamento (UE) 20 dicembre 2010, n. 1259/2010, III, 10.

292 *Clerici* in Zaccaria^3 (2016) Art 31 L 31. 5. 1995, n. 218, IV, 4–5.

293 *Carella*, Rapporti di famiglia (dir. intern. priv.), Enc.dir. Agg V (2001) 914.

294 *Carella*, Rapporti di famiglia (dir. intern. priv.), Enc.dir. Agg V (2001) 914.

295 *Mosconi/Campiglio II*^{4} (2016) 154; *Leandro*, Commentario al Reg. UE n. 1259/2010, Nuove leggi civ.comm. 2011, 1509.

296 *Clerici* in Zaccaria^3 (2016) Art 10–16 Regolamento (UE) 20 dicembre 2010, n. 1259/2010, III, 2.

297 Dabei reicht es nicht aus, dass das fremde Recht besonders strenge Vorschriften für den Zugang zur Scheidung vorsieht. *Leandro*, Commentario al Reg. UE n. 1259/2010, Nuove leggi civ.comm. 2011, 1506.

298 *Mosconi/Campiglio II*^{4} (2016) 154.

299 *Leandro*, Commentario al Reg. UE n. 1259/2010, Nuove leggi civ.comm. 2011, 1507; *Clerici* in Zaccaria^3 (2016) Art 10–16 Regolamento (UE) 20 dicembre 2010, n. 1259/2010, III, 4. Vgl auch OLG Milano 17. 12. 1991, Riv.dir.int.priv.proc. 1993, 109; OLG Torino 9. 3. 2006, Dir.fam.pers. 2007, 156.

5/99 Umgekehrt sind die teilnehmenden Mitgliedstaaten **nicht verpflichtet**, die Ehescheidung in Anwendung der VO auszusprechen, wenn a) die Ehescheidung nach ihrem Recht nicht vorgesehen ist (sog Malta-Klausel oder *clausola maltese*)[300] oder b) die betreffende Ehe für die Zwecke des Scheidungsverfahrens nicht als gültig angesehen wird (**Art 13**). Hier handelt es sich um eine weitere Sachnorm *(norma di natura materiale)* der Rom III-VO[301] und Sondernorm des *ordre public*.[302] Die zweite in Art 13 enthaltene Alternative betrifft die Vorfragen (konkret die Gültigkeit der zu scheidenden Ehe), die getrennt anzuknüpfen sind (Art 1 Abs 2 lit b). Sie wird zB für die Scheidung von gleichgeschlechtlichen[303] oder polygamen Ehen relevant.[304]

Während Art 10 Rom III-VO vorgibt, welches Recht im Falle der Nichtanwendung des nach der VO bestimmten Rechts aufgrund des Verstoßes gegen den *ordre public* zur Anwendung kommen soll, nämlich die *lex fori*, gibt es dies nicht für Art 12 Rom III-VO.[305] In letzterem Falle muss wohl das autonome Kollisionsrecht Abhilfe schaffen, weshalb nach italienischem IPR das Recht anzuwenden ist, auf das über andere Anknüpfungskriterien verwiesen wird, wenn solche für denselben Tatbestand vorgesehen sind. Nur in Ermangelung solcher alternativer Anknüpfungskriterien (oder wenn diese ebenfalls zur Anwendung eines Rechtes führen, das dem *ordre public* widerspricht) soll das italienische materielle Recht angewandt werden (Art 16 IPRG). Da der vorliegende Tatbestand der Rom III-VO unterliegt, müssen die zusätzlichen Anknüpfungskriterien auch in derselben (Art 5 bzw 8 Rom III-VO) gefunden werden.[306]

III. Bisheriges autonomes Kollisionsrecht

5/100 Seit Inkrafttreten der Rom III-VO[307] mit 21. 6. 2012 findet das nationale Kollisionsrecht zur Ehetrennung und Ehescheidung (Art 31 IPRG) keine Anwendung mehr. Es gilt allerdings weiterhin für bereits vorher eingeleitete Verfahren.[308] Art 31 IPRG knüpft die Ehetrennung *(separazione personale)* und die Ehescheidung *(divorzio/scioglimento del matrimonio)* an das **gemeinsame Heimatrecht der Ehegatten** im Zeitpunkt der gerichtlichen Geltendmachung des Anspruchs. Fehlt ein solches, so ist das Recht jenes Staates maßgeblich, in dem das **Eheleben vorwiegend statt-**

300 Seit der Einführung der Ehescheidung 2011 in Malta, dem einzigen teilnehmenden Mitgliedstaat, der die Ehescheidung nicht vorsah, hat diese Bestimmung keine Bedeutung mehr. *Zanobetti* in Sesta[3] (2015) Art 5–16 Reg. UE n. 1259/2010, 3246. Vgl aber *Leandro*, Commentario al Reg. UE n. 1259/2010, Nuove leggi civ.comm. 2011, 1519, der diese erste Alternative von Art 13 für die gleichgeschlechtliche Ehe anwendbar sieht.

301 *Clerici* in Zaccaria[3] (2016) Art 10–16 Regolamento (UE) 20 dicembre 2010, n. 1259/2010, III, 5.

302 *Leandro*, Commentario al Reg. UE n. 1259/2010, Nuove leggi civ.comm. 2011, 1519.

303 *Clerici* in Zaccaria[3] (2016) Art 10–16 Regolamento (UE) 20 dicembre 2010, n. 1259/2010, III, 6; *Nascimbene*, Divorzio, diritto internazionale privato e dell'Unione Europea (2011) 348. Vgl Rz 5/71.

304 In solchen Fällen können die nationalen Gerichte dennoch die Scheidung aussprechen, selbst wenn die Ehe nach ihrem Recht nicht gültig wäre, um die Wahrung der Rechte des diskriminierten Ehegatten zu garantieren. Vgl *Leandro*, Commentario al Reg. UE n. 1259/2010, Nuove leggi civ.comm. 2011, 1520 und 1522.

305 *Leandro*, Commentario al Reg. UE n. 1259/2010, Nuove leggi civ.comm. 2011, 1514; *Viarengo*, La legge applicabile al divorzio nel regolamento c.d. „Roma III", in Cagnazzo/Preite/Tagliaferri, Il nuovo diritto di famiglia IV (2015) 821.

306 *Leandro*, Commentario al Reg. UE n. 1259/2010, Nuove leggi civ.comm. 2011, 1517 f; *Conetti* in Conetti/Tonolo/Vismara[3] (2017) 161.

307 Vgl Rz 5/85 ff.

308 *Clerici* in Zaccaria[3] (2016) Art 31 L 31. 5. 1995, n. 218, I, 1; *Forganni* in Sesta[3] (2015) Art 31 L 31. 5. 1995, n. 218, 3249.

findet. Sieht das anzuwendende ausländische Recht die Ehetrennung oder Ehescheidung nicht vor, ist **das italienische Recht** anzuwenden (Art 31 Abs 2 IPRG).[309]

IV. Anerkennung ausländischer Entscheidungen

Die **Brüssel IIa-VO** sieht die automatische Anerkennung von Entscheidungen über die Ehescheidung, die Trennung ohne Auflösung des Ehebandes oder die Ungültigerklärung einer Ehe *(annullamento del matrimonio)*[310] vor, die in einem teilnehmenden Mitgliedstaat erlassen wurden (Art 21 ff).[311] Dies gilt allerdings nur für solche Entscheidungen, die sich negativ auf die eheliche Bindung auswirken.[312] Jede interessierte Partei kann in einem eigenen Verfahren eine Entscheidung über die Anerkennung oder Nichtanerkennung der Entscheidung beantragen (Art 21 Abs 3),[313] wobei die Anerkennung nur aus den in Art 22 angeführten Gründen verweigert werden kann.[314] 5/101

Die Brüssel IIa-VO lässt die **Vereinbarungen zwischen dem Hl. Stuhl und Italien** (Lateranvertrag vom 11. 2. 1929, geändert durch die am 18. 2. 1984 in Rom unterzeichnete Vereinbarung mit Zusatzprotokoll), Portugal, Spanien sowie Malta unberührt (Art 63). Entscheidungen von Kirchengerichten *(tribunali ecclesiastici)* über die Aufhebung einer Konkordatsehe können folglich in Europa frei zirkulieren, sofern sie in dem betreffenden Vertragsstaat zivilrechtliche Wirkung haben.[315] 5/102

309 *Conetti* in Bariatti, Riforma, Nuove leggi civ.comm. 1996, Art 31, 1181 f; *Carella*, Rapporti di famiglia (dir. intern. priv.), Enc.dir. Agg V (2001) 914 f; *Clerici* in Zaccaria[3] (2016) Art 31 L 31. 5. 1995, n. 218, II, 3.

310 Die Ungültigerklärung entspricht im italienischen Sachrecht der Aufhebung der Ehe *(annullamento del matrimonio)*. So auch im deutschen Recht. Vgl *Rauscher*, EuZPR-EuIPR IV[4] (2015) Art 1 Brüssel IIa-VO, Rz 3. Zur Ungültigkeit vgl Rz 5/104 ff und 5/110.

311 Zur Anwendung der Brüssel IIa-VO für Verfahren betreffend gleichgeschlechtliche Ehen und eingetragene Partnerschaften vgl Rz 5/77 ff. Die Brüssel IIa-VO ersetzt das Haager Übereinkommen vom 1. 6. 1970 über die Anerkennung von Ehescheidungen und Ehetrennungen im Verhältnis zwischen den Mitgliedstaaten (Art 60 lit c). Letzteres gilt daher nur mehr im Verhältnis zwischen Italien und Australien, Ägypten, Schweiz, Dänemark und Norwegen. *Barel/Armellini* (2018) 177.

312 Ablehnende Entscheidungen stehen einer weiteren Entscheidung in einem anderen teilnehmenden Mitgliedstaat nicht im Wege. *Mosconi/Campiglio II*[4] (2016) 157; *Queirolo*, Il regolamento 2201/2003: circolazione delle sentenze in materia di separazione, divorzio e annullamento del matrimonio, in Cagnazzo/Preite/Tagliaferri, Il nuovo diritto di famiglia IV (2015) 839 f.

313 Die örtliche Zuständigkeit bestimmt sich dabei nach der *lex fori*. In Italien ist das OLG zuständig, in dessen Sprengel sich jenes Standesamt befindet, in dessen Register die anzuerkennende Entscheidung eingetragen werden muss. Vgl *Mosconi/Campiglio II*[4] (2016) 159; *Barel/Armellini* (2018) 192.

314 *Queirolo*, Il regolamento 2201/2003: circolazione delle sentenze in materia di separazione, divorzio e annullamento del matrimonio, in Cagnazzo/Preite/Tagliaferri, Il nuovo diritto di famiglia IV (2015) 842 ff. Die vier Gründe für die Nichtanerkennung sind a) der offensichtliche Widerspruch der Anerkennung gegen den *ordre public*; b) die fehlende Wahrung des rechtlichen Gehörs, es sei denn, der Antragsgegner ist mit der Entscheidung eindeutig einverstanden; c) die Unvereinbarkeit mit einer Entscheidung, die in einem Verfahren zwischen denselben Parteien in dem Mitgliedstaat, in dem die Anerkennung beantragt wird, ergangen ist; sowie d) die Unvereinbarkeit mit einer früheren Entscheidung, die in einem anderen Mitgliedstaat oder in einem Drittstaat zwischen denselben Parteien ergangen ist.

315 *Lanciotti*, La circolazione delle sentenze ecclesiastiche di nullità del matrimonio, in Cagnazzo/Preite/Tagliaferri, Il nuovo diritto di famiglia IV (2015) 871 ff; *Mosconi/Campiglio II*[4] (2016) 169 f; *Barel/Armellini* (2018) 191.

5/103 Für die Anerkennung von **Entscheidungen**, die **aus nicht EU-Staaten** stammen, sind – sofern kein günstigeres Übereinkommen mit diesem Staat gilt – die allgemeinen Anerkennungs- und Vollstreckungsregeln in **Art 64 ff** IPRG anzuwenden.[316] Art 64 IPRG gilt für die Anerkennung von ausländischen **Urteilen** *(sentenze straniere)*,[317] während Art 65 IPRG die Wirksamkeit von ausländischen **Verfügungen** *(provvedimenti stranieri)* im Bereich der Ehetrennung und Ehescheidung oder der Auflösung der Ehe regelt.[318] In beiden Fällen ist die Anerkennung auszuschließen, wenn deren Wirkungen gegen die Grundwerte der Rechtsordnung *(ordre public)* verstoßen (Art 64 Abs 2 lit g und Art 65 IPRG).[319]

Nach Einführung der außergerichtlichen Trennung und Scheidung *(divorzio o separazione stragiudiziale)*[320] kann der in der Rsp über viele Jahre vertretene Grundsatz, wonach eine Scheidung erst nach Feststellung der unheilbaren Zerrüttung der Ehe ausgesprochen werden kann, nicht mehr zum *ordre public* gezählt werden.[321] Die einseitige Scheidung durch Verstoßung *(ripudio)* der Ehefrau verletzt hingegen den Grundsatz der Gleichheit der Ehegatten und somit den *ordre public.*[322]

V. Ungültigkeit der Ehe

1. Internationale Zuständigkeit

5/104 In Fällen der Ungültigkeit *(invalidità)* der Ehe, also bei Nichtigkeit oder Aufhebbarkeit *(nullità* oder *annullabilità)*, ist die **internationale Zuständigkeit** neben den in Art 3 IPRG vorgesehenen Fällen[323] auch immer dann gegeben, wenn einer der Ehegatten italienischer Staatsbürger

316 *Mosconi/Campiglio II*[4] (2016) 171. Vgl Rz 2/108 f. Die Anerkennung von Entscheidungen über die Nichtigkeit einer Ehe *(nullità del matrimonio)*, die von einem kirchlichen Gericht *(tribunale ecclesiastico)* erlassen wurden, erfolgt nach Art 8 Abs 2 des Vertrags zwischen dem Hl. Stuhl und der Italienischen Republik über die Änderungen in den Lateranverträgen 1984. Vgl ausführlich *Barel/Armellini* (2018) 189.

317 Darunter fällt auch, dass das entscheidende Gericht über den Rechtsstreit nach den Grundsätzen der italienischen Rechtsordnung über die gerichtliche Zuständigkeit erkennen konnte. Hier kommen demnach Art 3 und 32 IPRG weiterhin zur Anwendung und werden nicht von der Brüssel IIa-VO verdrängt. *Mosconi/Campiglio II*[4] (2016) 171. Vgl allgemein Rz 2/108.

318 Ausländische Verfügungen sind in Italien automatisch wirksam, sofern sie von den Behörden jenes Staates, auf dessen Recht die Vorschriften des italienischen IPRG verweisen, erlassen wurden oder sie in der Rechtsordnung dieses Staates Wirkungen erzeugen. Dabei stellt sich für Entscheidungen über Ehetrennung und Ehescheidung die Frage, ob die Rom III-VO auch zu diesem Zwecke Art 31 IRPG überlagert. Vgl dazu *Mosconi/Campiglio*, Richiami interni alla legge di diritto internazionale privato e regolamenti comunitari: il caso dei divorzi esteri, Riv.dir.int.priv.proc. 2017, 7 ff; *Barel/Armellini* (2018) 189. Verfügungen der freiwilligen Gerichtsbarkeit *(volontaria giurisdizione)* werden nach Art 66 IPRG anerkannt. *Barel/Armellini* (2018) 190.

319 Für Beispiele vgl *Mosconi/Campiglio II*[4] (2016) 174 f.

320 Mit G 10. 11. 2014, Nr 162 wurde in Italien die Möglichkeit der Trennung oder Scheidung vor dem Standesbeamten sowie im Zuge der sog Verhandlung mit Rechtsbeistand *(negoziazione assistita)* eingeführt. Diese vereinfachten Trennungs- und Scheidungsformen sind nur für Paare ohne minderjährige oder schutzbedürftige volljährige Kinder zulässig.

321 *Barel/Armellini* (2018) 193 f. Vgl ua KassGH Ziv 28. 5. 2004, Nr 10378, Riv.dir.int.priv.proc. 2005, 209; KassGH Ziv 25. 7. 2006, Nr 16978, Foro it. 2006, I, 2699. Kein Widerspruch zum *ordre public* liegt vor, wenn das ausländische Recht die Scheidung ohne vorherige Trennung vorsieht. Vgl LG Belluno 5. 11. 2010, Foro it. 2011, I, 913.

322 OLG Roma 12. 12. 2016, Dir.fam.pers. 2017, 347; OLG Milano 17. 12. 1991, Riv.dir.int.priv.proc. 1993, 109; OLG Torino 9. 3. 2006, Dir.fam.pers. 2007, 156.

323 Vgl Rz 2/90 ff.

ist oder die Ehe in Italien geschlossen wurde (Art 32 IPRG).[324] Die nationalen Bestimmungen werden jedoch in Zuständigkeitskonflikten zwischen EU-Mitgliedstaaten durch die **Brüssel IIa-VO** ersetzt.[325] Sie wird nach Art 1 Abs 1 lit a ausdrücklich auf Fälle der Ungültigkeit der Ehe *(annullabilità del matrimonio)* angewandt.[326]

2. Kollisionsrecht

Da die Rom III-VO im Gegensatz zur Brüssel IIa-VO die Fragen der Gültigkeit der Ehe aus seinem Anwendungsbereich ausschließt (Art 1 Abs 2 lit c Rom III-VO), erfolgt die Anknüpfung nach autonomem Kollisionsrecht. Die Anknüpfung für die Ungültigkeit der Ehe ist im IPRG nicht ausdrücklich geregelt. Diese Fragen richten sich folglich nach jenem Recht, das für die **Ehevoraussetzungen** maßgeblich ist (Art 27 und 28 IPRG), deren Verletzung zur Ungültigkeit geführt hat.[327] Dabei gilt es zwischen materiellen und formellen Ehevoraussetzungen zu unterscheiden. **5/105**

Bei Verstößen gegen die **materiellen Ehevoraussetzungen** (Art 27 IRPG) ist die Ehe bei gemeinsamem Heimatrecht der Ehegatten immer dann ungültig, wenn auch nur eine Voraussetzung fehlt. Haben die Ehegatten unterschiedliche Staatsbürgerschaften, ist jeder von ihnen an die Ehevoraussetzungen gebunden, die sein eigenes Heimatrecht vorschreibt. Die Verletzung auch nur einer Voraussetzung reicht aus, um die Ungültigkeit der Ehe zu bewirken, selbst wenn diese Voraussetzung vom Heimatrecht des anderen Ehegatten nicht vorgesehen ist. Wurden beide Heimatrechte der Ehegatten verletzt, sehen diese aber unterschiedliche Sanktionen bzw Möglichkeiten der Geltendmachung der Verletzung vor, kommen beide Rechte kumulativ zur Anwendung, wobei das strengere Recht Vorrang hat, also jenes Recht, das die strengeren Sanktionen vorschreibt.[328] **5/106**

Für **Ausländer** kommen im Falle der Inlandstrauung neben den vom eigenen Heimatrecht vorgeschriebenen einige materiell-rechtliche Ehehindernisse (Art 116 Abs 2 iVm Art 85, 86, 87 Z 1, 2 und 4, Art 88, 89 ZGB) hinzu, die zur Ungültigkeit der Ehe führen können.[329] **5/107**

Das **Fehlen des Eheaufgebots** (Art 116 Abs 3 ZGB) bewirkt nicht die Ungültigkeit der Ehe, es sei denn, das nach Art 27 IPRG bestimmte Recht sieht dies vor. Ebenso setzt die Gültigkeit der Ehe nicht die Eintragung in das Standesregister voraus.[330] **5/108**

Verstöße gegen **formelle Ehevoraussetzungen** führen hingegen nur dann zur Ungültigkeit der Ehe, wenn diese nach keiner der alternativ anzuwendenden Rechtsordnungen (Art 28 IPRG) als gültig angesehen wird. Die Folgen der Ungültigkeit bestimmen sich dann nach der *lex loci actus*.[331] **5/109**

---

324 Vgl Rz 5/82 ff.

325 Vgl Rz 5/77 ff.

326 *Barel/Armellini* (2018) 161. Zur Anwendbarkeit der Brüssel IIa-VO für gleichgeschlechtliche Ehen vgl Rz 5/77 ff.

327 *Ballarino*[8] (2016) 185; *Mosconi/Campiglio II*[4] (2016) 143; *Conetti* in Conetti/Tonolo/Vismara[3] (2017) 143. Zu den Ehevoraussetzungen vgl Rz 5/2 ff.

328 *Ballarino*[8] (2016) 185.

329 Das fehlende Ehefähigkeitszeugnis *(nulla osta)* bewirkt hingegen nicht die Ungültigkeit der Ehe. *Mosconi/Campiglio II*[4] (2016) 143.

330 *Mosconi/Campiglio II*[4] (2016) 144.

331 *Ballarino*[8] (2016) 185 f.

3. Anerkennung

5/110 Die Anerkennung ausländischer Entscheidungen, Urkunden und Verfügungen erfolgt nach Art 64 ff IPRG.[332] Auf europäischer Ebene regelt die **Brüssel IIa-VO** die Anerkennung von ausländischen Entscheidungen über die Ungültigkeit einer Ehe.[333]

I. Kindschaftsrecht

Literatur:

Mosconi/Campiglio II[4] (2016) 183 ff; *Barel/Armellini* (2018) 195 ff; *Ballarino*[8] (2016) 207 ff; *Clerici* in Bonilini famiglia IV (2016) 3761 ff; *Honorati*, La nuova legge sulla filiazione e il suo impatto sul diritto internazionale privato in V.A., Scritti in onore di Giuseppe Tesauro (2014) 2727 ff; *Campiglio*, Riforma, Riv.dir.int.priv.proc. 1996, Art 33–37, 1082 ff; *Campiglio*, Il rapporto di filiazione nel diritto internazionale privato italiano: il momento costitutivo (1990); *Carella* in Bariatti, Riforma, Nuove leggi civ.comm. 1996, Art 33–37, 1184 ff; *Corbetta* in Zaccaria[3] (2016) Art 33–37 L 31. 5. 1995, n. 218; *Baruffi/Ricci/Castelletti/Tomasi* in Zaccaria[3] (2016) Regolamento (CE) 27 novembre 2003, n. 2201/2003; *Zanobetti* in Sesta[3] (2015) Art 33–37 L 31. 5. 1995, n. 218, 3117 ff; *Carpaneto* in Preite I (2011) 855 ff; *Bernardini*, Filiazione (dir. internaz. priv.), Enc.dir. (1968) 488 ff; *Baruffi*, Il diritto di visita nel diritto internazionale privato e comunitario (2005); *Tonolo* in Conetti/Tonolo/Vismara[3] (2017) 169 ff; *Figone/Ravot*, Responsabilità genitoriale (2016) 311 ff.

I. Allgemeines

5/111 Der Begriff **Kindschaft** *(filiazione)* bezeichnet das Verhältnis zwischen einem Kind und den Personen, die es gezeugt haben, sowie die vorausgehenden Fragen des Personenstands, dessen Erlangen, Verlust und Feststellung.[334] Die für das Kindschaftsrecht relevanten autonomen Kollisions- und Zuständigkeitsnormen finden sich in **Art 33–37 IPRG**. Europäische und völkervertragsrechtliche Regelungen schränken deren Anwendungsbereich jedoch deutlich ein.[335] Für das Eltern-Kind-Verhältnis und die Schutzmaßnahmen zugunsten von Kindern ersetzt das **KSÜ 1996** das autonome Kollisionsrecht fast vollständig.[336] Die internationale gerichtliche Zuständigkeit in Verfahren betreffend die elterliche Verantwortung wird für die teilnehmenden

332 *Barel/Armellini* (2018) 161. Vgl Rz 2/108 f.

333 Vgl Rz 5/101 ff.

334 *Barel/Armellini* (2018) 195; *Bernardini*, Filiazione (dir. internaz. priv.), Enc.dir. (1968) 488.

335 In chronologischer Reihenfolge: Übereinkommen von Rom betreffend die Erweiterung der Zuständigkeit der Behörden, die zur Entgegennahme von Anerkennungen außerehelicher Kinder befugt sind, 1961, in Italien ratifiziert mit G 24. 4. 1967, Nr 344, in Kraft seit 5. 8. 1981; Haager Übereinkommen über die Zuständigkeit der Behörden und das anzuwendende Recht auf dem Gebiet des Schutzes von Minderjährigen 1961; Europäisches Übereinkommen über die Adoption von Kindern, Strasbourg 1967; Haager Übereinkommen über die Anerkennung und Vollstreckung von Unterhaltsentscheidungen 1973; Übereinkommen von Rom über die Legitimation durch nachfolgende Ehe 1970, in Italien ratifiziert mit G 10. 5. 1976, Nr 492; Europäisches Übereinkommen über die Anerkennung und Vollstreckung von Entscheidungen über das Sorgerecht für Kinder und die Wiederherstellung des Sorgeverhältnisses Luxemburg 1980; Haager Übereinkommen über die zivilrechtlichen Aspekte internationaler Kindesentführung 1980; UN-Kinderrechtskonvention 1989.

336 Vgl Rz 5/143 ff.

Mitgliedstaaten hingegen nach der **Brüssel IIa-VO** bestimmt.[337] Für Unterhaltsfragen ist nunmehr die **EuUVO** iVm dem **HUP 2007** maßgeblich.[338]

Das IPRG 1995 sah bereits ein einheitliches Statut für die Rechtsverhältnisse zwischen Eltern und Kind vor und knüpfte ausschließlich an das Heimatrecht des Kindes, unterschied aber, was die Begründung dieses Verhältnisses angeht, zwischen ehelicher und außerehelicher Kindschaft sowie Kindschaft aufgrund Adoption.[339] Durch die Familienrechtsreform 2012–2013 und die damit einhergehende **Gleichstellung des Status aller** (innerhalb und außerhalb der Ehe geborenen und adoptierten) **Kinder** ergaben sich folglich einige bedeutende Änderungen des IPRG.[340] **5/112**

Das Kind nimmt ganz eindeutig eine zentrale Rolle innerhalb der Familie ein.[341] **Hautanknüpfungskriterium** für das autonome Kollisionsrecht bleibt dementsprechend das **Heimatrecht des Kindes**,[342] das nunmehr zugunsten des Heimatrechts eines Elternteils weichen kann, wenn dieses vorteilhafter ist.[343] Was die elterliche Verantwortung sowie Schutzmaßnahmen über das Kind angeht, zielt das KSÜ 1996 hingegen auf den **gewöhnlichen Aufenthalt** *(residenza abituale)* **des Kindes** ab.[344] **5/113**

---

337 Vgl Rz 5/136 ff.

338 Vgl Rz 5/178 ff.

339 Für den Personenstand des Kindes sowie für dessen Verhältnisse zu seinen Eltern war ausschließlich dessen Heimatrecht maßgeblich (Art 33 Abs 1 aF und Art 36 IPRG).

340 G 10. 12. 2012, Nr 219 und GvD 28. 12. 2013, Nr 154. G 10. 12. 2012, Nr 219 enthielt keine direkten Änderungen im IPRG, sondern dies geschah erst mit GvD 28. 12. 2013, Nr 154, Art 101 und 106. Art 101 Abs 1 lit a formuliert Art 33 IPRG neu und fügt einen neuen Abs 4 ein, dem zufolge die Vorschriften des italienischen Rechts, welche die Einheitlichkeit des Personenstandes des Kindes festlegen, zu Eingriffsnormen werden. Lit b bewirkt die Änderung des Titels und des Art 35 Abs 1 IPRG. In Art 36 IPRG wird nach lit c die Bezeichnung „elterliche Obsorge" *(potestà genitoriale)* mit „elterlicher Verantwortung" *(responsabilità genitoriale)* ersetzt. Lit d führt einen neuen Art 36bis IPRG für bestimmte Aspekte der elterlichen Verantwortung ein, lit e streicht schließlich den Hinweis auf die Ehelichkeit in Art 38 IPRG. Mit Art 106 Abs 1 lit c GvD 154/2013 wird hingegen Art 34 IPRG (Legitimation) abgeschafft. Neben einigen terminologischen Änderungen kam es zur Ausdehnung der Fälle, in denen italienisches Recht zur Anwendung kommt, entweder durch so bezeichnete zwingend anzuwendende Bestimmungen (Art 33 Abs 4 und Art 36bis IPRG) oder durch Kollisionsnormen zu Gunsten des italienischen Rechts (Art 33 Abs 2 und 3 und Art 35 Abs 1 IPRG). Vgl *Mosconi/Campiglio II*[4] (2016) 190; *Corbetta* in Zaccaria[3] (2016) Art 33 L 31. 5. 1995, n. 218, I, 4. Zu den Änderungen des IPR im Zuge der Reform vgl ua *Cubeddu*, Diritto internazionale privato, in Bianca, Filiazione. Commento al decreto attuativo (2014) 294 ff; *Honorati*, La nuova legge sulla filiazione e il suo impatto sul diritto internazionale privato, in V.A., Scritti in onore di Giuseppe Tesauro (2014) 2727 ff; *Bergamini*, Problemi di diritto internazionale privato collegati alla riforma dello status di figlio e questioni aperte, Riv.dir.int.priv.proc. 2015, 315 ff; *Barel*, La filiazione nel diritto internazionale privato dopo la riforma del 2012–2013, in Barel et al, La nuova disciplina della filiazione (2015) 261 ff.

341 *Clerici* in Bonilini famiglia IV (2016) 3762; *Mosconi/Campiglio II*[4] (2016) 188; *Bianca*, diritto civile 2.1 (2017) 448.

342 Die Anknüpfung an das Heimatrecht des Kindes kann insofern problematisch sein, als viele Rechtsordnungen die Erlangung der Staatsbürgerschaft von einem Kindschaftsverhältnis mit einem Staatsbürger abhängig machen. Vgl dazu *Mosconi/Campiglio II*[4] (2016) 189.

343 Dem gewöhnlichen Aufenthalt oder dem Lebensmittelpunkt der Familie kommt wie bisher keine autonom-kollisionsrechtliche Bedeutung zu. *Cubeddu*, Diritto internazionale privato, in Bianca, Filiazione. Commento al decreto attuativo (2014) 294; *Honorati*, La nuova legge sulla filiazione e il suo impatto sul diritto internazionale privato, in V.A., Scritti in onore di Giuseppe Tesauro (2014) 2742.

344 Vgl Rz 5/143 ff.

5/114 Im autonomen IPR lässt sich weiterhin ein ***favor filiationis*** feststellen, der va durch die alternative Anknüpfung verfolgt wird.[345] Dies bedeutet, dass das Gericht aus mehreren Rechtsordnungen jenes Recht wählen kann, das die Herstellung einer rechtlichen Beziehung zwischen Eltern und Kind ermöglicht oder einen Personenstand begründen kann, der mit weitreichenderen Rechten verbunden ist (Art 33 Abs 1 und Art 35 Abs 1 IPRG).[346] Zudem erreicht man den Zweck des *favor filiationis* auch durch den Ausschluss von Weiter- und Rückverweisung, sofern diese die Herstellung eines Kindschaftsverhältnisses nicht zulassen (sog *rinvio in favorem*; Art 13 Abs 3 IPRG).[347] Es gilt jedoch zu bedenken, dass der (abstrakte) *favor filiationis* nicht immer dem konkreten Interesse des Kindes oder den biologischen Tatsachen entspricht.[348] Die Suche nach der biologischen Wahrheit ***(favor veritatis)*** konkurriert daher zunehmend mit dem *favor filiationis*.[349] Zum Zwecke der Abwägung dieser beiden Grundsätze sollte das **Interesse des Kindes** *(interesse superiore del minore)* im konkreten Fall bei der Suche nach dem „günstigeren Recht" maßgeblich sein.[350]

5/115 Schließlich stellt sich bei Anwendung ausländischen Rechts und im Zuge der Anerkennung ausländischer Entscheidungen häufig die Frage der Vereinbarkeit mit den Grundwerten des italienischen Rechts ***(ordre public)***.[351]

Insbesondere muss im Bereich der Leihmutterschaft und Fremdinsemination häufig die Vereinbarkeit ausländischer Verfügungen oder Urkunden (insb Geburtsurkunden) mit den Grundwerten der italienischen Rechtsordnung geprüft werden.[352] Aber auch ausländisches Recht, das einer Person die Befugnis zugesteht, durch einseitige Erklärung die Vater- oder Mutterschaft einer anderen Person zu begründen, widerspricht dem *ordre public*.[353]

---

345 *Corbetta* in Zaccaria[3] (2016) Art 33 L 31. 5. 1995, n. 218, I, 5; *Cubeddu*, Diritto internazionale privato, in Bianca, Filiazione. Commento al decreto attuativo (2014) 294; *Lopes Pegna*, Riforma della filiazione e diritto internazionale privato, Riv.dir.int. 2014, 412; *Honorati*, La nuova legge sulla filiazione e il suo impatto sul diritto internazionale privato, in V.A., Scritti in onore di Giuseppe Tesauro (2014) 2745.

346 *Clerici* in Bonilini famiglia IV (2016) 3763; *Mosconi/Campiglio II*[4] (2016) 188 f; *Barel/Armellini* (2018) 198.

347 *Mosconi/Campiglio II*[4] (2016) 197 f; *Corbetta* in Zaccaria[3] (2016) Art 33 L 31. 5. 1995, n. 218, I, 6; *Lopes Pegna*, Riforma della filiazione e diritto internazionale privato, Riv.dir.int. 2014, 412.

348 *Mosconi/Campiglio II*[4] (2016) 194.

349 *Mosconi/Campiglio II*[4] (2016) 192; *Lopes Pegna*, Riforma della filiazione e diritto internazionale privato, Riv. dir.int. 2014, 412; *Clerici* in Bonilini famiglia IV (2016) 3774 f; *Honorati*, La nuova legge sulla filiazione e il suo impatto sul diritto internazionale privato, in V.A., Scritti in onore di Giuseppe Tesauro (2014) 2741 f; *Corbetta* in Zaccaria[3] (2016) Art 33 L 31. 5. 1995, n. 218, III, 3. Der Zweck des *favor veritatis* wird insbesondere in Art 33 Abs 2 und 3 IPRG verfolgt. Vgl Rz 5/119 ff. Der Vorrang des biologischen Eltern-Kind-Verhältnisses vor solchen, die auf Vermutungen beruhen, wurde auch von Seiten des EGMR bekräftigt. Vgl EGMR 27. 10. 1994, 18535/91, Kroon ua v die Niederlande, Diritti dell'uomo e libertà fondamentali 2006, II, 296; EGMR 22. 11. 2011, 17320/10, Mizzi v Malta, http://hudoc.echr.coe.int/eng?i=001-107530 (letzter Besuch: 28.6.2019).

350 *Lopes Pegna*, Riforma della filiazione e diritto internazionale privato, Riv.dir.int. 2014, 414.

351 *Mosconi/Campiglio II*[4] (2016) 197; *Clerici* in Bonilini famiglia IV (2016) 3764 ff. Vgl dazu im Allgemeinen *Patruno*, Filiazione naturale e ordine pubblico internazionale: un'interessante applicazione, Giust.civ. 1999, 2005 ff.

352 Vgl Rz 5/132 ff.

353 OLG Torino 21. 4. 1989, Dir.fam.pers. 1990, 74.

II. Zuständigkeit

In Angelegenheiten der Kindschaft *(filiazione)* weitet Art 37 IPRG die ohnehin schon **beachtliche Zuständigkeit der italienischen Gerichte** weiter aus.[354] Sie ist neben den in Art 3 und 9 IPRG vorgesehenen Fällen[355] immer dann gegeben, wenn einer der Elternteile[356] oder das Kind italienischer Staatsbürger ist oder seinen gewöhnlichen Aufenthalt *(residenza)* in Italien hat (Art 37 IPRG). 5/116

Zu den Angelegenheiten der Kindschaft zählen alle streitigen und außerstreitigen Verfahren betreffend die **Feststellung** oder **Anfechtung des Kindschaftsverhältnisses**[357] sowie die **persönlichen Rechtsverhältnisse** zwischen Eltern und Kindern, sofern diese nicht in den Anwendungsbereich der Brüssel IIa-VO fallen.[358] 5/117

Die **vermögensrechtlichen Rechtsverhältnisse** zwischen Eltern und Kindern unterliegen nicht Art 37 IPRG, sondern – sofern wiederum die Brüssel IIa-VO oder das KSÜ 1996 nicht angewandt werden können[359] – den allgemeinen Bestimmungen nach Art 3 ff IPRG. Die **Unterhaltspflichten** richten sich nach der EuUVO.[360] 5/118

Beispiel:

Ein minderjähriges Kind mit italienischer Staatsbürgerschaft ist Eigentümer einer in Deutschland belegenen Immobilie. Für Verfahren betreffend das Fruchtgenussrecht der Eltern an dieser Immobilie muss die Zuständigkeit der italienischen Gerichte ausgeschlossen werden, da nach Art 5 IPRG die internationale Zuständigkeit italienischer Gerichte für dingliche Klagen an im Ausland belegenen unbeweglichen Sachen nicht gegeben ist.[361]

III. Kollisionsrecht

1. Abstammung

Die **Abstammung** *(filiazione)*, also der Personenstand eines Kindes, wird grundsätzlich durch das **Heimatrecht des Kindes** bestimmt.[362] Ausnahmsweise kann sie auch an das **Heimatrecht eines Elternteils** im Zeitpunkt der Geburt anknüpfen, wenn dieses günstiger ist (Art 33 Abs 1 IPRG).[363] Dabei handelt es sich um eine Anknüpfungsleiter, die das anzuwendende Recht vom Ergebnis abhängig macht *(concorso successivo in funzione del risultato)*.[364] Das gewünschte Er- 5/119

---

354 *Mosconi/Campiglio II*[4] (2016) 183.

355 Vgl allgemein Rz 2/90 ff.

356 Die Zuständigkeit der italienischen Gerichte ist selbst dann gegeben, wenn derjenige Elternteil, der die italienische Staatsbürgerschaft besitzt oder in Italien ansässig ist, nicht persönlich am Verfahren teilnimmt. Vgl *Mosconi/Campiglio II*[4] (2016) 183; *Zanobetti* in Sesta[3] (2015) Art 37 L 31. 5. 1995, n. 218, 3131.

357 Diese sind vom Anwendungsbereich der Brüssel I-VO, der Brüssel Ia-VO (Art 1) sowie der Brüssel IIa-VO (Art 1) ausdrücklich ausgeschlossen.

358 *Zanobetti* in Sesta[3] (2015) Art 37 L 31. 5. 1995, n. 218, 3131.

359 Zur Brüssel IIa-VO und dem KSÜ 1996 vgl Rz 5/136 ff.

360 *Mosconi/Campiglio II*[4] (2016) 184; *Corbetta* in Zaccaria[3] (2016) Art 37 L 31. 5. 1995, n. 218, I, 2 und 9; *Zanobetti* in Sesta[3] (2015) Art 37 L 31. 5. 1995, n. 218, 3131. Vgl Rz 5/178 ff.

361 *Mosconi/Campiglio II*[4] (2016) 184.

362 Für eine Anwendung im Falle von Verweisen auf Mehrrechtsstaaten vgl KassGH Ziv 26. 5. 2014, Nr 11751, Foro it. 2014, I, 1738.

363 Art 33 IPRG wurde mit Art 101 Abs 1 lit a GvD 154/2013 relevanten Änderungen unterzogen.

364 *Corbetta* in Zaccaria[3] (2016) Art 33 L 31. 5. 1995, n. 218, II, 4; *Carella* in Bariatti, Riforma, Nuove leggi civ.comm. 1996, Art 33, 1186. In der Literatur wird auch die Auffassung einer Alternativanknüpfung

gebnis ist wohl in den meisten Fällen die Herstellung eines Kindschaftsverhältnisses *(favor filiationis)*,[365] kann aber auch in dessen Bestreitung liegen *(favor veritatis)*.[366] Es muss daher von Fall zu Fall festgestellt werden, welches Recht vorteilhafter ist.[367] Der Personenstand des Kindes, der aufgrund des Heimatrechts eines der Elternteile erworben wurde, kann schließlich nur nach Maßgabe dieses Rechts bestritten werden (Art 33 Abs 3 IPRG).[368]

Im Zuge der Bestimmung des Heimatrechts des Kindes scheint es problematisch, dass viele Rechtsordnungen (wie etwa auch Italien)[369] den Erwerb der Staatsbürgerschaft *iure sanguinis* von einem Eltern-Kind-Verhältnis mit einem Staatsbürger abhängig machen. Nach hL unterliegt die Vorfrage der Staatsbürgerschaft des Kindes aber nicht den Kollisionsnormen, sondern bestimmt sich nach dem materiellen Recht des betreffenden Staates. Ist die Staatsbürgerschaft geklärt, so kann an diese angeknüpft werden.[370]

5/120 Das **Abstammungsstatut** nach Art 33 Abs 2 IPRG bestimmt die Voraussetzungen und die Wirkungen, sei es für die Feststellung, sei es für die Bestreitung des Personenstands des Kindes. Darunter fallen neben den (Vaterschafts-)Vermutungen und der Vermutung der Empfängnis auch die Beweise, die Fristen für die Feststellung oder Bestreitung des Personenstandes, die Aktivlegitimation usw.[371]

5/121 Wenn das nach Art 33 IPRG ermittelte Recht die Feststellung oder die Bestreitung des Personenstandes des Kindes nicht erlaubt, ist **italienisches Recht** anzuwenden (Art 33 Abs 2 Hs 2 und Abs 3 Hs 2 IPRG).[372]

5/122 Nach Art 13 Abs 3 IPRG ist **Weiter- oder Rückverweisung** nur dann zulässig, wenn sie zur Anwendung eines Rechts führt, das die Festlegung der Kindschaft zulässt *(rinvio in favorem/ rinvio di favore)*.[373]

Dieser augenscheinliche favor filiationis durch die Anwendung von ausschließlich solchen Rechtsordnungen, die die Begründung des Personenstands eines Kindes ermöglichen, lässt sich schwer mit Art 33 IPRG ver-

---

(concorso alternativo) vertreten. Vgl *Mosconi/Campiglio II*[4] (2016) 190; *Clerici* in Bonilini famiglia IV (2016) 3770; *Tonolo* in Conetti/Tonolo/Vismara[3] (2017) 176. Zur Anknüpfungsleiter vgl Rz 1/65 ff.

365 *Clerici* in Bonilini famiglia IV (2016) 3770; *Tonolo* in Conetti/Tonolo/Vismara[3] (2017) 176; *Barel/Armellini* (2018) 199.

366 *Mosconi/Campiglio II*[4] (2016) 191.

367 *Mosconi/Campiglio II*[4] (2016) 191.

368 Wenn der Personenstand des Kindes aufgrund seines Heimatrechtes erworben wurde, dann muss er auch nach diesem Recht bestritten werden. Wenn er hingegen nach zwei oder mehreren der in Art 33 vorgesehenen Rechte erworben wurde, so muss er auch nach jedem dieser Rechte einzeln bestritten werden. Vgl *Mosconi/Campiglio II*[4] (2016) 192.

369 Art 1 G 5. 2. 1992, Nr 91.

370 *Mosconi/Campiglio II*[4] (2016) 189; *Clerici* in Bonilini famiglia IV (2016) 3770; *Barel/Armellini* (2018) 199; *Cubeddu*, Diritto internazionale privato, in Bianca, Filiazione. Commento al decreto attuativo (2014) 296.

371 *Mosconi/Campiglio II*[4] (2016) 191; *Cubeddu*, Diritto internazionale privato, in Bianca, Filiazione. Commento al decreto attuativo (2014) 297.

372 Unklar ist, ob das italienische Recht auch dann zur Anwendung kommen kann, wenn das ausländische Recht die Feststellung bzw Bestreitung der Abstammung zwar ermöglicht, aber unter erschwerten Voraussetzungen. Vgl *Tonolo* in Conetti/Tonolo/Vismara[3] (2017) 177. Vgl auch KassGH Ziv VS 7. 7. 1993, Nr 7447, Riv.dir.int.priv.proc. 1994, 597.

373 *Mosconi/Campiglio II*[4] (2016) 197 f; *Tonolo* in Conetti/Tonolo/Vismara[3] (2017) 180; *Barel/Armellini* (2018) 199. Zum *rinvio in favorem* im Allgemeinen vgl *Venturi*, Sul c.d. rinvio *in favorem* nel sistema italiano di diritto internazionale privato, Riv.dir.int.priv.proc. 1999, 543 ff.

einbaren, der nicht nur die Feststellung, sondern auch die Bestreitung der Vater- oder Mutterschaft begünstigen will.[374]

Schließlich erklärt Art 33 Abs 4 IPRG, die Bestimmungen zur **Einheitlichkeit des Personenstands** des Kindes für **zwingend anzuwenden.**[375] **5/123**

In der Folge der Abschaffung der **Legitimation** *(legittimazione)* im materiellen Familienrecht im Jahr 2012[376] kam es zum Wegfall der entsprechenden Kollisionsnorm (Art 34 IPRG).[377] **5/124**

2. Anerkennung eines Kindes

Die **Anerkennung** *(riconoscimento)* eines außerhalb der Ehe geborenen Kindes ist eine einseitige Willenserklärung der Mutter oder des Vaters, mit der das Rechtsverhältnis zwischen dem Elternteil und dem eigenen Kind begründet wird (vgl Art 250 ff ZGB).[378] Das auf die Anerkennung anzuwendende Recht ist nach Art 35 IPRG zu ermitteln. Dieser unterscheidet zwischen Anerkennungsvoraussetzungen (Art 35 Abs 1), Anerkennungsfähigkeit (Art 35 Abs 2) sowie der Form der Anerkennung (Art 35 Abs 3) und stellt somit ein klassisches Beispiel von *dépeçage* dar.[379] **5/125**

Für die **Anerkennungsvoraussetzungen** ist grundsätzlich das **Personalstatut** des Kindes **im Zeitpunkt der Geburt** maßgeblich oder – sofern es günstiger ist *(favor filiationis)* – das Heimatrecht der Person, die die Anerkennung vornimmt, zum Zeitpunkt der Anerkennung.[380] Das Gericht oder der Rechtsanwender[381] ist folglich dazu aufgerufen, das anzuwendende Recht zu wählen.[382] Als vorteilhafter gilt dabei jenes Recht, das die Begründung des Kindschaftsver- **5/126**

374 *Mosconi/Campiglio II*[4] (2016) 198.

375 Diese Bestimmung wurde mit Art 101 Abs 1 lit a GvD 154/2013 neu eingeführt. Dabei handelt es sich nicht um eigentliche Eingriffsnormen, die bereits im Voraus die Anwendung der Kollisionsnormen ausschließen. Es muss vielmehr im Nachhinein geprüft werden, ob das nach Art 33 Abs 1 und 2 bestimmte Recht dem Zweck der Gleichstellung aller Kinder, wie im materiellen italienischen Recht verankert, widerspricht. *Barel/Armellini* (2018) 198 f; *Honorati*, La nuova legge sulla filiazione e il suo impatto sul diritto internazionale privato, in V.A., Scritti in onore di Giuseppe Tesauro, 2014, 2747 f. Nach *Mosconi/Campiglio II*[4] (2016) 192; *Honorati*, La nuova legge sulla filiazione e il suo impatto sul diritto internazionale privato, in V.A., Scritti in onore di Giuseppe Tesauro, 2014, 2747 wäre es somit ratsamer gewesen, eine Sondernorm des *ordre public* einzuführen.

376 Art 1 Abs 10 G 219/2012.

377 Art 106 Abs 1 lit c GvD 154/2013. Daraus ergibt sich eine kollisionsrechtliche Lücke. Vgl *Honorati*, La nuova legge sulla filiazione e il suo impatto sul diritto internazionale privato, in V.A., Scritti in onore di Giuseppe Tesauro, 2014, 2749.

378 *Mosconi/Campiglio II*[4] (2016) 193; *Lopes Pegna*, Riforma della filiazione e diritto internazionale privato, Riv.dir.int. 2014, 410; *Barel/Armellini* (2018) 208.

379 *Mosconi/Campiglio II*[4] (2016) 196; *Barel/Armellini* (2018) 208 f. Vgl Rz 1/117 ff.

380 Die Anerkennungsvoraussetzungen umfassen die Legitimation, die Voraussetzungen, eventuelle Hindernisse und die Wirkungen der Anerkennung. Ausgeschlossen bleiben die Anfechtungsvoraussetzungen, die zur Anfechtung des Status *(contestazione)* zählen und somit in den Anwendungsbereich von Art 33 Abs 2 IPRG fallen. Vgl *Barel/Armellini* (2018) 209; *Corbetta* in Zaccaria[3] (2016) Art 35 L 31. 5. 1995, n. 218, I, 7. Strittig ist, ob es sich um eine subsidiäre Anknüpfung *(concorso sussidiario)* oder um eine alternative Anknüpfung *(concorso alternativo)* handelt. Nach *Carella* in Bariatti, Riforma, Nuove leggi civ.comm. 1996, Art 35, 1195, handelt es sich um eine subsidiäre Anknüpfung *(concorso sussidiario)*. Für die Qualifikation als alternative Anknüpfung *(concorso alternativo) Mosconi/Campiglio II*[4] (2016) 194.

381 Rechtsanwender ist in den meisten Fällen ein Standesbeamter oder Notar.

382 *Mosconi/Campiglio II*[4] (2016) 194.

hältnisses am ehesten ermöglicht.[383] Wenn keines der Rechte, auf die er verweist, die Anerkennung vorsieht, bestimmt Art 35 Abs 1 S 2 IPRG nun ausdrücklich die Anwendung des italienischen Rechts.[384]

Beispiel:

Ein marokkanischer Vater will in Italien sein Kind anerkennen. Das Kind hat die marokkanische Staatsbürgerschaft, die Mutter ist Italienerin. Nach Art 35 IPRG ist das Heimatrecht des Kindes oder des Vaters (in beiden Fällen marokkanisches Recht) maßgeblich. Das marokkanische Recht sieht die Anerkennung von außerhalb der Ehe geborenen Kindern nicht vor. Daher gilt gem Art 35 Abs 1 S 2 IPRG das italienische Recht.[385]

5/127 Die **Anerkennungsfähigkeit** *(capacità)* bestimmt sich nach dem Heimatrecht des betreffenden Elternteils zum Zeitpunkt der Anerkennung (Art 35 Abs 2 IPRG).[386]

5/128 Die **Form der Anerkennung** ist nach Art 35 Abs 3 IPRG anzuknüpfen. Dieser sieht die alternative Anwendung der *lex loci actus* und der *lex substantiae* vor.[387] Daraus ergibt sich ein klarer *favor validitatis*.[388] In Formfragen sind Weiter- und Rückverweisung ausgeschlossen (Art 13 Abs 2 lit b IPRG).

3. Gerichtliche Feststellung der Vater- oder Mutterschaft

5/129 Vor dem Hintergrund, dass der Gesetzgeber keine Kollisionsnorm für die **gerichtliche Feststellung der Mutter- oder Vaterschaft** *(dichiarazione giudiziale di maternità/paternità)* vorgesehen hat, stellte sich in der Vergangenheit das Problem der Zuordnung zur allgemeinen Norm (Art 33 IPRG) oder zur Kollisionsnorm für die Anerkennung eines Kindes (Art 35 IPRG).[389] Die praktische Bedeutung dieser Einordnung ist nach der Änderung der Kollisionsnormen im Zuge der Familienrechtsreform nicht mehr gegeben, da sich die in den beiden Normen vorgesehenen Anknüpfungskriterien nicht mehr voneinander unterscheiden.[390] Die gerichtliche Feststellung der Vater- oder Mutterschaft bestimmt sich folglich nach dem **Heimatrecht des Kindes**

---

383 *Mosconi/Campiglio II*[4] (2016) 194; *Carella* in Bariatti, Riforma, Nuove leggi civ.comm. 1996, Art 35, 1195; *Barel/Armellini* (2018) 209.

384 Für eine erste Anwendung vgl JG Milano 24. 2. 2014, Dir.fam.pers. 2014, I, 1112. In der Praxis kam man schon zuvor zu diesem Ergebnis, indem man unter Verweis auf den *ordre public* die Anwendung des ausländischen Rechts ausschloss, sofern es die Anerkennung eines Kindes nicht kannte. Vgl *Mosconi/Campiglio II*[4] (2016) 194; *Tonolo* in Conetti/Tonolo/Vismara[3] (2017) 178. Vgl ua KassGH Ziv 28. 12. 2006, Nr 27592, Foro it. 2007, I, 1789; KassGH Ziv 8. 3. 1999, Nr 1951, Riv.dir.int.priv.proc. 2000, 130. Der *ordre public* kann jedoch weiterhin zur Anwendung kommen, wenn das anzuwendende ausländische Recht die Anerkennung zu sehr erschwert. Vgl *Clerici* in Bonilini famiglia IV (2016) 3776 f; *Lopes Pegna*, Riforma della filiazione e diritto internazionale privato, Riv.dir.int. 2014, 411.

385 Vgl auch KassGH Ziv 8. 3. 1999, Nr 1951, Riv.dir.int.priv.proc. 2000, 130 bezüglich der gerichtlichen Feststellung der Vaterschaft.

386 *Barel/Armellini* (2018) 209.

387 *Campiglio*, Riforma, Riv.dir.int.priv.proc. 1996, Art 35, 1094.

388 *Clerici* in Bonilini famiglia IV (2016) 3777.

389 Die hL ordnete sie in den Anwendungsbereich von Art 35 IPRG ein. Zum einen hatte dies den Vorteil, dass mehrere alternative Anknüpfungen möglich waren, die Art 33 aF nicht zuließ. Zum anderen berief man sich darauf, dass es sich um eine außereheliche Kindschaft handle und sich daher Art 35 IPRG besser eignen würde. Vgl *Clerici* in Bonilini famiglia IV (2016) 3771; *Mosconi/Campiglio II*[4] (2016) 196; *Carella* in Bariatti, Riforma, Nuove leggi civ.comm. 1996, Art 35, 1194 f. Dagegen *Barel/Armellini* (2018) 208.

390 *Mosconi/Campiglio II*[4] (2016) 196 f. Für die Anwendung von Art 33 IPRG *Clerici* in Bonilini famiglia IV (2016) 3770.

oder **nach dem Heimatrecht eines Elternteils**, sofern dieses günstiger ist. Sollte eine Feststellung der Vater- oder Mutterschaft nach dem so ermittelten Recht nicht möglich sein, findet schließlich italienisches Recht Anwendung.[391]

Ausländisches Recht, das die Klagelegitimation für die Feststellung der Vater- und Mutterschaft nur dem Kind persönlich, nicht aber auf dessen gesetzlichen Vertreter *(rappresentante legale)* überträgt, ist *ordre public*-widrig.[392] Ebenso ist die Verjährung der Klage ohne Möglichkeit für das Kind, sie nach Erlangen der Volljährigkeit anzustreben, mit den Grundsätzen der italienischen Rechtsordnung nicht vereinbar.[393]

IV. Anerkennung von Entscheidungen

Für die Anerkennung ausländischer Entscheidungen zur **Feststellung und Anfechtung des Eltern-Kind-Verhältnisses** *(accertamento e contestazione del rapporto di filiazione)* gelten die allgemeinen Anerkennungsregeln nach Art 64 ff IPRG.[394] Für die Anerkennung ausländischer Verfügungen, die sich auf das Bestehen von familienrechtlichen Rechtsverhältnissen beziehen, kommt va Art 65 IPRG in Betracht.[395] Ausländische Verfügungen sind danach in Italien **automatisch wirksam**. Voraussetzung dafür ist, dass sie von den Behörden oder Gerichten eines Staates erlassen wurden, auf dessen Recht die italienischen Kollisionsnormen verweisen und welches ein italienisches Gericht demnach angewandt hätte, hätte es die Sache selbst entschieden. Dasselbe gilt für den Fall, dass die Verfügungen in dem genannten Staat Wirkung erzeugen, selbst wenn sie in einem anderen Staat erlassen wurden. Verfügungen, die hingegen in einem anderen Staat erlassen wurden, können nach Art 64 IPRG anerkannt werden.[396] **5/130**

Die Brüssel IIa-VO ist zwar für Entscheidungen zur Feststellung und Anfechtung des Eltern-Kind-Verhältnisses nicht anwendbar,[397] dennoch lässt sich festhalten, dass sich zum Zwecke der Verwirklichung des gemeinsamen Binnenmarktes und der Personenfreizügigkeit innerhalb des europäischen Raums der **Grundsatz der automatischen Anerkennung des** persönlichen und familienrechtlichen **Personenstandes** unter den Mitgliedstaaten verfestigt hat.[398] **5/131**

391 *Clerici* in Bonilini famiglia IV (2016) 3770 f.

392 KassGH Ziv 21. 3. 1990, Nr 2350, Riv.dir.int.priv.proc. 1991, 734.

393 KassGH Ziv VS 7. 7. 1993, Nr 7447, Riv.dir.int.priv.proc. 1994, 597; EGMR 20. 12. 2007, 23890/02, Phinikaridou v Zypern, http://hudoc.echr.coe.int/eng?i=001-84106 (letzter Besuch: 28. 6. 2019).

394 Vgl Rz 2/108 f.

395 *Mosconi/Campiglio II*[4] (2016) 198; *Barel/Armellini* (2018) 207; *Zanobetti* in Sesta[3] (2015) Art 33 L 31. 5. 1995, n. 218, 3123.

396 *Mosconi/Campiglio II*[4] (2016) 198 f.

397 Auch die Brüssel I-VO und die Brüssel Ia-VO (Art 1) schließen Entscheidungen zur Feststellung und Anfechtung des Eltern-Kind-Verhältnisses von ihrem Anwendungsbereich aus. Ebenso ist das KSÜ 1996 auf die Feststellung und Anfechtung des Eltern-Kind-Verhältnisses nicht anzuwenden (Art 4 Abs 1 lit a KSÜ 1996).

398 *Mosconi/Campiglio II*[4] (2016) 199. Vgl insb EuGH, ECLI:EU:C:1997:579, Dafeki v Landesversicherungsanstalt Württemberg. In der italienischen Rsp vgl OLG Bari 13. 2. 2009, Giur. merito 2010, 349.

V. Fremdinsemination und Leihmutterschaft

5/132 In **Italien verbietet** das G 19. 2. 2004, Nr 40 über die künstliche Befruchtung *(fecondazione artificiale)*[399] die **Fremdinsemination** *(fecondazione eterologa)*, also die künstliche Befruchtung mit fremden Ei- oder Samenzellen,[400] sowie die **Leihmutterschaft** *(maternità surrogata)*.[401] Zumal viele Paare zur Umgehung dieser Verbote ins Ausland gehen, wird häufig der Begriff **Fortpflanzungstourismus** *(turismo procreativo)* oder Fortpflanzungsexil *(esilio riproduttivo)* verwendet.[402]

5/133 Geht ein Paar ins Ausland, um dort einen **Leihmutterschafts**vertrag zu schließen, ist bei dessen Rückkehr die **Anerkennung** des Kindschaftsverhältnisses[403] bzw die **Eintragung** *(trascrizione)* der im Ausland errichteten Geburtsurkunde *(atto di nascita)* häufig problematisch.[404]

Der Standesbeamte muss nach Art 18 StandesamtsO die Eintragung der ausländischen Urkunde verweigern, wenn sie mit dem *ordre public* unvereinbar ist. Ausländische Staatsbürger, die ihren gewöhnlichen Aufenthalt *(residenza)* in Italien haben, können die Eintragung von ausländischen Urkunden in die italienischen Personenstandsregister beantragen. Zu diesem Zweck müssen sie eine italienische Übersetzung und – sofern vorgeschrieben – die Legalisation *(legalizzazione)* von Seiten der ausländischen Behörden vorlegen (Art 19 StandesamtsO).[405]

---

399 Zum G 19. 2. 2004, Nr 40 im Allgemeinen vgl *Villani* in Zaccaria[3] (2016) L 19. 2. 2004, n. 40.

400 Seit dem Urteil des VfGH im Jahr 2014 ist die künstliche Befruchtung mit fremden Ei- oder Samenzellen *(fecondazione eterologa*; Art 4 Abs 3 G 19. 2. 2004, Nr 40) für solche Paare zulässig, die an absoluter und irreversibler Sterilität oder Infertilität leiden. VfGH 10. 6. 2014, Nr 162, Dir.fam.pers. 2014, I, 1289. Die künstliche Befruchtung ist nur für verheiratete oder in einer Partnerschaft lebende volljährige Erwachsene unterschiedlichen Geschlechts zulässig, die sich im potentiell fruchtbaren Alter befinden (Art 5 G 19. 2. 2004, Nr 40).

401 Art 12 Abs 6 G 19. 2. 2004, Nr 40. Die Leihmutterschaft wird meist in einem Vertrag geregelt, mit dem sich eine Frau (mit oder ohne finanzielle Gegenleistung) dazu verpflichtet, ein Kind für ein Paar auszutragen, das selbst keine Kinder bekommen kann, und es diesen sog sozialen Eltern *(intended parents)* nach der Geburt zu übergeben. Zu den Bestrebungen einer internationalen Regelung vgl das *Parentage/Surrogacy Project* der Haager Konferenz für Internationales Privatrecht https://www.hcch.net/de/projects/legislative-projects/parentage-surrogacy (letzter Besuch: 28. 6. 2019).

402 Vgl *Campiglio*, Norme italiane sulla procreazione assistita e parametri internazionali: il ruolo creativo della giurisprudenza, Riv.dir.int.priv.proc. 2014, 2014, 483; *Clerici* in Bonilini famiglia IV (2016) 3779; *Tonolo*, La trascrizione degli atti di nascita derivanti da maternità surrogata: ordine pubblico e interesse del minore, Riv.dir.int.priv.proc. 2014, 82; *Winkler*, Senza identità: il caso Paradiso e Campanelli c. Italia, GenIUS 2015, 245, insb Fn 12.

403 Die Frage nach dem Personenstand des Kindes richtet sich nach Art 33 IPRG. *Barel/Armellini* (2018) 202. Vgl auch LG Varese 8. 10. 2014, Riv.dir.int.priv.proc. 2015, 415.

404 *Barel/Armellini* (2018) 202 ff; *Tonolo* in Conetti/Tonolo/Vismara[3] (2017) 180. Zur kollisionsrechtlichen Qualifikation der Leihmutterschaft als Eltern-Kind-Verhältnis vgl *Barel/Armellini* (2018) 202. Die strafrechtliche Verfolgung von Eltern ua wegen Veränderung des Personenstandes eines Kindes *(alterazione dello stato)* nach Art 567 Abs 1 StGB wurde in den meisten Fällen ausgeschlossen. Vgl ua KassGH, 5. 4. 2016, Nr 13525, Dir.fam.pers. 2016, 1035; LG Trieste 4. 10. 2013, Riv.dir.int.priv.proc. 2014, 154; LG Milano 13. 1. 2014, Riv.dir.int.priv.proc. 2014, 157; LG Milano 13. 1. 2013, Foro it. 2014, II, 371; dagegen LG Brescia 26. 11. 2013, Riv.it.dir.proc.pen. 2015, I, 412.

405 Vgl im Allgemeinen *Tonolo*, La trascrizione degli atti di nascita derivanti da maternità surrogata: ordine pubblico e interesse del minore, Riv.dir.int.priv.proc. 2014, 81 ff. Für die Legalisation ausländischer Urkunden relevant sind für Italien das Haager Übereinkommen zur Befreiung ausländischer öffentlicher Urkunden von der Beglaubigung vom 5. 10. 1961, das Europäische Übereinkommen von London vom 7. 6. 1968 zur Befreiung der von diplomatischen oder konsularischen Vertretern errichteten Urkunden von der Beglaubigung, das Brüsseler Übereinkommen zur Befreiung von Urkunden von der Legalisation vom 25. 5.

In diesem Zusammenhang stellt sich die Frage, ob die Eintragung von ausländischen Geburtsurkunden, die in Umgehung des Verbots der Leihmutterschaft errichtet wurden, *ordre public*-widrig ist. In der jüngsten Rsp der Tatsachengerichte wurde die **Eintragung** solcher Geburtsurkunden mit Verweis auf das Kindesinteresse **zugelassen** und eine Verletzung des *ordre public* ausgeschlossen. Zunächst wurde vorausgesetzt, dass ein Elternteil auch biologischer Elternteil des Kindes ist.[406] Diese Auffassung teilt auch der EGMR.[407] Dabei war nur die Eintragung jenes Elternteils möglich, von dem das Kind biologisch abstammt.[408] Der andere (nicht biologische) Elternteil konnte dann über eine Adoption in besonderen Fällen nach Art 44 AdoptionsG eine rechtliche Beziehung zu dem Kind herstellen.[409] Zuletzt wurde auch eine Eintragung beider Elternteile als *ordre public*-konform gewertet.[410] Dieser Praxis setzten die VS des KassGH allerdings ein Ende und hielten fest, dass die Eintragung einer ausländischen Verfügung, mit der die Elternschaft des nicht biologischen Elternteils festgestellt wurde, *ordre public*-widrig ist. Genanntem Elternteil bleibt somit weiterhin einzig die Adoption in besonderen Fällen.[411] Bei fehlenden genetischen Verbindungen zwischen beiden sozialen Eltern und 5/134

1987 sowie zahlreiche bilaterale Abkommen, ua mit Deutschland (Vertrag zwischen der Bundesrepublik Deutschland und der Italienischen Republik über den Verzicht auf die Legalisation von Urkunden vom 7. 6. 1969) und Österreich (Vertrag zwischen der Republik Österreich und der Italienischen Republik über den Entfall der Beglaubigung, die Übermittlung von Personenstandsurkunden und die Vereinfachung der der Eheschließung vorangehenden Förmlichkeiten vom 29. 3. 1990).

406 EGMR 26. 6. 2014, 65941/11, Labassee v Frankreich, Resp.civ.prev. 2014, 2041; EGMR 26.6.2014, 65192/11, Mennesson v Frankreich, Foro it. 2014, IV, 561. In Italien vgl ua KassGH Ziv 11. 11. 2014, Nr 24001, GiustiziaCivile.com 2015, 29. 6. 2015. Für die Möglichkeit der Eintragung der Vaterschaft des nicht biologischen Vaters OLG Trento 23. 2. 2017, Foro it. 2017, I, 103 in einem Fall von zwei Vätern, die im Ausland eine Leihmutter mit der Austragung ihrer beiden Kinder beauftragt hatten, wobei einer der beiden Väter durch eine Samenzellenspende auch biologischer Vater des Kindes war. IdS schon KassGH Ziv 30. 9. 2016, Nr 19599, Foro it. 2016, I, 3329; OLG Bari 13. 2. 2009, Giur. merito 2010, 349. Das Verbot der Eintragung des nicht biologischen Elternteils wurde von KassGH Ziv VS 8. 5. 2019, Nr 12193, www.dejure.it, bestätigt. Vgl ausführlich Fn 411.

407 EGMR 26. 6. 2014, 65192/11, Mennesson v Frankreich, Foro it. 2014, IV, 561. Vgl aber auch EGMR 27. 1. 2015, 25358/12 und Große Kammer des EGMR 24. 1. 2017, 25358/12, Paradiso und Campanelli v Italy, Foro it. 2015, IV, 117 und Foro it. 2017, IV, 105. In diesem Fall hatten zwei italienische Staatsbürger in Russland einen Leihmutterschaftsvertrag abgeschlossen, wobei das von der Leihmutter geborene Kind weder zum Vater noch zur Mutter eine genetische Verbindung aufwies. Nach Rückkehr des Paares nach Italien wurde ihm das Kind entzogen und in einer Pflegefamilie untergebracht. Der EGMR entschied noch im Jahr 2015, dass es sich dabei um eine zu harte Maßnahme handelte, da das Kindeswohl über dem *ordre public* stehen müsse, und stellte eine Verletzung von Art 8 EMRK fest. Zwei Jahre später änderte das Gericht seine Auffassung. Die Große Kammer hielt die Maßnahme hingegen für verhältnismäßig. Ein nur kurzes *de facto* Zusammenleben als Familie reiche demnach nicht aus, um eine ausreichend starke Verbindung zum Kind herzustellen, die der Staat respektieren müsste. Der EuGH versagte hingegen in einem Fall von Leihmutterschaft das Recht der sozialen Mutter auf Mutterschaftsurlaub *(congedo di maternità)*. Vgl EuGH, ECLI:EU:C:2014:169, C.D. v S.T. und EuGH, ECLI:EU:C:2014:159, Z. v A Government department and The Board of management of a community school. Vgl dazu insb *Campiglio*, Il diritto dell'Unione europea si confronta con la maternità su commissione, Nuova giur.civ.comm. 2014, I, 763 ff.

408 Vgl ua LG Forlì 25. 11. 2011, Dir. famiglia 2013, 532; LG Milano 15. 10. 2013, Riv.dir.int.priv.proc. 2014, 157.

409 *Barel/Armellini* (2018) 206; JG Roma 30. 7. 2014, Dir.fam.pers. 2015, 1333; JG Roma 30. 12. 2015, Dir.fam. pers. 2016, 557. Vgl Rz 5/163 ff.

410 LG Roma 11. 5. 2018, Foro it. 2018, I, 2884; LG Livorno 12. 12. 2017, Foro it. 2018, I, 1039; OLG Milano 28. 12. 2016, Nr 3390, Foro it. 2017, I, 722 ff.

411 Anlass gab der Fall zweier männlicher Ehegatten, deren Kinder in Kanada von einer Leihmutter ausgetragen und geboren wurden. Ein Ehegatte ist Samenspender und somit biologischer Vater der Kinder. Das OLG

dem von der Leihmutter ausgetragenen und geborenen Kind steht hingegen der *ordre public* einer Eintragung im Weg.[412]

5/135 Die Eintragung von im Ausland errichteten Geburtsurkunden von Kindern, die mittels **Fremdinsemination** gezeugt wurden, ist laut neuester Rsp zulässig.[413] Das Verbot der Fremdinsemination stellt somit keinen *ordre public*-Grundsatz dar.[414]

Beispiel:

Eine Italienerin und eine Spanierin gehen nach Spanien, um dort eine künstliche Befruchtung durchführen zu lassen. Eine der beiden spendet ihre Eizelle, die andere trägt das Kind aus. Nach ihrer Rückkehr wollen sie die Geburtsurkunde ihres Kindes in Italien eintragen lassen. Die Eintragung ist zulässig.[415]

Trento 23. 2. 2017, Dir.fam.pers. 2017, I, 364 hatte die kanadische Entscheidung als *ordre public*-konform erklärt, in der die Vaterschaft des Partners des biologischen Vaters der Kinder festgestellt worden war. Der Fall wurde mit Beschluss KassGH Ziv 22. 2. 2018, Nr 4382, Foro it. 2018, I, 782 den Vereinigten Senaten übertragen, die mit Urteil KassGH Ziv VS 8. 5. 2019, Nr 12193, www.dejure.it, entschieden. Zu diesem Fall ausführlich *Salanitro*, Quale ordine pubblico secondo le Sezioni Unite? Tra omogenitorialità e surrogazione, all'insegna della continuità, Giustiziacivile.com 2019, 29. 5. 2019; *Casaburi*, Anm zu KassGH Ziv 22. 2. 2018, Nr 4385, Foro it. 2018, I, 791 ff; *Barba*, Note minime sull'ordine pubblico internazionale, www.articolo29.it/wp-content/uploads/2018/07/1-Barba.pdf (letzter Besuch: 28. 6. 2019); *Cardaci*, Questioni processuali in materia di riconoscimento dell'efficacia della sentenza straniera ex art. 67 l. n. 218/1995, www.articolo29.it/wp-content/uploads/2018/07/2-Cardaci-1-4.pdf (letzter Besuch: 28. 6. 2019); *Dogliotti*, Davanti alle sezioni unite della cassazione i „due padri" e l'ordine pubblico. Un'ordinanza di rimessione assai discutibile, www.articolo29.it/wp-content/uploads/2018/08/3-dogliotti.pdf (letzter Besuch: 28. 6. 2019); *Venuti*, La condizione giuridica dei bambini nati da gestazione per una coppia di uomini, www.articolo29.it/wp-content/uploads/2018/08/4-Venuti.pdf (letzter Besuch: 28. 6. 2019); *Sassi/Stefanelli*, Ordine pubblico differenziato e diritto allo stato di figlio nella g.p.a., www.articolo29.it/wp-content/uploads/2018/09/5-Sassi-Stefanelli.pdf (letzter Besuch: 28. 6. 2019); *Izzo*, L'ordine pubblico come requisito di legittimazione passiva all'azione di riconoscimento del dictum straniero in materia di status, www.articolo29.it/wp-content/uploads/2018/10/6-Izzo.pdf (letzter Besuch: 28. 6. 2019); *Tonolo*, Ordine pubblico internazionale e atti di nascita stranieri in caso di gravidanza per altre, www.articolo29.it/wp-content/uploads/2018/10/7-Tonolo.pdf (letzter Besuch: 28. 6. 2019); *Casaburi*, Riflessioni estemporanee su azioni di stato, nuova genitorialità, tutela del minore, *en attendant* le SS. UU. del 6 novembre 2018, www.articolo29.it/wp-content/uploads/2018/11/8-casaburi.pdf (letzter Besuch: 28. 6. 2019).

412 KassGH Ziv, 11. 11. 2014, Nr 24001, Foro it. 2014, 3408; LG Forlì 25. 11. 2011, Dir. famiglia 2013, 532; JG Milano 19. 10. 2012, Dir. famiglia 2013, 989. Vgl auch *Villani* in Zaccaria[3] (2016) Art 12 L 19. 2. 2004, n. 40, X, 1.

413 KassGH Ziv 15. 6. 2017, Nr 14878, Guid.dir. 2017, 28, 51; KassGH Ziv 30. 9. 2016, Nr 19599, Guid.dir. 2016, 44, 39; OLG Perugia 7. 8. 2018, www.articolo29.it/wp-content/uploads/2018/08/Perugia-anonimo-DEF.pdf (letzter Besuch: 28. 6. 2019); LG Bologna, 6. 7. 2018, www.articolo29.it/wp-content/uploads/2018/07/Decreto-Trib-Bologna-06.07.2018.pdf (letzter Besuch: 28. 6. 2019); LG Pistoia 5. 7. 2018, www.articolo29.it/wp-content/uploads/2018/07/decreto-pistoia-due-mamme-L-40-2004.pdf (letzter Besuch: 28. 6. 2019); OLG Torino, 29. 10. 2014, Guid.dir. 2015, 5, 15; OLG Torino 4. 12. 2014, Foro it. 2015, I, 1078.

414 *Barel/Armellini* (2018) 203.

415 LG Perugia 26. 3. 2018, Foro it. 2018, I, 1948; OLG Torino 29. 10. 2014, Guid.dir. 2015, 5, 15; OLG Torino 4. 12. 2014, Foro it. 2015, I, 1078 und KassGH Ziv 30. 9. 2016, Nr 19599, Guid.dir. 2016, 44, 39.

J. Elterliche Verantwortung und Rechtsverhältnisse zwischen Eltern und Kindern

Literatur:

Mosconi/Campiglio II[4] (2016) 183 ff; *Barel/Armellini* (2018) 210 ff; *Ballarino*[8] (2016) 207 ff; *Clerici* in Bonilini famiglia IV (2016) 3761 ff; *Honorati*, La nuova legge sulla filiazione e il suo impatto sul diritto internazionale privato in V.A., Scritti in onore di Giuseppe Tesauro (2014) 2727 ff; *Campiglio*, Riforma, Riv.dir.int.priv.proc. 1996, Art 33–37, 1082 ff; *Campiglio*, Il rapporto di filiazione nel diritto internazionale privato italiano: il momento costitutivo (1990); *Carella* in Bariatti, Riforma, Nuove leggi civ.comm. 1996, Art 33–37, 1184 ff; *Corbetta* in Zaccaria[3] (2016) Art 33–37 L 31. 5. 1995, n. 218; *Queirolo/Carpaneto* in Preite I (2011) 913 ff; *Baruffi/Ricci/Castelletti/Tomasi* in Zaccaria[3] (2016) Regolamento (CE) 27 novembre 2003, n. 2201/2003; *Zanobetti* in Sesta[3] (2015) Art 33–37 L 31. 5. 1995, n. 218, 3117 ff; *Bernardini*, Filiazione (dir. internaz. priv.), Enc.dir. (1968) 488 ff; *Baruffi*, Il diritto di visita nel diritto internazionale privato e comunitario (2005); *Tonolo* in Conetti/Tonolo/Vismara[3] (2017) 169 ff; *Figone/Ravot*, Responsabilità genitoriale (2016).

I. Internationale Zuständigkeit

In Verfahren betreffend die elterliche Verantwortung, dh die persönlichen und vermögens- 5/136
rechtlichen Rechtsverhältnisse zwischen Eltern und Kindern,[416] werden die Zuständigkeitsnormen des IPRG[417] für Kinder, die ihren gewöhnlichen Aufenthalt *(residenza abituale)* in einem EU-Mitgliedstaat haben, von der **Brüssel IIa-VO** verdrängt.[418] Sie gilt für alle Streitigkeiten betreffend die Zuweisung, die Ausübung, die Übertragung und die vollständige oder teilweise Entziehung der **elterlichen Verantwortung** (Art 1 Abs 1 lit b Brüssel IIa-VO). Art 1 Abs 2 enthält eine nicht abschließende Aufzählung von Fragen, die in den **sachlichen Anwendungsbereich** der Brüssel IIa-VO fallen.[419] **Ausgeschlossen** sind hingegen ua die Feststellung und die Anfechtung des Eltern-Kind-Verhältnisses,[420] die Unterhaltspflichten[421] und das Namensrecht (Art 1 Abs 3).[422]

416 Die Brüssel IIa-VO versteht unter dem Begriff elterliche Verantwortung die Rechte und Pflichten, die einer natürlichen oder juristischen Person durch Entscheidung oder kraft Gesetzes oder durch eine rechtlich verbindliche Vereinbarung betreffend die Person oder das Vermögen eines Kindes übertragen wurden. Die elterliche Verantwortung umfasst insbesondere das Sorge- und das Umgangsrecht (Art 2 Abs 1 Nr 7 Brüssel IIa-VO).

417 Art 3, 9 und 37 IPRG.

418 *Mosconi/Campiglio II*[4] (2016) 184. Die Brüssel IIa-VO gilt für alle Zuständigkeitskonflikte zwischen EU-Mitgliedstaaten mit Ausnahme von Dänemark. Vgl Rz 5/82 ff. Zur Zuständigkeit nach der Brüssel IIa-VO im Allgemeinen vgl *Carpaneto*, Giurisdizione in materia di responsabilità genitoriale: il regolamento n. 2201/2003, in Cagnazzo/Preite/Tagliaferri, Il nuovo diritto di famiglia IV (2015) 921 ff; *Figone/Ravot*, Responsabilità genitoriale (2016) 311 ff.

419 Dazu zählen a) das Sorgerecht und das Umgangsrecht, b) die Vormundschaft, die Pflegschaft und entsprechende Rechtsinstitute, c) die Bestimmung und der Aufgabenbereich jeder Person oder Stelle, die für das Kind und dessen Vermögen verantwortlich ist, es vertritt oder ihm beisteht, d) die Unterbringung des Kindes in einer Pflegefamilie oder einem Heim, und e) die Maßnahmen zum Schutz des Kindes im Zusammenhang mit der Verwaltung und Erhaltung seines Vermögens oder der Verfügung darüber. Vgl *Mosconi/Campiglio II*[4] (2016) 184. Vgl auch EuGH, ECLI:EU:C:2007:714; EuGH, ECLI:EU:C:2009:225.

420 Vgl dazu Rz 5/111 ff.

421 Vgl dazu Rz 5/178 ff.

422 Vgl dazu Rz 3/31 ff.

5/137 Die **allgemeine Zuständigkeit** nach der Brüssel IIa-VO für Verfahren betreffend die elterliche Verantwortung liegt bei den Gerichten des Mitgliedstaates, in dem das Kind zum Zeitpunkt der Antragstellung seinen **gewöhnlichen Aufenthalt** *(residenza abituale)* hat (Art 8).[423] Für Kinder, deren gewöhnlicher Aufenthalt nicht festgestellt werden kann, wie etwa bei Flüchtlingskindern oder Kindern, die aufgrund von Unruhen in ihrem Land vertrieben wurden, begründet deren bloße Anwesenheit im Staatsgebiet die **Notzuständigkeit** nach Art 13.[424]

5/138 Zudem ist eine **Ausdehnung der Zuständigkeit** *(proroga di competenza)* möglich.[425] Dh, die Ehegatten können die Zuständigkeit der Gerichte, die über ihre Ehe entscheiden (Ehescheidung, Trennung ohne Auflösung des Ehebandes oder Ungültigerklärung),[426] auch für die Fragen der elterlichen Verantwortung anerkennen, sofern dies dem Kindeswohl entspricht (Art 12 Abs 1).[427] Die Gerichte eines Mitgliedstaates sind darüber hinaus auch dann zuständig, wenn eine wesentliche Bindung des Kindes zu diesem Mitgliedstaat besteht, die Parteien des Verfahrens (*ie* die Inhaber der elterlichen Verantwortung) die Zuständigkeit anerkannt haben und diese im Einklang mit dem Wohl des Kindes steht (Art 12 Abs 3). Dabei hat das Gericht zu prüfen, ob die Ausdehnung der Zuständigkeit im konkreten Fall dem Kindeswohl entspricht.[428]

Beispiel:

Ein minderjähriges Kind mit griechischer und italienischer Staatsbürgerschaft hat seinen gewöhnlichen Aufenthalt in Griechenland. Die Mutter ist italienische Staatsbürgerin und Eigentümerin von beweglichen und unbeweglichen Sachen, die sich vorwiegend in Italien befinden. Nach dem Tod der Mutter beantragt der Vater für sein Kind die Annahme der Erbschaft der Mutter mit Vorbehalt der Inventarerrichtung und wendet sich hierfür an ein italienisches Gericht. Die Zuständigkeit der italienischen Gerichte ist nach Art 12 Abs 3 Brüssel IIa-VO gegeben.[429]

5/139 Sollte sich keine Zuständigkeit eines Gerichts eines Mitgliedstaates nach Art 8–13 ergeben, so bestimmt sich die Zuständigkeit in jedem Mitgliedstaat nach dem Recht dieses Staates (**Restzuständigkeit**; Art 14).[430] Eine innovative Sonderregel schließt die Auflistung der Zustän-

---

423 Der Begriff ist autonom nach EU-Recht auszulegen. Zur Bestimmung des Ortes des gewöhnlichen Aufenthaltes vgl *Carpaneto*, Giurisdizione in materia di responsabilità genitoriale: il regolamento n. 2201/2003, in Cagnazzo/Preite/Tagliaferri, Il nuovo diritto di famiglia IV (2015) 927 ff; *Baruffi* in Zaccaria[3] (2016) Art 8–9 Regolamento (CE) 27 novembre 2003, n. 2201/2003, I, 2-11. In der Anwendung vgl KassGH Ziv VS 10. 2. 2017, Nr 3555, Dir.fam.pers. 2017, I, 1191; KassGH Ziv VS 18. 3. 2016, Nr 5418, Riv.dir.int.priv.proc. 2017, 105; KassGH Ziv VS 13. 2. 2012, Nr 1984, Giust.civ. 2012, I, 915; KassGH Ziv 11. 1. 2006, Nr 397, Giust.civ. 2007, I, 716. Art 9–11 Brüssel IIa-VO enthalten besondere Bestimmungen für den Fall des Umzugs *(trasferimento)*, der Kindesentführung *(sottrazione)* sowie für die Rückgabe *(ritorno)* des Minderjährigen.

424 *Carpaneto*, Giurisdizione in materia di responsabilità genitoriale: il regolamento n. 2201/2003, in Cagnazzo/Preite/Tagliaferri, Il nuovo diritto di famiglia IV (2015) 940 ff.

425 Vgl dazu *Marino*, La portata della proroga del foro nelle controversie sulla responsabilità genitoriale, Riv.dir.int.priv.proc. 2015, 349 ff; *Carpaneto*, Giurisdizione in materia di responsabilità genitoriale: il regolamento n. 2201/2003, in Cagnazzo/Preite/Tagliaferri, Il nuovo diritto di famiglia IV (2015) 931 ff.

426 Vgl Rz 5/78.

427 Die Nichteinwendung der Unzuständigkeit für das Trennungsverfahren kann jedoch nicht als Zustimmung zur Ausdehnung der Zuständigkeit gewertet werden. Vgl KassGH Ziv VS 30. 12. 2011, Nr 30646, Mass.Giust.civ. 2011, 1925.

428 EuGH, ECLI:EU:C:2014:2246, E. v B.; EuGH, ECLI:EU:C:2014:2364, L. v M.

429 LG Brindisi 1. 8. 2006, Riv. notariato 2006, 206 ff.

430 Für Italien bestimmt sich diese Restzuständigkeit über Art 37 und 42 IPRG. Vgl *Carpaneto*, Giurisdizione in materia di responsabilità genitoriale: il regolamento n. 2201/2003, in Cagnazzo/Preite/Tagliaferri, Il

digkeitsnormen in der Brüssel IIa-VO ab. Diese sieht vor, dass in Ausnahmefällen und unter der Voraussetzung, dass dies dem Kindeswohl entspricht, das zuständige Gericht den Fall an ein Gericht eines anderen Mitgliedstaates **verweisen** kann, das den Fall besser beurteilen kann (Art 15 Brüssel IIa-VO).[431]

Auch das **KSÜ 1996** enthält Bestimmungen über die Zuständigkeit in Fällen, in denen die **Schutzmaßnahmen zugunsten des Kindes** mit der elterlichen Verantwortung zusammenhängen. Dazu zählen etwa Sorgerechtsstreitigkeiten, Besuchsrechte sowie Änderung der Bedingungen der Ausübung und Entziehung der elterlichen Verantwortung (Art 3 und 18 KSÜ 1996).[432] Allerdings geht die Brüssel IIa-VO dem KSÜ 1996 vor, wenn das betreffende Kind seinen gewöhnlichen Aufenthalt im Hoheitsgebiet eines Mitgliedstaats hat (Art 61 Brüssel IIa-VO).[433] Auch das KSÜ 1996 zielt auf den gewöhnlichen Aufenthalt *(residenza abituale)* des Kindes ab, um die zuständige Behörde für Maßnahmen zum Schutz der Person oder des Vermögens des Kindes festzulegen (Art 5 KSÜ 1996).[434] 5/140

II. Anwendbares Recht

1. Autonomes Kollisionsrecht

Für die elterliche Verantwortung *(responsabilità genitoriale)* und die persönlichen und vermögensrechtlichen Rechtsverhältnisse zwischen Eltern und Kindern *(rapporti tra genitori e figli)* zielt Art 36 IPRG auf die ***lex patriae* des Kindes** ab.[435] 5/141

Der Anwendungsbereich der Bestimmung umfasst insbesondere die Rechte und Pflichten, die mit der elterlichen Verantwortung verbunden sind, wie etwa die Pflicht zum Zusammenleben *(convivenza)*, zur Erziehung und Ausbildung *(educazione e istruzione)* und zum moralischen und materiellen Beistand *(assistenza morale e materiale)*, sowie das Fruchtgenussrecht der Eltern über das Vermögen des Kindes *(usufrutto legale)*.[436] Daneben richtet sich auch das Namensrecht des Kindes nach Art 36 IPRG,[437] da es nicht in den Anwendungsbereich des

---

nuovo diritto di famiglia IV (2015) 946 ff; *Baruffi* in Zaccaria³ (2016) Art 12–15 Regolamento (CE) 27 novembre 2003, n. 2201/2003, II, 2; *Zanobetti* in Sesta³ (2015) Art 42 L 31. 5. 1995, n. 218, 3224.

431 *Carpaneto*, Giurisdizione in materia di responsabilità genitoriale: il regolamento n. 2201/2003, in Cagnazzo/Preite/Tagliaferri, Il nuovo diritto di famiglia IV (2015) 936 ff. Die Verweisung kann auf Antrag einer der Parteien, von Amts wegen oder auf Antrag des Gerichts eines anderen Mitgliedstaats erfolgen, zu dem das Kind eine besondere Bindung hat (Art 15 Abs 2 Brüssel IIa-VO).

432 *Barel/Armellini* (2018) 196.

433 Zum Verhältnis der Brüssel IIa-VO zum MSA 1961 und dem KSÜ 1996 vgl *Carpaneto*, La convenzione dell'Aja del 1996 sulla protezione dei bambini, in Cagnazzo/Preite/Tagliaferri, Il nuovo diritto di famiglia IV (2015) 963 ff.

434 *Mosconi/Campiglio II*⁴ (2016) 185.

435 Zum Problem der Doppelstaatsbürgerschaft vgl *Carella* in Bariatti, Riforma, Nuove leggi civ.comm. 1996, Art 36, 1197. Vor dem IPRG 1995 zielte Art 20 VorG hingegen einzig auf das Heimatrecht des Vaters ab. Der VfGH 10. 12. 1987, Nr 477, Giust.civ. 1988, I, 314 erklärte die Verfassungswidrigkeit dieser Bestimmung unter Verweis auf den Widerspruch zum Grundsatz der Gleichheit der Elternteile.

436 *Carella* in Bariatti, Riforma, Nuove leggi civ.comm. 1996, Art 36, 1198; *Vitta II* (1973) 406; *Corbetta* in Zaccaria³ (2016) Art 36 L 31. 5. 1995, n. 218, I, 5; *Zanobetti* in Sesta³ (2015) Art 36–36bis L 31. 5. 1995, n. 218, 3128; *Campiglio* in Collura/Lenti/Mantovani, Trattato di diritto di famiglia II² (2012) 755. Aufgrund des Ausschlusses in Art 51 Abs 2 IPRG richtet sich auch das Fruchtgenussrecht auf im Ausland belegene Immobilien nach Art 36 IPRG. Vgl *Carella* in Bariatti, Riforma, Nuove leggi civ.comm. 1996, Art 36, 1198.

437 *Carella*, Riforma del sistema di diritto internazionale privato, Art 36, Nuove leggi civ.comm. 1996, 1198; *Clerici* in Bonilini famiglia IV (2016) 3792 f; *Corbetta* in Zaccaria³ (2016) Art 36 L 31. 5. 1995, n. 218, I, 5.

KSÜ 1996 fällt (Art 4 Abs 1 lit c KSÜ 1996).[438] Die Unterhaltspflicht der Eltern gegenüber den Kindern bestimmt sich hingegen nach der EuUVO.[439] Anknüpfungsrelevanter Zeitpunkt ist jener, in dem sich die Rechtsfrage stellt.[440] Die Anknüpfung nach dem Heimatrecht des Kindes kann allerdings dazu führen, dass die Verhältnisse von Geschwistern mit unterschiedlicher Staatsbürgerschaft zu ihren Eltern unterschiedlichen Rechtsordnungen unterliegen. Es kann folglich zur Ungleichbehandlung der Kinder kommen.[441]

5/142 Nach Inkrafttreten des **KSÜ 1996** in Italien am 1. 1. 2016 hat das autonome Kollisionsrecht für die elterliche Verantwortung und die Rechtsverhältnisse zwischen Eltern und Kindern **kaum mehr Bedeutung**. Es gilt nur mehr für die Rechtsverhältnisse zwischen Eltern und dem *nasciturus*[442] und zwischen Eltern und volljährigen Kindern bzw für die Pflichten der minderjährigen Kinder ihren Eltern gegenüber. Das Verhältnis zwischen Eltern und minderjährigen Kindern unterliegt hingegen dem KSÜ 1996.[443]

2. KSÜ 1996

5/143 Wie soeben festgestellt,[444] verdrängt im Bereich der elterlichen Verantwortung das **Haager Kinderschutzübereinkommen (KSÜ) 1996**[445] das autonome Kollisionsrecht fast vollständig.[446] Der Begriff „elterliche Verantwortung" *(responsabilità genitoriale)* umfasst nach der Definition des KSÜ 1996 die Obsorge und jedes andere entsprechende Sorgeverhältnis, das die Rechte, Befugnisse und Pflichten der Eltern, des Vormunds oder eines anderen gesetzlichen Vertreters in Bezug auf die Person oder das Vermögen des Kindes bestimmt (Art 1 Abs 2).[447] Vom Anwendungsbereich des Übereinkommens ausgeschlossen sind die in Art 4 KSÜ 1996 aufgezählten Angelegenheiten, wie etwa Statusfragen, Adoption und das Namensrecht. Auch die Unterhaltspflichten zwischen Eltern und Kindern bestimmen sich nicht nach dem KSÜ 1996, sondern nach dem HUP 2007.[448] Das KSÜ 1996 hat schließlich universelle Geltung, dh, es ist auch dann anzuwenden, wenn das nach ihm bestimmte Recht jenes eines Nichtvertragsstaats ist (Art 20).

5/144 Für die **Zuweisung und das Erlöschen der elterlichen Verantwortung** *ex lege*, durch eine Vereinbarung oder ein einseitiges Rechtsgeschäft ist das Recht am **gewöhnlichen Aufenthalt** *(residenza abituale)* **des Kindes** maßgeblich (Art 16 Abs 1 KSÜ 1996). Dabei handelt es sich-

438 Zum Namensrecht vgl Rz 3/31 ff.

439 Vgl Rz 5/178 ff.

440 *Mosconi/Campiglio II*[4] (2014) 194.

441 *Mosconi/Campiglio II*[4] (2016) 201; *Tonolo* in Conetti/Tonolo/Vismara[3] (2017) 179.

442 Nachdem das KSÜ 1996 nur für bereits geborene Kinder anwendbar ist, unterliegt auch die elterliche Verantwortung für den *nasciturus* dem nationalen Kollisionsrecht. Vgl für Deutschland *Rauscher*, Internationales Privatrecht (2012) 237 Rz 944.

443 *Mosconi/Campiglio II*[4] (2016) 201.

444 Vgl Rz 5/142.

445 Das Haager Übereinkommen über die Zuständigkeit, das anzuwendende Recht, die Anerkennung, Vollstreckung und Zusammenarbeit auf dem Gebiet der elterlichen Verantwortung und der Maßnahmen zum Schutz von Kindern vom 19. 10. 1996 ist in Italien mit G 18. 6. 2015, Nr 101 ratifiziert worden und mit 1. 1. 2016 in Kraft getreten. Es ersetzt zwischen den Vertragsstaaten das MSA 1961 (Haager Übereinkommen vom 5. 10. 1961 über die Zuständigkeit der Behörden und das anzuwendende Recht auf dem Gebiet des Schutzes von Minderjährigen). Zum KSÜ 1996 im Allgemeinen vgl *Carpaneto*, La convenzione dell'Aja del 1996 sulla protezione dei bambini, in Cagnazzo/Preite/Tagliaferri, Il nuovo diritto di famiglia IV (2015) 963 ff.

446 Vgl Rz 5/141 f.

447 *Barel/Armellini* (2018) 211.

448 Vgl Rz 5/185 ff.

grundsätzlich um eine wandelbare Anknüpfung. Bei Verlegung des gewöhnlichen Aufenthaltes des Kindes bleibt allerdings die elterliche Verantwortung nach dem Recht des vorherigen gewöhnlichen Aufenthaltes weiterhin bestehen (Art 16 Abs 3 KSÜ 1996). Zudem kann nach dem Recht des neuen gewöhnlichen Aufenthaltes die elterliche Verantwortung (kraft Gesetzes) einer Person zugeteilt werden, die sie zuvor nicht hatte (Art 16 Abs 4 KSÜ 1996).

Die Anknüpfung an den gewöhnlichen Aufenthalt gilt auch für die Bestimmung des auf die **Ausübung der elterlichen Verantwortung** anzuwendenden Rechts. Allerdings bestimmt sie sich bei einem Wechsel des gewöhnlichen Aufenthalts nach dem Recht des Staates des neuen gewöhnlichen Aufenthalts (Art 17 KSÜ 1996).[449] 5/145

Die Zuweisung oder das Erlöschen der elterlichen Verantwortung durch eine gerichtliche Maßnahme sowie die Änderung der Bedingungen für deren Ausübung stellen hingegen eine **Schutzmaßnahme über das Kind** dar (Art 18 KSÜ 1996) und fallen daher unter Art 15 KSÜ 1996, der jedoch ebenfalls grundsätzlich an den gewöhnlichen Aufenthalt des Kindes anknüpft.[450] 5/146

3. Ordre public und Eingriffsnormen

Der Anwendung ausländischen Rechts werden besonders im Eltern-Kind-Verhältnis viele Schranken auferlegt. So kommt va bei Verweisen auf das Recht von islamisch geprägten Staaten häufig die ***ordre public***-Klausel zum Tragen.[451] 5/147

Daneben wurden im Jahr 2013 mit **Art 36bis IPRG** eine Reihe von Grundsätzen eingeführt,[452] die die Anwendung des ausländischen Rechts stark einschränken[453] und die Berufung auf den *ordre public* häufig unnötig machen.[454] So sollen ungeachtet des Verweises auf ein anderes Recht in jedem Fall die Bestimmungen des italienischen Rechts angewandt werden, die a) beiden Elternteilen die elterliche Verantwortung zuerkennen; b) die Pflicht beider Elternteile festlegen, für den Unterhalt des Kindes zu sorgen; c) dem Gericht bei Vorliegen eines für das Kind nachteiligen Verhaltens die Befugnis erteilen, Verfügungen zur Einschränkung oder zum Entzug der elterlichen Verantwortung zu erlassen.[455] Diese von Art 36bis IPRG aufgezähl- 5/148

449 *Barel/Armellini* (2018) 213; *Mosconi/Campiglio II*[4] (2016) 40 f.

450 *Barel/Armellini* (2018) 213; *Mosconi/Campiglio II*[4] (2016) 40. Zum Minderjährigenschutz vgl ausführlich Rz 5/158 ff.

451 *Mosconi/Campiglio II*[4] (2016) 202. KassGH Ziv 27. 2. 1985, Nr 1714, Giust.civ. 1985, I, 2565 hat unter Berufung auf die Grundprinzipien der italienischen Rechtsordnung in einem Trennungsverfahren die Anwendung des iranischen Rechts ausgeschlossen, da dieses vorsieht, dass minderjährige Jungen über zwei Jahren automatisch nur dem Vater überlassen *(affidati)* werden. Diese vorrangige Behandlung aufgrund des Geschlechts, ohne vorausgehende Prüfung der tatsächlichen Eignung, widerspreche ganz offensichtlich dem Gleichheitsgrundsatz. Vgl aber auch KassGH Ziv 9. 6. 2005, Nr 12169, Giust.civ. 2006, I, 381.

452 Eingeführt mit Art 101 Abs 1 lit c GvD 154/2013.

453 *Mosconi/Campiglio II*[4] (2016) 203.

454 *Corbetta* in Zaccaria[3] (2016) Art 36bis L 31. 5. 1995, n. 218, I, 3.

455 Art 36bis lit c IPRG überträgt jedoch den italienischen Gerichten nicht die Zuständigkeit für solche Entscheidungen, sondern ist als Verweis auf Art 330 und 333 ZGB zu verstehen. Vgl *Lopes Pegna*, Riforma della filiazione e diritto internazionale privato, Riv.dir.int. 2014, 396. Die Verfügungen nach Art 330 ZGB wurden in der Lehre schon früher als Eingriffsnormen verstanden. Vgl *Bonomi*, Norme di applicazione necessaria, in Baratta, Diritto internazionale privato (2010) 238. In Anwendung dieser Norm hat das LG Mantova 24. 2. 2016, www.dejure.it, die Anwendung des chinesischen Rechts ausgeschlossen und jene des italienischen Rechts angeordnet, die dem Gericht bei Vorliegen eines für das Kind nachteiligen Verten Grundsätze (wiederzufinden in Art 316, 316bis, 317, 330 und 333 ZGB) sind nach hL als **Eingriffsnormen** iSv Art 17 IPRG zu verstehen.[456] Diese Qualifizierung ist jedoch insofern problematisch, als Art 36bis IPRG stets die Anwendung des italienischen Rechts vorschreibt ohne vorherige Prüfung der Auswirkungen der Anwendung des ausländischen Rechts.[457] Zudem kann es durch die Anwendung von Art 36bis IPRG zu sog hinkenden Rechtsverhältnissen *(rapporti claudicanti)* kommen, die in anderen Rechtsordnungen, mit denen die betroffenen Personen ein enges Verhältnis aufweisen, nicht anerkannt werden.[458]

Für das IPR spielt va das Recht der Eltern, den gewöhnlichen Aufenthaltsort des Kindes festzulegen (Art 36bis lit a IPRG; Art 316 Abs 1 ZGB), eine wichtige Rolle. Der gewöhnliche Aufenthalt stellt in der Regel das Kriterium für die Bestimmung der Zuständigkeit und des anzuwendenden Rechts dar (Brüssel IIa-VO, KSÜ 1996 und Haager Kindesentführungsübereinkommen 1980) und ist insb für die internationale Kindesentführung *(sottrazione internazionale di minori)* relevant.[459]

Daneben ist auch die verpflichtende automatische Zuerkennung der elterlichen Verantwortung an beide Elternteile problematisch. Die italienische Regelung unterscheidet sich unter diesem Gesichtspunkt von vielen ausländischen Rechtsordnungen, die va bei außerhalb der Ehe geborenen Kindern die elterliche Verantwortung *ex lege* alleine der Mutter übertragen, während der Vater die elterliche Verantwortung nur durch ihre Zustimmung oder – bei unrechtmäßiger Verweigerung der Zustimmung der Mutter – durch eine gerichtliche Entscheidung erlangen kann.[460] Vor dem Hintergrund, dass diese Regelungen nach der stRsp des EGMR[461] und des EuGH[462] das Recht auf Achtung des Familienlebens des Vaters nicht verletzt, scheint die unbedingte Anwendung des italienischen Rechts nicht gerechtfertigt.[463]

---

haltens die Befugnis erteilen, Verfügungen zur Einschränkung oder zum Entzug der elterlichen Verantwortung zu erlassen. In diesem Fall wurde das Kind aufgrund des Verhaltens des (chinesischen) Vaters als einziger Sorgeberechtigter, der das Kind von Italien nach China gebracht und dort einer Pflegefamilie überlassen hatte, allein der Mutter anvertraut.

456 *Mosconi/Campiglio II*[4] (2016) 203; *Barel/Armellini* (2018) 212; *Corbetta* in Zaccaria[3] (2016) Art 36bis L 31. 5. 1995, n. 218, I, 1. Dabei herrscht Uneinigkeit darüber, ob diese Eingriffsnormen auch den völkerrechtlichen Kollisionsnormen des KSÜ 1996 vorgehen. Nach *Mosconi/Campiglio I*[8] (2017) 280 ff stellt der Vorrang von Eingriffsnormen keinen Vertragsbruch dar. Nach *Clerici* in Bonilini famiglia IV (2016) 3796 geht das KSÜ 1996 hingegen Art 36bis IPRG vor. IdS auch *Barel/Armellini* (2018) 212.

457 *Honorati*, La nuova legge sulla filiazione e il suo impatto sul diritto internazionale privato, in V.A., Scritti in onore di Giuseppe Tesauro (2014) 2762 ff; *Zanobetti* in Sesta[3] (2015) Art 36–36bis L 31. 5. 1995, n. 218, 3129. Nach *Mosconi/Campiglio II*[4] (2016) 203 wäre eine nachträgliche Prüfung durch ein besondere *ordre public*-Klausel daher zu bevorzugen gewesen. IdS auch *Honorati*, La nuova legge sulla filiazione e il suo impatto sul diritto internazionale privato, in V.A., Scritti in onore di Giuseppe Tesauro (2014) 2764.

458 *Corbetta* in Zaccaria[3] (2016) Art 36bis L 31. 5. 1995, n. 218, I, 2; *Clerici* in Bonilini famiglia IV (2016) 3796 f.

459 *Mosconi/Campiglio II*[4] (2016) 203. Vgl Rz 5/153 ff.

460 Für viele islamisch geprägte Rechtsordnungen ist hingegen genau das Gegenteil der Fall. Vgl *Mosconi/Campiglio II*[4] (2016) 203; *Honorati*, La nuova legge sulla filiazione e il suo impatto sul diritto internazionale privato, in V.A., Scritti in onore di Giuseppe Tesauro (2014) 2758 ff.

461 EGMR 14. 9. 1999, 39067/97, Balbontin v Großbritannien, http://hudoc.echr.coe.int/eng?i=001-4724 (letzter Besuch: 28. 6. 2019). Vgl auch EGMR 3. 12. 2009, 22028/04, Zaunegger v Deutschland, http://hudoc.echr.coe.int/eng?i=001-139529 (letzter Besuch: 28. 6. 2019); EGMR 3. 2. 2011, 35637/03, Sporer v Österreich, http://hudoc.echr.coe.int/eng?i=001-103234 (letzter Besuch: 28. 6. 2019); EGMR 2. 9. 2003, 56838/00, Guichard v Frankreich, http://hudoc.echr.coe.int/eng?i=001-24015 (letzter Besuch: 28. 6. 2019).

462 EuGH, ECLI:EU:C:2010:582, J. McB. v L.E.

463 *Honorati*, La nuova legge sulla filiazione e il suo impatto sul diritto internazionale privato, in V.A., Scritti in onore di Giuseppe Tesauro (2014) 2758 ff; *Clerici* in Bonilini famiglia IV (2016) 3796.

III. Anerkennung und Vollstreckung von Entscheidungen

Die **Anerkennung ausländischer Entscheidungen** betreffend das Eltern-Kind-Verhältnis und insbesondere die elterliche Verantwortung unterliegt für EU-Mitgliedstaaten (mit Ausnahme von Dänemark) der **Brüssel IIa-VO.**[464] Das bedeutet, dass Entscheidungen, die in einem Mitgliedstaat ergangen sind, **automatisch anerkannt** werden (Art 21 Abs 1 Brüssel IIa-VO), ohne dass es hierfür eines besonderen Verfahrens bedarf.[465] Die Rechtskräftigkeit der entsprechenden Entscheidung stellt dabei keine notwendige Voraussetzung dar. Eine Auflistung der Gründe für die Nichtanerkennung von ausländischen Entscheidungen findet sich in Art 23.[466] Eine Nachprüfung der Zuständigkeit (Art 24 Brüssel IIa-VO) oder in der Sache selbst (Art 26 Brüssel IIa-VO) ist nicht zulässig. Es ist allerdings nicht ausgeschlossen, dass das zuständige Gericht eine neue Entscheidung treffen kann, sofern neue Umstände dies erfordern.[467] 5/149

Jede interessierte Partei kann bei den Gerichten eines Mitgliedstaates eine **Entscheidung über die Anerkennung** oder Nichtanerkennung der in einem anderen Mitgliedstaat ergangenen Entscheidung beantragen. Meist wird dies dann notwendig sein, wenn sich eine Person weigert, sich an eine im Ausland ergangene Entscheidung betreffend die elterliche Verantwortung zu halten und die andere Partei dann die **Vollstreckbarkeitserklärung** beantragt (Art 28 ff).[468] 5/150

Für die Anerkennung von Entscheidungen betreffend die elterliche Verantwortung geht die Brüssel IIa-VO dem **KSÜ 1996** vor, wenn die Entscheidung des zuständigen Gerichts eines Mitgliedstaates in einem anderen Mitgliedstaat anerkannt oder vollstreckt werden soll, und zwar selbst dann, wenn der bestreffende Minderjährige seinen gewöhnlichen Aufenthalt in einem Nicht-Mitgliedstaat hat, der Vertragsstaat des KSÜ 1996 ist (Art 61 Brüssel IIa-VO).[469] Auch 5/151

464 Zur Anerkennung von Entscheidungen betreffend die elterliche Verantwortung nach der Brüssel IIa-VO vgl *Salvadori* in Cagnazzo/Preite/Tagliaferri, Il nuovo diritto di famiglia IV (2015) 1013 ff; *Baruffi/Castelletti* in Zaccaria[3] (2016) Art 21–27 Regolamento (CE) 27 novembre 2003, n. 2201/2003; *Bergamini* in Sesta[3] (2015) Reg. CE n. 2201/2003, 3062 ff.

465 *Salvadori,* La libera circolazione delle decisioni in materia di responsabilità genitoriale nel regolamento n. 2201/2003, in Cagnazzo/Preite/Tagliaferri, Il nuovo diritto di famiglia IV (2015) 1015 ff.

466 Dazu zählen a) die Unvereinbarkeit der Anerkennung mit dem *ordre public*, wobei das Kindesinteresse zu berücksichtigen ist; b) die fehlende Anhörung des Kindes im Rahmen des Verfahrens, wenn damit wesentliche Verfahrensgrundsätze des Mitgliedstaates verletzt wurden, in dem die Anerkennung beantragt wird; c) die fehlende oder verspätete Zustellung des verfahrenseinleitenden Schriftstücks bei Nichteinlassung der betreffenden Person, es sei denn, diese ist ausdrücklich mit der Entscheidung einverstanden; d) die fehlende Anhörung der betreffenden Person, wenn es sich um eine Entscheidung handelt, die in ihre elterliche Verantwortung eingreift; e) die Unvereinbarkeit mit einer späteren Entscheidung über die elterliche Verantwortung, die in dem Mitgliedstaat ergangen ist, in dem die Anerkennung beantragt wird; f) die Unvereinbarkeit mit einer späteren Entscheidung über die elterliche Verantwortung, die in einem anderen Mitgliedstaat oder in dem Drittstaat ergangen ist, in dem das Kind seinen gewöhnlichen Aufenthalt hat, sofern die spätere Entscheidung die notwendigen Voraussetzungen für ihre Anerkennung in dem Mitgliedstaat erfüllt, in dem die Anerkennung beantragt wird; und g) wenn das in Art 56 vorgesehene Verfahren bei Unterbringung des Kindes in einem anderen Mitgliedstaat nicht eingehalten wurde. Vgl ausführlich *Salvadori,* La libera circolazione delle decisioni in materia di responsabilità genitoriale nel regolamento n. 2201/2003, in Cagnazzo/Preite/Tagliaferri, Il nuovo diritto di famiglia IV (2015) 1017 ff.

467 *Mosconi/Campiglio II*[4] (2016) 216.

468 Zuständige Behörde in Italien ist das OLG *(corte d'appello)*. Die Vollstreckung erfolgt nach den Regeln der *lex fori.* Vgl *Barel/Armellini* (2018) 217.

469 Nach Art 60 Brüssel IIa-VO geht die Verordnung dem MSA 1961 vor.

das KSÜ 1996 sieht die automatische Anerkennung von Maßnahmen vor, die von den zuständigen Behörden eines Vertragsstaates erlassen wurden (Art 23 KSÜ 1996).[470]

5/152 Die Anerkennung von Entscheidungen, die weder in den Anwendungsbereich der Brüssel IIa-VO noch in jenen des KSÜ 1996 fallen, erfolgt nach den **allgemeinen Bestimmungen des IPRG**[471] unter Ausschluss der vereinfachten Anerkennung nach Art 65 IPRG, die nur für Verfügungen vorgesehen ist, die sich auf das Bestehen von familienrechtlichen Rechtsverhältnissen beziehen.[472]

IV. Internationale Kindesentführung

5/153 Die **internationale Kindesentführung** *(sottrazione internazionale di minori)* und die Rückführung des Kindes stehen häufig im Zusammenhang mit dem Sorgerecht und dem Besuchsrecht des nicht sorgeberechtigten Elternteils *(genitore non collocatario/affidatario)*.[473] Zum sog *legal kidnapping* kommt es meist dann, wenn derjenige Elternteil, dem die Kinder anvertraut sind, unrechtmäßig den gewöhnlichen Aufenthalt des Kindes ändert oder derjenige Elternteil, dem die Kinder nicht anvertraut sind, nach Ende der Besuchszeit das Kind nicht zurückbringt.[474]

5/154 Diesbezüglich gilt es auf zwei wichtige, für Italien geltende internationale Übereinkommen zu verweisen: das **Haager Kindesentführungsübereinkommen (HKÜ) 1980**[475] sowie das **Europäische Sorgerechtsübereinkommen (ESÜ) 1980.**[476] Beide zielen darauf ab, die internationale Kindesentführung zu unterbinden. Das ESÜ 1980 enthält keine Zuständigkeits- oder Kollisionsnormen, sondern regelt einzig die Anerkennung ausländischer Sorgerechtsentscheidungen,[477] während das HKÜ 1980 unabhängig von einer ausländischen Entscheidung darauf ausgelegt ist, die Sachlage vor der unrechtmäßigen Verbringung wiederherzustellen und den Minderjährigen in den Staat zurückzubringen, in dem er seinen gewöhnlichen Aufenthalt hat.[478]

5/155 Zuständigkeit und Kollisionsrecht im Bereich des Sorgerechts und der Kindesentführung unterliegen hingegen dem **KSÜ 1996**, das *forum* und *ius* an den gewöhnlichen Aufenthalt des Kindes knüpft.[479]

---

470 Vgl ausführlicher in Rz 5/178 ff. Die Fälle, in denen die Anerkennung versagt werden kann, sind in Art 23 Abs 2 KSÜ 1996 aufgelistet.

471 Vgl Rz 2/108.

472 *Barel/Armellini* (2018) 218.

473 Vgl im Allgemeinen *Sangiovanni*, La sottrazione internazionale di minori, in Cagnazzo/Preite/Tagliaferri, Il nuovo diritto di famiglia IV (2015) 1263 ff; *Carpaneto*, ibidem, 951 ff.

474 *Mosconi/Campiglio II*[4] (2016) 204.

475 Haager Übereinkommen vom 25.10.1980 über die zivilrechtlichen Aspekte internationaler Kindesentführung.

476 Luxemburger Europäisches Übereinkommen vom 20.5.1980 über die Anerkennung und Vollstreckung von Entscheidungen über das Sorgerecht für Kinder und die Wiederherstellung des Sorgeverhältnisses. Beide Übereinkommen wurden in Italien mit G 15. 1. 1994, Nr 64 ratifiziert.

477 Das ESÜ setzt also voraus, dass entweder bereits vor der Entführung in einem Mitgliedstaat eine vollstreckbare Sorgerechtsentscheidung *(collocamento/affidamento)* ergangen ist oder eine ausländische Verfügung die Unzulässigkeit der Verbringung festgestellt hat. Vgl *Mosconi/Campiglio II*[4] (2016) 204.

478 KassGH Ziv 20. 3. 1998, Nr 2954, Riv.dir.int.priv.proc. 1999, 74; KassGH Ziv. 28. 3. 2000, Nr 3701, Riv.dir. int.priv.proc. 2000, 1087; KassGH Ziv. 19. 12. 2003, Nr 19544, Foro it. 2004, I, 2166.

479 *Mosconi/Campiglio II*[4] (2016) 206. Vgl Rz 5/136 ff und 5/143 ff.

Daneben hat die **Brüssel IIa-VO** unter bestimmten Voraussetzungen Anwendungsvorrang vor dem KSÜ 1996 (Art 61 Brüssel IIa-VO) sowie vor dem HKÜ 1980 (Art 60 Brüssel IIa-VO), soweit es sich um Bereiche handelt, die in der Verordnung geregelt sind. Sie stellt insofern eine *lex specialis* dar.[480] Daneben nimmt sich die Brüssel IIa-VO das HKÜ unter vielen Gesichtspunkten als Vorbild.[481] **5/156**

Durch die Überlappung der Anwendungsbereiche der verschiedenen internationalen Rechtsquellen und die fehlende Übereinstimmung der Staaten, die an sie gebunden sind, gestaltet sich die Rechtsanwendung im Bereich der Kindesentführung in der Praxis als äußerst schwierig.[482] **5/157**

K. Minderjährigenschutz

Literatur:

Franchi, Protezione dei minori e diritto internazionale privato (1997); *Mosconi/Campiglio II*^{4} (2016) 30 ff und 203 ff; *Barel/Armellini* (2018) 123 ff; *Carpaneto*, La Convenzione dell'Aja del 1996 sulla protezione dei bambini, in Cagnazzo/Preite/Tagliaferri, Il nuovo diritto di famiglia IV (2015) 963 ff; *Distefano* in Zaccaria^3 (2016) Art 42 L 31. 5. 1995, n. 218; *Zanobetti* in Sesta^3 (2015) Art 42 L 31. 5. 1995, n. 218, 3223 ff; *Sangiovanni*, La sottrazione internazionale di minori, in Cagnazzo/Preite/Tagliaferri, Il nuovo diritto di famiglia IV (2015) 1263 ff; *Magrone* in Preite II (2011) 15 ff.

Für Schutzmaßnahmen über Minderjährige ist seit 1. 1. 2016 das **Haager Kinderschutzübereinkommen (KSÜ) 1996**[483] in Italien wirksam.[484] Es löst unter den Vertragsstaaten das Haager Minderjährigenschutzabkommen (MSA) 1961[485] ab und gilt für alle Kinder von deren Geburt bis zur Vollendung des 18. Lebensjahres (Art 2 KSÜ 1996).[486] Das KSÜ 1996 bestimmt den Staat, dessen Behörden zuständig sind, Maßnahmen zum Schutz der Person oder des Vermögens des Kindes zu treffen.[487] Der Inhalt dieser Maßnahmen hängt hingegen vom anzuwendenden Recht ab, das sich ebenfalls nach dem KSÜ 1996 bestimmt.[488] Schließlich finden sich im KSÜ 1996 auch die Anerkennungsregeln für im Ausland erlassene Schutzmaßnahmen. Für die internationale Zuständigkeit und die Anerkennung ausländischer Schutzmaßnahmen ist **5/158**

480 *Baruffi* in Zaccaria^3 (2016) Art 10–12 Regolamento (CE) 27 novembre 2003, n. 2201/2003, I, 2.

481 *Mosconi/Campiglio II*^{4} (2016) 206 f.

482 *Mosconi/Campiglio II*^{4} (2016) 209.

483 Das Haager Übereinkommen über die Zuständigkeit, das anzuwendende Recht, die Anerkennung, Vollstreckung und Zusammenarbeit auf dem Gebiet der elterlichen Verantwortung und der Maßnahmen zum Schutz von Kindern vom 19. 10. 1996 ist in Italien mit G 18. 6. 2015, Nr 101 ratifiziert worden und mit 1. 1. 2016 in Kraft getreten. Zum Verhältnis des KSÜ 1996 und der Brüssel IIa-VO vgl Rz 5/140, 5/148, 5/151, 5/156, 5/111.

484 Zu den Erklärungen und Vorbehalten Italiens bei der Ratifikation des Übereinkommens vgl *Distefano* in Zaccaria^3 (2016) Art 42 L 31. 5. 1995, n. 218, I, 3; *Mosconi/Campiglio II*^{4} (2016) 45 f.

485 Haager Übereinkommen vom 5. 10. 1961 über die Zuständigkeit der Behörden und das anzuwendende Recht auf dem Gebiet des Schutzes von Minderjährigen. Das KSÜ 1996 findet auf alle Maßnahmen Anwendung, die in einem Staat getroffen werden, nachdem das Übereinkommen für diesen Staat in Kraft getreten ist (Art 53). Bis dahin gilt das MSA 1961 zwischen den Vertragsstaaten.

486 Daneben gibt es noch zahlreiche weitere Abkommen zum Schutz von Minderjährigen, wie etwa das UN-Übereinkommen über die Rechte von Menschen mit Behinderungen vom 13.12.2006.

487 Die zentrale Behörde *(Autorità centrale)* ist in Italien das Ministerpräsidentenamt, nicht das Innenministerium.

488 *Mosconi/Campiglio II*^{4} (2016) 34.

neben dem KSÜ 1996 auch die **Brüssel IIa-VO** maßgeblich, die die Minderjährigenschutzmaßnahmen zur elterlichen Verantwortung zählt.[489]

Art 42 IPRG schreibt auch nach Inkrafttreten des KSÜ 1996 für die Bestimmung der internationalen Zuständigkeit und des anzuwendenden Rechts im Falle des Minderjährigenschutzes die Anwendung des MSA 1961 in jedem Fall (sog *rinvio „in ogni caso"*) vor.[490] Solange der italienische Gesetzgeber diese Norm nicht abändert, bleibt dieser Verweis problematisch.[491] Dies gilt insbesondere für das Kollisionsrecht, zumal das KSÜ 1996 auch dann gilt, wenn das anzuwendende Recht jenes eines Drittstaates ist (sog Wirkung *erga omnes*) und daher Art 42 IPRG vollständig überlagert.[492] Zur Festlegung der internationalen Zuständigkeit muss hingegen für Staaten, die weder Mitgliedstaaten sind noch am KSÜ 1996 teilnehmen (Macau und Türkei), weiterhin das MSA 1961 gelten.[493]

5/159 Der Begriff der **Schutzmaßnahmen über Minderjährige** *(protezione dei minori)* ist weit auszulegen. Das KSÜ 1996 sieht in Art 3 eine nicht abschließende Aufzählung von Gegenständen vor, die darunter fallen,[494] und zwar sind dies neben der Zuweisung und Ausübung der elterlichen Verantwortung[495] das Sorgerecht *(affidamento)*;[496] das Umgangsrecht *(diritto di visita)* [497] und die Rechtsmittel, die den Schutz der Person und des Vermögens des Kindes sicherstellen, wenn dies nicht durch die ordentliche elterliche Verantwortung geschieht, wie bei vollständiger oder teilweiser Entziehung der elterlichen Verantwortung sowie deren Übertragung, bei Vormundschaft, der besonderen Sachwalterschaft und entsprechenden Einrichtungen; die Unterbringung des Kindes in einer Pflegefamilie oder einem Heim oder seine Betreuung durch

---

489 Dazu zählen das Sorgerecht und das Umgangsrecht, die Vormundschaft, die Pflegschaft und entsprechende Rechtsinstitute, die Bestimmung und der Aufgabenbereich jeder Person oder Stelle, die für die Person oder das Vermögen des Kindes verantwortlich ist, es vertritt oder ihm beisteht, die Unterbringung des Kindes in einer Pflegefamilie oder einem Heim sowie die Maßnahmen zum Schutz des Kindes im Zusammenhang mit der Verwaltung und Erhaltung seines Vermögens oder der Verfügung darüber (Art 1 Abs 1 und 2 Brüssel IIa-VO). Vgl *Barel/Armellini* (2018) 125. Zur Brüssel IIa-VO vgl Rz 5/136 ff.

490 Haager Übereinkommen vom 5. 10. 1961 über die Zuständigkeit der Behörden und das anzuwendende Recht auf dem Gebiet des Schutzes von Minderjährigen. Dieser Verweis war schon bei Inkrafttreten des IPRG so gut wie überholt, da damals schon die Vorbereitungsarbeiten für das KSÜ 1996 liefen, das nur ein Jahr später abgeschlossen wurde. *Honorati*, Riforma, Riv.dir.int.priv.proc. 1996, Art 42, 1114; *Clerici*, Sulla riforma dell'art. 42 della legge n. 218/95, Riv.dir.int.priv.proc. 2011, 642 ff. Zur Anwendung von Art 42 IPRG bei Doppelstaatsbürgern vgl KassGH Ziv 5. 6. 2017, Nr 13912, Dir.fam.pers. 2018, I, 50.

491 *Mosconi/Campiglio II*[4] (2016) 47; *Clerici* in Bonilini famiglia IV (2016) 3796. Wünschenswert wäre ein Verweis auf das KSÜ 1996 und künftige Übereinkommen, die dieses ersetzen werden. Vgl *Carpaneto*, La Convenzione dell'Aja del 1996 sulla protezione dei bambini, in Cagnazzo/Preite/Tagliaferri, Il nuovo diritto di famiglia IV (2015) 1010.

492 *Barel/Armellini* (2018) 129.

493 *Distefano* in Zaccaria[3] (2016) Art 42 L 31. 5. 1995, n. 218, I, 2; *Mosconi/Campiglio II*[4] (2016) 47 f. Dagegen *Barel/Armellini* (2018) 130.

494 *Mosconi/Campiglio II*[4] (2016) 35.

495 Vgl Rz 5/136 ff.

496 Dazu zählt ausdrücklich einschließlich die Sorge für die Person des Kindes und insbesondere des Rechts, den gewöhnlichen Aufenthalt des Kindes zu bestimmen, sowie das Recht auf persönlichen Verkehr, einschließlich des Rechts, das Kind für eine begrenzte Zeit an einen anderen Ort als den seines gewöhnlichen Aufenthalts zu bringen (Art 3 Abs 1 lit b KSÜ 1996).

497 Zum Besuchsrecht im IPR im Allgemeinen vgl *Magrone* in Preite II (2011) 15 ff.

Kafala oder eine entsprechende Einrichtung und die behördliche Aufsicht über die Betreuung eines Kindes durch jede Person, die für das Kind verantwortlich ist (Art 3 KSÜ 1996).[498]

Daneben schließt das Übereinkommen einige Materien aus seinem Anwendungsbereich ausdrücklich aus, wie etwa die Feststellung und Anfechtung des Eltern-Kind-Verhältnisses; Adoptionsentscheidungen; das Namensrecht; Unterhaltspflichten; *trusts* und Erbschaften; die soziale Sicherheit; öffentliche Maßnahmen allgemeiner Art in Angelegenheiten der Erziehung und Gesundheit; Maßnahmen infolge von Straftaten, die von Kindern begangen wurden, sowie Entscheidungen über Asylrecht und Einwanderung (Art 4).

Die Bestimmung der **internationalen Zuständigkeit** erfolgt grundsätzlich nach dem **KSÜ 1996**. Allerdings unterliegt sie zwischen den Mitgliedstaaten (mit Ausnahme von Dänemark) der **Brüssel IIa-VO**, die dem KSÜ 1996 vorgeht, sofern das betreffende Kind seinen gewöhnlichen Aufenthalt im Hoheitsgebiet eines Mitgliedstaats hat (Art 61 Brüssel IIa-VO). Beide internationalen Rechtsakte übertragen die Zuständigkeit grundsätzlich den Behörden jenes Staats, in dem das betreffende Kind seinen **gewöhnlichen Aufenthalt** *(residenza abituale)* hat (Art 8 Brüssel IIa-VO; Art 5 KSÜ 1996).[499] **5/160**

Bei einem Wechsel des gewöhnlichen Aufenthaltes wird die Zuständigkeit nach Art 5 KSÜ 1996 auf die Behörden des Staates des neuen Aufenthaltes übertragen. Für Flüchtlinge oder Kinder, deren gewöhnlicher Aufenthalt nicht festgestellt werden kann, reicht die einfache Anwesenheit in dem Staat aus, um dessen Zuständigkeit zu begründen (Art 6 KSÜ 1996). Die Behörden des Staates des gewöhnlichen Aufenthaltes bleiben auch bei widerrechtlichem Verbringen oder Zurückhalten des Kindes so lange zuständig, bis das Kind einen neuen gewöhnlichen Aufenthalt erlangt hat und der sorgeberechtigte Elternteil ausdrücklich oder stillschweigend zustimmt (Art 7 KSÜ 1996). In allen dringenden Fällen sind die Behörden jedes Vertragsstaats, in dessen Hoheitsgebiet sich das Kind oder ihm gehörendes Vermögen befindet, zuständig, die erforderlichen Schutzmaßnahmen zu treffen (Art 11 Abs 1 KSÜ 1996). Die in einem Staat getroffenen Schutzmaßnahmen bleiben schließlich auch bei einer Änderung der zugrundeliegenden Umstände so lange erhalten, bis sie von den nach den neuen Umständen zuständigen Behörden geändert, ersetzt oder aufgehoben werden (Art 14 KSÜ 1996).[500] In der Brüssel IIa-VO finden sich die Zuständigkeitsnormen im Falle des Wechsels des gewöhnlichen Aufenthaltes des Kindes in Art 9 ff.[501]

Zumal sich die Brüssel IIa-VO auf Zuständigkeits- und Anerkennungsfragen beschränkt, findet sich das **Kollisionsrecht** ausschließlich im KSÜ 1996. Dieses sieht eine **Überlagerung von *ius* und *forum*** vor (Art 15 Abs 1 KSÜ 1996).[502] Dh, die zuständigen Behörden wenden in der Umsetzung der Schutzmaßnahmen ihr eigenes Recht an.[503] **5/161**

Sie können jedoch ausnahmsweise das Recht eines anderen Staates anwenden oder auch nur „berücksichtigen", zu dem der Sachverhalt eine enge Verbindung hat, sofern dies dem Schutz des Minderjährigen dienlicher ist (Art 15 Abs 2 KSÜ 1996).[504] Bei einem Aufenthaltswechsel bestimmt das Recht des Staates des neuen gewöhnlichen Aufenthaltes vom Zeitpunkt des Wechsels an die Bedingungen, unter denen die im Staat des früheren gewöhnlichen Aufenthalts getroffenen Maßnahmen angewendet werden (Art 15 Abs 3 KSÜ 1996). Das KSÜ 1996 ist schließlich universell anzuwenden, dh, auch dann, wenn das nach ihm bestimmte Recht jenes eines Drittstaates ist (Art 20 KSÜ 1996).[505] Die Verweise auf fremdes Recht verstehen sich als Verweise auf das fremde materielle Recht ohne Kollisionsrecht. Weiter- und Rückverweisung sind folglich ausgeschlos-

498 *Barel/Armellini* (2018) 127 f.

499 Vgl ausführlicher Rz 5/136 ff.

500 Zur Zuständigkeit nach dem KSÜ 1996 vgl ausführlicher *Barel/Armellini* (2018) 131 ff; *Mosconi/Campiglio II*[4] (2016) 36 ff.

501 *Barel/Armellini* (2018) 215. Zur Zuständigkeit nach der Brüssel IIa-VO vgl ausführlich Rz 5/137 (auch Fn 423).

502 *Mosconi/Campiglio II*[4] (2016) 39.

503 Dies muss auch dann gelten, wenn sich die Zuständigkeit nicht nach Kap II KSÜ 1996, sondern nach der Brüssel IIa-VO ergeben hat. Vgl *Barel/Armellini* (2018) 135.

504 *Barel/Armellini* (2018) 135.

505 *Mosconi/Campiglio II*[4] (2016) 41.

sen (Art 21 Abs 1 KSÜ 1996). Die Anwendung des nach dem KSÜ 1996 bestimmten Rechts darf schließlich nur versagt werden, wenn sie der öffentlichen Ordnung offensichtlich widerspricht, wobei das Wohl des Kindes zu berücksichtigen ist (Art 22 KSÜ 1996). Folglich kann auch die *ordre public*-Widrigkeit überwunden werden, wenn dies im Interesse des Minderjährigen ist.[506]

5/162 Schließlich unterliegt die **Anerkennung ausländischer Schutzmaßnahmen** dem KSÜ 1996 oder der Brüssel IIa-VO.[507] Letztere geht dem KSÜ 1996 vor und regelt folglich die Anerkennung von Schutzmaßnahmen in einem Mitgliedstaat, die in einem anderen Mitgliedstaat ergangen sind und einen Minderjährigen betreffen, auch wenn das betreffende Kind seinen gewöhnlichen Aufenthalt im Hoheitsgebiet eines Drittstaats hat, der Vertragspartei des KSÜ 1996 ist (Art 61 Abs 1 lit b Brüssel IIa-VO). Grundsätzlich gilt nach der **Brüssel IIa-VO die automatische Anerkennung**, es sei denn, es liegt einer der in Art 23 aufgezählten Gründe für die Nichtanerkennung vor.[508] Nach Art 23 Abs 1 **KSÜ 1996** werden auch die von den Behörden eines Vertragsstaats getroffenen Maßnahmen **kraft Gesetzes** in den anderen Vertragsstaaten **anerkannt**. Die Anerkennung kann aus den in Art 23 Abs 2 KSÜ 1996 aufgezählten Gründen versagt werden.[509] Für Schutzmaßnahmen, die nicht in einem Vertragsstaat ergangen sind, sind die für den Staat geltenden Anerkennungsregeln anzuwenden, die sich auch aus anderen internationalen Übereinkommen ergeben können.[510]

L. Adoption

Literatur:

Mosconi/Campiglio II^4 (2016) 220 ff; *Barel/Armellini* (2018) 229 ff; *Ballarino*^{8} (2016) 213 ff; *Pizzolante*, Le adozioni nel diritto internazionale privato (2008); *Cafari Panico*, Riforma, Riv.dir.int.priv.proc. 1996, Art 38–41, 1098 ff; *Franchi* in Bariatti, Riforma, Nuove leggi civ.comm. 1996, Art 38–41, 1202 ff; *Ragni* in Zaccaria^3 (2016) Art 38–41 L 31. 5. 1995, n. 218; *Di Stasio* in Sesta^3 (2015) Art 38–41 L 31. 5. 1995, n. 218, 2927 ff; *Lanciotti* in Preite I (2011) 948 ff; *De Bellis* in Preite I (2011) 992 ff; *Vassalli di Dachenhausen*, Adozione (dir. internaz. priv.) in Enc.dir. Agg III (1999) 69 ff; *Bonomi,* La disciplina dell'adozione internazionale dopo la riforma del diritto internazionale privato, Riv.dir.civ. 1996, 354 ff; *Tuo,* Il riconoscimento dei provvedimenti di adozione stranieri, in Cagnazzo/Preite/Tagliaferri, Il nuovo diritto di famiglia IV (2015) 1171 ff.

---

506 *Mosconi/Campiglio II*^{4} (2016) 42.

507 Art 42 IPRG verweist für die Anerkennung ausländischer Schutzmaßnahmen nicht ausdrücklich auf das MSA 1961. Indes war die hL länger der Ansicht, dass das MSA 1961 auch für solche Fragen anwendbar sein müsse. Vgl *Barel/Armellini* (2018) 136 f; *Mosconi/Campiglio II*^{4} (2016) 46 ff; *Honorati*, Riforma, Riv. dir.int.priv.proc. 1996, Art 42, 1119. Nach neuester Auffassung sollen hingegen die allgemeinen Anerkennungsnormen gelten. Vgl *Barel/Armellini* (2018) 137; *Franchi* in Bariatti, Riforma, Nuove leggi civ.comm. 1996, Art 42, 1246.

508 Das Vollstreckungsverfahren ist in Art 28–36 Brüssel IIa-VO geregelt. Ein vereinfachtes Vollstreckungsverfahren (Art 40–42 Brüssel IIa-VO) gilt für Entscheidungen über das Umgangsrecht *(diritto di visita)* und die Rückgabe des Kindes *(ritorno del minore)*.

509 *Barel/Armellini* (2018) 136; *Mosconi/Campiglio II*^{4} (2016) 43. Darüber hinaus kann sich ein Vertragsstaat vorbehalten, die elterliche Verantwortung oder eine Maßnahme nicht anzuerkennen, soweit sie mit einer von seinen Behörden in Bezug auf dieses Vermögen getroffenen Maßnahme unvereinbar ist (Art 55 Abs 1 lit b). Das Vollstreckungsverfahren ist in Art 26 KSÜ 1996 geregelt. Italien hat sich die Zuständigkeit der eigenen Gerichte für Schutzmaßnahmen, die in Italien befindliche Sachen des Minderjährigen betreffen, vorbehalten und dementsprechend auch das Recht, solche Schutzmaßnahmen nicht anzuerkennen, die mit den von den italienischen Behörden über diese Sachen getroffenen Maßnahmen nicht vereinbar sind. Vgl *Mosconi/Campiglio II*^{4} (2016) 46.

510 *Mosconi/Campiglio II*^{4} (2016) 42.

I. Grundlegendes

Das IPRG sieht unterschiedliche **Kollisionsnormen** für die Begründung der Adoption und die Rechtsverhältnisse zwischen Adoptiertem und Adoptierenden sowie deren Familie vor (Art 38–39 IPRG). Daneben gibt es besondere Bestimmungen zur **internationalen Zuständigkeit und Anerkennung** ausländischer Verfügungen in Adoptionsangelegenheiten (Art 40–41 IPRG). In Ergänzung dieser Normen bleibt das **AdoptionsG** für viele Aspekte der internationalen Adoption weiterhin ausschlaggebend, insbesondere für die Anerkennung ausländischer Verfügungen (Art 35–36 AdoptionsG).[511] Das AdoptionsG ist auch aufgrund zahlreicher darin enthaltener Eingriffsnormen *(norme di applicazione necessaria)*[512] kollisionsrechtlich besonders relevant.[513] Daneben spielen **internationale Übereinkommen**, darunter va das Haager Übereinkommen vom 29. Mai 1993 über den Schutz von Kindern und die Zusammenarbeit auf dem Gebiet der internationalen Adoption (kurz HAdoptÜ 1993), eine nicht unwesentliche Rolle.[514] Aufgrund der zahlreichen, sich teilweise überlagernden Rechtsquellen ist das internationalprivatrechtliche Adoptionsrecht daher äußerst komplex.[515] 5/163

Im Zusammenhang mit der Adoption ergeben sich besonders häufig Probleme der **Qualifikation** ausländischer Rechtsinstitute.[516] Auch wenn der Begriff nach der *lege fori* auszulegen ist,[517] so muss die Adoption iSd IPRG weiter gefasst werden als jene des italienischen materiellen Rechts. Die im AdoptionsG vorgegebene Definition muss somit flexibel interpretiert werden.[518] 5/164

Umstritten ist zB, ob man darunter auch die sog **Kafala** *(kafalah)* subsumieren kann, ein Rechtsinstitut, das in einigen Staaten mit islamischer Tradition (Marokko, Lybien, Algerien, Tunesien, Ägypten) eine Beistands- und Schutzfunktion für minderjährige Kinder erfüllt, die sich in einer Notlage befinden oder alleine sind.[519]

---

511 Das AdoptionsG vom 4. 5. 1983, Nr 184 wurde mit G 31. 12. 1998, Nr 476 (Ratifizierung des Haager Übereinkommens vom 29. 5. 1993 über den Schutz von Kindern und die Zusammenarbeit auf dem Gebiet der internationalen Adoption 1993) und G 28. 3. 2001, Nr 149 sowie G 19. 10. 2015, Nr 173 bedeutend geändert.

512 Vgl Rz 1/146 ff.

513 *Barel/Armellini* (2018) 230.

514 Zu den internationalen Übereinkommen vgl auch *Vassalli di Dachenhausen*, Adozione (dir. internaz. priv.), Enc.dir. Agg III (1999) 83 ff; *Ghionni*, Adozione internazionale e diritto alla famiglia (2016) 23 ff.

515 *Mosconi/Campiglio II*[4] (2016) 221; *Barel/Armellini* (2018) 229.

516 Darunter versteht man eine Rechtshandlung *(atto giuridico)*, im Zuge derer eine Person, die vor dem Gesetz nicht Kind einer anderen Person ist, dieser zweiten Person gegenüber einen rechtlichen Status erhält, der dem eines Kindes mehr oder weniger gleichkommt und die andere Person im Gegenzug die Rechte und Pflichten eines Elternteils erhält. Vgl *De Nova*, Adozione (dir. internaz. priv.), Enc.dir. Bd I (1958) 601.

517 Das italienische Recht unterscheidet zwischen verschiedenen Arten der Adoption. Nur die sog volle Adoption *(adozione piena)* verleiht dem Adoptierten den Status eines Kindes und unterbricht alle Verwandtschaftsbeziehungen zur Ursprungsfamilie. Im Falle der Adoption in besonderen Fällen *(adozione in casi particolari)* sowie der Adoption Volljähriger *(adozione di maggiorenni)* sind die Wirkungen hingegen deutlich abgeschwächt. Vgl *Christandl* in Eccher/Schurr/Christandl (2009) 598 ff.

518 *Mosconi/Campiglio II*[4] (2016) 224.

519 *Armellini*, Qualificazione e istituti del diritto di famiglia sconosciuti, in Cagnazzo/Preite/Tagliaferri, Il nuovo diritto di famiglia IV (2015) 794; *Mosconi/Campiglio II*[4] (2016) 224; *Peraro*, Il riconoscimento degli effetti della kafalah: una questione non ancora risolta, Riv.dir.int.priv.proc. 2015, 541 ff; *Tuo*, Il riconoscimento dei provvedimenti di adozione stranieri, in Cagnazzo/Preite/Tagliaferri, Il nuovo diritto di famiglia IV (2015) 1187 ff. Zur Qualifizierung der Kafala zum Zwecke der Familienzusammenführung vgl *Lopes Pegna*, La legge applicabile ai fini della determinazione dello status familiare nella disciplina del ricongiungimento, in Cagnazzo/Preite/Tagliaferri, Il nuovo diritto di famiglia IV (2015) 867 ff. In der Rsp vgl für

Nach Inkrafttreten des KSÜ 1996 in Italien mit 1. 1. 2016 ist die Qualifizierung der Kafala als Schutzmaßnahme iSv Art 3 lit e KSÜ 1996 zu bevorzugen.[520]

5/165 Daneben gibt es eigene kollisionsrechtliche Regelungen für das **Unterhaltsrecht** zwischen Adoptierten und Adoptierenden (EuUVO und HUP 2007),[521] das **Namensrecht** (Münchner Übereinkommen 1980 iVm Art 24 IPRG)[522] sowie die **erbrechtlichen Wirkungen** der Adoption (EuErbVO).[523,524]

II. Internationale Zuständigkeit

5/166 Die **internationale Zuständigkeit** italienischer Gerichte in Adoptionssachen ist sehr weitreichend[525] und bestimmt sich nach Art 40 IPRG für alle Entscheidungen, unabhängig davon, um welche Art von Adoption es sich handelt.[526] Dabei sieht Art 40 IPRG unterschiedliche Zuständigkeitskriterien für Entscheidungen über das Zustandekommen der Adoption (Art 40 Abs 1)[527] und solche über die Rechtsverhältnisse zwischen Adoptiertem und Adoptierenden (Art 40 Abs 2) vor.

5/167 Demnach sind italienische Gerichte für Entscheidungen über das **Zustandekommen und den Widerruf** *(costituzione e revoca)* der Adoption zuständig, wenn a) ein Beteiligter (also ein Adoptierender oder der zu Adoptierende) italienischer Staatsbürger ist oder seinen gewöhnlichen Aufenthalt *(residenza)* in Italien hat[528] oder b) der zu Adoptierende ein in Italien im Zustand der Verwahrlosung befindlicher Minderjähriger ist (Art 40 Abs 1).[529] Diese Kriterien gelten für die Adoption minderjähriger Italiener durch Ausländer, die Adoption Volljähriger sowie die nicht volle Adoption. Für die volle Adoption ausländischer Minderjähriger sieht Art 29bis AdoptionsG die Zuständigkeit italienischer Gerichte vor, wenn die Adoptierenden ihren gewöhnlichen Aufenthalt *(residenza)* in Italien, der zu adoptierende Minderjährige seinen

---

die Anerkennung einer ausländischen Verfügung in Anwendung von Art 41 Abs 2 IPRG KassGH Ziv 23. 9. 2011, Nr 19450, Dir.fam.pers. 2012, 1472. Dagegen JG Brescia 23. 12. 2013, Riv.dir.int.priv.proc. 2015, 573.

520 *Mosconi/Campiglio II*[4] (2016) 224; *Barel/Armellini* (2018) 138.

521 Vgl Rz 5/178 ff.

522 Zum Namensrecht vgl Rz 3/31 ff.

523 Zur EuErbVO vgl allgemein Rz 6/31 ff.

524 *Barel/Armellini* (2018) 234.

525 *Mosconi/Campiglio II*[4] (2016) 222; *Barel/Armellini* (2018) 234.

526 *Mosconi/Campiglio II*[4] (2016) 222; *Ragni* in Zaccaria[3] (2016) Art 40 L 31. 5. 1995, n. 218, I, 1; *Cafari Panico*, Riforma, Riv.dir.int.priv.proc. 1996, Art 40, 1006. Die Anwendung der Brüssel IIa-VO ist ausdrücklich ausgeschlossen (Art 1 Abs 3 lit b Brüssel IIa-VO). Zum Verhältnis zwischen Art 40 IPRG und den Zuständigkeitsnormen im AdoptionsG vgl *Pizzolante*, Le adozioni nel diritto internazionale privato (2008) 144 ff.

527 *Barel/Armellini* (2018) 234 weitet den Anwendungsbereich von Art 40 Abs 1 auch auf den Widerruf *(revoca)* der Adoption aus.

528 Es handelt sich dabei um alternative Kriterien. Vgl JG Catanzaro 27. 9. 2004, Riv.dir.int.priv.proc. 2005, 779. Der gewöhnliche Aufenthalt *(residenza)* versteht sich nach Art 43 Abs 2 ZGB, als jener Ort, an dem die Person ihren ständigen Wohnsitz hat. Vgl *Mosconi/Campiglio II*[4] (2016) 222.

529 Zu diesem Kriterium vgl ausführlich *Pizzolante*, Le adozioni nel diritto internazionale privato (2008) 159 ff. Dem entspricht Art 37bis AdoptionsG, demzufolge in Fragen der Adoption, Überlassung zur Betreuung und dringender Verfügungen das italienische Recht Anwendung findet, wenn sie ein ausländisches minderjähriges Kind betreffen, das sich in Italien im Zustand der Verwahrlosung befindet.

aber im Ausland hat oder die italienischen Adoptiveltern ihren gewöhnlichen Aufenthalt im Ausland haben.[530]

Fragen zu den **persönlichen und vermögensrechtlichen Wirkungen** der Adoption unterliegen der italienischen Gerichtsbarkeit hingegen in den von Art 3 vorgesehenen Fällen[531] sowie auch immer dann, wenn die Adoption nach italienischem Recht begründet wurde (Art 40 Abs 2 IPRG; sog Grundsatz der Übereinstimmung von *forum* und *ius*).[532] 5/168

III. Anwendbares Recht

Die Kollisionsnorm für die **Begründung der Adoption** ist in Art 38 IPRG verankert. Dessen sachlicher Anwendungsbereich umfasst neben den Voraussetzungen für die Begründung der Adoption auch deren Widerruf *(revoca)* sowie die Umstände, die zum Erlöschen der Adoption *(estinzione)* führen können. Insbesondere fallen darunter die Altersvoraussetzungen, die Adoptionsfähigkeit als besondere Handlungsfähigkeit *(capacità speciale*; Art 23 Abs 1 S 2 IPRG),[533] notwendige Genehmigungen und Zustimmungen und das Fehlen von Adoptionshindernissen.[534] 5/169

Für die sog **volle Adoption** *(adozione piena)*[535] gilt Art 38 Abs 1 S 2 IPRG. Diese einseitige Kollisionsnorm[536] schreibt die Anwendung des italienischen materiellen Rechts vor, wenn die Adoption eines Minderjährigen bei einem italienischen Gericht beantragt wird und sie geeignet ist, diesem den Personenstand eines Kindes zuzuerkennen.[537] Es kommt somit zu einem Gleichlauf von *ius* und *forum*.[538] Auch wenn die Formulierung vermuten lässt, dass dieser Fall die Ausnahme darstellt, so handelt es sich doch vielmehr um den Regelfall.[539] 5/170

Art 38 Abs 1 S 1 IPRG sieht für **alle anderen Adoptionsformen**, also die Adoption in besonderen Fällen *(adozione in casi particolari)* sowie die Adoption Volljähriger *(adozione di mag-* 5/171

530 *Mosconi/Campiglio II*[4] (2016) 223.

531 Vgl allgemein Rz 2/90 ff.

532 *Cafari Panico*, Riforma, Riv.dir.int.priv.proc. 1996, Art 40, 1106 f; *Pizzolante*, Le adozioni nel diritto internazionale privato (2008) 168. Dabei handelt es sich meist um den Fall, dass die volle Adoption eines Minderjährigen bei einem italienischen Gericht beantragt wurde (Art 38 Abs 1 letzter S IPRG). Vgl *Mosconi/Campiglio II*[4] (2016) 223.

533 Zur besonderen Handlungsfähigkeit vgl Rz 3/15.

534 *Mosconi/Campiglio II*[4] (2016) 225 f.

535 Die ursprüngliche Bezeichnung in Art 38 Abs 1 IPRG bezog sich auf die sog legitimierende Adoption *(adozione legittimante)*. Auch nach Änderung von Art 41 IPRG mit GvD 28. 12. 2013, Nr 154 und der Streichung des Bezugs auf die Ehelichkeit des Status des adoptierten Kindes aus dem Gesetzestext ist jedenfalls weiterhin jene Art der Adoption gemeint, die den Status eines (in der Ehe geborenen) Kindes verleiht, unter Ausschluss der Adoption in besonderen Fällen *(adozione in casi particolari)*. Vgl *Barel/Armellini* (2018) 231; *Mosconi/Campiglio II*[4] (2016) 221.

536 *Barel/Armellini* (2018) 231. Zu den einseitigen Kollisionsnormen vgl Rz 1/36 und 1/56.

537 Zum Verhältnis zwischen Art 38 Abs 1 S 1 und 2 IPRG vgl *Pizzolante*, Le adozioni nel diritto internazionale privato (2008) 67 ff.

538 *Cafari Panico*, Riforma, Riv.dir.int.priv.proc. 1996, Art 38, 1101. In der Lehre ist umstritten, ob die Bestimmungen des AdoptionsG dadurch zu Eingriffsnormen werden. Vgl dazu *Pizzolante*, Le adozioni nel diritto internazionale privato (2008) 68 ff. In der Rsp: KassGH Ziv VS 19. 1. 1988, Nr 392, Giust.civ. 1988, I, 943; VfGH 11. 12. 1989, Nr 536, Riv.dir.int.priv.proc. 1991, 81; KassGH Ziv 3. 2. 1992, Nr 1128, Mass.Giust.civ. 1992, 135; KassGH Ziv 4. 11. 1996, Nr 9576, Mass.Giust.civ. 1996, 1463.

539 *Mosconi/Campiglio II*[4] (2016) 228.

giorenni),[540] eine Anknüpfungsleiter *(concorso successivo di criteri di collegamento)* vor.[541] Die Anknüpfungskriterien betreffen allein die Adoptierenden.[542] Maßgeblich für die Voraussetzungen, die Begründung und den Widerruf der Adoption ist das **Heimatrecht des Adoptierenden oder das gemeinsame Heimatrecht der Adoptierenden.** Mangels eines gemeinsamen Heimatrechts richten sich diese Fragen nach dem Recht jenes Staates, in dem die beiden Adoptierenden ihren gewöhnlichen Aufenthalt *(residenza)* haben, oder (mangels eines solchen) nach dem Recht jenes Staates, in dem ihr Eheleben im Zeitpunkt der Adoption vorwiegend stattfindet.[543] Verlangt das Heimatrecht des zu adoptierenden Volljährigen dessen Einwilligung zur Adoption, so wird diese von ebendiesem Recht geregelt (Art 38 Abs 2 IPRG).

5/172 Die **Rechtsverhältnisse** zwischen Adoptierten und Adoptierenden sowie deren Verwandten werden nach Art 39 IPRG angeknüpft.[544] Letztere werden vom Heimatrecht des Adoptierenden oder aber vom gemeinsamen Heimatrecht der Adoptierenden oder mangels eines solchen vom Recht jenes Staates, in dem die beiden Adoptierenden ihren gewöhnlichen Aufenthalt haben, oder vom Recht jenes Staates geregelt, in dem ihr Eheleben vorwiegend stattfindet (Art 39 IPRG). Für die Adoption von Minderjährigen gilt es allerdings das KSÜ 1996 zu berücksichtigen.[545] Unter die persönlichen Rechtsverhältnisse fällt auch das Namensrecht.[546] Die erbrechtlichen Wirkungen der Adoption unterliegen hingegen nicht Art 39 IPRG, sondern dem Erbstatut.[547] Es fehlt hingegen eine Anknüpfungsregel für die Rechtsverhältnisse zwischen dem Adoptierten und seiner Ursprungsfamilie.[548]

5/173 **Rück- und Weiterverweisungen** sind zu berücksichtigen, sofern es sich nicht um eine volle Adoption handelt, für die Art 38 IPRG ausdrücklich die Anwendung des italienischen materiellen Rechts anweist.[549] Auch der *ordre public* spielt in Zusammenhang mit der Adoption eine nicht unbedeutende Rolle, wobei sich diese Frage häufig im Zuge der Anerkennung ausländischer Verfügungen ergibt.[550]

---

540 *Cafari Panico*, Riforma, Riv.dir.int.priv.proc. 1996, Art 38, 1101; *Barel/Armellini* (2018) 233.

541 *Mosconi/Campiglio II*[4] (2016) 226; *Barel/Armellini* (2018) 233; *Pizzolante*, Le adozioni nel diritto internazionale privato (2008) 81.

542 *Mosconi/Campiglio II*[4] (2016) 226; *Barel/Armellini* (2018) 233.

543 Anhaltspunkte für die Bestimmung des letzten Anknüpfungspunktes sind dabei der aktuelle gewöhnliche Aufenthalt; die Länge der Zeitspanne, in denen der Aufenthalt in einem bestimmten Staat war; der Ort, an dem die Kinder leben; jener, an dem die Adoptierenden arbeiten, usw. Vgl *Barel/Armellini* (2018) 233; *Pizzolante*, Le adozioni nel diritto internazionale privato (2008) 111 ff.

544 *Mosconi/Campiglio II*[4] (2016) 232.

545 Diese Rechtsverhältnisse unterliegen demzufolge dem Recht jenes Staates, in dem der Minderjährige seinen gewöhnlichen Aufenthalt *(residenza abituale)* hat. *Mosconi/Campiglio II*[4] (2016) 231. Vgl Rz 5/143 ff.

546 *Pizzolante*, Le adozioni nel diritto internazionale privato (2008) 135 f. Zum Namensrecht vgl Rz 3/31 ff.

547 *Cafari Panico*, Riforma, Riv.dir.int.priv.proc. 1996, Art 38, 1104. Zum Erbstatut vgl allgemein Rz 6/1 ff.

548 *Mosconi/Campiglio II*[4] (2016) 232 f sprechen sich dafür aus, das auf die Begründung der Adoption anzuwendende Recht heranzuziehen. Bei vollen Adoptionen, die durch ein italienisches Gericht verkündet wurden, ist somit Art 27 AdoptionsG zu beachten, wonach alle rechtlichen Verbindungen zur Ursprungsfamilie erlöschen und nur die Ehehindernisse aufrecht bleiben.

549 *Mosconi/Campiglio II*[4] (2016) 233; *Franchi* in Bariatti, Riforma, Nuove leggi civ.comm. 1996, Art 38, 1217; *Pizzolante*, Le adozioni nel diritto internazionale privato (2008) 109.

550 *Pizzolante*, Le adozioni nel diritto internazionale privato (2008) 103 ff. Vgl Rz 5/174 ff.

IV. Anerkennung ausländischer Verfügungen

Regeln für die **Anerkennung ausländischer Verfügungen** *(provvedimenti)* in Adoptionssachen finden sich in Art 41 IPRG[551] sowie im AdoptionsG und im HAdoptÜ 1993.[552] Daraus ergibt sich die Notwendigkeit der Koordination dieser verschiedenen Rechtsquellen. Art 41 Abs 1 IPRG verweist zwar grundsätzlich auf die allgemeinen Anerkennungsregeln (Art 64 ff IPRG),[553] nach Art 41 Abs 2 IPRG bleiben jedoch die Bestimmungen der Sondergesetze in Angelegenheiten der Adoption Minderjähriger unberührt. Dies bedeutet, dass Art 64 ff IPRG nur dann zur Anwendung kommen, wenn die Verfügung nicht in den Anwendungsbereich der im AdoptionsG enthaltenen Anerkennungsnormen (Art 35 und 36 AdoptionsG)[554] sowie des HAdoptÜ 1993[555] fallen.[556] 5/174

Das **AdoptionsG** unterscheidet zum Zwecke der Anerkennung, ob die Verfügung in einem Vertragsstaat des HAdoptÜ 1993 erlassen wurde oder nicht. Für Vertragsstaaten findet Art 35 AdoptionsG Anwendung, für alle anderen Staaten Art 36 AdoptionsG.[557] In beiden Fällen wird die ausländische Verfügung in das Personenstandsregister eingetragen *(trascrizione nei registri dello stato civile)* und am Rande der Geburtsurkunde angemerkt (Art 28 Abs 2 lit g und Art 49 Abs 1 lit a StandesamtsO). Mit der Eintragung erlangen minderjährige Adoptierte die italienische Staatsbürgerschaft (Art 34 Abs 3 AdoptionsG).[558] 5/175

Die Anwendung der allgemeinen Anerkennungsregeln nach **Art 64 ff** IPRG stellt hingegen eher die Ausnahme als die Regel dar.[559] Relevant ist insb Art 66 IPRG (Anerkennung von ausländischen Verfügungen der freiwilligen Gerichtsbarkeit).[560] 5/176

Der ***ordre public*** gilt auch in Adoptionssachen als Schranke der Anerkennung ausländischer Entscheidungen und Verfügungen, wobei das **Wohl des Kindes** *(interesse del minore)* zu berücksichtigen ist. Die Berufung auf den *ordre public* zur Verweigerung der Anerkennung sollte somit nur die *extrema ratio* sein.[561] 5/177

---

551 Der Anwendungsbereich von Art 41 IPRG umfasst nicht nur die Adoptionsverfügungen *(provvedimenti di adozione)*, sondern vielmehr alle Verfügungen in Adoptionsangelegenheiten. *Mosconi/Campiglio II*[4] (2016) 234.

552 *Tuo*, Il riconoscimento dei provvedimenti di adozione stranieri, in Cagnazzo/Preite/Tagliaferri, Il nuovo diritto di famiglia IV (2015) 1171 ff; *Pizzolante*, Le adozioni nel diritto internazionale privato (2008) 181 ff.

553 Vgl Rz 2/108 f.

554 *Ragni* in Zaccaria[3] (2016) Art 41 L 31. 5. 1995, n. 218, III und IV.

555 *Ragni* in Zaccaria[3] (2016) Art 41 L 31. 5. 1995, n. 218, II.

556 *Bonomi,* La disciplina dell'adozione internazionale dopo la riforma del diritto internazionale privato, Riv. dir.civ. 1996, 380; *Ragni* in Zaccaria[3] (2016) Art 41 L 31. 5. 1995, n. 218, I, 2.

557 *Ragni* in Zaccaria[3] (2016) Art 41 L 31. 5. 1995, n. 218, III. 1; *Tuo*, Il riconoscimento dei provvedimenti di adozione stranieri, in Cagnazzo/Preite/Tagliaferri, Il nuovo diritto di famiglia IV (2015) 1177 ff.

558 *Barel/Armellini* (2018) 236.

559 Konkret sind dies a) Adoptionsverfügungen von Volljährigen, b) ausländische Adoptionsverfügungen von minderjährigen italienischen Staatsbürgern und c) ausländische Adoptionsverfügungen von ausländischen Minderjährigen durch ausländische Adoptierende sowie d) Verfügungen bei Adoption in besonderen Fällen nach Art 44 AdoptionsG. Vgl *Mosconi/Campiglio II*[4] (2016) 237; *Barel/Armellini* (2018) 237; *Ragni* in Zaccaria[3] (2016) Art 41 L 31. 5. 1995, n. 218, VI, 1.

560 *Ragni* in Zaccaria[3] (2016) Art 41 L 31. 5. 1995, n. 218, VI.

561 Art 24 HAdoptÜ 1993. *Mosconi/Campiglio II*[4] (2016) 237; *Barel/Armellini* (2018) 237. So auch in der Rsp OLG Torino 27. 11. 1995, Dir.fam.pers. 1997, 601; KassGH Ziv 1. 4. 1993, Nr 3907, Riv.dir.int.priv.proc. 1994, 130; KassGH Ziv 8. 2. 2000, Nr 1366, Dir.fam.pers. 2001, 81.

In diesem Sinne hat das OLG Torino auch in Ermangelung einer formellen Erklärung des Zustands der Verwahrlosung eine haitianische Adoptionsverfügung anerkannt.[562]

Ebenso ist die Überschreitung des höchstzulässigen Altersunterschiedes zwischen Adoptierenden und Adoptierten (40 Jahre) kein Hindernis für die Anerkennung einer Adoptionsverfügung.[563]

Auch die Adoption von Seiten nicht verheirateter Personen *(single)* widerspricht nicht den Grundwerten der italienischen Rechtsordnung, wird aber meist nur als Adoption in besonderen Fällen *(adozione in casi particolari)* gem Art 44 AdoptionsG und nicht als volle Adoption *(adozione piena)* anerkannt.[564]

Nach Auffassung der neuesten Rsp widerspricht die Anerkennung einer im Ausland begründeten vollen Adoption durch gleichgeschlechtliche Ehegatten nicht dem ordre public.[565] Zuletzt wurde sogar die Adoption eines Kindes von Seiten eines nicht verheirateten gleichgeschlechtlichen Paares in Italien anerkannt.[566] In Italien ist jedenfalls die Adoption in besonderen Fällen des Kindes des eingetragenen Partners *(stepchild-adoption/adozione co-parentale)* möglich und somit können diese ohne weiteres anerkannt werden, wenn sie im Ausland vollzogen wurden.[567]

M. Unterhaltsrecht

Literatur:

Mosconi/Campiglio II[4] (2016) 242 ff; *Barel/Armellini* (2018) 218 ff; *Viarengo* in Zaccaria[3] (2016) Art 45 L 31. 5. 1995, n. 218 und Regolamento (CE) 18 dicembre 2008, n. 4/2009; *Malatesta* in Zaccaria[3] (2016) Protocollo dell'Aja del 23 novembre 2007 sulla legge applicabile alle obbligazioni alimentari; *De Cesari* in Sesta[3] (2015) Regolamento (CE) n. 4/2009 del Consiglio, del 18 dicembre 2008, relativo alla competenza, alla legge applicabile, al riconoscimento e all'esecuzione delle decisioni e alla cooperazione in materia di obbligazioni alimentari, 2942 ff und Protocollo de L'Aja del 23 novembre 2007 sulla legge applicabile alle obbligazioni alimentari, 2986 ff; *Castellaneta/Leandro*, Il regolamento CE n. 4/2009 relativo alle obbligazioni alimentari, in Nuove leggi civ.comm. 2009, 1051 ff; *Salvadori*, Giurisdizione, legge regolatrice, riconoscimento ed esecuzione delle decisioni in materia di obbligazioni alimentari, in Cagnazzo/Preite/Tagliaferri, Il nuovo diritto di famiglia IV (2015) 1047 ff.

562 OLG Torino 27. 11. 1995, Dir.fam.pers. 1997, 601.

563 KassGH Ziv 1. 4. 1993, Nr 3907, Riv.dir.int.priv.proc. 1994, 130; KassGH Ziv 8. 2. 2000, Nr 1366, Dir.fam.pers. 2001, 81.

564 KassGH Ziv 5. 10. 1992, Nr 10923, Foro it. 1993, I, 2638; KassGH Ziv 14. 2. 2011, Nr 3572, Giust.civ. 2011, 327. Vgl auch EGMR 28. 6. 2007, 76240/01, Wagner v Luxemburg.

565 KassGH Ziv 31. 5. 2018, Nr 14007, Foro it. 2018, I, 2717. Vgl bereits OLG Genova 1. 9. 2017, Nr 1319, Ilfamiliarista.it 7. 3. 2018; OLG Milano 16. 10. 2015, http://mobile.ilcaso.it/sentenze/ultime/13842 (letzter Besuch: 28. 6. 2019); OLG Napoli 5. 4. 2016, Foro it. 2016, I, 1910; KassGH Ziv 16. 6. 2017, Nr 14987, Foro it. 2017, I, 2280. Vgl auch allgemein *Lopes Pegna*, Effetti in Italia della adozione co-parentale pronunciata all'estero: vecchie e nuove questioni, Riv.dir.int.priv.proc. 2016, 725 ff.

566 JG Firenze 8. 3. 2017, Foro it. 2017, I, 1034.

567 KassGH Ziv 30. 9. 2016, Nr 19599, Foro it. 2016, I, 3329. Der italienische Gesetzgeber (G 20. 5. 2016, Nr 76) hat die Möglichkeit der Adoption des Stiefkindes des eingetragenen Partners nicht vorgesehen. Dem kam der KassGH Ziv mit seinem Urteil vom 26. 5. 2016 Nr 12962, Foro it. 2016, I, 2342 nach. Er ließ die Adoption in besonderen Fällen gem Art 44 Abs 1 lit d AdoptionsG im Falle eines gleichgeschlechtlichen Paares zu. Vgl auch LG Roma 23. 12. 2015, Nuova giur.civ.comm. 2016, 969.

I. Allgemeines

Das autonome IPR spielt im Bereich des Unterhaltsrechts *(obbligazioni alimentari)* kaum eine Rolle, während die internationalen Rechtsquellen von besonderer Bedeutung sind.[568] So kamen für **Zuständigkeitsfragen** sowie die **Anerkennung ausländischer Entscheidungen** zuerst das Brüsseler Übereinkommen 1968[569] sowie die Brüssel I-VO zur Anwendung. Für Verfahren, die ab dem 18. 6. 2011 eingeleitet wurden, ist hingegen die **EU-Unterhaltsverordnung** (**EuUVO**, auch EU-UnterhaltsVO oder EU-UntVO) ausschlaggebend.[570] Seit dem 18. 6. 2011 bestimmt sich das **Unterhaltskollisionsrecht** hingegen Kraft Verweisung in Art 15 EuUVO für die teilnehmenden Mitgliedstaaten, und folglich auch für Italien, nach dem **Haager Unterhaltsprotokoll (HUP) 2007**.[571] Dieses ist wiederum Anhang des Haager Unterhaltsübereinkommens 2007.[572] Nunmehr verweist auch Art 45 IPRG ausdrücklich auf die EuUVO.[573] 5/178

Der Begriff Unterhalt *(obbligazioni alimentari)* ist **autonom** auszulegen.[574] Er ist sehr weit und kann neben dem eingeschränkten Unterhalt (*alimenti*; Art 433 ff ZGB) auch den vollen Unterhalt *(mantenimento)* nach italienischem Recht umfassen.[575] 5/179

568 Für eine Aufzählung der wichtigsten internationalen Rechtsakte vgl *Salvadori,* Giurisdizione, legge regolatrice, riconoscimento ed esecuzione delle decisioni in materia di obbligazioni alimentari, in Cagnazzo/Preite/Tagliaferri, Il nuovo diritto di famiglia IV (2015) 1047 ff.

569 Art 3 iVm Art 5 Abs 2 Übereinkommen über die gerichtliche Zuständigkeit und die Vollstreckung gerichtlicher Entscheidungen in Zivil- und Handelssachen vom 27. 9. 1968.

570 Verordnung (EG) Nr 4/2009 des Rates über die Zuständigkeit, das anwendbare Recht, die Anerkennung und Vollstreckung von Entscheidungen und die Zusammenarbeit in Unterhaltssachen. Die Brüssel Ia-VO schließt hingegen Unterhaltspflichten, die auf einem Familien-, Verwandtschafts- oder eherechtlichen Verhältnis oder auf Schwägerschaft beruhen, ausdrücklich von ihrem Anwendungsbereich aus (Art 1 Abs 2 lit e Brüssel Ia-VO). Ebenso sind sie auch aus dem Anwendungsbereich der VO 2016/1103 und 2016/1104 (Verordnungen (EU) Nr 1103/2016 und Nr 1104/2016) ausgeschlossen.

571 Das Haager Protokoll über das auf Unterhaltssachen anzuwendende Recht vom 23. 11. 2007 trat auf internationaler Ebene (momentan aber nur zwischen der EU und Serbien) mit 1. 8. 2013 in Kraft. Für die EU wurde die Anwendbarkeit des HUP vorgezogen und es gilt somit schon ab dem 18. 6. 2011.
Zum Verhältnis zwischen dem Verweis auf das Haager Übereinkommen 1973 in Art 45 IPRG und dem Inkrafttreten des HUP 2007 vgl *Viarengo* in Zaccaria[3] (2016) Art 45 L 31. 5. 1995, n. 218, VII, 7; *Malatesta* in Zaccaria[3] (2016) Art 15–30 Protocollo dell'Aja del 23 novembre 2007 sulla legge applicabile alle obbligazioni alimentari, I, 3; *Castellaneta/Leandro*, Il regolamento CE n. 4/2009 relativo alle obbligazioni alimentari, Nuove leggi civ.comm. 2009, 1088 ff. Vgl auch Rz 1/44.

572 Übereinkommen über die internationale Geltendmachung der Unterhaltsansprüche von Kindern und anderen Familienangehörigen vom 23. 11. 2007.

573 Art 45 IPRG wurde mit Art 1 Abs 1 lit b GvD 19. 1. 2017, Nr 7 geändert. Zuvor verwies er auf das Haager Unterhaltsübereinkommen (Übereinkommen vom 2. 10. 1973 über das auf Unterhaltspflichten anzuwendende Recht), das mit Gesetz vom 24. 10. 1980, Nr 745, für anwendbar erklärt wurde.

574 *Castellaneta/Leandro*, Il regolamento CE n. 4/2009 relativo alle obbligazioni alimentari, Nuove leggi civ. comm. 2009, 1063 f; *Barel/Armellini* (2018) 218 f. Vgl auch Erwägungsgrund Nr 11 EuUVO. Siehe auch KassGH Ziv VS 24. 7. 2003, Nr 11526, Riv.dir.int.priv.proc. 2004, 678.

575 KassGH Ziv VS 1. 10. 2009, Nr 21053, Giust.civ. 2010, I, 2543; KassGH Ziv VS 24. 7. 2003, Nr 11526, Riv. dir.priv.proc. 2004, 678. Zum Begriff vgl auch *Viarengo*, International divorce proceedings in Italy: issues arising in the case law, Riv.dir.int.priv.proc. 2016, 720.

II. Die EU-Unterhaltsverordnung

5/180 Die Besonderheit der EuUVO liegt darin, dass erstmals alle IPR-rechtlichen Aspekte einer Materie (Zuständigkeit, anzuwendendes Recht und Anerkennung ausländischer Entscheidungen) in einem einzigen Rechtsakt geregelt werden. Sie hat **universelle Geltung**, dh, sie ist auch auf Sachverhalte anzuwenden, die keine Verbindung mit einem Mitgliedstaat haben.[576]

5/181 Ihr **sachlicher Anwendungsbereich** umfasst sämtliche Unterhaltspflichten, die auf einem Familien-, Verwandtschafts- oder eherechtlichen Verhältnis sowie auf Schwägerschaft beruhen (Art 1 EuUVO). Nach Auslegung des EuGH umfasst der Begriff Unterhaltspflichten alle gesetzlichen oder durch eine gerichtliche Entscheidung begründeten Verpflichtungen sowie Unterhaltspflichten aus einer Scheidung, die dem Lebensunterhalt eines bedürftigen Gläubigers dienen, unabhängig davon, ob es sich um einmalige oder periodische Leistungen handelt.[577] Der europäische Gesetzgeber hat sich dabei bewusst gegen eine Definition des Begriffs Familie entschieden, um eine möglichst breite Anwendung zu ermöglichen.[578]

III. Zuständigkeit

5/182 Vor dem 18. 6. 2011 war die Zuständigkeit in Unterhaltsfragen auf europarechtlicher Ebene in Art 5 Abs 2 Brüssel I-VO geregelt,[579] der analoge Kriterien vorsieht wie das Brüsseler Übereinkommen 1968,[580] auf das Art 3 IPRG immer noch ausdrücklich verweist.[581]

5/183 Seit 18. 6. 2011 wurde die Brüssel I-VO hingegen in Unterhaltssachen durch die **EuUVO** ersetzt. Sie sieht in Art 3 grundsätzlich **vier alternative Zuständigkeiten** *(concorso alternativo)* vor. Zunächst sind a) das Gericht am gewöhnlichen Aufenthalt *(residenza abituale)* des Beklagten oder b) der berechtigten Person zuständig.[582] Daneben kann auch c) das Gericht, das nach seinem Recht für ein Verfahren in Bezug auf den Personenstand oder d) die elterliche Verantwortung zuständig ist, in der Nebensache zu diesem Verfahren über eine Unterhaltssache ent-

---

576 Darüber hinaus ist sie für alle Mitgliedstaaten bindend, auch für Dänemark und das Vereinigte Königreich, welche ursprünglich ausgeschlossen waren. *Mosconi/Campiglio II*[4] (2016) 245; *Barel/Armellini* (2018) 219.

577 *Mosconi/Campiglio II*[4] (2016) 245. Zur Auslegung des Begriffs Unterhalt durch den EuGH vgl EuGH, ECLI:EU:C:1980:70, de Cavel v de Cavel; EuGH, ECLI:EU:C:1997:91, van den Boogaard v Laumen.

578 *Castellaneta/Leandro*, Il regolamento CE n. 4/2009 relativo alle obbligazioni alimentari, Nuove leggi civ. comm. 2009, 1060 ff; *Barel/Armellini* (2018) 220.

579 Nach Art 5 Abs 2 Brüssel I-VO konnte eine Person, die ihren Wohnsitz *(domicilio)* im Hoheitsgebiet eines Mitgliedstaats hat, in Unterhaltssachen in einem anderen Mitgliedstaat verklagt werden. Zuständig war dann das Gericht des Ortes, an dem der Unterhaltsberechtigte seinen Wohnsitz *(domicilio)* oder seinen gewöhnlichen Aufenthalt *(residenza abituale)* hatte, oder im Falle einer Unterhaltssache, über die im Zusammenhang mit einem Verfahren in Bezug auf den Personenstand zu entscheiden war, das nach seinem Recht für dieses Verfahren zuständige Gericht.

580 Art 3 iVm Art 5 Abs 2 Übereinkommen über die gerichtliche Zuständigkeit und die Vollstreckung gerichtlicher Entscheidungen in Zivil- und Handelssachen vom 27. 9. 1968.

581 Für die Vertragsstaaten des Lugano II-Übereinkommens vom 30. 10. 2007 (Übereinkommen über die gerichtliche Zuständigkeit, die Anerkennung und Vollstreckung von Entscheidungen) gelten dessen Bestimmungen, die wiederum großteils denen in der Brüssel I-VO entsprechen.

582 Zur Anwendung vgl ua LG Roma 5. 11. 2013, Riv.dir.int.priv.proc. 2014, 674; LG Belluno 12. 11. 2013, Riv.dir.int.priv.proc. 2014, 973; LG Belluno 23. 12. 2014, Riv.dir.int.priv.proc. 2016, 206.

scheiden, es sei denn, diese Zuständigkeit begründet sich einzig auf der Staatsangehörigkeit einer der Parteien.[583]

Eine **Rechtswahl** ist nur beschränkt möglich und für Unterhaltsverpflichtungen gegenüber Kindern unter 18 Jahren vollkommen ausgeschlossen (Art 4).[584] Zudem wird die **Zuständigkeit durch Einlassung** ohne Geltendmachung der mangelnden Zuständigkeit begründet (Art 5). Ergibt sich nach Art 3–5 EuUVO keine Zuständigkeit der Gerichte eines Mitgliedstaates oder eines Staates, der dem Übereinkommen von Lugano angehört, so liegt die sog **Auffangzuständigkeit** bei den Gerichten des Mitgliedstaates, dessen gemeinsame Staatsangehörigkeit die Parteien besitzen (Art 6). Die **Notzuständigkeit** liegt bei den Gerichten eines Mitgliedstaates, mit dem der Rechtsstreit einen „ausreichenden Bezug" hat.[585] 5/184

IV. Anwendbares Recht

Nach Art 15 EuUVO bestimmt sich das auf Unterhaltspflichten anwendbare Recht für die Mitgliedstaaten, die durch das **HUP 2007** gebunden sind, nach ebendiesem Protokoll. Dies gilt für alle Mitgliedstaaten, mit Ausnahme von Dänemark und dem Vereinigten Königreich. Das HUP ist somit auch für italienische Gerichte seit dem 18. 6. 2011 bindend.[586] Die Unterhaltskollisionsnormen des HUP haben **universelle Geltung**, dh, sie sind auch dann anzuwenden, wenn das darin bezeichnete Recht jenes eines Nichtvertragsstaats ist (Art 2 HUP). 5/185

Der **sachliche Anwendungsbereich** des Protokolls ist sehr weit und umfasst nach Art 1 alle Unterhaltspflichten, die sich aus Beziehungen der Familie, Verwandtschaft, Ehe oder Schwägerschaft ergeben, einschließlich der Unterhaltspflichten gegenüber einem Kind, ungeachtet des Familienstands seiner Eltern (Art 1 HUP).[587] Ausgeschlossen werden hingegen nur solche Unterhaltspflichten, die sich nicht *ex lege* aus einem familienrechtlichen Verhältnis ableiten und somit 5/186

583 Diese Kriterien sind nicht neu, sondern fanden sich bereits in der Brüssel I-VO bzw im Brüsseler Übereinkommen 1968 sowie auch in der Brüssel IIa-VO. Art 5 Abs 2 Brüssel I-VO zielte hingegen genauso wie das Brüsseler Übereinkommen 1968 auf den Wohnsitz *(domicilio)* des Beklagten bzw des Unterhaltsberechtigten und nicht auf deren gewöhnlichen Aufenthalt *(residenza abituale)* ab.

584 *Mosconi/Campiglio II*[4] (2016) 248; *Salvadori,* Giurisdizione, legge regolatrice, riconoscimento ed esecuzione delle decisioni in materia di obbligazioni alimentari, in Cagnazzo/Preite/Tagliaferri, Il nuovo diritto di famiglia IV (2015) 1057.

585 Dies kann aber nur in Ausnahmefällen geschehen, und zwar immer dann, wenn es (zB aufgrund des Kriegszustandes) nicht zumutbar oder unmöglich ist, ein Verfahren in einem Drittstaat einzuleiten oder zu führen, mit dem der Rechtsstreit einen engen Bezug aufweist. *Mosconi/Campiglio II*[4] (2016) 250 schließen die Notzuständigkeit eines Mitgliedstaates aus, wenn in dem Drittstaat die Unterhaltsverpflichtung gesetzlich nicht vorgesehen und es daher nicht möglich ist, Unterhalt zu erhalten.

586 Ziel des HUP ist die Modernisierung der bisherigen internationalen Kollisionsnormen, die mit dem Haager Übereinkommen vom 2. 10. 1973 über das auf Unterhaltspflichten anzuwendende Recht sowie dem Haager Übereinkommen vom 24. 10. 1956 über das auf Unterhaltsverpflichtungen gegenüber Kindern anzuwendende Recht geschaffen wurden. Nach Art 18 HUP ersetzt dieses Protokoll im Verhältnis zwischen den Vertragsstaaten diese beiden vorhergehenden Übereinkommen.

587 Die Rechtsprechung hat entgegen dem Wortlaut des Art 1 dennoch die Anwendung des Protokolls teilweise ausgeschlossen. So zB LG Roma 27. 1. 2015, www.dejure.it, das sich für die Unterhaltspflichten des Vaters gegenüber seinem Kind *(assegno per il mantenimento del minore)* auf Art 45 IPRG und folglich das Haager Unterhaltsübereinkommen 1973 beruft und nur, was den Trennungsunterhalt *(assegno di mantenimento)* dem anderen Ehegatten gegenüber betrifft, das HUP angewendet hat. Vgl auch LG Milano 24. 3. 2014, Nr 4007, www.dejure.it, das sogar für Entscheidungen zur finanziellen Unterstützung des Ehegatten und

entweder vertraglich begründet wurden[588] oder aus einem erbrechtlichen oder einem Schadenersatzanspruch stammen.[589] Die Verweisungsnormen des HUP sind stets **Sachnormverweisungen** (Art 12), dh, das Kollisionsrecht des Staates, auf dessen Recht verwiesen wird, bleibt unberücksichtigt.

5/187 Die in Anwendung des Protokolls ergangenen Entscheidungen beeinträchtigen die Beziehungen, auf denen die Unterhaltspflicht beruht, nicht (Art 1 Abs 2).[590] Die Frage des zugrundeliegenden familienrechtlichen Verhältnisses stellt sich hingegen meist als **Vorfrage** *(questione pregiudiziale)*.[591] Dabei gilt es, die Vorfrage selbständig anzuknüpfen.[592]

5/188 **Allgemeiner Anknüpfungspunkt** für die Unterhaltspflichten nach dem HUP ist der **gewöhnliche Aufenthalt** *(residenza abituale)* **der berechtigten Person** (Art 3 HUP),[593] wobei ein Wechsel des gewöhnlichen Aufenthalts auch zu einem Wechsel des anzuwendenden Rechts führt (Art 3 Abs 2 HUP).[594] Daraus folgt ein offensichtlicher *favor creditoris*, der jedoch in Bezug auf Unterhaltspflichten, die sich weder gegenüber einem Kind aus einem Eltern-Kind-Verhältnis noch zwischen Ehegatten, früheren Ehegatten oder Personen, deren Ehe für ungültig erklärt wurde, ergeben, kenntlich abgeschwächt wird (Art 6 HUP).

5/189 Für Unterhaltspflichten **zwischen Eltern und Kindern** und solchen gegenüber Personen, die das 21. Lebensjahr noch nicht vollendet haben, gibt es vorteilhaftere **Ausnahmeregelungen**.[595] Das HUP sieht diesbezüglich eine Mehrfachanknüpfung vor, wobei das Ergebnis (konkret die Möglichkeit, Unterhalt zu erhalten) die ausschlaggebende Rolle bei der Wahl des Anknüpfungskriteriums spielt.[596] Wird der berechtigten Person nämlich vom nach Art 3 bestimmten Recht der

---

der Kinder das anzuwendende Recht nach den Normen des IPRG bestimmt hat, die den jeweiligen Status betreffen, also Art 31 Abs 2 und Art 36bis IPRG.

588 Nach *Castellaneta/Leandro*, Il regolamento CE n. 4/2009 relativo alle obbligazioni alimentari, Nuove leggi civ.comm. 2009, 1060 fallen diese in den Anwendungsbereich von Rom I, sofern es sich nicht um solche Vereinbarungen handelt, die bereits *ex lege* oder aufgrund einer gerichtlichen Entscheidung bestehende Unterhaltspflichten genauer bestimmen sollen.

589 *Castellaneta/Leandro*, Il regolamento CE n. 4/2009 relativo alle obbligazioni alimentari, Nuove leggi civ. comm. 2009, 1060; *Malatesta* in Zaccaria[3] (2016) Art 1–2 Protocollo dell'Aja del 23 novembre 2007 sulla legge applicabile alle obbligazioni alimentari, II, 5.

590 Es handelt sich hier um den sog Grundsatz der Autonomie *(principio di autonomia)* der Rechtsverhältnisse in Bezug auf die Unterhaltspflichten, die sich aus ihnen ergeben. Vgl *Malatesta* in Zaccaria[3] (2016) Art 1–2 Protocollo dell'Aja del 23 novembre 2007 sulla legge applicabile alle obbligazioni alimentari, II, 6.

591 *Malatesta* in Zaccaria[3] (2016) Art 1–2 Protocollo dell'Aja del 23 novembre 2007 sulla legge applicabile alle obbligazioni alimentari, II, 6. Die Vorfrage stellt sich zB, wenn der Schuldner die der Unterhaltspflicht zugrundeliegende Eltern-Kind-Beziehung bestreitet.

592 *Mosconi/Campiglio I*[8] (2017) 230 f, 250 f. Dagegen *Malatesta* in Zaccaria[3] (2016) Art 1–2 Protocollo dell'Aja del 23 novembre 2007 sulla legge applicabile alle obbligazioni alimentari, II, 6; *Honorati*, Riforma, Riv.dir. int.priv.proc. 1996, Art 45, 1128. Zur Vorfrage vgl Rz 1/100 ff.

593 Der Grund dafür liegt darin, dass die Bewertung der Unterhaltspflicht in *an* und *quantum* der Leistung nach dem Recht des Ortes erfolgt, an dem der Berechtigte seinen Lebensunterhalt bestreiten muss. Vgl *Barel/Armellini* (2018) 224.

594 Für die Anwendung in Italien vgl LG Belluno 23. 12. 2014, Riv.dir.int.priv.proc. 2016, 206.

595 *Malatesta* in Zaccaria[3] (2016) Art 3–8 Protocollo dell'Aja del 23 novembre 2007 sulla legge applicabile alle obbligazioni alimentari, II, 1.

596 *Mosconi/Campiglio II*[4] (2016) 255.

Unterhaltsanspruch versagt,[597] so ist die *lex fori* anzuwenden (Art 4 Abs 2).[598] Zudem kommt es zur Anwendung der *lex fori* auch dann, wenn die unterhaltsberechtigte Person die Gerichte des Ortes angerufen hat, in dem die verpflichtete Person ihren gewöhnlichen Aufenthalt hat. Kann die berechtigte Person nach diesem Recht aber keinen Unterhalt erhalten, so findet doch das Recht des Staates, in dem sie ihren gewöhnlichen Aufenthalt hat, Anwendung (Art 4 Abs 3).[599] Nur subsidiär gilt das gemeinsame Heimatrecht der berechtigten und der verpflichteten Person (Art 4 Abs 4 HUP).

Art 5 sieht hingegen besondere Anknüpfungsregeln in Bezug auf **Ehegatten und frühere** 5/190
Ehegatten vor. Für sie kommt die allgemeine Anknüpfungsregel (Art 3) nur dann zur Anwendung, wenn es keine Einwände der Parteien gibt. Andernfalls muss das Gericht abwägen, welches Recht eines anderen Staates eine engere Bindung zu der betreffenden Ehe aufweist.[600]

Schließlich können die berechtigte und die verpflichtete Person eine **Rechtswahlverein-** 5/191
barung treffen. Dazu können sie entweder für ein einzelnes Verfahren vereinbaren, dass die *lex fori* Anwendung finden soll (Art 7 HUP), oder eine generelle Rechtswahlvereinbarung treffen, wobei sie hierfür aus einem begrenzten Kreis von Rechtsordnungen wählen können (Art 8 HUP). Die Möglichkeit einer Rechtswahl nach Art 8 ist hingegen ausgeschlossen, wenn die Sache eine Person betrifft, die das 18. Lebensjahr noch nicht vollendet hat, oder einen Erwachsenen, der aufgrund einer Beeinträchtigung oder der Unzulänglichkeit seiner persönlichen Fähigkeiten nicht in der Lage ist, seine Interessen zu schützen (Art 8 Abs 3).[601]

V. Anerkennung und Vollstreckung von Entscheidungen

Entscheidungen über Unterhaltsforderungen, die in einem EU-Mitgliedstaat ergangen sind, 5/192
werden in einem anderen Mitgliedstaat **automatisch anerkannt**, ohne dass es hierfür eines bestimmten Verfahrens bedarf (Art 17 und 19 EuUVO). Ist die Entscheidung in einem Mitgliedstaat ergangen, der nicht an das HUP 2007 gebunden ist, so kann die Anerkennung allerdings nach dem in Art 28 ff vorgegebenen Verfahren angefochten werden (Art 23 Abs 2).

Die einheitlichen Kollisionsnormen des HUP und deren Geltung für die teilnehmenden 5/193
Staaten erlauben es dem europäischen Gesetzgeber, für **Entscheidungen eines Mitgliedstaa-**

597 *Castellaneta/Leandro*, Il regolamento CE n. 4/2009 relativo alle obbligazioni alimentari, Nuove leggi civ. comm. 2009.

598 Die Anwendung der *lex fori* bringt dabei den praktischen Vorteil mit sich, dass das angerufene Gericht das anzuwendende Recht kennt und dadurch das Verfahren beschleunigt und erschwinglicher gemacht wird. Vgl *Malatesta* in Zaccaria[3] (2016) Art 3–8 Protocollo dell'Aja del 23 novembre 2007 sulla legge applicabile alle obbligazioni alimentari, II, 1.

599 Die Umkehr der Anknüpfungskriterien ist nur dann möglich, wenn das zuerst bestimmte Recht grundsätzlich oder unter den im Einzelfall gegebenen Voraussetzungen keine Unterhaltspflichten vorsieht, nicht hingegen, wenn sie nur weniger vorteilhaft sind. Vgl *Castellaneta/Leandro*, Il regolamento CE n. 4/2009 relativo alle obbligazioni alimentari, Nuove leggi civ.comm. 2009, 1081.

600 *Malatesta* in Zaccaria[3] (2016) Art 3–8 Protocollo dell'Aja del 23 novembre 2007 sulla legge applicabile alle obbligazioni alimentari, III, 1–3.

601 *Malatesta* in Zaccaria[3] (2016) Art 3–8 Protocollo dell'Aja del 23 novembre 2007 sulla legge applicabile alle obbligazioni alimentari, V, 1–5.

tes, der an das HUP gebunden ist, das Exequatur-Verfahren abzuschaffen.[602] Es bedarf somit keiner **Vollstreckbarkeitserklärung** mehr und die Anerkennung kann auch nicht angefochten werden (Art 17 EuUVO). Zudem ist die Möglichkeit der Nachprüfung im Vollstreckungsmitgliedstaat sehr beschränkt.[603]

5/194 **Entscheidungen**, die in einem **Mitgliedstaat** ergangen sind, der **nicht an das HUP 2007 gebunden** ist (derzeit nur Dänemark und das Vereinigte Königreich), können hingegen nur auf Antrag eines Berechtigten nach dem in Art 28 ff vorgegebenen Exequatur-Verfahren für vollstreckbar erklärt werden (Art 26). Dieses Verfahren gilt auch für die Bestreitung der Anerkennung einer solchen Entscheidung (Art 23 Abs 2).[604]

5/195 Auf internationaler Ebene regelt das **Haager Unterhaltsübereinkommen 1973**, das jenes von 1958 ersetzt, die Anerkennung und die Vollstreckung von Entscheidungen in Unterhaltssachen. Das **Haager Unterhaltsübereinkommen 2007 (HUÜ 2007)**, dem auch die EU beigetreten ist, sieht hingegen ein vereinfachtes Verfahren für die Anerkennung und Vollstreckung von Unterhaltsansprüchen von Kindern und anderen Familienangehörigen vor. Das HUÜ 2007 verdrängt für die teilnehmenden Staaten die Übereinkommen von 1958 und 1973.

602 *Mosconi/Campiglio II*[4] (2016) 257; *Castellaneta/Leandro*, Il regolamento CE n. 4/2009 relativo alle obbligazioni alimentari, Nuove leggi civ.comm. 2009, 1090; *Viarengo*, Sulla disciplina degli obblighi alimentari nella famiglia e dei rapporti patrimoniali tra coniugi, Riv.dir.int.priv.proc. 2015, 826.

603 Sie kann nur dann beantragt werden, wenn sich der Antragsgegner im Ursprungsmitgliedstaat nicht in das Verfahren eingelassen hat, weil er sich aufgrund fehlender oder verspäteter Zustellung des verfahrenseinleitenden Schriftstücks nicht verteidigen konnte oder er nicht in der Lage gewesen ist, Einspruch gegen die Unterhaltsforderung zu erheben (Art 19). Schließlich sieht Art 21 EuUVO eine Liste von Gründen für die Verweigerung oder die Aussetzung der Vollstreckung vor. Danach kann die Vollstreckung verweigert werden, wenn das Recht auf Vollstreckung nach dem Recht des Ursprungsmitgliedstaates oder nach dem Recht des Vollstreckungsmitgliedstaates verjährt ist, wobei die längere Verjährungsfrist gilt. Darüber hinaus kann der Antrag auf Vollstreckung insgesamt oder teilweise verweigert werden, wenn die Entscheidung mit einer im Vollstreckungsmitgliedstaat ergangenen Entscheidung oder einer in einem anderen Mitgliedstaat oder einem Drittstaat ergangenen Entscheidung, die die notwendigen Voraussetzungen für ihre Anerkennung im Vollstreckungsmitgliedstaat erfüllt, unvereinbar ist. Die Vollstreckung der Entscheidung des Ursprungsgerichts kann hingegen insgesamt oder teilweise ausgesetzt werden, wenn das zuständige Gericht des Ursprungsmitgliedstaats mit einem Antrag auf Nachprüfung der Entscheidung des Ursprungsgerichts nach Art 19 befasst wurde. Die Vollstreckung wird von den Behörden des Vollstreckungsmitgliedstaates darüber hinaus ausgesetzt, wenn die Vollstreckbarkeit im Ursprungsmitgliedstaat ausgesetzt ist. Der *ordre public* wird hingegen nicht als Grund für die Verweigerung der Vollstreckung angeführt. *Mosconi/Campiglio II*[4] (2016) 257 f.

604 *Castellaneta/Leandro*, Il regolamento CE n. 4/2009 relativo alle obbligazioni alimentari, Nuove leggi civ. comm. 2009, 1100 ff.

§ 6 Erbrecht

A. EuErbVO

Literatur:

Barel/Armellini (2018); *Tonolo* in Conetti/Tonolo/Vismara[3] (2017) 229 ff; *Mosconi/Campiglio II*[4] (2016) 260 ff; *Ballarino*[8] (2016); *Bonomi* in Bonomi/Wautelet (2015) 1 ff; *ders*, Le norme sulla legge applicabile nel regolamento europeo sulle successioni, in Schurr/Umlauft, FS Eccher (2017) 111 ff; *Battiloro*, Le successioni transfrontaliere ai sensi del reg. UE n. 650/2012 tra residenza abituale e certificato successorio europeo, Dir.fam.pers. 2015, 658 ff; *Franzina/Leandro*, Il nuovo diritto internazionale privato delle successioni per causa di morte in Europa, Nuove leggi civ.comm. 2013, 275 ff; *dies*, Il diritto internazionale privato europeo delle successioni mortis causa (2013); *Davì/Zanobetti*, Il nuovo diritto internazionale privato europeo delle successioni (2014) = Cuadernos de Derecho Transnacional 2013, N° 2, 5 ff; *Cubeddu-Widemann*, Möglichkeiten der Verwirklichung des Gestaltungsziels eines Erblassers – Länderbericht Italien, in Löhnig/Schwab/Henrich/Gottwald/Grziwotz/Reimann/Dutta (Hrsg), Erbfälle unter Geltung der Europäischen Erbrechtsverordnung 110 ff; *Damascelli*, Successioni (diritto internazionale privato e processuale europeo), Enc.dir. Annali VI (2013); *Sartori*, Casi e problemi di interesse notarile – documenti – attualità, Riv.not. 2013, III, 1251.

I. Vorgeschichte

Im Lichte der bis zur EuErbVO zersplitterten Rechtslage im Bereich des Erbrechts und Erbverfahrensrechts einerseits und der immer stärker werdenden Mobilität der Bürger, aber auch ihrer Vermögensbestandteile innerhalb der Mitgliedstaaten der EU andererseits begann im auslaufenden letzten Jahrhundert eine Diskussion über eine **Rechtsvereinheitlichung** (auch) im Erbrecht. Die dieses Ziel nunmehr verwirklichende EuErbVO geht auf den Wiener Aktionsplan des Rates und der Kommission vom 3. 12. 1998[1] zur Umsetzung des Amsterdamer Vertrags zurück, wo erstmals offiziell eine Gemeinschaftsregelung zum Erbrecht gefordert wurde.[2] **6/1**

Im Maßnahmenprogramm der Kommission und des Rates vom 30. 11. 2000[3] wurde daraufhin ua die Ausarbeitung eines Rechtsinstruments zum Testaments- und Erbrecht vorgesehen. Es folgte die Vorlage einer von der Europäischen Kommission in Auftrag gegebenen Studie des Deutschen Notarinstituts.[4] Im „Haager Programm zur Stärkung von Freiheit, Sicherheit und Recht in der Europäischen Union" vom 4./5. 11. 2004 wurden die geplanten Regelungsbereiche mit Fragen des Kollisionsrechts, der Zuständigkeit, der gegenseitigen Anerkennung und Vollstreckung von Entscheidungen in Erbsachen sowie mit der Einführung eines Europäi-

---

1 ABl 1999 C 1951.

2 Vgl zur Vorgeschichte der EuErbVO zB *Bonomi* in Bonomi/Wautelet (2015) 1 ff; *Franzina/Leandro*, Il nuovo diritto internazionale privato delle successioni per causa di morte in Europa, Nuove leggi civ.comm. 2013, 275 ff; *Davì/Zanobetti*, Il nuovo diritto internazionale privato europeo delle successioni (2014) 18 ff; *Dutta* Vor Art 1 EuErbVO Rz 17 ff; *Scheuba*, Anmerkungen zur Entstehungsgeschichte, in Schauer/Scheuba, Europäische Erbrechtsverordnung (2012) 1 ff.

3 ABl 2001 C 12 S 1.

4 „Rechtsvergleichende Studie der erbrechtlichen Regelungen des Internationalen Verfahrensrechts und Internationalen Privatrechts der Mitgliedstaaten der Europäischen Union" vom 8. 11. 2002 (vgl www.successions.org; letzter Besuch: 28. 6. 2019).

schen Nachlasszeugnisses bereits näher umschrieben. Mit dem Grünbuch Erb- und Testamentsrecht vom 1. 3. 2005[5] wurde daraufhin im Hinblick auf die Regelungsabsichten in den genannten Bereichen eine unionsweite Konsultation zur Vereinheitlichung des Internationalen Erbrechts und Erbverfahrensrechts eingeleitet. Im Jahr 2008 legte die Kommission dann einen Vorentwurf zur Diskussion und am 14. 10. 2009 den Vorschlag für eine Verordnung vor.[6] Sämtliche vorbereitende Schritte wurden lebhaft diskutiert und in den verschiedenen nationalen und gemeinschaftlichen Gremien und Institutionen beraten.[7]

II. Inkrafttreten, Übergangsbestimmungen und Auslegung

6/2 Nach der politischen Einigung im Europäischen Parlament und im Rat wurde die **EuErbVO** im Amtsblatt der Europäischen Union vom 27. 7. 2012 veröffentlicht.[8] Die VO umfasst 83 Erwägungspunkte und 84 Artikel. Sie ist am 20. Tag nach ihrer Veröffentlichung in Kraft getreten und **gilt ab dem 17. 8. 2015** – gemäß ihrem Charakter als Verordnung (Art 288 UAbs 2 AEUV) – unmittelbar in den Mitgliedstaaten (Art 84 EuErbVO). Zur nationalen Ausführungsgesetzgebung vgl Rz 6/4. Von diesem generellen Geltungsbeginn weichen die Art 77 und 78 (Informationen für die Öffentlichkeit und Informationen zu Kontaktdaten und Verfahren) ab, die bereits ab dem 16. 1. 2014 gelten.

Die EuErbVO ist mit **Geltungsbeginn am 17. 8. 2015** grundsätzlich erst auf die Rechtsnachfolge jener Personen anwendbar, die an diesem Tag oder danach verstorben sind (Art 83 Abs 1 EuErbVO). **Ausnahmsweise**[9] bestehen **Vorwirkungen**, uzw im Bereich der Rechtswahl (Art 22).

Beispiele:

Der Erblasser bestimmte vor dem 17. 8. 2015 in seiner Verfügung von Todes wegen sein damaliges Heimatrecht für seine Rechtsnachfolge.[10] Wenn diese Rechtswahl auch im Übrigen Art 22 der EuErbVO entspricht oder wenn eine solche Rechtswahl nach dem Recht seines Aufenthaltsstaates oder Heimatstaates im Zeitpunkt der Errichtung der Verfügung – zB gem Art 46 Abs 2 IPRG (vgl Rz 6/17) – gültig gewesen wäre, bleibt sie gültig, obwohl die EuErbVO erst danach in Kraft getreten ist (Art 83 Abs 2).[11]

Hätte der Erblasser vor dem Stichtag zwar keine ausdrückliche Rechtswahl vorgenommen, aber bewusst[12] ein Recht gewählt, das er nach der Verordnung hätte wählen können, gilt dies als gültige Rechtswahl (Art 83 Abs 3 EuErbVO).

---

5 Kommission (2005) 65 endg.

6 Kommission (2009) 154 endg.

7 Aus der italienischen Rechtswissenschaft vgl etwa *Marino*, La proposta di regolamento sulla cooperazione giudiziaria in materia di successioni, Riv.dir.int. 2010, 463 ff.

8 ABl 2012 L 201 S 107.

9 Keine Rückwirkung wurde bestätigt für Art 25 durch OLG Schleswig-Holstein 25. 4. 2016, IPrax 2017, 626 (Rezension *Looschelders* 580 ff): gemeinschaftliches Testament nach polnischem Recht.

10 In Anwendung des (in der deutschen Fassung berichtigten) Art 83 Abs 2 muss allerdings der Erblasser am 17. 8. 2015 oder später verstorben sein; vgl *Dutta* Art 22 EuErbVO Rz 23 und Art 83 EuErbVO Rz 7; *Rudolf/Zöchling-Jud/Kogler,* Kollisionsrecht, in Rechberger/Zöchling-Jud, Die EU-Erbrechtsverordnung in Österreich (2015) 141 Rz 75.

11 Eine auf das Errichtungsstatut beschränkte Rechtswahl unterliegt allerdings nach *Dutta* Art 83 EuErbVO Rz 7 nicht dem Abs 2, sondern dem Abs 3 des Art 83.

12 So *Dutta* Art 83 EuErbVO Rz 13.

Der europäische Charakter der EuErbVO hat zur Folge, dass diese **autonom (unionsrechtlich) auszulegen** ist. Dies bedeutet, dass sie nach ihrem Wortlaut, ihrer Systematik, ihrer Entstehungsgeschichte und ihren eigenen Zielsetzungen unter Berücksichtigung der allgemeinen Rechtsgrundsätze aller betroffenen Mitgliedstaaten auszulegen ist und nicht nach dem nationalen Recht oder der *lex fori*, in dem sie konkret angewendet wird.[13] Das Gebot der einheitlichen Auslegung wird va sichergestellt durch die **Vorlageberechtigung** der mitgliedstaatlichen Gerichte (Art 267 UAbs 2 AEUV) an den EuGH auch bei der Entscheidung über erbrechtliche Angelegenheiten. 6/3

Die Debatte, ob auch Notare als Gerichte iSd Art 3 Abs 2 EuErbVO vorlageberechtigt sind, stellt sich für Italien insofern, als die Notare Ausstellungsbehörden des Europäischen Nachlasszeugnisses gem Art 64 sind.[14] Die Vorlageberechtigung ist aber letztlich zu verneinen, da es sich bei der Ausstellung von Nachlasszeugnissen um keinen Akt im Rahmen eines Rechtsstreits handelt.[15]

Im Wege der **nationalen Ausführungsgesetzgebung zur EuErbVO** hat Italien die Notare als Ausstellungsbehörden des Europäischen Nachlasszeugnisses gem Art 62 ff EuErbVO bestimmt (siehe Rz 6/123). 6/4

III. Anwendungsbereich

In **örtlicher Hinsicht** gilt die EuErbVO in allen EU-Mitgliedstaaten mit Ausnahme von Dänemark sowie des Vereinigten Königreichs von Großbritannien und Irland,[16] wobei die beiden letztgenannten Staaten die Möglichkeit haben, später beizutreten.[17] Wenn daher die Verordnung von Mitgliedstaaten spricht, sind die drei genannten Länder nicht gemeint.[18] 6/5

Zu beachten ist in diesem Zusammenhang aber der **universelle Charakter** der EuErbVO (Art 20): Das nach der Verordnung bezeichnete Recht ist auch dann anzuwenden, wenn das Recht eines Drittstaates[19] berufen wird. Hinzuweisen ist dabei auf die Möglichkeit der Ausklammerung des im Drittstaat gelegenen Nachlassvermögens (vgl Rz 6/33).

Der sachliche **Anwendungsbereich** der EuErbVO ist umfassend. Er beinhaltet einerseits das anwendbare materielle Erbrecht (Kollisionsrecht) in Kapitel III (siehe Rz 6/49 ff), andererseits auch die Internationale Zuständigkeit in Erbrechtsangelegenheiten in Kapitel II (siehe Rz 6/31 ff) sowie die Anerkennung, Vollstreckbarkeit und Vollstreckung von erbrechtlichen Entscheidungen in Kapitel IV (siehe Rz 6/146 ff). Als besonderen erbrechtlichen Aspekt führt die EuErbVO in Kapitel VI ein Europäisches Nachlasszeugnis ein (siehe Rz 6/118 ff), regelt 6/6

---

13 Vgl etwa *Bonomi* in Bonomi/Wautelet (2015) 21 f; vgl auch *Dutta* Vor Art 20 EuErbVO Rz 26.

14 G 30. 10. 2014, Nr 161 *(legge Europea 2013-bis)*, Art 32.

15 Vgl zB *Dutta* Vor Art 1 EuErbVO Rz 13.

16 Vgl zu den Rechtsgrundlagen Erwägungsgründe 83 und 82; bedauernd etwa *Bonomi* in Bonomi/Wautelet (2015) 6 ff.

17 Zum Anwendungsbereich vgl *Biagioni*, L'ambito di applicazione del regolamento sulle successioni, in Franzina/Leandro, Il diritto internazionale privato europeo delle successioni *mortis causa* (2013) 25 ff; *Davì/ Zanobetti,* Il nuovo diritto internazionale privato europeo delle successioni (2014) 23 ff; *Dutta* Art 1 EuErbVO.

18 So zB *Mosconi/Campiglio II*[4] (2016) 261; *Bonomi* in Bonomi/Wautelet (2015) 7 f, 116.

19 In diesem Sinn auch eines EU-Mitgliedstaates, in dem die EuErbVO nicht gilt.

aber auch die Wirkung und Vollstreckbarkeit öffentlicher Urkunden und gerichtlicher Vergleiche im Allgemeinen (Kapitel V).

Der Anwendungsbereich der EuErbVO ist **nicht ausdrücklich auf grenzüberschreitende Sachverhalte** eingeschränkt (vgl Art 1 EuErbVO), daher ist dies auch nicht als generelle Anwendungsvoraussetzung vorab zu prüfen. Die Einschränkung ergibt sich aber aus dem Regelungsinhalt der Verordnung selbst (vgl auch Erwägungsgrund Nr 7): Ohne weiteres gilt dies für die Kapitel III, IV, V, aber auch für Kapitel II, das wegen der Ausklammerung der innerstaatlichen Zuständigkeit in Art 2 nur die internationale Zuständigkeit regelt, und für Kapitel VI, da das Europäische Nachlasszeugnis zur Verwendung in einem anderen Mitgliedstaat ausgestellt wird (Art 62 Abs 1); vgl auch Art 63 Abs 1, wenngleich es auch im Ausstellungsstaat gewisse Wirkungen entfalten kann (vgl Art 69; Näheres bei Rz 6/132, 6/134).[20]

6/7 Im Einzelnen erfasst der sachliche Anwendungsbereich der EuErbVO tendenziell umfassend die privatrechtlichen Aspekte[21] der Rechtsnachfolge von Todes wegen (Art 23 Abs 1 EuErbVO), die sowohl positiv in einer demonstrativen Aufzählung als auch negativ im Wege von Ausnahmen umschrieben sind. Aus der **Positivliste** (Art 23 Abs 2) sind hervorzuheben: die Berufung zur Erbfolge und die Berufungsgründe, die Erbfähigkeit, die Enterbung und Erbunwürdigkeit, die Rechte der Erben, Testamentsvollstrecker und sonstigen Nachlassverwalter, die Haftung für Nachlassverbindlichkeiten,[22] das Pflichtteilsrecht, die Ausgleichung und Anrechnung unentgeltlicher lebzeitiger Zuwendungen sowie die Teilung des Nachlasses. Die **Negativliste** (Art 1)[23] enthält Steuer- und Zollsachen (die EuErbVO regelt also zB nicht das für die Erbschaftssteuer zuständige Recht) sowie verwaltungsrechtliche Angelegenheiten (Abs 1), ferner Personenstand und Familienverhältnisse, Rechts-, Geschäfts- und Handlungsfähigkeit natürlicher Personen (vorbehaltlich der Erb- und Testierfähigkeit), Verschollenheit, Abwesenheit und Todesvermutung (vorbehaltlich einer kollisionsrechtlichen Kommorientenvermutung in Art 32 EuErbVO), Fragen des ehelichen Güterrechts, nicht erst mit dem Tod des Erblassers entstehende Unterhaltsrechte,[24] unentgeltliche Zuwendungen und Anwachsungsrechte, die nicht erbrechtlich, sondern etwa vertraglich beim Todesfall übergehen und Fragen des Gesellschafts- und Vereinsrechtes sowie des Rechts der juristischen Personen und von *trusts*. In einem besonderen Naheverhältnis zum Erbrecht stehende Ausnahmen stellen die Qualifikation dinglicher Rechte und die Eintragung von Rechten an beweglichen und unbeweglichen Vermögensgegenständen in einem Register dar. Trotz Art 76 ist allerdings für Italien anzunehmen, dass auf Nachlassinsolvenzverfahren doch die EuErbVO und nicht die Europäische Insolvenzverordnung[25] Anwendung

---

20 Vgl zB *Bonomi* in Bonomi/Wautelet (2015) 13 f; *Davì/Zanobetti,* Il nuovo diritto internazionale privato europeo delle successioni (2014) 241 f; *Dutta* Art 1 EuErbVO Rz 36; sa *Dutta* Art 62 EuErbVO Rz 2 ff.

21 *Bonomi/Wautelet* in Bonomi/Wautelet (2015) 25 f.

22 Trotz Art 76 EuErbVO gilt für die Abwicklung überschuldeter Nachlässe offensichtlich nicht die Europäische Insolvenzverordnung (EG 1346/2000), da in deren Anhang A bei Italien die Liquidation des Nachlasses nicht als von der VO erfasstes Insolvenzverfahren aufscheint. Kommt nach der EuErbVO italienisches Erbrecht zur Anwendung, gilt somit weiterhin das in den Art 498 ff ZGB vorgesehene Verfahren der konkursmäßigen Verwertung; vgl *Eccher* in Eccher/Schurr/Christandl (2009) Rz 6/230.

23 Ausführlich hierzu *Bonomi/Wautelet* in Bonomi/Wautelet (2015) 26 ff.

24 Insofern unterliegen Unterhaltsansprüche, die nach dem Tod des bisherigen Unterhaltsverpflichteten auf eine andere Person übergehen (Devolution) dem Erbstatut der EuErbVO. Dies stellt nach italienischem Unterhaltsrecht den Regelfall dar; vgl *Eccher* in Eccher/Schurr/Christandl (2009) Rz 6/7.

25 Verordnung (EG) 1346/2000 vom 29. 5. 2000.

findet. Diese zählt nämlich im Anhang A bei Italien die Liquidation des Nachlasses nicht als Insolvenzverfahren auf.

Das Vorhandensein einer Positiv- und Negativliste in der EuErbVO mit konkreten Tatbeständen und auch zahlreichen Begriffsbestimmungen in der Verordnung selbst (Art 3 EuErbVO)[26] stellt ein gewichtiges Argument für das Gebot einer **autonomen Qualifikation** dieser Tatbestände dar. Diese Tatbestände sind somit nach unionsrechtlichen Gesichtspunkten und nicht nach der *lex fori* auszulegen.[27]

B. Rechtslage bis zum 16. 8. 2015

Literatur:

Armellini in Cian/Trabucchi[10] (2011) Appendice Art 46 ff IPRG; *Mosconi/Campiglio II*[3] (2011) 263 ff; *Trombetta Panigadi* in Bonilini V 211 ff; *Conetti/Tonolo/Vismara*, Commento alla riforma del diritto internazionale privato italiano[2] (2009) 197 ff; *Deli* in Bariatti, Riforma, Nuove leggi civ.comm. 1996, 876 ff.

I. Allgemein

Das internationale italienische Erbrecht war bis zum Inkrafttreten der EuErbVO (vgl Rz 6/2) durch das IPRG 1995 geregelt, das am 1. 9. 1995 in Kraft getreten ist (vgl dazu im Allgemeinen Rz 1/31 ff). 6/8

Diese Regelung trat einerseits an die Stelle des spezifischen Art 23 Vorgesetze ZGB, anderseits an die Stelle allgemeiner Normen der Vorgesetze zum ZGB, die bestimmte Fragen, wie die inländische Gerichtsbarkeit in Erbsachen (Art 27) oder die Form der Testamente (Art 26), mitumfassten.[28]

Das IPRG setzte zwar mit der Anknüpfung des (objektiven) Erbstatuts an die Staatsangehörigkeit des Erblassers im Todeszeitpunkt die bisherige Linie des früheren Art 23 Vorgesetze ZGB fort, enthielt aber auch eine Reihe von innovativen Regelungen, insb wurden einige Sachbereiche in eigenen Artikeln gesondert erbrechtlich angeknüpft (vgl Rz 6/21 f, 6/23 f, 6/25 ff, 6/29 f). Als eines der wenigen kontinentaleuropäischen Rechte sah das IPRG eine allgemeine, wenngleich begrenzte Rechtswahlmöglichkeit vor (Art 46 Abs 2 und 3; Rz 6/17 ff).

Wie vorher war auch das Erbstatut des IPRG den Grundsätzen der **Nachlasseinheit und der Universalität** (vgl Rz 6/51) verpflichtet. Aufgrund der Gesamtverweisung (vgl Art 13) war allerdings eine Nachlassspaltung nicht ausgeschlossen, so zB wenn der bezeichnete Staat kollisionsrechtlich unterschiedlich verfährt, je nachdem ob es sich um bewegliche oder unbewegliche Güter in seinem Hoheitsgebiet handelt.[29] 6/9

26 Ausführlich hierzu *Bonomi/Wautelet* in Bonomi/Wautelet (2015) 86 ff.

27 Vgl schon Rz 6/5.

28 Vgl *Trombetta Panigadi* in Bonilini V (2009) 211 f; *Deli* in Bariatti, Riforma, Nuove leggi civ.comm. 1996, 1279.

29 Vgl *Trombetta Panigadi* in Bonilini V (2009) 212 f; *Mosconi/Campiglio II*[3] (2011) 269 f.

Beispiel:

Ein italienischer Staatsbürger mit Wohnsitz in Italien hatte – neben Vermögensbestandteilen in Italien – auch bewegliches und unbewegliches Vermögen in Frankreich hinterlassen. Da das französische IPR vor der EuErbVO bei einem Erbfall mit Auslandsbezug zwischen beweglichen und unbeweglichen Nachlassteilen unterschied, wäre für das unbewegliche Vermögen das französische Erbrecht (lex rei sitae), *für das bewegliche Vermögen das italienische Erbrecht zur Anwendung gelangt (Anknüpfung an den letzten Wohnsitz des Verstorbenen).*

II. Internationale erbrechtliche Zuständigkeit

6/10 Die Vorgängerregelung, nach der sich die internationale erbrechtliche Zuständigkeit indirekt aus der örtlichen Zuständigkeit für Erbsachen nach der Zivilprozessordnung (Art 22 ZPO) ergab, hatte hierbei die einzelnen Arten von erbrechtlichen Rechtsstreitigkeiten in einer Liste aufgezählt. Art 50 IPRG löste hingegen die Frage der internationalen Zuständigkeit mit einer **Generalklausel** *(„... in materia successoria ...“).*[30] Die italienischen Gerichte waren immer dann zuständig, wenn eine Angelegenheit einen klaren Zusammenhang[31] mit dem Erbrecht aufwies. Dazu gehörten nach *Ballarino*[32] bspw die Erbschaftsklage, Streitigkeiten zwischen den Erben bis zur Erbteilung, Klagen von Nachlassgläubigern und Vermächtnisnehmern oder Klagen gegen den Testamentsvollstrecker.

6/11 Obwohl Art 50 IPRG die **allgemeine italienische internationale Zuständigkeit**, wie sie in den Art 3 und 4 IPRG begründet wird (also im Wesentlichen durch den Wohnsitz *[domicilio]* oder den gewöhnlichen Aufenthalt *[residenza]* des Beklagten, durch entsprechende internationale Abkommen oder eine Gerichtsstandvereinbarung), nicht ausdrücklich für zusätzlich anwendbar erklärt, wird die sich aus Art 50 IPRG ergebende Zuständigkeit doch nicht als eine ausschließliche, sondern eine mit der allgemeinen internationalen Zuständigkeit **konkurrierende** angesehen.[33] Insofern lässt sich dann die italienische Gerichtsbarkeit zB auch für Erbteilungs- oder Herabsetzungsklagen begründen.[34] Die Bedeutung dieser Frage ist allerdings insofern gering, als auch Art 50 IPRG in lit d eine italienische internationale Zuständigkeit kennt, die sich auf den Wohnsitz oder den gewöhnlichen Aufenthalt des Beklagten gründet (vgl Rz 6/12).[35]

6/12 **Im Einzelnen** sah Art 50 IPRG eine italienische Gerichtsbarkeit in Erbsachen vor, wenn der Verstorbene im Todeszeitpunkt italienischer Staatsbürger war (lit a), wenn die Erbfolge nach ihm in Italien eröffnet wurde (lit b; vgl Art 456 ZGB), wenn sich der Teil der Erbschaftsgüter mit dem größten wirtschaftlichen Wert in Italien befand (lit c),[36] wenn der Beklagte in Italien seinen Wohnsitz oder gewöhnlichen Aufenthalt hatte (vgl auch Rz 6/61 ff) oder sich der italie-

---

30 Vgl *Trombetta Panigadi* in Bonilini V (2009) 252; *Mosconi/Campiglio II*[3] (2011) 263 f.

31 Nach dem KassGH nicht mehr gegeben für eine Klage des Erben auf Ausführung eines vom Erblasser abgeschlossenen Bankvertrags; vgl KassGH 20. 12. 2006, Nr 27182, Mass.Giust.civ. 2006, 2859 f.

32 *Ballarino*[2] (1996) 538 f.

33 Vgl *Deli* in Bariatti, Riforma, Nuove leggi civ.comm. 1996, 1315 ff.

34 Vgl *Ballarino*[2] (1996) 538 f.

35 Vgl *Trombetta Panigadi* in Bonilini V (2009) 253; ebenso *Mosconi/Campiglio II*[3] (2011) 126 f, wonach lediglich das in Art 3 Abs 1 IPRG genannte Kriterium des Vorhandenseins eines vom Beklagten für die Führung eines Rechtsstreites ermächtigten Vertreters in Italien praktische Auswirkungen für die Zuständigkeit hätte.

36 Übersetzung des Art 50 lit c IPRG nach *Bauer/Eccher/König/Kreuzer/Zanon*, Italienische Zivilprozessordnung, zweisprachige Ausgabe[2] (1996).

nischen Gerichtsbarkeit freiwillig unterwirft, sofern der Anspruch nicht im Ausland befindliche Liegenschaften zum Gegenstand hat.

Für die italienische internationale Zuständigkeit in Angelegenheiten der **freiwilligen (außerstreitigen) Gerichtsbarkeit** *(giurisdizione volontaria)* sah Art 9 IPRG zusätzliche Anknüpfungskriterien vor, nämlich dass eine beantragte Verfügung (zB die Ernennung eines Testamentsvollstreckers)[37] einen italienischen Staatsbürger oder eine in Italien ansässige Person betrifft oder dass sich die Verfügung auf Gegebenheiten oder Verhältnisse bezieht, auf welche die italienischen Gesetze anzuwenden sind. **6/13**

Zur Begründung der internationalen italienischen Zuständigkeit durch **internationale Abkommen** vgl Rz 6/50.

III. Allgemeines Erbstatut

1. Objektive Anknüpfung

Das IPRG 1995 knüpfte objektiv, also immer dann, wenn keine Rechtswahl vorlag (vgl Rz 6/17 ff), an das **Recht der Staatsbürgerschaft des Erblassers im Zeitpunkt seines Todes** an. Besonders die daraus folgende Konsequenz, dass es eben nicht auf die Lage der Verlassenschaftsgüter (auch nicht der unbeweglichen) ankam, verdeutlichte, dass der italienische wie auch die meisten kontinentalen Gesetzgeber die Grundsätze der Nachlasseinheit und Universalität (vgl schon Rz 6/9) bei der Regelung des Erbstatuts verfolgten.[38] Wie schon unter dem Regime der Vorgängerregelung des Art 23 Vorgesetz ZGB (vgl Rz 6/8) wird die gesetzgeberische Entscheidung für die Anknüpfung an die Staatsbürgerschaft damit begründet, dass diese die natürlich engste Verbindung zu diesem Staat vermuten lässt, aber auch damit, dass sich dieses Kriterium am einfachsten und sichersten anwenden lässt.[39] Dabei wurde freilich nicht verkannt, dass die Anknüpfung an die Staatsbürgerschaft des Verstorbenen in Ausnahmefällen nicht immer die effektiv engste Verbindung trifft. Das ist etwa der Fall, wenn der Verstorbene seit vielen Jahren im Ausland den Mittelpunkt seines Lebens begründet hat, dort Vermögen hat usw. Dies kommt in typischen Immigrationsländern, wie es seit einiger Zeit auch Italien ist, doch häufiger vor und führte zur vermehrten Notwendigkeit der aufwändigeren Anwendung fremden Rechts durch italienische Gerichte und sonstige in Frage kommende Stellen.[40] Die Möglichkeit der Rechtswahl (vgl Rz 6/17 ff) galt als gesetzgeberisches Korrektiv für die im Einzelfall nicht passende Normanknüpfung.[41] **6/14**

Für den Fall, dass der Verstorbene **zwei oder sogar mehrere Staatsbürgerschaften** besessen hat, gab Art 19 IPRG dem Recht desjenigen Staates den Vorrang, zu dem der Verstorbene die engste Verbindung hatte. Hatte der Verstorbene auch die italienische Staatsbürgerschaft besessen, war diese gem Abs 2 des Art 19 vorrangig zu berücksichtigen.[42] **6/15**

---

37 Beispiel bei *Trombetta Panigadi* in Bonilini V (2009) 254.

38 Vgl *Mosconi/Campiglio II*[3] (2011) 266 ff.

39 Vgl *Trombetta Panigadi* in Bonilini V (2009) 219 f.

40 Vgl *Trombetta Panigadi* in Bonilini V (2009) 220; ebenso *Conetti/Tonolo/Vismara*, Commento alla riforma del diritto internazionale privato italiano[2] (2009) 200 f.

41 Vgl *Trombetta Panigadi* in Bonilini V (2009) 221 mit einem Bericht zur Gesetzwerdung in Fn 27.

42 Vgl – noch zu Art 23 Vorgesetz ZGB – KassGH 22. 3. 1969, Nr 921, Mass.Giust.civ. 1969, 463 f.

6/16 Der **Umfang des Erbstatuts** nach Art 46 IPRG war umfassend (insofern universell) und beinhaltete grundsätzlich sämtliche erbrechtlichen Aspekte.[43] Es umfasste auch solche erbrechtlichen Phänomene, die das italienische Erbrecht verbietet (zB gemeinschaftliches Testament, Erbvertrag[44] oder Nacherbschaft; *sostituzione fedecommissaria*).[45] Begrenzt wurde das Erbstatut durch die Sonderanknüpfungen bestimmter erbrechtlicher Fragen, nämlich der Testierfähigkeit, der Testierform, der Rechtsnachfolge des Staates und der Erbteilung (vgl Rz 6/21 f, 6/23 f, 6/25 ff, 6/29 f).

2. Rechtswahl

a. Gesamtes Erbstatut

6/17 Mit Art 46 Abs 2 IPRG hat Italien – inspiriert von dem (in Italien allerdings nie in Kraft getretenen) Haager Erbrechtsabkommen vom 1. 8. 1989[46] und anderen Vorbildern[47] –, wie bereits erwähnt, als eines der wenigen kontinentaleuropäischen Rechte die Möglichkeit einer **Wahl des** (gesamten; arg Art 46 Abs 2: „*... intera successione ...*"[48]) **Erbstatuts** eingeführt.[49] Der Erblasser konnte jedoch nur das Recht jenes Staates wählen, in dem der Erblasser zum Zeitpunkt der Wahl **und** zum Zeitpunkt seines Todes (Eröffnung der Erbfolge) seinen gewöhnlichen und mit einem gewissen Bleibewillen – *animus manendi* – verbundenen[50] Aufenthalt hatte. Auf diese Weise wollte der Gesetzgeber dem Erblasser insb dann, wenn die objektive Anknüpfung an die Staatsbürgerschaft nicht mehr seinem effektiven Naheverhältnis zur Rechtsordnung seines Heimatrechts entsprach, eine privatautonome Alternative bieten (vgl schon Rz 6/14).

6/18 Die Rechtswahl musste ausdrücklich **in einer für Testamente gültigen Form** erfolgen, konnte aber auch der einzige Inhalt einer solchen Erklärung sein.[51] Bezüglich des **auf das Rechtsgeschäft der Rechtswahl anzuwendenden Rechts** ist wohl die Meinung vorzuziehen, dass sich die Geschäftsfähigkeit (Testierfähigkeit) nach Art 47 IPRG (vgl Rz 6/23), die Form nach Art 48 IPRG (vgl Rz 6/25) richtete[52] und im Übrigen das gewählte allgemeine Erbstatut anzuwenden war.[53] In Ermangelung besonderer Regelungen ist anzunehmen, dass das gewählte Recht auch für die **Änderung oder den Widerruf einer Rechtswahl** galt.[54]

---

43 Eine reichhaltige Aufzählung von Einzelaspekten findet sich bei *Armellini* in Cian/Trabucchi[10] (2011) Appendice Art 46 IPRG Fn I; *Deli* in Bariatti, Riforma, Nuove leggi civ.comm. 1996, 1292 ff; *Trombetta Panigadi* in Bonilini V (2009) 227 ff.

44 Zu Erbvertrag und *ordre public* vgl Rz 6/77, 6/112.

45 So *Armellini* in Cian/Trabucchi[10] (2011) Appendice Art 46 IPRG, I, 7 ff.

46 So *Trombetta Panigadi* in Bonilini V (2009) 221 f; zu früheren Intentionen schon im ZGB 1865 vgl *Mosconi/Campiglio II*[3] (2011) 270 f Fn 6.

47 Vgl *Deli* in Bariatti, Riforma, Nuove leggi civ.comm. 1996, 1286.

48 Eine bloße Teilrechtswahl ist also – abgesehen von Abs 3 (vgl Rz 6/21 f) – ausgeschlossen.

49 Zu beachten ist der Ausschluss von Rück- und Weiterverweisung im Fall jeder Art von Rechtswahl: Art 13 Abs 2 lit a.

50 So etwa *Armellini* in Cian/Trabucchi[10] (2011) Appendice Art 46 IPRG, III, 2.

51 *Trombetta Panigadi* in Bonilini V (2009) 223.

52 So zB *Mosconi/Campiglio II*[3] (2011) 273.

53 Nicht restlos klar *Trombetta Panigadi* in Bonilini V (2009) 224 f; zum Meinungsstand auch *Armellini* in Cian/Trabucchi[10] (2011) Appendice Art 46 IPRG, III, 7 f.

54 So zB *Mosconi/Campiglio II*[3] (2011) 273 f.

Der denkbaren Gefahr der **Umgehung der Rechtswahlmöglichkeit** *(frode alla legge)* durch eine „strategische" Wohnsitzfestlegung bzw -verlegung begegnete der Gesetzgeber in Art 46 Abs 2 IPRG mit einem **zwingenden**[55] **Schutz der Rechte der Pflichtteilsberechtigten** (vgl Art 536 ff ZGB), die im Zeitpunkt des Todes des Erblassers (Eröffnung der Erbfolge) in Italien ihren Wohnsitz hatten.[56] Die Schutzbestimmung galt allerdings nur gegenüber einem Erblasser, der die italienische Staatsbürgerschaft besaß. **6/19**

Die **Wirkung der Schutzbestimmung** des Art 46 Abs 2 IPRG bestand darin, dass das – nach italienischem Kollisionsrecht fremdes Recht anwendende – Gericht die geschützten Pflichtteilsberechtigten so stellen musste, wie dies das italienische Pflichtteilsrecht vorsieht (Art 536 ff ZGB). Man kann darin eine Art von **Nachlassspaltung**[57] erblicken, obwohl eine solche im Allgemeinen nach den Grundsätzen der Nachlasseinheit und Universalität (vgl Rz 6/9) möglichst vermieden werden sollte. **6/20**

b. Erbteilung

Das IPRG ermöglichte dem Erblasser in Art 46 Abs 3 auch eine **beschränkte Rechtswahl** in Bezug auf die **Erbteilung**, und zwar auch dann, wenn er eine allgemeine Rechtswahl nach Art 46 Abs 2 getroffen hatte.[58] Diese besondere Rechtswahl konnte allerdings nur das Recht des Ortes der Eröffnung der Erbfolge (Art 456 ZGB) oder das Recht des Staates oder eines der Staaten[59] betreffen, in dem sich Nachlassgüter befanden. Die Rechtswahl musste durch eine Vereinbarung der Teilhaber der Erbengemeinschaft erfolgen.[60] **6/21**

Zum **Teilungsstatut** gehörten grundsätzlich alle mit einer einverständlichen oder gerichtlichen Erbteilung (vgl für Italien Art 713 ZGB) verbundenen Fragen. Die Erbquoten als solche, die Ausgleichung von Schenkungen und die Anrechnung von Schulden bestimmten sich jedoch nach dem allgemeinen Erbstatut.[61] **6/22**

---

55 Offenbar als Ausdruck des *ordre public* verstanden von KassGH VS 12. 10. 1970, Nr 1941, Mass.Giust.civ. 1970, 1029.

56 Zu verfassungsrechtlichen und EU-rechtlichen Bedenken wegen der damit verbundenen Diskriminierung von nicht in Italien wohnhaften Pflichtteilsberechtigten vgl *Trombetta Panigadi* in Bonilini V (2009) 226 f; *Armellini* in Cian/Trabucchi[10] (2011) Appendice Art 46 IPRG, IV, 2 ff; gegen das Vorliegen eines Verstoßes gegen den *ordre public* offenbar KassGH 26.6.1996, Nr 5832, Stud.iur. 1996, 1059.

57 ZB *Trombetta Panigadi* in Bonilini V (2009) 225 f.

58 So *Trombetta Panigadi* in Bonilini V (2009) 235.

59 Es kommt also zu keiner Nachlassspaltung, sondern das gewählte Recht regelt dann die Erbteilung aller Nachlassgegenstände, auch wenn sich solche auch in einem anderen Staat befinden sollten; so *Trombetta Panigadi* in Bonilini V (2009) 236.

60 Die Vereinbarung selbst wird kollisionsrechtlich nach wohl richtiger Ansicht nach dem für die Teilung gewählten Recht beurteilt; vgl *Trombetta Panigadi* in Bonilini V (2009) 235 f mit einer Übersicht über die verschiedenen in der Lit vertretenen Meinungen; vgl zum Meinungsstand auch *Armellini* in Cian/Trabucchi[10] (2011) Appendice Art 46 IPRG, V, 8.

61 Vgl *Trombetta Panigadi* in Bonilini V (2009) 237; *Ballarino*[8] (2016) 241 f.

IV. Testierfähigkeit

6/23 Nach Art 47 IPRG wurde die Fähigkeit, durch Testament Verfügungen zu treffen (Testierfähigkeit; *capacità di testare*),[62] an das im Zeitpunkt der Testamentserrichtung maßgebende **Recht der Staatsbürgerschaft** (Heimatrecht) des Verfügenden angeknüpft. Dasselbe galt für die Abänderung oder den Widerruf einer Verfügung, bezogen auf den Zeitpunkt ihrer Vornahme. Art 47 IPRG verdrängt als Spezialnorm Art 20 und 23 IPRG, insb dessen Abs 1.[63] Aufgrund der Möglichkeit, die eigene Testierfähigkeit nach dem Heimatrecht im Zeitpunkt der Testamentserrichtung zu beurteilen, sollte eine spätere Änderung der Staatsbürgerschaft also keinen Einfluss mehr auf die Gültigkeit der Verfügung haben.[64] Das Heimatrecht des Testators im Zeitpunkt der Verfügung blieb auch dann maßgebend, wenn der Testator vorher oder nachher von der Möglichkeit einer Rechtswahl nach Art 46 Abs 2 Gebrauch gemacht haben sollte.[65]

6/24 Der **Umfang des „Testierfähigkeitsstatuts"** iSd Art 47 erfasst grundsätzlich sämtliche allgemeine Voraussetzungen, die für die Errichtung eines Testaments an die Geschäftsfähigkeit des Verfügenden nach dem maßgebenden Recht gestellt werden. Strittig ist, ob dazu auch das Vorliegen und die Folgen von Willensmängeln zählen.[66]

V. Form der Verfügungen von Todes wegen

6/25 Art 48 IPRG enthielt im Sinne eines ***favor validitatis*** mehrere alternative Anknüpfungen, die jede für sich die formale Gültigkeit eines Testaments begründen konnten. Im Einzelnen war das Testament gültig, wenn es dem Recht des Ortes der Verfügung (Errichtungsstaat), dem Recht des Staates, dem der Testator im Zeitpunkt der Verfügung oder des Todes angehörte,[67] und dem Recht des Staates, in dem der Testator im Zeitpunkt der Verfügung oder des Todes seinen Wohnsitz oder seinen gewöhnlichen Aufenthalt[68] hatte, entsprochen hat. Der Gesetzgeber lehnte sich insofern substanziell der entsprechenden Regelung des von Italien nicht ratifizierten Haager Testamentsformenabkommens (Art 1)[69] an. Lediglich die Anknüpfungsmöglichkeit an den Lageort unbeweglicher Güter in Bezug auf diese (Art 1 lit e Abkommen) wurde wegen der Gefahr einer Nachlassspaltung zur Wahrung des Grundsatzes der Nachlass-

62 In Ermangelung besonderer Normen für die Rechtsfähigkeit *(capacità giuridica)* im Erbrecht, also für die Erbfähigkeit *(capacità di succedere)* einschließlich der Fragen der Erbunwürdigkeit *(indegnità)* ebenso der sog Inkapazität *(capacità di ricevere per testamento)*, und zwar jeweils für natürliche wie für juristische Personen, gilt für diese Fragen das allgemeine Erbstatut, vgl *Trombetta Panigadi* in Bonilini V (2009) 240 f; *Mosconi/Campiglio II*[3] (2011) 277; vgl noch zur Vorgängerregelung KassGH 1. 7. 1993, Nr 7186, Riv.dir.int. priv.proc. 1994, 575; zu differenzierenden Meinungen vgl *Armellini* in Cian/Trabucchi[10] (2011) Appendice Art 47 IPRG, II.

63 Vgl Abs 4, der die besondere Anknüpfungsregel des Abs 3 für einseitige Rechtshandlungen für erbrechtliche Rechtsgeschäfte für unanwendbar erklärt.

64 Vgl *Trombetta Panigadi* in Bonilini V (2009) 237 f.

65 Zum Meinungsstand vgl *Armellini* in Cian/Trabucchi[10] (2011) Appendice Art 47 IPRG, II, 2; befürwortend auch *Trombetta Panigadi* in Bonilini V (2009) 238.

66 Dagegen und dem allgemeinen Erbstatut unterstellend zB *Trombetta Panigadi* in Bonilini V (2009) 239 f; *Mosconi/Campiglio II*[3] (2011) 278; *Deli* in Bariatti, Riforma, Nuove leggi civ.comm. 1996, 1300 f.

67 Zum Fall mehrerer Staatsbürgerschaften vgl Art 19 IPRG.

68 Zu diesen beiden Begriffen vgl schon Rz 6/11.

69 Haager Übereinkommen vom 5. 10. 1961 über das auf die Form letztwilliger Erklärungen anzuwendende Recht.

einheit (vgl Rz 6/9) nicht übernommen.[70] Art 48 IPRG galt auch für die Abänderung und den Widerruf einer Verfügung von Todes wegen sowie für eine Rechtswahl nach Art 46 Abs 2 (vgl schon Rz 6/18).

Zu den **formalen Voraussetzungen eines Testaments** gehören – je nach anzuwendender Rechtsordnung – bspw Vorschriften über die Handschriftlichkeit, die Unterschrift, die Mitwirkung von Zeugen, die Beisetzung von Datum und Ort, die Formalitäten eines notariellen oder gerichtlichen Testaments usw. Nicht dazu gehören bspw der Inhalt und die Wirksamkeit des Testaments, seine Hinterlegung und Kundmachung.[71] **6/26**

Die Anwendung eines fremden Rechts in Bezug auf die Formgültigkeit einer Verfügung von Todes wegen könnte zwar gegen den italienischen ***ordre public*** (Art 16 IPRG) verstoßen, doch ist dieser Grundsatz auch hier restriktiv zu handhaben (vgl Rz 1/137 ff zum *ordre public* im allgemeinen Teil). Der Vorbehalt gilt bspw nicht für ein mündliches Testament.[72] **6/27**

Hingewiesen sei auf das sog **Internationale Testament,** das aufgrund des auch von Italien ratifizierten Übereinkommens von Washington[73] auch ohne Auslandsbezug[74] im Anwendungsbereich des Abkommens zusätzlich zu den Testamentsformen des nationalen Rechts, im konkreten Fall des ZGB (Art 601 ff), gewählt werden kann. **6/28**

VI. Rechtsnachfolge des Staates

Gem Art 49 IPRG fielen **die in Italien befindlichen (beweglichen und unbeweglichen)**[75] **Bestandteile eines erbenlos gebliebenen Nachlasses** dem italienischen Staat zu, wenn das anwendbare Erbrecht kein Nachfolgerecht eines anderen Staates vorsah.[76] **6/29**

Richtigerweise handelt es sich bei Art 49 IPRG nicht um eine eigentliche Kollisionsnorm, sondern um eine **Norm des materiellen Rechts,** die nach der Ermittlung der Rechtslage entsprechend dem Erbstatut zur Anwendung gelangt.[77] Inhaltlich entspricht die Bestimmung dem italienischen Recht in Art 586 ZGB bei fehlendem Auslandsbezug (inhaltlich damit übereinstimmend auch Art 827 ZGB für Liegenschaften und Art 923 ZGB für bewegliche Sachen).[78] **6/30**

---

70 Vgl *Trombetta Panigadi* in Bonilini V (2009) 241 f; *Deli* in Bariatti, Riforma, Nuove leggi civ.comm. 1996, 1306.

71 Vgl dazu *Trombetta Panigadi* in Bonilini V (2009) 243; zur Frage der Qualifikation des *probate* im *common law* in diesem Zusammenhang vgl KassGH 9. 5. 1994, Nr 4477, Mass.Giust.civ. 1994, 628.

72 Vgl LG Belluno 22. 12. 1997, S 179, Dir.fam.pers. 2000, 1110 ff: Verstoß gegen den *ordre public* verneint bei der Frage der Gültigkeit eines – nach damaligem österreichischem Recht gültig errichteten – mündlichen Testaments.

73 Vom 26. 10. 1973, in Italien ratifiziert durch G 29. 11. 1990, Nr 387.

74 Es handelt sich insofern also nicht um eine Norm des IPR.

75 So *Trombetta Panigadi* in Bonilini V (2009) 247.

76 Zur Änderung der Rechtslage durch die EuErbVO vgl Rz 6/99.

77 Vgl *Trombetta Panigadi* in Bonilini V (2009) 247.

78 Vgl etwa *Trombetta Panigadi* in Bonilini V (2009) 249; zu Fragen der Qualifikation des Rechts des Staates vgl *Deli* in Bariatti, Riforma, Nuove leggi civ.comm. 1996, 1312 ff.

C. Rechtslage ab dem 17. 8. 2015

Literatur:

Mosconi/Campiglio II[4] (2016) 260 ff, 264 ff; *Franzina/Leandro*, Il nuovo diritto internazionale privato delle successioni per causa di morte in Europa, Nuove leggi civ.comm. 2013, 275 ff, 295 ff; *dies*, Il diritto internazionale privato europeo delle successioni mortis causa (2013); *Leandro*, La giurisdizione nel regolamento dell'unione europea sulle successioni *mortis causa*, in Franzina/Leandro, Il diritto internazionale privato europeo delle successioni *mortis causa* (2013) 59 ff; *Tonolo* in Conetti/Tonolo/Vismara[3] (2017) 229 ff; *Bonomi* in Bonomi/Wautelet (2015) 1 ff; *ders*, Le norme sulla legge applicabile nel regolamento europeo sulle successioni, in Schurr/Umlauft, FS Eccher (2017) 111 ff; *Battiloro*, Le successioni transfrontaliere ai sensi del reg. UE n. 650/2012 tra residenza abituale e certificato successorio europeo, Dir.fam.pers. 2015, 658 ff, 672 ff; *Davì/Zanobetti*, Il nuovo diritto internazionale privato europeo delle successioni (2014) = Cuadernos de Derecho Transnacional 2013, N° 2, 5 ff; *Davì/Zanobetti,* Il nuovo diritto internazionale privato europeo delle successioni (2014) 231 ff; *Damascelli*, Successioni (diritto internazionale privato e processuale europeo), Enc.dir. Annali VI (2013) 976 ff; *Sartori*, Casi e problemi di interesse notarile – documenti – attualità, Riv.not. 2013, III, 1251; *Patti*, Il certificato successorio europeo nell'ordinamento italiano, in Schurr/Umlauft, FS Eccher (2017) 849 ff; *Wautelet/Padovini* in Bonomi/Wautelet (2015) 635 ff; *Pennazio*, Il nuovo diritto delle successioni in Europa: l'introduzione del certificato successorio europeo e la tutela dei terzi acquirenti di beni ereditari, Contr.impr. 2015, 317 ff; *Maida*, Il certificato successorio europeo, Nuove leggi civ.comm. 2013, 389 ff; *ders*, Certificato successorio europeo: ai notai la competenza al rilascio, Eur.dir.priv. 2015, 201 ff; *Padovini*, Il certificato europeo, in Franzina/Leandro, Il diritto internazionale privato europeo delle successioni *mortis causa* (2013) 191 ff; *ders*, Il certificato successorio europeo, Eur.dir.priv. 2013, 729 ff.

I. Internationale Zuständigkeit

6/31 Die EuErbVO folgt soweit als möglich dem Grundsatz des **Gleichlaufs von anwendbarem Recht und Zuständigkeit der Gerichte in Erbsachen** (*competenza* iS von *giurisdizione;*[79] vgl Erwägungsgründe 23 Satz 1, 27 und 28 EuErbVO). Das nach der Verordnung international zuständige Gericht (iSd Art 3 Abs 2; zu einem Sonderfall des weiten Gerichtsbegriffs vgl Rz 6/47) sollte also möglichst das am *forum* geltende *ius* anwenden. Dies wird va durch die parallele Anknüpfung am letzten gewöhnlichen Aufenthalt des Erblassers erreicht (vgl zu Ausnahmen Rz 6/34, 6/37, 6/62). Damit wird der besonders engen Verflechtung von materiellem und formellem Recht im Bereich des Erbrechts Rechnung getragen. Es werden aber auch Transaktionskosten (zB Kosten für Gutachten) sowie Abgrenzungs- und Anpassungsschwierigkeiten bei einer Fremdrechtsanwendung vermieden.[80]

6/32 Die **Zuständigkeitsregeln der EuErbVO sind umfassend**, sie unterscheiden weder nach der Art des Verfahrens (zB streitige oder außerstreitige Gerichtsbarkeit) noch nach der Belegenheit eines Nachlassgegenstandes (vgl aber Rz 6/33). Aufgrund des weiten Gerichtsbegriffs (Art 3 Abs 2 EuErbVO) der Verordnung erstreckt sich die Zuständigkeit weiters auf alle Formen und Bezeichnungen von Entscheidungen der als „Gericht" erfassten Behörden und Rechtsberufe in Erbsachen (vgl aber Rz 6/4). Die damit in erster Linie gemeinten Notare sind aber nur insoweit einbezogen, als sie gerichtliche Funktionen *(funzioni giudiziarie)* wahrnehmen.[81] Die Zuständigkeit umfasst sämtliche Verfahren aus einem Erbfall, also wenn sie auf erbrechtlichen

79 *Mosconi/Campiglio II*[4] (2016) 261 f.
80 Vgl *Dutta* Vor Art 4 EuErbVO Rz 2 f.
81 Vgl *Mosconi/Campiglio II*[4] (2016) 264.

Normen basieren (vgl Art 4: „in Erbsachen“),[82] und alle Phasen vom Erbfall an bis zum Übergang/zur Übergabe des Nachlasses bzw der einzelnen Nachlassgegenstände an die Begünstigten.[83]

Das nach der EuErbVO angerufene Gericht kann allerdings – gegenläufig zum Universalitätsgrundsatz des Art 20 EuErbVO (vgl Rz 6/51) – auf Antrag einer Partei (also nicht von Amts wegen) seine Entscheidung **auf in einem Mitgliedstaat befindliches Nachlassvermögen begrenzen**, wenn zu erwarten ist, dass seine Entscheidung in Bezug auf das in einem Drittstaat befindliche Nachlassvermögen von diesem nicht anerkannt oder nicht für vollstreckbar erklärt würde (Art 12 Abs 2). Dies kann eine wesentliche Entlastung der EU-Behörden bedeuten, vor allem in Bezug auf unbewegliches Vermögen in Drittstaaten.[84] Das gem Abs 2 den Parteien vorbehaltene – nach dem Recht der *lex fori* zu beurteilende – Recht der Beschränkung des Verfahrensgegenstandes sollte wie Abs 1 auf das Verhältnis zwischen einem Mitgliedstaat und einem Drittstaat beschränkt bleiben, um den die Verordnung beherrschenden Grundsatz der Verfahrenskonzentration nicht zu unterlaufen.[85] 6/33

Die **allgemeine internationale Zuständigkeit** besitzt nach der EuErbVO (Art 4) jener Mitgliedstaat,[86] in dessen Hoheitsgebiet der Erblasser im Zeitpunkt seines Todes seinen **gewöhnlichen Aufenthalt** hatte. Sonstige Kriterien sind nicht vorgesehen, wodurch Mehrfachzuständigkeiten grundsätzlich vermieden werden.[87] Der Begriff des gewöhnlichen Aufenthalts wird als identisch mit jenem angesehen, der für das anzuwendende Recht im Allgemeinen maßgebend ist. Dafür spricht insb auch der Erwägungsgrund Nr 23 (Näheres daher zu Rz 6/61 ff).[88] Zu beachten ist jedoch, dass die sog Ausweichklausel des Art 21 Abs 2 nur das anzuwendende Recht betrifft, sodass es hier ausnahmsweise doch zu einer Durchbrechung des Gleichlaufprinzips für materielles und formelles Recht kommen kann.[89] 6/34

Beispiel:

Der aus Italien stammende R. war in jungen Jahren nach Deutschland übersiedelt und hat dort seine berufliche und familiäre Existenz aufgebaut. Er behielt die italienische Staatsbürgerschaft. Für den Ruhestand hat er sich einen zweiten Wohnsitz in der Nähe seiner Heimat am Lago Maggiore geschaffen und lebt nun mit seiner Ehefrau etwa die Hälfte des Jahres in Italien. Nach dem Tod des R. kommt es zwischen seinen beiden Kindern, die weiterhin in Deutschland leben, zu einem Streit. Es geht um die Gültigkeit einer kurz vor dem Tod in Italien errichteten letztwilligen Verfügung des R. Die Klage des Sohnes gegen die Tochter wird in Deutschland eingebracht. Für die Klage ist das deutsche Gericht gem Art 4 EuErbVO jedenfalls zuständig. Die Umstände des Fal-

---

82 Vgl *Bonomi/Di Iorio* in Bonomi/Wautelet (2015) 116 ff. Zur Frage der Zuständigkeit des nach der Verordnung zuständigen Gerichts auch für nicht erbrechtliche Vorfragen vgl *Leandro,* La giurisdizione nel regolamento dell'Unione Europea sulle successioni *mortis causa*, in Franzina/Leandro, Il diritto internazionale privato europeo delle successioni *mortis causa* (2013) 66 f.

83 Vgl zB *Franzina/Leandro,* Il nuovo diritto internazionale privato delle successioni per causa di morte in Europa, Nuove leggi civ.comm. 2013, 296.

84 Vgl *Bonomi/Di Iorio* in Bonomi/Wautelet (2015) 175 f.

85 Vgl *Rechberger/Frodl,* Die internationale Zuständigkeit, in Rechberger/Zöchling-Jud, Die EU-Erbrechtsverordnung in Österreich (2015) 45 Rz 83.

86 Zur Präzisierung des Begriffs im Rahmen der EuErbVO siehe schon Rz 6/7.

87 *Bonomi/Di Iorio* in Bonomi/Wautelet (2015) 122.

88 Vgl zB *Davì/Zanobetti,* Il nuovo diritto internazionale privato europeo delle successioni (2014) 200 f.

89 Vgl *Dutta* Art 21 EuErbVO Rz 6; *Rechberger/Frodl,* Die internationale Zuständigkeit, in Rechberger/Zöchling-Jud, Die EU-Erbrechtsverordnung in Österreich (2015) 45 Rz 29 f.

les sprechen aber dafür, dass das Gericht gemäß der Ausweichklausel des Art 21 Abs 2 materiell das italienische Recht anzuwenden hat (vgl Rz 6/61 f).

6/35 Hat sich der Erblasser bei seinem Tod gewöhnlich in einem Drittstaat aufgehalten, sind nach Art 10 EuErbVO die **Gerichte eines Mitgliedstaates zuständig, in dem sich Nachlassvermögen befindet** (zur Beurteilung dieses Kriteriums vgl Rz 6/36). Sie sind unter der Voraussetzung generell zuständig, dass der Erblasser bei seinem Tod die Staatsbürgerschaft dieses Staates besaß oder dort bis längstens vor fünf Jahren vor der Anrufung des Gerichts seinen gewöhnlichen Aufenthalt hatte. Andernfalls beschränkt sich die Zuständigkeit auf Entscheidungen hinsichtlich des im Belegenheitsstaat befindlichen Nachlassvermögens (subsidiäre Zuständigkeit). Befinden sich Nachlassgegenstände (iwS[90]) in zwei oder mehreren Mitgliedstaaten, ist eine parallele Zuständigkeit dieser Staaten anzunehmen, wobei in einem solchen Fall die Regeln des Art 17 über die Streitanhängigkeit anzuwenden sind.[91] Insgesamt bleibt die Regelung des Art 10 hinter den Möglichkeiten der italienischen Zuständigkeit nach Art 50 lit a und c IPRG zurück.[92]

6/36 Die für die Ermittlung der subsidiären Zuständigkeit nach Art 10 EuErbVO maßgebliche **Belegenheit von Nachlassgegenständen** ist in der Verordnung nicht näher geregelt. Das Gebot der autonomen Auslegung führt zum Rückgriff auf andere Rechtsakte der EU, bei denen es ebenfalls auf den Ort der Belegenheit einer Sache ankommt (zB Europäische Insolvenzverordnung). Nach *Dutta*[93] kommt es in diesem Sinn bei körperlichen Sachen auf deren physischen Lageort an, bei in öffentlichen Registern eingetragenen Rechten auf den Ort des Registers, bei Forderungen auf den gewöhnlichen Aufenthalt des Schuldners, bei Gemeinschaftsmarken, Gemeinschaftsgeschmacksmustern und gemeinschaftlichem Sortenschutz sowie auch bei Immaterialgütern auf den Ort des in einem Mitgliedstaat bestehenden oder fingierten Registers. Bei nicht registrierbaren unkörperlichen Sachen ergibt sich die Zuständigkeit aus dem geschützten Gebiet und bei nicht registrierbaren Gesellschaftsanteilen aus dem Ort der Eintragung der Gesellschaft selbst und, wenn auch dieses Kriterium versagt, aus dem Gründungsrecht.

6/37 Die betroffenen Parteien *(parti interessate)*[94] können von der allgemeinen Zuständigkeit (vgl Rz 6/34) oder auch von der subsidiären Zuständigkeit (vgl Rz 6/35) durch eine Rechtswahl in Form einer schriftlichen (Näheres Art 5 Abs 2 EuErbVO) **Gerichtsstandsvereinbarung**[95] abweichen. Grundgedanke ist die Ermöglichung des Gleichlaufs von materiellem und Verfahrensrecht (vgl Rz 6/31). Gem Art 5 Abs 1 kann nämlich nur[96] das Recht jenes Mitgliedstaates ge-

---

90 Vgl *Leandro*, La giurisdizione nel regolamento dell'unione europea sulle successioni *mortis causa*, in Franzina/Leandro, Il diritto internazionale privato europeo delle successioni *mortis causa* (2013) 76 f.

91 Vgl *Davì/Zanobetti,* Il nuovo diritto internazionale privato europeo delle successioni (2014) 203 f. Der zitierte Autor macht mit Recht darauf aufmerksam, dass sich parallele Zuständigkeiten auch zwischen einem Mitgliedstaat und einem Drittstaat ergeben können, wenn sich dieser nach den eigenen Zuständigkeitsregeln aufgrund der Belegenheit von Nachlassgegenständen für das gesamte Nachlassvermögen für zuständig erklärt. Der Vorrang lässt sich dann nicht nach Art 17 EuErbVO lösen, sondern nur nach den jeweils eigenen Regeln bzw nach allfälligen internationalen Abkommen.

92 So *Bonomi/Di Iorio* in Bonomi/Wautelet (2015) 161.

93 Art 10 EuErbVO Rz 4 ff.

94 Zur Präzisierung siehe Erwägungsgrund Nr 28.

95 Die Frage des auf die Gerichtsstandsvereinbarung selbst anzuwendenden Rechts wird unterschiedlich beantwortet: *Dutta*, Das neue internationale Erbrecht der Europäischen Union – Eine erste Lektüre der Erbrechtsverordnung, FamRZ 2013, 6, bspw befürwortet das allgemeine Erbrechtsstatut; aA etwa *Davì/Zanobetti,* Il nuovo diritto internazionale privato europeo delle successioni (2014) 205 Fn 21.

96 Krit *Dutta* Vor Art 4 EuErbVO Rz 22, 23.

wählt werden, das auch für die Rechtsnachfolge von Todes wegen nach Art 22 gewählt wurde (zur Teilrechtswahl vgl Rz 6/69).[97] Das gewählte Gericht ist dann ausschließlich zuständig. Hinzuweisen ist insofern darauf, dass die Verordnung darüber hinaus keine Festlegung der Gerichtszuständigkeit durch den Erblasser vorsieht. Nicht vorgesehen ist auch eine automatische Zuständigkeitsverlegung im Fall einer Rechtswahl gem Art 22.

Das gewählte Gericht ist nämlich nur dann zuständig, wenn sich ein vorher angerufenes Gericht in derselben Sache **für unzuständig erklärt** hat (eben aufgrund der getroffenen Gerichtsstandsvereinbarung oder eines nach den Kriterien des Art 6 lit a EuErbVO begründeten[98] Antrags der Verfahrensparteien). Die Verfahrensparteien können aber auch die Zuständigkeit des angerufenen – von Art 4 oder 10 verschiedenen – Gerichts ausdrücklich **anerkennen** (Art 6 und 7). Das nach Art 7 am Ort des gewählten Rechts angerufene Gericht kann überdies zuständig sein, wenn sich eine Partei, die der Gerichtsstandsvereinbarung nicht angehört, rügelos in das Verfahren **eingelassen** hat (Art 9). Die zuletzt genannten Bestimmungen erleichtern es den Parteien, sich in das Verfahren bei einem bestimmten Gericht auch ohne förmliche Gerichtsstandsvereinbarung einzulassen, vorausgesetzt natürlich, sie können sich überhaupt darauf einigen.[99] **6/38**

Diskutiert wird, ob die Abweichung von dem an sich nach Art 4 und 10 EuErbVO zuständigen Gericht auch dann zulässig ist, wenn nur eine **Teilrechtswahl**, nämlich nur für die Zulässigkeit, materielle Wirksamkeit und Bindungswirkung einer Verfügung von Todes wegen oder eines Erbvertrags nach Art 24 Abs 2 und Art 25 Abs 3 EuErbVO, vorliegt. Der enge Zusammenhang dieser Bestimmungen mit jener des Art 22 legt dies nahe.[100] **6/39**

Gerichtliche Verfahren in dem an sich nach Art 4 und 10 EuErbVO zuständigen Mitgliedstaat, der mit dem für die Rechtsnachfolge von Todes wegen gewählten Mitgliedstaat aber nicht identisch ist, können vermieden werden, ohne im Staat des gewählten Rechts eine Zuständigkeit begründen zu müssen: Haben nämlich sämtliche Verfahrensparteien vereinbart, ihre **Erbsache außergerichtlich** in dem Mitgliedstaat, dessen Recht der Erblasser gewählt hat, **einvernehmlich zu regeln**, beendet das an sich zuständige Gericht ein dort eingeleitetes Verfahren (Art 8). **6/40**

Ergibt sich, dass es in einem Drittstaat, zu dem die Sache einen engen Bezug hat, unzumutbar[101] oder unmöglich ist, ein Verfahren einzuleiten oder zu führen, so können die **Gerichte eines Mitgliedstaates ausnahmsweise in einer Erbsache entscheiden**, allerdings nur dann, wenn nicht bereits die Zuständigkeit der Gerichte eines anderen Mitgliedstaates gegeben ist (Art 11 EuErbVO; **Notzuständigkeit** oder *forum necessitatis*). Praktisch geht es hier oft darum, dass die Gerichte eines Drittstaates aus welchen Gründen auch immer nicht aktiv werden oder **6/41**

---

97 Eine Zuständigkeitsverlagerung gem den Art 5 ff EuErbVO scheidet nach *Dutta* Vor Art 4 EuErbVO Rz 10 allerdings dann aus, wenn die Rechtswahlvorschriften im Mitgliedstaat des gewählten Rechts durch Staatsverträge verdrängt werden.

98 Vgl dazu *Bonomi/Di Iorio* in Bonomi/Wautelet (2015) 143 ff.

99 *Hess*, Die internationale Zuständigkeit nach der Erbrechtsverordnung, in Dutta/Herrler, Die Europäische Erbrechtsverordnung (2014) Rz 17 ff, zweifelt daher überhaupt am praktischen Bedürfnis förmlicher Gerichtsstandsvereinbarungen.

100 So *Dutta* Vor Art 4 EuErbVO Rz 16; aA bezüglich Erbverträgen *Davì/Zanobetti*, Il nuovo diritto internazionale privato europeo delle successioni (2014) 203 f.

101 Der italienische Text der EuErbVO spricht hier von *non ragionevolmente*.

ein Erbe an einen in einem Mitgliedstaat befindlichen Vermögensgegenstand (zB ein Wertpapierdepot) überhaupt herankommt.[102]

6/42 Hat eine Person nach dem für die Rechtsnachfolge nach dem Verstorbenen anzuwendenden Recht bei einem Gericht eine **Erklärung** über die Annahme oder Ausschlagung der Erbschaft, eines Vermächtnisses oder eines Pflichtteils oder eine Erklärung zur Begrenzung ihrer Haftung für Nachlassverbindlichkeiten[103] abzugeben, sieht Art 13 EuErbVO eine **Sonderzuständigkeit** vor. Alternativ zur allgemeinen Zuständigkeit und auch unter der Voraussetzung, dass es eine solche Zuständigkeit gibt, sind hierfür die Gerichte des Mitgliedstaates zuständig, in dem diese Person ihren gewöhnlichen Aufenthalt hat. Die Voraussetzungen und Rechtsfolgen der genannten Erklärungen richten sich nach dem allgemeinen Erbstatut (arg Art 23 Abs 2 lit e und g). Hinsichtlich der Form sind die Erklärungen wirksam, wenn sie dem Erbstatut oder dem Recht des Aufenthaltsstaats des Erklärenden entsprechen (Art 28). Die Mitteilung der Erklärung an das nach der Verordnung zuständige Gericht erfolgt nicht von Amts wegen, sondern stellt eine Obliegenheit der erklärenden Person selbst dar, einschließlich der Einhaltung der nach dem anzuwendenden Recht einzuhaltenden Fristen (vgl Erwägungsgrund Nr 32).[104] Günstig wäre zweifellos die Schaffung einer Verpflichtung der die Erklärung entgegennehmenden Gerichte, die Parteien dahingehend zu informieren.[105]

6/43 Hinsichtlich der **Anerkennung solcher Maßnahmen** in einem anderen Mitgliedstaat ist zu beachten, dass die Regeln des rechtlichen Gehörs eingehalten worden sein müssen.[106] Ihre Einhaltung wird va durch Art 16 EuErbVO sichergestellt, wonach verfahrenseinleitende oder diesen gleichzuhaltende Schriftstücke dem Beklagten[107] so rechtzeitig zugestellt werden müssen, dass er genügend Zeit hat, sich verteidigen zu können (Art 16).

6/44 Jedes Gericht eines Mitgliedstaates, das in einer Erbsache angerufen wird, seine internationale Zuständigkeit aber nicht für gegeben hält, hat die eigene **Unzuständigkeit von Amts wegen zu erklären.** Wird in der Folge ein anderes Gericht angerufen, ist dieses durch die Unzuständigkeitserklärung des vorher angerufenen Gerichts nicht präjudiziert, sondern kann frei über die eigene Zuständigkeit bzw Unzuständigkeit entscheiden (anders zB Art 6 lit b, Art 9 Abs 2, Art 17 Abs 2 EuErbVO).[108]

---

102 Zu Beispielen vgl *Bonomi/Di Iorio* in Bonomi/Wautelet (2015) 172 f; vgl auch *Hess*, Die internationale Zuständigkeit nach der Erbrechtsverordnung, in Dutta/Herrler, Die Europäische Erbrechtsverordnung (2014) Rz 5: Erbin eines saudi-arabischen Erblassers.

103 Die Haftungsbeschränkung wird allerdings nur wirksam, wenn nach dem anzuwendenden Recht die bloße Abgabe einer diesbezüglichen Erklärung ausreicht, nicht aber bspw wenn dafür die Durchführung bestimmter Verfahrensschritte, etwa die Errichtung eines Inventars, notwendig ist; vgl Erwägungsgrund Nr 33; dazu etwa *Davì/Zanobetti,* Il nuovo diritto internazionale privato europeo delle successioni (2014) 221 f. Die Erklärung bliebe in solchen Fällen wirkungslos, ist aber mE nicht unzulässig; so aber *Rechberger/Frodl*, Die internationale Zuständigkeit, in Rechberger/Zöchling-Jud, Die EU-Erbrechtsverordnung in Österreich (2015) 45 Rz 87.

104 Vgl *Davì/Zanobetti,* Il nuovo diritto internazionale privato europeo delle successioni (2014) 205 Fn 212.

105 So *Wautelet/Di Iorio* in Bonomi/Wautelet (2015) 185 f.

106 Vgl uH auf Art 40 lit b EuErbVO *Davì/Zanobetti,* Il nuovo diritto internazionale privato europeo delle successioni (2014) 214.

107 Die Vorschrift passt nicht auf Verfahren der freiwilligen Gerichtsbarkeit, wo es keine „Beklagten", sondern allenfalls Antragsgegner oder sonstige Personen gibt, die das Gericht zu beteiligen hat; für insoweit analoge Anwendung daher *Dutta* Art 16 EuErbVO Rz 4.

108 Vgl *Dutta* Art 15 EuErbVO Rz 3.

Wird ein Gericht des Mitgliedstaates angerufen und erklärt sich dieses nicht für unzuständig, gilt die (Erb-)Sache als **rechtshängig** (Art 17 EuErbVO; Rechtshängigkeit; *litispendenza*). Die EuErbVO regelt in diesem Zusammenhang auch den Zeitpunkt, zu dem ein Gericht als angerufen gilt. Dabei wird unterschieden, ob das verfahrenseinleitende Schriftstück zuerst beim Gericht einzureichen oder zuerst einem künftigen Verfahrensbeteiligten zuzustellen oder mitzuteilen ist oder ob das Verfahren von Amts wegen eingeleitet wird: Die Verordnung legt in Art 14 im ersten Fall die Einreichung bei Gericht als maßgeblich fest, wenn in der Folge die Zustellung an den Beklagten (besser wohl Verfahrensbeteiligten) tatsächlich bewirkt wird. Im zweiten Fall muss das Schriftstück nach der Zustellung bei Gericht eingereicht werden. Im dritten Fall ist der Einleitungsbeschluss des Gerichts bzw die Registrierung des Verfahrens bei Gericht Wirksamkeitsvoraussetzung. **6/45**

Sind **mehrere Gerichte** in den Mitgliedstaaten (nicht auch in einem Mitgliedstaat und einem Drittstaat) **wirksam** (vgl Rz 6/45) **angerufen** worden,[109] so hat das später angerufene Gericht das Verfahren so lange auszusetzen, bis die Zuständigkeit des zuerst angerufenen Gerichts feststeht. Sobald die Zuständigkeit des zuerst angerufenen Gerichts feststeht, hat sich das später angerufene Gericht zu Gunsten des ersteren für unzuständig zu erklären (Art 17 EuErbVO). Diese Regelung über die Rechtshängigkeit setzt allerdings voraus, dass das Verfahren zwischen denselben Parteien anhängig gemacht werden soll, was bei nichtstreitigen Verfahren problematisch erscheint, weil es häufig mehrere Verfahrensbeteiligte gibt, die über ihre Verfahrensbeteiligung häufig auch selbst entscheiden können.[110] Auch die weitere Voraussetzung des identen Anspruchs passt schlecht auf die nichtstreitige Gerichtsbarkeit, wo es in der Regel nicht um die Geltendmachung von Ansprüchen geht.[111] **6/46**

Ein wegen des von der Verordnung normierten weiten Gerichtsbegriffs (Art 3 Abs 2) besonderer Fall von Rechtshängigkeit (vgl Rz 6/45) ist dann gegeben, wenn eine Erbsache in einem Mitgliedstaat bei einem „Gericht" ieS und in einem anderen Mitgliedstaat bei einer nichtgerichtlichen Stelle (zB einem Notar) anhängig gemacht wird oder wenn zwei nichtgerichtliche Verfahren in verschiedenen Staaten geführt werden. Der Erwägungsgrund Nr 36 gibt hier der Zuständigkeit nach dem Ort des Gerichts ieS den Vorrang, wenn sich die Parteien nicht einigen können,[112] was freilich nur in dem ersten der beiden geschilderten Fälle zu einer Lösung führt. **6/47**

Sind **in verschiedenen Mitgliedstaaten miteinander zusammenhängende Verfahren anhängig**, kann das später angerufene Gericht (und nur dieses) das eigene Verfahren jedenfalls aussetzen. Es kann sich auch für unzuständig erklären, vorausgesetzt das erstangerufene Gericht ist zuständig und die Verbindung der beiden Verfahren ist nach seinem Recht zulässig. Ein Zusammenhang besteht nach der Verordnung dann, wenn eine gemeinsame Verhandlung und Entscheidung geboten erscheint, um widersprechende Entscheidungen zu vermeiden (Art 18 **6/48**

109 Es kommt mE nur auf die wirksame Anrufung zweier oder mehrerer Gerichte an, nicht auf eine Doppelzuständigkeit; aA offenbar *Davì/Zanobetti*, Il nuovo diritto internazionale privato europeo delle successioni (2014) 215.

110 Vgl *Dutta* Art 17 EuErbVO Rz 4, der auf den identen Verfahrensgegenstand abstellen würde.

111 Vgl *Dutta* Art 17 EuErbVO Rz 5.

112 Vgl dazu *Leandro*, La giurisdizione nel regolamento dell'unione europea sulle successioni *mortis causa*, in Franzina/Leandro, Il diritto internazionale privato europeo delle successioni *mortis causa* (2013) 82.

EuErbVO; vgl auch Erwägungsgrund Nr 34). Angenommen wird zB, dass zwischen Verfahren, die denselben Erbfall betreffen, immer ein Zusammenhang besteht.[113]

6/49 **Einstweilige Maßnahmen**, insbesondere Sicherungsmaßnahmen, können bei Gerichten eines Mitgliedstaates immer beantragt werden,[114] wenn solche nach dem Recht dieses Mitgliedstaates vorgesehen sind. Es spielt keine Rolle, wenn für die Entscheidung in der Hauptsache die Gerichte eines anderen Mitgliedstaates zuständig sind (Art 19 EuErbVO). Die Anwendung dieser Bestimmung setzt allerdings voraus, dass es sich um eine verfahrensrechtliche Maßnahme und nicht um eine Frage des materiellen Rechts handelt, die internationalprivatrechtlich nach dem Erbstatut zu behandeln ist. Dies würde etwa für die Anbringung von Siegeln und die Errichtung eines Inventars *(apposizione di sigilli e inventario)* gem Art 705 oder die Absonderung der Güter des Verstorbenen von jenen des Erben *(separazione dei beni)* gem Art 512 ZGB gelten. Da eine von einem nach Art 19 zuständigen Gericht angeordnete Maßnahme nicht auf Sachen beschränkt ist,[115] die sich im Staatsgebiet des angerufenen Gerichts befinden, kommt auch der Frage der Anerkennung der Entscheidungen[116] in einem anderen Mitgliedstaat und damit dem Erfordernis des gewährten rechtlichen Gehörs (Art 39 ff; vgl auch Rz 6/43) Bedeutung zu.

6/50 Zu beachten ist schließlich, dass sich die internationale Gerichtsbarkeit in Erbsachen auch aus **internationalen Abkommen** ergeben kann (zum Vorrang vgl Art 2 EuErbVO), wobei diese Abkommen häufig auf den letzten Wohnsitz des Erblassers oder die Belegenheit von Nachlassgütern abstellen.[117]

II. Anwendbares Recht

1. Zielsetzung und Allgemeines

6/51 Die Bestimmungen über das in Erbsachen innerhalb der EU anwendbare Recht stellen den Kernbereich der EuErbVO dar. Sie **vereinheitlichen das Erbstatut in den Mitgliedstaaten** und tragen insofern wesentlich zur Vermeidung widersprüchlicher Sachentscheidungen bzw eben zu einem EU-weiten Entscheidungseinklang bei. Dazu tritt der **Grundsatz der Universalität** in dem Sinn, dass grundsätzlich die gesamte Rechtsnachfolge von Todes wegen und das gesamte Nachlassvermögen unabhängig von der Art der Vermögenswerte und unabhängig vom Lageort (Mitgliedstaat oder Drittstaat) vom Erbstatut erfasst werden (Nachlasseinheit). Insofern fügt sich die EuErbVO in die italienischen Vorgängerregelungen (vgl Rz 6/9). Die EuErbVO ist auch insofern universell, als sie Verweisungen auf Erbrechtsordnungen von Drittstaaten einschließt (Art 20 EuErbVO; vgl auch schon Rz 6/6). Die Bürger, seien sie künftige Erblasser, Nachlassbegünstigte oder Gläubiger, erhalten dadurch größtmögliche Klarheit und

---

113 Vgl *Bonomi/Di Iorio* in Bonomi/Wautelet (2015) 210.

114 Die Bestimmung umfasst nach *Dutta* Art 19 EuErbVO Rz 4 auch von Amts wegen vorgesehene Maßnahmen.

115 Vgl *Rechberger/Frodl*, Die internationale Zuständigkeit, in Rechberger/Zöchling-Jud, Die EU-Erbrechtsverordnung in Österreich (2015) 45 Rz 29 f uH auf die davon unterschiedlichen Regelungen der EuGVVO.

116 Der weite Begriff in Art 3 Abs 1 lit g umfasst auch einstweilige Maßnahmen; vgl *Wautelet/Di Iorio* in Bonomi/Wautelet (2015) 215.

117 ATRIO, http://itra.esteri.it/ (letzter Besuch: 28. 6. 2019); vgl auch *Barel/Armellini* (2018) 244.

Vorhersehbarkeit über das im konkreten Fall anzuwendende Erbrecht und können sich darauf rechtzeitig einstellen (vgl Erwägungsgrund Nr 37).

Der Regelung des Erbstatuts kommt auch **in Bezug auf die sonstigen Inhalte der Verordnung eine zentrale Rolle** zu: Zum einen beeinflusst das Erbstatut wesentlich die Zuständigkeit der Gerichte (zum Grundsatz des Gleichlaufs vgl Rz 6/31). Weiters stellt erst der mit einem einheitlichen Erbstatut erreichte Ausschluss widersprüchlicher Sachentscheidungen (vgl Rz 6/1) die unabdingbare Voraussetzung für die Einführung eines Europäischen Nachlasszeugnisses (Art 62 ff EuErbVO; dazu Rz 6/117 ff) sowie für eine grenzüberschreitende Anerkennung und Vollstreckbarkeit von Entscheidungen und sonstigen Vollstreckungsmaßnahmen (Art 39 ff) und die grenzüberschreitende Annahmepflicht öffentlicher Urkunden (Art 59 ff) dar.[118] **6/52**

Einschränkend gegenüber dieser allgemeinen Zielsetzung wirkt sich der Vorrang allfälliger Staatsverträge der Mitgliedstaaten (Art 75 EuErbVO) aus, sofern sie abweichende Kollisionsnormen enthalten.[119] Zu beachten sind weiter jene Sachbereiche, die an das Erbrecht angrenzen und nicht diesem, sondern einem anderen kollisionsrechtlichen Statut angehören, wie sie insbesondere in der Negativliste des Art 1 Abs 2 der Verordnung angeführt sind (vgl Rz 6/6), etwa das Statut für den Personenstand und die Familienverhältnisse, das Güterrechts- oder das Sachenrechtsstatut. **6/53**

Beispiel:

R. und S. sind italienische Staatsbürger mit gewöhnlichem Aufenthalt in Österreich. Nach dem Tod des R. behauptet S. im Streit mit den drei gemeinsamen Kindern, dass ihr aufgrund gesetzlicher Gütergemeinschaft die Hälfte des in der Ehe von R. erbauten Ferienhauses auf Sardinien gehöre und daher nicht in die Erbschaft falle. Die Beurteilung, ob R. und S. in gesetzlicher Gütergemeinschaft gelebt haben und welche Gegenstände der Gütergemeinschaft unterworfen sind, richtet sich nicht nach dem auf dem letzten gewöhnlichen Aufenthalt von R. beruhenden Erbstatut (Österreich), sondern nach dem auf der gemeinsamen Staatsbürgerschaft beruhenden ehelichen Güterrecht (Art 30 IPRG iVm Art 177 ff ZGB).

Die kollisionsrechtlichen Bestimmungen der EuErbVO sind in den Allgemeinen Teil des Internationalen Privatrechts (vgl Rz 1/1 ff) eingebettet, wie er sich aus dem nationalen IPR des jeweiligen Mitgliedstaates bzw aus dem durch Staatsverträge oder EU-Verordnungen vereinheitlichten IPR ergibt (vgl Rz 1/46 f, 1/48 ff). Die EuErbVO enthält aber auch einige dem allgemeinen IPR zugehörige Anpassungen bzw Festlegungen für die eigene Anwendung: Zu erwähnen sind die wegen Normdiskrepanzen erforderlichen Anpassungen bei dinglichen Rechten (Art 31 EuErbVO; vgl Rz 6/101 ff), bei den Befugnissen eines Nachlassverwalters (Art 29 Abs 2; vgl Rz 6/87 ff), bei Kommorientenregelungen (Art 32; vgl Rz 6/95 ff) und Regelungen der staatlichen Nachlassbeteiligung (Art 33; vgl Rz 6/99 f). Besondere Regeln bestehen weiters für den Statutenwechsel im Rahmen der Testierfähigkeit (Art 26 Abs 2; vgl Rz 6/84), die Rück- und Weiterverweisung (Art 34; vgl Rz 6/105 ff), den *ordre public* (Art 35; vgl Rz 6/109 ff) und Eingriffsnormen (Art 30; vgl Rz 6/92) sowie die Handhabung eines Verweises auf Mehrrechtsstaaten (Art 36; vgl Rz 6/113 ff).[120] **6/54**

---

118 Vgl *Dutta* Vor Art 20 EuErbVO Rz 2.

119 Vgl *Dutta* Vor Art 20 EuErbVO Rz 3; vgl zB zur Behandlung von Personen ohne Staatsbürgerschaft usw Rz 6/72.

120 Vgl *Dutta* Vor Art 20 EuErbVO Rz 46; vgl auch *Franzina*, Ragioni, valori e collocazione sistematica della disciplina internationalprivatistica europea delle successioni *mortis causa*, in Franzina/Leandro, Il diritto internazionale privato europeo delle successioni *mortis causa* (2013) 19 ff mwH; *dies*, *Franzina/Leandro*, Il

6/55 Diskutiert wird, ob **Vorfragen** selbständig oder unselbständig zu beurteilen sind (siehe hierzu allgemein Rz 1/100 ff). Im Hinblick auf den Grundsatz des EU-weiten Entscheidungseinklangs (vgl Rz 6/51) wird im Erbrecht überwiegend die unselbständige Vorfragenbeurteilung *(soluzione disgiunta)* nach dem Erbrechtsstatut präferiert.[121] Insgesamt dürfte die Problematik aber für die Praxis deshalb keine allzu große Rolle spielen, weil die meistens in Frage kommenden verschiedenen Anknüpfungsmomente, nämlich entweder nach der *lex causae* oder der *lex fori*, wegen des angestrebten Gleichlaufs von Erbstatut und Zuständigkeit (vgl Rz 6/52) in der Regel zusammenfallen.[122]

6/56 Die EuErbVO knüpft die Rechtsnachfolge von Todes wegen grundsätzlich mit Hilfe einer **allgemeinen Kollisionsregel** an, wobei diese entweder objektiv, also „kraft Gesetzes" anwendbar ist (vgl Rz 6/60 ff), oder sich aus einer Rechtswahl ergibt.[123]

6/57 Bestimmte Aspekte der Rechtsnachfolge von Todes wegen, für die die allgemeine Kollisionsregel nicht passt, finden eine **Sonderanknüpfung**, so insb die Zulässigkeit, materielle Wirksamkeit und – für Erbverträge – die Bindungswirkung einer Verfügung von Todes wegen (Art 24 ff EuErbVO; vgl Rz 6/78 ff), die Formgültigkeit einer Verfügung von Todes wegen (Art 27; vgl Rz 6/85 f), die Formgültigkeit bestimmter erbrechtlicher Erklärungen (Art 28; vgl Rz 6/109), bestimmte Fragen der Nachlassverwaltung (Art 29; vgl Rz 6/87 ff), eine allenfalls besondere Erbfolge hinsichtlich bestimmter Nachlassgegenstände (Art 30; vgl Rz 6/91 ff) oder allenfalls bestehende besondere Regelungen eines Staates bei erblosen Nachlässen (Rz 6/29 f; vgl auch Rz 6/99 f).[124]

6/58 Besonders hinzuweisen ist darauf, dass die EuErbVO **für das Pflichtteilsrecht keine Sonderanknüpfung** vorsieht. Für diesen Bereich des Erbrechts gilt also die allgemeine Anknüpfung (vgl Art 23 Abs 2 lit h EuErbVO). Der Erblasser könnte somit im allgemeinen Rahmen der Verordnung durch Wahl seines letzten Aufenthalts (Art 21) oder durch Rechtswahl (Art 22), die allerdings auf das Heimatrecht beschränkt ist[125] (vgl Erwägungsgrund Nr 38 S 2; Näheres Rz 6/71), auch auf das nach ihm anzuwendende Pflichtteilsrecht Einfluss nehmen. Die Beziehung, welche seine – in der Regel als Pflichtteilsberechtigte in den Mitgliedstaaten vorgesehenen – Familienmitglieder zu einem Mitgliedstaat haben, spielt also keine Rolle (anders nach bisherigem nationalem Recht gem Art 46 Abs 2 IPRG; vgl Rz 6/17). Bei einer insoweit beabsichtigten Schlechterstellung oder überhaupt einem Ausschluss von Personen, die sich eine Pflichtbeteiligung erwarten „dürfen", greift nach hM zwar nicht die *ordre public*-Klausel (Art 35), in gravierenden Fällen aber das Verbot der Gesetzesumgehung (vgl Erwägungsgrund Nr 26).[126] Dasselbe gilt grundsätzlich auch für die Kürzung von Schenkungen zur Wiederherstellung des den Pflichtteilsberechtigten vorbehaltenen Anteils (Art 559 ff ZGB) wegen übermäßiger Schenkun-

nuovo diritto internazionale privato delle successioni per causa di morte in Europa, Nuove leggi civ. comm. 2013, 324 ff.

121 Vgl *Mosconi/Campiglio II*[4] (2016) 261 Fn 5 (Verweis auf Bd I 229 ff).

122 Vgl *Dutta* Vor Art 20 EuErbVO Rz 50.

123 Zur beschränkten Rechtswahl hinsichtlich Verfügungen von Todes wegen vgl Rz 6/69.

124 Vgl zur Übersicht *Dutta* Vor Art 20 EuErbVO Rz 32 ff.

125 Krit zum Schutz der Pflichtteilsberechtigten durch diese Einschränkung *Damascelli*, I criteri di collegamento impiegati dal regolamento N. 650/2012 per la designazione della legge regolatrice della successione a causa di morte, in Franzina/Leandro, Il diritto internazionale privato europeo delle successioni *mortis causa* (2013) 100.

126 Vgl *Bonomi* in Bonomi/Wautelet (2015) 2268 f.

gen einschl der zu vergleichbaren Ergebnissen vorgenommenen Einrichtung von Stiftungen oder *trusts* (vgl Art 23 Abs 2 lit i; sa Art 809 ZGB).[127]

Die Anknüpfungsregeln, seien sie allgemeine oder besondere, orientieren sich stets **nach Umständen oder Willensäußerungen des Erblassers**, nicht nach solchen der Nachlassbegünstigten. Ihnen steht insb kein Recht auf Rechtswahl zu[128] (vgl aber zur Möglichkeit einer Gerichtsstandsvereinbarung nach Art 5 Rz 6/37). **6/59**

2. Objektive Anknüpfung

Objektive Anknüpfung bedeutet Anknüpfung anhand der von der EuErbVO vorgesehenen Kriterien in Ermangelung einer gewillkürten Bestimmung des anzuwendenden Rechts durch eine Rechtswahl innerhalb der von Art 22 EuErbVO (siehe auch Art 24 Abs 2 und Art 25 Abs 3) gezogenen Grenzen (vgl Rz 6/69). Davon ist die für die objektive Anknüpfung erforderliche Bestimmung des gewöhnlichen Aufenthalts nach objektiven und subjektiven Kriterien (vgl Rz 6/64) zu unterscheiden. **6/60**

Die allgemeine (vgl zu Sonderanknüpfungen Rz 6/77 ff) objektive Anknüpfung erfolgt nach dem Kriterium des **letzten gewöhnlichen Aufenthalts** des Erblassers *(ultima residenza abituale)*, der im Zweifel die engste Verbindung des Erblassers mit einer Rechtsordnung belegt (Art 21 Abs 1 EuErbVO; vgl Näheres Rz 6/63 ff). Im Unterschied zu anderen Regelungen (zB Haager Erbrechtsabkommen vom 1. 8. 1989) ist eine bestimmte Mindestzeit für den Aufenthalt nicht vorgesehen.[129] Ergibt sich ausnahmsweise aus der Gesamtheit der Umstände eine offensichtlich engere Verbindung des Erblassers mit einem anderen Staat, so ist – auch von Amts wegen[130] – dessen Recht zur Anwendung berufen (sog Ausweichklausel; Art 21 Abs 2; vgl Rz 6/62). **6/61**

Da diese **Ausweichklausel** (Rz 6/61) nur für die (subsidiäre[131]) Bestimmung des anzuwendenden Rechts, nicht aber der Zuständigkeit vorgesehen ist (vgl schon Rz 6/34), kann der angestrebte Gleichlauf von *lex fori* und *lex causae* auseinanderfallen (siehe Beispiel Rz 6/34). Das zuständige Gericht könnte zB trotz wegen eines Formfehlers missglückter Wahl des Rechts der Staatsbürgerschaft dieses Recht im Wege der Anwendung der Ausweichklausel anzuwenden haben. Die Ausweichklausel muss sich also nicht immer auf einen früheren oder anderen Aufenthalt stützen, wobei eine engere Beziehung wohl immer auch irgendeinen Aufenthalt in diesem Staat voraussetzt. Jedenfalls ist die Ausweichklausel gerade wegen der Gefahr eines Auseinanderfallens von Zuständigkeit und anwendbarem Recht zurückhaltend anzuwenden.[132] **6/62**

127 Vgl *Dutta* Vor Art 20 EuErbVO Rz 44.

128 Vgl *Dutta* Vor Art 20 EuErbVO Rz 45.

129 Vgl *Bonomi* in Bonomi/Wautelet (2015) 230 f.

130 Vgl *Bonomi* in Bonomi/Wautelet (2015) 234.

131 Subsidiär in dem Sinn, dass die Ausweichklausel zum Recht eines Staates mit engerer Verbindung führt, als sie zum Aufenthaltsstaat besteht; einen letzten gewöhnlichen Aufenthalt muss es nach der VO immer geben; vgl *Dutta* Art 4 EuErbVO Rz 6. Die Ausweichklausel soll auch dem Gericht nicht die Bestimmung eines schwierig feststellbaren Aufenthaltes abnehmen; vgl Erwägungsgrund Nr 25.

132 Vgl *Bonomi* in Bonomi/Wautelet (2015) 233.

Anwendungsbeispiel:

Ein italienischer Staatsbürger mit langem früherem gewöhnlichem Aufenthalt in Italien stirbt unmittelbar, nachdem er eine Arbeitstätigkeit in der Schweiz aufgenommen und damit dort auch kurzfristig seinen gewöhnlichen Aufenthalt begründet hat.[133]

6/63 Die Entscheidung der EuErbVO, **grundsätzlich den letzten gewöhnlichen Aufenthalt als maßgebliches Kriterium** für die Festlegung des anwendbaren Rechts zu bestimmen, stellt einen markanten **Paradigmenwechsel** gegenüber dem bisher vor allem in den kontinentaleuropäischen Rechten verbreiteten Kriterium der Staatsbürgerschaft des Erblassers im Zeitpunkt des Erbfalls dar. Diese Tendenz wird auch in anderen Rechtsakten der EU sichtbar, was zu einer gewissen Gleichförmigkeit der Auslegung führt.[134] Die Entscheidung der Verordnung für den letzten gewöhnlichen Aufenthalt findet ihre Begründung in der **zunehmenden Mobilität der Bürger** innerhalb der EU, aber auch aus und in die EU. Angeführt werden in diesem Zusammenhang auch die Vorteile des *family planning* bei zusammenlebenden Partnern verschiedener Nationalität und überhaupt der politische Wille der Union, die Bedeutung der Staatsbürgerschaften zu relativieren und auch die Integration von Personen, die in die EU zuwandern, zu erleichtern.[135] Betont wird auch der Vorteil des häufigen Zusammenfalls des anwendbaren Erbrechts mit dem anwendbaren Steuerrecht.[136]

6/64 Der enge sachliche Zusammenhang zwischen dem Recht des gewöhnlichen Aufenthaltsorts als dem Ort des Lebensmittelpunktes einer Person mit dem für die Regelung der Rechtsnachfolge von Todes wegen in Frage kommenden Recht ist durchaus nachvollziehbar. Das neue Kriterium führt aber zu einem häufigeren Statutenwechsel als etwa jenes der Staatsbürgerschaft (**Instabilität**) und ist auch wegen der Komplexität der Bestimmung des „gewöhnlichen" Aufenthalts, der in der Verordnung auch nicht bindend definiert wird, in vielen Fällen unsicher (**Unsicherheit**). Um dem dagegen doch in der Regel starken Bedürfnis der Erblasser nach einem über längere Zeit stabilen und sicherer feststellbaren Erbstatut entgegenzukommen, wünscht der Gesetzgeber daher – abgesehen von der Einführung der Möglichkeit einer Rechtswahl (vgl Rz 6/66 ff) – eine **Gesamtbeurteilung der Lebensverhältnisse** des Erblassers in den letzten Jahren vor seinem Tod und im Zeitpunkt seines Todes.[137] Dauer und Regelmäßigkeit des Aufenthalts sollen ebenso in die Beurteilung einfließen wie der Umstand, ob sich der Erblasser etwa beruflich und privat, also in familiärer und sozialer Hinsicht, in verschiedenen Staaten aufgehalten hat bzw von Staat zu Staat gereist ist, ohne sich irgendwo fest niederzulassen.[138] Aus den angeführten Gründen ist zB auch ein Statutenwechsel für Personen (insb Rentner), auch wenn sie sich länger und wiederkehrend in klimatisch oder preislich begünstig-

133 Vgl *Bonomi* in Bonomi/Wautelet (2015) 235 f mit weiteren Beispielen; siehe auch den Fall in Fn 141.

134 Vgl *Bonomi* in Bonomi/Wautelet (2015) 226 f; eine genaue Auflistung und weitere Beispiele und Abweichungen finden sich bei *Dutta* Art 21 EuErbVO Rz 3.

135 Vgl *Davì/Zanobetti,* Il nuovo diritto internazionale privato europeo delle successioni (2014) 42 ff; *Damascelli*, I criteri di collegamento impiegati dal regolamento N. 650/2012 per la designazione della legge regolatrice della successione a causa di morte, in Franzina/Leandro, Il diritto internazionale privato europeo delle successioni *mortis causa* (2013) 90 ff.

136 *Bonomi* in Bonomi/Wautelet (2015) 229.

137 Vgl zu näheren Überlegungen zur Bestimmung des Todeszeitpunktes nach der VO *Dutta* Art 4 EuErbVO Rz 8 f.

138 Vgl KG Berlin 26. 4. 2016, IPrax 2018, 72: bejahrter Grenzpendler ist an seinem nach Polen verlegten aktuellen Wohnsitz nicht integriert, woraus die Zuständigkeit des Erststaates (Deutschland) abgeleitet wird; sa Beispiel in Rz 6/62.

ten Staaten aufhalten, nur mit Vorsicht anzunehmen. Ähnliches gilt auch für längere Aufenthalte in einem anderen Staat aus ausbildungstechnischen, medizinischen oder pflegerischen Gründen[139] (vgl Erwägungsgründe Nr 23 und 24). Insoweit wird sichtbar, dass **neben objektiv messbaren Umständen auch subjektive Gesichtspunkte**, also der Wille des Erblassers, an einem bestimmten Ort den Mittelpunkt seiner Lebensinteressen zu bestimmen oder nicht zu bestimmen, Anerkennung finden.[140] Aber auch Umstände, die nicht unmittelbar die Art oder die Gründe eines Aufenthaltes betreffen, wie die Lage der Nachlassgegenstände oder die Staatsbürgerschaft, sollen ein Rolle spielen können, allerdings nach verbreiteter Meinung nur dann, wenn sich ein eindeutiger gewöhnlicher Aufenthalt in einem bestimmten Mitgliedstaat nicht ermitteln lässt.[141] Einem bloßen verwaltungsrechtlichen oder steuerrechtlichen Wohnsitz wird für die Bestimmung des gewöhnlichen Aufenthalts nach der EuErbVO hingegen keine Bedeutung zugemessen.[142]

Zur Bestimmung des gewöhnlichen Aufenthalts im Einzelfall wird von Rsp und Lehre ein **Rückgriff auf andere Rechtsakte der EU**[143] befürwortet.[144] Auch daraus ergibt sich durchaus ein mit der VO-Absicht übereinstimmendes Ergebnis: Es geht um die Integration in ein soziales und familiäres Umfeld, mit dem – zB durch entsprechende Sprachkenntnisse – auch Kommunikation möglich ist. Vorübergehende und sporadische Anwesenheiten an einem bestimmten Ort sind nicht entscheidend. Dem familiären Mittelpunkt wird tendenziell größeres Gewicht als dem Ort der Berufsausübung beigemessen, vor allem wenn sich der Erblasser – selbst für längere Zeit – nur aus beruflichen oder wirtschaftlichen Gründen in einen vom bisherigen Aufenthaltsstaat verschiedenen Staat begeben hat. **6/65**

3. Rechtswahl

Zweck der Einräumung einer Rechtswahlmöglichkeit (Art 22 EuErbVO) ist es zunächst, dem wohl verbreiteten Wunsch zu entsprechen, das „eigene" Recht (Heimatrecht iS des Staatsbürgerschaftsrechts) auch für die eigene Erbfolge zu berufen. Die Rechtswahlmöglichkeit wird aber spezifisch auch als Korrelat zur objektiven Anknüpfung an das Recht des letzten gewöhnlichen Aufenthalts einschl der Ausweichklausel gesehen. Insb soll ermöglicht werden, dessen Nachteile der Instabilität und Unsicherheit durch die Festlegung eines stabilen und vorhersehbaren Erbstatuts auszuschalten (vgl auch Erwägungsgrund Nr 38 S 1). Das gewählte Recht ist ja von einem oder mehreren Aufenthaltswechseln und den Unsicherheiten bei der Bestimmung **6/66**

---

139 Vgl „echte" Beispiele bei *Hess*, Die internationale Zuständigkeit nach der Erbrechtsverordnung, in Dutta/Herrler, Die Europäische Erbrechtsverordnung (2014) Rz 10 ff.

140 Vgl dazu etwa *Damascelli*, Successioni (diritto internazionale privato e processuale europeo), Enc.dir. Annali VI (2013) 945 ff, der ua das subjektive Element für die Aufenthaltsbestimmung mit der Ausweichklausel des Art 21 Abs 2 EuErbVO nur schwer vereinbar ansieht; vgl etwa auch *Rechberger/Frodl*, Die internationale Zuständigkeit, in Rechberger/Zöchling-Jud, Die EU-Erbrechtsverordnung in Österreich (2015) 58 Rz 27.

141 Vgl etwa *Fischer/Czermak*, Anwendbares Recht, in Schauer/Scheuba, Europäische Erbrechtsverordnung (2012) 44 f.

142 Vgl *Dutta* Art 4 EuErbVO Rz 5; *Bonomi* in *Bonomi/Wautelet* (2015) 229.

143 Vgl Rom I-VO; Rom II-VO; Rom III-VO; EuEheVO.

144 Vgl EuGH, ECLI:EU:C:2009:225; *Bonomi* in Bonomi/Wautelet (2015) 226 f; *Dutta* Art 4 EuErbVO Rz 4 mwH in Fn 8; *Rechberger/Frodl*, Die internationale Zuständigkeit, in Rechberger/Zöchling-Jud, Die EU-Erbrechtsverordnung in Österreich (2015) 56 Rz 24.

des Aufenthaltsstaates (vgl Rz 6/64), aber auch den Unsicherheiten der Anwendung der Ausweichklausel völlig unabhängig und könnte nur durch eine neuerliche Willenserklärung des Erblassers abberufen oder – vorausgesetzt, es ändert sich die Staatsbürgerschaft (vgl Art 22 Abs 1) – durch ein anderes gewähltes Recht ersetzt werden (vgl Art 22 Abs 4).[145] Da die Rechtswahl sowohl auf die Staatsbürgerschaft im Zeitpunkt der Rechtswahl, als auch des Todes abstellt (siehe Rz 6/71), ist sie auch von einem späteren Staatsbürgerschaftswechsel unabhängig.[146] Die Rechtswahlmöglichkeit erleichtert es auch Ehepaaren oder anderen Partnern, die Rechtsnachfolge in ihr Vermögen zu harmonisieren.[147] Eine besondere Möglichkeit bietet die Rechtswahl für Erbfolgen mit Bezug auch zu Drittstaaten insofern, als der Erblasser dadurch sein Erbrecht auch für die Bezüge zu diesem Drittstaat (zB wegen der dortigen Belegenheit von Nachlassgegenständen) harmonisieren kann. Dies gilt allerdings nur insoweit, als der Drittstaat eine Rechtswahl überhaupt anerkennt.[148] Gegen die Gefahr des Auseinanderfallens von Zuständigkeit und anwendbarem Recht infolge der Rechtswahl besteht die Möglichkeit einer Gerichtsstandvereinbarung (vgl Rz 6/37).

6/67 Wie schon ausgeführt (vgl Rz 6/64), kann der Erblasser durch die Wahl des auf seine Rechtsnachfolge von Todes wegen anzuwendenden Rechts (Rechtswahl; *scelta di legge*, auch *professio* oder *optio iuris*) die **Bestimmung des anwendbaren Rechts durch objektive Anknüpfung verhindern** (Art 22 EuErbVO). Rück- und Weiterverweisungen sind ausgeschlossen (Art 34 Abs 2; vgl auch Rz 6/108). Ob und inwieweit eine Rechtswahl möglich ist, richtet sich nach der Verordnung selbst und ist nicht davon abhängig, ob das gewählte Recht selbst eine Rechtswahl kennt (vgl Erwägungsgrund Nr 40 S 1; zu den formalen und materiellrechtlichen Voraussetzungen vgl Rz 6/73 ff). Hinzuweisen ist darauf, dass die Möglichkeit der Rechtswahl grundsätzlich nicht durch das Pflichtteilsrecht des andernfalls zur Anwendung gelangenden Erbstatuts eingeschränkt wird (siehe schon Rz 6/58). Die Voraussetzungen einer Rechtswahl gelten wohl genauso für deren Abänderung oder Widerruf (siehe Rz 6/75).[149] Zur Vorwirkung einer vor dem 17. 8. 2015 getroffenen Rechtswahl vgl Rz 6/2.

6/68 Das durch Rechtswahl berufene Recht hat **denselben Umfang wie das durch objektive Anknüpfung bestimmte allgemeine** – umfassende (vgl Rz 6/51) – **Erbstatut** (ausdrücklich Art 23 Abs 1 EuErbVO).[150] Insb gilt das allgemeine Erbstatut auch für die Frage der Zulässigkeit und der materiellen Wirksamkeit sowie – im Fall von Erbverträgen – der Bindungswirkungen von Verfügungen von Todes wegen, jedoch mit der Maßgabe, dass sich das Erbstatut für diese Fragen nach dem Zeitpunkt der Errichtung der Verfügung und nicht wie im Übrigen nach dem Zeitpunkt des Todes des Erblassers richtet (sog Errichtungsstatut; Näheres Rz 6/78).

6/69 Im Hinblick auf die Möglichkeit einer **Teilrechtswahl** ist festzuhalten, dass der Erblasser seine Rechtswahl auch auf die genannten Fragen betreffend eine Verfügung von Todes wegen (Zulässigkeit, materielle Wirksamkeit, Bindungswirkungen; Art 24 Abs 2, Art 25 Abs 3

---

145 Vgl etwa *Rudolf/Zöchling-Jud/Kogler*, Kollisionsrecht, in Rechberger/Zöchling-Jud, Die EU-Erbrechtsverordnung in Österreich (2015) 132 ff Rz 52 ff.

146 Vgl *Bonomi* in Bonomi/Wautelet (2015) 247 f.

147 Vgl *Franzina/Leandro*, Il nuovo diritto internazionale privato delle successioni per causa di morte in Europa, Nuove leggi civ.comm. 2013, 317.

148 Vgl *Bonomi* in Bonomi/Wautelet (2015) 241 ff mit Beispielen.

149 Vgl *Dutta* Art 22 EuErbVO Rz 32.

150 Zu den einzelnen in Abs 2 beispielhaft angeführten Teilbereichen ausf *Bonomi* in Bonomi/Wautelet (2015) 282 ff.

EuErbVO) beschränken kann, wobei im Übrigen dieselben Voraussetzungen und Grenzen wie für eine umfassende Rechtswahl nach Art 22 gelten. Im Übrigen wird aber eine sonstige Teilrechtswahl, etwa in Bezug auf bestimmte Nachlassbestandteile oder nur bestimmte erbrechtliche Fragen, ausgeschlossen.[151]

Bei der Rechtswahl auf einen **Staat mit mehreren Teilrechtsordnungen** ist vor allem der Vorrang des internen Kollisionsrechts nach Art 36 Abs 1 EuErbVO zu beachten. Die direkte Wahl des Rechts einer Gebietseinheit ist aber nicht vorgesehen (Näheres vgl Rz 6/113 ff). Zur Rechtswahlmöglichkeit in dem bis zum 16. 8. 2015 geltenden italienischen Kollisionsrecht nach Art 46 Abs 2 IPRG vgl Rz 6/17 ff. **6/70**

Die nach der EuErbVO eröffnete Rechtswahlmöglichkeit ist **auf das Recht des Staates beschränkt**, dem der Erblasser im Zeitpunkt der Rechtswahl oder im Zeitpunkt seines Todes als **Staatsbürger angehörte** (Art 22 Abs 1 EuErbVO; siehe auch oben Rz 6/66).[152] Mehrfachstaatsbürgerschaften eröffnen erweiterte Wahlmöglichkeiten,[153] wobei die Verordnung keinen Vorrang etwa nach effektiver Staatsbürgerschaft,[154] nach dem Forumstaat oder nach dem mitgliedstaatlichen Kollisionsrecht bestimmt.[155] Für die Feststellung der Staatsangehörigkeit bzw Mehrfachstaatsbürgerschaft verweist der Erwägungsgrund Nr 41 auf das innerstaatliche Recht, gegebenenfalls auch auf internationale Übereinkommen, wobei freilich eine einheitliche Anknüpfung wünschenswert ist. Diese wird nach verbreiteter und auch aus völkerrechtlichen Grundsätzen abstützbarer Meinung zu dem Staat gesehen, dessen Staatsbürgerschaft in Frage steht.[156] **6/71**

Für **Staatenlose und Personen mit ungeklärter Staatsbürgerschaft** wird die Meinung vertreten, dass sie das Recht ihres Wohnsitzes oder bei Fehlen eines solchen ihres gewöhnlichen Aufenthalts im Zeitpunkt der Rechtswahl wählen und damit stabil halten können.[157] Flüchtlingen und Asylberechtigten wird zusätzlich die Wahl ihres eigenen Heimatrechts zugebilligt, wobei für alle genannten Personengruppen besondere staatsvertragliche Übereinkommen Vorrang hätten (vgl allgemein Rz 1/48 f). **6/72**

Die Rechtswahl muss mit einer formell und materiell gültigen **Verfügung von Todes wegen** (iSd Art 3 Abs 1 lit d EuErbVO: Testament, gemeinschaftliches Testament oder Erbvertrag) getroffen werden, uzw gemeinsam mit sonstigen Verfügungen oder nach überw Meinung auch isoliert.[158] Die Rechtswahl kann **ausdrücklich oder konkludent** erfolgen (Art 22 Abs 2). **6/73**

---

151 Vgl *Bonomi* in Bonomi/Wautelet (2015) 254.

152 Zu den somit ausgeschlossenen Wahlmöglichkeiten vgl *Bonomi* in Bonomi/Wautelet (2015) 249 ff; krit zum Fehlen der Möglichkeit der Wahl des Aufenthaltsstaates im Zeitpunkt der Rechtswahl *Davì/Zanobetti,* Il nuovo diritto internazionale privato europeo delle successioni (2014) 62 ff.

153 Auch hier ist jeweils wieder die Staatsbürgerschaft im Zeitpunkt der Rechtswahl oder des Todes maßgeblich (vgl *Mosconi/Campiglio II*[4] [2016] 270).

154 Vgl *Davì/Zanobetti,* Il nuovo diritto internazionale privato europeo delle successioni (2014) 59 ff; vgl auch das Beispiel von *Bonomi* in Bonomi/Wautelet (2015) 246 f: italienisch-tunesischer Doppelstaatsbürger wählt wirksam das tunesische Recht als Erbstatut, obwohl die tunesische Staatsbürgerschaft seine einzige Verbindung zu Tunesien darstellt.

155 Vgl *Dutta* Art 22 EuErbVO Rz 3.

156 Vgl *Bonomi* in Bonomi/Wautelet (2015) 245.

157 Vgl zB *Dutta* Art 22 EuErbVO Rz 5; *Rudolf/Zöchling-Jud/Kogler*, Kollisionsrecht, in Rechberger/Zöchling-Jud, Die EU-Erbrechtsverordnung in Österreich (2015) 138 Rz 68.

158 Vgl *Dutta* Art 22 EuErbVO Rz 16; *Rudolf/Zöchling-Jud/Kogler*, Kollisionsrecht, in Rechberger/Zöchling-Jud, Die EU-Erbrechtsverordnung in Österreich (2015) 139 Rz 71 mwH; zur Unterscheidung von Rechtswahl

Für eine ausdrückliche Willenserklärung kommt sowohl eine konkrete Nennung der gewünschten Rechtsordnung in Betracht, als auch eine abstrakte, dh ein solche, bei der sich die gewählte Rechtsordnung anhand genannter Kriterien in der Zukunft ermitteln lässt (zB Recht der Staatsbürgerschaft beim Tod des Erblassers).[159] Eine konkludente Rechtswahl liegt zB vor, wenn der Erblasser in seiner Verfügung Bezug auf spezifische Bestimmungen der Rechtsordnung seiner Staatsbürgerschaft nimmt oder solche Bestimmungen in anderer Weise erwähnt (so Erwägungsgrund Nr 39 S 2).[160] Ob eine Rechtswahl konkludent widerrufen werden kann, etwa durch Widerruf des Testaments, in dem sie enthalten ist, bleibt umstritten.[161] Die Rechtswahl sollte aber in Fällen eines vom Gesetz vermuteten Widerrufs (zB wegen Hinzukommens von Kindern; Art 687 ZGB) wirksam bleiben.

6/74 Die **formellen Gültigkeitsvoraussetzungen** der Rechtswahlverfügung richten sich für Italien – in Ermangelung bzw Nichtanwendbarkeit an sich vorrangiger internationaler Abkommen, insb des Haager Testamentsformenübereinkommens[162] – autonom nach der EuErbVO, also insb nach Art 27 EuErbVO und auch mit den dort in Abs 3 als zur Form gehörigen Aspekten (zB Alter des Erblassers, Fähigkeit der Zeugen; vgl Näheres Rz 6/85). Anwendbar ist dabei mE auch die Anknüpfung der Form der Rechtswahl an das Recht des Staates oder auch der Staaten, in dem sich unbewegliches Vermögen des Erblassers befindet (Art 27 Abs 1 lit e). Dabei kann es allerdings – genauso wie bei der Formgültigkeit einer Verfügung von Todes wegen – selbst zu einer Nachlassspaltung kommen (vgl Rz 6/107).[163]

6/75 Die formellen Gültigkeitsvoraussetzungen für eine Rechtswahl gelten grundsätzlich auch für eine **spätere Änderung oder den späteren Widerruf** der Rechtswahl. Dazu tritt noch die Möglichkeit der Formgültigkeit durch Entsprechung mit jenen formellen Voraussetzungen, die für die ursprüngliche Rechtswahl maßgebend waren (Art 27 Abs 2 EuErbVO).

6/76 Für die **materiellrechtliche Gültigkeit** der die Rechtswahl enthaltenden Verfügung von Todes wegen, also für alle außer der Form erforderlichen Gültigkeitsvoraussetzungen kommt es auf das für die Verfügung maßgebliche Kollisionsstatut an (vgl Erwägungsgrund Nr 40, auch für Abänderung oder Widerruf der Rechtswahl[164]), das gem Art 22 Abs 3 EuErbVO das gewählte Recht ist. Gemeint sind va die in Art 26 Abs 2 genannten Fragen, soweit sie für eine Rechtswahlverfügung in Frage kommen, aber auch die Zulässigkeit und Wirkung von Bedin-

---

und Verfügung von Todes wegen vgl *Davì/Zanobetti,* Il nuovo diritto internazionale privato europeo delle successioni (2014) 76 ff.

159 Eine abstrakte Rechtswahl ist praktisch kaum bestimmbar im Fall von Mehrfachstaatsbürgerschaften, sofern sich die maßgebliche Staatsbürgerschaft nicht durch Auslegung ermitteln lässt; vgl *Dutta* Art 22 EuErbVO Rz 11; überhaupt wird ausreichende Bestimmbarkeit verneint, wenn der Erblasser die Staatsbürgerschaft als Anknüpfungspunkt nur abstrakt nennt; vgl *Dutta* Art 22 EuErbVO Rz 11 mwH in Fn 29.

160 Ausführlich hierzu *Davì/Zanobetti,* Il nuovo diritto internazionale privato europeo delle successioni (2014) 68 ff.

161 Dafür zB *Bonomi* in Bonomi/Wautelet (2015) 263 f; dagegen zB *Davì/Zanobetti,* Il nuovo diritto internazionale privato europeo delle successioni (2014) 83 f.

162 Haager Übereinkommen vom 5. 10. 1961 über das auf die Form letztwilliger Erklärungen anzuwendende Recht.

163 Daher überhaupt dagegen *Dutta* Art 22 EuErbVO Rz 15.

164 Krit zum Erwägungsgrund Nr 40 in Bezug auf die enge Umschreibung der materiellen Gültigkeitserfordernisse (Verständnis und Bedeutung) *Rudolf/Zöchling-Jud/Kogler,* Kollisionsrecht, in Rechberger/Zöchling-Jud, Die EU-Erbrechtsverordnung in Österreich (2015) 142 Rz 77 f.

gungen oder Befristungen, ebenso die Frage nach der Bindungswirkung einer Rechtswahl.[165] Wird also bspw das italienische Recht als Erbstatut gewählt, ist die Rechtswahl wegen des im italienischen Erbrecht strikt geltenden Grundsatzes der Widerruflichkeit von Verfügungen von Todes wegen widerruflich (insb Art 587 ZGB).[166]

4. Sonderanknüpfungen

a. Verfügungen von Todes wegen

Übersicht: Die EuErbVO knüpft das auf Verfügungen von Todes wegen anzuwendende Recht nach verschiedenen Gesichtspunkten an: Die Zulässigkeit und die materielle Wirksamkeit wird – getrennt nach Verfügungen von Todes wegen unter Ausklammerung der Erbverträge und nach Erbverträgen allein (Art 24 und 25 EuErbVO) – von der Anknüpfung hinsichtlich der Formgültigkeit unterschieden (Art 27), wobei die EuErbVO hier nur auf schriftliche Verfügungen anzuwenden ist (vgl Art 1 Abs 2 lit f). Unter „Verfügungen von Todes wegen" sind gem Art 3 Abs 1 lit b Testament, gemeinschaftliches Testament und Erbvertrag zu verstehen, wobei die Begriffe „Erbvertrag" und „gemeinschaftliches Testament" ebenfalls definiert (Art 3 Abs 1 lit c und d) und daher ebenfalls unionsrechtlich nach der Verordnung auszulegen sind. Soweit die EuErbVO für die Zulässigkeit von Verfügungen von Todes wegen auf das **italienische Recht** verweist, ist auf das Verbot der Erbverträge (*divieto dei patti successori*; Art 458 ZGB;[167] vgl aber die Zulässigkeit eines Familienvertrags, *patto di famiglia*; Art 768bis ZGB[168]) und das Verbot der gemeinsamen und gegenseitigen Testamente (Art 589 ZGB) zu verweisen.[169] 6/77

Gem Art 24 Abs 1 EuErbVO ist auf die Fragen der Zulässigkeit und materiellen Wirksamkeit (dazu Rz 6/82) einer Verfügung von Todes wegen mit Ausnahme der Erbverträge (siehe Art 25) das nach der Verordnung – einschließlich einer allfällig getroffenen allgemeinen Rechtswahl[170] – zu ermittelnde **Recht mit der Annahme anzuwenden, dass der Erblasser im Zeitpunkt der Errichtung der Verfügung verstorben ist** (sog Errichtungsstatut).[171] Das für 6/78

---

165 Vgl *Dutta* Art 22 EuErbVO Rz 12, 19.

166 *Eccher* in Eccher/Schurr/Christandl (2009) Rz 6/75.

167 Ein Erbvertrag verstößt nach hA in Italien nicht gegen den *ordre public* (Art 35 EuErbVO); vgl *Barel,* La disciplina dei patti successori, in Franzina/Leandro, Il diritto internazionale privato europeo delle successioni *mortis causa* (2013) 136 mwN in Fn 57; *Damascelli,* Successioni (diritto internazionale privato e processuale europeo), Enc.dir. Annali VI (2013) 964; möglicherweise auch LG Bozen 8. 3. 1968.

168 Dieser unterliegt als Rechtsgeschäft unter Lebenden, wenngleich mit erbrechtlichen Bezügen, nicht der EuErbVO; vgl *Laimer,* Vertrag mit erbrechtlichen Folgen. Zur kollisionsrechtlichen Qualifikation des *„patto di famiglia"* in Schurr/Umlauft, FS Eccher (2017) 623 ff; anders *Vismara,* Patti successori nel regolamento (UE) N. 650/2012 e patti di famiglia: un' interferenza possibile? Riv.dir.int.priv.proc. 2014, 803.

169 Die Schenkung auf den Todesfall *(donazione mortis causa)* ist nach richtiger Ansicht keine Verfügung von Todes wegen, sondern, wenn die Vertragspartner schon zu Lebzeiten mit Wirkung auf ihr lebzeitiges Vermögen gebunden sein wollen, eine Schenkung, deren Erfüllung bis zum Todeszeitpunkt des Schenkers aufgeschoben ist.

170 Nach *Davì/Zanobetti,* Il nuovo diritto internazionale privato europeo delle successioni (2014) 101 genießt eine begrenzte Rechtswahl vor einer zeitlich nachfolgenden umfassenden Rechtswahl mit Recht den Vorrang.

171 Zu beachten ist, dass Art 24 EuErbVO nur das anwendbare nationale Recht an sich bestimmt. Hat sich das nationale Recht zwischen dem Zeitpunkt der Verfügung und dem Zeitpunkt des Todes des Erblassers (zB durch eine Erbrechtsreform) geändert, sind die nationalen Übergangsvorschriften zu beachten.

diesen Zeitpunkt maßgebliche Recht[172] bleibt sodann unwandelbar von Ereignissen, die möglicherweise das allgemeine Erbstatut verändern würden (zB Aufenthaltswechsel, Staatsbürgerschaftswechsel, Änderung der Lage von Nachlassgegenständen; Änderung der Rechtswahl), und insofern stabil (vgl Erwägungsgrund Nr 48; zu Abänderung und Widerruf einer Verfügung Rz 6/79). Ist die Verfügung nach dem so zu ermittelnden Recht ungültig, bleibt sie es auch dann, wenn das allgemeine Erbstatut im Zeitpunkt des Todes des Erblassers zur Gültigkeit der Verfügung führen würde.[173] Alternativ zum hypothetischen, auf den gewöhnlichen Aufenthalt im Errichtungszeitpunkt abstellenden, objektiven Erbstatut (Art 21) kann der Erblasser gem Art 24 Abs 2 **begrenzt** auf die Fragen der Zulässigkeit und materiellen Wirksamkeit seiner Verfügung auch eine **Rechtswahl** vornehmen (vgl schon Rz 6/69). Wählbar ist das Recht, das er nach Art 22 unter den dort genannten Bedingungen wählen könnte, also das Recht der Staatsbürgerschaft, die der Erblasser im Errichtungszeitpunkt besitzt (vgl Erwägungsgrund Nr 50).

6/79 Auf die **Änderung oder den Widerruf einer einseitigen Verfügung von Todes wegen** ist nach Art 24 Abs 3 EuErbVO dasjenige Recht anzuwenden, das sich für diesen Zeitpunkt objektiv oder gemäß Rechtswahl ergibt. Formgültig ist eine Änderung oder ein Widerruf aber auch dann, wenn er für die ursprüngliche Verfügung gültig gewesen wäre (vgl Art 27 Abs 1 lit a bis lit e), auch wenn sich die Umstände geändert haben.[174]

6/80 Die **Bestimmung des auf Erbverträge**[175] **anzuwendenden Rechts** in Art 25 EuErbVO erweitert gegenüber Art 24 die Regelungsbereiche der Zulässigkeit und materiellen Wirksamkeit (vgl Rz 6/81) um die Frage der Bindungswirkungen und die Voraussetzungen seiner Auflösung, folgt aber im Übrigen denselben Grundsätzen: Anzuwenden ist wiederum das Recht, das nach der Verordnung anzuwenden wäre, wäre der Erblasser im Zeitpunkt des Abschlusses des Erbvertrags verstorben.

6/81 Eine **Sonderbestimmung ist bei Erbverträgen vorgesehen, die den Nachlass mehrerer Personen betreffen**, also zB beider Vertragspartner oder dritter Personen. Ein solcher Erbvertrag ist nach Art 25 Abs 2 UAbs 1 EuErbVO überhaupt nur zulässig, wenn er nach jedem der für die einzelnen beteiligten Personen anzuwendenden Recht zulässig wäre.[176] Andernfalls muss isoliert das eigene Kollisionsrecht der einzelnen beteiligten Personen über das Schicksal des geschlossenen Erbvertrags, allenfalls iS einer Umdeutung in eine einseitige Verfügung von Todes wegen,[177] entscheiden. Ist der Erbvertrag nach beiden anzuwendenden Rechten zulässig, unterliegt er dem Recht, zu dem er die engste Verbindung hat (Art 25 Abs 2 UAbs 2). Der allfälligen Unzulässigkeit eines Erbvertrags können die Parteien aber entgehen, wenn sie von der (begrenzten) Rechtswahlmöglichkeit des Art 25 Abs 3 Gebrauch machen. Wählbar ist das Recht, das auch nur eine der vertragsschließenden Personen nach Art 22 wählen könnte.

---

172 Dazu ausf *Bonomi* in Bonomi/Wautelet (2015) 318 ff.

173 *Rudolf/Zöchling-Jud/Kogler*, Kollisionsrecht, in Rechberger/Zöchling-Jud, Die EU-Erbrechtsverordnung in Österreich (2015) 160 f Rz 127.

174 Vgl *Mosconi/Campiglio II*^{4} (2016) 276.

175 Vgl dazu *Kindler*, La legge applicabile ai patti successori nel regolamento (UE) N. 650/212, Riv.dir.int.priv. proc. 2017, 12 ff; *Barel*, La disciplina dei patti successori, in Franzina/Leandro, Il diritto internazionale privato europeo delle successioni *mortis causa* (2013) 105 ff.

176 Rechtspolitisch zust *Davì/Zanobetti,* Il nuovo diritto internazionale privato europeo delle successioni (2014) 112 ff.

177 Vgl *Rudolf/Zöchling-Jud/Kogler*, Kollisionsrecht, in Rechberger/Zöchling-Jud, Die EU-Erbrechtsverordnung in Österreich (2015) 154 f Rz 141.

Beispiel:

Der Vater mit gewöhnlichem Aufenthalt in Deutschland und deutscher Staatsbürgerschaft schließt mit seinem Sohn, der seinen gewöhnlichen Aufenthalt in Italien hat und italienischer Staatsbürger ist, einen wechselseitigen Erbvertrag ab. Nach Art 25 Abs 2 EuErbVO muss das auf den Erbvertrag anzuwendende Recht für beide Vertragspartner ermittelt und sodann festgestellt werden, ob ein Erbvertrag in beiden Rechtsordnungen vorgesehen ist. Auszugehen ist davon, dass gem Art 21 die Rechtsnachfolge von Todes wegen für den Vater dem deutschen Recht, für den Sohn dem italienischen Recht unterliegen würde. Da im Beispiel nur das für den Vater maßgebliche Erbstatut einen Erbvertrag zulässt (vgl § 1941 BGB), nicht aber das für den Sohn maßgebliche italienische Recht (vgl Art 458 ZGB), ist der Erbvertrag nach der Verordnung nicht zulässig. Die Wirkungen des abgeschlossenen Rechtsgeschäfts sind in diesem Fall gesondert für den Vater nach seinem deutschen Erbstatut und für den Sohn nach seinem italienischen Erbstatut zu beurteilen. Im Ergebnis ist der Vertrag für den Vater wirksam und bindend, nicht aber für den Sohn. Der Unzulässigkeitssanktion könnten die Parteien gem Art 25 Abs 3 EuErbVO entgehen, wenn eine von ihnen die Staatsbürgerschaft eines Landes besitzt, dessen Recht einen Erbvertrag zulässt[178] und wenn dieses Recht für die Zulässigkeit, materielle Wirksamkeit und die Bindungswirkungen des Erbvertrags einverständlich gewählt wird. Es müssten also für die Wirksamkeit einer solchen beschränkten Rechtswahl entweder der Vater oder der Sohn (oder beide) die deutsche Staatsbürgerschaft besitzen. Im Beispiel wäre die Voraussetzung durch den Vater als deutscher Staatsbürger gegeben.

Die **Zulässigkeit** einer Verfügung von Todes wegen wird von der Verordnung **sonstigen materiellen Gültigkeitsvoraussetzungen** zugeordnet, sodass eine interne Abgrenzung der beiden Bereiche für die Anwendung der Verordnung nicht erforderlich ist. Festzuhalten ist, dass auch dann, wenn zB bei bestimmten Verfügungsverboten formelle Erwägungen im Vordergrund stehen (zB Verbot gemeinschaftlicher Verfügungen[179]), die Zulässigkeit betroffen ist. [180] Insofern ist der Begriff der Zulässigkeit von der Formgültigkeit einer Verfügung in Art 27 EuErbVO abzugrenzen.[181] Der Bereich der **materiellen Wirksamkeit** einer Verfügung wird – im Interesse der Rechtssicherheit der Bürger (so Erwägungsgrund Nr 48) – in Art 26 näher umschrieben, wobei es sich um keine abschließende Aufzählung handelt.[182] Demonstrativ erwähnt sind die Testierfähigkeit (vgl auch Rz 6/84), die Befangenheit und bestimmte Testierverbote, die Stellvertretung, die Auslegung und Willensmängel. Als weitere nicht ausdrücklich genannte materielle Wirksamkeitsvoraussetzungen kommen in Betracht: das allgemeine Zustandekommen einer Willenserklärung, der Grundsatz der materiellen Höchstpersönlichkeit oder die Gesetz- und Sittenwidrigkeit.[183] Zu Recht sind auch inhaltliche Fragen im Zusammenhang mit Verfügungen von Todes wegen hierherzuzählen: **6/82**

Beispiel:

Ein italienischer Staatsbürger mit gewöhnlichem Aufenthalt in Deutschland errichtet mit seiner Ehegattin, ebenfalls mit italienischer Staatsbürgerschaft und gewöhnlichem Aufenthalt in Deutschland, ein gemeinschaftliches Testament, in dem eine gegenseitige Nacherbschaft vorgesehen wird. Das Paar zieht anschließend nach Italien. Dennoch bleibt im Hinblick auf den früheren gewöhnlichen Aufenthalt des Paares in Deutschland das – nach deutschem Recht zulässige (§§ 2265 ff BGB), nach italienischem Recht hingegen verbotene (Art 589 ZGB) –

178 Anders im Beispiel von *Bonomi* in Bonomi/Wautelet (2015) 343 f, wo angenommen wird, dass nur das italienische Recht gewählt werden könnte.

179 Vgl zB das Verbot gemeinschaftlicher Verfügungen im ital Recht, Art 589 ZGB.

180 Krit *Davì/Zanobetti,* Il nuovo diritto internazionale privato europeo delle successioni (2014) 93 ff.

181 Vgl *Dutta* Art 24 EuErbVO Rz 3.

182 Vgl *Bonomi* in Bonomi/Wautelet (2015) 349 f; ebenso *Dutta* Art 26 EuErbVO Rz 2; *Rudolf/Zöchling-Jud/Kogler*, Kollisionsrecht, in Rechberger/Zöchling-Jud, Die EU-Erbrechtsverordnung in Österreich (2015) 170 Rz 159; aA allerdings *Davì/Zanobetti,* Il nuovo diritto internazionale privato europeo delle successioni (2014) 93.

183 Vgl *Dutta* Art 26 EuErbVO Rz 13.

gemeinschaftliche Testament gültig und ebenso die angeordnete Nacherbschaft, die nach italienischem Recht in dieser Weise nicht gültig wäre (vgl Art 692 ff ZGB; anders §§ 2100 ff BGB).[184]

6/83 Von Art 26 EuErbVO nicht erfasst ist das Pflichtteilsrecht, das uU zur Wahrung der Rechte der Pflichtteilsberechtigten in den Bestand einer Verfügung von Todes wegen einwirkt (vgl Erwägungsgrund Nr 50).[185]

6/84 Einen besonderen **Rechtssicherheitseffekt** beinhaltet Art 26 Abs 2 EuErbVO in Bezug auf die **Testierfähigkeit**: War der Erblasser nach dem Errichtungsstatut bei Errichtung der Verfügung testierfähig, so schadet ein späterer Statutenwechsel, der die fehlende Testierfähigkeit zur Folge hätte, nicht der Fähigkeit des Erblassers, seine Verfügung abzuändern oder zu widerrufen. Dabei ist natürlich vorausgesetzt, dass er nach dem seinerzeitigen Errichtungsstatut immer noch oder wieder die Testierfähigkeit besitzt.[186]

6/85 Art 27 EuErbVO knüpft die **Formungültigkeit schriftlicher Verfügungen von Todes wegen** besonders an, uzw in einer dem *favor negotii*-Prinzip entsprechenden Weise an möglichst viele Anknüpfungsmöglichkeiten (alternative Anknüpfung oder auch Mehrfachanknüpfung). Die Bestimmung folgt in dieser Hinsicht bewusst in vielen Einzelanknüpfungen dem Haager Testamentsformenübereinkommen 1961[187] (vgl Erwägungsgrund Nr 52). Da internationale Abkommen, insb das Haager Testamentsformenübereinkommen 1961, der Verordnung vorgehen (vgl Rz 6/53), findet Art 27 dann keine direkte Anwendung, wenn das Recht eines Vertragsstaates des genannten Übereinkommens anzuwenden ist. Da dies aber für **Italien** nicht der Fall ist, ist nach italienischem Erbstatut Art 27 der Verordnung direkt anzuwenden. Aufgrund der gewünschten Herleitung der Verordnung aus dem Haager Testamentsformenübereinkommen ist aber eine einheitliche Auslegung mit den entsprechenden Regelungen des Übereinkommens geboten.[188]

6/86 Die **Abweichungen des Art 27 EuErbVO** gegenüber dem bisherigen, durch die Verordnung verdrängten **Art 48 IPRG** sind geringfügig: Bei der Anknüpfung an den Wohnsitz oder Aufenthaltsort nahm schon Art 48 IPRG auf den Staat und nicht den Ort Bezug (so aber Haager Testamentsformenabkommen), sodass sich Unterschiede für die Bestimmung des anzuwendenden Rechts bei Mehrrechtsstaaten nicht ergeben.[189] Erweitert wird der Anwendungsbereich des bisherigen Art 48 IPRG durch die Möglichkeit der Anknüpfung auch an das Recht des Staates, in dem sich unbewegliches Nachlassvermögen befindet, allerdings eingeschränkt auf die Wirkungen auf dieses Vermögen (Art 27 Abs 1 lit e).[190] Für die Bestimmung des Wohnsitzes ist auf die ausdrückliche Regelungskompetenz des Staates zu verweisen, in dem sich dieser befindet (Art 27 Abs 1 UAbs 2). Vorschriften, welche die Fähigkeit von Personen (zB Minderjährigen) in Bezug auf die Verwendung bestimmter Formen oder die Einhaltung bestimmter Formvor-

---

184 Aus *Bonomi* in Bonomi/Wautelet (2015) 314 f.

185 Krit *Davì/Zanobetti,* Il nuovo diritto internazionale privato europeo delle successioni (2014) 91 f.

186 So *Dutta* Art 26 EuErbVO Rz 17 f.

187 Haager Übereinkommen vom 5. 10. 1961 über das auf die Form letztwilliger Erklärungen anzuwendende Recht.

188 Vgl *Dutta* Art 27 EuErbVO Rz 2 mit Auflistung der Entsprechungen in Rz 3 und der Abweichungen in Rz 4 ff.

189 Vgl dazu *Dutta* Art 27 EuErbVO Rz 8; ebenso *Rudolf/Zöchling-Jud/Kogler*, Kollisionsrecht, in Rechberger/Zöchling-Jud, Die EU-Erbrechtsverordnung in Österreich (2015) 171 Rz 164.

190 Stützt sich die Formgültigkeit der Verfügung nur auf dieses Kriterium und ist die Form der Verfügung nach keinem anderen Kriterium anknüpfbar, könnte es also zu einer Nachlassspaltung kommen; vgl zum analogen Problem bei der Form einer Rechtswahl Rz 6/74.

schriften von Verfügungen (nicht die Testierfähigkeit an sich) regeln, zählen zur Formgültigkeit und unterliegen daher Art 27 (vgl Erwägungsgrund Nr 53). Derartige Vorschriften gibt es derzeit im italienischen Erbrecht jedoch nicht.

b. Nachlassverwaltung

Grundsätzlich regelt das allgemeine Erbstatut in Art 23 Abs 2 lit f auch die Bereiche Testamentsvollstreckung und Nachlassverwaltung. Art 29 EuErbVO enthält jedoch eine besondere Anknüpfungsregel für die Bestellung[191] und die Befugnisse eines Nachlassverwalters[192] für den Fall, dass das für die Erbsache zuständige Gericht[193] in einem Mitgliedstaat liegt, dessen Recht nicht das Erbstatut darstellt. Ein solches Auseinanderfallen von *forum* und *ius* soll zwar nach der Verordnung nicht der Regelfall sein (vgl Rz 6/31), kann aber doch in Ausnahmefällen eintreten. **6/87**

Nach Art 29 EuErbVO kann das angerufene Gericht dann, **wenn nach der *lex fori* ein[194] Nachlassverwalter von Amts wegen oder auf Antrag zu bestellen ist,** einen solchen bestellen. **6/88**

Der auf diese Weise bestellte Verwalter übt jene Verwaltungsbefugnisse aus, die im Erbstatut vorgesehen sind, einschließlich einer Testamentsvollstreckung[195] und einer Verwaltung des Nachlasses (Art 29 Abs 1 und 2 EuErbVO). Bei Uneinigkeit der Berechtigten über die Nachlassverwaltung oder bei besonders schwer zu verwaltenden Nachlässen kann das angerufene Gericht auch einen Fremdverwalter (also einen nicht zugleich Erbberechtigten; zB einen Rechtsanwalt oder Notar) einsetzen, auch wenn dies an sich im Erbstatut nicht vorgesehen ist (vgl Art 29 Abs 1 UAbs 2). **6/89**

Erscheinen die nach dem Erbstatut vorgesehenen Befugnisse des Nachlassverwalters (siehe oben Rz 6/89) nicht ausreichend, um das Nachlassvermögen zu erhalten oder die Rechte der Nachlassgläubiger oder Bürgen von Nachlassverbindlichkeiten zu schützen, kann das angerufene Gericht dem Nachlassverwalter **ergänzende Befugnisse** erteilen. Dabei muss ein solcher Verwalter in Bezug auf den Übergang des Eigentums am Nachlassvermögen, auf die Haftung für Nachlassverbindlichkeiten, auf die Rechte der Berechtigten, allenfalls auch des Rechts auf **6/90**

---

191 Ob die Bestellung nur das „ob" der Bestellung erfasst oder auch die Auswahl, ist str; für die Auswahl nach allgemeinem Erbstatut zB *Rudolf/Zöchling-Jud/Kogler,* Kollisionsrecht, in Rechberger/Zöchling-Jud, Die EU-Erbrechtsverordnung in Österreich (2015) 194 f Rz 227; auch für die Auswahl nach der Sonderanknüpfungsregel *Dutta* Art 29 EuErbVO Rz 9; sa Erwägungsgrund Nr 43. – Zum Verhältnis des Art 29 zur Anerkennung einer Entscheidung über die Bestellung eines Nachlassverwalters gem Art 39 ff vgl *Dutta* Art 29 EuErbVO Rz 19.

192 Zum Hintergrund der Bestimmung als Vorbereitung eines *opt-in* durch Großbritannien oder Irland (vgl Rz 6/5), wo typischerweise verpflichtende Nachlassverwaltungen vorgesehen sind, vgl *Davì/Zanobetti,* Il nuovo diritto internazionale privato europeo delle successioni (2014) 181.

193 Entfällt die internationale Zuständigkeit aufgrund einer Vereinbarung nach Art 8 der VO über eine außergerichtliche Regelung der Erbsache, ist der Anwendbarkeit des Art 29 der Boden entzogen; vgl *Rudolf/Zöchling-Jud/Kogler,* Kollisionsrecht, in Rechberger/Zöchling-Jud, Die EU-Erbrechtsverordnung in Österreich (2015) 189 f Rz 218.

194 Gilt immer auch für den Fall mehrerer Nachlassverwalter; vgl durchgehend den Text des Art 29 EuErbVO.

195 Nach *Dutta* Art 29 EuErbVO Rz 18 ist die Bestellung eines Nachlassverwalters mit Befugnissen einer Testamentsvollstreckung in dem Fall, dass der Erblasser bereits einen Testamentsvollstrecker vorgesehen hat, nur dann möglich, wenn das Gericht nach dem Erbstatut die Beendigung der Testamentsvollstreckung bewirken kann. – Der deutsche Wortlaut der EuErbVO in Art 29 Abs 1 UAbs 2 scheint zwar nicht auf das Erbstatut abzustellen, doch ergibt sich dies eindeutig zB aus der italienischen und englischen Fassung.

Annahme und Ausschlagung der Erbschaft das auf die Rechtsnachfolge anzuwendende Recht (Erbstatut) beachten (Art 29 Abs 2 EuErbVO). Nötigenfalls, und wenn das anzuwendende Recht dasjenige eines Drittstaates ist,[196] können dem Verwalter sogar **alle nach der *lex fori* einem Nachlassverwalter zustehenden Rechte** erteilt werden, wobei der Nachlassverwalter in einem solchen Fall vor allem auf die Rechte der Pflichtteilsberechtigten gemäß dem auf die Rechtsnachfolge anzuwendenden Recht Rücksicht zu nehmen hat (vgl Erwägungsgrund Nr 44).

Beispiel:

Der in Italien ansässige deutsche Staatsbürger wählt im Berliner Testament,[197] in dem er sein Vermögen einschl einer Villa in der Toskana vererbt, ausdrücklich deutsches Recht. Im Beispiel kommt aufgrund der Rechtswahl gem Art 22 EuErbVO deutsches Recht zur Anwendung, während sich die gerichtliche Zuständigkeit Italiens aus Art 4 ergibt. Das italienische Gericht kann im Hinblick auf Art 528 ZGB, wonach auf Antrag oder von Amts wegen die Bestellung eines Kurators (curatore dell'eredità) vorzunehmen ist, wenn der Berufene die Erbschaft nicht oder noch nicht angenommen hat, einen solchen bestellen. Dies ermöglicht sodann die nahtlose Verwaltung des Hauses in der Toskana bis zur Annahme der Erbschaft.

c. Bestimmte unbewegliche Sachen, Unternehmen und andere besondere Vermögensarten

6/91 Art 30 EuErbVO **knüpft** die Rechtsnachfolge bestimmter unbeweglicher Sachen, Unternehmen und anderer besonderer Vermögensarten **besonders an**, uzw an das Recht des Belegenheitsortes *(lex rei sitae)*, sei er in einem Mitgliedstaat, sei er aber auch in einem Drittstaat.[198]

6/92 **Voraussetzung der Anwendbarkeit** von Art 30 EuErbVO ist, dass der Belegenheitsstaat für bestimmte der genannten Vermögenswerte aus wirtschaftlichen, familiären oder sozialen Erwägungen besondere Regeln der Rechtsnachfolge vorsieht und diese Regeln unabhängig von dem im Übrigen zur Anwendung gelangenden Erbstatut angewendet haben will.[199] Insofern handelt es sich um – einschränkend auszulegende (vgl Erwägungsgrund Nr 54) – **Eingriffsnormen** *(norme di applicazione necessaria o immediata)*[200] (vgl allgemein Rz 1/146 ff). Ob dies der Fall ist, ist durch Auslegung des jeweiligen Rechts des Belegenheitsstaates zu klären.[201]

---

196 Zur Logik der Unterscheidung zwischen Mitgliedstaat und Drittstaat in dieser Frage vgl *Bajons*, Internationale Zuständigkeit und anwendbares Recht in Erbsachen, in Schauer/Scheuba, Europäische Erbrechtsverordnung (2012) 38.

197 Als Berliner Testament bezeichnet man im deutschen Erbrecht üblicherweise ein gemeinschaftliches Testament von Ehepartnern oder Lebenspartnern, in dem diese sich gegenseitig zu Alleinerben einsetzen und bestimmen, dass mit dem Tod des zuletzt Verstorbenen der Nachlass an einen Dritten fallen soll, wobei die Verfügung mit dem Tod des Erstversterbenden unwiderruflich wird.

198 Vgl *Wautelet/Mariottini* in Bonomi/Wautelet (2015) 410 f.

199 Nach *Wautelet/Mariottini* in Bonomi/Wautelet (2015) 403 ff sind darunter – unter Ausschluss sonstiger zwingender Bestimmungen bzw Eingriffsnormen – solche zu verstehen, die aus den angeführten Gründen besondere erbrechtliche Regelungen erfordern; ähnlich zB *Rudolf/Zöchling-Jud/Kogler,* Kollisionsrecht, in Rechberger/Zöchling-Jud, Die EU-Erbrechtsverordnung in Österreich (2015) 201 Rz 242; *Dutta* Art 30 EuErbVO Rz 1.

200 So zB *Wautelet/Mariottini* in Bonomi/Wautelet (2015) 411; nach *Dutta* Art 30 EuErbVO Rz 11 sind Eingriffsnormen der VO in dieser Bestimmung abschließend geregelt.

201 Vgl *Dutta* Art 30 EuErbVO Rz 6.

Art 30 EuErbVO findet auf Sondererbfolgen[202] aber nur Anwendung, wenn die EuErbVO überhaupt anwendbar ist, also insb kein Ausnahmetatbestand des Art 1 Abs 2 vorliegt, also zB nicht auf außererbrechtliche Übertragungen (lit g) oder Fragen des Gesellschafts- und Vereinsrechts oder des Rechts juristischer Personen oder von *trusts* (lit h, i und j).[203] **6/93**

Wichtigster Anwendungsfall sind landwirtschaftliche (höferechtliche) Regelungen, die den Bestand von landwirtschaftlichen Unternehmen im Fall des Todes des bisherigen Eigentümers/Unternehmers sicherstellen, insbesondere der Gefahr einer Aufsplitterung im Zuge der Erbfolge entgegenwirken wollen. Soweit die Staaten diesbezüglich lokales Recht kennen, ist auch Art 36 EuErbVO zu beachten (vgl Rz 6/113 ff). Für Italien haben in diesem doppelten Zusammenhang die besonderen, nur in Südtirol *(provincia di Bolzano)* geltenden Erbteilungsvorschriften des Südtiroler Höfegesetzes Bedeutung.[204] Im allgemeinen italienischen Recht ist diesbezüglich auf die Regelung zur Erhaltung des landwirtschaftlichen Einheitskompendiums *(compendio unico)*[205] zu verweisen und auch auf die Regelungen betreffend ein Familienunternehmen *(impresa familiare)* gem Art 230bis.[206] **6/94**

d. Kommorienten

Art 32 EuErbVO geht von Fällen aus, in denen ungewiss ist, in welcher Reihenfolge zwei oder mehrere Personen verstorben sind, und will in Bezug auf die Frage einer allfälligen Erbberechtigung dieser Personen untereinander eine einheitliche Vorgehensweise sicherstellen (vgl Erwägungsgrund Nr 55). Dabei geht die Verordnung grundsätzlich von der Vorstellung aus, dass jede erbrechtliche Berechtigung durch das Überleben des Begünstigten gegenüber dem Erblasser bedingt ist (so auch das italienische ZGB in Art 462).[207] **6/95**

Voraussetzung für die Anwendung der Bestimmung des Art 32 EuErbVO ist es, dass die betroffenen verstorbenen Personen unterschiedlichen Erbstatuten unterliegen und dass diese Erbstatute die Frage der gegenseitigen Erbberechtigung unterschiedlich (nicht unbedingt miteinander unvereinbar[208]) regeln. Insofern handelt es sich letztlich doch (auch) um eine besondere Kollisionsnorm.[209] **6/96**

202 Vgl zu einzelnen Fällen gesetzlicher und vertraglicher Sondererbfolgen im italienischen Recht *Eccher* in Eccher/Schurr/Christandl (2009) Rz 6/39 ff.

203 Vgl *Dutta* Art 30 EuErbVO Rz 2.

204 Landesgesetz über die geschlossenen Höfe – LG 28. 11. 2001, Nr 17 idgF.

205 Art 5bis Abs 4 GvD 18. 5. 2001, Nr 228 idgF; vgl *Damascelli*, Successioni (diritto internazionale privato e processuale europeo), Enc.dir. Annali VI (2013) 958.

206 Übereinstimmend *Wautelet/Mariottini* in Bonomi/Wautelet (2015) 401 f.

207 Vgl *Dutta* Art 32 EuErbVO Rz 1.

208 Vgl *Dutta* Art 32 EuErbVO Rz 6 mit dem Beispiel, dass beim Versterben von Ehegatten mit ungewisser Todesreihenfolge das Erbstatut des Mannes dessen Überleben vermutet, während das Erbstatut der Frau vom gleichzeitigen Versterben ausgeht. Das Ergebnis, dass der Mann die Frau beerbt, aber nicht umgekehrt, ist nicht miteinander unvereinbar (keine Normdiskrepanz); folgend *Wautelet/Salvadori* in Bonomi/Wautelet (2015) 430 f; anders offenbar *Davì/Zanobetti,* Il nuovo diritto internazionale privato europeo delle successioni (2014) 184 mwN in Fn 127; *Rudolf/Zöchling-Jud/Kogler,* Kollisionsrecht, in Rechberger/Zöchling-Jud, Die EU-Erbrechtsverordnung in Österreich (2015) 212 f Rz 2689 f.

209 AA zB *Rudolf/Zöchling-Jud/Kogler,* Kollisionsrecht, in Rechberger/Zöchling-Jud, Die EU-Erbrechtsverordnung in Österreich (2015) 211 Rz 265.

Beispiel:[210]

Bei einem Autounfall kommen Ehegatten mit englischer Staatsbürgerschaft ums Leben, die in Italien ihren gewöhnlichen Aufenthalt haben, von denen aber nur einer eine Rechtswahl auf das englische Heimatrecht vorgenommen hat. Da das englische Recht eine Vermutung für das Überleben des jüngeren Opfers kennt, das italienische Recht aber eine Vermutung für das gleichzeitige Versterben vorsieht, ist Art 32 EuErbVO anwendbar.

6/97 Unter den genannten Voraussetzungen ist die Bestimmung anzuwenden, wenn sich die Reihenfolge des Versterbens nicht beweisen lässt, wobei für die Beweisführung das Verfahrensrecht des angerufenen Gerichts maßgeblich ist.[211] Praktisch wird eine solche Beweisführung in erster Linie bei Verkehrsunfällen, Flugzeugabstürzen und sonstigen Unfällen oder Katastrophen sowie in Kriegen oder bei Terroranschlägen misslingen.

6/98 Die in Art 32 EuErbVO ebenfalls enthaltene sachliche Regelung (also **Sachnorm**) besteht darin, dass keine der betroffenen verstorbenen Personen die andere beerbt, dh, alle Personen werden als gleichzeitig verstorben angesehen (so auch Art 4 ZGB).

e. Erbloser Nachlass

6/99 Art 33 EuErbVO enthält ein besonderes **Aneignungsstatut zu Gunsten der Mitgliedstaaten** in Bezug auf das in ihrem Hoheitsgebiet belegene Nachlassvermögen. Ausgegangen wird vom Fall, dass nach dem zur Anwendung gelangenden Erbstatut ein Nachlass erblos bleibt, also dass weder gesetzliche noch gewillkürte Erben noch Vermächtnisnehmer die Erbschaft erlangen *(caducità)*.[212] Sofern ein Mitgliedstaat in einem solchen Fall ein besonderes Aneignungsrecht (Heimfallsrecht udgl)[213] hinsichtlich der in seinem Hoheitsgebiet belegenen Nachlassgegenstände vorsieht, geht dieses Aneignungsrecht einem allfälligen, aus dem allgemeinen Erbstatut abgeleiteten Aneignungsrecht eines anderen Staates[214] vor (vgl Erwägungsgrund Nr 56). Insofern geht nunmehr das nach italienischem Erbrecht in Art 586 ZGB vorgesehene Erbrecht des italienischen Staates hinsichtlich der in seinem Staatsgebiet belegenen Güter eines erblosen Nachlasses einem Erb- oder Aneignungsrecht, das sich aus dem Erbstatut für einen anderen Staat ableitet, vor. Art 49 des IPRG hatte demgegenüber dem Erb- oder Aneignungsrecht dieses anderen Staates den Vorrang eingeräumt (zu Art 49 IPRG vgl Rz 6/29).

6/100 Der Vorrang des Aneignungsrechtes eines Mitgliedstaates im aufgezeigten Sinn darf allerdings nicht das **Recht der Nachlassgläubiger** verletzen, aus dem gesamten Nachlass, sohin also auch aus den an den Staat fallenden Nachlasswerten, Befriedigung zu suchen. Dieses

210 Aus *Wautelet/Salvadori* in Bonomi/Wautelet (2015) 429.

211 Vgl *Mosconi/Campiglio II*[4] (2016) 278.

212 Teilweise Erbenlosigkeit reicht aus; vgl *Wautelet/Salvadori* in Bonomi/Wautelet (2015) 437; *Davì/Zanobetti,* Il nuovo diritto internazionale privato europeo delle successioni (2014) 189 mwH; vgl auch *Nordmeier*, Erbenlose Nachlässe im Internationalen Privatrecht – versteckte Rückverweisung, § 29 öst. IPRG und Art 33 EuErbVO, IPRax 2013, 418, 432; folgend *Dutta* Art 33 EuErbVO Rz 2; *Rudolf/Zöchling-Jud/Kogler,* Kollisionsrecht, in Rechberger/Zöchling-Jud, Die EU-Erbrechtsverordnung in Österreich (2015) 214 Rz 274.

213 Für eine Übersicht über die verschiedenen Systeme in den Mitgliedstaaten vgl *Davì/Zanobetti,* Il nuovo diritto internazionale privato europeo delle successioni (2014) 185 f.

214 Auch eines Drittstaates; vgl *Rudolf/Zöchling-Jud/Kogler,* Kollisionsrecht, in Rechberger/Zöchling-Jud, Die EU-Erbrechtsverordnung in Österreich (2015) 214 Rz 273.

Recht muss daher den Gläubigern unabhängig davon zustehen, ob der Staat im konkreten Fall als Erbe *(iure heredidatis)* oder im Wege eines Aneignungsrechts *(iure imperii)* erwirbt.[215]

5. Dingliche Rechte

Die Art der dinglichen[216] Rechte ist gem Art 2 Abs 2 lit k EuErbVO (vgl auch lit l) vom Erbstatut nach der EuErbVO ausgenommen (vgl schon Rz 6/6) und unterliegt den einzelnen nationalen Sachenrechtsstatuten. Der Übergang der zum Nachlass gehörenden Vermögenswerte, Rechte und Pflichten ist jedoch Teil des Erbstatuts (Art 23 Abs 2 lit b). Da das vereinheitlichte Erbrechtsstatut mit dem jeweiligen Sachenrechtsstatut nicht übereinstimmen muss, kann es geschehen, dass das **erbrechtliche „Zuordnungsergebnis"**[217] (vgl Erwägungsgrund Nr 15) **mit den dinglichen Rechten, wie sie das Sachenrechtsstatut**[218] **vorsieht, nicht übereinstimmt** (sog Normdiskrepanz). Art 31 löst das Problem mit einer Möglichkeit der Anpassung der betroffenen Rechte an die Rechtslage des Sachenrechtsstatuts unter Berücksichtigung der Ziele, Interessen und Wirkungen, die mit diesen Rechten nach dem Erbrechtsstatut verbunden sind (vgl Erwägungsgrund Nr 16). Der *numerus clausus* der Sachenrechte, wie er im jeweiligen Mitgliedstaat, der sich aus dem Sachenrechtsstatut ergibt, ausgeprägt ist, soll also nicht durchbrochen werden.[219] 6/101

Voraussetzung einer Anpassung ist, dass das im Erbrechtsweg übergegangene Recht als solches oder in seiner Ausprägung der Rechtslage des Sachenrechtsstatuts nicht entspricht.[220] 6/102

Beispiel:

Ein Beispiel bildet das im italienischen Sachenrecht (Art 938 ZGB) vorgesehene Überbaurecht (diritto di superficie)*, das etwa dem österreichischen Recht nicht bekannt ist. Ordnet etwa der kinderlose italienische Staatsbürger A mit gewöhnlichem Aufenthalt in Österreich in seinem Testament (mit Rechtswahl ital Recht) zugunsten eines Vereins für Obdachlose die Einrichtung eines Überbaurechts auf einem Innsbrucker Baugrundstück an, wo ein Heim errichtet werden soll, so ist das (italienische) Überbaurecht (erbrechtliches Zuordnungsergebnis) an das österreichische Sachenrecht anzupassen. Da das österreichische Baurecht gesetzlich auf maximal 100 Jahre begrenzt ist,*[221] *ist die Anpassung am ehesten mit einem Superädifikat gem § 435 ABGB zu erreichen, bei dem es nur allgemein auf die fehlende Belassungsabsicht des Gebäudes auf dem Grundstück ankommt.*

Ein **andersartiger Rechtserwerbsvorgang** ist in Art 31 EuErbVO nicht gemeint, dh, der Erwerbsvorgang des Erbstatuts bleibt maßgeblich. Das gilt zB für die Frage, ob das Erbstatut einen automatischen Erwerb der Erbschaft mit Ausschlagungsmöglichkeit vorsieht (zB § 1942 BGB) 6/103

---

215 In diesem Sinn auch *Rudolf/Zöchling-Jud/Kogler,* Kollisionsrecht, in Rechberger/Zöchling-Jud, Die EU-Erbrechtsverordnung in Österreich (2015) 215 f Rz 276 f.

216 Zum Erfordernis der autonomen Auslegung des Begriffs „dingliche" Rechte *(diritti reali)* iS von jedermann gegenüber ausübbaren Rechten vgl *Dutta* Art 31 EuErbVO Rz 6; folgend *Rudolf/Zöchling-Jud/Kogler,* Kollisionsrecht, in Rechberger/Zöchling-Jud, Die EU-Erbrechtsverordnung in Österreich (2015) 204 Rz 250.

217 Vgl *Dutta* Art 31 EuErbVO Rz 1.

218 Dies ist die *lex causae* bei dinglichen Rechten; ungenau daher die Bezugnahme des Art 31 VO auf das Recht des Mitgliedstaates, nach dem das Recht geltend gemacht wird (also *lex fori*); zutreffend vgl *Dutta* Art 31 EuErbVO Rz 4; folgend *Rudolf/Zöchling-Jud/Kogler,* Kollisionsrecht, in Rechberger/Zöchling-Jud, Die EU-Erbrechtsverordnung in Österreich (2015) 204 Rz 251.

219 So etwa *Wautelet/Salvadori* in Bonomi/Wautelet (2015) 415; vgl auch *Fischer/Czermak,* Anwendungsbereich, in Schauer/Scheuba, Europäische Erbrechtsverordnung (2012) 27.

220 Vgl *Wautelet/Salvadori* in Bonomi/Wautelet (2015) 416 ff.

221 § 3 Abs 1 Baurechtsgesetz RGBl 1912/86 idgF.

oder einen durch Annahmeerklärung bedingten Erwerb (zB Art 470 ff ZGB) oder einen Erbschaftserwerb durch gerichtlichen Beschluss (zB § 797 ABGB iVm §§ 143 ff AußStrG für Österreich).[222] Zu einem anderen Ergebnis führen allerdings Rechtsmeinungen, welche die Reichweite des Erbstatuts nur auf den Rechtstitel zum Erbschaftserwerb beziehen und die erwähnten Umstände dem Modus des Erbschaftserwerbs zurechnen, wofür das Recht des Lageortes gelten soll.[223] Art 31 erfasst auch nicht ein im Erbstatut vorgesehenes Vindikationsvermächtnis[224] oder eine dinglich wirkende Teilungsanordnung, auch wenn sie im Sachenrechtsstatut kein Gegenstück haben.

Beispiel:

*Der oben beispielhaft erwähnte kinderlose italienische Staatsbürger A mit gewöhnlichem Aufenthalt in Ö setzt in seinem Testament (mit Rechtswahl ital Recht) seine österreichische Frau zur Alleinerbin ein. Zugunsten des Kinderdorfs in Tirol setzt er ein Vermächtnis aus, das eine Wohnung in Innsbruck zum Gegenstand hat. Das dem italienischen Recht bekannte Vindikationsvermächtnis (*legato traslativo, *Art 649 Abs 2 ZGB) ist dem deutschen und österreichischen Recht, das vom Grundsatz des Damnationsvermächtnisses beherrscht ist (§ 2174 BGB; § 684 ABGB), nicht bekannt. Da in diesem Beispiel der erbrechtliche Erwerbvorgang, und nicht das erbrechtliche Zuordnungsergebnis in Rede steht, soll Art 31 EuErbVO nicht zur Anwendung kommen, dh, dass die vermachte Wohnung unmittelbar mit dem Erbfall in das Eigentum des Kinderdorfes gelangt, ohne dass es einer eigenen sachenrechtlichen Übertragung bedarf.*[225]

6/104 Eine zusätzliche Problematik im obigen Beispiel besteht darin, dass der unmittelbar erfolgende Eigentumsübergang zwar vom Erbrechtsstatut umfasst erscheint, andererseits aber die **Eintragung von Rechten an beweglichen und – natürlich besonders bedeutend – unbeweglichen Vermögensgegenständen in einem Register** (zB Grundbuch, *libro tavolare, registro immobiliare*) nach dem Ausnahmetatbestand des Art 2 Abs 2 lit l EuErbVO nicht dem Erbstatut, sondern dem Sachenrechtsstatut *(lex rei sitae)* unterliegt. Dies betrifft nicht nur die gesetzlichen Voraussetzungen für solche Eintragungen, sondern auch die Wirkungen einer Eintragung bzw Nichteintragung. Unbestritten ist, dass die formelle Seite der Registereintragung dem Registerstaat unterliegt. Was die Eintragungswirkungen betrifft, so soll nach dem Erwägungsgrund Nr 19 die nach dem Registerstaat vorgesehene konstitutive oder deklarative Wirkung einer Eintragung oder Nichteintragung nach dem Recht des Registerstaates beachtlich sein.[226]

---

222 So etwa *Wautelet/Salvadori* in Bonomi/Wautelet (2015) 415 f; vgl auch *Rudolf/Zöchling-Jud/Kogler*, Kollisionsrecht, in Rechberger/Zöchling-Jud, Die EU-Erbrechtsverordnung in Österreich (2015) 209 Rz 259 ff.

223 Vgl etwa *Barel/Armellini* (2018) 274 ff; *Mosconi/Campiglio II*[4] (2016) 296.

224 So auch EuGH, ECLI:EU:C:2017:755, Kubicka; vgl dazu *Sabato*, La Corte del Lussemburgo riconosce idonei i legati di tutti gli ordinamenti a trasferire beni *mortis causa* e apre la strada a un diritto europeo delle successioni, Diritto Civile Contemporaneo 2017, 16. 12. 2017.

225 Vgl im Allgemeinen *Dutta* Art 31 EuErbVO Rz 9; wie im Text *Kleinschmidt*, Optionales Erbrecht: Das Europäische Nachlasszeugnis als Herausforderung an das Kollisionsrecht, RabelsZ 2013, 759 ff, der insofern eine Überdenkung der deutschen Praxis gegenüber ua auch italienischen Vindikationsvermächtnissen fordert; schwankend *Rudolf/Zöchling-Jud/Kogler,* Kollisionsrecht, in Rechberger/Zöchling-Jud, Die EU-Erbrechtsverordnung in Österreich (2015) 207 f Rz 256 ff.

226 So etwa *Barel/Armellini* (2018) 274 ff; *Mosconi/Campiglio II*[4] (2016) 296; anders aber für Österreich zB *Rudolf/Zöchling-Jud/Kogler,* Kollisionsrecht, in Rechberger/Zöchling-Jud, Die EU-Erbrechtsverordnung in Österreich (2015) 206 f Rz 253 f.

Die **Anpassung erfolgt durch sämtliche Gerichte oder sonstige Behörden und überhaupt jeden Rechtsanwender**[227] in dem sich aus dem Sachenrechtsstatut ergebenden Mitgliedstaat, die sich – auch nur hinsichtlich einer Vorfrage – mit erbrechtlichen Fragen zu befassen haben.[228] Dabei sind die Ziele, Interessen und Wirkungen, die mit diesen Rechten nach dem Erbrechtsstatut verbunden sind, zu berücksichtigen. Zu diesem Zweck besteht auch eine Kooperationspflicht der Behörden und sonstigen einschlägigen Stellen des Staates des Erbrechtsstatuts im Wege einer **Auskunftspflicht** auf die anzupassenden Rechtspositionen (vgl Erwägungsgrund Nr 16).[229]

6. Rück- und Weiterverweisung

Art 34 EuErbVO enthält eine eigene Regel zur Frage, ob eine Verweisung *(rinvio)* auf einen **Drittstaat**[230] als sog Gesamtnormverweisung oder als Sachnormverweisung zu verstehen ist, je nachdem, ob auch die Weiter- und Rückverweisungen der verwiesenen Rechtsordnung (also dessen IPR) von der Verweisung erfasst werden oder nicht (dazu allgemein Rz 1/107 ff). Die EuErbVO entscheidet sich **mit gewissen Ausnahmen** für eine **Gesamtverweisung**, was im bisherigen vereinheitlichten europäischen Kollisionsrecht neu ist.[231] Die Bestimmung soll den internationalen Entscheidungseinklang fördern (vgl Erwägungsgrund Nr 57). Für eine direkte Verweisung auf das Recht eines **Mitgliedstaates** besteht angesichts des mit der EuErbVO vereinheitlichten IPR im Bereich des Erbrechts grundsätzlich kein Raum für Rück- und Weiterverweisungen.[232] **6/105**

Die **Verweisung des Drittstaates auf einen Mitgliedstaat** ist jedenfalls beachtlich, wobei es sich sowohl um eine Rückverweisung auf den Mitgliedstaat, von dem aus auf den Drittstaat verwiesen wurde, als auch um eine Weiterverweisung auf einen anderen Mitgliedstaat handeln kann (Art 34 Abs 1 lit a EuErbVO).[233] Eine **Verweisung des (ersten) Drittstaates auf einen weiteren (zweiten) Drittstaat** wird nur dann anerkannt, wenn dieser sein eigenes Recht anwenden würde (Art 34 Abs 1 lit b), also dann, wenn der zweite Drittstaat die Verweisung als Sachnormverweisung auf sein eigenes materielles Recht behandelt.[234] Eine zulässige Sachnormverweisung wird allerdings auch angenommen, wenn der zweite Drittstaat auf den ersten **6/106**

227 Vgl *Damascelli*, Successioni (diritto internazionale privato e processuale europeo), Enc.dir. Annali VI (2013) 970.

228 Vgl *Dutta* Art 31 EuErbVO Rz 13.

229 Beispiel der Anpassung eines englischen *trust* durch die Rechtsfigur der französischen *fiducie* bei *Wautelet/Salvadori* in Bonomi/Wautelet (2015) 420 und 423, oder (zB in Deutschland oder Österreich) der Vor- und Nacherbschaft und umgekehrt bei *Dutta* Art 31 EuErbVO Rz 10.

230 Einschl Großbritannien, Irland und Dänemark; siehe Rz 6/5.

231 Vgl auch zur Begründung *Davì/Zanobetti,* Il nuovo diritto internazionale privato europeo delle successioni (2014) 130 ff mwN; *Franzina/Leandro*, Il nuovo diritto internazionale privato delle successioni per causa di morte in Europa, Nuove leggi civ.comm. 2013, 324 f; krit *Mosconi/Campiglio II*[4] (2016) 280.

232 Vgl *Rudolf/Zöchling-Jud/Kogler,* Kollisionsrecht, in voce successioni (diritto internazionale privato e processuale europeo) 219 f Rz 285 mit gewissen verbleibenden Konsequenzen einer Gesamtnormverweisung auf einen Mitgliedstaat im Fall des Bestehens staatsvertraglicher IPR-Vorschriften.

233 So etwa *Bonomi* in Bonomi/Wautelet (2015) 448 ff; vgl auch *Dutta* Art 34 EuErbVO Rz 3; *Bajons*, Internationale Zuständigkeit und anwendbares Recht in Erbsachen, in Schauer/Scheuba, Europäische Erbrechtsverordnung (2012) 37.

234 Nach *Dutta* Art 34 EuErbVO Rz 4 ist es auch anzuerkennen, wenn der zweite Drittstaat auf einen dritten Drittstaat verweist und dieser auf den zweiten Drittstaat zurückverweist und dieser eine solche Verwei-

Drittstaat zurückverweist.[235] In allen anderen Fällen gilt die Verweisung auf einen (ersten) Drittstaat als Sachnormverweisung auf diesen.[236]

6/107 Zu beachten ist, dass die Regeln des Art 34 EuErbVO nicht bloß bei Gesamtverweisungen gelten, sondern auch bei **teilweisen Rück- oder Weiterverweisungen** (arg Abs 1: „..., *soweit* diese zurück- oder weiterverweisen ..."). Dies kann bei Drittstaaten (zB auch Großbritannien, Irland, Dänemark; vgl Rz 6/5), die zB bei unbeweglichem Nachlassvermögen nach der *lex rei sitae* anknüpfen, bei beweglichen Sachen aber nach einem anderen Kriterium (zB letzter Aufenthalt oder Staatsangehörigkeit) zutreffen. Dies bringt die Gefahr von Nachlassspaltungen mit widersprüchlichen Entscheidungen mit sich.[237]

Beispiel:

Der Erblasser, ein italienischer Staatsbürger mit Wertpapierdepots in Italien und England sowie Grundbesitz in der Schweiz, hatte seinen gewöhnlichen Aufenthalt in England. Das angerufene italienische Gericht, das gem Art 10 Abs 1 lit a EuErbVO subsidiär zuständig[238] ist, hat nun in Erwägung zu ziehen: Aufgrund des Anknüpfungskriteriums des letzten gewöhnlichen Aufenthaltes (Art 21) wird für die Rechtsnachfolge von Todes wegen auf das englische Recht verwiesen (1. Drittstaat). Dieses wendet das eigene Recht aufgrund desselben Kriteriums (last domicile) *nur auf das bewegliche Vermögen des Verstorbenen an und verweist hinsichtlich des unbeweglichen Vermögens auf das Recht des Lageortes (2. Drittstaat; Schweiz). Nunmehr ist zu fragen, ob das italienische Gericht hinsichtlich des unbeweglichen Vermögens englisches oder schweizerisches Erbrecht anzuwenden hat: Nimmt der 2. Drittstaat die Weiterverweisung als Sachnormverweisung an, hat das italienische Gericht dieses Recht anzuwenden (so tatsächlich Art 91 Abs 2 schw IPRG). Würde der 2. Drittstaat die Verweisung als Gesamtverweisung behandeln und auf eine weitere Rechtsordnung verweisen, müsste das italienische Gericht das materielle Recht des 1. Drittstaates anwenden. Dasselbe gilt, und würde sich auch ohne Spezialregel ergeben, wenn der 2. Drittstaat auf den 1. Drittstaat zurückverweist.*

6/108 Für bestimmte Regelungen der EuErbVO ist eine **Rück- oder Weiterverweisung nach Art 34 Abs 2 EuErbVO ausdrücklich ausgeschlossen:**[239] Dabei handelt es sich um die Ausweichklausel der engeren Verbindung (Art 21 Abs 2), das mit Rechtswahl bestimmte Recht (Art 22), die Formgültigkeit schriftlicher Verfügungen (Art 27, einschließlich Art 28 lit b) und die besonderen Regelungen für bestimmte Vermögensarten (Art 30). In den angeführten Fällen ist die Verweisung auf eine andere Rechtsordnung sohin als Sachnormverweisung zu behandeln.

---

sung annimmt, so auch *Davì/Zanobetti,* Il nuovo diritto internazionale privato europeo delle successioni (2014) 167; *Bonomi* in Bonomi/Wautelet (2015) 452.

235 Vgl *Dutta* Art 34 EuErbVO Rz 5; folgend *Rudolf/Zöchling-Jud/Kogler,* Kollisionsrecht, in Rechberger/Zöchling-Jud, Die EU-Erbrechtsverordnung in Österreich (2015) 221 Rz 289.

236 Vgl *Dutta* Art 34 EuErbVO Rz 5, der diesen Schluss aber dann nicht zieht, wenn der zweite Drittstaat auf einen Mitgliedstaat verweist; folgend *Rudolf/Zöchling-Jud/Kogler,* Kollisionsrecht, in Rechberger/Zöchling-Jud, Die EU-Erbrechtsverordnung in Österreich (2015) 222 Rz 291.

237 So auch *Bonomi* in Bonomi/Wautelet (2015) 454 ff; vgl auch *Dutta* Art 34 EuErbVO Rz 9 auch zu Zweifelsfragen hinsichtlich der Qualifikation.

238 Die Relevanz der Bestimmung ist wegen der Ausnahmen des Art 34 EuErbVO praktisch auf subsidiär nach Art 10 EuErbVO angerufene Gerichte beschränkt; vgl *Bonomi* in Bonomi/Wautelet (2015) 445 f.

239 Mit gewissen Ähnlichkeiten zu Art 13 IPRG.

7. Öffentliche Ordnung *(ordre public)*

Art 35 EuErbVO beinhaltet einen **eigenen Vorbehalt der Anwendung fremden Rechts nach den Grundsätzen der öffentlichen Ordnung** *(ordre public; ordine pubblico*[240]*)*. Die Verordnung folgt damit einem allgemeinen Grundsatz des IPR, der sich in den meisten nationalen IPR-Regelungen, internationalen IPR-Abkommen und im vereinheitlichten europäischen IPR wiederfindet (vgl Erwägungsgrund Nr 58; vgl zum italienischen *ordre public* im Allgemeinen Rz 1/137 ff). Der Vorbehalt kann auch das Recht eines anderen Mitgliedstaates treffen.[241] Festzuhalten ist, dass der Vorbehalt des *ordre public* innerhalb der Verordnung auch bei der Anerkennung und Vollstreckbarkeit ausländischer Entscheidungen (vgl Art 40 lit a, Art 52), bei der Annahme öffentlicher Urkunden (Art 59 Abs 1 UAbs 1) und bei der Vollstreckung ausländischer Urteile und Vergleiche (vgl Art 60 Abs 3) Anwendung findet.[242] **6/109**

Da der Vorbehalt des *ordre public* von der EuErbVO **inhaltlich nicht determiniert** wird, ist er im Einzelfall vom angerufenen Gericht zu konkretisieren. Dabei besteht Übereinstimmung darin, dass nicht jede Abweichung vom eigenen Recht bereits einen Verstoß gegen den *ordre public* darstellt, sondern lediglich offensichtliche Abweichungen von wesentlichen und grundlegenden Regelungen. Das ausländische Recht soll daher nur ausnahmsweise und allenfalls auch nur teilweise beschnitten werden und das eigene Recht des angerufenen Gerichts insofern nur subsidiär zur Anwendung kommen.[243] Im Erbrecht spielt praktisch der Grundsatz der Gleichbehandlung von erbrechtlich Begünstigten (zB ohne Rücksicht auf Geschlecht oder Abstammung) eine wichtige Rolle.[244] **6/110**

Grundsätzlich liegt aber kein Verstoß gegen den (italienischen) *ordre public* bei Abweichungen von der Regelung des Pflichtteils vor.[245] Auch Erbverträge und gemeinschaftliche Testamente widersprechen nach allgemeiner Ansicht nicht dem italienischen *ordre public*, obwohl sie im nationalen Erbrecht verboten sind (vgl Rz 6/77).[246] **6/111**

---

240 Im Deutschen oft wiedergegeben mit „Grundwertungen der Rechtsordnung“, zB *Bauer/Eccher/König/Kreuzer/Zanon*, Italienische Zivilprozessordnung, zweisprachige Ausgabe[2] (1996) Art 16 IPRG.

241 Vgl *Lorenz*, Internationaler Pflichtteilsschutz und Reaktionen des Erbstatuts auf lebzeitige Zuwendungen, in Dutta/Herrler, Die Europäische Erbrechtsverordnung (2014) Rz 25.

242 Vgl *Dutta* Art 35 EuErbVO Rz 1; folgend *Rudolf/Zöchling-Jud/Kogler,* Kollisionsrecht, in Rechberger/Zöchling-Jud, Die EU-Erbrechtsverordnung in Österreich (2015) 223 Rz 293 f.

243 Vgl *Davì/Zanobetti,* Il nuovo diritto internazionale privato europeo delle successioni (2014) 171 ff mit Beispielen insb zum islamischen Recht und zur selektiven Nichtanwendung des ausländischen Rechts in Fn 302; *Damascelli*, Successioni (diritto internazionale privato e processuale europeo), Enc.dir. Annali VI (2013) 968; *Dutta* Art 35 EuErbVO Rz 2.

244 Vgl *Bonomi* in Bonomi/Wautelet (2015) 465 f.

245 Ausf *Bonomi* in Bonomi/Wautelet (2015) 470 ff, der einen Verstoß nur bei gänzlichem Ausschluss des überlebenden Ehegatten/Partners oder der Kinder erblickt; ebenso *Alpa*, Relazione introduttiva, in Alpa, I nuovi confini del diritto privato europeo (2016) 51 ff; *Mosconi/Campiglio II*[4] (2016) 281; im Ergebnis wohl auch *Davì/Zanobetti,* Il nuovo diritto internazionale privato europeo delle successioni (2014) 18 ff, 175 f; in diesem Sinn auch schon früher KassGH 24. 6. 1996, Nr 5832, Stud.iur. 1996, 1059; eher gegenläufig KassGH Ziv VS 12. 10. 1970, Nr 1941, Mass.Giust.civ. 1970, 1029; nach *Rudolf/Zöchling-Jud/Kogler,* Kollisionsrecht, in Rechberger/Zöchling-Jud, Die EU-Erbrechtsverordnung in Österreich (2015) 225 Rz 301 unterliegt eine Normdiskrepanz beim Pflichtteilsrecht zwar dem *ordre public,* dieser ist aber restriktiv auszulegen.

246 So zB *Mosconi/Campiglio II*[4] (2016) 280: Ein Verstoß gegen den italienischen *ordre public* könnte sich nur aus dem Inhalt des Erbvertrags oder des anzuwendenden Rechts selbst (zB Verstoß gegen das Diskriminierungsverbot; vgl auch Rz 6/112) ergeben; sa *Kindler*, La legge applicabile ai patti succesori nel regola-

6/112 Die Nichtanwendung des ausländischen Rechts unter Berufung auf den eigenen *ordre public* darf nicht selbst dem Nichtdiskriminierungsgebot widersprechen (so auch Erwägungsgrund Nr 58 uH auf die Charta der Grundrechte der Europäischen Union). Dies hätte nach früherer Rechtslage bspw im Fall des Ausschlusses von Erbrechten des gleichgeschlechtlichen Partners, weiblichen oder unehelichen Kindern oder von Adoptivkindern schlagend werden können.[247] An Stelle des nichtanwendbaren Rechts ist das nach den Kriterien des Art 16 Abs 2 IPRG zu bestimmende Recht anzuwenden.[248]

8. Verweis auf Staaten mit mehreren Teilrechtsordnungen (interlokale Kollisionsvorschriften)

6/113 Verweist die EuErbVO im konkreten Fall auf einen Staat, der mehrere Gebietseinheiten mit unterschiedlichen Rechtsvorschriften für die Rechtsnachfolge von Todes wegen hat, so genießt zunächst **das interne Kollisionsrecht** bei der Bestimmung des Rechts der zuständigen Gebietseinheit den **Vorrang** (Art 36 Abs 1 EuErbVO). Die Konstellation kann bei Mitgliedstaaten (zB Spanien), aber auch bei Drittstaaten auftreten (zB Großbritannien, USA, Kanada, Australien).[249] Erfasst werden in weiter Auslegung der Bestimmung auch Staaten mit unterschiedlichen erbrechtlichen Sonderbestimmungen etwa für landwirtschaftliche Unternehmen, so auch Italien (vgl Rz 6/94).[250]

6/114 **In Ermangelung**[251, 252] **eines solchen internen Kollisionsrechtes** bestimmt Art 36 Abs 2 lit a EuErbVO, dass immer dann, wenn die Verordnung auf den gewöhnlichen Aufenthalt des Erblassers Bezug nimmt, diejenige Gebietseinheit und damit deren Erbrecht gemeint ist, in welcher der Erblasser im Zeitpunkt seines Todes[253] seinen letzten gewöhnlichen Aufenthalt hatte. Nimmt die Verordnung auf die Staatsbürgerschaft Bezug, so erfolgt deren Konkretisierung nach lit b durch die Bestimmung jener Gebietseinheit, zu welcher der Erblasser die engs-

mento (UE) N. 650/2012, Riv.dir.int.priv.proc. 2017, 29 f, der den Vorrang des nationalen Rechts gegenüber dem europäischen Recht bei der Beurteilung eines Verstoßes gegen den *ordre public* betont.

247 Vgl etwa */Zanobetti*, Il nuovo diritto internazionale privato europeo delle successioni (2014) 173 f.

248 Vgl *Mosconi/Campiglio II*[4] (2016) 281 f; im Ergebnis auch *Bonomi* in Bonomi/Wautelet (2015) 461 f.

249 Vgl *Rudolf/Zöchling-Jud/Kogler,* Kollisionsrecht, in Rechberger/Zöchling-Jud, Die EU-Erbrechtsverordnung in Österreich (2015) 227 f Rz 306.

250 Vgl *Dutta* Art 36 EuErbVO Rz 5.

251 Str ist, ob interlokales Kollisionsrecht schon dann fehlt, wenn der Mehrrechtsstaat insgesamt keine solchen Normen kennt, oder erst dann, wenn auch keine einzelne Gebietseinheit solche Normen kennt; in diesem zweiten Sinn zB *Rudolf/Zöchling-Jud/Kogler,* Kollisionsrecht, in Rechberger/Zöchling-Jud, Die EU-Erbrechtsverordnung in Österreich (2015) 228 ff Rz 308 f.

252 Fehlen von Kollisionsrecht ist auch anzunehmen, wenn das vorhandene Kollisionsrecht lückenhaft ist und die auftauchende Frage nicht regeln kann; vgl *Rudolf/Zöchling-Jud/Kogler,* Kollisionsrecht, in Rechberger/Zöchling-Jud, Die EU-Erbrechtsverordnung in Österreich (2015) 231 Rz 311, wobei aber unter Berufung auf *Christandl*, Multi-unit States in European Union Private International Law, Journal of International Private Law 2013, 232 Fn 73 eine Analogiemöglichkeit die Lückenhaftigkeit nicht beseitigen sollte.

253 Nach dem Wortlaut konkretisiert die Bestimmung alle Verweise der VO auf den Aufenthalt als solche zum Zeitpunkt des Todes, was zB in Bezug auf die Verweise in den Art 24 Abs 1, Art 25 Abs 1 und UAbs 2, wo es auf den Aufenthalt im Zeitpunkt der Verfügung oder des Erbvertrags ankommt, wenig Sinn macht; bei diesen Verweisen muss daher auf die Grundregel des Art 36 Abs 2 lit c zurückgegriffen werden; vgl *Dutta* Art 36 EuErbVO Rz 7; *Rudolf/Zöchling-Jud/Kogler,* Kollisionsrecht, in Rechberger/Zöchling-Jud, Die EU-Erbrechtsverordnung in Österreich (2015) 233 f Rz 315; offenbar für direkte Anwendung der lit a *Bonomi* in Bonomi/Wautelet (2015) 490.

te Beziehung[254] hatte. Bei allen anderen Fragen ist nach lit c das Recht jener Gebietseinheit maßgeblich, in der sich der einschlägige Anknüpfungspunkt befindet (zB Lage eines Nachlassgegenstandes). In Bezug auf die Form einer Verfügung von Todes wegen (Art 27) ist aber unabhängig von den genannten Anknüpfungsregeln immer auf jene Gebietseinheit Bezug zu nehmen, zu der der Erblasser bzw die Person, deren Rechtsnachfolge von Todes wegen durch einen Erbvertrag betroffen ist, die engste Beziehung hatte (Art 36 Abs 3).[255] Die Bestimmung ist insgesamt darauf angelegt, Probleme, die sich aus dem Auseinanderfallen von Verfahrens- und materiellem Recht ergeben, abzumildern (vgl Erwägungsgrund Nr 43).

Auf keinen Fall ist ein solcher Staat mit mehreren Teilrechtsanordnungen verpflichtet, in Ermangelung interner Kollisionsregeln die EuErbVO im Binnenverhältnis der Teilrechtsordnungen anzuwenden (Art 38). **6/115**

9. Interpersonale Kollisionsvorschriften

Gelten in einem Staat für die Rechtsnachfolge von Todes wegen **unterschiedliche erbrechtliche Regelungen für bestimmte Personengruppen,**[256] so haben nach Art 37 EuErbVO – in der Funktion dem interlokalen Kollisionsrecht in Art 36 vergleichbar – jene internen Bestimmungen Vorrang, welche die in diesem Staat geltenden Bestimmungen zur Anwendung bringen. Andernfalls kommen diejenigen Regelungen zur Anwendung, zu denen der Erblasser die engste Beziehung hatte. **6/116**

III. Europäisches Nachlasszeugnis

1. Allgemein

Nach Erwägungsgrund Nr 67 der EuErbVO sollen die Erben, Vermächtnisnehmer, Testamentsvollstrecker oder Nachlassverwalter in der Lage sein, ihre erbrechtlichen Rechte innerhalb der Europäischen Union leicht nachzuweisen (zB gegenüber einer Bank). Erbsachen mit grenzüberschreitendem Bezug sollten innerhalb der Union zügig, unkompliziert und effizient abgewickelt werden können. Das dazu eingeführte **Europäische Nachlasszeugnis** tritt teilweise ne- **6/117**

---

254 Krit in Bezug auf die Vorhersehbarkeit und Stabilität des Erbstatuts *Dutta* Art 36 EuErbVO Rz 11, weil der VO-Geber das sichere Kriterium der Staatsangehörigkeit mit dem unsicheren Kriterium der engsten Beziehung ersetzt. Umgekehrt gelangt möglicherweise der Erblasser nicht zur Gebietseinheit der engsten Beziehung, wenn der Mehrrechtsstaat ein interlokales Privatrecht besitzt; krit auch *Davì/Zanobetti,* Il nuovo diritto internazionale privato europeo delle successioni (2014) 192 f in Bezug auf die Unzulässigkeit der Wahl des Rechts einer Gebietseinheit iSd Art 22 EuErbVO. Hat freilich der Erblasser eine bestimmte Gebietseinheit genannt, kann man darin wohl richtigerweise ein Indiz für die engste Verbindung sehen; vgl *Rudolf/Zöchling-Jud/Kogler,* Kollisionsrecht, in Rechberger/Zöchling-Jud, Die EU-Erbrechtsverordnung in Österreich (2015) 234 Rz 317.

255 Krit zur getroffenen Lösung *Damascelli,* Successioni (diritto internazionale privato e processuale europeo), Enc.dir. Annali VI (2013) 971 f.

256 Als Beispiel wird Liechtenstein angegeben (Erbrecht des hohen Adels); vgl *Dutta* Art 37 EuErbVO Rz 2; *Rudolf/Zöchling-Jud/Kogler,* Kollisionsrecht, in Rechberger/Zöchling-Jud, Die EU-Erbrechtsverordnung in Österreich (2015) 238 Rz 324. Ein anderes Beispiel stellt Indien dar, das eigene Erbrechte für unterschiedliche Religionsgruppen kennt; zB *hindu succession act, muslim succession act* usw.

ben zu diesem Zweck schon bestehende Regelungen in den Mitgliedstaaten,[257] teilweise schließt die EuErbVO eine empfindliche Lücke in anderen Rechtsordnungen.[258] Dies gilt grundsätzlich auch für Italien.[259]

6/118 Zu beachten ist jedoch, dass für die **Gebiete mit dem ehemals österreichischen Grundbuchsystem** zugleich mit dessen Beibehaltung auch ein bis heute geregeltes Verfahren zur Ausstellung eines Erb- oder Vermächtnisscheins *(certicato di eredità o di legato)* zum Zweck der entsprechenden Grundbuchseintragungen eingeführt wurde.[260] Die diesbezüglichen Bestimmungen wurden im Umsetzungsgesetz zur EuErbVO ausdrücklich aufrechterhalten[261] und stehen nun neben den Bestimmungen über das Europäische Nachlasszeugnis (vgl Art 62 Abs 3 EuErbVO und Erwägungsgrund Nr 67).[262]

6/119 Mit den Art 62 ff EuErbVO wurde nun ein **einheitliches Europäisches Nachlasszeugnis** geschaffen, das auf Antrag in jenem Mitgliedstaat auszustellen ist, dessen Gerichte nach der EuErbVO zuständig sind (dazu Rz 6/31 ff) und das mit gleichen Wirkungen (dazu Rz 6/132 ff) zur Verwendung in jedem anderen Mitgliedstaat bestimmt ist (zur Wirkung auch im Ausstellungsstaat vgl Rz 6/133). Die Art 62 ff beinhalten sohin nicht Internationales Privatrecht (zum Begriff im Allgemeinen vgl Rz 1/1 ff), sondern ein einheitliches Sachrecht, wobei die Regelung überwiegend Verfahrensrecht, aber auch materielles Zivilrecht (zB Schutz des Vertrauens auf das Zeugnis) darstellt.

6/120 Das Zeugnis dient insb dem Zweck des **Nachweises der Rechtsstellung und der Rechte** der Erben und Vermächtnisnehmer am Nachlass, der Zuweisung bestimmter Vermögenswerte an die Berechtigten und der Befugnisse der Berechtigten zur Vollstreckung des Testaments oder zur Verwaltung des Nachlasses (Art 63 Abs 2 lit a, b, c EuErbVO). Die genannten Personen sollen sich in einem anderen Mitgliedstaat auf ihre Rechtsstellung oder ihre Rechte berufen oder dort ihre Befugnisse ausüben können. Insofern ist das **Vorliegen eines Auslandsbezugs auch Voraussetzung** für die Ausstellung eines Europäischen Nachlasszeugnisses, wobei allerdings an diese Voraussetzung keine allzu hohen Anforderungen gestellt werden.[263] Das Vorhandensein von Nachlassvermögen in einem Mitgliedstaat (zB Bankkonto) wird so zB als ausreichend, aber auch nicht als unbedingt notwendig angesehen.[264]

---

257 Vgl für Deutschland das Erbscheinverfahren nach den §§ 2353 ff BGB, für Österreich den Einantwortungsbeschluss, der das obligatorische Verlassenschaftsverfahren (§§ 143 AußStrG) beendet.

258 Zu einem Überblick über die Vielfalt der Erbnachweise in Europa vgl *Wautelet/Padovini* in Bonomi/Wautelet (2015) 637 ff; vgl auch *Kleinschmidt*, Optionales Erbrecht: Das Europäische Nachlasszeugnis als Herausforderung an das Kollisionsrecht, RabelsZ 2013, 727 ff.

259 Vgl dazu etwa *Battiloro*, Le successioni transfrontaliere ai sensi del reg. UE n. 650/2012 tra residenza abituale e certificato successorio europeo, Dir.fam.pers. 2015, 681 ff; vgl auch *Eccher*, Erbrecht und Erbschaftserwerb nach italienischem Recht, FS Welser (2004) 143 ff.

260 Art 13 ff KglD 28. 3. 1929, Nr 499.

261 Art 32 Abs 3 G 30. 10. 2014, Nr 161.

262 Für eine Anpassung an das Europäische Nachlasszeugnis *Padovini*, Il certificato europeo, in Franzina/Leandro, Il diritto internazionale privato europeo delle successioni *mortis causa* (2013) 207; *Rusconi*, La pubblicità tavolare nella moderna circolazione giuridico-economica, in Nicolussi/Santucci, FIAT INTABULATIO. Studi in materia di diritto tavolare con una raccolta di normativa (2016) 25.

263 Vgl *Wautelet/Padovini* in Bonomi/Wautelet (2015) 642 ff.

264 So *Dutta* Art 63 EuErbVO Rz 20; vgl auch *Kleinschmidt*, Optionales Erbrecht: Das Europäische Nachlasszeugnis als Herausforderung an das Kollisionsrecht, RabelsZ 2013, 746: bloßer Aufenthalt in einem Mitgliedstaat genügt nicht.

Die Inanspruchnahme des Europäischen Nachlasszeugnisses stellt **ein Recht, nicht eine Pflicht** der interessierten Personen dar. Diese können sich nämlich auch auf andere zur Verfügung stehende Instrumente (zB Urteile oder öffentliche Urkunden) zur Verfolgung ihrer Interessen stützen. Wird jedoch einer Behörde oder Person ein in einem anderen Mitgliedstaat ausgestelltes Zeugnis nach den Vorschriften der EuErbVO vorgelegt, dürfen diese keine anderen Nachweise verlangen (vgl Art 62 Abs 2 EuErbVO; Erwägungsgrund Nr 69). **6/121**

2. Ausstellung

Das **Verfahren zur Ausstellung eines Europäischen Nachlasszeugnisses** ist in den Art 62 ff EuErbVO geregelt. Soweit Regelungslücken bestehen, sind die einschlägigen für die Ausstellungsbehörde (Rz 6/124) geltenden innerstaatlichen Verfahrensbestimmungen anzuwenden.[265] Für Italien wäre bei einer gerichtlichen Ausstellungsbehörde auf das Verfahren der freiwilligen (außerstreitigen) Gerichtsbarkeit zu verweisen gewesen.[266] Die nunmehr als Ausstellungsbehörden in Italien bestimmten Notare (siehe unten Rz 6/123) sind außerhalb der in der EuErbVO selbst enthaltenen Formvorschriften richtigerweise bei der Abwicklung des Verfahrens frei.[267] **6/122**

Ausstellungsbehörden für das Europäische Nachlasszeugnis sind entweder Gerichte iSd Art 3 Abs 2 EuErbVO oder eine andere Behörde, die nach innerstaatlichem Recht für Erbsachen zuständig ist (Art 64 lit a und b). Italien hat in Ausführung dieser Bestimmungen die Notare als Ausstellungsbehörden für das Europäische Nachlasszeugnis festgelegt und sie hierbei zur Einhaltung der Bestimmungen der Art 62 bis 73 verpflichtet.[268] Diese Bestimmungen gehen den Bestimmungen des Notariatsgesetzes vor, sodass diese nur für ungeregelte Fragen zur Anwendung kommen.[269] **6/123**

Die Ausstellung des Zeugnisses erfolgt nur auf **Antrag**, der die in der Verordnung (Art 65 Abs 3 EuErbVO) genau genannten Angaben und Anlagen enthalten muss. Der Antragsteller kann sich hierbei eines Formblattes bedienen, das von der Kommission mit Unterstützung des von Art 80 f vorgesehenen Ausschusses im Beratungsverfahren erstellt wurde (siehe Rz 6/127). Die Antragstellung kann uU stillschweigende Annahme der Erbschaft, so wie in Italien in Art 476 ZGB vorgesehen, bedeuten.[270] **6/124**

Zum **Antrag berechtigt** sind Erben und Vermächtnisnehmer mit unmittelbarer Berechtigung am Nachlass sowie Testamentsvollstrecker und Nachlassverwalter (Art 65 Abs 1 iVm Art 63 Abs 1 EuErbVO). Nach italienischem Recht berufene **Erben** sind mit Eröffnung der Erbfolge, uzw rückwirkend mit Annahme der Erbschaft, unmittelbar am Nachlass beteiligt (Art 459 **6/125**

---

265 Vgl etwa *Dutta* Vor Art 62 EuErbVO Rz 5, 10.

266 Vgl *Maida,* Il certificato successorio europeo, Nuove leggi civ.comm. 2013, 405; *Damascelli*, Successioni (diritto internazionale privato e processuale europeo), Enc.dir. Annali VI (2013) 977.

267 Vgl *Padovini,* Il certificato europeo, in Franzina/Leandro, Il diritto internazionale privato europeo delle successioni *mortis causa* (2013) 206.

268 Art 32 G 30. 10. 2014, Nr 161; siehe hierzu insb *Padovini*, Certificato successorio europeo e autorità di rilascio italiana, Nuove leggi civ.comm. 2015, 1099 ff.

269 *Padovini*, Certificato successorio europeo e autorità di rilascio italiana, Nuove leggi civ.comm. 2015, 1103: zB Vorschriften über die Verwahrung der Zeugnisse im Geschäftsregister und der Sammlung.

270 Vgl *Davì/Zanobetti*, Il nuovo diritto internazionale privato europeo delle successioni (2014) 237.

ZGB).[271] Sie sind daher auf dieser Rechtsgrundlage[272] antragsberechtigt. Dasselbe gilt für Pflichtteilsberechtigte, denen nach italienischem Recht ein echtes (Not-)Erbrecht zusteht (Art 536 ff ZGB).[273] Auch die Vermächtnisnehmer sind nach italienischem Erbrecht unmittelbar am Nachlass beteiligt. Dies gilt jedenfalls für das als Vindikationsvermächtnis ausgestaltete Vermächtnis an bestimmten Sachen, das dem Begünstigten ohne Erfordernis einer Annahme mit Eröffnung der Erbfolge unmittelbar anfällt (Art 649 ZGB).[274] Im Fall eines Gattungsvermächtnisses hängt die unmittelbare Nachlassbeteiligung und damit die Antragsberechtigung von der Individualisierung des Vermächtnisgegenstandes ab (Art 653 ZGB).[275] Nicht antragsberechtigt sind – da nicht aufgezählt – zB die Gläubiger des Erblassers.[276]

6/126 Die Ausstellungsbehörde kann das Nachlasszeugnis nicht ungeprüft ausstellen, sondern hat die vom Antragsteller übermittelten Angaben, Erklärungen, Schriftstücke und sonstigen Nachweise zu **überprüfen**[277] (Amtsermittlungspflicht[278]). Dabei kann sie im Rahmen ihres eigenen Rechts von Amts wegen die erforderlichen Nachforschungen anstellen oder den Antragsteller auffordern, weitere Nachweise vorzulegen. UU kann die Ausstellungsbehörde auch andere Nachweise akzeptieren oder verlangen, dass Erklärungen unter Eid oder durch eidesstattliche Versicherung abgegeben werden. Die Ausstellungsbehörde hat möglichst alle Berechtigten von der Beantragung eines Nachlasszeugnisses zu verständigen und diese und alle sonstigen Beteiligten erforderlichenfalls anzuhören. Sie hat durch öffentliche Bekanntmachung anderen Berechtigten Gelegenheit zu geben, ihre Rechte geltend zu machen. Auf Ersuchen der Ausstellungsbehörde haben die zuständigen Behörden anderer Mitgliedstaaten – soweit nach ihrem Recht zulässig[279] – Informationen vor allem aus einschlägigen Registern (zB Grundbuch oder sonstige Liegenschaftsregister, Personenstandsregister, Güterrechtsregister) zu liefern (im Einzelnen vgl Art 66 Abs 1 bis 5 EuErbVO). Soweit die Ausstellungsbehörde – wie in Italien (siehe Rz 6/122 f) – der Notar ist, kann sich aus dieser Überprüfungspflicht auch eine modifizierte Art der Amtstätigkeit und Haftungssituation ergeben.[280]

6/127 Die Ausstellungsbehörde soll das Nachlasszeugnis **möglichst rasch ausstellen** (Art 67 Abs 1 EuErbVO: „unverzüglich" nach Feststehen des Sachverhalts).[281] Für die Ausstellung hat die zuständige Behörde gem Art 67 Abs 1 das **Formblatt** zu verwenden, das von der Kommission mit

---

271 Vgl *Eccher* in Eccher/Schurr/Christandl (2009) Rz 6/190.

272 Der Nachweis des Erfordernisses der Annahme der Erbschaft ergibt sich in der Regel aus dem Formblatt zur Antragstellung (dazu Rz 6/127), das unter Unterpunkt 7 ausdrücklich einen solchen schriftlichen Nachweis vorsieht. Die Beantragung eines Nachlasszeugnisses stellt aber an sich schon eine schlüssige Annahmeerklärung iSd Art 476 ZGB (vgl dazu *Eccher* in Eccher/Schurr/Christandl [2009] Rz 6/202) dar.

273 Vgl dazu *Eccher* in Eccher/Schurr/Christandl (2009) Rz 6/18.

274 Vgl *Eccher* in Eccher/Schurr/Christandl (2009) Rz 6/147.

275 Vgl *Eccher* in Eccher/Schurr/Christandl (2009) Rz 6/147.

276 So zB *Davì/Zanobetti,* Il nuovo diritto internazionale privato europeo delle successioni (2014) 235.

277 Zur diesbezüglichen Befugnis der Notare in Italien vgl etwa *Pennazio*, Il nuovo diritto delle successioni in Europa: l'introduzione del certificato successorio europeo e la tutela dei terzi acquirenti di beni ereditari, Contr.impr. 2015, 325.

278 So *Dutta* Art 66 EuErbVO Rz 2.

279 Zu beachten wäre hier allenfalls das Bankgeheimnis; vgl *Davì/Zanobetti,* Il nuovo diritto internazionale privato europeo delle successioni (2014) 236.

280 Vgl *Wautelet/Padovini* in Bonomi/Wautelet (2015) 678.

281 *Maida,* Il certificato successorio europeo, Nuove leggi civ.comm. 2013, 404.

Unterstützung des von Art 81 vorgesehenen Ausschusses im Beratungsverfahren[282] erstellt wurde.[283]

Hinderungsgründe für die Ausstellung können insb darin bestehen, dass Einwände gegen den vorliegenden Sachverhalt bestehen oder dass das Zeugnis mit einer Entscheidung zum selben Sachverhalt nicht vereinbar wäre (Art 67 Abs 1 lit a und b).[284] **6/128**

Die **Urschrift** des Nachlasszeugnisses verbleibt bei der Ausstellungsbehörde. Den Personen, die ein berechtigtes Interesse nachweisen, sind eine oder mehrere **beglaubigte Abschriften** auszuhändigen. Im Hinblick auf etwaige Berichtigungen, Änderungen, Widerrufe oder Aussetzungen der Wirkungen (siehe Rz 6/143 ff) hat die Ausstellungsbehörde ein **Verzeichnis** aller Empfänger beglaubigter Abschriften anzulegen (Art 70 Abs 2 EuErbVO). **6/129**

Die beglaubigten Abschriften sind nur für einen **begrenzten Zeitraum** gültig, nämlich bis zum Ablauf von sechs Monaten oder einer in begründeten Fällen längeren Gültigkeitsfrist. Nach Fristablauf können die bisherigen Inhaber der Abschrift deren Verlängerung oder die Ausstellung einer neuen beglaubigten Abschrift beantragen. Das genaue Ablaufdatum ist auf der entsprechenden Abschrift zu vermerken (Art 70 Abs 3 EuErbVO). **6/130**

3. Inhalt und Wirkungen

Das Europäische Nachlasszeugnis hat gem Art 68 EuErbVO die dort im Einzelnen genannten **Angaben** zu enthalten. Dies betrifft etwa Angaben über die Begünstigten (Erben, mit Angabe auch des Erbteils,[285] und Vermächtnisnehmer) und sonstigen Berechtigten (zB Testamentsvollstrecker und Nachlassverwalter) sowie den Rechtsgrund, auf den sie sich stützen (zB gesetzliche oder gewillkürte Erbfolge), über allfällige Beschränkungen der Rechte (zB aufschiebende Bedingung), über das Vorliegen von Annahme- oder Ausschlagungserklärungen oder über das anzuwendende Recht. Auch die Vermögenswerte, die einem Erben oder Vermächtnisnehmer zustehen, können in das Nachlasszeugnis Eingang finden.[286] Da sich das Zeugnis auf den im Antrag genannten Zweck bezieht, kann es auch auf bestimmte Inhalte beschränkt bleiben *(certificato successorio parziale)*.[287] **6/131**

282 Art 80, 81 Abs 1 und 2 iVm der VO (EU) 182/2011 (Art 2 Abs 3 und Art 4).

283 DfVO (EU) 1329/2014, Anhang V.

284 Vgl *Wautelet/Padovini* in Bonomi/Wautelet (2015) 688 ff; *Damascelli*, Successioni (diritto internazionale privato e processuale europeo), Enc.dir. Annali VI (2013) 977.

285 Nach *Wautelet/Padovini* in Bonomi/Wautelet (2015) 699 ist zwar der Erbteil des überlebenden Ehegatten in Bezug zu seiner ehegüterrechtlichen Situation auszuweisen (vgl Art 68 lit h EuErbVO; bestätigend EuGH, ECLI:EU:C:2018:138, Mahnkopf, NJW 2018, 1377), doch soll letzterer nicht von der Legitimationswirkung des Zeugnisses erfasst sein.

286 Einschränkend Beschluss OLG Nürnberg 5. 4. 2017, 15 W 299/17: Die Angabe von Nachlassgegenständen ist nur zulässig, wenn das anwendbare Recht einen erbrechtlichen unmittelbaren Rechtserwerb des Erben an einem bestimmten Gegenstand vorsieht (zB dinglich wirkende Teilungsanordnung nach italienischem Recht Art 734 ZGB).

287 Vgl im Einzelnen *Wautelet/Padovini* in Bonomi/Wautelet (2015) 692 ff; siehe auch *Padovini*, Il certificato europeo, in Franzina/Leandro, Il diritto internazionale privato europeo delle successioni *mortis causa* (2013) 202; *Maida,* Il certificato successorio europeo, Nuove leggi civ.comm. 2013, 405 f auch zur allfälligen Notwendigkeit der vorherigen Ermittlung, ob die Pflichtteilsberechtigten von der Möglichkeit der Kürzungsklage (Art 553 ff ZGB) Gebrauch machen bzw gemacht haben.

6/132 Das Europäische Nachlasszeugnis **entfaltet seine Wirkungen in allen Mitgliedstaaten** der EU,[288] ohne dass es hierzu eines (weiteren) besonderen Verfahrens oder der Vornahme von Kontrolltätigkeiten[289] bedarf (Art 69 Abs 1 EuErbVO). Str ist, ob die Anwendung des Zeugnisses versagt werden kann, wenn sie dem *ordre public* des Anwendungsstaates widersprechen würde.[290]

6/133 Auch wenn das Nachlasszeugnis vordergründig zum Zweck der Verwendung in einem anderen Mitgliedstaat ausgestellt wird (Art 62 Abs 1 EuErbVO; siehe Rz 6/132), entfaltet es seine **Wirkungen auch im Ausstellungsstaat** (Art 62 Abs 3). Diesem Umstand kann besondere praktische Bedeutung in jenen Mitgliedstaaten zukommen, in denen es – wie in Italien (siehe Rz 6/117) – bisher keine vergleichbaren Rechtsinstrumente gegeben hat.[291]

6/134 Art 69 Abs 2 S 2 EuErbVO enthält die **Rechtsvermutung**, dass die im Nachlasszeugnis ausgewiesenen begünstigten oder berechtigten Personen die genannten Rechtsstellungen tatsächlich besitzen und sie keinen anderen als den im Zeugnis genannten Bedingungen und Beschränkungen unterliegen. Die Vermutungen sind widerleglich und können in einem Prozess durch die erfolgreiche Erbringung des Gegenbeweises entkräftet werden. Darüber hinaus kann das Zeugnis nach Art 71 berichtigt, geändert oder widerrufen oder nach Art 72 (siehe Rz 6/143 ff) angefochten werden.[292]

Beispiel einer Entkräftung im Prozessweg:

Der in einem später aufgefundenen Testament als Erbe bezeichnete Kläger hat gegenüber dem im Nachlasszeugnis ausgewiesenen gesetzlichen Erben sein besseres Erbrecht zu beweisen. Gelingt ihm dies, hat er die durch das Nachlasszeugnis geschaffene Vermutung des Bestehens der Erbenstellung des Beklagten entkräftet.

6/135 Darüber hinaus enthält Art 69 Abs 2 S 1 EuErbVO eine **erweiterte Rechtsvermutung** hinsichtlich jener Sachverhalte, die im Zeugnis festgestellt werden und den Rechtsstellungen nach S 2 zugrunde liegen. Diese – unklar und daher interpretationsbedürftig formulierte – Vermutungswirkung erfasst Sachverhalte jedoch nur dann, wenn und insofern sie vom anzuwendenden Recht oder einem anderen auf spezifische Sachverhalte anzuwendenden Recht[293]

---

288 Zur Möglichkeit der Erstreckung von Wirkungen des Nachlasszeugnisses auf Drittstaaten vgl *Dutta* Art 69 EuErbVO Rz 4.

289 Vgl *Damascelli*, Brevi note sull'efficacia probatoria del certificato successorio europeo riguardante la successione di un soggetto coniugato o legato da unione non matrimoniale, Riv.dir.int.priv.proc. 2017, 67 ff; *Wautelet/Bonomi* in Bonomi/Wautelet (2015) 707.

290 So *Davì/Zanobetti,* Il nuovo diritto internazionale privato europeo delle successioni (2014) 245 uH auf Art 35, 40, 59, 60 und 61; aA *Wautelet/Padovini* in Bonomi/Wautelet (2015) 708.

291 Vgl *Patti*, Il certificato successorio europeo nell'ordinamento italiano, in Schurr/Umlauft, FS Eccher (2017) 860 ff.

292 Vgl etwa *Wautelet/Padovini* in Bonomi/Wautelet (2015) 715 ff; *Maida,* Il certificato successorio europeo, Nuove leggi civ.comm. 2013, 406 ff; aA offenbar *Patti*, Il certificato successorio nell'ordinamento italiano, in Schurr/Umlauft, FS Eccher (2017) 857 ff, der von einer anfechtbaren Feststellung der Erbeneigenschaft ausgeht.

293 Nach *Wautlet/Bonomi* in Bonomi/Wautelet (2015) 711, siehe auch *Dutta* Art 69 EuErbVO Rz 8, sind davon allerdings nur Regelungen der Verordnung erfasst, die in engem Zusammenhang mit der Erbfolge stehen, vom anzuwendenden Recht aber nicht erfasst sind (wohl unrichtig das Beispiel der materiellen Wirksamkeit einer Verfügung von Todes wegen gem Art 24 und 27 EuErbVO in Erwägungsgrund Nr 71, weil vom anzuwendenden Recht sehr wohl erfasst). Nicht erfasst sind zB Aussagen über den Status einer Person oder den ehelichen Güterstand; siehe auch *Dutta* Art 69 EuErbVO Rz 8 ff.

vorgesehen sind.[294] Insofern hat das Zeugnis auch **Beweiswirkungen** (vgl auch Erwägungsgrund Nr 71).

Art 69 Abs 3 EuErbVO enthält eine **Gutglaubenswirkung** zu Gunsten von **Personen**, die an ausgewiesene[295] Begünstigte bzw Berechtigte **eine Zahlung geleistet oder einen Vermögenswert[296] übergeben haben.** Der Empfänger gilt als zum Empfang legitimiert, ohne dass vom Leistenden weitere Legitimationsnachweise verlangt werden müssen.[297] Die Bestimmung unterscheidet nicht danach, ob die Zahlung bzw Übergabe auf einem entgeltlichen oder unentgeltlichen Rechtsgrund beruht.[298] Auf sonstige Formen der Leistung, wie zB Dienstleistungen, findet die Vorschrift allerdings keine Anwendung.[299] **6/136**

Soweit dem Empfänger aufgrund eines Schuldverhältnisses[300] geleistet wird, fügt sich die Bestimmung des Abs 3 nach italienischem Recht in jene des Art 1189 ZGB, wonach der Schuldner, der dem **Scheingläubiger** *(creditore apparente)* leistet, von seiner Leistungspflicht befreit wird.[301] Voraussetzung der Gutglaubenswirkung ist auch nach Art 1189 ZGB der gute Glaube des Leistenden, der aber dort nicht wie nach der EuErbVO vermutet, sondern nachgewiesen werden muss.[302] **6/137**

Andererseits schützt Art 69 Abs 4 EuErbVO auch die **Personen, die von dem im Zeugnis ausgewiesenen Begünstigten bzw Berechtigten Nachlassvermögen erwerben.** Falls eine solche Person auf der Grundlage der im Nachlasszeugnis enthaltenen Angaben gehandelt hat, wird sie in ihrem gutgläubigen Erwerb geschützt, wobei der gute Glaube bei Kenntnis oder grob fahrlässiger Unkenntnis der Unrichtigkeit des Nachlasszeugnisses fehlt. **6/138**

Die Bestimmung fügt nach italienischem Recht der Regelung des Gutglaubenserwerbs vom Scheinerben[303] gem Art 534 ZGB einen zusätzlichen Tatbestand für einen Gutglaubenserwerb vom Erben hinzu, wobei Art 534 nur insoweit zur Anwendung gelangt, soweit die Verordnung nichts anderes bestimmt. Unterschiedlich ist die Verordnung insbesondere in Bezug auf die **6/139**

---

294 Vgl *Damascelli*, Successioni (diritto internazionale privato e processuale europeo), Enc.dir. Annali VI (2013) 978 f.

295 Zur umstrittenen Frage, ob der Gutglaubensschutz von der konkreten Vorlage des Zeugnisses abhängt oder nicht, vgl etwa *Rechberger/Kieweler*, Das Europäische Nachlasszeugnis, in Rechberger/Zöchling-Jud, Die EU-Erbrechtsverordnung in Österreich (2015) 303 ff.

296 Entgegen Erwägungsgrund Nr 71 ist nach richtiger Ansicht die Legitimationswirkung nicht auf den Empfang von Nachlassgegenständen beschränkt; vgl *Dutta* Art 69 EuErbVO Rz 16 und das dortige Fallbeispiel: Es darf in Bezug auf die Gutglaubenswirkung keinen Unterschied ausmachen, ob der als Erbe Ausgewiesene den frei gewordenen Mietgegenstand (Nachlassbestandteil) zurückerhält oder die vom Erblasser gekaufte Kaufsache (kein Nachlassgegenstand) erhält. Richtigerweise kommt es darauf an, ob dem Legitimierten aufgrund eines zum Nachlass gehörigen Rechts ein Vermögenswert übertragen wird.

297 Vgl *Wautelet/Bonomi* in Bonomi/Wautelet (2015) 715.

298 Vgl *Wautelet/Bonomi* in Bonomi/Wautelet (2015) 718.

299 Vgl *Dutta* Art 69 EuErbVO Rz 17.

300 Anwendbar auch auf einen Nachlassverwalter, insofern er als Vertreter des oder der Erben bzw Vermächtnisnehmer Leistungen erhält.

301 *Maida,* Il certificato successorio europeo, Nuove leggi civ.comm. 2013, 410.

302 Vgl dazu *Wautelet/Bonomi* in Bonomi/Wautelet (2015) 722 ff; *Damascelli*, Successioni (diritto internazionale privato e processuale europeo), Enc.dir. Annali VI (2013) 979.

303 Zur diskutierten Ausdehnung auf den Scheinvermächtnisnehmer vgl die Angaben von *Vascellari* in Cian/Trabucchi[12] (2016) Art 534, VI, 1 f; dafür auch *Padovini*, Il certificato europeo, in Franzina/Leandro, Il diritto internazionale privato europeo delle successioni *mortis causa* (2013) 201.

Beweislast für den fehlenden guten Glauben, da Art 69 Abs 4 EuErbVO die Beweislast dem wahren Berechtigten aufbürdet,[304] während nach Art 534 ZGB der Erwerber vom Scheinerben seine Gutgläubigkeit zu beweisen hat.[305] Soweit zu Art 534 ZGB die Meinung vertreten wird, dass der gute Glaube des Dritten schon mit leichter Fahrlässigkeit verloren geht,[306] beinhaltet Art 69 Abs 4 auch eine Besserstellung des nur leicht fahrlässig handelnden Dritterwerbers.[307] Mit demselben verstärkten Gutglaubensschutz in Bezug auf Beweislast und allenfalls Einschränkung auf Vorsatz und grobe Fahrlässigkeit erscheint mE die Bestimmung zum Schutz der Dritterwerber von Liegenschaften gem Art 2652 Z 7 ZGB modifiziert, wenn sich der Dritterwerber auf die Angaben in einem Europäischen Nachlasszeugnis seines Vertragspartners stützt. Die Verstärkung des Gutglaubensschutzes durch das Europäische Nachlasszeugnis stimmt im Übrigen auch mit den Wirkungen des Erbscheins im italienischen Grundbuchsrecht (dazu Rz 6/118) überein.[308]

6/140 Die in Art 59 Abs 5 EuErbVO enthaltene **Legitimationswirkung** besteht darin, dass das Europäische Nachlasszeugnis ein wirksames Schriftstück[309] für die Eintragung von Nachlassvermögen in einschlägige Register eines Mitgliedstaates darstellt. Hierbei kommen insbesondere die jeweiligen Liegenschaftsregister bzw Grundbücher in Frage. Nach allgemeinem italienischem Liegenschaftsrecht kann daher das Europäische Nachlasszeugnis als Grundlage für die Eintragung der Erwerbungen von Todes wegen in das Liegenschaftsregister *(registro immobiliare)* gem Art 2660 iVm Art 2648 verwendet werden, ebenso für die Einverleibungen grundbücherlicher Rechte im Bereich des italienischen Grundbuchsrechtes (siehe Rz 6/118).[310]

6/141 Zu beachten ist hierbei der in Abs 5 des Art 69 EuErbVO normierte zweifache **Vorbehalt**: Die **Art der dinglichen Rechte** gehört gem Art 1 Abs 2 lit k EuErbVO nicht zum Erbstatut, vielmehr sind die dinglichen Rechte, die erbrechtlich erworben werden (Zuordnungsergebnis), allenfalls an die Rechtsordnung des Staates, wo sie geltend gemacht werden, anzupassen (Näheres vgl Rz 6/101 ff). Ebenfalls nicht zum Erbstatut gehört die **Eintragung von Rechten** an beweglichen oder unbeweglichen Sachen einschließlich deren Voraussetzungen und Wirkungen (Art 1 Abs 2 lit l; Näheres zur Abgrenzung vgl Rz 6/6).

---

304 Ebenso für den Erbschein nach italienischem Grundbuchsrecht (dazu Rz 6/118); siehe *Wautelet/Padovini* in Bonomi/Wautelet (2015) 718.

305 Vgl *Pennazio*, Il nuovo diritto delle successioni in Europa: l'introduzione del certificato successorio europeo e la tutela dei terzi acquirenti di beni ereditari, Contr.impr. 2015, 327 ff; *Maida,* Il certificato successorio europeo, Nuove leggi civ.comm. 2013, 423 f; *Damascelli*, Successioni (diritto internazionale privato e processuale europeo), Enc.dir. Annali VI (2013) 979.

306 Vgl die Angaben von *Vascellari* in Cian/Trabucchi[12] (2016) Art 534, III.

307 *Maida,* Il certificato successorio europeo, Nuove leggi civ.comm. 2013, 423.

308 Vgl *Padovini*, Il certificato europeo, in Franzina/Leandro, Il diritto internazionale privato europeo delle successioni *mortis causa* (2013) 201, zu Art 21 KglD 28. 3. 1929, Nr 499; sa *Riva*, Internazionalità della successione e certificato successorio europeo, Stud.iur. 2016, 1476 ff.

309 Zu dessen Rechtsnatur als mit entsprechenden inländischen Urkunden gleichgestellter Rechtstitel vgl *Davì/Zanobetti*, Il nuovo diritto internazionale privato europeo delle successioni (2014) 243 f Fn 31; anders *Wautelet/Padovini* in Bonomi/Wautelet (2015) 724 ff.

310 Vgl dazu etwa *Pennazio*, Il nuovo diritto delle successioni in Europa: l'introduzione del certificato successorio europeo e la tutela dei terzi acquirenti di beni ereditari, Contr.impr. 2015, 325 Fn 28; zur Frage der Löschung von Grundbuchseintragungen, die sich in Folge einer Berichtigung, eines Widerrufs oder einer erfolgreichen Anfechtung als unrichtig erweisen, vgl *König/Hager-Rosenkranz* in Schurr/Umlauft, FS Eccher (2017) 593 ff zum österr Grundbuchsrecht, auf dem das ital Grundbuchsrecht beruht.

Da das **Europäische Nachlasszeugnis nicht an die Stelle innerstaatlicher Schriftstücke** mit ähnlichen Funktionen und Wirkungen tritt (Art 62 Abs 2 EuErbVO; siehe auch Rz 6/117 f), können solche unabhängig von der Beantragung eines Zeugnisses nach der EuErbVO ausgestellt werden und ihre Wirkungen entfalten.[311] Im Fall von **Widersprüchen**[312] zwischen dem Europäischen Nachlasszeugnis und entsprechenden innerstaatlichen Schriftstücken können sich Vermutungswirkungen gegenseitig aufheben. Erfassen Gutglaubenswirkungen verschiedene Personen, so kommen sie nach dem Prioritätsprinzip demjenigen zugute, der zuerst daraus begünstigt wurde.[313] Für Italien hat die Problematik wegen des bisherigen Fehlens entsprechender Rechtsinstrumente nach allgemeinem Recht praktisch nur in Bezug auf den Erb- und Vermächtnisschein im italienischen Grundbuchsrecht (vgl Rz 6/118) Bedeutung. **6/142**

Beispiel:

A ist im Erbschein des LG Bozen als Erbe ausgewiesen, während B in dem in Deutschland ausgestellten Europäischen Nachlasszeugnis als Erbe aufscheint (dies könnte praktisch dann der Fall sein, wenn sich B mit einer letztwilligen – dem A als gesetzlichem Erben nicht bekannten – Verfügung des Erblassers unmittelbar an die deutsche Ausstellungsbehörde wendet). Schließt nun A unter Vorweis des Bozener Erbscheins mit C einen Kaufvertrag über ein bestimmtes wertvolles Gemälde des Erblassers ab, erwirbt dieser nach Art 534 ZGB Eigentum.

Würde B später dasselbe Gemälde unter Vorweis des Europäischen Nachlasszeugnisses an D verkaufen, könnte dieser das Gemälde nicht mehr gutgläubig erwerben, weil die Gutglaubenswirkung durch den ersten Verkauf konsumiert ist.

4. Änderungen, Rechtsbehelfe und Aussetzung der Wirkungen des Zeugnisses

Gem Art 71 Abs 1 EuErbVO kann die Ausstellungsbehörde das Zeugnis wegen eines Schreibfehlers auf Antrag einer interessierten Person oder auch von Amts wegen selbst **berichtigen.** Steht fest, dass das Zeugnis oder einzelne Teile inhaltlich unrichtig sind,[314] hat die Ausstellungsbehörde das Zeugnis auf Antrag einer interessierten Person oder – sofern dies nach ihrem eigenen Recht zulässig ist – von Amts wegen zu **ändern** oder zu **widerrufen** (Art 71 Abs 2).[315] Den in Italien als Ausstellungsbehörden vorgesehenen Notaren (siehe Rz 6/123) wird zwar das Recht, nicht aber die Pflicht der Änderung oder des Widerrufs zugeschrieben.[316] **6/143**

Das **Nachlasszeugnis** kann von den antragsberechtigen Personen (Rz 6/125) **angefochten** werden. Überdies können Personen, die ein nachgewiesenes Interesse haben, eine Berichtigung, Änderung oder einen Widerruf nach Art 71 EuErbVO sowie eine Aussetzung der Wirkungen nach Art 73 Abs 1 lit a (vgl Rz 6/145) beantragen.[317] Der Rechtsbehelf ist jeweils bei einem Gericht des Mitgliedstaats der Ausstellungsbehörde einzulegen (Art 72 Abs 1 UAbs 1, 2 und 3). **6/144**

---

311 So auch *Kleinschmidt*, Optionales Erbrecht: Das Europäische Nachlasszeugnis als Herausforderung an das Kollisionsrecht, RabelsZ 2013, 746 ff mit einem Überblick über den Meinungsstand zum Verhältnis des Europäischen Nachlasszeugnisses zu nationalen Erbnachweisen.

312 Vgl hierzu auch das Rechtsinstitut über Berichtigung, Änderung und Widerruf in Art 71 EuErbVO.

313 Vgl *Dutta* Art 69 EuErbVO Rz 16.

314 ZB bei späterem Hervorkommen einer Rechtswahl, Beispiel bei *Davì/Zanobetti,* Il nuovo diritto internazionale privato europeo delle successioni (2014) 238 f.

315 Vgl *Maida,* Il certificato successorio europeo, Nuove leggi civ.comm. 2013, 406.

316 Vgl *Wautelet/Padovini* in Bonomi/Wautelet (2015) 737.

317 Vgl *Maida,* Il certificato successorio europeo, Nuove leggi civ.comm. 2013, 406.

Nach Art 32 Abs 2 des italienischen Umsetzungsgesetzes[318] ist als Rechtsbehelf gegen Entscheidungen der Ausstellungsbehörden, also der Notare, das Rechtsmittel der Beschwerde *(reclamo)* an das Landesgericht *(tribunale)* in kollegialer Zusammensetzung vorgesehen. Dabei hat das Gericht die Bestimmungen des Art 739 it ZPO[319] anzuwenden.

6/145 Die **Wirkungen** des Nachlasszeugnisses können auf Antrag bis zur Änderung oder bis zum Widerruf gem Art 71 EuErbVO oder bis zur Entscheidung in einem anhängigen Rechtsmittelverfahren gem Art 72 von der Ausstellungsbehörde **ausgesetzt** werden.[320] Antragsberechtigt sind im ersten Fall Personen mit einem nachgewiesenen berechtigten Interesse, im zweiten Fall die anfechtungsberechtigten Personen. Empfänger einer beglaubigten Abschrift des Nachlasszeugnisses sind von der Aussetzung der Wirkungen durch die Ausstellungsbehörde oder das Rechtsmittelgericht zu verständigen. Während der Aussetzung dürfen keine weiteren beglaubigten Abschriften ausgestellt werden (Art 73 Abs 1, 2 und 3).

IV. Anerkennung und Vollstreckung von erbrechtlichen Entscheidungen

6/146 In Kapitel IV der EuErbVO (Art 39–58) finden sich Regelungen zu Anerkennung, Vollstreckbarerklärung und Vollstreckung von Entscheidungen in Erbsachen aus einem Mitgliedstaat in einem anderen Mitgliedstaat.[321] Die Regelung erstreckt sich sowohl auf Entscheidungen der streitigen als auch der im Erbrecht besonders bedeutenden außerstreitigen (freiwilligen) Gerichtsbarkeit,[322] wobei es freilich in der Regel nur um Anerkennung, nicht um Vollstreckung geht.[323] Keine besonderen Regeln enthält die EuErbVO hingegen für die Wirkung von Entscheidungen im Verhältnis zu Drittstaaten. Hierfür gilt daher weiterhin das autonome italienische Anerkennungs- und Vollstreckungsrecht (siehe Rz 2/108 f).

6/147 Die **Anerkennungsregeln** der EuErbVO entsprechen grundsätzlich denjenigen der Brüssel Ia-VO (siehe Rz 2/104 ff)[324] und in Bezug auf Entscheidungen der außerstreitigen (freiwilligen)

---

318 G 30. 10. 2014, Nr 161 (dazu Rz 6/4, 6/123).

319 Art 739 lautet (Übersetzung laut *Bauer/Eccher/König/Kreuzer/Zanon*, Italienische Zivilprozessordnung, zweisprachige Ausgabe² [1996]): „(1) Gegen Dekrete des Vormundschaftsgerichts kann mit Rekurs Beschwerde beim Landesgericht erhoben werden, das in nichtöffentlicher Sitzung entscheidet. Gegen die vom Landesgericht in nichtöffentlicher Sitzung in erster Instanz erlassenen Dekrete kann mit Rekurs Beschwerde beim Oberlandesgericht erhoben werden, das in nichtöffentlicher Sitzung entscheidet. (2) Die Beschwerde ist innerhalb der Ausschlussfrist von zehn Tagen ab der Mitteilung des Dekrets, wenn es gegenüber einer einzigen Partei ergangen ist, oder ab der Zustellung, wenn es gegenüber mehreren Parteien ergangen ist, zu erheben. (3) Wenn das Gesetz nichts anderes bestimmt, ist gegen die Dekrete des Oberlandesgerichts und gegen solche des Landesgerichts, die infolge einer Beschwerde ergangen sind, eine weitere Beschwerde unzulässig."

320 Vgl *Damascelli*, Successioni (diritto internazionale privato e processuale europeo), Enc.dir. Annali VI (2013) 980.

321 Vgl allg hierzu etwa *Pretelli* in Bonomi/Wautelet (2015) 506 ff; *Davì/Zanobetti*, Il nuovo diritto internazionale privato europeo delle successioni (2014) 218 ff.

322 Vgl etwa *Barel/Armellini* (2018) 263; sa Erwägungsgrund Nr 59.

323 Vgl *Dutta* Art 43 EuErbVO Rz 2.

324 Vgl etwa *Mosconi/Campiglio II*⁴ (2016) 282; *Barel/Armellini* (2018) 263 f; zu Unzulänglichkeiten der Übernahme aus der Brüssel Ia-VO vgl *Dutta* Art 40 EuErbVO Rz 2 ff.

Gerichtsbarkeit Art 66 iVm Art 65 IPRG.[325] Dies gilt zunächst für den Grundsatz, dass in einem Mitgliedstaat ergangene Entscheidungen in jedem anderen Mitgliedstaat anerkannt sind, ohne dass es hierfür eines besonderen Verfahrens bedarf (Art 1 Abs 1). Wenn die Frage, ob eine Entscheidung anzuerkennen ist, als solche Gegenstand eines Rechtsstreits ist, so kann jede Partei nach dem Verfahren, das für einen Antrag auf Vollstreckbarerklärung vorgesehen ist (Art 46 ff; siehe Rz 6/149), die Feststellung begehren, dass die Entscheidung anzuerkennen ist (Art 1 Abs 2). Darüber hinaus kann die Frage der Anerkennung auch als Vorfrage in einem vor dem Gericht eines Mitgliedstaates geführten Rechtsstreit entschieden werden, dessen Entscheidung von der Anerkennung abhängt (Art 1 Abs 3).

Für eine Entscheidung über die Anerkennung einer Entscheidung legt die EuErbVO im Einzelnen die **Gründe für eine Nichtanerkennung** fest (Art 40). Diese Gründe orientieren sich ebenfalls an der Brüssel Ia-VO (siehe Rz 2/105): Es handelt sich um offensichtliche Verstöße gegen die öffentliche Ordnung *(ordre public)*, die Verletzung des rechtlichen Gehörs und die Unvereinbarkeit mit einer zwischen denselben Parteien im Zweitstaat oder – bei Erfüllung der Anerkennungsvoraussetzungen – in einem anderen Mitgliedstaat oder einem Drittstaat ergangenen Entscheidung. Das Anerkennungshindernis der Verletzung von Zuständigkeitsregeln zum Schutz schwächerer Parteien (in Versicherungs-, Verbraucher- und Arbeitsvertragssachen) war hingegen mangels Relevanz in Erbrechtsangelegenheiten hier nicht vorzusehen.[326] **6/148**

Einen wichtigen Unterschied zur Brüssel Ia-VO macht die EuErbVO aber in Bezug auf die **Vollstreckbarkeit von Entscheidungen** in einem anderen Mitgliedstaat. Während dort in einem anderen Mitgliedstaat ergangene Entscheidungen ohne Erfordernis einer in einem eigenen Verfahren im Zweitstaat zu erlangenden Vollstreckbarerklärung (Exequatur) vollstreckbar sind, wenn die in der VO festgesetzten Voraussetzungen erfüllt sind (Art 39 Brüssel Ia-VO), sind hier Entscheidungen in einem anderen Mitgliedstaat nur vollstreckbar, wenn sie auf Antrag eines Berechtigten im Zweitstaat für vollstreckbar erklärt werden (Art 43 EuErbVO).[327] Unter Umständen kann auch nur eine Teilvollstreckbarkeit erklärt werden (Art 55). Für dieses an sich im Zweitstaat zu regelnde Verfahren (Art 46 Abs 1) bestimmt die EuErbVO die örtliche Zuständigkeit (Art 45) und einige Verfahrensregeln (Art 46 Abs 2 und 3). Gegen die Vollstreckbarerklärung kann die Partei, gegen die die Vollstreckung erwirkt werden soll, einen Rechtsbehelf (Widerspruch) erheben und allenfalls auch einen weiteren Rechtsbehelf gegen die Entscheidung über den Rechtsbehelf (Art 50 ff). Dabei darf die Vollstreckbarkeit nur aus einem der Gründe für die Nichtanerkennung der Entscheidung (Art 40; siehe Rz 148) aufgehoben werden. Für das Verfahren gilt Art 67 IPRG.[328] **6/149**

Sowohl das Vorliegen einer anzuerkennenden Entscheidung als auch eine im Zweitstaat ergangene, selbst wenn noch nicht rechtskräftige Vollstreckbarerklärung rechtfertigen die Inanspruchnahme von einstweiligen Maßnahmen einschließlich Sicherungsmaßnahmen nach dem Recht des Zweitstaates (Art 54 EuErbVO). **6/150**

---

325 Vgl dazu etwa *Vismara* in Conetti/Tonolo/Vismara[3] (2017) 90 f; *Barel/Armellini* (2018) 392.

326 Vgl *Mosconi/Campiglio II*[4] (2016) 261, wonach das Fehlen dieses Hindernisses eine diesbezügliche Zuständigkeitsüberprüfung durch das angerufene Gericht ausschließt; ausf hierzu *Pretelli* in Bonomi/Wautelet (2015) 504 ff.

327 Vgl *Mosconi/Campiglio II*[4] (2016) 282 f; *Barel/Armellini* (2018) 264 f; rechtspolitisch krit *Dutta* Art 43 EuErbVO Rz 9.

328 Vgl *Barel/Armellini* (2018) 264.

§ 7 Sachenrecht

A. Allgemein

Literatur:

Barel/Armellini (2018) 276; *Vitta III* (1975) 1 ff, 71 ff; *Mosconi/Campiglio II*[4] (2016) 291; *Tonolo* in Conetti/Tonolo/Vismara[3] (2017) 250; *Benvenuti* in Bariatti, Riforma, Nuove leggi civ.comm. 1996, 1325 ff.

Das (materielle) **internationale italienische Sachenrecht** wird durch die Art 51 bis 55 des IPRG 1995 geregelt, das am 1. 9. 1995 in Kraft getreten ist (vgl dazu im Allgemeinen Rz 1/31 ff). Bezüglich der Zuständigkeit siehe Rz 2/22 f, 2/40, 2/58 ff, 2/63, 2/92, 2/101. **7/1**

Diese Regelung trat an die Stelle des Art 22 Vorgesetze ZGB,[1] der sehr kurz und klar die sachenrechtliche Anknüpfung mit dem Kriterium des Lageortes (der belegenen Sache; *lex rei sitae*) löste, dabei aber viele Einzelfragen der Interpretation durch Rsp und Lehre überließ. Die Neuregelung zeichnet sich demgegenüber – im Einklang mit einer allgemeinen Regelungstendenz im IPR – durch eine stärker differenzierende und damit auch umfangreichere Regelung aus,[2] wobei Art 51 als Generalnorm angesehen werden kann und die folgenden Artikel besondere Aspekte regeln, nämlich dingliche Rechte an Transitgütern (Art 52, siehe Rz 7/16 ff), die Ersitzung beweglicher Sachen (Art 53, siehe Rz 7/20 f), Immaterialgüterrechte (Art 54, siehe Rz 7/22 ff) und die öffentliche Bekanntmachung von Rechtshandlungen, die dingliche Rechte betreffen (Art 55, siehe Rz 7/26 ff).[3] **7/2**

Als internationalprivatrechtliches Hauptanknüpfungskriterium für das Sachenrecht wird das **Kriterium der Belegenheit bzw des Lageortes *(lex rei sitae)*** weiterhin als das sachgerechteste angesehen. Das italienische Recht folgt damit der Vorgängerregelung und entspricht auch den meisten ausländischen Regelungen des Internationalen Privatrechts in diesem Bereich.[4] Der in Art 13 IPRG grundsätzlich vorgesehenen Gesamtnormverweisung (siehe Rz 1/34, 1/107, 1/113; siehe auch unten Rz 7/18) kommt daher nur geringe Bedeutung zu.[5] Zu beachten ist auch, dass dieses Kriterium grundsätzlich (Ausnahme zB Rz 7/13) zu einem **Statutenwechsel** *(conflitto mobile)* führt, wenn die betreffende Sache in das Territorium eines anderen Staates gelangt. **7/3**

Wie schon vorher wird auch in der Neuregelung nicht zwischen **unbeweglichen und beweglichen Sachen** unterschieden.[6] Besondere Regeln für die registrierten beweglichen Sachen **7/4**

---

1 Dazu und auch zur Rechtslage vor Inkrafttreten des Art 22 Vorgesetze ZGB vgl bloß *Vitta III* (1975) 1 ff, 71 ff.

2 Vgl *Benvenuti* in Bariatti, Riforma, Nuove leggi civ.comm. 1996, 1325 f.

3 Übersetzung nach *Bauer/Eccher/König/Kreuzer/Zanon,* Italienische Zivilprozessordnung, zweisprachige Ausgabe[2] (1996).

4 Vgl etwa *Tonolo* in Conetti/Tonolo/Vismara[3] (2017) 250; *Benvenuti* in Bariatti, Riforma, Nuove leggi civ. comm. 1996, 1329 f.

5 Vgl *Mosconi/Campiglio II*[4] (2016) 291.

6 Die grundsätzliche Gleichstellung wird für Transitgüter (bewegliche Sachen) in Art 52 (siehe Rz 7/16 ff) angepasst; so *Benvenuti* in Bariatti, Riforma, Nuove leggi civ.comm. 1996, 1326 f.

(beni mobili registrati) wurden nicht vorgesehen, obwohl für diese die formale Anknüpfung an das Recht des Ortes der Registrierung wohl näher gelegen wäre.[7]

7/5 Hinzuweisen ist in diesem Zusammenhang aber darauf, dass für **Schiffe und Luftfahrzeuge** weiterhin die Sonderregelung des Art 6 SeeGB[8] gilt, wonach sich der Besitz, das Eigentum und die anderen dinglichen Rechte einschließlich der Sicherungsrechte und der Publiziät der betreffenden Rechtsakte nach dem Heimatrecht des Schiffes bzw Luftfahrzeugs richten *(legge nazionale della nave o dell'aeromobile)*, das grundsätzlich wieder vom Ort der Eintragung in das jeweilige Schiffs- bzw Luftfahrtregister abhängt (Recht des Flaggenstaates; *legge della bandiera*).

B. Besitz und dingliche Rechte an beweglichen und unbeweglichen Sachen

Literatur:

Mosconi/Campiglio II[4] (2016) 291; *Benvenuti* in Bariatti, Riforma, Nuove leggi civ.comm. 1996, 1326 f; *Barel/Armellini* (2018) 315 f; *Tonolo* in Conetti/Tonolo/Vismara[3] (2017) 250; *Ballarino*[8] (2016) 255; *Eccher* in Eccher/Schurr/Christandl (2009) Rz 4/81; *Armellini* in Cian/Trabucchi[10] (2011) Appendice Art 51 IPRG, VI, 4.

I. Ausübung von Besitz und dinglichen Rechten

7/6 Die Ausübung des Besitzes (einschließlich der Innehabung[9]) und der dinglichen Rechte an beweglichen und unbeweglichen Sachen wird gem Art 51 Abs 1 IPRG vom **Recht des Staates, in dem sich diese befinden *(lex rei sitae)*,** geregelt (zum Grundsatz siehe Rz 7/1 ff). Ob solche Rechtspositionen überhaupt anzuknüpfen sind (Qualifizierung als Besitz oder dingliches Recht), hängt zunächst von der abstrakten Zugehörigkeit zu dieser Kategorie nach dem Recht des Verfahrensortes *(lex fori)* ab.[10] Zu den dinglichen Rechten zählen insofern neben dem Eigentumsrecht nicht nur die dinglichen Nutzungsrechte *(diritti reali di godimento*; Art 952 ff ZGB), sondern auch die dinglichen Sicherungsrechte, nämlich Pfandrecht *(pegno*; Art 2784 ff ZGB)[11] und Hypotheken *(ipoteche*; Art 2808 ff ZGB).[12] Es kann unter Umständen aber auch an Rechtspositionen angeknüpft werden, die zwar nach italienischem Recht nicht als dingliche Rechte vorgesehen sind, aber dennoch die allgemein anerkannten Merkmale der Dinglichkeit, insb ihre absolute Wirkung *(erga omnes)* aufweisen.

---

7 So zB *Barel/Armellini* (2018) 315 f; *Benvenuti* in Bariatti, Riforma, Nuove leggi civ.comm. 1996, 1328 f.

8 *Codice della navigazione*, KglD 30. 3. 1942, Nr 327.

9 Vgl etwa *Barel/Armellini* (2018) 315 f.

10 *Tonolo* in Conetti/Tonolo/Vismara[3] (2017) 250.

11 Vgl zu sonstigen Sicherungsformen mit beweglichen Gütern auch *Mosconi/Campiglio II*[4] (2016) 302 ff.

12 Gleichbehandelt werden die besonderen Vorzugsrechte *(privilegi)* an beweglichen oder unbeweglichen Sachen (zB Vorzugsrecht an Schiffsfracht, LG Trieste 29. 5. 2007, Il Diritto Marittimo 2009, IV, 1201), nicht aber die allgemeinen Vorzugsrechte an beweglichen Sachen (Art 2751 ff ZGB) wegen ihrer Anknüpfung an das damit gesicherte Forderungsrecht vgl *Barel/Armellini* (2018) 274 ff; *Ballarino*[8] (2016) 255; *Tonolo* in Conetti/Tonolo/Vismara[3] (2017) 251.

Dies gilt grundsätzlich auch für den ***trust*** (dazu auch Rz 4/44 ff).[13] Das darauf anwendbare Recht regelt jedoch das Abkommen von Den Haag vom 1. 7. 1985,[14] das auch die Voraussetzungen für die Anerkennung eines *trust* in Italien festlegt. Entscheidend ist in erster Linie die Rechtswahl durch den Treuhänder *(trustee)*, in zweiter Linie ist die Rechtsordnung der nächsten Beziehung anzuwenden, zB in Hinblick auf Sitz der Verwaltung, Lage der Güter, verfolgtes Ziel usw. Das so bestimmte Recht regelt insb die Wirkungen und die Verwaltung des *trust* einschl der Befugnisse des *trustee*. Nicht erfasst sind jedoch zB die einseitigen oder zweiseitigen Rechtshandlungen zum Zweck der Vermögensübertragung an den *trust*.[15] **7/7**

Von Art 51 IPRG sind Rechte **nicht erfasst**, die nach italienischem Recht als **Schuldrechte** qualifiziert werden, auch wenn sie nach ausländischem Recht als dingliche Rechte gelten oder dingliche Elemente aufweisen, wie die Miete *(locazione)*.[16] In der Folge entscheidet daher das Schuldrechtsstatut insbesondere darüber, wem diese Rechtspositionen zustehen, welche Befugnisse bzw Rechtsschutzmittel sie umfassen und auch darüber, ob überhaupt eine Sache im rechtlichen Sinn vorliegt.[17] **7/8**

Der allgemeinen Norm des Art 51 Abs 1 IPRG gehen **öffentlich-rechtliche Schutzbestimmungen** vor, die zB aus historischen, kulturellen oder künstlerischen Gründen durch nationale Bestimmungen oder internationale Abkommen unter Schutz gestellt sind, auch wenn sie sich nicht in Italien befinden.[18] **7/9**

Aufgrund des in Italien herrschenden **Prinzips der geschlossenen Zahl der dinglichen Rechte** *(principio del numerus clausus dei diritti reali)*[19] ist davon auszugehen, dass in Italien keine dem italienischen Recht unbekannten dinglichen Rechte ausgeübt werden können. Zu überlegen ist aber, ob in Analogie zu Art 31 EuErbVO die Anpassung einer in einer anderen Rechtsordnung vorgesehenen sachenrechtlichen Rechtsposition an das in der italienischen Rechtsordnung nächstverwandte dingliche Recht vorzunehmen ist (siehe Rz 6/101 ff).[20] **7/10**

II. Erwerb und Verlust des Besitzes und der dinglichen Rechte

Auch für den Erwerb und den Verlust des Besitzes und der dinglichen Rechte gilt nach Art 51 Abs 2 IPRG das Anknüpfungskriterium der belegenen Sache. Davon werden aber ausdrücklich die Fälle ausgenommen, in denen Erwerb oder Verlust[21] erbrechtlich erfolgen oder von einem familienrechtlichen Rechtsverhältnis oder von einem Vertrag und überhaupt von einem deri- **7/11**

---

13 So etwa *Tonolo* in Conetti/Tonolo/Vismara[3] (2017) 251; *Barel/Armellini* (2018) 272.

14 In Italien ratifiziert durch G 16. 10. 1989, Nr 364.

15 Siehe ausf *Mosconi/Campiglio II*[4] (2016) 304 f; *Armellini* in Cian/Trabucchi[10] (2011) Appendice Art 51 IPRG, I, 5.

16 Vgl *Barel/Armellini* (2018) 272; *Benvenuti* in Bariatti, Riforma, Nuove leggi civ.comm. 1996, 1327 jeweils auch ausdrücklich zum Mietrecht nach österr Recht.

17 Dazu und zur allfälligen Anpassung siehe auch Rz 7/10.

18 Vgl *Mosconi/Campiglio II*[4] (2016) 292 f; *Benvenuti* in Bariatti, Riforma, Nuove leggi civ.comm. 1996, 1328.

19 Vgl *Eccher* in Eccher/Schurr/Christandl (2009) Rz 4/81.

20 Zustimmend *Armellini* in Cian/Trabucchi[10] (2011) Appendice Art 51 IPRG, I, 3.

21 Die Formulierung des Abs 2 des Art 51 IPRG, die den Verlust familienrechtlicher oder vertraglicher Rechtspositionen nicht ausdrücklich enthält, wird nicht wörtlich interpretiert; vgl *Mosconi/Campiglio II*[4] (2016) 293 f.

vativen Erwerb[22] abhängen, wobei in der Praxis diese „Ausnahmen" jedoch die Regel darstellen.[23] Für die erwähnten von der Grundregel ausgenommenen Tatbestände wird auf das entsprechende Erb-, Familien- oder Vertragsstatut (siehe dazu auch Rz 7/12) verwiesen.[24] Im Bereich der „Grundregel" des Abs 2 des Art 51 IPRG verbleiben somit vor allem die **Tatbestände des originären Erwerbs** des Besitzes und der dinglichen Rechte, also insb Aneignung, Fund, Vereinigung und Vermischung, Verarbeitung und Ersitzung (zur Ersitzung und zum gutgläubigen Eigentumserwerb beweglicher Sachen vom Nichtberechtigten siehe weiter Rz 7/20 f). Als Beispiel für einen nach Art 51 Abs 2 IPRG anzuknüpfenden Rechtsverlust kann auf die Verjährung *(prescrizione)* verwiesen werden.[25] Weiters ist nach der Grundregel etwa Rechtsverlust und Rechtserwerb durch Zwangsvollstreckung, Enteignung oder Konfiszierung anzuknüpfen.[26]

7/12 ***Beispiel:***

Beispiel für einen vertragsrechtlichen Erwerb: Der in Österreich wohnhafte A verkauft dem ebenfalls in Österreich wohnhaften B sein Mountainbike, das sich in der Ferienwohnung des A am Gardasee befindet, um den Betrag von Euro 1000. A vereinbart mit B, dass dieser das Fahrrad bei seinem nächsten Aufenthalt in der Ferienwohnung benützen und anschließend mitnehmen kann. Da der zwischen A und B abgeschlossene Kaufvertrag offensichtlich dem österreichischen Recht unterliegt, müsste der Eigentumserwerb nach der oben (Rz 7/11) geschilderten Regel des Art 51 Abs 2 IPRG nach östereichischem Recht, also durch Inbesitznahme erfolgen (Lehre von Titel und Modus nach § 425 ABGB). Die hM[27] reduziert jedoch den Anwendungsbereich des Art 51 Abs 2 IPRG auf den bloßen Rechtstitel und unterwirft den Modus dem für die Rechtsausübung zuständigen Recht (siehe Rz 7/6), also nach Art 51 Abs 1 IPRG dem Recht des Lageortes. Die dinglichen Wirkungen eines auf Erwerb des Eigentums oder anderer dinglicher Rechte gerichteten Vertrags nach italienischem Recht gehen aber bekanntlich aufgrund des Konsensprinzips des Art 1376 ZGB schon mit Abschluss des gültigen Vertrags auf den Erwerber über. Obwohl also der Vertrag zwischen A und B österreichischem Recht unterliegt, erwirbt B nach dieser Rechtsmeinung aufgrund der Tatsache, dass sich die Kaufsache zum Zeitpunkt des Vertragsschlusses in Italien befindet, nach dem italienischen Konsensprinzip sofort Eigentum am Fahrrad. Befände sich umgekehrt die verkaufte Sache in Österreich, würde nach dem anwendbaren österreichischen Sachrecht der Übergang des Eigentums und anderer dinglicher Rechte erst mit Übergabe erfolgen, auch wenn auf den Kaufvertrag selbst italienisches Recht anwendbar wäre.[28]

7/13 Hinzuweisen ist auf die **str Anknüpfung im Fall der Vereinbarung eines Eigentumsvorbehaltes**[29] zwischen Verkäufer und Käufer zum Zweck der Sicherung der Kaufpreisforderung und der nachträglichen Beförderung der Sache in ein anderes Land. Da der Eigentumserwerb vertraglich erfolgt, müsste nach dem Gesagten für den Eigentumsverbehalt und damit auch seine Wirkungen das Vertragsstatut und nicht das Belegenheitsstatut gelten. Entfaltet also der Eigentumsvorbehalt seine Wirkung auch ohne besondere Publizität wie etwa in Deutsch-

22 Insofern gilt das auch für die Schenkung *(donazione)*, nicht zuletzt wegen der eigenen Regelung in Art 56 IPRG; vgl *Tonolo* in Conetti/Tonolo/Vismara[3] (2017) 252 f; *Benvenuti* in Bariatti, Riforma, Nuove leggi civ. comm. 1996, 1332 f.

23 Vgl *Mosconi/Campiglio II*[4] (2016) 293 f.

24 Vgl *Mosconi/Campiglio II*[4] (2016) 294 f; in diesem Buch siehe zum Erwerb durch Erbrecht Rz 6/101 ff, 6/141, durch Familienrecht Rz 5/30 und durch Vertrag Rz 9/51.

25 Vgl *Tonolo* in Conetti/Tonolo/Vismara[3] (2017) 252.

26 Vgl *Tonolo* in Conetti/Tonolo/Vismara[3] (2017) 252; *Benvenuti* in Bariatti, Riforma, Nuove leggi civ.comm. 1996, 1329 f.

27 Vgl *Barel/Armellini* (2018) 274 ff; *Mosconi/Campiglio II*[4] (2016) 296.

28 Vgl *Mosconi/Campiglio II*[4] (2016) 296; *Tonolo* in Conetti/Tonolo/Vismara[3] (2017) 253; allgemein vgl *Benvenuti* in Bariatti, Riforma, Nuove leggi civ.comm. 1996, 1332 f.

29 Vgl zu sonstigen Sicherungsformen mit beweglichen Gütern aus *Mosconi/Campiglio II*[4] (2016) 302 ff.

land oder Österreich, anders als in Italien (vgl das Erfordernis einer der Pfändung vorhergehenden Urkunde mit sicherem Datum in Art 1524 Abs 1 ZGB; vgl für Maschinen auch Abs 2), wären die Gläubiger des Zweitverkäufers (in der Regel Erstkäufer) geschützt, auch wenn sich die Ware inzwischen in Italien befindet. Dem entspricht auch Art 9 der RL 2011/7/EU zur Bekämpfung von Zahlungsverzug im Geschäftsverkehr, wonach der Verkäufer bis zur vollständigen Bezahlung das Eigentum an der Ware behält, wenn der Eigentumsvorbehalt vor der Lieferung vereinbart wurde. Das für diese Vereinbarung anzuwendende Recht kann, da die Lieferung noch nicht erfolgt sein darf, nicht das Recht eines späteren Lageortes der Ware sein, sondern wird also in der Regel das Vertragsstatut sein. Bestätigt wird das Ergebnis auch durch Art 55 des IPRG selbst (siehe Rz 7/26 ff), wonach sich Publizitätsvorschriften nach dem Lageort zum Zeitpunkt des Rechtsgeschäftes richten. Gegenläufig erscheint hingegen Art 52 des italienischen IPRG über dingliche Rechte an Transitgütern, auf die das Recht des Staates des Bestimmungsortes gelten soll (siehe dazu Rz 7/16 ff).[30]

Aufgrund der hier vorgesehenen Unterschiedlichkeit der Regelung für Erwerb (Art 51 Abs 2 **7/14** IPRG) und Ausübung (Art 51 Abs 1 IPRG) eines dinglichen Rechts kann tatsächlich die Anpassung einer erworbenen Rechtsposition zur Ausübung in Italien (siehe Rz 7/10) erforderlich sein.

Ist der **Erwerb des Eigentums oder eines sonstigen dinglichen Rechts** nach dem anwen- **7/15** baren Recht **eingetreten**, ändert sich daran nichts mehr, wenn die Sache an einen anderen Ort gebracht wird, auch wenn nach dem Recht dieses Ortes der Rechtserwerb noch nicht eingetreten wäre. Ist der Erwerb nach dem Recht des ursprünglichen Lageortes noch nicht eingetreten, wäre er aber eingetreten nach dem Recht des Ortes, wohin die Sache gebracht wird, erfolgt der Rechtserwerb mit dem Grenzübertritt.[31]

C. Dingliche Rechte an Transitgütern

Literatur:

Barel/Armellini (2018) 278; *Mosconi/Campiglio II*[4] (2016) 298; *Tonolo* in Conetti/Tonolo/Vismara[3] (2017) 255 f; *Benvenuti* in Bariatti, Riforma, Nuove leggi civ.comm. 1996, 1335.

Gem Art 52 IPRG werden dingliche Rechte an Transitgütern durch das **Recht des Bestim- 7/16 mungsortes**, also gewissermaßen des künftigen Belegenheitsortes geregelt. Durch die Bestimmung wird die grundsätzliche internationalrechtliche Gleichstellung von beweglichen und unbeweglichen Sachen in Bezug auf die beweglichen Sachen (Art 812 ZGB) ergänzt und auf die Möglichkeit ihrer Lageveränderung Bedacht genommen (siehe auch schon Rz 7/2). Dabei ist aber zu präzisieren, dass ein nach einer bestimmten Rechtsordnung bereits abgeschlossener

30 Für Geltung auch ohne Publizität etwa *Mosconi/Campiglio II*[4] (2016) 295; anders offenbar *Tonolo* in Conetti/Tonolo/Vismara[3] (2017) 254, 257; aA *Ballarino*[8] (2016) 259 f vertritt die Einhaltung der Publizitätsvorschriften am neuen Lageort als Eingriffsnorm *(norma di applicazione necesaria)*; *Armellini* in Cian/Trabucchi[10] (2011) Appendice Art 51 IPRG, VI, 4.

31 So in einem Beispiel *Ballarino*[8] (2016) 257: Eine in Deutschland (gilt auch für Österreich) verkaufte, aber nicht nicht übergebene Ware, die wegen des Übergabeerfordernisses noch Eigentum des Verkäufers ist, geht mit Grenzübertritt nach Italien in das Eigentum des Käufers über; anders *Mosconi/Campiglio II*[4] (2016) 296.

Erwerb dinglicher Rechte durch einen späteren Lagewechsel nicht mehr verändert wird (siehe auch oben Rz 7/15). Die Regelung beschränkt sich somit auf Rechte, die während des Transportvorganges vereinbart werden.[32]

7/17 Im Übrigen ist der genaue Kreis der betroffenen beweglichen Sachen durch Auslegung zu ermitteln. Nicht erfasst sind jedenfalls Schiffe und Luftfahrzeuge aufgrund der besonderen für sie geltenden Regelung in Art 6 SeeGB (siehe Rz 7/5). Die Ausnahme wird nach einh Meinung auf sämtliche Transportmittel, also insb Kraftfahrzeuge und schienengebundene Verkehrsmittel ausgedehnt.[33] Ausgenommen sind auch in das Weltall gesendete Objekte.[34] Eine weitere Ausnahme wird für Gepäckstücke vertreten, weil sie auch bei Lagewechsel ständig in der faktischen Verfügungsgewalt des Reisenden bleiben.[35] Zur Problematik des Verkaufs von Waren unter Eigentumsvorbehalt und anschließendem Weitertransport siehe Rz 7/13.

7/18 Im Kernbereich der Bestimmung liegen somit die **Handelswaren**, die eben häufigen Ortsveränderungen, etwa vom Ort der Produktion mit oder ohne weitere Zwischenstationen bis hin zum Ort der Verwendung oder des Gebrauchs, unterliegen. Der Bestimmungsort *(luogo di destinazione)* als gewähltes maßgebliches internationalprivatrechtliches Anknüpfungskriterium für die Regelung der an solchen Sachen bestehenden dinglichen Rechte wird grundsätzlich für sachgerecht gehalten. Hingewiesen wird darauf, dass dieser Ort den Parteien bewusst ist und die Anknüpfung in der Regel später nicht mehr verändert wird.[36] Die Regelung entspricht vielen, wenn auch nicht allen anderen Rechtsordnungen. Insofern kann es tatsächlich vermehrt zu Weiterverweisungen (Art 13 IPRG) kommen (siehe im Allgemeinen Rz 1/107 ff).[37]

7/19 Zweifel an der Zweckmäßigkeit dieses Kriteriums werden in der Lehre allerdings für den Fall geäußert, dass **die Sache beim Transport verloren geht oder zerstört wird**, und für diesen Fall die Maßgeblichkeit des Ortes des Eintritts solcher Umstände für sachgerechter gehalten.[38]

D. Ersitzung beweglicher Sachen

Literatur:

Tonolo in Conetti/Tonolo/Vismara[3] (2017) 257; *Ballarino*[8] (2016) 258; *Barel/Armellini* (2018) 279; *Benvenuti* in Bariatti, Riforma, Nuove leggi civ.comm. 1996, 1337; *Armellini* in Cian/Trabucchi[10] (2011) Appendice Art 51 IPRG, IV.

---

32 Vgl *Barel/Armellini* (2018) 278.

33 Vgl *Mosconi/Campiglio II*[4] (2016) 298; *Tonolo* in Conetti/Tonolo/Vismara[3] (2017) 255 f uH für die letzteren auch auf das Abkommen von Bern vom 7. 2. 1970 über den Eisenbahn-Frachtverkehr.

34 Vgl *Tonolo* in Conetti/Tonolo/Vismara[3] (2017) 256 uH auf das Abkommen von London, Moskau und Washington vom 27. 1. 1967 (Art VII).

35 Vgl *Mosconi/Campiglio II*[4] (2016) 298; für eine allgemeine Ausnahme für Sachen, die während des Transportes in der Verfügungsmacht des Berechtigten verbleiben, *Benvenuti* in Bariatti, Riforma, Nuove leggi civ.comm. 1996, 1335.

36 So zB *Tonolo* in Conetti/Tonolo/Vismara[3] (2017) 255.

37 Vgl *Mosconi/Campiglio II*[4] (2016) 298 f; *Tonolo* in Conetti/Tonolo/Vismara[3] (2017) 255.

38 ZB *Mosconi/Campiglio II*[4] (2016) 298; für die Geltung der allgemeinen Regel des Art 51 IPRG in diesen Fällen vgl *Benvenuti* in Bariatti, Riforma, Nuove leggi civ.comm. 1996, 1338.

Während für die Ersitzung des Eigentums an unbeweglichen Sachen bzw dinglichen Rechten an solchen Sachen die allgemeine Regel des Art 51 IPRG gilt, besteht für die **Ersitzung in Bezug auf bewegliche Sachen eine Sonderbestimmung** in Art 53 IPRG, die auf den möglichen Lagewechsel der Sache zwischen Beginn und Abschluss der Ersitzung Bedacht nimmt. Die Wirkungen einer bereits abgeschlossenen Ersitzung bleiben somit unverändert.[39] **7/20**

Entscheidend für Art 53 IPRG ist das Recht des **Ortes, an dem sich die Sache bei Ablauf der Ersitzungszeit** befindet. Dieses Recht bestimmt auch die Länge der erforderlichen Frist einschl von Unterbrechungen und Hemmungen der Frist. Dies kann zur Folge haben, dass die Ersitzung zugleich mit dem Lagewechsel vollendet wird, wenn die kürzere Frist nach dem neuen Lageort schon verstrichen ist.[40] Folgerichtig wird daher auch der gutgläubige Rechtserwerb vom Nichtberechtigten in ausdehnender Auslegung Art 53 und nicht Art 51 IPRG unterstellt.[41] Es können auf diese Weise die Ersitzung bzw der gutgläubige Eigentumserwerb durch den Besitzer der Sache mit Hilfe eines Lagewechsels zulässig erleichtert werden.[42] Art 53 IPRG erfasst weiters die Voraussetzungen des Besitzes, die Ersitzungsfähigkeit der betreffenden Sachen[43] und auch den allfälligen Verzicht auf den Eintritt der Ersitzungswirkungen.[44] **7/21**

E. Immaterialgüterrechte

Literatur:

Tonolo in Conetti/Tonolo/Vismara[3] (2017) 257; *Ballarino*[8] (2016) 258; *Barel/Armellini* (2018) 279; *Benvenuti* in Bariatti, Riforma, Nuove leggi civ.comm. 1996, 1337; *Armellini* in Cian/Trabucchi[10] (2011) Appendice Art 51 IPRG, IV.

Für die Rechte[45] an immateriellen Gütern bestimmt Art 54 IPRG als anwendbares Recht das **Recht des Staates, in dem sie genützt werden** *(stato di utilizzazione)*. Im Einzelnen betrifft die Regelung die Urheberrechte, Patentrechte, Marken-, Zeichen- und Musterrechte.[46] Zu beachten ist jedoch, dass für dieses Rechtsgebiet eine Reihe von **vorrangigen internationalen Abkommen und europarechtlichen Regelungen** besteht.[47] **7/22**

39 Vgl *Tonolo* in Conetti/Tonolo/Vismara[3] (2017) 257; *Ballarino*[8] (2016) 258.

40 ZB *Barel/Armellini* (2018) 279.

41 Vgl *Armellini* in Cian/Trabucchi[10] (2011) Appendice Art 51 IPRG, IV.

42 Vgl *Benvenuti* in Bariatti, Riforma, Nuove leggi civ.comm. 1996, 1337.

43 Zu den Wirkungen eines Ausschlusses der Ersitzung im Herkunftsland zB bei (geraubten) Kunstgütern auf die problematische Möglichkeit einer Ersitzungsmöglichkeit oder eines Gutglaubenserwerbs nach dem Lageort vgl *Tonolo* in Conetti/Tonolo/Vismara[3] (2017) 258 f; *Barel/Armellini* (2018) 280 *(ordine pubblico culturale)*.

44 Vgl *Tonolo* in Conetti/Tonolo/Vismara[3] (2017) 258; *Barel/Armellini* (2018) 280; *Benvenuti* in Bariatti, Riforma, Nuove leggi civ.comm. 1996, 1336.

45 Obwohl Immaterialgüter nach Art 810 ZGB als Sachen im weiten Sinn verstanden werden (vgl *Eccher* in Eccher/Schurr/Christandl [2009] Rz 2/153), spricht man in Bezug auf die daran bestehenden Rechte begrifflich nicht von „dinglichen" Rechten. Die Ähnlichkeit, insb ihr Charakter als absolute Rechte, rechtfertigt jedoch die Regelung in Abschnitt VIII des IPRG; *Barel/Armellini* (2018) 282.

46 *Mosconi/Campiglio II*[4] (2016) 299; vgl auch *Barel/Armellini* (2018) 278, die auch Herkunftsbezeichnungen und *domain*-Namen erwähnen.

47 Für eine Übersicht vgl *Mosconi/Campiglio II*[4] (2016) 300 f; *Barel/Armellini* (2018) 283 f; *Benvenuti* in Bariatti, Riforma, Nuove leggi civ.comm. 1996, 1338 f.

7/23 Wegen der Schwierigkeit der Festlegung des Nutzungsbegriffs (Ort der Anerkennung des Immaterialgüterrechts oder Ort der Produktion bzw Inverkehrsetzung von Sachen mit Verwendung von Immaterialgütern) wird die Regelung des Art 54 IPRG teilweise so verstanden, dass es sich gar nicht um eine zweiseitige internationalprivatrechtliche Norm handelt. Vielmehr sei das **italienische Immaterialgüterrecht zwingend** anzuwenden, wenn ein immaterielles Gut **in Italien genutzt** werden soll.[48]

7/24 Bei Immaterialgütern, die im **Internet** genutzt werden, erscheint die normierte „Territorialität" allerdings wegen des nicht an staatliche Grenzen gebundenen Datenflusses problematisch. Es bleibt nur ihre Lokalisierung entweder am Ort des Betreibers, der die Daten hochlädt *(provider)*, oder am Ort des Nutzers, also dort wo die Daten heruntergeladen werden. Das erstgenannte Kriterium erscheint wegen der Gefahr der Umgehung durch die Möglichkeit der Sitzwahl des Betreibers wenig geeignet *(paradiso digitale)*, das zweitgenannte wegen der schwierigen örtlichen Erfassung des Nutzers. Vorgeschlagen wird die Anwendung von Billigkeitsnormen oder nicht-staatlichen Regelungen im Einzelfall *(lex informatica)*.[49]

7/25 **Art 54 IPRG umfasst** die Regelung über die Rechtsträgerschaft, den Inhalt, die Ausübung, die Dauer dieser Rechte und auch allfällige Publizitätsvorschriften.[50] Nicht erfasst sind vertragliche Regelungen über die Abtretung oder Nutzung von Immaterialgüterrechten *(lex contractus)* ebenso wie allfällige Schadenersatzansprüche wegen Verletzung von Immaterialgütern (siehe Rz 10/34).[51]

F. Öffentliche Bekanntmachung von Rechtshandlungen, die dingliche Rechte betreffen

Literatur:

Armellini in Cian/Trabucchi[10] (2011) Appendice Art 55 IPRG, IV; *Tonolo* in Conetti/Tonolo/Vismara[3] (2017) 258; *Mosconi/Campiglio II*[4] (2016) 306.

7/26 Nach Art 55 IPRG ist für die öffentliche Bekanntmachung *(pubblicità)* von Rechtshandlungen für die Begründung, Übertragung und das Erlöschen von dinglichen Rechten[52] das **Recht des Staates berufen, in dem sich die Sache im Zeitpunkt der Rechtshandlung befindet**. Die Bestimmung bezieht sich in erster Linie auf unbewegliche Sachen, aber auch auf bewegliche Sachen, soweit Publizitätsvorschriften bestehen und nicht Sonderregelungen zur Anwendung gelangen. Ausgenommen von der Anwendung des Art 55 IPRG sind insofern Schiffe und Luftfahrzeuge, für die Art 6 SeeGB gilt (siehe Rz 7/5). Für Kraftfahrzeuge gilt insofern die Sonderregelung des G vom 19. 2. 1928, n. 510 idgF, über die Eintragung im Automobilregister.[53] Ausgenommen ist

---

48 So zB *Mosconi/Campiglio II*[4] (2016) 299; für das Recht des Anerkennungsortes hingegen *Barel/Armellini* (2018) 285 f.

49 *Mosconi/Campiglio II*[4] (2016) 301.

50 *Mosconi/Campiglio II*[4] (2016) 299, 306.

51 *Mosconi/Campiglio II*[4] (2016) 300.

52 Art 55 IPRG gilt daher zB nicht für Publizitätsvorschriften im Bereich des Schuldrechts wie Art 1264 oder 1407.

53 Siehe dazu *Armellini* in Cian/Trabucchi[10] (2011) Appendice Art 55 IPRG, IV.

auch die Anknüpfung von Rechten an Immaterialgütern durch die Bestimmung des Art 54 IPRG, der auch allfällige Publizitätsvorschriften umfasst (siehe Rz 7/25).

Die **betroffenen Publizitätsvorschriften** sind in Italien in erster Linie die Bestimmungen über die Publizität (Eintragungen und Einschreibungen; *trascrizioni* und *iscrizioni*) von Rechtshandlungen im Zusammenhang mit unbeweglichen Sachen (*pubblicità immobiliare*; Art 2643 ff ZGB) und beweglichen (registrierten) Sachen (*pubblicità mobiliare*; Art 2683 ff ZGB), aber auch für die Publizitätsvorschriften im Bereich des italienischen Grundbuchsrechts *(legge tavolare)*.[54] **7/27**

Abzugrenzen ist der Anwendungsbereich des Art 55 IPRG von der Anknüpfung der **Form der Rechtshandlung**, die dem Statut der jeweiligen Rechtshandlung unterliegt.[55] Soweit jedoch eine Formvorschrift als Voraussetzung der öffentlichen Bekanntmachung der Rechtshandlung vorgesehen ist (zB Art 2657 ZGB: Urteil, öffentliche Urkunde oder beglaubigte Privaturkunde zum Zweck der Eintragung in das Liegenschaftsregister), ist diesbezüglich Art 55 IPRG maßgebend.[56] **7/28**

54 Siehe das KglD 28. 3. 1929, Nr 499 idgF.
55 *Tonolo* in Conetti/Tonolo/Vismara³ (2017) 258.
56 *Mosconi/Campiglio II*⁴ (2016) 306.

§ 8 Schuldrecht Allgemeiner Teil

A. Bedeutung des internationalen Schuldrechts

Literatur:

Crespi Regizzi, „Contratto“ e „illecito“: la qualificazione delle obbligazioni nel diritto internazionale privato dell'Unione europea, Riv.dir.int.priv.proc. 2012, 317 ff.

Das italienische IPR der Schuldverhältnisse basiert – wie auch dasjenige Österreichs und Deutschlands – fast gänzlich auf den EU-rechtlichen Bestimmungen. Vor der nun folgenden überblicksartigen Darstellung der **Schwerpunkte der kollisionsrechtlichen Rechtsvereinheitlichung im Bereich des Schuldrechts** ist auf Art 61 des **Amsterdamer Vertrages** einzugehen. Nach dieser Vorschrift bedarf es eines Raumes der Freiheit, der Sicherheit und des Rechts *(spazio di libertà, sicurezza e giustizia)*. Die Vereinheitlichung des IPR im Bereich des Schuldrechts durch die Rom I-VO und die Rom II-VO diente an erster Stelle der Schaffung einer *„rule of law“*, deren Wirkung gegenüber allen Mitgliedstaaten uneingeschränkt ist.[1] 8/1

Bei der Vereinheitlichung des internationalen Schuldrechts ist der Gesetzgeber vom materiellen Recht ausgegangen und hat zwischen den vertraglichen und den außervertraglichen Schuldverhältnissen differenziert. Wie die weiteren Ausführungen zeigen werden, wurden die entsprechenden nationalen IPR-rechtlichen Vorschriften im Zuge der Vereinheitlichung des internationalen Schuldrechts durch die **Rom I-VO** *(Regolamento Roma I)* sowie die **Rom II-VO** *(Regolamento Roma II)* verdrängt. Die Erwägungsgründe der Rom I-VO und der Rom II-VO sehen vor, dass mit den Rechtsakten ein Beitrag zur **Rechtssicherheit** *(certezza del diritto)* im europäischen Raum geleistet werden soll (Erwägungsgrund Nr 16 S 1 Rom I-VO und Erwägungsgrund Nr 6 zur Rom II-VO).[2] 8/2

B. Europäische Rechtsvereinheitlichung

Literatur:

Ubertazzi, Il regolamento Roma I sulla legge applicabile alle obbligazioni contrattuali (2008) 25; *Tonolo* in Conetti/Tonolo/Vismara[3] (2017) 263 f.

Im Zuge der sog **Vergemeinschaftung des Internationalen Privatrechts** *(comunitarizzazione del diritto internazionale privato)* wurde das bestehende IPR Italiens einem fundamentalen Wandel unterzogen.[3] Dies gilt nicht nur für das materielle Recht, sondern auch für das Verfahrensrecht.[4] Damit hat sich die Kompetenz des italienischen Gesetzgebers (wie auch diejenige 8/3

1 *Brandl* in Hüßtege/Mansel (Hrsg), Rom Verordnungen zum Internationalen Privatrecht, BGB Kommentar VI (2014) Einführung Rz 60.

2 *Crespi Regizzi*, „Contratto“ e „illecito“: la qualificazione delle obbligazioni nel diritto internazionale privato dell'Unione europea, Riv.dir.int.priv.proc. 2012, 317 ff.

3 *Tonolo* in Conetti/Tonolo/Vismara[3] (2017) 263 f.

4 Zum internationalen Verfahrensrecht, vgl unten Rz 2/1 ff.

der anderen nationalen Gesetzgeber in Europa) sukzessive verringert, während die Zuständigkeiten des europäischen Gesetzgebers zugenommen haben. Den Regeln über das anwendbare Recht (Rom I-VO und Rom II-VO)[5] waren EU-rechtliche Regeln des internationalen Verfahrensrechts vorausgegangen.[6]

8/4 Der europäische Gesetzgeber hatte die Absicht, dass der **materielle Anwendungsbereich** und die Bestimmungen der Rom I-VO und der Rom II-VO mit der Brüssel I-Verordnung (EG) 44/2001 (zwischenzeitlich abgelöst durch die Verordnung 1215/2012 vom 12. 12. 2012, in Kraft seit 10. 1. 2015) über die gerichtliche Zuständigkeit und die Anerkennung und Vollstreckung von Entscheidungen in Zivil- und Handelssachen im Einklang stehen sollten, damit ein Gleichlauf zwischen anwendbarem Recht und Gerichtsstand sichergestellt sei.[7]

C. Vergemeinschaftung der italienischen Rechtsgrundlagen

Literatur:

Ballarino[8] (2016) 264.

8/5 Gem Art 57 IPRG werden die **vertraglichen Schuldverhältnisse**, unbeschadet anderer internationaler Abkommen, soweit sie anwendbar sind, in jedem Fall vom EVÜ[8] geregelt. Art 24 der Rom I-VO sieht vor, dass die **nationalen IPR-Gesetze** im Hinblick auf vertragliche Schuldverhältnisse ihre Gültigkeit verlieren.[9] Nachdem Art 57 IPRG ohnedies keine eigenständige Regelung enthält, sondern lediglich auf das EVÜ verweist, ergaben sich auch mit Inkrafttreten der Rom I-VO keine großen Neuerungen.[10]

8/6 Ebenso wie bei den vertraglichen Schuldverhältnissen hat der europäische Gesetzgeber mit Erlass der Rom II-VO über das auf außervertragliche Schuldverhältnisse anwendbare Recht die Regeln des italienischen IPRG ersetzt.[11] Unter den Begriff der **außervertraglichen Schuldverhältnisse** *(obbligazioni extracontrattuali)* fallen – nach italienischer und auch EU-rechtlicher Einordnung (Art 2 Abs 1 Rom II-VO) – sämtliche Obligationen in Folge einer **unerlaubten Handlung** *(fatto illecito)*, einer **ungerechtfertigten Bereicherung** *(arricchimento senza causa)*, einer **Geschäftsführung ohne Auftrag** *(negotiorum gestio)* bzw eines **Verschuldens bei Vertragsverhandlungen** *(culpa in contrahendo)* verstanden.[12]

---

5 Vgl zu den vertraglichen Schuldverhältnissen Rz 9/1 ff und zu den außervertraglichen Schuldverhältnissen Rz 10/1 ff.

6 Vgl dazu Rz 2/1 ff.

7 *Ubertazzi*, Il regolamento Roma I sulla legge applicabile alle obbligazioni contrattuali (2008) 25.

8 Übereinkommen von Rom vom 19.6.1980 über das auf vertragliche Schuldverhältnisse anzuwendende Recht; in Italien mit Gesetz vom 18.12.1984, Nr 975 für anwendbar erklärt.

9 Siehe dazu Rz 9/3 ff.

10 *Ballarino*[8] (2016) 264.

11 Vgl dazu Rz 10/3 ff.

12 Vgl dazu Rz 10/3.

D. Gemeinsame ordre public-Regelung

Innerhalb der Rom I-VO und der Rom II-VO findet sich eine vom Wortlaut her analoge Vorschrift zum *ordre public*. Danach kann die Anwendung einer Vorschrift des nach einer der Verordnungen bezeichneten Rechts **nur versagt** werden, wenn ihre Anwendung mit der **öffentlichen Ordnung** *(ordine pubblico)* des Staates des angerufenen Gerichts **offensichtlich unvereinbar** ist (Art 21 Rom I-VO und Art 26 Rom II-VO). **8/7**

Insoweit darf sich ein italienisches Gericht auch bei Anwendung der EU-rechtlichen Kollisionsbestimmungen auf **italienische Wertvorstellungen** berufen. In der Praxis geht es insbesondere bei der Anwendung der Rom I-VO und der Rom II-VO um eine **Abwehrmöglichkeit** gegen das Recht von **Drittstaaten** und wohl niemals von anderen EU-Staaten. Dies ist darauf zurückzuführen, dass innerhalb der EU zahlreiche materiellrechtliche Annäherungen in Form von Harmonisierung bzw Schaffung von vereinheitlichtem Schuldrecht geschaffen worden sind und damit nur in **seltenen Ausnahmefällen** von einem **krassen Auseinanderfallen** der Wertvorstellungen auszugehen ist.[13] **8/8**

Letztlich kommt dem EuGH die Aufgabe zu, die Grenzen zu definieren, innerhalb derer sich der nationale Richter auf diesen Begriff stützen darf. Der europäische Gesetzgeber hat jedenfalls sowohl für **vertragliche** als auch für **außervertragliche Schuldverhältnisse** klargestellt, dass mit dem *ordre public*-Vorbehalt sehr sorgsam umzugehen sei und die Anwendung der Vorbehaltsklausel nur unter außergewöhnlichen Umständen gerechtfertigt ist (Erwägungsgrund Nr 37 der Rom I-VO und Erwägungsgrund Nr 32 der Rom II-VO). **8/9**

E. Überschneidungen zwischen Rom I-VO und Rom II-VO

Literatur:

Tonolo in Conetti/Tonolo/Vismara[3] (2017) 281.

Innerhalb der Rom I-VO und der Rom II-VO finden sich meist **klare Abgrenzungen** zwischen dem Statut für vertragliche Schuldverhältnisse (dem sog **Vertragsstatut**) und demjenigen für außervertragliche Schuldverhältnisse (dem sog **Deliktsstatut**).[14] **8/10**

Bei **bereicherungsrechtlichen** Ansprüchen ist die Abgrenzung der beiden Statuten allerdings nicht geglückt, da es zu einer **Überschneidung** kommt, die in der Praxis zu **Rechtsunsicherheit** führen kann. Art 12 Abs 1 lit c Rom I-VO umfasst die Folgen der Nichterfüllung und regelt dabei bereicherungsrechtliche Fragestellungen. Das steht im Widerspruch zu Art 2 Abs 1 Rom II-VO, wonach bereicherungsrechtliche Themen dem Statut für außervertragliche Schuldverhältnisse (Deliktsstatut) voll unterliegen sollten. Man wird in diesem Zusammenhang Art 12 Abs 1 lit c Rom I-VO die Eigenschaft der **spezielleren Norm** zusprechen müssen, die – sofern einschlägig – vorrangig anzuwenden ist. **8/11**

13 *Brandl* in Hüßtege/Mansel (Hrsg), Rom Verordnungen zum Internationalen Privatrecht, BGB Kommentar VI (2014) Einführung Rz 15 f.

14 *Verschraegen*, Internationales Privatrecht (2012) Rz 381.

8/12 Auch in den Fällen des Verschuldens bei Vertragsverhandlungen *(culpa in contrahendo)* scheint eine **Überschneidung** ersichtlich zu sein.[15] An dieser Stelle sei erst einmal klargestellt, dass die Rom I-VO in Art 1 Abs 2 lit f erst einmal die *culpa in contrahendo* vom Anwendungsbereich ausschließt und den Anwendungsbereich der Rom II-VO gem Art 2 Abs 1 iVm Art 12 Rom II-VO explizit eröffnet. Dennoch ist nach der Rechtsprechung[16] eine erweiterte Anknüpfung an das Vertragsstatut zu berücksichtigen, wonach man das Recht anwendet, das angewendet würde, wenn der Vertrag zustande gekommen wäre.[17]

8/13 Man kann zusammenfassend festhalten, dass der europäische Gesetzgeber bei Abfassung der Rom I-VO und der Rom II-VO bemüht war, die Lücken zwischen Vertragsstatut und Deliktsstatut zu schließen und keinen Raum für **Rechtsunsicherheit** zu belassen. Dennoch kommt der Rechtsprechung die Aufgabe zu, in komplexen Abgrenzungsfragen eine **praktikable Linie** zu finden. Dies gilt etwa für die eben genannten Beispiele der ungerechtfertigten Bereicherung und der *culpa in contrahendo.*

---

15 *Tonolo* in Conetti/Tonolo/Vismara[3] (2017) 281.

16 EuGH, ECLI:EU:C:2002:499, Fonderie Officine Meccaniche Tacconi SpA v Heinrich Wagner Sinto Maschinenfabrik GmbH, Riv.dir.int.priv.proc. 2003, 808.

17 Weitere Ausführungen zu den Fragen rund um die *culpa in contrahendo* finden sich unter Rz 9/24 ff.

§ 9 Vertragliche Schuldverhältnisse

Literatur:

Ballarino, Dalla Convenzione di Roma del 1980 al regolamento Roma I, Riv.dir.int. 2009, 40 ff; *ders*, Ballarino[8] (2016); Il regolamento Roma I: forza di legge, effetti, contenuto, Cuadernos de derecho transnacional 2009, 5 ff; *Bonomi*, Prime considerazioni sul regime delle norme di applicazione necessaria nel nuovo regolamento Roma I sulla legge applicabile ai contratti, in Venturini/Bariatti (Hrsg), Nuovi strumenti del diritto internazionale privato – Liber Fausto Pocar (2009) 107 ff; *ders* (Hrsg), Diritto internazionale privato e cooperazione giudiziaria in materia civile (2009); *Boschiero*, Spunti critici sulla nuova disciplina comunitaria della legge applicabile ai contratti relativi alla proprietà intellettuale in mancanza di scelta ad opera delle parti, in Venturini/Bariatti (Hrsg), Nuovi strumenti del diritto internazionale privato – Liber Fausto Pocar (2009) 141 ff; *ders*, La nuova disciplina comunitaria della legge applicabile ai contratti (Roma I) (2009); *Busani*, Il contratto di compravendita internazionale (2015); *Clerici*, Quale favor per il lavoratore nel regolamento Roma I? in Venturini/Bariatti (Hrsg), Nuovi strumenti del diritto internazionale privato – Liber Fausto Pocar (2009) 215 ff; *De Cesari*, „Disposizioni alle quali non è permesso derogare convenzionalmente“ e „norme di applicazione necessaria“ nel regolamento Roma I, in Venturini/Bariatti (Hrsg), Nuovi strumenti del diritto internazionale privato – Liber Fausto Pocar (2009) 257 ff; *De Götzen*, Contratto di lavoro, criteri di collegamento e legge applicabile: luci e ombre del regolamento (CE) n. 593/2008, Riv.dir.int.priv.proc. 2014, 529 ff; *Franzina* (Hrsg), La legge applicabile ai contratti nella proposta di regolamento „Roma I“ (2006); *ders*, Norme di conflitto comunitarie in materia di contratti con consumatori e corretto funzionamento del mercato interno, Riv.dir.int. 2009, 122 ff; *ders*, I conflitti di legge davanti agli arbitri del commercio internazionale note in tema di collegamento obiettivo alla luce del regolamento „Roma I“, Cuadernos de derecho transnacional 2009, 328 ff; *Mengozzi*, I conflitti di leggi, le norme di applicazione necessaria in materia di rapporti di lavoro e la libertà di circolazione dei servizi nella Comunità europea, in Venturini/Bariatti (Hrsg), Nuovi strumenti del diritto internazionale privato – Liber Fausto Pocar (2009) 701 ff; *Marino*, Metodi di diritto internazionale privato e tutela del contraente debole nel diritto comunitario (2010); *Mosconi/Campiglio* I[8] (2017) 373 ff; *Piroddi*, La tutela del contraente debole nel regolamento Roma I (2012); *Pizzolante*, I contratti con i consumatori e la nuova disciplina comunitaria in materia di legge applicabile alle obbligazioni contrattuali, Cuadernos de derecho transnacional 2009, 221 ff; *Pretelli*, Garanzie del credito e conflitti di leggi (2010); *ders*, Il regolamento comunitario sulla legge applicabile alle obbligazioni contrattuali (Roma I), Europa e dir.priv. 2009, 1083 ff; *Salerno/Franzina* (Hrsg), Regolamento C.E. n. 593/2008 del Parlamento europeo e del Consiglio del 17 giugno 2008 sulla legge applicabile alle obbligazioni contrattuali („Roma I“), Nuove leggi civ.comm. 2009, 521 ff; *Tonolo*, Le legge applicabile ai contratti di trasporto nel Regolamento Roma I, Riv.dir.int.priv.proc. 2009, 309 ff; *Ubertazzi*, Il regolamento Roma I sulla legge applicabile alle obbligazioni contrattuali (2008); *Villani*, Il ruolo della prestazione caratteristica della convenzione di Roma al regolamento „Roma I“ sulla legge applicabile ai contratti, Studi sull'integrazione europea 2010, 577 ff; *ders*, Le legge applicabile ai contratti dei consumatori nel Regolamento Roma I, Studi sull'integrazione europea 2014, 525 ff; *Villata*, La legge applicabile ai „contratti dei mercati regolamentati“ nel regolamento Roma I, in Venturini/Bariatti (Hrsg), Nuovi strumenti del diritto internazionale privato – Liber Fausto Pocar (2009) 967 ff.

A. Europäische Rechtsvereinheitlichung

I. Ausgangslage im italienischen Recht

Gem Art 57 IPRG werden die **vertraglichen Schuldverhältnisse** *(obbligazioni contrattuali)*, unbeschadet anderer internationaler Abkommen, soweit sie anwendbar sind, **in jedem Fall** *(in ogni caso)* vom Übereinkommen über das auf vertragliche Schuldverhältnisse anzuwendende Recht (**EVÜ**; *Convenzione di Roma sulla legge applicabile alle obbligazioni contrattuali*) geregelt. Die Vorschrift wurde nicht angepasst, obwohl das EVÜ im Jahr 2009 von der **Rom I-VO** *(Regolamento* 9/1

Roma I) abgelöst worden ist.[1] Art 57 ist demnach so auszulegen, dass nun statt des Verweises auf das EVÜ der Verweis auf die Rom I-VO einschlägig ist.[2]

9/2 In der Literatur ist es mittlerweile geklärt, dass der **Verweis** *„in ogni caso"* von Art 57 IPRG auf das EVÜ nun auf die Rom I-VO **umgeleitet** werden kann.[3] Diesbezügliche Zweifel basierten auf dem Argument, dass das EVÜ und die Rom I-VO trotz aller Ähnlichkeit doch in vielen Regelungsinhalten voneinander **abweichen**, zB hinsichtlich der vorvertraglichen Schuldverhältnisse *(obbligazioni precontrattuali)*.[4] Besondere Zweifel kamen bei der Errichtung von **Trusts** und von **Gesellschaften** hinsichtlich des Auseinanderfallens des Gesellschaftsstatuts vom Vertragsstatut auf.[5] Dennoch bleibt festzuhalten, dass die Diskussion rund um den Verweis von Art 57 rein akademisch war, da die Rom I-VO kraft ihrer **europarechtlichen Normqualität** ohnedies in Italien unmittelbar wirkt und damit widersprechendes nationales Recht (dh Art 57 in Verbindung mit dem nach dem Wortlaut immer noch anwendbaren EVÜ) verdrängt.[6]

II. Übereinkommen über das auf vertragliche Schuldverhältnisse anzuwendende Recht

9/3 Bereits zu seinem Inkrafttreten trug Art 57 IPRG der Tatsache Rechnung, dass das **nationale Kollisionsrecht** zu vertraglichen Schuldverhältnissen in Italien, wie auch in anderen Staaten in Europa, bereits durch das Anfang der Achtzigerjahre abgeschlossene **völkerrechtliche Übereinkommen** über das auf vertragliche Schuldverhältnisse anzuwendende Recht (**EVÜ**) harmonisiert wurde.[7] Das Abkommen, das am 1. 4. 1991 in Kraft trat, ist auf vertragliche Schuldverhältnisse bei Sachverhalten anwendbar, die eine Verbindung zum Recht verschiedener Staaten aufweisen. Im Zuge des Prinzips der **universellen Gültigkeit** *(loi uniform, legge uniforme)* gilt dies auch dann, wenn es sich um das Recht eines **Nichtvertragsstaats** handelt.[8] Das EVÜ wurde in Italien Ende 1984 durch nationales Gesetz für anwendbar erklärt.[9]

9/4 Der europäische Gesetzgeber war im Laufe der Jahre darum bemüht, die zentralen Bereiche des IPR zu vereinheitlichen. Man spricht in diesem Zusammenhang von der sog **Vergemeinschaftung** des IPR im Zivil- und Unternehmensrecht[10] *(comunitarizzazione del diritto internazionale privato in materia civile e commerciale)*.[11]

9/5 Wie eben angesprochen, wurde das EVÜ im Jahr 2009 von der **Rom I-VO** *(Regolamento Roma I)* abgelöst.[12] In dem eben angesprochenen Prozess der **Vergemeinschaftung** war dies

---

1 Verordnung 593/2008 Rom I; zur Ablösung siehe gleich unten Rz 9/5.

2 *Ballarino*, Dalla Convenzione di Roma del 1980 al regolamento Roma I, RDI 2009, 40 ff.

3 *Tonolo* in Conetti/Tonolo/Vismara[3] (2017) 263 ff.

4 Vgl zu Aktionärsbindungsverträgen (*patti parasociali*) Rz 4/15 und zu Trusts Rz 4/42 ff.

5 Vgl dazu Rz 9/22 f.

6 Siehe dazu Rz 9/12.

7 Übereinkommen 80/934/EWG über das auf vertragliche Schuldverhältnisse anzuwendende Recht vom 19. 6. 1980, ABl L 1980/266.

8 *Ubertazzi*, Il regolamento Roma I sulla legge applicabile alle obbligazioni contrattuali (2008) 35.

9 G 18. 9. 1984, Nr 975.

10 Zu Stellung des IPR im Binnenmarkt unter Bezugnahme auf den Amsterdamer Vertrag vgl *Weber*, Die Vergemeinschaftung des internationalen Privatrechts (2004) 51 ff.

11 *Mosconi/Campiglio* I[8] (2017) 373.

12 Verordnung 593/2008 Rom I.

der entscheidende Meilenstein, da mit der Rom I-VO eine echte europäische Vereinheitlichung des IPR der vertraglichen Schuldverhältnisse *(obbligazioni contrattuali)* realisiert wurde. In den weiteren Ausführungen werden die Vorschriften des EVÜ nur am Rande behandelt, während diejenigen der aktuell gültigen Rom I-VO im Mittelpunkt stehen.

III. Entstehung der Rom I-VO

Mit dem Ziel, einen **Raum der Freiheit, der Sicherheit und des Rechts** *(spazio di libertà, sicurezza e giustizia)* zu erhalten und weiterzuentwickeln, wurde die Rom I-VO konzipiert. Zur systematischen Kreierung eines derartigen Raums musste der europäische Gesetzgeber zudem Maßnahmen im Bereich der **justiziellen Zusammenarbeit in Zivilsachen** *(cooperazione giudiziaria in materia civile)* mit internationalem Bezug erlassen. Freilich besteht eine derartige Kompetenz seit jeher nur, soweit gesetzliche Maßnahmen auf europäischer Ebene für das **reibungslose Funktionieren des Binnenmarkts erforderlich** sind. Unter diesen Maßnahmen befinden sich auch solche, welche die Vereinbarkeit der in den Mitgliedstaaten geltenden **Kollisionsnormen** und Vorschriften zur **Vermeidung von Kompetenzkonflikten** fördern.[13] 9/6

IV. Gültigkeit des EVÜ nach Inkrafttreten der Rom I-VO

Die Rom I-VO ist für **Dänemark** nicht gültig (Erwägungsgrund 46). Dies hängt damit zusammen, dass Dänemark nach Art 1 f des Protokolls Nr 5 zum Vertrag über die Europäische Union und zur Gründung der Europäischen Gemeinschaft vom 2. 10. 1997[14] nicht an den Maßnahmen von Titel IV (Visa-, Asyl- und Einwanderungspolitik) partizipiert. Insoweit stellt Dänemark eine Ausnahme dar. Im **Verhältnis** zwischen **Dänemark und Italien** (bzw anderen Mitgliedstaaten) gilt insgesamt nach wie vor das EVÜ.[15] 9/7

Bei Fertigstellung des Manuskripts war nicht ersichtlich, ob im Zuge des **Brexit** eine Vereinbarung darüber getroffen werden wird, ob das EVÜ im **Verhältnis** von **Großbritannien zu Italien** (und zu anderen EU-Staaten bzw Dänemark) anwendbar sein wird. Dies könnte eine praktikable Lösung darstellen, um auch nach dem Brexit ein möglichst hohes Maß an **Rechtssicherheit** bei den zentralen Fragen des IPR bei (Handels-)Verträgen zwischen Großbritannien und den verbleibenden Mitgliedstaaten zu gewährleisten.[16] 9/8

V. Hintergrund für die Vergemeinschaftung

Die **Vergemeinschaftung** des IPR *(comunitarizzazione del diritto internazionale privato)* ist eng mit dem Begriff der **gegenseitigen Anerkennung** *(mutuo riconoscimento)* verbunden.[17] An dieser Stelle ist auf den großen Kontext der **gegenseitigen Anerkennung gerichtlicher Entscheidungen** zu verweisen. Dieser Grundsatz war im Jahr 1999 bei einer Tagung in Tampere vom 9/9

13 *Ubertazzi*, Il regolamento Roma I sulla legge applicabile alle obbligazioni contrattuali (2008) 3 ff.

14 ABl C 340, 101.

15 *Ballarino*[8] (2016) 264.

16 Weiterführend dazu Rz 9/14.

17 Weiterführend zum Prinzip der gegenseitigen Anerkennung im internationalen Schuldvertragsrecht vgl *Marino*, Metodi di diritto internazionale privato e tutela del contraente debole nel diritto comunitario (2010) 161 ff.

Europäischen Rat definiert worden. Die auf europäischer Ebene erfolgten Maßnahmen zur Harmonisierung der Kollisionsnormen in der Rom I-VO sollten dazu beitragen, die gegenseitige Anerkennung gerichtlicher Entscheidungen zu vereinfachen (Erwägungsgrund 3 zur Rom I-VO).

9/10 Um den Binnenmarkt funktionsfähig zu machen, musste der Ausgang von Rechtsstreitigkeiten vorhersehbarer gemacht werden. Dabei bestand eine der Prioritäten des europäischen Gesetzgebers darin, die Sicherheit in Bezug auf das **anzuwendende Recht** sowie den **freien Verkehr gerichtlicher Entscheidungen** zu fördern. Aufgrund der Überlegungen des europäischen Gesetzgebers war ein derartiges Ziel nur erreichbar, wenn die in den Mitgliedstaaten geltenden Kollisionsnormen unabhängig von der Rechtsordnung des entscheidenden Gerichts identisch sind (Erwägungsgrund 6).[18]

9/11 Es war erklärtes Ziel des europäischen Gesetzgebers, dass der materielle Anwendungsbereich und die Bestimmungen der Rom I-VO mit der **Brüssel I-VO** *(Regolamento Bruxelles I)*[19] und der **Rom II-VO** *(Regolamento Roma II)*[20] im Einklang stehen sollten.[21]

B. Anwendungsbereich der Rom I-VO

I. Zeitlicher und örtlicher Anwendungsbereich

9/12 Aus Art 24 Rom I-VO ergibt sich, dass die **nationalen IPR-Gesetze** im Hinblick auf vertragliche Schuldverhältnisse ihre **Gültigkeit verlieren.** Für Italien gilt das im Hinblick auf Art 57 IPRG, der bereits seit seiner Entstehung keine eigenständigen Regelungen enthält, sondern lediglich auf das EVÜ verweist. Bereits das EVÜ enthielt den Grundsatz der **Gültigkeit *erga omnes*.** Insoweit stellt das Prinzip der **universellen Gültigkeit** *(loi uniform, legge uniforme)* bei Inkrafttreten der Rom I-VO für Italien auch keine Neuigkeit dar.[22]

9/13 Gem Art 28 Rom I-VO gelten die Regelungen der Verordnung in **zeitlicher Hinsicht** für alle Verträge, die ab dem 17. 12. 2009 geschlossen worden sind.[23] Es kommt also auf den Abschlusszeitpunkt an.[24] Das bedeutet, dass auf Verträge, die vor diesem Datum eingegangen wurden und ein Dauerschuldverhältnis begründet haben, die Vorschriften des EVÜ angewendet werden.[25]

---

18 *Mosconi/Campiglio* I[8] (2017) 373 ff.

19 Verordnung (EG) 44/2001 über die gerichtliche Zuständigkeit und die Anerkennung und Vollstreckung von Entscheidungen in Zivil- und Handelssachen (zwischenzeitlich abgelöst durch die Verordnung 1215/2012 vom 12. 12. 2012, in Kraft seit 10. 1. 2015).

20 Verordnung (EG) 864/2007 über das auf außervertragliche Schuldverhältnisse anzuwendende Recht.

21 *Ubertazzi*, Il regolamento Roma I sulla legge applicabile alle obbligazioni contrattuali (2008) 25.

22 *Ballarino*[8] (2016) 264.

23 Wie in Art 29 bestimmt, gilt die gesamte Verordnung seit dem 17. 12. 2009, mit Ausnahme von Art 26, der bereits seit dem 17. 6. 2009 anwendbar ist.

24 *Mosconi/Campiglio* I[8] (2017) 376.

25 Weiterführend zu zeitlichen Fragen der Anwendbarkeit vgl *Ubertazzi*, Il regolamento Roma I sulla legge applicabile alle obbligazioni contrattuali (2008) 57.

In **örtlicher Hinsicht** gilt die Rom I-VO in allen EU-Mitgliedstaaten mit Ausnahme von **Dänemark**, wo der Anwendungsbereich nur marginal besteht.[26] Wenn daher die Verordnung von Mitgliedstaaten spricht, sind alle Mitgliedstaaten außer Dänemark gemeint.[27] Welche Auswirkungen der Austritt des Vereinigten Königreiches (**Brexit**) auf den örtlichen Anwendungsbereich der Rom I-VO haben wird, ist – wie oben bereits angesprochen[28] – noch nicht abschließend geklärt.[29] Jedenfalls wäre es im Sinne der Gestaltungssicherheit für bilaterale (Handels-) Verträge zwischen britischen und italienischen Vertragspartnern wünschenswert, wenn die Prinzipien der Rom I-VO weiterhin anwendbar blieben. Denkbar wäre ein **Wiederaufleben** des EVÜ im Verhältnis zu Großbritannien.[30] **9/14**

Gem Art 1 Abs 4 S 2 Rom I-VO gelten allerdings die Art 3 Abs 4 und 7 Rom I-VO auch für **Dänemark**. Dies ist insbesondere im Hinblick auf **Versicherungsverträge** sowie im Hinblick auf die Durchsetzung zwingenden Unionsrechts bei **Binnenmarktsachverhalten** von großer Relevanz.[31] Die Verordnung gilt nicht in den Staaten des Europäischen Wirtschaftsraums (EWR), dh Norwegen, Island und Liechtenstein. **9/15**

II. Sachlicher Anwendungsbereich

Den **sachlichen Anwendungsbereich** regelt Art 1 Rom I-VO. So werden bspw die in der vertragsrechtlichen Praxis so wichtigen Fragen der **Rechts-, Geschäfts- und Handlungsfähigkeit** natürlicher Personen *(questioni di stato e di capacità delle persone fisiche)* von der Verordnung nur am Rande (Art 13 Rom I-VO) berührt.[32] Wie unten noch näher auszuführen sein wird,[33] sind auch vertragliche Schuldverhältnisse im Bereich des **Familien- und Erbrechts** *(obbligazioni nell'ambito della disciplina del diritto di famiglia e delle successioni)* ausgenommen. Im Verhältnis zur **Rom II-VO** umfasst der Ausschlusstatbestand der Rom I-VO zudem auch **Wertpapiere**, insbesondere Wechsel und Schecks *(titoli di credito, cambiali, assegni)*. Die in Verträgen mitunter enthaltenen **Schiedsklauseln** bzw **Gerichtsstandsvereinbarungen** *(compromessi, clausole compromissorie e convenzioni sul foro competente)* werden auch nicht von der Rom I-VO berührt. Zudem ist eine klare Abgrenzung hinsichtlich des **Gesellschafts- und Unternehmensrechts** *(diritto delle società e diritto commerciale)* vorzunehmen: So gilt die Rom I-VO nicht für das **Gesellschaftsrecht**, das **Vereinsrecht** und das **Trustrecht** *(diritto delle società, associazioni e persone giuridiche nonché trust)*. Ausgenommen sind im Zusammenhang mit dem Unternehmensrecht auch **Vertretungshandlungen** von Vertretern bzw Organen im **Außenverhältnis**.[34] Die einzelnen Bestimmungen des Ausnahmekatalogs sollen nun systematisch dargestellt werden. **9/16**

26 Siehe dazu Rz 9/7.

27 *Tonolo* in Conetti/Tonolo/Vismara[3] (2017) 264.

28 Siehe Rz 9/8.

29 *Basedow*, Brexit und das Privat- und Wirtschaftsrecht, ZEuP 2016, 567; *Mansel/Thorn/Wagner*, Europäisches Kollisionsrecht 2016: Brexit ante portas! IPrax 2017, 1.

30 *Ballarino*[8] (2016) 264.

31 *Furrer/Girnsberger/Siehr/Trüten*, Internationales Privatrecht Besonderer Teil (2018) Rz 907.

32 *Furrer/Girnsberger/Siehr/Trüten*, Internationales Privatrecht Besonderer Teil (2018) Rz 908; *Mosconi/Campiglio* I[8] (2017) 379.

33 Siehe Rz 9/18.

34 *Mosconi/Campiglio* I[8] (2017) 379 f.

III. Ausnahmekatalog

9/17 Hinsichtlich ihrer Ausschlusstatbestände ist die Rom I-VO klar strukturiert und übersichtlich. Damit hat der europäische Gesetzgeber für **Rechtssicherheit** gesorgt, wovon die Gestaltungspraxis profitiert.[35] In Art 1 Abs 2 findet sich ein **weitreichender** (wenn auch nicht abschließender) **Katalog** der Rechtsgebiete, auf welche die Verordnung **nicht** anwendbar ist.[36]

1. Personen-, familien- und erbrechtliche Abgrenzung

9/18 Der **Ausnahmekatalog** umfasst zunächst **personen- und familienrechtliche Aspekte**, so etwa den Personenstand sowie die **Rechts-, Geschäfts- und Handlungsfähigkeit** von natürlichen Personen (Art 1 Abs 2 lit a Rom I-VO).[37] Davon betroffen sind auch **Schuldverhältnisse aus einem Familienverhältnis** oder aus Verhältnissen, die nach dem auf diese Verhältnisse anzuwendenden Recht vergleichbare Wirkungen entfalten, bspw **Unterhaltspflichten** (*obbligazioni alimentari*; Art 1 Abs 2 lit b Rom I-VO) sowie Schuldverhältnisse aus **ehelichen Güterständen** bzw **eheähnlichen Güterständen** *(obbligazioni derivanti dai rapporti di famiglia o dai rapporti che secondo la legge applicabile a tali rapporti hanno effetti comparabili)*, und aus **Testamenten** und Erbrecht (*successioni*; Art 1 Abs 2 lit c). Damit liegt eine klare Abgrenzung zur EuErbVO vor.[38]

9/19 Darüber hinaus umfasst der **Ausnahmekatalog** Verpflichtungen aus Wechseln, Schecks, Eigenwechseln und anderen handelbaren Wertpapieren, soweit die Verpflichtungen aus diesen anderen Wertpapieren aus deren Handelbarkeit entstehen (Art 1 Abs 2 lit d Rom I-VO). Freilich besteht in diesem Zusammenhang die Gefahr des **parallelen Bestehens** eines **Vertrags- und eines Wertpapierstatuts.** Insoweit erscheint es sachgerecht, alle aus dem Wertpapier resultierenden Ansprüche unter dem Ausnahmetatbestand von Art 2 lit d Rom I-VO zu subsumieren.[39]

2. Prozessuale Aspekte

9/20 Freilich könnte es auf den ersten Blick verwundern, weshalb **Schieds- und Gerichtsstandsvereinbarungen** *(compromessi, clausole compromissorie e convenzioni sul foro competente)* gem Art 1 Abs 2 lit e Rom I-VO nicht Teil des Anwendungsbereichs sind. Gerade in der **modernen Vertragsgestaltungspraxis** steht ja ein **schlanker und kostengünstiger Streitbeilegungsmechanismus** oftmals gerade im Vordergrund der Vertragsgestaltung. Die *ratio* der eben beschriebenen Vorschrift beruht auf einer althergebrachten Meinung, dass Schieds- und Gerichtsstandsvereinbarungen das öffentliche Zivilprozessrecht berührten und damit **hoheitliche Interessen** im Spiel seien.

9/21 Insoweit liegt ein simpler **Kompetenzkonflikt** zwischen der Brüssel I-VO (vormals EuGVO) und der Rom I-VO (vormals EVÜ) vor: Danach richten sich Schieds- und Gerichtsstandsverein-

35 *Furrer/Girnsberger/Siehr/Trüten*, Internationales Privatrecht Besonderer Teil (2018) Rz 909.
36 *Ubertazzi*, Il regolamento Roma I sulla legge applicabile alle obbligazioni contrattuali (2008) 35 ff.
37 Vgl Rz 9/16.
38 Zum internationalen Erbrecht vgl Rz 6/1 ff.
39 *Leible* in Hüßtege/Mansel (Hrsg), Rom Verordnungen zum Internationalen Privatrecht, BGB Kommentar VI (2014) Art 1 Rom I Rz 58.

barungen vorrangig nach Art 25 Brüssel I-VO. Die letztgenannte Vorschrift hat insoweit Vorrang gegenüber der Rom I-VO.[40]

3. Recht der juristischen Personen und Trusts

Der Ausnahmekatalog enthält auch eine klare Abgrenzung zu Fragen betreffend das **Gesellschaftsrecht** *(diritto delle società)*, das **Vereinsrecht** *(diritto delle associazioni)* und das **Recht der juristischen Personen** *(diritto delle persone giuridiche)* im Allgemeinen. Unter diese Regelungsbereiche fallen zahlreiche Themen wie etwa die Errichtung der Gesellschaft durch Eintragung oder auf andere Weise, die Rechts- und Handlungsfähigkeit, die innere Verfassung und die Auflösung von Gesellschaften, Vereinen und juristischen Personen sowie die persönliche Haftung der Gesellschafter und der Organe für die Verbindlichkeiten einer Gesellschaft, eines Vereins oder einer juristischen Person. Damit wird klargestellt, dass juristische Personen *(persone giuridiche)*, obwohl sie idR durch Vertrag bzw einseitiges Rechtsgeschäft zustande kommen, in ihrer Eigenschaft als juristische Personen nicht in den Anwendungsbereich fallen (Art 1 Abs 2 lit f Rom I-VO).[41] Auch Fragen des (organschaftlichen) Stellvertretungsrechts sind vom Anwendungsbereich ausgenommen (Art 1 Abs 2 lit g Rom I-VO). 9/22

Auch wenn die meisten **Trusts** nicht durch Gesetz, sondern **durch Rechtsgeschäft zustande** kommen, nimmt Art 1 Abs 2 lit h Rom I-VO die Gründung von Trusts sowie die dadurch geschaffenen Rechtsbeziehungen zwischen den Verfügenden, den Treuhändern und den Begünstigten **explizit** vom Anwendungsbereich **aus**. Diese Ausnahmevorschrift hat in Italien **große praktische Relevanz**, da in Italien seit Inkrafttreten des Haager Trustübereinkommens (HTÜ) zahlreiche interne Trusts *(trusts interni)* mithilfe der Wahl eines ausländischen Rechts (iS des HTÜ) errichtet worden sind.[42] 9/23

4. Abgrenzung zu außervertraglichen Schuldverhältnissen und zur betrieblichen Altersvorsorge

Abgrenzungsfragen zwischen Vertrags- und Deliktsrecht ergeben sich bei den **vorvertraglichen Schuldverhältnissen** *(obbligazioni precontrattuali)*, insbesondere die Haftung aus *culpa in contrahendo*. Der Ausschluss der vorvertraglichen Schuldverhältnisse *(obbligazioni precontrattuali)* aus dem Anwendungsbereich stellt eine Neuerung der Rom I-VO dar; das EVÜ sah diesen Ausschluss noch nicht vor.[43] Geht man vom Wortlaut des Art 1 Abs 2 lit i Rom I-VO aus, wäre der **Anwendungsbereich** der Rom I-VO **gänzlich ausgeschlossen**. Diese recht klare **Weichenstellung** durch den europäischen Gesetzgeber lässt sich damit erklären, dass es sich vor Vertragsschluss ja noch um **keine vertragliche Bindung** handelt und damit ein mit der Verhandlungssituation zusammenhängendes Schuldverhältnis eher den Charakter eines **außervertraglichen Schuldverhältnisses** hat als den Charakter eines vertraglichen Schuldverhältnisses. Folgerichtig wurde dieser Bereich auch von Art 12 Rom II-VO erfasst.[44] 9/24

40 *Lurger/Melcher*, Handbuch Internationales Privatrecht (2017) Rz 4/18.

41 Zum IPR der Gesellschaften vgl unten Rz 4/1 ff.

42 Näheres zum IPR der Trusts in Italien, vgl Rz 4/42 ff.

43 Vgl dazu *Milan* in Preite II (2011) 683 f.

44 *Schmidt-Kessel*, Zur culpa in contrahendo im Gemeinschaftsprivatrecht, ZEuP 2004, 1019 ff; *Tonolo* in Conetti/Tonolo/Vismara^3 (2017) 282; EuGH, ECLI:EU:C:2002:499, Fonderie Officine Meccaniche Tacconi SpA v Heinrich Wagner Sinto Maschinenfabrik GmbH, Riv.dir.int.priv.proc. 2003, 808.

9/25 Bekanntlich finden sich innerhalb der Rom I-VO und der Rom II-VO meist klare Abgrenzungen zwischen dem Statut für vertragliche Schuldverhältnisse (dem sog **Vertragsstatut**) und demjenigen für außervertragliche Schuldverhältnisse (dem sog **Deliktsstatut**). Allerdings ist in den Fällen des Verschuldens bei Vertragsverhandlungen *(culpa in contrahendo)* eine **Überschneidung** ersichtlich.[45] Die Rom I-VO schließt in Art 1 Abs 2 lit i erst einmal die *culpa in contrahendo* vom Anwendungsbereich aus, während der Anwendungsbereich der Rom II-VO gem Art 2 Abs 1 iVm Art 12 Rom II-VO explizit eröffnet ist.[46] Dennoch ist nach der Rechtsprechung eine **erweiterte Anknüpfung an das Vertragsstatut** zu berücksichtigen, wonach man das Recht anwendet, das angewendet würde, wenn der Vertrag zustande gekommen wäre.[47] Die *culpa in contrahendo* unterliegt in den meisten europäischen Rechtsordnungen eher einer **deliktischen Anknüpfung**. Dagegen wäre es sachgerecht, auch hinsichtlich der internationalprivatrechtlichen Einordnung zu differenzieren zwischen der **Schutzpflichtverletzung** und dem **Fehlverhalten im Vertragsschlussverfahren.**[48] Dabei könnte man stets davon ausgehen, dass vertragliche und deliktische Ansprüche hinsichtlich der Frage des anwendbaren Rechts in Konkurrenz zueinander stehen. Der EuGH scheint sich für alle Fälle der *culpa in contrahendo* **im Zweifel für das Vertragsrecht entschieden** zu haben: Danach ist insoweit zunächst zu prüfen, ob ein Vertrag vorliegt. Nur falls dieser fehlt, ist die Anknüpfung an das Deliktsrecht maßgebend. Wenn also bei einem Fall der *culpa in contrahendo* kein Vertragsabschluss nachfolgt, ist rein deliktsrechtlich anzuknüpfen. Nur wenn es nach einem Verschulden bei Vertragsverhandlung auch zu einem Vertragsabschluss kommt, ist die vertragsrechtliche Anknüpfung maßgebend.[49]

9/26 Ausgenommen sind auch **einseitig verpflichtende Rechtsgeschäfte**, die nicht auf den Abschluss eines Vertrages abzielen, sondern bei denen es um eine einseitige Verpflichtung geht, zB die **Auslobung** *(promessa al pubblico)*. Aus Art 11 Abs 3 lässt sich demnach schließen, dass einseitige Rechtsgeschäfte, die sich auf einen geschlossenen oder zu schließenden Vertrag *(atto giuridico unilaterale relativo ad un contratto concluso o da concludere)* beziehen, in den Anwendungsbereich der Rom I-VO fallen.[50]

9/27 Zudem schließt Art 1 Abs 2 lit j Rom I-VO noch bestimmte Arten von **Versicherungsverträgen** aus, die in den Bereich der **betrieblichen Altersvorsorge** fallen. Der europäische Gesetzgeber hat dabei die vertragliche Natur derartiger Modelle nicht in Frage gestellt. Es sollte aber durch den Ausschluss der Tatsache Rechnung getragen werden, dass Modelle der betrieblichen Altersvorsorge oftmals einen nahezu „gesetzlichen" Charakter haben.[51]

---

45 *Verschraegen*, Internationales Privatrecht (2012) Rz 381.

46 *Tonolo* in Conetti/Tonolo/Vismara^3 (2017) 282.

47 EuGH, ECLI:EU:C:2002:499, Fonderie Officine Meccaniche Tacconi SpA v Heinrich Wagner Sinto Maschinenfabrik GmbH, Riv.dir.int.priv.proc. 2003, 808; vgl dazu *Milan* in Preite II (2011) 694.

48 *Schmidt-Kessel*, Zur culpa in contrahendo im Gemeinschaftsprivatrecht, ZEuP 2004, 1019 ff.

49 *Tonolo* in Conetti/Tonolo/Vismara^3 (2017) 282.

50 Siehe Rz 9/78.

51 *Mosconi/Campiglio* I^8 (2017) 381.

C. Universelle Gültigkeit und Konflikt mit internationalen Übereinkommen

Das nach dieser Verordnung bezeichnete Recht ist auch dann anzuwenden, wenn es sich um das Recht eines **Drittstaats** *(stato terzo)* handelt, dh nicht um das Recht eines anderen Mitgliedstaates *(stato membro)*. In der praktischen Anwendung ist es also nicht relevant, ob die Rom I-VO auf das Recht eines Mitgliedstaates oder eines Nicht-Mitgliedstaates verweist, da der Verordnung gem Art 2 Rom-I VO **universelle Gültigkeit** zukommt *(loi uniform, legge uniforme)*.[52] Jedes italienische Gericht wendet insoweit auf alle (grenzüberschreitenden) Verträge, die seit dem 17. 12. 2009 geschlossen worden sind, ausschließlich die Rom I-VO an und nicht mehr die davor geltenden Regeln des EVÜ bzw nationaler italienischer IPR-Vorschriften.[53] **9/28**

Bei Kollisionen mit **internationalen Übereinkommen** sind zwischen Mitgliedstaaten die Vorschriften der Rom I-VO primär zu beachten. Im Verhältnis zu **Drittstaaten** dagegen haben die internationalen Übereinkommen **Vorrang** vor der Rom I-VO.[54] Dies erklärt sich systematisch damit, dass die Rom I-VO im Verhältnis zu Drittstaaten so wirkt, wie wenn es sich um ein vom nationalen Gesetzgeber erlassenes IPR-Gesetz handelte (Art 25 Rom I-VO).[55] **9/29**

D. Bestimmung des gewöhnlichen Aufenthalts der Vertragsparteien

Gem Art 19 Rom I-VO ist der Ort des **gewöhnlichen Aufenthalts** *(residenza abituale)* von Gesellschaften, Vereinen und juristischen Personen der Ort ihrer **Hauptverwaltung** *(amministrazione centrale)*.[56] Der gewöhnliche Aufenthalt einer **natürlichen Person** *(persona fisica)*, die im Rahmen der Ausübung ihrer beruflichen Tätigkeit *(nell'esercizio della sua attività professionale)* handelt, ist der Ort ihrer **Hauptniederlassung** *(sede di attività principale)*.[57] **9/30**

Wird der Vertrag im Rahmen des Betriebs einer **Zweigniederlassung** *(filiale)*, **Agentur** *(agenzia)* oder **sonstigen Niederlassung** *(qualunque altra sede di attività)* geschlossen, oder ist für die Erfüllung gemäß dem Vertrag eine solche Zweigniederlassung, Agentur oder sonstige Niederlassung verantwortlich, so steht der Ort des gewöhnlichen Aufenthalts dem Ort gleich, an dem sich die Zweigniederlassung, Agentur oder sonstige Niederlassung befindet.[58] **9/31**

Hinsichtlich **„gewöhnlicher" natürlicher Personen** *(persone fisiche „comuni")*, die nicht in unternehmerischem bzw freiberuflichem Umfeld tätig sind, gilt ebenso der gewöhnliche Aufenthalt zum Zeitpunkt des Vertragsschlusses als maßgebend. Diese Kategorie von Personen scheint der europäische Gesetzgeber in seiner Regelung „vergessen" zu haben.[59] **9/32**

---

52 Siehe Rz 9/34.

53 *Furrer/Girnsberger/Siehr/Trüten*, Internationales Privatrecht Besonderer Teil (2018) Rz 902 ff.

54 *Lurger/Melcher*, Handbuch Internationales Privatrecht (2017) Rz 4/29.

55 *Ubertazzi*, Il regolamento Roma I sulla legge applicabile alle obbligazioni contrattuali (2008) 27 ff.

56 *Ubertazzi*, Il regolamento Roma I sulla legge applicabile alle obbligazioni contrattuali (2008) 19 ff.

57 *Doehner* in Hüßtege/Mansel (Hrsg), Rom Verordnungen zum Internationalen Privatrecht, BGB Kommentar VI (2014) Art 19 Rom I Rz 8.

58 *Ubertazzi*, Il regolamento Roma I sulla legge applicabile alle obbligazioni contrattuali (2008) 19 ff.

59 *Mosconi/Campiglio* I^8 (2017) 401.

9/33 Bei allen genannten Regelungsbereichen ist für die Bestimmung des gewöhnlichen Aufenthalts der **Zeitpunkt des Vertragsschlusses** *(momento della conclusione del contratto)* maßgebend.[60] Abzustellen ist also auf den sich entsprechenden Austausch von **Angebot** *(offerta)* und **Annahme** *(accettazione)*.[61] Wenn der Vertrag hinsichtlich seiner Wirksamkeit unter einer **aufschiebenden Bedingung** *(condizione sospensiva)* steht, ist dennoch auf den Zeitpunkt des tatsächlichen Vertragsabschlusses und nicht auf den Zeitpunkt des Bedingungseintritts abzustellen. Grundsätzlich gilt, dass spätere Veränderungen des gewöhnlichen Aufenthalts der Parteien keine Auswirkungen auf die internationalprivatrechtliche Anknüpfung haben.[62]

E. Ausschluss der Rück- und Weiterverweisung (renvoi)

9/34 Unter dem nach der Rom I-VO anzuwendenden Recht eines Staates *(applicazione della legge di uno stato)* sind die in diesem Staat geltenden Rechtsnormen zu verstehen. Das Wort **Staat** *(stato)* beinhaltet hierbei sowohl Mitgliedstaaten als auch Drittstaaten, da der Rom I-VO **universelle Gültigkeit** zukommt *(loi uniform, legge uniforme)*.[63]

9/35 Nach dem Wortlaut von Art 20 Rom I-VO[64] sind dabei die nationalen Vorschriften des IPR ausgeschlossen, soweit die Rom I-VO selbst nichts anderes bestimmt.[65] Die in der Rom I-VO enthaltenen europäischen Kollisionsnormen verweisen insoweit nur auf **Sachnormen** und **nicht** auf **Kollisionsnormen.** Damit ist ein *renvoi* grundsätzlich ausgeschlossen. Die Rom I-VO möchte damit klarstellen, dass sie eine in internationalprivatrechtlichem Sinne abschließende Regelung enthält und sorgt damit für **Rechtssicherheit.**[66]

F. Ordre public

9/36 Der europäische Gesetzgeber hat in Art 21 Rom I-VO[67] festgehalten, dass ein **nationales Gericht** die Anwendung einer Vorschrift des nach der Rom I-VO bezeichneten **materiellen nationalen Rechts** nur **versagen** darf, wenn ihre Anwendung mit der **öffentlichen Ordnung** *(ordine pubblico)* des Staates des angerufenen Gerichts **offensichtlich unvereinbar** *(manifestamente incompatibile)* ist.[68]

9/37 Gem Art 16 IPRG ist das ausländische Recht nicht anzuwenden, wenn seine Wirkungen gegen die **Grundwertungen der Rechtsordnung** verstoßen *(contrari all'ordine pubblico)*. In diesem Fall ist das Recht anzuwenden, auf das über **andere Anknüpfungskriterien** *(altri criteri di*

---

60 *Doehner* in Hüßtege/Mansel (Hrsg), Rom Verordnungen zum Internationalen Privatrecht, BGB Kommentar VI (2014) Art 19 Rom I Rz 11.

61 *Mosconi/Campiglio* I[8] (2017) 402.

62 *Doehner* in Hüßtege/Mansel (Hrsg), Rom Verordnungen zum Internationalen Privatrecht, BGB Kommentar VI (2014) Art 19 Rom I Rz 11.

63 *Mosconi/Campiglio* I[8] (2017) 420; vgl dazu Rz 9/28.

64 Das Prinzip des Ausschlusses der Rück- und Weiterverweisung war vormals in Art 15 EVÜ enthalten.

65 *Mosconi/Campiglio* I[8] (2017) 420.

66 *Leible* in Hüßtege/Mansel (Hrsg), Rom Verordnungen zum Internationalen Privatrecht, BGB Kommentar VI (2014) Art 20 Rom I Rz 1.

67 Diese Prinzipien rund um den *ordre public* (*ordine pubblico*) waren vormals in Art 16 EVÜ enthalten.

68 *Mosconi/Campiglio* I[8] (2017) 421.

collegamento) verwiesen wird, wenn solche für denselben Tatbestand vorgesehen sind. **Mangels solcher Anknüpfungskriterien** *(in mancanza di altri collegamenti)* ist **italienisches Recht** anzuwenden. Im Zusammenspiel von Art 21 Rom I-VO und Art 16 IPRG kann insoweit zusammengefasst werden, dass in den seltenen Fällen des Verstoßes einer Vorschrift gegen den italienischen *ordre public* vom italienischen Richter ein nach Art 16 IPRG zu bestimmendes *anderes materielles Recht* (ggf italienisches materielles Recht) angewendet werden darf. Dies ergibt sich daraus, dass der europäische Gesetzgeber im Fall eines *ordre public*-Verstoßes **keine expliziten Harmonisierungsambitionen** verfolgt, was sich aus dem Wortlaut von Art 21 Rom I-VO klar ergibt.[69]

Der italienische Richter darf sich auch bei Anwendung der EU-rechtlichen Kollisionsbestimmungen auf **italienische Wertvorstellungen** berufen. In der Praxis geht es fast ausschließlich um eine **Abwehrmöglichkeit** gegen das Recht von **Drittstaaten** und nicht von anderen EU-Staaten. Innerhalb der EU sind zahlreiche materiellrechtliche Annäherungen in Form von Harmonisierung bzw Schaffung von vereinheitlichtem (Verbraucher-)Vertragsrecht geschaffen worden. Ein **krasses Auseinanderfallen** der Wertvorstellungen ist aber im Verhältnis zu **Drittstaaten** sehr wohl für die Praxis relevant.[70] Nachdem Italien ein Mitgliedstaat der EU ist, fallen unter den Begriff der **italienischen Wertvorstellungen** auch die **EU-Grundrechtecharta** sowie die **EU-Grundfreiheiten**, da diese ja auch für Italien zwingend sind.[71] Insoweit ist davon auszugehen, dass der nationale *ordre public* in Italien, wie auch in den anderen Mitgliedstaaten, stark **europäisch eingefärbt** ist.[72] Dennoch kann man derzeit nicht davon ausgehen, dass es tatsächlich einen einheitlichen europäischen Standard des *ordre public* gibt. 9/38

Zuletzt sei darauf hingewiesen, dass dem EuGH lediglich die Aufgabe zukommen kann, die **Grenzen** zu ziehen, innerhalb derer sich das **nationale Gericht** auf den Begriff des *ordre public* **stützen darf**. Der europäische **Gesetzgeber** hat jedenfalls klargestellt, dass mit dem *ordre public*-Vorbehalt **sehr sorgsam** umzugehen sei und die Anwendung der Vorbehaltsklausel nur unter außergewöhnlichen Umständen gerechtfertigt ist (Erwägungsgrund 37 der Rom I-VO).[73] 9/39

G. Rechtswahl

Gem Art 3 Rom I-VO unterliegen Verträge dem von den Parteien **gewählten Recht** *(legge scelta dalle parti)*. Bei der Rechtswahl handelt es sich um ein **eigenständiges Anknüpfungskriterium** *(criterio di collegamento autonomo)*.[74] Die Rechtswahl muss **ausdrücklich** erfolgen oder sich **eindeutig** aus den Bestimmungen des Vertrags oder aus den **Umständen** des Falles ergeben. Die Parteien können die Rechtswahl für ihren ganzen Vertrag *(tutto il contratto)* oder nur für einen Teil *(una parte del contratto)* desselben treffen. 9/40

69 *Mosconi/Campiglio* I[8] (2017) 421.

70 *Brandl* in Hüßtege/Mansel (Hrsg), Rom Verordnungen zum Internationalen Privatrecht, BGB Kommentar VI (2014) Einführung Rz 15 f.

71 *Lurger/Melcher*, Handbuch Internationales Privatrecht (2017) Rz 4/57 ff.

72 *Giuliano/Lagarde*, Bericht, ABl C 1980/282, 38.

73 *Mosconi/Campiglio* I[8] (2017) 421.

74 *Marino*, Metodi di diritto internazionale privato e tutela del contraente debole nel diritto comunitario (2010) 201 ff.

9/41 Es ist besonders zu unterstreichen, dass die **Privatautonomie** *(autonomia privata)* hinsichtlich der Bestimmung des anwendbaren Rechts in keiner Phase des Vertragsabschlusses und der Vertragsabwicklung verloren geht. Insoweit bestimmt Art 3 Abs 2 Rom I-VO, dass die Parteien jederzeit vereinbaren können, dass der Vertrag **nach einem anderen Recht** *(una legge diversa)* zu beurteilen ist als dem, das zuvor entweder aufgrund einer früheren Rechtswahl nach diesem Artikel oder aufgrund anderer Vorschriften der Rom I-VO maßgebend war.

9/42 In der Praxis ist es besonders wichtig zu prüfen, welche **Auswirkungen** die spätere Änderung des anwendbaren Rechts hat. Die Wahl eines anderen materiellen Rechts bei einem bereits geschlossenen Vertrag kann sich auf die betroffenen Vertragsteile jeweils positiv oder negativ auswirken, dh, deren Rechtsstellung (zB im Hinblick auf die Fristen für die Gewährleistung bei einem Kaufvertrag) **verbessern** oder **verschlechtern**. Die **Änderbarkeit** des anwendbaren Rechts ist aber **nicht vollumfänglich** gegeben. Vielmehr gibt es zwingend vorgegebene **Grenzen**: Der europäische Gesetzgeber hat klargestellt, dass die Änderung jedenfalls hinsichtlich der **Formgültigkeit** des Vertrags (Art 11 Rom I-VO) keine Auswirkungen haben darf. Es erklärt sich aus den Gesetzen der Logik, dass die Rechtswahl nur für die Zukunft und nicht rückwirkend für einen bereits abgeschlossen Rechtsakt, dh den Abschluss des Vertrags durch **Angebot** *(offerta)* und **Annahme** *(accettazione)*, erfolgen kann. Auch Rechte Dritter, so etwa Rechte von **Gläubigern** *(creditori)*, werden durch eine nach Vertragsschluss erfolgende Änderung der Bestimmung des anzuwendenden Rechts **nicht berührt**.[75] Diese Einschränkung ergibt sich vielfach auch aus den Prinzipien des Verbots eines **Vertrags zulasten Dritter**.

9/43 Sind **alle anderen Elemente des Sachverhalts** *(tutti gli altri elementi pertinenti alla situazione)* zum Zeitpunkt der Rechtswahl in einem anderen als demjenigen Staat belegen, dessen Recht gewählt wurde, so berührt die **Rechtswahl** der Parteien nicht die Anwendung derjenigen Bestimmungen des Rechts dieses anderen Staates, von denen **nicht** durch Vereinbarung **abgewichen werden** kann (Art 3 Abs 3 Rom I-VO).

9/44 In Art 3 Abs 4 Rom I-VO ist eine Vorschrift zur Sicherstellung der Beachtung zwingenden Unionsrechts geregelt, durch welche die **Vertragsfreiheit** der Parteien stark eingeschränkt wird. Betroffen sind die Fälle, in denen alle Elemente des Sachverhalts *(tutti gli altri elementi pertinenti alla situazione)* zum Zeitpunkt der Rechtswahl innerhalb des Binnenmarktes, dh in einem oder mehreren Mitgliedstaaten, belegen sind und letztlich nur die Wahl des Rechts eines Drittstaats eine außerbinnenmarktrechtliche Komponente mit sich bringt. In diesen Fällen berührt die **Wahl des Rechts eines Drittstaats** durch die Parteien nicht die Anwendung der zwingenden Bestimmungen von Verordnungen, Richtlinien in ihrer in nationales Recht umgesetzten Form (bzw in Ausnahmefällen in unmittelbarer Wirkung).[76]

9/45 Aus Erwägungsgrund 14 zur Rom I-VO ergibt sich, dass Regeln des materiellen Vertragsrechts einschließlich Standardbestimmungen *(norme di diritto sostanziale dei contratti, comprendenti clausole e condizioni standard)*, die von der EU angenommen werden, von den Vertragsparteien gewählt werden können. Dies ist ein klares Signal für die Wählbarkeit von **nicht-staatlichem Recht**. So steht jedenfalls außer Zweifel, dass Instrumente wie etwa der *Draft Common Frame of Reference* (DCFR) von den Parteien als materielles Recht gewählt

75 *Mosconi/Campiglio* I^8 (2017) 373 ff.

76 *Ubertazzi*, Il regolamento Roma I sulla legge applicabile alle obbligazioni contrattuali (2008) 61 ff.

werden können.[77] Ohne Zweifel können Einheitsrechte, die auf ein internationales Übereinkommen zurückgehen und in nationales Recht Italiens bzw eines anderen Staates übertragen worden sind, wie zB das UN-Kaufrecht bei sonstiger Nichtanwendbarkeit,[78] von den Vertragsparteien im Sinne von Art 3 Rom I-VO gewählt werden. Ob völlig nicht-staatliches Recht gewählt werden kann, wie zB die Regeln von UNCITRAL, ist nach wie vor ungeklärt.[79]

H. Anwendbares Recht bei fehlender Rechtswahl

I. Objektive Anknüpfung

In Art 4 Rom I-VO ist die generelle objektive Anknüpfung für sämtliche Vertragstypen geregelt. Art 4 ist **subsidiär** und gilt insoweit nur dann, wenn **keine Rechtswahl** im Sinne von Art 3 Rom I-VO getroffen worden ist bzw wenn es sich nicht um einen Vertragstyp handelt, den der europäische Gesetzgeber in der Rom I-VO **explizit geregelt** hat.[80] **9/46**

Bei **besonderen Vertragstypen**, die teilweise jeweils einen schwächeren und einen stärkeren Vertragsteil vorsehen, sieht die Rom I-VO Sonderanknüpfungen vor. Damit sind die Bestimmungen von Art 4 Rom I-VO dann nicht anzuwenden, wenn es sich um einen **Beförderungsvertrag** *(contratto di trasporto)* im Sinne von Art 5 Rom I-VO, einen **Verbrauchervertrag** *(contratto concluso da consumatore)* im Sinne von Art 6 Rom I-VO, einen **Versicherungsvertrag** *(contratto di assicurazione)* im Sinne von Art 7 Rom I-VO oder einen **Arbeitsvertrag** *(contratto di lavoro subordinato)* im Sinne von Art 8 Rom I-VO handelt.[81] **9/47**

Zudem bestimmt sich das anwendbare materielle Recht dann nicht nach Art 4 Rom I-VO, wenn es sich um eine **Zession** *(cessione di credito)* im Sinne von Art 14 f Rom I-VO, einen **Gesamtschuldnerregress** *(obbligazione solidale)* im Sinne von Art 16 Rom I-VO oder eine **Aufrechnung** *(compensazione legale)* im Sinne von Art 17 Rom I-VO handelt.[82] **9/48**

II. Generalklausel

Sofern keine der eben aufgezählten speziellen Regelungen der Rom I-VO greift, so unterliegt der Vertrag gem Art 4 Rom I-VO dem Recht des Staates, in dem die Partei, welche die für den Vertrag **charakteristische Leistung** *(prestazione caratteristica)* zu erbringen hat, ihren gewöhnlichen Aufenthalt hat.[83] Ergibt sich aus der **Gesamtheit der Umstände**, dass der Vertrag eine **offensichtlich engere Verbindung** *(collegamento più stretto)* zu einem **anderen Staat** auf- **9/49**

77 *Von Bar/Clive/Schulte-Nölke* (Hrsg), Draft Common Frame of Reference (DCFR) Outline Edition (2009), abrufbar unter https://www.law.kuleuven.be/personal/mstorme/2009_02_DCFR_OutlineEdition.pdf (letzter Besuch: 28. 6. 2019).

78 Italien war unter den ersten Staaten, die dem UN-Kaufrecht beigetreten sind, vgl dazu *Busani*, Il contratto di compravendita internazionale (2015) 6 f.

79 Vgl dazu etwa *Lurger/Melcher*, Handbuch Internationales Privatrecht (2017) Rz 4/68 mwN.

80 *Tonolo* in Conetti/Tonolo/Vismara^3 (2017) 266 ff; *Furrer/Girnsberger/Siehr/Trüten*, Internationales Privatrecht Besonderer Teil (2018) Rz 928 ff.

81 *Ubertazzi*, Il regolamento Roma I sulla legge applicabile alle obbligazioni contrattuali (2008) 67 ff.

82 *Tonolo* in Conetti/Tonolo/Vismara^3 (2017) 266 ff.

83 *Mosconi/Campiglio* I^8 (2017) 390 ff.

weist, so ist das Recht dieses anderen Staates anzuwenden.[84] Diese in Art 4 Abs 3 Rom I-VO geregelte sog **Ausweichklausel** ist jedenfalls sehr restriktiv auszulegen, da ansonsten das Funktionieren der Rom I-VO untergraben würde.[85]

9/50 Kann das anzuwendende Recht nicht aufgrund der speziellen Regeln bestimmt werden, so unterliegt der Vertrag dem Recht des Staates, zu dem er die **engste Verbindung** *(collegamento più stretto)* aufweist (Art 4 Abs 4 Rom I-VO).[86] Dies ist etwa beim **Tausch** *(permuta)* der Fall, bei dem beide Vertragsteile eine charakterisierende Leistung erbringen.

9/51 In einer beispielhaften Aufzählung berücksichtigt Art 4 Abs 1 Rom I-VO besonders **Kaufverträge** *(contratti di compravendita)*, **Dienstleistungsverträge** *(contratti di prestazione di servizi)*, **Verträge, die ein dingliches Recht zum Gegenstand haben** *(contratti aventi per oggetto un diritto reale immobiliare)*, **Franchisingverträge** *(contratto di affiliazione commerciale)*, **Vertriebsverträge** *(contratti di distribuzione)*, **Versteigerungskäufe** *(contratto di vendita di beni all'asta)* sowie **Verträge innerhalb von multilateralen Finanzinstrument-Handelssystemen** *(contratto finanziario concluso in un sistema multilaterale)*.[87] Vorteil dieser speziellen Regelung innerhalb der sonst allgemein gehaltenen Vorschrift von Art 4 Rom I-VO ist die beispielhafte Erläuterung des **Lageortprinzips** und des **Prinzips der vertragscharakterisierenden Leistung**.[88]

I. Beförderungsverträge

9/52 Für **Güter- und Personenbeförderungsverträge** *(contratti di trasporto di merci e di trasporto di persone)* sieht Art 5 Rom I-VO besondere Anknüpfungen vor. Der europäische Gesetzgeber hat bei der Anknüpfung zwischen den beiden Beförderungsarten differenziert.[89]

9/53 Soweit die Parteien in Bezug auf einen Vertrag über die **Beförderung von Gütern** keine Rechtswahl *(contratto di trasporto di merci)* nach Art 3 getroffen haben, ist gem Art 5 Abs 1 das Recht des Staates anzuwenden, in dem der **Beförderer** *(vettore)* seinen **gewöhnlichen Aufenthalt** hat, sofern sich in diesem Staat auch der Übernahmeort oder der Ablieferungsort oder der gewöhnliche Aufenthalt des Absenders befindet.[90] Der europäische Gesetzgeber hat normiert, dass das Recht des Staates des von den Parteien vereinbarten **Ablieferungsorts** anzuwenden ist, wenn die eben genannten Voraussetzungen nicht gegeben sind.[91]

9/54 Soweit die Parteien in Bezug auf einen Vertrag über die **Beförderung von Personen** *(contratto di trasporto di persone)* keine Rechtswahl nach UAbs 2 getroffen haben, ist das anzuwendende Recht das Recht des Staates, in dem die zu befördernde Person ihren gewöhnlichen Aufenthalt hat, sofern sich in diesem Staat auch der Abgangsort oder der Bestimmungsort befindet. An-

84 *Ubertazzi*, Il regolamento Roma I sulla legge applicabile alle obbligazioni contrattuali (2008) 67 ff.

85 Vgl etwa *Lurger/Melcher*, Handbuch Internationales Privatrecht (2017) Rz 4/88.

86 *Mosconi/Campiglio* I^8 (2017) 390 ff.

87 Vgl etwa Rz 7/12; *Tonolo* in Conetti/Tonolo/Vismara^3 (2017) 266 ff.

88 *Ubertazzi*, Il regolamento Roma I sulla legge applicabile alle obbligazioni contrattuali (2008) 67 ff.

89 *Mosconi/Campiglio* I^8 (2017) 395 f; *Lurger/Melcher*, Handbuch Internationales Privatrecht (2017) Rz 4/93; *Furrer/Girnsberger/Siehr/Trüten*, Internationales Privatrecht Besonderer Teil (2018) Rz 935 ff.

90 *Verschraegen*, Internationales Privatrecht (2012) Rz 423 ff.

91 *Ubertazzi*, Il regolamento Roma I sulla legge applicabile alle obbligazioni contrattuali (2008) 79 ff; *Mosconi/Campiglio* I^8 (2017) 396.

dernfalls ist das Recht des Staates anzuwenden, in dem der Beförderer seinen gewöhnlichen Aufenthalt hat.[92]

In Art 5 Abs 1 UAbs 2 ist eine wichtige **Einschränkung der Rechtswahlmöglichkeit** bei Personenbeförderungsverträgen geregelt: Die Parteien können nur das Recht des Staates wählen, in dem die zu befördernde Person ihren **gewöhnlichen Aufenthalt** hat oder in dem der Beförderer seinen **gewöhnlichen Aufenthalt** hat. Zudem kommt noch der Ort in Frage, in dem der Beförderer seine **Hauptverwaltung** hat oder in dem sich der **Abgangsort** bzw der **Bestimmungsort** befinden.[93] Insoweit wird die Wahlmöglichkeit von Art 3 Rom I-VO, die ja sonst sehr offen formuliert ist, im Hinblick auf die besondere Situation des Personenbeförderungsvertrags stark eingeschränkt.[94] 9/55

J. Sonderbestimmungen zum Schutz des schwächeren Vertragsteils

In den Art 6–8 der Rom I-VO hat sich der europäische Gesetzgeber von seiner **„sozialen Seite"** gezeigt. Es geht in allen drei Vorschriften um den **Schutz des schwächeren Vertragsteils** *(protezione della parte debole del contratto)*.[95] Die Personengruppen der **Verbraucher** *(consumatori)*, der **Versicherungsnehmer** *(contraente assicurato)* sowie der **Arbeitnehmer** *(prestatori di lavoro)* haben gemeinsam, dass sie bei der Vertragsgestaltung und beim Vertragsabschluss vielfach unter einem **Informationsdefizit** leiden, **wirtschaftlich abhängig** sind und **weniger Erfahrung mitbringen** als der andere Vertragsteil, mit dem sie kontrahieren. Insoweit sollen diese vom europäischen Gesetzgeber in Art 6–8 Rom I-VO normierten Kategorien nun gemeinsam behandelt werden.[96] 9/56

I. Verbraucherschutz

Ein Vertrag, den eine **natürliche Person** *(persona fisica)* zu einem Zweck, der nicht ihrer beruflichen oder gewerblichen Tätigkeit zugerechnet werden kann *(consumatore)*, mit einer anderen Person geschlossen hat, die in Ausübung ihrer beruflichen oder gewerblichen Tätigkeit handelt *(professionista)*, unterliegt grundsätzlich dem Recht des **Staates**, in dem der **Verbraucher seinen gewöhnlichen Aufenthalt** hat (Art 6 Abs 1 Rom I-VO).[97] Dieser Grundsatz gilt allerdings nur, sofern der Unternehmer seine **berufliche oder gewerbliche Tätigkeit** in dem Staat **ausübt**, in dem der Verbraucher seinen gewöhnlichen Aufenthalt hat, oder eine solche Tätigkeit 9/57

92 *Lurger/Melcher*, Handbuch Internationales Privatrecht (2017) Rz 4/92 ff.

93 *Furrer/Girnsberger/Siehr/Trüten*, Internationales Privatrecht Besonderer Teil (2018) Rz 935 ff; *Ubertazzi*, Il regolamento Roma I sulla legge applicabile alle obbligazioni contrattuali (2008) 79 ff.

94 *Verschraegen*, Internationales Privatrecht (2012) Rz 432 ff; *Lurger/Melcher*, Handbuch Internationales Privatrecht (2017) Rz 4/96.

95 *Mosconi/Campiglio* I[8] (2017) 397 ff.

96 Grundlegend zu diesem Themenbereich *Marino*, Metodi di diritto internazionale privato e tutela del contraente debole nel diritto comunitario (2010).

97 *Ubertazzi*, Il regolamento Roma I sulla legge applicabile alle obbligazioni contrattuali (2008) 88 ff.

auf irgendeine Weise auf diesen Staat oder auf mehrere Staaten, einschließlich dieses Staates, **ausrichtet** und der Vertrag in den **Bereich dieser Tätigkeit fällt.**[98]

9/58 Der **sachliche Anwendungsbereich** ist sehr breit. So fallen grundsätzlich alle Vertragstypen unter die konsumentenschutzrechtliche Regelung von Art 6 Rom I-VO. Einige Ausnahmen finden sich in Art 6 Abs 4, so insb Verträge über die Veräußerung von Liegenschaften oder dinglichen Rechten an Liegenschaften (auch *Timesharing*-Verträge), Miet- und Pachtverträge von unbeweglichen Sachen, Beförderungsverträge, Verträge über nur im Ausland erbrachte Dienstleistungen, Versicherungsverträge, diverse Verträge über den Vertrieb von Finanzdienstleistungen.[99]

9/59 Wie in Art 17 Abs 1 lit c Brüssel I-VO herrscht auch hier das **Leitbild des aktiven Unternehmers** *(professionista attivo)* vor, der aktiv in anderen Rechtsordnungen **passive Verbraucher** *(consumatori passivi)* für die Vermarktung von Waren und Dienstleistungen *(commercializzazione di beni o servizi)* gewinnen möchte. Nur in diesem Fall ist der Verbraucher dadurch geschützt, dass sein **Heimatrecht** zur Anwendung kommt. Dagegen wird der Verbraucher, der sich ins Ausland begibt, um mit Unternehmern über den Bezug von Waren und Dienstleistungen zu kontrahieren, durch die kollisionsrechtlichen Vorschriften nicht geschützt.[100] Insoweit können „Shopping-Touristen" idR nicht von Art 6 Rom I-VO profitieren.

9/60 Allerdings wird im Online-Vertrieb von Waren und Dienstleistungen stets von einem **Ausrichten** auf den Staat des gewöhnlichen Aufenthalts des Verbrauchers auszugehen sein, da die meisten Webseiten von der ganzen Welt aus abrufbar sind und idR auch eine englische Version haben. Freilich können Unternehmer den Vertrieb auf Webseiten für Verbraucher aus bestimmten Staaten sperren, um der Anwendung dieser kollisionsrechtlichen Verbraucherschutzbestimmung zu entkommen.[101]

II. Schutz des Versicherungsnehmers

9/61 Versicherungsverträge begründen Dauerschuldverhältnisse und haben in der Praxis typischerweise eine sehr lange Laufzeit. Insoweit erscheint es wichtig, an dieser Stelle zu erwähnen, dass die internationalprivatrechtlichen Regelungen der Rom I-VO gem Art 28 Rom I-VO für die ab dem 17. 12. 2009 abgeschlossenen Versicherungsverträge von Bedeutung sind. Die **kollisionsrechtlichen Bestimmungen** zum Versicherungsrecht finden sich in Art 7 Rom I-VO, einer kompliziert formulierten und recht unübersichtlichen Vorschrift.[102]

9/62 Bei der Suche nach der Anknüpfung von grenzüberschreitenden Versicherungsverträgen ist in der Praxis an erster Stelle zu prüfen, wo das **Risiko eintreten** kann. Hierbei ist zu differen-

---

98 *Ballarino*[8] (2016) 270; *Verschraegen*, Internationales Privatrecht (2012) Rz 423 ff; *Furrer/Girnsberger/Siehr/Trüten*, Internationales Privatrecht Besonderer Teil (2018) Rz 938 ff.

99 *Ubertazzi*, Il regolamento Roma I sulla legge applicabile alle obbligazioni contrattuali (2008) 82 ff; zum *timesharing* im IPR vgl *Milan* in Preite II (2011) 310.

100 *Lurger/Melcher*, Handbuch Internationales Privatrecht (2017) Rz 4/107; *Furrer/Girnsberger/Siehr/Trüten*, Internationales Privatrecht Besonderer Teil (2018) Rz 938 ff.

101 *Verschraegen*, Internationales Privatrecht (2012) Rz 423 ff; *Furrer/Girnsberger/Siehr/Trüten*, Internationales Privatrecht Besonderer Teil (2018) Rz 938 ff; *Ballarino*[8] (2016) 270.

102 *Ubertazzi*, Il regolamento Roma I sulla legge applicabile alle obbligazioni contrattuali (2008) 88 ff; *Furrer/Girnsberger/Siehr/Trüten*, Internationales Privatrecht Besonderer Teil (2018) Rz 956 ff.

zieren, ob das Risiko innerhalb oder außerhalb der EU belegen ist.[103] Erfasst sind nur **vertragliche Schuldverhältnisse in Zivil- und Handelssachen**, während **gesetzliche Sozialversicherungen** und **öffentlich-rechtliche Versicherungsverhältnisse** gem Art 1 Abs 1 Rom I-VO ausgeschlossen sind. Ein weiterer Ausschlusstatbestand sieht vor, dass **betriebliche Altersvorsorgeeinrichtungen** ausgenommen sind (Art 1 Abs 2 lit j Rom I-VO).[104]

Bei Schaffung der versicherungsrechtlichen Kollisionsnorm hat der europäische Gesetzgeber unterschieden, ob es sich um eine **Schadensversicherung** *(assicurazione danni)* oder um eine andere Art der Versicherung, etwa eine **Lebensversicherung** *(assicurazione sulla vita)*, handelt.[105] Verträge über **Rückversicherungen** *(riassicurazione)* sind vom Regelungsbereich jedenfalls ausgenommen und unterliegen daher den allgemeinen Bestimmungen von Art 3 und 4 der Rom I-VO, da derartige Verträge zwischen Parteien mit **ähnlicher Vertragsmacht** *(potere contrattuale)* abgeschlossen werden.[106] Der dem Art 7 Rom I-VO innewohnende Gedanke des Schutzes des schwächeren Vertragsteils kommt bei Rückversicherungsverträgen gerade nicht zum Tragen. 9/63

Zunächst adressierte der europäische Gesetzgeber die sog **Großrisikoversicherungsverträge**:[107] Gem Art 7 Abs 2 UAbs 1 Rom I-VO haben die Parteien jedenfalls dann ein **Wahlrecht** *(opzione di scelta)*, das sie gem Art 3 Rom I-VO ausüben können, wenn es sich um **Versicherungsverträge** handelt, **die Großrisiken** im Sinne von Art 5 lit d RL 73/239/EWG[108] *(contratti di assicurazione relativi ai grandi rischi)* decken. Soweit die Parteien keine Rechtswahl getroffen haben, unterliegt der Versicherungsvertrag dem Recht des Staats, in dem der **Versicherer seinen gewöhnlichen Aufenthalt** *(paese in cui l'assicurazione ha la residenza abituale)* hat. Ergibt sich aus der Gesamtheit der Umstände, dass der Vertrag eine offensichtlich engere Verbindung zu einem anderen Staat aufweist, ist das Recht dieses anderen Staates anzuwenden. 9/64

Die Rechtslage bei den **Massenrisikoverträgen** innerhalb der EU verhält sich völlig anders:[109] Handelt es sich gem Art 7 Abs 3 UAbs 1 Rom I-VO nicht um eine Versicherung, die Großrisiken deckt, sondern um eine **andere Art der Versicherung**, etwa eine **Lebensversicherung** *(assicurazione sulla vita)*, dann ist das besondere Wahlrecht innerhalb der Grenzen des in Art 7 Abs 3 UAbs 1 Rom I-VO **vorgegebenen Katalogs** vorzunehmen. Hierbei ergibt sich auch eine Ausnahme aus dem sonstigen in Art 20 Rom I-VO vorgegebenen Ausschluss des *renvoi*[110] (Art 7 Abs 3 UAbs 2 Rom I-VO). Nach dem Wortlaut von Art 20 Rom I-VO sind die nationalen Vorschriften des IPR ausgeschlossen, soweit die Rom I-VO selbst nichts anderes bestimmt.[111] Hier findet sich für Versicherungsverträge eine entsprechende Ausnahme.[112] Gem Art 7 Abs 3 9/65

---

103 *Verschraegen*, Internationales Privatrecht (2012) Rz 451.

104 *Lurger/Melcher*, Handbuch Internationales Privatrecht (2017) Rz 4/129 ff; *Furrer/Girnsberger/Siehr/Trüten*, Internationales Privatrecht Besonderer Teil (2018) Rz 956 ff; siehe auch Rz 9/27.

105 *Ballarino*[8] (2016) 269 f.

106 *Mosconi/Campiglio* I[8] (2017) 399.

107 *Verschraegen*, Internationales Privatrecht (2012) Rz 455.

108 RL 73/239/EWG des Rates vom 24. 7. 1973 zur Koordinierung der Rechts- und Verwaltungsvorschriften betreffend die Aufnahme und Ausübung der Tätigkeit der Direktversicherung (mit Ausnahme der Lebensversicherung).

109 *Verschraegen*, Internationales Privatrecht (2012) Rz 457.

110 Vgl zum *renvoi* Rz 9/34 f.

111 *Mosconi/Campiglio* I[8] (2017) 420.

112 *Mosconi/Campiglio* I[8] (2017) 399 f.

UAbs 3 Rom I-VO unterliegt der Vertrag dem Recht des Mitgliedstaats, in dem **zum Zeitpunkt des Vertragsschlusses** das **Risiko belegen** ist, sofern die Parteien keine Rechtswahl nach Art 7 Abs 3 Rom I-VO getroffen haben.[113]

9/66 Zuletzt hat der europäische Gesetzgeber noch versucht, eine klare Regelung über **Pflichtversicherungsverträge** innerhalb der EU *(contratti per cui uno stato membro impone un obbligo di assicurazione)* zu schaffen. Fallen das Recht des Mitgliedstaats der Risikobelegenheit und das Recht des Mitgliedstaats, das die Versicherungspflicht anordnet, auseinander, hat das Recht desjenigen Staates, das die Versicherungspflicht anordnet, Vorrang.[114]

III. Schutz des Arbeitnehmers

9/67 Gem Art 8 Rom I-VO unterliegen **Individualarbeitsverträge** *(contratti di lavoro subordinato)* dem von den Parteien nach Art 3 gewählten Recht. Die Rechtswahl der Parteien darf jedoch nicht dazu führen, dass dem Arbeitnehmer der **Schutz entzogen** wird *(non deve privare il lavoratore dalla protezione)*, der ihm durch Bestimmungen gewährt wird, von denen nach dem Recht, das nach Art 8 Abs 2–4 Rom I-VO mangels einer Rechtswahl anzuwenden wäre, nicht durch Vereinbarung abgewichen werden darf.[115]

9/68 In den Fällen, in denen **keine Rechtswahl** *(in mancanza di scelta)* getroffen worden ist, unterliegt der Arbeitsvertrag dem Recht des Staates, in dem oder andernfalls von dem aus der Arbeitnehmer in Erfüllung des Vertrags gewöhnlich seine Arbeit verrichtet. Der Staat, in dem die Arbeit gewöhnlich verrichtet wird, wechselt nicht, wenn der Arbeitnehmer seine Arbeit **vorübergehend** in einem anderen Staat verrichtet.[116]

9/69 Kann das anzuwendende Recht nicht nach Art 8 Abs 2 Rom I-VO bestimmt werden, so unterliegt der Vertrag (gem Art 8 Abs 3 Rom I-VO) dem Recht des Staates, in dem sich die **Niederlassung** befindet, die den Arbeitnehmer eingestellt hat *(paese nel quale si trova la sede che ha proceduto ad assumere il lavoratore)*.[117]

9/70 In Art 8 Abs 4 ist schließlich noch eine **Ausweichklausel** vorgesehen:[118] Ergibt sich aus der Gesamtheit der Umstände, dass der Vertrag eine engere Verbindung zu einem anderen als dem in Art 8 Abs 2 und 3 Rom I-VO bezeichneten Staat aufweist, ist das Recht dieses anderen Staates anzuwenden. [119]

K. Eingriffsnormen

9/71 In Art 9 Abs 1 Rom I-VO hat der europäische Gesetzgeber bestimmt, dass eine **Eingriffsnorm** *(norma di applicazione necessaria)* eine zwingende Vorschrift ist, deren Einhaltung von einem

113 *Furrer/Girnsberger/Siehr/Trüten*, Internationales Privatrecht Besonderer Teil (2018) Rz 956 ff.
114 *Verschraegen*, Internationales Privatrecht (2012) Rz 461.
115 *Mosconi/Campiglio* I[8] (2017) 397 ff; *Furrer/Girnsberger/Siehr/Trüten*, Internationales Privatrecht Besonderer Teil (2018) Rz 961 ff.
116 *Ubertazzi*, Il regolamento Roma I sulla legge applicabile alle obbligazioni contrattuali (2008) 92 ff.
117 *Ballarino*[8] (2016) 270 ff.
118 *Verschraegen*, Internationales Privatrecht (2012) Rz 497.
119 *Ubertazzi*, Il regolamento Roma I sulla legge applicabile alle obbligazioni contrattuali (2008) 92 ff.

Staat als **so entscheidend für die Wahrung seines öffentlichen Interesses**, insbesondere seiner politischen, sozialen oder wirtschaftlichen Organisation, angesehen wird, dass sie ungeachtet des nach Maßgabe dieser Verordnung auf den Vertrag anzuwendenden Rechts auf alle Sachverhalte anzuwenden ist, die in ihren Anwendungsbereich fallen.[120] Durch die Rom I-VO soll die **Anwendung der Eingriffsnormen** des Rechts des angerufenen Gerichts **nicht berührt** werden (Art 9 Abs 2 Rom I-VO).[121]

Gem Art 9 Abs 3 Rom I-VO kann den Eingriffsnormen des Staates, in dem die durch den Vertrag begründeten Verpflichtungen erfüllt werden sollen oder erfüllt worden sind, Wirkung verliehen werden, soweit diese Eingriffsnormen die **Erfüllung des Vertrags** unrechtmäßig werden lassen *(rendono illecito l'adempimento del contratto)*.[122] Bei der Entscheidung, ob diesen Eingriffsnormen Wirkung zu verleihen ist, werden **Art und Zweck** *(natura e finalità)* dieser Normen sowie die Folgen berücksichtigt, die sich aus ihrer Anwendung oder Nichtanwendung ergeben würden.[123] **9/72**

L. Zustandekommen des Vertrags

Gem Art 10 Abs 1 Rom I-VO beurteilen sich das **Zustandekommen** *(esistenza)* und die **Wirksamkeit** *(validità)* des Vertrags oder einer seiner Bestimmungen nach dem Recht, das nach dieser Verordnung anzuwenden wäre, wenn der Vertrag oder die Bestimmung wirksam wäre.[124] **9/73**

In Art 10 Abs 2 Rom I-VO hat der europäische Gesetzgeber eine wichtige Präzisierung vorgesehen: Wenn es aufgrund der Umstände nicht gerechtfertigt wäre, die Wirkung des Verhaltens einer Partei nach dem in Art 10 Abs 1 Rom I-VO bezeichneten Recht zu bestimmen, so kann sich diese Partei für die Behauptung, sie habe dem Vertrag nicht zugestimmt, auf das Recht des **Staates ihres gewöhnlichen Aufenthalts** berufen.[125] **9/74**

M. Formfragen

Den Fragen der Form des Vertrages *(forma del contratto)* ist Art 11 Rom I-VO gewidmet. Dabei hat der europäische Gesetzgeber die Formen an sich nicht definiert bzw näher eingegrenzt. Das wäre angesichts der breiten Anzahl an möglichen Formen, die in den diversen Mitgliedstaaten im materiellen Vertragsrecht vorgesehen sind, auch unmöglich.[126] **9/75**

Gem Art 11 Abs 1 Rom I-VO ist ein Vertrag, der zwischen Personen geschlossen wird, die sich zum Zeitpunkt des Vertragsschlusses **in demselben Staat** befinden, formgültig, wenn er die **Formerfordernisse** *(requisiti di forma)* des auf ihn nach der Rom I-VO anzuwendenden ma- **9/76**

---

120 *Verschraegen*, Internationales Privatrecht (2012) Rz 1323.

121 *Mosconi/Campiglio* I^8 (2017) 402 f.

122 *Mosconi/Campiglio* I^8 (2017) 404.

123 *Doehner* in Hüßtege/Mansel (Hrsg), Rom Verordnungen zum Internationalen Privatrecht, BGB Kommentar VI (2014) Art 9 Rom I Rz 15 ff.

124 *Verschraegen*, Internationales Privatrecht (2012) Rz 372 ff.

125 *Mosconi/Campiglio* I^8 (2017) 406 f.

126 *Mosconi/Campiglio* I^8 (2017) 407 f.

teriellen Rechts oder die Formerfordernisse des Rechts des Staates, in dem er geschlossen wird, erfüllt.[127]

9/77 Wenn sich die Parteien **in verschiedenen Staaten** *(in stati diversi)* befinden, dann ist der Vertrag formgültig, wenn er die Formerfordernisse des auf ihn nach der Rom I-VO anzuwendenden materiellen Rechts oder die Formerfordernisse des Rechts eines der Staaten, in denen sich eine der Vertragsparteien oder ihr Vertreter zum Zeitpunkt des Vertragsschlusses befindet, oder die Formerfordernisse des Rechts des Staates, in dem eine der Vertragsparteien zu diesem Zeitpunkt ihren gewöhnlichen Aufenthalt hatte, erfüllt.[128]

9/78 Gem Art 11 Abs 3 Rom I-VO ist ein **einseitiges Rechtsgeschäft** *(negozio unilaterale)*, das sich auf einen geschlossenen oder zu schließenden Vertrag bezieht, formgültig, wenn es die Formerfordernisse des materiellen Rechts, das nach der Rom I-VO auf den Vertrag anzuwenden ist oder anzuwenden wäre, oder die Formerfordernisse des Rechts des Staates erfüllt, in dem dieses Rechtsgeschäft vorgenommen worden ist oder in dem die Person, die das Rechtsgeschäft vorgenommen hat, zu diesem Zeitpunkt ihren **gewöhnlichen Aufenthalt** hatte.[129]

N. Geltungsbereich des anzuwendenden Rechts

9/79 Gem Art 12 Rom I-VO ist das nach der Verordnung auf einen Vertrag anzuwendende Recht insbesondere maßgebend für seine **Auslegung** *(interpretazione)*, die **Erfüllung** der durch ihn begründeten Verpflichtungen *(esecuzione delle obbligazioni che ne discendono)*, die **Folgen** der vollständigen oder teilweisen **Nichterfüllung** dieser Verpflichtungen *(le conseguenze dell'inadempimento totale o parziale)*, in den Grenzen der dem angerufenen Gericht durch sein Prozessrecht eingeräumten Befugnisse, einschließlich der Schadensbemessung, soweit diese nach Rechtsnormen erfolgt, die verschiedenen **Arten des Erlöschens der Verpflichtungen** *(modi di estinzione delle obblgazioni)* sowie die **Verjährung** und die **Rechtsverluste** *(prescrizione e decadenze)*, die sich aus dem Ablauf einer Frist ergeben, die **Folgen der Nichtigkeit** des Vertrags *(conseguenze della nullità del contratto)*.[130] In der Diktion des europäischen Gesetzgebers ist ersichtlich, dass er bei Formulierung der materiellrechtlichen Begriffe des Vertragsrechts versucht hat, einen **gemeinsamen Nenner** zwischen den stark unterschiedlichen Vertragsrechten zu finden. Bei Anwendung von Art 12 Rom I-VO ist insoweit in der Praxis eine weite Auslegung vorzunehmen und nicht an den hier vom europäischen Gesetzgeber verwendeten Begriffen zu haften, um zu beurteilen, ob eine bestimmte vertragsrechtliche Frage unter Art 12 Abs 1 zu subsumieren ist.

9/80 In Art 12 Abs 2 Rom I-VO hat der europäische Gesetzgeber noch eine Regelung zur **materiellen Rechtsdurchsetzung** geschaffen: In Bezug auf die Art und Weise der Erfüllung und die vom Gläubiger im Falle mangelhafter Erfüllung zu treffenden Maßnahmen ist das Recht des **Staates**, in dem die **Erfüllung erfolgt** *(paese in cui ha luogo l'esecuzione)*, zu berücksichtigen.[131]

127 *Ubertazzi*, Il regolamento Roma I sulla legge applicabile alle obbligazioni contrattuali (2008) 103 ff.
128 *Mosconi/Campiglio* I[8] (2017) 407 ff.
129 *Ubertazzi*, Il regolamento Roma I sulla legge applicabile alle obbligazioni contrattuali (2008) 103 ff.
130 *Ubertazzi*, Il regolamento Roma I sulla legge applicabile alle obbligazioni contrattuali (2008) 98 ff.
131 *Mosconi/Campiglio* I[8] (2017) 412 ff.

O. Rechts-, Geschäfts- und Handlungsunfähigkeit

Die *ratio* von Art 13 Rom I-VO besteht darin, den **Rechtsverkehr** am Ort des Abschlusses des Vertrages zu **schützen.**[132] Gem Art 13 Rom I-VO kann sich bei einem zwischen Personen, die sich in demselben Staat befinden, geschlossenen Vertrag eine natürliche Person *(persona fisica)*, die nach dem Recht dieses Staates **rechts-, geschäfts- und handlungsfähig** *(capace secondo la legge di tale paese)* wäre, nur dann auf ihre sich nach dem Recht eines **anderen Staates** ergebende Rechts-, Geschäfts- und Handlungsunfähigkeit berufen, wenn die andere Vertragspartei bei Vertragsschluss diese Rechts-, Geschäfts- und Handlungsunfähigkeit kannte oder infolge von Fahrlässigkeit nicht kannte.[133] 9/81

Die Voraussetzungen in Art 13 Rom I-VO sind **kumulativ** zu verstehen. Das bedeutet, dass sich die Parteien im selben Staat befinden müssen und dass mindestens eine der Vertragsparteien eine natürliche Person ist. Diese natürliche Person wird zwar nach dem **Recht des Abschlussstaates** *(legge dello stato dove è stato concluso il contratto)* Rechts-, Geschäfts- und Handlungsfähigkeit besitzen, nicht aber nach ihrem Personalstatut.[134] Als weitere Voraussetzung muss die Vertragspartei, die sich nicht auf die nach dem Personalstatut **fehlende Rechts-, Geschäfts- und Handlungsfähigkeit** *(incapacità)* beruft, infolge Fahrlässigkeit davon **nichts gewusst** haben.[135] 9/82

P. Forderungsübertragung

In Art 14 Rom I-VO ist das Kollisionsrecht der **rechtsgeschäftlichen Übertragung** einer Forderung *(cessione di credito)* geregelt. Gem Art 14 Rom I-VO unterliegt das **Verhältnis zwischen Zedent und Zessionar** *(rapporto tra cedente e cessionario)* aus der Übertragung einer Forderung gegen eine andere Person dem Recht, das nach dieser Verordnung auf den Vertrag zwischen Zedent und Zessionar anzuwenden ist.[136] 9/83

Gem Art 14 Abs 2 Rom I-VO bestimmt das Recht, dem die übertragene Forderung unterliegt, ihre Übertragbarkeit, das Verhältnis zwischen Zessionar *(cessionario)* und Schuldner *(debitore)*, die Voraussetzungen, unter denen die Übertragung dem Schuldner entgegengehalten werden kann, und die befreiende Wirkung einer Leistung durch den Schuldner.[137] Damit unterliegt auch das Verhältnis zwischen **Zessionar** und **Schuldner** dem **Forderungsstatut.** 9/84

Der europäische Gesetzgeber hat in Art 14 Abs 3 Rom I-VO auch den **Begriff der Übertragung** definiert. Danach ist dabei nicht nur die vollkommene Übertragung von Forderungen, sondern auch die Übertragung von Forderungen zu Sicherungszwecken sowie von Pfandrech- 9/85

132 *Doehner* in Hüßtege/Mansel (Hrsg), Rom Verordnungen zum Internationalen Privatrecht, BGB Kommentar VI (2014) Art 13 Rom I Rz 1.

133 *Ubertazzi*, Il regolamento Roma I sulla legge applicabile alle obbligazioni contrattuali (2008) 101 f.

134 *Doehner* in Hüßtege/Mansel (Hrsg), Rom Verordnungen zum Internationalen Privatrecht, BGB Kommentar VI (2014) Art 13 Rom I Rz 4.

135 *Mosconi/Campiglio* I^8 (2017) 381 ff.

136 *Mosconi/Campiglio* I^8 (2017) 417 f.

137 *Mosconi/Campiglio* I^8 (2017) 417 f.

ten oder anderen Sicherungsrechten an Forderungen umfasst. Umfasst ist demnach auch die **Bestellung von Sicherungsrechten** an einer Forderung.[138]

Q. Gesetzlicher Forderungsübergang

9/86 In Art 15 Rom I-VO hat der europäische Gesetzgeber die Frage geregelt, nach welchem Recht sich der gesetzliche **Forderungsübergang** *(surrogazione legale)* richtet.[139] Hat der Gläubiger *(creditore)* eine vertragliche Forderung gegen den Schuldner *(debitore)* und ist ein Dritter verpflichtet, den Gläubiger zu befriedigen (oder hat er den Gläubiger aufgrund dieser Verpflichtung befriedigt), so bestimmt das **für die Verpflichtung** des **Dritten** gegenüber dem Gläubiger **maßgebende Recht** *(la legge applicabile a tale obbligo del terzo)*, ob und in welchem Umfang der Dritte die Forderung des Gläubigers gegen den Schuldner nach dem für deren Beziehung maßgebenden Recht geltend zu machen berechtigt ist (Art 15 Rom I-VO).[140] Eine Vorschrift mit demselben Regelungsgehalt findet sich für **außervertragliche Schuldverhältnisse** in Art 19 Rom II-VO.[141]

R. Mehrfache Haftung

9/87 Der europäische Gesetzgeber hat in Art 16 Rom I-VO eine Regelung für den **Rückgriff** *(regresso)* des leistenden Schuldners bei mehreren verpflichteten Schuldnern geschaffen. Hat ein Gläubiger *(creditore)* eine Forderung gegen mehrere für dieselbe Forderung haftende Schuldner *(debitori responsabili in solido)* und ist er von einem der Schuldner befriedigt worden, so ist für den **Rückgriff** das Recht maßgebend, das auf die Verpflichtung dieses Schuldners gegenüber dem Gläubiger anzuwenden ist (Art 16 Rom I-VO).[142] Fraglich ist, nach welchem Recht es sich bemisst, ob eine **Gesamtschuld** *(responsabilità in solido)* vorliegt. Sind mehrere Rechtsordnungen berührt, kann es leicht der Fall sein, dass die Voraussetzungen für eine Gesamtschuld und die konkreten Wesenseigenschaften der Gesamtschuld voneinander abweichen. Daher wird in der Literatur zunehmend gefordert, den Begriff der Gesamtschuld hier durch eine **europäisch-autonome Auslegung** zu ermitteln und dabei nicht auf eines der berührten nationalen Rechte Bezug zu nehmen.[143]

9/88 Die übrigen Schuldner sind berechtigt, diesem Schuldner diejenigen **Verteidigungsmittel entgegenzuhalten** *(opporre le eccezioni)*, die ihnen gegenüber dem Gläubiger zugestanden haben, soweit dies gemäß dem auf ihre Verpflichtung gegenüber dem Gläubiger anzuwendenden Recht zulässig wäre.[144]

---

138 *Leible* in Hüßtege/Mansel (Hrsg), Rom Verordnungen zum Internationalen Privatrecht, BGB Kommentar VI (2014) Art 13 Rom I Rz 6.

139 *Ubertazzi*, Il regolamento Roma I sulla legge applicabile alle obbligazioni contrattuali (2008) 111.

140 *Mosconi/Campiglio* I^8 (2017) 418 f.

141 Siehe dazu *Franzina*, Il regolamento n. 864/2007/CE sulla legge applicabile alle obbligazioni extracontrattuali („Roma II"), Nuove leggi civ.comm. 2008, II, 1036.

142 *Ubertazzi*, Il regolamento Roma I sulla legge applicabile alle obbligazioni contrattuali (2008) 111.

143 *Doehner* in Hüßtege/Mansel (Hrsg), Rom Verordnungen zum Internationalen Privatrecht, BGB Kommentar VI (2014) Art 16 Rom I Rz 4 mwN.

144 *Mosconi/Campiglio* I^8 (2017) 419.

S. Aufrechnung

In Art 17 Rom I-VO hat der europäische Gesetzgeber eine Vorschrift zur **Aufrechnung** *(compensazione)* geschaffen,[145] die den **Schutz des Aufrechnungsgegners** in den Vordergrund stellt.[146] Ausgangspunkt für die Regelung sind Fälle, in denen das Recht zur Aufrechnung nicht vertraglich vereinbart worden ist. Hierbei gilt für die Aufrechnung das Recht, dem die Forderung unterliegt, gegen die aufgerechnet wird.[147] Damit folgt der europäische Gesetzgeber dem **Prinzip der engsten Verbindung** *(collegamento più stretto)* gem Art 4 Abs 4 Rom I-VO, das bereits oben näher ausgeführt worden ist.[148] **9/89**

T. Beweisfragen

Gem Art 18 Rom I-VO werden **gesetzliche Vermutungen** *(presunzioni legali)* und die **Beweislast** *(onere della prova)* dem **Geschäftsstatut** *(lex causae)* unterstellt. Es handelt sich hierbei um die zu Art 22 Rom II-VO parallele Rechtsvorschrift. Das nach der Rom I-VO für das vertragliche Schuldverhältnis maßgebende Recht ist insoweit anzuwenden, als es für vertragliche Schuldverhältnisse gesetzliche Vermutungen aufstellt oder die Beweislast verteilt. **9/90**

Zum Beweis eines Rechtsgeschäfts sind alle Beweisarten *(ogni mezzo di prova)* des Rechts des angerufenen Gerichts oder eines der in Art 11 Rom I-VO bezeichneten Rechte, nach denen das Rechtsgeschäft **formgültig** *(valido quanto alla forma)* ist, zulässig, sofern der Beweis in dieser Art **vor dem angerufenen Gericht** *(davanti al giudice adito)* erbracht werden kann.[149] **9/91**

In Art 18 Rom I-VO findet sich eine drastische Einschränkung des in Art 1 Abs 3 der Rom I-VO festgelegten Prinzips, wonach wesentliche Verfahrensfragen einschließlich des Beweisrechts dem am **Ort des Gerichts geltenden Recht** *(lex fori)* und damit nicht der Rom I-VO unterliegen. Es kann also zusammengefasst werden, dass Art 18 Rom I-VO die *lex fori* soweit verdrängt, als gesetzliche Vermutungen *(presunzioni legali)* und **Beweislastfragen** *(questioni riguardanti l'onere della prova)* stark mit dem materiellen Recht verbunden sind.[150] **9/92**

145 *Ubertazzi*, Il regolamento Roma I sulla legge applicabile alle obbligazioni contrattuali (2008) 113 ff.

146 *Doehner* in Hüßtege/Mansel (Hrsg), Rom Verordnungen zum Internationalen Privatrecht, BGB Kommentar VI (2014) Art 17 Rom I Rz 1.

147 *Ubertazzi*, Il regolamento Roma I sulla legge applicabile alle obbligazioni contrattuali (2008) 113 ff.

148 Siehe Rz 9/50.

149 *Mosconi/Campiglio* I[8] (2017) 415 f.

150 *Doehner* in Hüßtege/Mansel (Hrsg), Rom Verordnungen zum Internationalen Privatrecht, BGB Kommentar VI (2014) Art 18 Rom I Rz 1.

§ 10 Außervertragliche Schuldverhältnisse

A. Grundlagen

Literatur:

Barel in Bariatti, Riforma, Nuove leggi civ.comm. 1996, Art 58, 1391 f; *Tonolo* in Conetti/Tonolo/Vismara[3] (2017) 275 f; *Franzina*, Il regolamento n. 864/2007/CE sulla legge applicabile alle obbligazioni extracontrattuali („Roma II"), Nuove leggi civ.comm. 2008, II, 971 ff; *Marongiu Buonaiuti*, Le obbligazioni non contrattuali nel diritto internazionale privato (2013) 190.

I. Italienisches IPR und internationale Übereinkommen

Während man sich in den Vorgesetzen noch mit einer einzigen kollisionsrechtlichen Bestimmung für alle außervertraglichen Schuldverhältnisse begnügt hatte,[1] führte der Gesetzgeber des Jahres 1995 sechs neue Einzelbestimmungen ein. Neben dem Kollisionsrecht **einseitiger Rechtsgeschäfte** in Art 58–60 IPRG (einseitige Versprechen, Wertpapiere und die Vollmacht) geben Art 62–63 IPRG die Anknüpfungskriterien für das auf die **Haftung wegen unerlaubter Handlung** (allgemeine Regel,[2] besondere Anknüpfung bei Produkthaftung) anwendbare Recht vor. Art 61 IPRG enthält eine Kollisionsnorm für das **Recht der weiteren gesetzlichen Schuldverhältnisse** (Geschäftsführung ohne Auftrag, Rückforderung einer Nichtschuld, Bereicherungsrecht). 10/1

Im Zusammenhang mit dem auf **Wechsel und Schecks** anwendbaren Recht verweist Art 59 IPRG für alle Fälle auf die Genfer Übereinkommen von 1930 und 1931, sodass diese Übereinkommen in Italien universelle Anwendung genießen.[3] Das Haager Übereinkommen über das auf Straßenverkehrsunfälle anzuwendende Recht wurde von Italien nicht ratifiziert und ist somit nicht anwendbar. 10/2

II. Rom II-VO

Am 11. 1. 2009 trat die Rom II-VO 864/2007 der EU über das **auf außervertragliche Schuldverhältnisse anwendbare Recht** in allen Mitgliedstaaten mit Ausnahme Dänemarks in Kraft.[4] Seither verdrängt sie in ihrem Anwendungsbereich die Bestimmungen des italie- 10/3

1 Art 25 Abs 2 Vorgesetze ZGB knüpfte für alle außervertraglichen Schuldverhältnisse am Ort an, an dem das Ereignis stattgefunden hat, aus dem sie hervorgegangen sind *(lex loci actus)*. *Barel* in Bariatti, Riforma, Nuove leggi civ.comm. 1996, Art 58, 1391 f.

2 Von einer Ausdifferenzierung der verschiedenen besonderen Haftungstatbestände hat der Gesetzgeber mit Ausnahme der Produkthaftung bewusst Abstand genommen. Dazu und zu den Gründen dieser Wahl *Saravalle* in Bariatti, Riforma, Nuove leggi civ.comm. 1996, Art 62, 1441 f.

3 *Tonolo* in Conetti/Tonolo/Vismara, Manuale di diritto internazionale privato italiano[3] (2017) Art 59, 275 f.

4 Vgl ausführlich zur Rom II-VO *Franzina*, Il regolamento n. 864/2007/CE sulla legge applicabile alle obbligazioni extracontrattuali („Roma II"), Nuove leggi civ.comm. 2008, II, 971 ff; *Marongiu Buonaiuti*, Le obbligazioni non contrattuali nel diritto internazionale privato (2013) 190 und 204.

nischen IPRG. Als **außervertragliche Schuldverhältnisse**[5] werden dabei sämtliche Folgen einer unerlaubten Handlung, einer ungerechtfertigten Bereicherung, einer Geschäftsführung ohne Auftrag *(negotiorum gestio)* oder eines Verschuldens bei Vertragsverhandlungen *(culpa in contrahendo)* verstanden (Art 2 Abs 1 Rom II-VO).

10/4 Vom materiellen Anwendungsbereich **nicht erfasst** sind außervertragliche Schuldverhältnisse in Steuer- und Zollsachen, in verwaltungsrechtlichen Angelegenheiten und aus Haftung des Staates wegen hoheitlicher Tätigkeit (Art 1 Abs 1 Rom II-VO).

10/5 Ferner enthält Art 1 Abs 2 Rom II-VO einen umfangreichen **Ausnahmenkatalog**, der die Anwendung der VO **in folgenden Fällen** ausschließt: bei außervertraglichen Schuldverhältnissen aus einem Familienverhältnis, aus dem ehelichen/partnerschaftsrechtlichen Güterrecht, aus Wechseln, Schecks, Eigenwechseln und anderen handelbaren Wertpapieren, aus Gesellschafts- und Vereinsrecht sowie dem Recht juristischer Personen, aus einem Trust, für Schäden durch Kernenergie sowie aus der Verletzung von Persönlichkeitsrechten.

10/6 Wie alle anderen kollisionsrechtlichen Verordnungen der EU ist auch die Rom II-VO **universell anwendbar** (Art 3 Rom II-VO). Dies bedeutet, dass sie stets anzuwenden ist, wenn ein außervertragliches Schuldverhältnis eine Verbindung zum Recht mehrerer Staaten aufweist, und somit unabhängig davon, ob das Recht eines Mitgliedstaats oder das Recht eines Drittstaates zur Anwendung gelangt.

III. Verbleibender Anwendungsbereich der Art 58 ff IPRG

10/7 Von der Rom II-VO unberührt geblieben sind die kollisionsrechtlichen Bestimmungen über **einseitige Rechtsgeschäfte** in Art 58–60 IPRG. Somit ist das auf einseitige Versprechen, Wertpapiere und die Vollmacht anzuwendende Recht weiterhin nach dem italienischen IPRG zu bestimmen.

10/8 Dagegen geht die Rom II-VO den Bestimmungen über die außervertragliche Haftung und die Produkthaftung in Art 62 und 63 IPRG sowie über die gesetzlichen Schuldverhältnisse (Geschäftsführung ohne Auftrag, Rückforderung einer Nichtschuld, Bereicherungsrecht) in Art 61 vor. Diese Bestimmungen des italienischen IPRG behalten nur noch **außerhalb des materiellen Anwendungsbereichs** der Rom II-VO ihre Geltung. So ist zB Art 62 IPRG weiterhin auf außervertragliche Schuldverhältnisse wegen Verletzung von Persönlichkeitsrechten (Ausnahme Art 1 Abs 2 lit g Rom II-VO) anzuwenden, für die Art 24 IPRG auf Art 62 IPRG verweist.

10/9 Art 61–63 IPRG sind ferner auf alle Ereignisse anzuwenden, die bis zum 10. 1. 2009 eingetreten sind (**Altfälle**), da die Rom II-VO zeitlich erst auf Ereignisse ab 11. 1. 2009 anzuwenden ist (Art 31 Rom II-VO).

5 Hierbei handelt es sich um einen autonomen Begriff der VO, vgl Erwägungsgrund 11.

B. Außervertragliche Haftung

Literatur:

Saravalle in Bariatti, Riforma, Nuove leggi civ.comm. 1996, Art 62, 1441 f; *Pocar*, Riforma, Riv.dir.int.priv.proc. 1996, Art 62, 1212; *Franzina*, Il regolamento n. 864/2007/CE sulla legge applicabile alle obbligazioni extracontrattuali („Roma II"), Nuove leggi civ.comm. 2008, II, 994 ff; *Mosconi/Campiglio* I[8] (2017) 466 f.

Aufgrund des verbleibenden Anwendungsbereichs des autonomen IPR im Bereich der außervertraglichen Haftung (Art 62 und 63 IPRG) ist es im Folgenden erforderlich, sowohl auf die nationalen kollisionsrechtlichen Bestimmungen als auch auf die europäischen Bestimmungen der Rom II-VO parallel einzugehen. Art 62 bezieht sich in seiner Überschrift auf die Haftung für unerlaubte Handlungen, wobei diese Bezeichnung als zu eng anzusehen ist. Darunter sind nämlich auch alle Fälle verschuldensunabhängiger Haftung zu subsumieren.[6] **10/10**

I. Grundregel: Anknüpfung am Erfolgsort

Das italienische IPRG knüpft für Fragen der außervertraglichen Haftung am Recht des **Erfolgsorts** *(lex loci damni, luogo dell'evento)* an. Gem Art 62 IPRG gelangt demnach das Recht jenes Ortes zur Anwendung, an dem der unmittelbare[7] Schaden eingetreten ist.[8] Tritt der Schaden in verschiedenen Ländern ein (zB durch Verbreitung von falschen Informationen im Internet[9] oder in der internationalen Presse), so führt dies zur kollisionsrechtlichen Aufspaltung des Tatbestands *(dépeçage)* und zur parallelen Anwendung der Rechte dieser Staaten auf den jeweiligen Schaden.[10] **10/11**

Auch die **Rom II-VO** knüpft gem Art 4 Abs 1 am **Erfolgsort** und somit am Ort des Schadenseintritts an. Dabei kommt es ausschließlich auf den Ort des unmittelbaren Schadenseintritts, nicht jedoch auf den Ort des Eintritts indirekter Schadensfolgen an. Bei Streudelikten führt dies wie nach italienischem autonomem IPR zur Anwendung einer Vielzahl unterschiedlicher Rechte (sog Mosaikbetrachtung, *trattamento a mosaico*),[11] sodass ein Gleichlauf zwischen anwendbarem Recht und gerichtlicher Zuständigkeit hergestellt wird.[12] **10/12**

Sowohl im autonomen italienischen IPR als auch in der Rom II-VO ist eine Rück- oder Weiterverweisung ausgeschlossen. Gem Art 19 Abs 2 lit c IPRG und Art 24 Rom II-VO handelt es sich um **Sachnormverweisungen**. **10/13**

---

6 *Honorati*, Responsabilità per fatto illecito, in Baratta, Diritto internazionale privato (2010) 374.

7 Es kommt somit auf den Eintrittsort des anfänglichen Schadens an, nicht jedoch auf den Ort, an dem Folgeschäden eingetreten sind. *La Mattina* in Preite I (2011) 1190 f.

8 *Saravalle* in Bariatti, Riforma, Nuove leggi civ.comm. 1996, Art 62, 1441 f; *Honorati*, Responsabilità per fatto illecito, in Baratta, Diritto internazionale privato (2010) 376.

9 Zur Problematik von Internetdelikten und den Schwierigkeiten der Feststellung des Erfolgsorts *La Mattina* in Preite I (2011) 1190 f.

10 *Pocar*, Riforma, Riv.dir.int.priv.proc. 1996, Art 62, 1212.

11 *Franzina*, Il regolamento n. 864/2007/CE sulla legge applicabile alle obbligazioni extracontrattuali („Roma II"), Nuove leggi civ.comm. 2008, II, 994 ff, der in diesen Fällen die Mosaiklösung zugunsten der Ausweichklausel in Art 4 Abs 3 Rom II-VO ausschließt.

12 Gem Art 7 Nr 2 Brüssel Ia-VO kann der Geschädigte an den jeweiligen Erfolgsorten klagen, vgl EuGH, ECLI:EU:C:1995:61, Shevill, Ixora Trading Inc., Chequepoint SARL und Chequepoint International Ltd v Presse Alliance SA.

II. Abweichungen von der Erfolgsortregel

10/14 Mit dem Ziel, den Geschädigten besserzustellen *(favor laesi)*,[13] räumt der italienische Gesetzgeber diesem in Art 62 Abs 1 ein **Optionsrecht** zugunsten des Rechts des Handlungsorts *(lex loci delicti commissi)* ein. **Handlungsort** *(luogo dell'azione)* ist dabei der Ort, an dem der Schädiger die schadensursächliche Handlung ausgeführt hat. Diese Rechtswahlmöglichkeit erlangt indes nur bei **Distanzdelikten** praktische Bedeutung, und somit nur in jenen Fällen, in denen der Handlungs- und der Erfolgsort auseinanderfallen. Ein solches Optionsrecht zugunsten des Handlungsorts **kennt die Rom II-VO nicht.**

10/15 Eine weitere Abweichung von der Erfolgsortregel ergibt sich nach italienischem IPR dann, wenn **Schädiger und Geschädigter**[14] **dieselbe Staatsangehörigkeit** haben und in diesem Staat ihren **gewöhnlichen Aufenthalt** *(residenza)* haben. Liegen beide Voraussetzungen[15] vor, so gelangt das Recht dieses Staates zur Anwendung.[16] Die **Rom II-VO** verzichtet auf diese Doppelvoraussetzung, indem sie in Art 4 Abs 2 die Erfolgsortregel dann derogiert, wenn Schädiger und Geschädigter zum Zeitpunkt des Schadenseintritts ihren **gewöhnlichen Aufenthalt im selben Staat** hatten. In diesem Fall ist das Recht dieses Staates anzuwenden.

Beispiel:

An einer Straßenkreuzung in München kommt es zu einem Auffahrunfall zwischen zwei Fahrzeugen mit italienischen Kennzeichen. Beide Fahrer befinden sich auf Urlaub in Bayern und haben ihren gewöhnlichen Aufenthalt in Italien. Auf die haftungsrechtlichen Folgen des Unfalls gelangt, unabhängig von der Staatsangehörigkeit der Betroffenen, italienisches Recht zur Anwendung.

10/16 Während das italienische IPRG keine weiteren generellen Ausnahmen von der Erfolgsortregel vorsieht, enthält Art 4 Abs 3 **Rom II-VO** eine **Ausweichklausel**, wonach bei einer **wesentlich engeren Verbindung** der unerlaubten Handlung zum Recht eines anderen Staates das Recht dieses anderen Staates anzuwenden ist. Diese Ausweichklausel gilt sowohl als Ausnahme zur Erfolgsortregel als auch als Ausnahme zur Anknüpfung am gemeinsamen gewöhnlichen Aufenthalt gem Art 4 Abs 2 Rom II-VO. Eine solche engere Verbindung kann sich insbesondere aus einer bereits bestehenden Vertragsverbindung zwischen Schädiger und Geschädigtem ergeben, sofern die unerlaubte Handlung damit in enger Verbindung steht.

---

13 Insofern kommen hier materiellrechtliche Überlegungen zum Tragen: *Picone*, I metodi di coordinamento tra ordinamenti nel progetto di riforma del diritto internazionale privato, in Gaja, La riforma del diritto internazionale privato e processuale (1994) 219; *Pocar*, Riforma, Riv.dir.int.priv.proc. 1996, Art 62, 1213.

14 Die Norm bezieht sich auf alle Personen, die von der unerlaubten Handlung betroffen sind, meint damit aber in erster Linie den Geschädigten und den Schädiger, vgl *Saravalle* in Bariatti, Riforma, Nuove leggi civ.comm. 1996, Art 62, 1451.

15 Kritisch zur Kombination dieser Voraussetzungen, sodass die Ausnahmeregelung kaum je praktische Relevanz erlangen kann, *Saravalle* in Bariatti, Riforma, Nuove leggi civ.comm. 1996, Art 62, 1450; *Pocar*, Riforma, Riv.dir.int.priv.proc. 1996, Art 62, 1216.

16 Der erste Vorläufer dieser Regelung des Vorrangs des gemeinsamen Heimatstatuts fand sich in der aufgehobenen deutschen Verordnung des Ministerrats für die Reichsverteidigung über die Rechtsanwendung bei Schädigung deutscher Staatsangehöriger außerhalb des Reichsgebiets vom 7. 12. 1942 (RGBl I 706). Einen weiteren wichtigen Vorläufer dieser Vorschrift stellt die US-amerikanische Entscheidung *Babock v Jackson*, 12 N.Y. 2d 473 (1963) dar. *Saravalle* in Bariatti, Riforma, Nuove leggi civ.comm. 1996, Art 62, 1449.

III. Rechtswahl

Im italienischen IPR kann der Geschädigte an Stelle des Rechts des Erfolgsorts jenes des Handlungsorts wählen (Art 62 Abs 1 IPRG).[17] Die Rom II-VO sieht dagegen eine **nachträgliche Rechtswahl** vor (Art 14 Abs 1 Rom II-VO). Demnach können die Parteien das Recht wählen, dem das außervertragliche Schuldverhältnis unterliegen soll. Diese Wahl kann durch eine **Vereinbarung** nach Eintritt des schadensbegründenden Ereignisses getroffen werden. Wenn beide Parteien einer kommerziellen Tätigkeit nachgehen und die unerlaubte Handlung in diesem Zusammenhang begangen wurde, ist auch eine **vorherige Rechtswahl** zulässig. Jedenfalls muss die Rechtswahl ausdrücklich erfolgen oder sich mit hinreichender Sicherheit aus den Umständen des Falles ergeben. Rechte Dritter werden dadurch nicht berührt. Gewählt werden kann nur staatliches Recht. **10/17**

Zur Vermeidung von Rechtsumgehung[18] setzten sich **zwingende Bestimmungen des Staates**, auf den alle Elemente des Sachverhalts zum Zeitpunkt des Eintritts des schadensbegründenden Ereignisses weisen, gegen das gewählte Recht durch (Art 14 Abs 2 Rom II-VO). Dasselbe gilt für **zwingende Bestimmungen des Gemeinschaftsrechts**, wenn alle Elemente des Sachverhalts auf den EU-Raum weisen und das Recht eines Drittstaats gewählt wurde (Art 14 Abs 3 Rom II-VO). **10/18**

IV. Schranken der Anwendung ausländischen Rechts

Auch im Bereich der außervertraglichen Haftung greifen der Vorbehalt des ***ordre public*** gem Art 16 IPRG sowie die Schranke der **Eingriffsnormen** gem Art 17 IPRG. Die Rom II-VO enthält entsprechende Vorschriften, wonach zwingende Vorschriften des Gerichtsstaats unberührt bleiben (Art 16 Rom II-VO). Als solche könnten etwa strafrechtliche Vorschriften oder Arbeitssicherheitsvorschriften angesehen werden.[19] Die Anwendung eines ausländischen Rechts kann ferner dann versagt werden, wenn dieses mit der öffentlichen Ordnung des Gerichtsstaats offensichtlich unvereinbar ist (Art 26 Rom II-VO). **10/19**

Gemäß Erwägungsgrund 32 kann dies etwa dann der Fall sein, wenn das anwendbare Recht einen über den Ausgleich des entstandenen Schadens hinausgehenden **Strafschadensersatz** *(danno punitivo, puntive damages)* vorsieht und der Gerichtsstaat diesen als mit der eigenen öffentlichen Ordnung unvereinbar ansieht.[20] Zur Vereinbarkeit eines solchen Strafschadensersatzes mit dem italienischen *ordre public* haben sich italienische Gerichte bisher nur in Fällen äußern müssen, in denen ausländische Gerichtsentscheidungen in Italien vollstreckt werden sollten. Nachdem das Kassationsgericht die Vollstreckbarkeit solcher Entscheidungen wiederholt aufgrund des *ordre public* abgelehnt hatte,[21] hat dieses nun in einer **10/20**

---

17 Vgl oben Rz 10/14 (Optionsrecht).

18 *Franzina*, Il regolamento n. 864/2007/CE sulla legge applicabile alle obbligazioni extracontrattuali („Roma II"), Nuove leggi civ.comm. 2008, II, 1033.

19 *Mosconi/Campiglio* I[8] (2017) 466 f.

20 Zu *punitive damages* in der Rom II-VO *Marongiu Buonaiuti*, Le obbligazioni non contrattuali nel diritto internazionale privato (2013) 170 ff.

21 KassGH Ziv 19. 1. 2007, Nr 1183, Mass.Giust.civ. 2007, 132 f; KassGH Ziv 12. 6. 2008, Nr 15814, Mass.Giust.civ. 2008, 936 f; KassGH Ziv 8. 2. 2012, Nr 1781, Mass.Giust.civ. 2012, 139 f.

Entscheidung der Vereinten Senate eine Kehrtwende vollzogen.[22] Demnach erfüllt das italienische Schadensersatzrecht nicht ausschließlich die Funktion des Schadensausgleichs, weshalb ein im Ausland zugesprochener Strafschadensersatz der italienischen Rechtsordnung nicht völlig fremd sei. Für die Anerkennung und Vollstreckung einer solchen Entscheidung über *punitive damages* in Italien bedürfe es aber noch weiterer Voraussetzungen: einerseits muss die Verurteilung zu *punitive damages* den Anforderungen des strafrechtlichen Legalitätsprinzips entsprechen und andererseits muss zwischen der Strafschadenssumme und dem verursachten tatsächlich eingetretenen Schaden der Grundsatz der Verhältnismäßigkeit gewahrt bleiben.[23]

V. Geltungsbereich

10/21 **Art 62 IPRG** ist auf alle Fragen des außervertraglichen Haftungsrechts (Haftungsbegründung, Haftungsfolgen) anzuwenden, einschließlich der Frage der sog Deliktsfähigkeit.[24]

10/22 Der Anwendungsbereich der **Rom II-VO** ist in Art 15 genauer definiert und umfasst die Haftungsgrundlage, die Bestimmung der haftenden Personen, die Haftungsausschlussgründe, die Haftungsbeschränkung und Haftungsteilung, die Bestimmung und Bemessung des Schadens, die Maßnahmen zur Vorbeugung, Beendigung oder zum Ersatz des Schadens, die Übertragung und Vererbung von Ansprüchen aus außervertraglicher Haftung, den Anspruch auf Wiedergutmachung, die Anspruchsberechtigten bei persönlich erlittenen Schäden, die Haftung für Dritte, die Verjährungs- und Verfallsfristen.

10/23 Die Frage der Anspruchsberechtigten bei persönlich erlittenen Schäden betrifft in der Praxis vor allem **Drittgeschädigte**, wie zB die Familienangehörigen eines bei einem Verkehrsunfall schwer verletzten oder getöteten Geschädigten. Gem Art 4 ist auch für diese Ansprüche das Recht maßgeblich, in dem der unmittelbare Schaden eingetreten ist. Da eventuelle Ansprüche Dritter als indirekte Schäden zu qualifizieren sind, müssen sie nach dem Recht jenes Staates beurteilt werden, in dem der Unfall stattgefunden hat.[25]

10/24 Durch die Anknüpfung am Erfolgsort gem Art 4 Rom II-VO kann es vorkommen, dass die am Handlungsort erlaubte Handlung zu einer Haftung am Erfolgsort führt. Daher enthält die Rom II-VO mit Art 17 eine Vorschrift, wonach bei der Beurteilung des Verhaltens des Haftpflichtigen die **Sicherheits- und Verhaltensregeln des Ortes** und des Zeitpunkts des haftungsbegründenden Ereignisses „faktisch und soweit angemessen" berücksichtigt werden müssen.[26] Kommt es etwa in Österreich zu einem Verkehrsunfall zwischen Verkehrsteilnehmern

---

22 KassGH Ziv VS 5. 7. 2017, Nr 16601, Guid.dir. 2017, 31, 111.

23 KassGH Ziv VS 5. 7. 2017, Nr 16601, Foro it. 2017, I, 2613; dazu *Christandl*, Punitive damages und ordre public in Italien, ZfRV 2018, 123 ff.

24 *Pocar*, Riforma, Riv.dir.int.priv.proc. 1996, Art 62, 1216; Relazione al disegno di legge n. 1192 „Riforma del sistema italiano di diritto internazionale privato", in *Pocar*, Il nuovo diritto internazionale privato (2002) Art 62, 194 f.

25 EuGH, ECLI:EU:C:2015:802, Lazar v Allianz SpA. Dazu *Bona*, Roma II e sinistri mortali: il paese di residenza delle vittime secondarie non determina la legge applicabile, Resp.civ.prev. 2016, 829 ff; zum Vorlagebeschluss des LG Trieste *Bona*, Sinistri mortali occorsi in Italia e congiunti-attori residenti all'estero, Resp.civ.prev. 2015, 198 ff.

26 Dazu ausführlich *Marongiu Buonaiuti*, Le obbligazioni non contrattuali nel diritto internazionale privato (2013) 166 f.

mit gewöhnlichem Aufenthalt in Italien, so ist gem Art 4 Abs 2 Rom II-VO zwar italienisches Recht anzuwenden, in Bezug auf die Verkehrsregeln, die möglicherweise missachtet wurden, ist aber die österreichische Straßenverkehrsordnung heranzuziehen. Auch der **lokal übliche Sorgfaltsmaßstab** kann für die Beurteilung des Verhaltens des Schädigers herangezogen werden. Die „faktische" Berücksichtigung dieser Sicherheits- und Verhaltensregeln bedeutet einerseits, dass davon die allgemeine Anknüpfungsregel in Art 4 Rom II-VO unberührt bleibt und dass es sich um faktische Umstände handelt, für welche die Parteien beweispflichtig sind.[27]

Ob der Versicherte direkt gegen den Versicherer des Haftenden klagen kann (**Direktklage**), hängt aufgrund einer alternativen Anknüpfung *(concorso alternativo)* davon ab, ob das auf das außervertragliche Schuldverhältnis oder auf den Versicherungsvertrag anwendbare Recht dies erlaubt (Art 18 Rom II-VO). **10/25**

VI. Sonderanknüpfungen

Während der italienische Gesetzgeber mit der Vorschrift über die Produkthaftung (Art 63 IPRG) lediglich einen Sonderhaftungstatbestand neben der Grundregel in Art 62 IPRG aufgenommen hat, enthält die Rom II-VO eine Fülle von Sonderanknüpfungen für spezielle Haftungstatbestände. Auf diese ist im Folgenden einzugehen. **10/26**

1. Produkthaftung

Aufgrund der universellen Anwendung der Rom II-VO (Art 3) bedarf es einer kollisionsrechtlichen Vorschrift selbst in einem Bereich wie der **Haftung für fehlerhafte Produkte**, die in der Europäischen Union mit der Produkthaftungsrichtlinie[28] auf eine gemeinsame Grundlage gestellt wurde. Im Interesse einer angemessenen Risikoverteilung enthält Art 5 Rom II-VO eine **Anknüpfungsleiter** *(concorso successivo)*: In erster Linie wird am Recht des Staates des **gewöhnlichen Aufenthalts des Geschädigten** angeknüpft, sofern das **Produkt dort in Verkehr gebracht wurde**, unabhängig davon wo es der Geschädigte erworben hat. **10/27**

Beispiel:

Herr Rossi mit gewöhnlichem Aufenthalt in Verona kauft von einem Versandhandel mit Sitz in Deutschland ein Ladekabel für sein Mobiltelefon, das von einem chinesischen Hersteller stammt. Nach ein paar Tagen überhitzt das Kabel plötzlich und löst einen Brand im Wohnzimmer von Herrn Rossi aus. Auf die Haftung für Schäden, die auf den Produktfehler zurückzuführen sind, ist italienisches Recht anzuwenden.

Wurde das Produkt im Verwendungsstaat nicht in Verkehr gebracht, so ist das Recht des Staates anzuwenden, in dem das **Produkt erworben** wurde, sofern es dort in Verkehr gebracht wurde.

Beispiel:

Herr Rossi kauft ein Ladekabel für sein Handy während seines Urlaubs in der Türkei und verwendet es nach seiner Rückkehr auch in Italien, wo es nicht vertrieben wird. Auf die Produkthaftung ist türkisches Recht anzuwenden.

---

27 *Franzina*, Il regolamento n. 864/2007/CE sulla legge applicabile alle obbligazioni extracontrattuali („Roma II"), Nuove leggi civ.comm. 2008, II, 1039.

28 RL 85/374/EWG.

Wurde es im Erwerbsstaat nicht in Verkehr gebracht, so ist das Recht des Staates anzuwenden, in dem der **Schaden eingetreten** ist, sofern das Produkt in diesem Staat in Verkehr gebracht wurde.

Beispiel:

Herr Rossi kauft das Ladekabel von einem Händler in Deutschland, obwohl es in Deutschland nicht vertrieben wird. Tritt nun der Schaden in Verona ein und wurde das Ladekabel in Italien in Verkehr gebracht, so ist auf die Haftung für Schäden aufgrund des Produktfehlers italienisches Recht anzuwenden.

10/28 Von dieser Anknüpfung kann **in drei Fällen abgewichen** werden: erstens dann, wenn gem Art 4 Abs 2 Rom II-VO Geschädigter und Haftender ihren **gewöhnlichen Aufenthalt im selben Staat** haben *(lex domicilii communis partium)*; zweitens, wenn das Inverkehrbringen des Produkts in einem für die Anknüpfung relevanten Staat für den Hersteller **vernünftigerweise nicht vorhersehbar war** (Art 5 Abs 2 Rom II-VO), sodass das Recht seines gewöhnlichen Aufenthalts anzuwenden ist; und drittens nach der **allgemeinen Ausweichklausel** dann, wenn aus der Gesamtheit der Umstände eine offensichtlich engere Verbindung zum Recht eines anderen Staates besteht. Nach dem in Art 5 Rom II-VO enthaltenen Beispiel kann dies dann der Fall sein, wenn zwischen den Parteien ein diesbezügliches Vertragsverhältnis besteht, sodass die Produkthaftung dem Vertragsstatut unterworfen wird.

10/29 Die italienische Bestimmung in **Art 63 IPRG** gilt ausschließlich für **Altfälle**, die vor dem Wirksamwerden der Rom II-VO am 11. 1. 2009 eingetreten sind.[29] Demnach war auf Produkthaftungsfälle nach Wahl des Geschädigten (Optionsrecht) entweder das Recht des Staates anzuwenden, in dem sich der Wohnsitz oder die Verwaltung des Herstellers befindet, oder das Recht jenes Staates, in dem das Produkt erworben wurde, sofern der Hersteller nicht bewies, dass es dort ohne sein Einverständnis in Verkehr gebracht wurde.

2. Wettbewerbsverstöße und -beschränkungen

10/30 Ansprüche aus unlauterem Wettbewerb (Wettbewerbsverstöße) unterliegen dem Recht des Staates, in dem sich die beeinträchtigte oder wahrscheinlich beeinträchtigte Wettbewerbsbeziehung befindet (sog **Marktortprinzip**). Insofern stellt Art 6 Rom II-VO lediglich eine Präzisierung der allgemeinen Erfolgsortregel in Art 4 Rom II-VO zum Schutz der Wettbewerber, Verbraucher und der Öffentlichkeit dar.[30] Wenn der unlautere Wettbewerb ausschließlich einen Mitbewerber beeinträchtigt (zB Betriebsspionage) und sich auf den Markt bzw die Verbraucher nicht ausgewirkt hat, gilt die allgemeine Anknüpfung gem Art 4 Rom II-VO.

10/31 Bei einem den Wettbewerb einschränkenden Verhalten (zB verbotene Vereinbarungen zwischen Unternehmen wie Preisabsprachen, missbräuchliche Ausnützung einer marktbeherrschenden Stellung)[31] gilt das **Auswirkungsprinzip**. Demnach gilt grundsätzlich die **Mosaiktheorie**, wonach das Recht jedes Staates anwendbar ist, dessen Markt durch das verbotene Verhalten (wahrscheinlich) beeinträchtigt wurde (Art 6 Abs 3 a Rom II-VO). Wenn der Markt des Gerichtsstaates unmittelbar und wesentlich durch das verbotene Verhalten beeinträchtigt wurde, kann der Geschädigte seine Ansprüche ausschließlich auf das Recht dieses Staates stützen, auch wenn der Markt in weiteren Staaten (wahrscheinlich) beeinträchtigt wurde. Klagt der Geschädig-

29 *Marongiu Buonaiuti*, Le obbligazioni non contrattuali nel diritto internazionale privato (2013) 119 f.

30 Erwägungsgrund 21 Rom II-VO.

31 Erwägungsgrund 22 Rom II-VO.

te gegen mehrere Beklagte, so kann er sich nur dann auf das Recht des Gerichtsorts berufen, wenn das Verhalten jedes Beklagten sich unmittelbar und wesentlich auf den Markt des Gerichtsorts ausgewirkt hat.

Aufgrund der im Zusammenhang mit Wettbewerbsverletzungen und -beschränkungen involvierten Gemeininteressen ist eine **Rechtswahl** gem Art 14 Rom II-VO in diesem Bereich grundsätzlich **ausgeschlossen** (Art 6 Abs 4 Rom II-VO).[32] **10/32**

3. Umweltschäden

Die Beeinträchtigung der natürlichen Ressourcen (Wasser, Boden, Luft) oder der Funktionen von natürlichen Ressourcen zum Nutzen einer anderen Ressource oder der Öffentlichkeit sowie die Beeinträchtigung der Variabilität unter lebenden Organismen stellen einen Umweltschaden dar.[33] Für die Anknüpfung von Umweltschäden oder Personen- und Sachschäden aus Umweltschäden verweist Art 7 Rom II-VO grundsätzlich auf den **Erfolgsort** gem Art 4 Rom II-VO, räumt dem Geschädigten *(favor laesi)* aber ein **Optionsrecht** zugunsten des **Handlungsortsrechts** (Staat, in dem das handlungsbegründende Ereignis eingetreten ist) ein. Damit wird indirekt das Interesse des Umweltschutzes verstärkt.[34] Da nicht explizit ausgeschlossen, ist die Rechtswahl gem Art 14 Rom II-VO bei Umweltschäden als zulässig anzusehen.[35] **10/33**

4. Verletzungen des geistigen Eigentums

Art 8 Rom II-VO bezeichnet das auf Verletzungen von gewerblichen Schutzrechten, Urheberrechten und ähnlichen Immaterialgüterrechten anwendbare Recht. Angeknüpft wird demnach an der *lex loci protectionis* **(Schutzlandprinzip)**, dh am Recht des Staates, für den der Schutz beansprucht wird. Bei gemeinschaftsweit einheitlichen Schutzrechten ist das Recht des Staates anzuwenden, in dem die Verletzung begangen wurde, sofern diese Frage nicht ohnehin schon gemeinschaftsrechtlich einheitlich geregelt ist. Die Rechtswahl gem Art 14 Rom II-VO ist für Haftungen wegen Verletzung geistigen Eigentums ausgeschlossen. **10/34**

5. Haftung wegen Arbeitskampf

Ein Arbeitnehmer, ein Arbeitgeber oder ein Interessenverband (Gewerkschaft oder Arbeitgeberverband), die sich wegen einer Arbeitskampfmaßnahme (zB Streik, Betriebsschließung) mit Haftungsansprüchen konfrontiert sehen, unterliegen abweichend von der allgemeinen Anknüpfung in Art 4 Rom II-VO dem Recht des Handlungsorts (Art 9 Rom II-VO). Was genau unter Arbeitskampfmaßnahme zu verstehen ist, definiert die Rom II-VO nicht und **verweist** dafür auf die **na-** **10/35**

---

32 *Franzina*, Il regolamento n. 864/2007/CE sulla legge applicabile alle obbligazioni extracontrattuali („Roma II"), Nuove leggi civ.comm. 2008, II, 1009; *Marongiu Buonaiuti*, Le obbligazioni non contrattuali nel diritto internazionale privato (2013) 129.

33 *Mosconi/Campiglio* I[8] (2017) 450 ff; Erwägungsgrund 24 Rom II-VO.

34 *Franzina*, Il regolamento n. 864/2007/CE sulla legge applicabile alle obbligazioni extracontrattuali („Roma II"), Nuove leggi civ.comm. 2008, II, 1012.

35 *Franzina*, Il regolamento n. 864/2007/CE sulla legge applicabile alle obbligazioni extracontrattuali („Roma II"), Nuove leggi civ.comm. 2008, II, 1013.

tionalen Regelungen.[36] Von der Handlungsortsregel kann nur bei gleichem gewöhnlichem Aufenthalt von Geschädigtem und Beklagtem abgewichen werden (Art 4 Abs 2 Rom II-VO). Unanwendbar ist die Ausweichklausel gem Art 4 Abs 3 Rom II-VO. Wurden die Arbeitskampfmaßnahmen in einer Vielzahl von Staaten durchgeführt, sind nach der Mosaiklösung alle Rechte der betroffenen Staaten nebeneinander zur Anwendung berufen.[37] In diesem Fall könnten die Parteien diese unerwünschte Situation lediglich durch eine grundsätzlich zulässige nachträgliche Rechtswahl gem Art 14 Rom II-VO beseitigen.

C. Weitere gesetzliche Schuldverhältnisse

Literatur:

Franzina, Il regolamento n. 864/2007/CE sulla legge applicabile alle obbligazioni extracontrattuali („Roma II"), Nuove leggi civ.comm. 2008, II, 1019; Relazione al disegno di legge n. 1192 „Riforma del sistema italiano di diritto internazionale privato", in *Pocar,* Il nuovo diritto internazionale privato (2002) Art 61, 194; *Mosconi/Campiglio* I^8 (2017) 462.

I. Bereicherungsansprüche und Geschäftsführung ohne Auftrag

10/36 Nach **autonomem italienischem IPR** unterliegen Bereicherungsansprüche und Ansprüche aus Geschäftsführung ohne Auftrag dem Recht des Staates, in dem das **anspruchsbegründende Ereignis stattgefunden** hat. In den Gesetzesmaterialien fällt dieser Ort mit dem Ort zusammen, an dem die Bereicherung stattgefunden hat bzw die Geschäftsführung erfolgt ist.[38] Diese Regelung ist nur noch auf Altfälle und im Übrigen auf Fälle anwendbar, die vom sachlichen Anwendungsbereich der Rom II-VO ausgenommen sind. Bereicherungsrechtliche Ansprüche nach dem Scheitern einer Leistungsbeziehung (Rückforderung einer Nichtschuld, *ripetizione dell'indebito*) im Zusammenhang mit nichtigen Verträgen wurden auch in der Vergangenheit bereits am Vertragsstatut angeknüpft (Art 10 lit e EVÜ, nunmehr Art 12 lit e Rom I-VO).

10/37 Die Bestimmung des Art 10 Rom II-VO für bereicherungsrechtliche Ansprüche sieht, soweit sie nicht ohnehin im Falle der Nichtigkeit des Vertragsverhältnisses durch Art 12 lit e Rom I-VO verdrängt wird,[39] zunächst eine **akzessorische Anknüpfung** am Grundverhältnis (Vertrag oder unerlaubte Handlung) vor. Wurde also aufgrund einer unerlaubten Handlung ein zu hoher Schadensersatz geleistet, unterliegt der Rückforderungsanspruch dem Recht der außervertraglichen Haftung wegen unerlaubter Handlung. Dieselbe akzessorische Anknüpfung gilt gem Art 11 Abs 1 Rom II-VO auch für Ansprüche aus Geschäftsführung ohne Auftrag.

10/38 Führt das akzessorische Anknüpfungskriterium zu keinem Ergebnis, so gilt folgende **Anknüpfungsleiter**: Wenn die Parteien zum Zeitpunkt des anspruchsbegründenden Ereignisses

---

36 Erwägungsgrund 27 Rom II-VO. Dazu *Franzina,* Il regolamento n. 864/2007/CE sulla legge applicabile alle obbligazioni extracontrattuali („Roma II"), Nuove leggi civ.comm. 2008, II, 1016 f.

37 *Franzina,* Il regolamento n. 864/2007/CE sulla legge applicabile alle obbligazioni extracontrattuali („Roma II"), Nuove leggi civ.comm. 2008, II, 1019.

38 Relazione al disegno di legge n. 1192 „Riforma del sistema italiano di diritto internazionale privato", in *Pocar,* Il nuovo diritto internazionale privato (2002) Art 61, 194.

39 Die Vorschrift der Rom I-VO gilt insofern als *lex specialis*: *Franzina,* Il regolamento n. 864/2007/CE sulla legge applicabile alle obbligazioni extracontrattuali („Roma II"), Nuove leggi civ.comm. 2008, II, 1024.

denselben gewöhnlichen Aufenthalt hatten, ist das Recht des Staates des gemeinsamen Aufenthalts anzuwenden (Art 10 Abs 2, Art 11 Abs 2 Rom II-VO). Lässt sich auch mit diesem Kriterium das anwendbare Recht nicht feststellen, ist das Recht des Staates anzuwenden, in dem die Bereicherung eingetreten bzw die Geschäftsführung erfolgt ist (Art 10 Abs 3, Art 11 Abs 3 Rom II-VO). Aufgrund der in Art 10 Abs 4 bzw Art 11 Abs 4 Rom II-VO enthaltenen allgemeinen **Ausweichklausel** kann bei einer offensichtlich engeren Verbindung zu einem anderen Staat das Recht dieses Staates angewandt werden.

Auf erb- und familienrechtliche Bereicherungsansprüche ist Art 10 Rom II-VO aufgrund des Ausschlusses in Art 1 Abs 2 lit a und b nicht anzuwenden.[40] **10/39**

II. Ansprüche aus vorvertraglicher Haftung

Ansprüche aus vorvertraglicher Haftung werden vom EU-Gesetzgeber eindeutig als **außervertraglich**[41] qualifiziert und entstehen, wenn eine Partei in unmittelbarem Zusammenhang mit den Verhandlungen für den Abschluss eines Vertrages ihre Informationspflichten verletzt oder grundlos die Verhandlungen abbricht.[42] **10/40**

Nicht anwendbar ist die Anknüpfung der vorvertraglichen Haftung gem Art 12 Rom II-VO, wenn ein Personenschaden während der Vertragsverhandlungen entsteht, wie zB wenn ein Verhandlungspartner während der Vertragsverhandlungen von der anderen Partei in seiner Ehre angegriffen und beleidigt wird.[43] Dasselbe muss auch für Sachschäden gelten, die im Zusammenhang mit Vertragsverhandlungen entstehen, aber mit dem Vertrag nicht unmittelbar zu tun haben (zB Sachbeschädigung in den Räumen des Vertragspartners während der Verhandlungen). Für diese Schäden ist auf die allgemeine Anknüpfung gem Art 4 Rom II-VO zurückzugreifen. **10/41**

Die in Art 12 Abs 1 Rom II-VO enthaltene Anknüpfungsregel sieht eine **akzessorische Anknüpfung** am Vertragsstatut vor. Kommt der Vertrag nicht zustande, so ist das Recht anzuwenden, das auf den Vertrag anzuwenden gewesen wäre (*lex hypothetici contractus*, hypothetisches Vertragsstatut). Hätten die Parteien also eine Rechtswahl getroffen und ist darüber bereits Einigkeit erzielt worden, so unterliegt auch die vorvertragliche Haftung diesem gewählten Recht.[44] **10/42**

Beispiel:

Der Unternehmer Bianchi aus Verona interessiert sich aufgrund einer Kleinanzeige im Internet für einen Gebrauchtwagen bei einem Autohändler in Österreich. Vom Gebrauchtwagenhändler erhält er ein Formular für ein verbindliches Kaufangebot, aus dem hervorgeht, dass auf den künftigen Kaufvertrag österreichisches Recht zur Anwendung gelangen soll. Herr Bianchi unterschreibt es und übergibt es dem Händler, welcher ihn in der Folge über lange Zeit vertröstet und alternative Angebote macht. Schließlich teilt er ihm mit, dass der gewünschte Wagen nicht zum Verkauf steht. Es stellt sich heraus, dass es sich um ein erfundenes Lockangebot gehandelt hatte und der Händler Herrn Bianchi in die Irre geführt hat. Herr Bianchi verlangt nun Ersatz für alle

---

40 AA mit dem bloßen Hinweis, Art 10 enthalte keine entsprechende Beschränkung, *Franzina*, Il regolamento n. 864/2007/CE sulla legge applicabile alle obbligazioni extracontrattuali („Roma II"), Nuove leggi civ.comm. 2008, II, 1021.

41 Der EU-Gesetzgeber folgt insofern der Rechtsprechung: EuGH, ECLI:EU:C:2002:499, Fonderie Officine Meccaniche Tacconi SpA v Heinrich Wagner Sinto Maschinenfabrik GmbH.

42 Erwägungsgrund 30 Rom II-VO.

43 *Mosconi/Campiglio* I^{8} (2017) 462.

44 *Jakob/Picht*, Art 12 Rom II-VO, in Rauscher, EuZPR – EuIPR III^{4} (2016) Rz 23.

Aufwendungen, die er im Zusammenhang mit der Besichtigung des Gebrauchtwagens in Österreich gehabt hatte. Auf die Forderung gelangt aufgrund der Rechtswahl bezüglich des nicht zustande gekommenen Vertrags österreichisches Recht zur Anwendung.

10/43 Von marginaler praktischer Bedeutung sind die **Hilfsanknüpfungen**[45] in Art 12 Abs 2 Rom II-VO, weil in aller Regel zumindest feststehen wird, welchen Vertragstyp die Parteien abschließen wollten und somit eine Ermittlung des Vertragsstatuts ermöglicht wird.[46] Dabei ist zu berücksichtigen, dass die **Ausweichklausel** lediglich dann zur Anwendung gelangt, wenn die Hilfsanknüpfungen in Art 12 Abs 2 lit a und b zu keinem befriedigenden Ergebnis führen.

D. Einseitig begründete Schuldverhältnisse

Literatur:

Tonolo in Conetti/Tonolo/Vismara[3] (2017) 277; Relazione al disegno di legge n. 1192 „Riforma del sistema italiano di diritto internazionale privato", in *Pocar,* Il nuovo diritto internazionale privato (2002) Art 59, 193; *Barel/Armellini* (2018) 318.

I. Einseitige Versprechen

10/44 Der Gesetzgeber des Jahres 1995 hat mit Art 58 IPRG erstmals eine Kollisionsnorm für einseitige Versprechen *(promesse unilaterali)* eingeführt. Sie erfasst somit die Auslobung *(promessa al pubblico)*, das Zahlungsversprechen *(promessa di pagamento)* und das Schuldanerkenntnis *(ricognizione di debito)*.[47] Dagegen sind Vertragsangebote, seien sie an eine bestimmte Person oder die Öffentlichkeit *(offerta al pubblico)* gerichtet, nicht vom Anwendungsbereich des Art 58 IPRG erfasst, weil sie dem Recht des künftigen Vertrags und somit dem Vertragsstatut unterliegen.[48]

10/45 Das Anknüpfungskriterium für einseitige Versprechen bezieht sich auf den Ort, an dem das **Versprechen geäußert** wurde. So ist etwa bei der Auslobung am Ort anzuknüpfen, an dem diese öffentlich gemacht wurde.[49] Sofern dies in mehreren Staaten gleichzeitig erfolgt ist (zB internationale Preisausschreibung), wird eine Mosaiklösung vorgeschlagen und lediglich subsidiär auf den Wohnsitz oder den gewöhnlichen Aufenthalt des Versprechenden verwiesen.[50] Die Anspruchsvoraussetzungen und die Form unterliegen diesem Recht, nicht dagegen die Geschäftsfähigkeit, die gem Art 23 IPRG anzuknüpfen ist.[51]

---

45 In einer Anknüpfungsleiter ist zunächst am Recht des Schadenseintritts anzuknüpfen, dann am Recht des Staates des gemeinsamen Aufenthalts und nur dann, wenn sich aus der Gesamtheit der Umstände eine engere Beziehung zum Recht eines anderen Staates ergibt, an dieses Recht, Art 12 Abs 2 Rom II-VO.

46 *Jakob/Picht,* Art 12 Rom II-VO, in Rauscher, EuZPR – EuIPR III[4] (2016) Rz 26.

47 Relazione al disegno di legge n. 1192 „Riforma del sistema italiano di diritto internazionale privato", in *Pocar,* Il nuovo diritto internazionale privato (2002) Art 58, 192.

48 *Barel/Armellini* (2018) 318.

49 Relazione al disegno di legge n. 1192 „Riforma del sistema italiano di diritto internazionale privato", in *Pocar,* Il nuovo diritto internazionale privato (2002) Art 58, 192.

50 Subsidiäre Anknüpfungen kennt Art 58 IPRG indes nicht. Im Überblick dazu *Tonolo* in Conetti/Tonolo/Vismara[3] (2017) 273.

51 *Mosconi/Campiglio* I[8] (2017) 473 f; *Tonolo* in Conetti/Tonolo/Vismara[3] (2017) 274.

II. Wertpapiere

Zu den Wertpapieren, für die Art 59 IPRG eine eigene Kollisionsnorm enthält, zählen Bankschecks, Zirkularschecks, Wechsel, Aktienpapiere, Schuldanleihen, Staatspapiere etc. Auf sie sind die **Rom I-VO und die Rom II-VO ausdrücklich nicht anwendbar.**[52] Art 58 IPRG verweist für gezogene Wechsel, eigene Wechsel und den Scheck in jedem Fall *(„in ogni caso")* auf das internationale Wechsel- und Scheckrecht der Übereinkommen aus 1930 und 1931. Demnach sind diese Übereinkommen in Italien universell anwendbar, was in Art 59 Abs 2 IPRG noch einmal klar zum Ausdruck kommt.[53] **10/46**

Für Wertpapiere, die nicht dem Genfer Wechsel- und Scheckrecht unterliegen, wie etwa Waren- oder Transportpapiere *(lettera di vettura, polizza di carico, nota di pegno, fede di deposito)*, ist am Recht des Staates anzuknüpfen, in dem das Wertpapier ausgestellt wurde (Ausstellungsstaat). Von der Hauptanleihe verschiedene Schuldanleihen unterliegen dem Recht des Staates, in dem sie gezeichnet wurden, weil die zeichnende Partei das dortige Recht vermutlich besser kennt.[54] **10/47**

III. Gewillkürte Stellvertretung

Aufgrund des ausdrücklichen Ausschlusses der gewillkürten Stellvertretung[55] vom Anwendungsbereich der Rom I-VO (Art 1 Abs 2 lit g) ist auf sie weiterhin nationales IPR anzuwenden. In Ermangelung einer entsprechenden Bestimmung vor 1995 hatte die Anknüpfung der gewillkürten Stellvertretung eine Reihe unterschiedlicher Fragen aufgeworfen.[56] Art 60 IPRG löst die Frage der Anknüpfung nun über den **Geschäftssitz des Vertreters** *(sede d'affari)*, sofern dieser beruflich tätig ist und unter der Bedingung, dass der Ort seines Geschäftssitzes für Dritte, mit denen er in Kontakt tritt, zumindest erkennbar ist. In Ermangelung einer dieser Voraussetzungen ist das Recht jenes Staates anzuwenden, in dem der Vertreter im konkreten Fall seine Vertretungstätigkeit hauptsächlich ausübt. Damit werden im Wesentlichen die Anknüpfungskriterien des von Italien nicht ratifizierten Haager Übereinkommens von 1978 über die Stellvertretung übernommen.[57] **10/48**

Beispiel:

Herr Verdi, ein international tätiger Transportunternehmer mit Geschäftssitz in Bologna, schließt für seinen österreichischen Geschäftspartner Herrn Schwarz, mit Geschäftssitz in Innsbruck, Transportverträge mit weiteren italienischen Transportunternehmen ab. In der Folge kommt die Frage auf, ob Herr Verdi seine Befugnisse überschritten hat, ob also die von ihm geschlossenen Verträge dem österreichischen Unternehmer Schwarz direkt zugerechnet werden können. Aufgrund des Geschäftssitzes des Vertreters ist auf diese Frage italienisches Recht anzuwenden.

---

52 Art 1 Abs 2 lit d Rom I-VO; Art 1 Abs 2 lit c Rom II-VO.

53 *Mosconi/Campiglio* I[8] (2017) 475.

54 Relazione al disegno di legge n. 1192 „Riforma del sistema italiano di diritto internazionale privato", in *Pocar,* Il nuovo diritto internazionale privato (2002) Art 59, 193.

55 Die gesetzliche Stellvertretung der Geschäftsunfähigen (Minderjährige und Volljährige unter Vormundschaft bzw Sachwalterschaft) ist somit dem Anwendungsbereich des Art 60 IPRG entzogen.

56 Dazu im Überblick *Pettinato,* in Bariatti, Riforma, Nuove leggi civ.comm. 1996, Art 60, 1409 ff.

57 *Trombetta-Pangiadi*, Riforma, Riv.dir.int.priv.proc. 1996, Art 60, 1200.

10/49 Das **Stellvertretungsstatut** bestimmt die materielle Gültigkeit der Vollmacht, ihre Auslegung, ihren Umfang, ihre Dauer, den Einfluss von Willensmängeln auf ihre Gültigkeit und die Gültigkeit des vorgenommenen Geschäfts, die Abänderung und den Widerruf der Vollmacht. Dagegen fallen die Fähigkeit zur Ausstellung einer Vollmacht und die Frage der Zulässigkeit der Stellvertretung für ein bestimmtes Rechtsgeschäft nicht unter Art 60 IPRG. Hinsichtlich der **Form** knüpft Art 60 Abs 2 IPRG alternativ an der *lex causae* (Recht der Stellvertretung) oder am Recht des Staates an, in dem die Vollmacht ausgestellt wurde *(locus regit actum)*. Ob das von einem ***falsus procurator*** vorgenommene Geschäft vom Geschäftsherrn genehmigt werden kann, wird von der Mehrheit als eine Frage des Stellvertretungsstatuts,[58] von anderen als eine Frage des Vertragsstatuts angesehen.[59] Eventuelle Haftungsansprüche des Dritten gegenüber dem *falsus procurator* unterliegen nach einer Ansicht ebenfalls dem Stellvertretungsrecht,[60] nach einer anderen Meinung sind sie dagegen eine Frage des Deliktsstatuts.[61]

---

58 *Tonolo* in Conetti/Tonolo/Vismara[3] (2017) 277 mwN.

59 *Trombetta-Pangiadi*, Riforma, Riv.dir.int.priv.proc. 1996, Art 60, 1202; *Mosconi/Campiglio* I[8] (2017) 483 f.

60 *Tonolo* in Conetti/Tonolo/Vismara[3] (2017) 277 mwN.

61 IdS *Mosconi/Campiglio* I[8] (2017) 483 f.

Stichwortverzeichnis

A

Abstammung Rz 5/119 f
- Begründung Rz 5/119 f
- → Bestreitung des Kindschaftsverhältnisses
- Einheitlichkeit des Personenstandes des Kindes Rz 5/123
- → *favor filiationis*
- → Feststellung des Kindschaftsverhältnisses
- Rück- und Weiterverweisung Rz 5/122
- uneheliches Kind Rz 1/34, 5/112, 5/125, 5/148

Abwesenheit Rz 3/12
- Erbrecht Rz 6/7
- Vorfrage Rz 3/12

Accursius Rz 1/18

Adhäsionsverfahren Rz 2/31

Adoption
- Adoption in besonderen Fällen Rz 5/171
- Adoption Volljähriger Rz 5/171
- AdoptionsG Rz 1/36, 5/134, 5/163, 5/167, 5/174 f
- Adoptivverhältnis Rz 1/75, 1/79, 1/84, 5/163, 5/172
- Anerkennung ausländischer Entscheidungen Rz 5/163, 5/174 ff
- Begründung Rz 1/75, 1/79, 1/84, 5/163, 5/169, 5/171
- Eingriffsnormen im AdoptionsG Rz 5/163
- Erbrecht Rz 5/165
- Erlöschen Rz 5/169, 5/171
- Fähigkeit Rz 3/15, 5/169
- Haager Übereinkommen über den Schutz von Kindern und die Zusammenarbeit auf dem Gebiet der internationalen Adoption (HAdoptÜ) 1993 Rz 5/163, 5/174 f
- *Kafala* Rz 5/159, 5/164 (auch Fn 520)
- Namen Rz 5/165
- *ordre public* Rz 5/173, 5/177
- Qualifikationsprobleme ausländischer Rechtsinstitute Rz 5/164
- Rück- und Weiterverweisung Rz 5/173
- Unterhalt Rz 5/165
- volle Adoption Rz 5/170
- Voraussetzungen Rz 1/75, 1/79, 1/84, 5/163, 5/169, 5/171
- Widerruf Rz 1/75, 1/79, 1/84, 5/163, 5/169, 5/171
- Zuständigkeit Rz 5/163, 5/166 ff

Aktien → Wertpapier

akzessorische Anknüpfung
- bereicherungsrechtliche Ansprüche Rz 10/37 f
- Definition Rz 1/55, 1/63
- Ehegüterrecht, IPRG Rz 5/29
- Ehevoraussetzungen Rz 5/2
- Form des Eheversprechens Rz 5/1
- Geschäftsführung ohne Auftrag Rz 10/37 f
- Kommorientenvermutung Rz 3/13
- natürliche Geschäftsunfähigkeit Rz 3/16
- Rechtsfähigkeit Rz 3/7, 3/10
- Verletzung von Persönlichkeitsrechten Rz 3/30
- vorvertragliche Haftung Rz 10/42

allgemeiner Gerichtsstand Rz 2/13
- Gericht des Wohnsitzstaates Rz 2/17
- Grundregel Rz 2/17
- konkret örtlich zuständiges Gericht Rz 2/17
- Verhältnis zu besonderen Gerichtsständen Rz 2/18, 2/36

alternative Anknüpfung Rz 1/68
- Direktklage gegen den Versicherer Rz 10/25
- Ehescheidung, Zuständigkeit Rz 5/79
- Ehetrennung, Zuständigkeit Rz 5/79
- Ehevoraussetzungen, formelle Rz 5/109
- Erbrecht, Zuständigkeit Rz 6/42
- Form der Anerkennung eines Kindes Rz 1/68
- Form der Eheschließung Rz 5/14
- Form der Schenkung Rz 1/68
- Form der Vollmacht Rz 1/68, 10/49
- Formgültigkeit des Testaments Rz 1/77, 6/25, 6/85
- Formgültigkeit, eingetragene Partnerschaft Rz 5/51
- Gerichtsstand, juristische Personen Rz 2/19
- Kindschaftsrecht Rz 5/114
- Produkthaftung Rz 1/77

- Rechtswahl, Ehegüterrecht Rz 1/68, 5/28, 5/36
- Unterhalt, Zuständigkeit Rz 5/183

Amsterdamer Vertrag Rz 8/1

Aneignung → Besitzerwerb, Eigentumserwerb, Erwerb eines dinglichen Rechts

Anerkennung ausländischer Entscheidungen Rz 2/102 ff
- Adoption Rz 5/163, 5/174 ff
- → Anerkennung, Brüssel Ia-VO
- Auflösung der eingetragenen Partnerschaft Rz 5/65
- außervertragliches Schuldrecht Rz 10/20
- autonomes Kollisionsrecht Rz 2/108
- Ehetrennung und Ehescheidung Rz 5/77, 5/83, 5/101 ff
- elterliche Verantwortung Rz 5/149 ff
- Entscheidung über den Schutz von Kindern Rz 1/44, 5/154, 5/161 ff
- Entscheidungen im Ehegüterrecht Rz 1/50, 5/23, 5/33, 5/43
- Entscheidungen im Partnerschaftsgüterrecht Rz 1/50, 5/45, 5/57, 5/62
- Erbrecht Rz 1/50, 6/6, 6/43, 6/109, 6/146 ff
- gleichgeschlechtliche Ehe Rz 5/66
- internationaler Schiedsspruch Rz 2/1
- Kindschaftsrecht Rz 5/115, 5/130 f
- Kombinationslösung Rz 2/103
- Leihmutterschaft Rz 5/133
- Theorie der Wirkungserstreckung Rz 2/103
- Ungültigkeit der Ehe Rz 5/110
- Unterhaltsentscheidungen Rz 1/44, 1/50, 5/178, 5/180, 5/192 ff
- vertragliches Schuldrecht Rz 8/4
- Wirkungen Rz 2/103
- Wirkungsgleichstellung Rz 2/103

Anerkennung, Brüssel Ia-VO
- Anerkennungshindernisse Rz 2/105, 6/148
- automatische Anerkennung Rz 2/104, 6/147
- *ordre public* Rz 2/105
- Prüfung *incidenter tantum* Rz 2/104
- rechtliches Gehör Rz 2/105
- Verbot der *révision au fond* Rz 2/105

Anerkennung eines Kindes Rz 1/34, 5/125, 5/126, 5/127, 5/128
- Definition Rz 5/125
- *dépeçage* Rz 5/125
- Fähigkeit Rz 5/125, 5/127
- → *favor filiationis*
- Form Rz 5/125, 5/128
- *ordre public* Rz 1/143
- Voraussetzungen Rz 5/125 f
- Zeitpunkt Rz 5/126 f

Anhängigkeit
- Definition Rz 2/81
- Erbrecht Rz 6/45 ff
- gleicher Streitgegenstand Rz 2/80 f, 2/86
- in einem Drittstaat Rz 2/86
- *italian torpedo* Rz 2/84
- Missbrauch Rz 2/84
- Prioritätsprinzip Rz 2/81, 2/84
- und Gerichtsstandsvereinbarung Rz 2/84
- Zeitpunkt Rz 2/83
- Zivilverfahrensrecht Rz 2/4

Anknüpfungsgegenstand Rz 1/53, 1/55, 1/65, 1/83, 1/94, 3/3, 3/25

Anknüpfungskriterium
- Abstammung Rz 5/119 f
- Abwesenheit Rz 3/12
- Adoption in besonderen Fällen Rz 5/171
- Adoption, Begründung Rz 1/75, 1/79, 1/84, 5/169, 5/171
- Adoption, Erlöschen Rz 5/169, 5/171
- Adoption, volle Rz 5/170
- Adoption, Widerruf Rz 5/169 ff
- Adoptionsfähigkeit Rz 3/15, 5/169
- Adoptionsvoraussetzungen Rz 5/169 ff
- Adoptivverhältnis Rz 5/172
- → akzessorische Anknüpfung
- → alternative Anknüpfung
- Anerkennung eines Kindes Rz 5/125 ff
- → Anknüpfungsleiter
- Ansprüche aus unlauterem Wettbewerb Rz 10/30
- Arbeitskampf Rz 10/35
- Aufgebot Rz 5/11
- Ausübung dinglicher Rechte Rz 7/6
- Begriff Rz 1/58 f
- Besitzausübung Rz 7/6

- Besitzerwerb Rz 7/11
- Besitzverlust Rz 7/11
- besondere Vermögenssachen, EuErbVO Rz 6/91
- Deliktsfähigkeit Rz 3/15
- Deliktshaftung, IPRG Rz 1/84, 10/11, 10/14 f
- Deliktshaftung, Rom II-VO Rz 10/12, 10/15 f, 10/24, 10/30
- dingliche Rechte an Transitgütern Rz 7/16
- Ehefähigkeit Rz 3/15, 5/2 Fn 8
- Ehegüterrecht, IPRG Rz 5/28 ff
- Ehescheidung, IPRG Rz 5/100
- Ehescheidung, Rom III-VO Rz 5/91 ff
- Ehetrennung, IPRG Rz 5/100
- Ehetrennung, Rom III-VO Rz 5/91 ff
- Eheversprechen Rz 1/75, 5/1
- Ehevoraussetzungen Rz 5/3
- Eigentumsausübung Rz 7/6
- Eigentumserwerb Rz 7/11, 7/13
- Eigentumsverlust Rz 7/11
- eingetragene Partnerschaft, Auflösung Rz 5/64
- eingetragene Partnerschaft, Formgültigkeit Rz 5/51
- eingetragene Partnerschaft, Gültigkeit Rz 5/47
- eingetragene Partnerschaft, Voraussetzungen Rz 5/47
- einseitiges Versprechen Rz 1/58, 4/23, 10/45
- elterliche Verantwortung, IPRG Rz 5/141
- elterliche Verantwortung, KSÜ Rz 5/113, 5/144 f, 5/146, 5/159
- Entmündigung Rz 3/25
- erbloser Nachlass, EuErbVO Rz 6/57, 6/99 f
- Erbstatut, EuErbVO Rz 6/60 ff
- Erbstatut, IPRG Rz 6/8, 6/14 f
- Ersitzung beweglicher Sachen Rz 7/21
- Ersitzung unbeweglicher Sachen Rz 7/20
- Erwachsenenschutz Rz 3/2, 3/25
- Erwerb des dinglichen Rechts Rz 7/11
- EuErbVO, Sonderanknüpfung Rz 6/57, 6/77 ff
- faktisches Rz 1/60
- Feststellung der Vater- oder Mutterschaft Rz 5/129
- Feststellung des Kindschaftsverhältnisses Rz 5/119 f
- Form der Eheschließung Rz 5/14
- Geschäftsfähigkeit Rz 1/12, 3/14 f, 3/17, 3/25
- Geschäftsführung ohne Auftrag Rz 10/36 ff
- Gesellschaften Rz 1/58, 1/60, 4/1, 4/19
- gewillkürte Stellvertretung Rz 10/48
- → gewöhnlicher Aufenthalt
- handlungsbezogenes Rz 1/84
- Handlungsfähigkeit Rz 1/25, 1/52, 1/58, 3/15, 5/1, 5/2 Fn 8
- Immaterialgüterrechte Rz 7/22
- Kommorienten Rz 3/13, 6/95
- kumulative Anknüpfung → Mehrfachanknüpfung
- Ledigenstand Rz 5/9
- *lex rei sitae* Rz 7/3
- Nachlassverwaltung, EuErbVO Rz 6/57, 6/87
- Namensrecht Rz 3/31 f
- *nasciturus* Rz 3/10
- natürliche Geschäftsunfähigkeit Rz 3/16 f
- objektbezogenes Rz 1/83
- objektive Anknüpfung Rz 1/59, 1/67, 4/46, 6/60 ff
- objektives Rz 1/61
- öffentliche Bekanntmachung, Sachenrecht Rz 7/26
- Parteifähigkeit Rz 3/14 f
- Partnerschaftsgüterrecht, EuPartnerschafts-VO Rz 5/61
- Partnerschaftsgüterrecht, IPRG Rz 5/52
- Personenstand des Kindes Rz 5/119 f
- persönliche Rechtsverhältnisse zwischen Ehegatten Rz 1/15, 1/55, 5/20
- persönliche Wirkungen der eingetragenen Partnerschaft, IPRG Rz 5/52
- Persönlichkeitsrechte Rz 3/29 f
- Produkthaftung Rz 10/27 f
- Prozessfähigkeit, juristische Person Rz 4/14
- Prozessfähigkeit, natürliche Person Rz 3/14 f
- Qualifikation Rz 1/97
- rechtliches Rz 1/60
- Rechtsfähigkeit Rz 3/5, 5/2 Fn 8
- Rechtsnachfolge bei Unternehmen, EuErbVO Rz 6/91
- Rechtsverhältnisse zwischen Eltern und Kind Rz 1/62, 5/112 ff
- Rechtswahl, EuErbVO Rz 6/56

- Sachenrecht Rz 7/3, 7/26
- Sachwalterschaft Rz 3/25
- Schutzmaßnahmen über das Kind, KSÜ Rz 5/113, 5/146, 5/161
- subjektbezogenes Rz 1/70 ff
- subjektive Anknüpfung Rz 1/85 ff, 1/59, 1/67, 1/153 → Rechtswahl
- subjektives Rz 1/61
- Teilentmündigung Rz 3/24 f
- territoriale Anknüpfung Rz 1/130 f
- Testierfähigkeit, EuErbVO Rz 6/54, 6/84
- Testierfähigkeit, IPRG Rz 3/2, 3/15, 6/23
- Todeserklärung Rz 3/12
- Umweltschäden Rz 10/33
- unbewegliche Sachen, EuErbVO Rz 6/91
- ungerechtfertigte Bereicherung Rz 10/36 ff
- Unterhalt, HUP 2007 Rz 5/188, 5/190
- unwandelbares Rz 1/62
- Vaterschaftsvermutung Rz 5/120
- Verfügung von Todes wegen, EuErbVO Rz 6/57, 6/77 ff, 6/82, 6/85 f
- Verfügung von Todes wegen, IPRG Rz 6/25
- Verletzung des geistigen Eigentums Rz 10/34
- Verlust des dinglichen Rechts Rz 7/11
- Vermutung der Empfängnis Rz 5/120
- Verschollenheit Rz 3/12
- Vertrag Rz 9/40, 9/49
- Vertrag über die Lebensgemeinschaft Rz 1/84, 5/74
- vorvertragliche Haftung Rz 10/42 f
- wandelbares Rz 1/62 → Statutenwechsel
- Wertpapiere Rz 10/46 f
- Wettbewerb einschränkendes Verhalten Rz 10/31

Anknüpfungsleiter Rz 1/65 ff
- Abstammung Rz 5/119
- Adoption Rz 1/75, 5/171
- Bereicherungsansprüche Rz 10/38
- Ehegüterrecht Rz 1/75
- Ehescheidung Rz 1/75, 5/93
- Ehetrennung Rz 1/75, 5/93
- Eheversprechen Rz 1/75
- eingetragene Partnerschaft Rz 5/64
- persönliche Ehewirkungen Rz 1/75
- Produkthaftung Rz 10/27
- Vertrag über die Lebensgemeinschaft Rz 5/74
- vorvertragliche Haftung 10/43Fn 45

Anknüpfungsmoment → Anknüpfungskriterium

Anknüpfungspunkt → Anknüpfungskriterium

Anwendung des IPR
- amtswegige Rz 1/90, 1/92 f (auch Fn 159), 1/123 (auch Fn 214), 1/142
- Dispositionsmaxime Rz 1/93
- fakultative Kollisionsnormen Rz 1/90 f
- *iura novit curia* Rz 1/90, 1/123
- → Rechtswahl
- zwingende Kollisionsnormen Rz 1/90 ff

Arbeitskampf Rz 10/35
- Ausnahme von der Handlungsortregel Rz 10/35
- Betriebsschließung Rz 10/35
- Definition der Arbeitskampfmaßnahme Rz 10/35
- Handlungsortregel Rz 10/35
- nachträgliche Rechtswahl Rz 10/35
- Streik Rz 10/35

Arbeitsvertrag Rz 9/47, 9/67 ff
- Ausweichsklausel Rz 9/70
- Begriffsauslegung Rz 2/52
- gewöhnlicher Arbeitsort Rz 2/43, 2/53, 9/68
- Klage gegen Arbeitgeber Rz 2/53
- Klage gegen Arbeitnehmer Rz 2/54
- kollektives Arbeitsrecht Rz 2/52
- Ort der einstellenden Niederlassung Rz 2/43, 2/53, 9/69
- Rechtswahl Rz 9/67
- Rom I-VO Rz 9/47, 9/67 ff
- subsidiäre Anknüpfung Rz 9/68 f

Aufgebot Rz 5/11
- bei Auslandstrauung italienischer Staatsbürger Rz 5/12
- bei Inlandstrauung ausländischer Staatsbürger Rz 5/12
- Qualifikation Rz 5/11
- Unterlassung Rz 5/12, 5/108

Aufhebbarkeit der Ehe Rz 5/104 → Ungültigkeit der Ehe

Auflösung der eingetragenen Partnerschaft
- Anerkennung ausländischer Entscheidungen Rz 5/65

- Anknüpfung bei fehlender Rechtswahl Rz 5/64
- Rechtswahl Rz 5/64
- Zuständigkeit Rz 5/60, 5/63

Ausbildung des Kindes Rz 5/14

Auslandseheschließung → Auslandstrauung italienischer Staatsbürger

Auslandstrauung italienischer Staatsbürger
- Aufgebot Rz 5/12
- Eingriffsnorm Rz 5/6
- gleichgeschlechtliche Ehen Rz 5/68
- Sachnorm Rz 5/6 f, 5/12, 5/16
- Voraussetzungen Rz 5/6 f, 5/9, 5/12, 5/16

Auslegung ausländischen Rechts Rz 1/132 ff
- Kriterien Rz 1/132
- Rechtsprechung Rz 1/133
- selbständige Auslegung ausländischer Rechtsnormen Rz 1/133
- Verfassungswidrigkeit ausländischer Rechtsnormen Rz 1/134

Auslegung → Qualifikation

Auslobung Rz 9/26, 10/44 f

ausschließlicher Gerichtsstand
- Definition Rz 2/55
- enge Auslegung der Bestimmungen Rz 2/57
- gewerbliche Schutzrechte Rz 2/64 f
- gültige Eintragung in öffentliche Register Rz 2/63
- juristische Personen Rz 2/61 f
- unbewegliche Sachen Rz 2/58 ff
- Wohnsitz in einem Drittstaat Rz 2/56
- Zwangsvollstreckung Rz 2/66

außergerichtliche Trennung und Scheidung Rz 5/103 (auch Fn 319)

außervertragliche Haftung → Deliktshaftung

außervertragliches Schuldrecht
- Anwendungsbereich, IPRG Rz 10/3, 10/7 ff
- Bereicherungsrecht → ungerechtfertigte Bereicherung
- → einseitiges Rechtsgeschäft
- → Geschäftsführung ohne Auftrag
- Haftung → Deliktshaftung
- → Rom II-VO
- → Rückforderung einer Nichtschuld

B

Bankscheck Rz 10/46 → Wertpapier, Scheck

Beistand des Kindes → elterliche Verantwortung, IPRG
- materieller Rz 1/146, 5/141
- moralischer Rz 5/141

Belegenheit der Nachlassgegenstände
- interlokale Kollisionsvorschriften Rz 6/114
- Sonderanknüpfung Rz 6/91 f
- Zuständigkeit Rz 6/32 f, 6/35 f, 6/50

Belegenheit → ***lex rei sitae***

beneficiary **→ Trust**

Berufung zur Erbfolge Rz 6/7

Berufungsgründe zur Erbfolge Rz 6/7

Besitz Rz 7/6
- Ausübung Rz 7/6 ff
- Besitzerwerb Rz 7/11
- Besitzverlust Rz 7/11
- Qualifizierung Rz 7/6

besonderer Gerichtsstand Rz 2/20 ff
- Adhäsionsverfahren Rz 2/31
- Bergelohn Rz 2/35
- Deliktsklagen → Gerichtsstand für Deliktsklagen
- Erfüllungsort des Vertrages Rz 2/20 ff
- Gerichtsstand der Niederlassung Rz 2/33
- Hilfslohn Rz 2/35
- Trust-Klagen Rz 2/34
- → Wahlgerichtsstände des Sachzusammenhangs
- Wiedererlangung eines Kulturguts Rz 2/32

Bestimmungsort → dingliche Rechte an Transitgütern

Bestreitung des Kindschaftsverhältnisses Rz 5/119 f
- Aktivlegitimation Rz 5/120
- Anerkennung ausländischer Entscheidungen Rz 5/130
- Beweise Rz 5/120
- Eingriffsnormen Rz 5/123
- Frist Rz 5/120
- Rück- und Weiterverweisung Rz 5/122
- subsidiäre Anwendung italienischen Rechts Rz 5/121

Besuchsrecht Rz 5/140, 5/153, 5/159

Betriebsschließung → Arbeitskampf

Betriebsspionage Rz 10/30
bewegliche Sache
- Anpassung dinglicher Rechte Rz 6/101 ff, 6/141
- Ausübung von dinglichen Rechten Rz 7/6 ff
- Besitzausübung Rz 7/6 ff
- Besitzerwerb Rz 7/11 ff
- Besitzverlust Rz 7/11 ff
- bewegliche Nachlassgegenstände Rz 6/9 6/107
- Ersitzung Rz 7/20 f
- Erwerb von dinglichen Rechten Rz 7/11 ff
- Gleichstellung von beweglichen und unbeweglichen Sachen Rz 7/4, 7/16
- im ZBG 1865 Rz 1/25
- öffentliche Bekanntmachung Rz 6/104, 7/26
- registrierte Rz 7/4, 7/27
- Transitgüter Rz 7/16 ff
- Verlust von dinglichen Rechten Rz 7/11 ff

Beweise, Rom I-VO Rz 9/90 ff
Brüssel I-VO
- Anfechtung des Kindschaftsverhältnisses Rz 5/117 Fn 357, 5/131 Fn 397
- Anknüpfungskriterium Rz 1/81
- Feststellung des Kindschaftsverhältnisses Rz 5/117 Fn 357, 5/131 Fn 397
- gewöhnlicher Aufenthalt Rz 1/81 (auch Fn 139), 5/183 Fn 583
- Gleichlauf von *ius* und *forum* 8/4
- Unterhalt Rz 5/178, 5/183 Fn 583
- Wohnsitz Rz 1/78 (auch Fn 134, 136), Rz 5/183 Fn 583
- zeitlicher Anwendungsbereich Rz 2/8 Fn 27, 5/182 (auch Fn 579)

Brüssel Ia-VO
- → allgemeiner Gerichtsstand
- → Anerkennung, Brüssel Ia-VO
- → Anhängigkeit
- Anwendungsbereich, räumlicher Rz 2/8, 2/13 ff
- Anwendungsbereich, sachlicher Rz 2/8, 2/9 ff
- Anwendungsbereich, zeitlicher Rz 2/8
- Anwendungsvoraussetzung Rz 2/13 f, 2/16
- Anwendungsvorrang Rz 2/7
- ausgenommen Materien Rz 2/10 ff
- → ausschließlicher Gerichtsstand
- Begriffsauslegung „Zivil- und Handelssachen“ Rz 2/10
- → besonderer Gerichtsstand
- Bezug zu einem Drittstaat Rz 2/8, 2/16
- → einstweilige Maßnahmen
- exorbitanter Gerichtsstand Rz 2/15
- → Gerichtsstandsvereinbarung
- → konnexes Verfahren
- → rügelose Einlassung
- → Schutz schwächerer Parteien
- Verfahren in Drittstaaten Rz 2/86 f
- Vollstreckung ausländischer Entscheidungen Rz 2/106 f
- Zivil- und Handelssachen Rz 2/9 ff

Brüsseler Übereinkommen 1968 → EuGVÜ
- Ehetrennung und Ehescheidung Rz 5/83 (auch Fn 249)
- Unterhalt Rz 5/178, 5/182, 5/183 Fn 584
- Verweis im IPRG Rz 2/95 f
- zeitlicher Anwendungsbereich Rz 2/8 Fn 27

C

CISG Rz 1/43
comitas Rz 1/7, 1/19 f
Convention on the International Sale of Goods (CISG) Rz 1/43
corporate governance
- Bildung der Organe Rz 4/11
- Befugnisse der Organe Rz 4/11
- Rechts- und Handlungsfähigkeit Rz 4/11
- Tätigkeit der Organe Rz 4/11
- Vertretung der Körperschaft Rz 4/11

culpa in contrahendo **→ vorvertragliche Haftung**

D

Deliktsfähigkeit Rz 3/7, 3/14, 3/15 (auch Fn 23)
Deliktshaftung, IPRG Rz 1/84, 10/11, 10/14 f
- Abweichungen von der Erfolgsortregel Rz 10/14 ff
- allgemein Rz 1/16, 1/85, 10/1, 10/8
- Deliktsfähigkeit Rz 3/15
- *dépeçage* Rz 10/11
- Distanzdelikt Rz 1/84, 2/27, 10/14
- Eingriffsnorm Rz 10/18 f
- Erfolgsortregel Rz 10/11
- Geltungsbereich Rz 10/3, 10/21

- Handlungsort Rz 10/14
- *lex loci delicti commissi* Rz 10/14, 10/17
- *ordre public* Rz 5/22 Fn 84, 10/19 f
- Produkthaftung Rz 1/77, 1/85, 10/1, 10/8, 10/26
- Rechtswahl Rz 1/85, 10/14, 10/17
- Rück- und Weiterverweisung Rz 1/112, 10/13
- Sachnormverweisung Rz 1/112, 10/13
- Strafschadenersatz Rz 1/143Fn 270, 10/20
- Streudelikt Rz 10/11
- Verletzung von Persönlichkeitsrechten Rz 3/30

dépeçage
- Angleichung Rz 1/121
- außervertragliches Schuldrecht Rz 10/11
- Definition Rz 1/117 ff
- Erbrecht Rz 6/18, 6/23 f
- Familienrecht Rz 5/2 (auch Fn 8), 5/125
- Gesellschaftsrecht Rz 4/15
- Normhäufung Rz 1/120
- Normmangel Rz 1/120
- Normwiderspruch Rz 1/120
- Personenrecht Rz 1/117, 3/2 f, 3/17
- Rechtswahl Rz 1/119
- Teilaspekt Rz 1/117 ff
- Zerstückelung Rz 1/117 ff

Derogation Rz 2/67, 2/98

Diffamation → üble Nachrede

dingliche Klage Rz 2/40

dingliche Rechte an Transitgütern Rz 7/16
- ausgenommene bewegliche Sachen Rz 7/17
- Bestimmungsort Rz 7/16, 7/18
- Handelswaren Rz 7/18
- Lageänderung Rz 7/16 f, 7/18
- Statutenwechsel Rz 7/16 f
- Verlust der Sache bei Transport Rz 7/19
- Weiterverweisungen Rz 7/18
- Zerstörung der Sache bei Transport Rz 7/19

dingliches Recht Rz 7/6
- Anpassung Rz 5/41, 7/10
- Ausübung Rz 7/6 ff
- dingliches Nutzungsrecht Rz 7/6
- dingliches Sicherungsrecht Rz 7/6
- → Eigentum
- Eintragung in öffentliche Register → öffentliche Bekanntmachung
- *erga omnes*-Wirkung Rz 7/6
- → Erwerb des dinglichen Rechts
- Fixierung bei eingetretenem Erwerb Rz 7/15
- Gerichtsbarkeit Rz 2/40, 2/58 ff, 2/92
- im Erbrecht Rz 6/101 ff, 6/141
- im Familienrecht Rz 5/30, 5/32
- *numerus clausus* Rz 7/10
- Nutzungsrecht Rz 7/6
- öffentlich-rechtliche Schutzbestimmungen Rz 7/9
- Ortswechsel Rz 7/15
- Prinzip der geschlossenen Zahl Rz 7/10
- Qualifizierung Rz 7/6
- Sicherungsrecht Rz 7/5 f
- → Verlust des dinglichen Rechts
- Vorzugsrecht Rz 7/6 Fn 12

Diskriminierungsverbot Rz 4/17, 6/112, 7/4

Distanzdelikt Rz 1/84, 2/27, 10/14

Domizil → Wohnsitz

E

Ehefähigkeit Rz 3/15, 5/2 Fn 8
- *dépeçage* Rz 1/117
- materielle Ehevoraussetzung Rz 5/2
- *ordre public* Rz 5/5 Fn 18
- Rück- und Weiterverweis Rz 1/111

Ehefähigkeitszeugnis Rz 5/5, 5/8 (auch Fn 28), 5/107 Fn 329

Ehefreiheit Rz 5/1, 5/5

Ehegüterrecht, EuGüterVO Rz 5/38 f
- Anerkennung ausländischer Entscheidungen Rz 5/43
- Anknüpfung bei fehlender Rechtswahl Rz 5/39
- Anpassung von dinglichen Rechten Rz 5/41
- Anwendungsbereich Rz 5/34
- Begriffsauslegung „ehelicher Güterstand“ Rz 5/34
- beschränkte Rechtswahl Rz 1/86, 5/38
- Eingriffsnorm Rz 5/42
- EuGüterVO Rz 5/23, 5/33 ff
- Exequaturverfahren Rz 5/43
- Formvoraussetzungen der Rechtswahl Rz 5/38
- *ordre public* Rz 5/42
- Rück- und Weiterverweisung Rz 5/42

- universelle Geltung Rz 5/37
- Vertrauensschutz Rz 5/40
- Vollstreckung ausländischer Entscheidungen Rz 5/43
- → Zuständigkeit, EuGüterVO

Ehegüterrecht, IPRG Rz 1/55, 1/75, 1/85, 5/19, 5/24, 5/26, 5/28 ff
- Anknüpfung bei fehlender Rechtswahl Rz 5/29
- Anknüpfung bei ungültiger Rechtswahl Rz 5/29
- Anwendungsbereich Rz 5/25
- außerordentliche Verwaltung der Ehegüter Rz 5/25
- beschränkte Rechtswahl Rz 1/16, 5/28 → Rechtswahl
- dingliche Rechte in familienrechtlichen Rechtsverhältnissen Rz 5/30, 5/32
- Ehegütervertrag Rz 5/25, 5/38Fn 128
- Ehevertrag Rz 5/25
- *favor validitatis* bei Rechtswahl Rz 1/68, 5/28
- Formvoraussetzungen der Rechtswahl Rz 5/28
- Inhaberschaft des Vermögens Rz 5/25
- nach erfolgter Trennung oder Scheidung Rz 5/26
- ordentliche Verwaltung der Ehegüter Rz 5/25
- Vertrauensschutz Rz 5/31 f
- Verwaltung des Vermögens Rz 5/25
- Weiterverweisung Rz 5/28

Ehehindernis → Ehevoraussetzungen; eingetragene Partnerschaft
- Aufgebot Rz 5/12, 5/108
- Entmündigung wegen Geisteskrankheit Rz 5/8, 5/107
- fehlender Ledigenstand Rz 5/8 ff, 5/107
- Mord oder Mordversuch am Ehegatten des anderen Rz 5/8, 5/107
- Schwägerschaft Rz 5/8, 5/48, 5/107, 5/172 Fn 549
- Verbot einer neuen Eheschließung Rz 5/8, 5/107
- Verwandtschaft Rz 5/3, 5/8, 5/48, 5/107, 5/172 Fn 549

ehelicher Güterstand → Ehegüterrecht, EuGüterVO; Ehegüterrecht, IPRG

Ehenamensrecht → Namensrecht

Ehe, Nichtigkeit Rz 5/104 **→ Ungültigkeit der Ehe**

Ehe, nichtkatholische Rz 5/16

Ehescheidung → Ehetrennung und Ehescheidung

Eheschließung → Form der Eheschließung

Eheschließung durch Vertreter Rz 5/16

Ehetrennung und Ehescheidung
- Anerkennung kirchengerichtlicher Entscheidungen Rz 5/102
- Anerkennung mitgliedstaatlicher Entscheidungen Rz 5/101 ff
- Anerkennung von Entscheidungen aus Drittstaaten Rz 5/103
- autonomes Kollisionsrecht Rz 1/84, 5/100
- → Ungültigkeit der Ehe
- Unionsrecht → Rom III-VO
- Zuständigkeit → Ehetrennung und Ehescheidung, Brüssel IIa-VO; Ehetrennung und Ehescheidung, Zuständigkeit IPRG

Ehetrennung und Ehescheidung, Brüssel IIa-VO
- Anerkennung ausländischer Entscheidungen Rz 2/4 Fn 9, 5/101 f, 5/110
- Anwendungsbereich Rz 5/78
- Begriffsauslegung „gewöhnlicher Aufenthalt" Rz 5/79
- Begriffsauslegung „Staatsangehörigkeit" Rz 5/79
- eingetragene Partnerschaft Rz 5/63, 5/78
- Gegenantrag Rz 5/80
- gleichgeschlechtliche Ehe Rz 5/66, 5/69, 5/78
- Hauptsache Rz 5/80
- Umwandlung der Trennung in Ehescheidung Rz 5/81
- Ungültigkeit der Ehe Rz 5/104 f
- Zuständigkeitskriterien Rz 5/79

Ehetrennung und Ehescheidung, Zuständigkeit IPRG Rz 5/83
- Anwendungsbereich Rz 5/82
- außerstreitige Gerichtsbarkeit Rz 5/83
- Ehegatte italienischer Staatsbürgerschaft Rz 5/83
- Eheschließung in Italien Rz 5/83
- örtliche Rz 5/83
- Restzuständigkeit Rz 5/82

- verbundene Fragen Rz 5/84
- Vorfragen Rz 5/84

Eheversprechen Rz 1/75, 5/1
- Anknüpfungszeitpunkt Rz 5/1
- Formvoraussetzungen Rz 5/1
- Verletzung Rz 5/1

Ehegütervertrag Rz 5/38 Fn 128 → Ehegüterrecht, EuGüterVO

Ehevoraussetzungen Rz 5/3
- Anknüpfungszeitpunkt Rz 5/4
- → Auslandstrauung eines italienischen Staatsbürgers
- → Ehefähigkeit
- einseitige Rz 5/3
- Fehlen von Ehehindernissen Rz 5/2 f, 5/5, 5/8, 5/10 f, 5/107, 5/172 Fn 549
- Fehlen von Willensmängeln Rz 5/2
- formelle Rz 5/109
- Heilung Rz 5/5
- → Inlandstrauung eines ausländischen Staatsbürgers
- → Ledigenstand
- materielle Rz 5/2, 5/105 ff
- Mindestalter Rz 5/3, 5/5
- *ordre public* Rz 5/5
- Rück- und Weiterverweisung Rz 5/3
- Verletzung Rz 5/2
- Verwandtschaft → Ehehindernis
- zwingende Rz 1/36, 5/5 ff, 5/8, 5/9

Ehre Rz 3/28 → Persönlichkeitsrecht

Eigentum Rz 7/6
- Ausübung des Eigentums Rz 7/6 ff
- → Eigentumserwerb
- Eigentumsvorbehalt Rz 7/13
- Fixierung bei eingetretenem Erwerb Rz 7/15
- geistiges Eigentum → Immaterialgüterrecht
- Ortswechsel Rz 7/15
- Qualifizierung Rz 7/6
- Verlust Rz 7/11

Eigentumserwerb Rz 7/11
- Eigentumsvorbehalt Rz 7/13
- Erwerbsarten Rz 7/11 ff
- originärer Rz 7/11
- Ortswechsel Rz 7/15

einfacher Aufenthalt Rz 1/79

eingetragene Partnerschaft
- Adoption Rz 5/55
- Anerkennung Rz 5/45
- → Auflösung der eingetragenen Partnerschaft
- autonomes Kollisionsrecht Rz 5/44
- Begriffsauslegung der EuPartnerschaftsVO Rz 1/50, 5/58
- Begründung durch ausländische Staatsbürger Rz 5/49
- Begründung durch italienische Staatsbürger im Ausland Rz 5/50, 5/54
- Erbrecht Rz 5/55, 6/112
- Fähigkeit Rz 5/47
- *favor validitatis* Rz 5/51
- Formgültigkeit Rz 5/51
- Gültigkeit Rz 5/47
- Güterrecht → Partnerschaftsgüterrecht, EuPartnerschaftsVO; Partnerschaftsgüterrecht, IPRG
- Kindschaft Rz 5/55
- Ledigenstand Rz 5/49
- Namensrecht Rz 3/33
- Partnerschaftshindernisse Rz 5/48 f
- → persönliche Rechtsverhältnisse zwischen Partnern, IPRG
- Rück- und Weiterverweisung Rz 5/47, 5/51
- Unterhaltspflicht Rz 5/55
- verschiedengeschlechtliche Partner Rz 5/46, 5/56
- Voraussetzungen Rz 5/47 f
- Zuständigkeit Rz 5/45

Eingriffsnorm Rz 1/146 ff
- Anwendungsbeispiele Rz 1/146
- ausländischer Rechtsordnungen Rz 1/149
- Auslandstrauung inländischer Staatsbürger Rz 1/146, 5/6 ff (auch Fn 24, 25)
- eingetragene Partnerschaft Rz 5/48
- Eingriffsnormen von Drittstaaten Rz 1/37
- elterliche Verantwortung Rz 5/148
- Entscheidungseinklang Rz 1/14
- im außervertraglichen Schuldrecht Rz 10/19
- im Erbrecht Rz 6/54, 6/92
- im Gesellschaftsrecht Rz 1/146, 4/22, 4/25
- im Sachenrecht Rz 7/13 Fn 30

- Inlandstrauung ausländischer Staatsbürger Rz 1/146, 5/6 ff (auch Fn 24, 25)
- Kindschaft Rz 5/112 Fn 340, 5/123 (auch Fn 375)
- Qualifizierung Rz 1/147
- Regelung von Teilaspekten Rz 1/146
- Sachnormen Rz 1/36
- Schutzfunktion Rz 1/136
- unionsrechtliches Kollisionsrecht Rz 1/148
- Unterschied zum *ordre public* Rz 1/146
- völkervertragliches Kollisionsrecht Rz 1/148

einseitiges Rechtsgeschäft Rz 10/44 ff
- Änderung einer einseitigen Verfügung von Todes wegen Rz 6/79
- Aufhebung Rz 3/16
- → einseitiges Versprechen
- elterliche Verantwortung Rz 5/144
- Form Rz 9/78
- Verkehrsschutz Rz 3/17, 3/19, 3/21 ff
- Vermögensübertragung an den *trust* Rz 7/7
- Vollmacht → gewillkürte Stellvertretung
- → Wertpapier
- Widerruf einer einseitigen Verfügung von Todes wegen Rz 6/79

einseitiges Versprechen Rz 1/58, 4/23, 10/45
- Anspruchsvoraussetzungen Rz 10/45
- Auslobung Rz 10/44 f
- Form Rz 10/45
- Schuldanerkenntnis Rz 10/44
- Zahlungsversprechen Rz 10/44

einstweilige Maßnahmen Rz 2/78
- Gericht der Hauptsache Rz 2/78
- in der EuErbVO Rz 6/49, 6/150
- reale Verknüpfung Rz 2/79
- Sicherungsverfügungen Rz 2/78, 6/49, 6/150
- subsidiäre Zuständigkeit Rz 2/79

Eintragung in öffentliche Register → **öffentliche Bekanntmachung**

elterliche Verantwortung
- Anerkennung von Entscheidungen Rz 5/149 ff
- Ausübung, KSÜ Rz 5/145, 5/159
- autonomes Kollisionsrecht → elterliche Verantwortung, IPRG
- Definition, KSÜ Rz 5/143
- Eingriffsnormen Rz 5/148
- Erlöschen, KSÜ Rz 5/144, 5/146
- → KSÜ 1996
- *ordre public* Rz 5/147 f
- und Statutenwechsel, KSÜ Rz 5/144 f
- Vollstreckung von Entscheidungen Rz 5/149 ff
- Zuständigkeit → elterliche Verantwortung, Brüssel IIa-VO
- Zuweisung, KSÜ Rz 5/144, 5/146

elterliche Verantwortung, Brüssel IIa-VO
- Anerkennung von Entscheidungen Rz 5/149 ff, 5/158, 5/162
- Anwendungsbereich Rz 5/136
- Ausdehnung der Zuständigkeit Rz 5/138
- ausgeschlossene Materien Rz 5/136
- Besuchsrecht Rz 5/140, 5/153, 5/155 f
- Entziehung der elterlichen Verantwortung Rz 5/136, 5/140
- Kindesentführung Rz 5/155 f
- Kindeswohl Rz 5/138 f
- Notzuständigkeit Rz 5/137
- Restzuständigkeit Rz 5/139
- Schutzmaßnahmen zugunsten des Kindes Rz 5/111, 5/140, 5/160
- Sorgerechtsstreitigkeiten Rz 5/140, 5/153, 5/155 f
- verbundene Fragen Rz 5/138
- Verhältnis zum KSÜ 1996 Rz 5/140, 5/151, 5/156
- Vollstreckung von Entscheidungen Rz 5/150
- Zuständigkeitskriterien Rz 5/137

elterliche Verantwortung, IPRG Rz 5/141
- Anerkennung von Entscheidungen Rz 5/152
- Anknüpfungszeitpunkt Rz 5/141
- Anwendungsbereich Rz 5/141 f, 5/152
- Eingriffsnormen Rz 5/148

Emanzipation Rz 3/15

Empfängnis, Vermutung Rz 5/120

Enteignung Rz 7/11

Enterbung Rz 1/153, 6/7

Entmündigung Rz 3/25, 5/8

Entscheidungseinklang
- innerer Rz 1/14, 1/135
- internationaler Rz 1/13, 1/39, 1/98, 6/51, 6/55, 6/105, 8/3 f

Erbschein Rz 6/118, 6/139

Erbfähigkeit Rz 6/7, 6/23 Fn 62
erbloser Nachlass → Rechtsnachfolge des Staates
Erbrecht
- autonomes Kollisionsrecht → Erbrecht, IPRG
- unionsrechtliches Kollisionsrecht → Erbrecht, EuErbVO

Erbrecht, EuErbVO Rz 1/81, 6/60 ff
- Anpassung dinglicher Rechte Rz 6/101 f, 6/104, 6/141
- Auslegung Rz 6/3, 6/7, 6/77
- Ausweichklausel Rz 6/61 f, 6/66
- besondere Vermögensarten Rz 6/91 ff, 6/104
- Bestimmung des gewöhnlichen Aufenthalts Rz 6/64 f
- dingliche Rechte Rz 6/101 ff
- Eingriffsnormen Rz 6/92
- Eintragung in Register Rz 6/104
- erbloser Nachlass Rz 6/57, 6/99 f
- Erbvertrag Rz 6/39, 6/73, 6/77, 6/80 f
- Erwerb dinglicher Rechte Rz 6/103 f
- → Europäisches Nachlasszeugnis
- Geltung Rz 6/2
- Gesamtnormverweisung Rz 6/105, 6/107
- Grundsatz der Universalität Rz 6/51
- Inkrafttreten Rz 6/2
- interpersonale Kollisionsnormen Rz 6/116
- Kommorienten Rz 6/95 ff
- landwirtschaftliches Unternehmen Rz 6/94
- Mehrrechtsstaaten Rz 6/113 ff
- Nachlassverwaltung Rz 6/87 ff
- nationale Ausführungsgesetzgebung Rz 6/2, 6/4
- Nichtdiskriminierungsgebot Rz 6/112
- Normdiskrepanz Rz 6/101, 6/141
- objektive Anknüpfung Rz 1/81, 6/60 ff
- *ordre public* Rz 6/109 ff, 6/132 → *ordre public*
- örtlicher Anwendungsbereich Rz 6/5
- Pflichtteilsrecht Rz 6/58, 6/67, 6/83, 6/90, 6/111, 6/125
- Probleme des Anknüpfungskriteriums Rz 6/64, 6/66
- Rechtsvereinheitlichung Rz 6/1, 6/51
- Rechtswahl → Rechtswahl in der EuErbVO
- Rück- und Weiterverweisung Rz 6/105 ff
- Sachenrechtsstatut Rz 6/101, 6/141
- sachlicher Anwendungsbereich Rz 6/6 f, 6/53
- Sachnormverweisung Rz 6/105, 6/107
- Sonderanknüpfung Rz 6/57, 6/77 ff
- Sondererbfolgen Rz 6/93
- Staatsverträge zwischen Mitgliedstaaten Rz 6/53
- teilweise Rück- oder Weiterverweisung Rz 6/107
- Testierverbot Rz 6/82
- unbewegliche Sache Rz 6/91 ff
- universelle Geltung Rz 6/6, 6/51
- Unternehmen Rz 6/91 ff
- → Verfügung von Todes wegen, EuErbVO
- Verweis eines Drittstaates auf einen Drittstaat Rz 6/106 f
- Verweis eines Drittstaates auf einen Mitgliedstaat Rz 6/106
- Vorfragen Rz 6/55
- Vorgeschichte Rz 6/1
- Vorlageberechtigung an den EuGH Rz 6/3
- Vorwirkungen Rz 6/2
- Zuständigkeit → erbrechtliche Zuständigkeit, EuErbVO

Erbrecht, IPRG Rz 6/8, 6/14
- begrenzte Rechtswahl Rz 6/17 ff
- *favor validitatis* Rz 6/25
- formale Gültigkeit des Testaments Rz 6/25 f
- Formgültigkeit und *ordre public* Rz 6/27
- Gesamtverweisung Rz 6/9
- Grundsatz der Nachlasseinheit Rz 6/9, 6/14
- Grundsatz der Universalität Rz 6/9, 6/14
- Mehrstaater Rz 6/15
- Rechtsmissbrauch Rz 6/19 f
- Rechtsnachfolge des Staates Rz 6/29 f
- Rechtswahl, Änderung Rz 6/18
- Rechtswahl, Erbteilung Rz 6/21 f
- Rechtswahl, Form Rz 6/18
- Schutz der Pflichtteilsberechtigten Rz 6/19 f
- Teilungsstatut Rz 6/22
- → Testierfähigkeit, IPRG
- Umfang des Erbstatuts Rz 6/16
- Verfügung von Todes wegen, Änderung Rz 6/25
- Verfügung von Todes wegen, Form Rz 6/25, 6/86
- Verfügung von Todes wegen, Widerruf Rz 6/25

- Vorgesetze ZGB Rz 6/8, 6/14
- Widerruf der Rechtswahl Rz 6/18
- Zuständigkeit → erbrechtliche Zuständigkeit, IPRG

erbrechtliche Zuständigkeit, EuErbVO Rz 6/31, 6/34
- Anerkennung des angerufenen Gerichts Rz 6/38
- Anerkennung von Entscheidungen Rz 6/43, 6/49, 6/52
- Anhängigkeit in mehreren Mitgliedstaaten Rz 6/48
- Anrufung mehrerer Gerichte Rz 6/46
- außergerichtliche Regelung Rz 6/40
- Ausweichsklausel Rz 6/34, 6/108
- Begrenzung der Entscheidung Rz 6/33
- Belegenheit der Nachlassgegenstände Rz 6/35 f, 6/50
- einstweilige Maßnahmen Rz 6/49
- Gerichtsbegriff Rz 6/32, 6/47
- Gerichtsstandsvereinbarung Rz 6/37 f
- gewöhnlicher Aufenthalt in einem Drittstaat Rz 6/35
- internationale Abkommen Rz 6/50
- Litispendenz Rz 6/45 ff
- Nachlassvermögen in einem Drittstaat Rz 6/33
- Notzuständigkeit Rz 6/41
- Rechtshängigkeit Rz 6/45 ff
- rügelose Einlassung Rz 6/38
- Sicherungsmaßnahmen Rz 6/49
- Sonderzuständigkeit Rz 6/42
- subsidiäre Rz 6/35 f, 6/107
- Teilrechtswahl Rz 6/39
- Umfang Rz 6/32
- Unzuständigkeit Rz 6/44
- Verfahrenskonzentration Rz 6/33

erbrechtliche Zuständigkeit, IPRG Rz 6/11
- freiwillige Gerichtsbarkeit Rz 6/13
- Generalklausel im IPRG Rz 6/10
- in den Vorgesetzen ZGB Rz 6/10
- internationale Abkommen Rz 6/13
- konkurrierende Zuständigkeitskriterien Rz 6/10 f, 6/12
- Sachzusammenhang Rz 6/10

Erbstatut → Erbrecht, EuErbVO; Erbrecht, IPRG

Erbteilung Rz 6/10 f, 6/16, 6/21 f

Erbunwürdigkeit Rz 6/7, 6/23 Fn 62

Erbvertrag
- als „Verfügung von Todes wegen“ Rz 6/77
- anzuwendendes Recht Rz 6/57, 6/68, 6/80 f
- Gerichtsstandsvereinbarung Rz 6/39
- *ordre public* Rz 1/38
- Rechtswahl Rz 6/73, 6/77
- Verbot Rz 6/16

Ersitzung beweglicher Sachen Rz 7/21
- Frist Rz 7/21
- gutgläubiger Rechtserwerb Rz 7/21
- Lagewechsel Rz 7/20 f
- Voraussetzungen Rz 7/21

Ersitzung unbeweglicher Sachen Rz 7/20

Erwachsenenschutz Rz 3/2, 3/25
- Dringlichkeit Rz 3/26
- → Entmündigung
- → Haager Erwachsenenschutzübereinkommen
- Institute Rz 3/24
- privatautonome Schutzmaßnahmen Rz 3/25
- Problematik Rz 3/26
- → Sachwalterschaft
- → Teilentmündigung
- Umfang Rz 3/25
- Zuständigkeit Rz 3/27

Erwerb des dinglichen Rechts Rz 7/11
- Erwerbsarten Rz 7/11 ff
- originärer Rz 7/11
- Ortswechsel Rz 7/15

EuGVÜ → Brüsseler Übereinkommen 1968

EuGüterVO → Ehegüterrecht, EuGüterVO

EuPartnerschaftsVO → Partnerschaftsgüterrecht, EuPartnerschaftsVO; Partnerschaftsgüterrecht, IPRG

Europäisches Nachlasszeugnis Rz 6/117 ff
- Abschriften Rz 6/129 f
- Änderung Rz 6/143 f
- Anfechtung Rz 6/144
- Antrag auf Ausstellung Rz 6/124, 6/131
- Antragsberechtigte Rz 6/125
- Aussetzung der Wirkungen Rz 6/145
- Ausstellungsbehörde Rz 6/122 f
- Ausstellungsverfahren Rz 6/122
- Berichtigung Rz 6/143 f
- Beweiswirkungen Rz 6/135

- Erb- und Vermächtnisschein Rz 6/118
- Formblatt Rz 6/127
- Gutglaubenswirkung Rz 6/136 ff
- Hinderungsgründe Rz 6/128
- Inhalt Rz 6/131
- Legitimationswirkung Rz 6/140 f
- Rechtsvermutung Rz 6/134 f
- Überprüfung des Antrags Rz 6/126
- und Grundbuch Rz 6/118
- Urschrift Rz 6/129
- Voraussetzung Rz 6/120
- Widerruf Rz 6/143 f
- Widersprüche Rz 6/142
- Wirkungen Rz 6/132 f
- Zweck Rz 6/117, 6/120

Europäisches Schuldvertragsübereinkommen (EVÜ) 1980
- Anwendungsbereich Rz 9/3, 9/7 f, 9/13 f
- bereicherungsrechtliche Ansprüche Rz 10/36
- *dépeçage* Rz 1/119
- *ordre public* Rz 9/36 Fn 67
- Rück- und Weiterverweisung Rz 9/35 Fn 64
- universelle Geltung Rz 9/3
- Verhältnis zur Rom I-VO Rz 1/41
- Verkehrsschutz Rz 3/18, 3/21
- Verweis im IPRG Rz 8/5, 9/1 f

Europäisches Sorgerechtsübereinkommen (ESÜ) 1980 Rz 5/154

EuUVO
- Anerkennung ausländischer Entscheidungen Rz 5/178, 5/192
- Anwendungsbereich Rz 5/181
- Auffangzuständigkeit Rz 5/184
- internationale Zuständigkeit Rz 5/178, 5/182
- Kollisionsnormen Rz 5/185 ff → Haager Unterhaltsprotokoll
- Notzuständigkeit Rz 5/184
- Rechtswahl Rz 5/184
- Übereinkommen von Lugano Rz 5/184
- universelle Geltung Rz 5/180
- Verweis auf das HUP 2007 Rz 5/185 ff
- Vollstreckung ausländischer Entscheidungen Rz 5/193 f
- Zuständigkeit Rz 5/183 f

EVÜ → Europäisches Schuldvertragsübereinkommen (EVÜ) 1980

Exequaturverfahren
- autonomes Kollisionsrecht Rz 2/109
- Brüssel Ia-VO Rz 2/106
- Definition Rz 2/102
- Ehegüterrecht Rz 5/43
- EuErbVO Rz 6/149
- Partnerschaftsgüterrecht Rz 5/62
- Unterhalt Rz 5/193 f

exklusiver Gerichtsstand → ausschließlicher Gerichtsstand

Exklusivnorm
- Definition Rz 1/56 (auch Fn 99)
- Ehevoraussetzungen Rz 5/3 Fn 10
- im Erbrecht Rz 6/15
- im Gesellschaftsrecht Rz 4/19 ff
- persönliche Rechtsverhältnisse zwischen Ehegatten Rz 5/20
- *ratio* Rz 1/14, 1/16

exorbitanter Gerichtsstand Rz 2/15

F

fakultativer Gerichtsstand → besonderer Gerichtsstand

Fall Forgo Rz 1/108

favor filiationis
- Definition Rz 1/16, 1/68, 5/114
- Rück- und Weiterverweisung Rz 1/113, 5/122

favor validitatis
- Anerkennung des Kindes Rz 5/128
- Beispiele Rz 1/16, 1/68
- Ehegüterrecht Rz 5/28
- Eheschließung Rz 5/14
- eingetragene Partnerschaft Rz 5/51
- Lebensgemeinschaft Rz 5/75
- *ratio* Rz 1/68
- Verfügung von Todes wegen Rz 6/25

Feststellung ausländischen Rechts
- amtswegige Rz 1/123
- Heimwärtsstreben Rz 1/125
- → Informationsquellen der Richter
- *iura novit curia* → Anwendung des IPR
- nicht möglich Rz 1/125 f
- Rechtsfrage Rz 1/123
- subsidiäre Anknüpfung Rz 1/125
- Tatsachenfrage Rz 1/123
- Voraussetzung Rz 1/122

Feststellung des Kindschaftsverhältnisses Rz 5/119 f
- Aktivlegitimation Rz 5/120
- Anerkennung ausländischer Entscheidungen Rz 5/130
- Beweise Rz 5/120
- Frist Rz 5/120
- Rück- und Weiterverweisung Rz 5/122
- subsidiäre Anwendung italienischen Rechts Rz 5/121

Flaggenstaat Rz 7/5
Flüchtling → **Staatsangehörigkeit**
Forderungsübergang, gesetzlicher Rz 9/86
Forderungsübertragung Rz 9/83
- Definition Rz 9/85
- Statut, Umfang Rz 9/84

Form
- Anerkennung eines Kindes Rz 5/128
- Eheschließung → Form der Eheschließung
- Eheversprechen Rz 5/1
- eingetragene Partnerschaft Rz 5/51
- einseitige Versprechen Rz 10/45
- → *favor validitatis*
- Gerichtsstandsvereinbarung Rz 2/71
- Gerichtsstandsvereinbarung, EuErbVO Rz 6/42
- Lebensgemeinschaft Rz 5/75
- Partnerschaftsgüterrecht Rz 5/61Fn 186
- Rechtswahl bei Ehetrennung und Ehescheidung Rz 5/92
- Rechtswahl im Ehegüterrecht Rz 5/28, 5/38 (auch Fn 130)
- Rechtswahl im Erbrecht Rz 6/18, 6/74 f
- Verfügungen von Todes wegen Rz 6/25 ff, 6/57, 6/77, 6/79, 6/85 f
- Vertrag Rz 9/75 ff
- Vollmacht Rz 10/49

Form der Eheschließung Rz 1/84, 5/14
- Anknüpfungszeitpunkt Rz 5/15
- Art der Willensäußerung Rz 5/13
- → Eheschließung durch Vertreter
- einseitiges Rechtsgeschäft Rz 9/78
- Eintragung Rz 5/13, 5/17
- *favor validitatis* Rz 5/14
- → Konkordatsehe
- → Konsularehe
- Mitwirkung Dritter Rz 5/13
- Umfang Rz 5/14
- Verletzung der Formvorgaben Rz 5/15
- Weiterverweisung Rz 5/15
- Zivilehe Rz 5/16

fraus legis → **Rechtsmissbrauch**
Fremdinsemination
- Eintragung ausländischer Urkunden Rz 5/135
- *ordre public* Rz 5/115, 5/135
- Verbot Rz 5/132

freundliche Zulassung → ***comitas***
Fruchtgenussrecht der Eltern Rz 5/118, 5/141
Fund Rz 7/11
Funktionsnormen Rz 1/6, 3/1 Fn 1, 3/29
Fusion Rz 1/69 (auch Fn 116), 4/53 ff

G

Geburt
- Abstammung Rz 5/119
- Anerkennung des Kindes Rz 5/125
- → *favor filiationis*
- → Fremdinsemination
- → Leihmutterschaft
- Rechtsfähigkeit Rz 3/4, 3/8

Geburtsurkunde Rz 5/115, 5/133 ff, 5/175
Gegenseitigkeit → **Reziprozität**
geistige Beeinträchtigung → **Erwachsenenschutz**
geistiges Eigentum → **Immaterialgüterrechte**
Genfer Scheckrechtsabkommen 1931 Rz 1/43, 10/46 f
Genfer Wechselrechtsabkommen 1930 Rz 1/43, 10/46 f
Genossenschaft Rz 4/31, 4/51
Gerichtsbarkeit
- autonomes Kollisionsrecht → Zivilverfahrensrecht im autonomen Kollisionsrecht
- Begriffsauslegung, national Rz 2/6
- → Brüssel Ia-VO
- freiwillige Rz 2/3
- *par in parem non habet imperium* Rz 2/5
- streitige Rz 2/3

Gerichtsstand
- → allgemeiner Gerichtsstand
- → ausschließlicher Gerichtsstand

- → besonderer Gerichtsstand
- Deliktsklage → Gerichtsstand für Deliktsklagen
- Erfüllungsort des Vertrages Rz 2/20 ff
- → exorbitanter Gerichtsstand
- → Gerichtsstand
- Gewährleistungsklage Rz 2/38
- Interventionsklage Rz 2/38
- Streitgenossenschaft Rz 2/37
- Widerklage Rz 2/39

Gerichtsstand für Deliktsklagen Rz 2/25
- Begriffsauslegung „unerlaubte Handlung" Rz 2/26
- Distanzdelikt Rz 2/27
- Mosaikprinzip Rz 2/29
- Schadensort Rz 2/27 f
- Streudelikt Rz 2/29
- Ubiquitätsregel Rz 2/27
- Umfang Rz 2/26
- Verletzung von Persönlichkeitsrechten im Internet Rz 2/29

Gerichtsstandsvereinbarung
- Anwendungsbereich Rz 2/68
- Begriffsauslegung Rz 2/69
- bestehende Rechtsstreitigkeit Rz 2/70
- Bestimmtheit Rz 2/70
- Derogationsvermutung Rz 2/67
- Einschränkung Rz 2/42, 2/68
- Formanforderungen Rz 2/71
- Funktion Rz 2/67
- Gerichtsstandsklausel in AGB Rz 2/71
- künftige Rechtsstreitigkeit Rz 2/70
- Mindestkriterien Rz 2/70
- Prorogation Rz 2/67 f
- Schutz schwächerer Personen Rz 2/42, 2/68
- Vorfragen Rz 2/69
- Wirkungen Rz 2/72 f

Gesamtverweisung
- autonomes Kollisionsrecht Rz 1/112
- Definition Rz 1/107
- eingetragene Partnerschaft Rz 5/52
- Erbrecht Rz 6/105, 6/107
- Gerichtsstandsvereinbarung Rz 2/69 Fn 239
- Gesellschaftsrecht Rz 4/20
- Namensrecht Rz 3/33
- persönliche Rechtsverhältnisse zwischen Ehegatten Rz 5/21
- Sachenrecht Rz 7/3

Geschäftsfähigkeit Rz 1/12, 3/15
- besondere Geschäftsfähigkeit → Ehefähigkeit, Testierfähigkeit
- *dépeçage* Rz 1/117 → *dépeçage*
- Rom I-VO Rz 9/81 f
- Rück- und Weiterverweisung Rz 1/110
- Verkehrsschutz Rz 3/17 ff

Geschäftsführung ohne Auftrag Rz 10/36 ff
- Ausweichsklausel Rz 10/38
- autonomes Kollisionsrecht Rz 10/36
- Rom II-VO Rz 10/37 f

Geschichte des IPR Rz 1/17 ff

Gesellschaft Rz 1/58, 4/1, 4/19
- Aktionärsbindungsverträge Rz 4/15
- Anwendungsbereich des IPRG Rz 4/1, 4/7
- Auflösung Rz 2/61, 4/10
- ausländische Rz 4/5 f, 4/20, 4/26 ff, 4/30 ff
- Außerkraftsetzung von Organbeschlüssen Rz 4/13
- Begriff Rz 4/7
- Bezeichnung Rz 4/2, 4/9
- → *corporate governance*
- Eingriffsnormen Rz 4/19 ff
- Entscheidung *Polbud* Rz 4/34 ff, 4/37 f, 4/39 ff
- Erlöschen Rz 4/2, 4/10, 4/55
- Exklusivnorm Rz 1/56 Fn 99
- Firma Rz 4/9
- Fusion Rz 1/69, 4/56
- gerichtliche Abberufung von Organbeschlüssen Rz 4/1
- Gründung Rz 2/61, 4/2, 4/10, 4/16, 4/55
- → Gründungstheorie
- Gründungsvertrag Rz 4/16
- Haftung für Verbindlichkeiten Rz 2/48, 4/12 f, 4/32 f
- Hauptgegenstand Rz 4/2, 4/19
- IPR-Sachnormen Rz 1/14, 1/36
- Klagen Rz 2/61 f
- Liquidation Rz 4/10, 4/35, 4/39 f
- Name Rz 4/2, 4/9
- Niederlassungsfreiheit Rz 4/24, 4/37 ff, 4/50 f
- Parteifähigkeit Rz 4/6
- Persönlichkeitsrechte Rz 4/9

- Prozessfähigkeit Rz 4/14
- Publizitätsvorschriften Rz 4/26 ff, 4/30
- Rechtsform Rz 4/9
- Rechtsnatur Rz 4/2, 4/9
- Regelungsbereiche, explizite Rz 4/2, 4/8 ff
- Regelungsbereiche, implizite Rz 4/14 ff
- Rom I-VO Rz 9/22
- Rück- und Weiterverweisung Rz 4/20
- Sitz Rz 4/2 f, 4/17, 4/19, 4/53 ff
- Sitzverlegung Rz 1/69, 4/34, 4/41, 4/53 f
- Spannungsverhältnis mit internationalem Vertragsrecht Rz 4/1
- Status der Aktionäre Rz 4/1
- Status der Gesellschafter Rz 4/1
- Status der Mitglieder Rz 4/12
- Syndikatsverträge Rz 4/15
- Tätigkeit Rz 4/19, 4/21
- Trust als Gesellschaft Rz 4/4, 4/23, 4/47
- Umwandlung Rz 4/2, 4/10, 4/34, 4/37, 4/40, 4/55
- unbekannte Gesellschaftsform Rz 4/30 f
- Unionsrecht Rz 4/24
- Unternehmensführung → *corporate governance*
- Verletzung der Publizitätsvorschriften Rz 4/32
- Vermögenstrennung Rz 4/1
- Verstöße Rz 4/13
- Vertretung Rz 4/14, 4/26
- Verwaltungssitz Rz 4/2, 4/19
- Vorgesetze ZGB Rz 4/5 f, 4/8
- Zuständigkeit Rz 2/61 f
- Zweigniederlassung Rz 4/26, 4/28 f

Gesellschaftsverbindlichkeiten → Haftung für Verbindlichkeiten einer Körperschaft

Gesetzesumgehung → Rechtsmissbrauch

Gesundheit Rz 3/28 → **Persönlichkeitsrecht**

gewerbliche Schutzrechte → Immaterialgüterrechte

gewillkürte Stellvertretung Rz 10/48
- *falsus procurator* Rz 10/49
- Geschäftssitz des Vertreters Rz 10/48
- Haager Übereinkommen über die Stellvertretung 1978 Rz 10/48
- Rom I-VO Rz 10/48
- Umfang Rz 10/49
- → Vollmacht

Gewährleistungsklage Rz 2/38

gewöhnlicher Aufenthalt Rz 1/79 ff
- Adoption Rz 1/75, 1/79, 5/171 f
- Arbeitskampf Rz 10/35
- außervertragliche Haftung Rz 10/15 f
- Beförderungsverträge Rz 9/53 ff
- bereicherungsrechtliche Ansprüche Rz 10/38
- Bestimmung, natürliche Personen Rz 1/81, 5/20, 9/30, 9/32
- Definition Rz 1/79
- Definition für juristische Personen Rz 1/81, 9/30 f
- Deliktsklagen Rz 2/30
- Ehegüterrecht, EuGüterVO Rz 5/39
- Ehegüterrecht, IPRG Rz 1/85, 5/28
- Ehetrennung und Ehescheidung, Rechtswahl Rz 5/91, 5/93
- einfacher Aufenthalt Rz 1/79
- eingetragene Partnerschaft, Auflösung Rz 5/64
- Einordnung Rz 1/61 f, 1/70
- elterliche Verantwortung, KSÜ Rz 5/113, 5/144 f
- Erbrecht, IPRG Rz 6/17
- EuErbVO Rz 1/81, 6/61 ff
- Flüchtlinge Rz 1/73, 1/79
- Form der Eheschließung Rz 1/79, 5/14
- Form der Verfügung von Todes wegen, IPRG Rz 6/25
- Form, eingetragene Partnerschaft Rz 5/51
- Geschichte Rz 1/80
- Inlandstrauung ausländischer Staatsbürger Rz 5/8, 5/12
- Kindesentführung, KSÜ Rz 5/155
- Mehrstaater Rz 1/73
- Partnerschaftsgüterrecht, EuPartnerschafts-VO Rz 5/61
- Partnerschaftsgüterrecht, IPRG Rz 5/53 f
- Produkthaftung Rz 10/27 f
- Qualifikation Rz 1/97
- Schutzmaßnahmen zugunsten des Kindes, KSÜ Rz 5/113, 5/140, 5/146
- Staatenlose Rz 1/66, 1/79, 6/72
- Unterhalt, HUP Rz 5/188
- Verbraucher Rz 9/57, 9/60

- Verfügung von Todes wegen, EuErbVO Rz 6/86
- Versicherung Rz 9/64
- Vertrag Rz 9/49, 9/74
- Vertragsform Rz 9/77 f
- Vertragsparteien Rz 9/30 ff
- Vertreter des Beklagten Rz 2/93
- Verweis auf Mehrrechtsstaaten, EuErbVO Rz 6/114
- Zuständigkeit, Ehetrennung und Ehescheidung Rz 5/79, 5/83
- Zuständigkeit, elterliche Verantwortung Rz 5/137
- Zuständigkeit, Erbrecht Rz 6/12
- Zuständigkeit, EuErbVO Rz 6/31, 6/34
- Zuständigkeit, EuGüterVO Rz 5/36
- Zuständigkeit, IPRG Rz 1/79, 2/90, 6/11
- Zuständigkeit, Kindesentführung Rz 5/155
- Zuständigkeit, Kindschaft Rz 5/116
- Zuständigkeit, Minderjährigenschutz Rz 5/160
- Zuständigkeit, Unterhalt Rz 5/183

Gläubiger
- Nachlassgläubiger Rz 6/10, 6/51, 6/90, 6/100, 6/125, 6/137
- Schutz Rz 4/32, 4/40, 7/13
- Unterhaltsrecht Rz 5/181, 5/186

Gläubigeranfechtung Rz 2/26
gleichgeschlechtliche Partnerschaft → eingetragene Partnerschaft
gleichgeschlechtliche Ehe
- Anerkennung Rz 5/66
- Auslandstrauung ausländischer Staatsbürger Rz 5/69
- Auslandstrauung italienischer Staatsbürger Rz 5/68
- Eheschließung in Italien Rz 5/67
- Eintragung Rz 5/68 f
- *ordre public* Rz 5/67 Fn 201
- Rom III-VO Rz 5/69, 5/71
- Scheidung Rz 5/71, 5/99
- Trennung Rz 5/71
- Zuständigkeit Rz 5/66

gleichgeschlechtliches Paar → eingetragene Partnerschaft
glossa ordinaria → Accursius
Grundbuch Rz 2/63, 6/118, 6/139, 7/27
Grundsatz der Nachlasseinheit Rz 6/9, 6/14, 6/25
Grundsatz der Universalität Rz 6/9, 6/14, 6/51
Grundsätze der Rechtsordnung → ***ordre public***
Gründungsort Rz 1/58, 1/60, 1/62, 1/82, 4/17 → **Gründungstheorie**
Gründungstheorie Rz 1/82, 4/1 f, 4/17, 4/19, 4/21
gute Sitten → ***ordre public***
Güterstand → Ehegüterrecht, EuGüterVO

H

Haager Erbrechtsabkommen 1989 Rz 6/61
Haager Erwachsenenschutzübereinkommen Rz 3/2, 3/26
Haager Kinderschutzübereinkommen → KSÜ 1996
Haager Kindesentführungsübereinkommen (HKÜ) 1980 Rz 5/154, 5/156
Haager Konferenz Rz 1/42, 1/47
Haager Minderjährigenschutzabkommen (MSA) 1961 Rz 1/41, 1/44, 5/158
Haager Testamentsformenabkommen 1961 Rz 6/25, 6/74, 6/85 f
Haager Trustübereinkommen (HTÜ) 1985 Rz 1/44, 4/42 ff, 4/47, 4/52, 7/7
Haager Übereinkommen über die Stellvertretung 1978 Rz 10/48
Haager Unterhaltsprotokoll Rz 5/188, 5/190
- Anerkennung ausländischer Entscheidungen Rz 5/192, 5/195
- Anwendungsbereich Rz 5/186
- Ausnahmeregelungen Rz 5/189
- *favor creditoris* Rz 5/188
- Geltungsbereich Rz 5/185
- Pflichten zwischen Ehegatten Rz 5/190
- Pflichten zwischen Eltern und Kind Rz 5/189
- Rechtswahlvereinbarung Rz 5/191
- Sachnormverweisungen Rz 5/186
- Statutenwechsel Rz 5/188
- universelle Geltung Rz 5/185
- Verweis in der EuUVO Rz 5/178, 5/185
- Vollstreckung ausländischer Entscheidungen Rz 5/194, 5/195
- Vorfrage Rz 5/187

Haager Unterhaltsübereinkommen 1973 Rz 5/159

Haager Unterhaltsübereinkommen 2007 Rz 5/178, 5/195 → Haager Unterhaltsprotokoll
Haftung für fehlerhafte Produkte → Produkthaftung
Haftung für Verbindlichkeiten einer Körperschaft
- begrenzte Rz 4/12
- *business judgement rule* Rz 4/13
- gesamtschuldnerische Haftung Rz 4/32
- Haftung der Vertreter Rz 4/32, 4/33
- Haftung der Verwalter Rz 4/30
- *shareholder liability* Rz 4/13
- *stakeholder liability* Rz 4/13
- subsidiäre Rz 4/12
- unbegrenzte solidarische Rz 4/12
- völlige Vermögenstrennung Rz 4/12

Haftung wegen unerlaubter Handlung → Deliktshaftung, IPRG; Rom II-VO
Handelsregister → öffentliche Bekanntmachung
Handelswaren → dingliche Rechte an Transitgütern
Handlungsfähigkeit Rz 1/25, 1/52, 1/58, 3/15
- Adoptionsfähigkeit Rz 3/15, 5/169
- allgemeine Rz 3/1
- besondere Rz 3/1 f, 3/7, 3/15, 5/169
- Definition Rz 3/14
- → Deliktsfähigkeit
- Ehegüterrecht Rz 5/25
- Eheversprechen Rz 5/1
- → Geschäftsfähigkeit
- im Gesellschaftsrecht Rz 4/11
- im Zivilverfahrensrecht Rz 2/11
- → natürliche Geschäftsunfähigkeit
- → Parteifähigkeit
- → Prozessfähigkeit
- Rom I-VO Rz 9/81 f
- Testierfähigkeit → Testierfähigkeit, EuErbVO; Testierfähigkeit, IPRG

Haupttätigkeit einer Körperschaft Rz 1/82, 4/17, 4/19 ff
Heimatrecht → Staatsangehörigkeit
- Abstammung Rz 5/119
- Adoption Rz 5/171 f
- Eheschließung, Form Rz 5/14
- Ehetrennung und Ehescheidung, IPRG Rz 5/100
- Eheversprechen Rz 5/1
- Ehevoraussetzung Rz 5/3
- eingetragene Partnerschaft, Formgültigkeit Rz 5/51
- eingetragene Partnerschaft, Voraussetzungen Rz 5/47
- elterliche Verantwortung Rz 5/141
- Erbstatut, IPRG Rz 6/14
- Erwachsenenschutz Rz 3/1, 3/25 f
- Handlungsfähigkeit Rz 1/25, 3/1, 3/15
- Kindschaft Rz 5/113
- persönliche Rechtsverhältnisse zwischen Ehegatten Rz 1/55, 5/20
- Persönlichkeitsrechte Rz 3/1, 3/29
- Rechtsfähigkeit Rz 1/25, 3/1, 3/5
- Testierfähigkeit Rz 6/23
- Ungültigkeit der Ehe Rz 5/106 f
- Vertrag über die Lebensgemeinschaft Rz 5/74

hinkende Ehe → Ledigenstand
HUP 2007 → Haager Unterhaltsprotokoll
Hypothek Rz 2/40, 7/6

I

Immaterialgüterrechte Rz 7/22
- ausgenommene Bereiche Rz 7/25
- Ausübung Rz 7/25
- Dauer Rz 7/25
- Inhalt Rz 7/25
- internationale Abkommen Rz 7/22
- *lex informatica* Rz 7/24
- Nutzung im Internet Rz 7/24
- Ort der Nutzung Rz 7/22 f
- Publizität Rz 7/25
- Quellenhierarchie Rz 7/22
- Rechtsträgerschaft Rz 7/25
- Umfang Rz 7/22, 7/25
- Unionsrecht Rz 7/22
- Verletzung Rz 10/34
- Zuständigkeit Rz 2/64 f
- zwingende Anwendung italienischen Rechts Rz 7/23

Immunität Rz 2/91, 2/101
- ausländische Staatsoberhäupter Rz 2/91
- Diplomaten Rz 2/91

- internationale Organisationen Rz 2/91
- Konsuln Rz 2/91

Informationsquellen der Richter
- eigene Kenntnisse Rz 1/124
- Feststellung nicht möglich Rz 1/125 f
- Informationssysteme Rz 1/124
- Justizministerium Rz 1/124
- Konsulate Rz 1/124
- persönliche Informationskanäle Rz 1/124
- Rechtsgutachten Rz 1/124
- Sachverständige Rz 1/124

Inlandstrauung eines ausländischen Staatsbürgers
- Aufgebot Rz 5/12
- gleichgeschlechtliche Ehe Rz 5/66
- → Ehefähigkeitszeugnis
- → Ehehindernis
- eingetragene Partnerschaft Rz 5/49
- Eingriffsnorm Rz 5/6
- Sachnorm Rz 5/6, 5/8
- Voraussetzungen Rz 5/5 f, 5/8 ff, 5/49, 5/107 f

Insolvenzrecht Rz 2/3 (auch Fn 7)

Interessen im IPR Rz 1/7 ff
- materielles Interesse Rz 1/15, 1/16
- Ordnungsinteresse Rz 1/13
- Parteiinteresse Rz 1/11
- Verkehrsinteresse Rz 1/12

Interpretation → Qualifikation

Interventionsklage Rz 2/38, 2/46 Fn 172

Inventar Rz 6/42

IPRG → Reform IPRG

ius sanguinis **→ Abstammung**

J

joint venture Rz 4/23

Joseph Story Rz 1/5

Jurisdiktion → Gerichtsbarkeit

juristische Person Rz 4/1
- ausländische Rz 4/5 f, 4/20, 4/26 ff, 4/30 ff
- Definition Rz 4/4
- Gründungsstatut Rz 4/1, 4/19
- im Erbrecht Rz 6/23 Fn 62
- Persönlichkeitsrecht Rz 4/9
- Sitz Rz 1/70, 1/81 f, 1/152
- Vermögenstrennung Rz 4/12
- → Verwaltungssitz
- Zuständigkeit Rz 2/61 f, 5/136 Fn 416

K

Kapitalverkehrsfreiheit Rz 4/22, 4/24

Kern der Rechtsordnung → ***ordre public***

Kindesentführung
- Anerkennung ausländischer Sorgerechtsentscheidungen Rz 5/154, 5/156
- Brüssel IIa-VO Rz 5/156
- Europäisches Sorgerechtsübereinkommen (ESÜ) 1980 Rz 5/154 (auch Fn 477)
- Haager Kindesentführungsübereinkommen (HKÜ) 1980 Rz 5/154
- Kollisionsrecht Rz 5/155
- KSÜ 1996 Rz 5/155
- *legal kidnapping* Rz 5/153
- Rechtsquellen Rz 5/155
- Wiedereinsetzung in den vorigen Stand Rz 5/154
- Zuständigkeit Rz 5/155 f

Kindschaft
- außereheliche Rz 5/112
- autonomes Kollisionsrecht → Kindschaftsrecht, IPRG
- Begriff Rz 5/111
- durch Adoption Rz 5/112
- eheliche Rz 5/112
- Familienrechtsreform Rz 5/112, 5/129
- → Feststellung des Kindschaftsverhältnisses
- Gleichstellung des Status aller Kinder Rz 5/112
- Rechtsquellen Rz 5/111
- Zuständigkeit → Zuständigkeit, Kindschaftsrecht

Kindschaftsrecht, IPRG Rz 5/113
- → Abstammung
- → Anerkennung eines Kindes
- Anerkennung von Entscheidungen Rz 5/130 f
- Eingriffsnormen Rz 1/146
- → elterliche Verantwortung
- Familienrechtsreform Rz 5/112, 5/129
- → *favor filiationis*
- → Fremdinsemination

- Gleichstellung des Status aller Kinder Rz 5/112, 5/123
- → Leihmutterschaft
- Mutterschaft, Feststellung Rz 5/129
- Namensrecht Rz 3/33
- *ordre public* Rz 5/115
- Rechtsverhältnisse zwischen Eltern und Kind Rz 1/62, 5/112 f, 5/114
- Rück- und Weiterverweisung Rz 1/113, 5/114
- → Schutzmaßnahmen zugunsten des Kindes
- subsidiäre Anwendung italienischen Rechts Rz 5/121, 5/129
- → Unterhalt
- Vaterschaft, Feststellung Rz 5/129
- Zuständigkeit → Zuständigkeit, Kindschaftsrecht

Klage
- Arbeitgeber gegen Arbeitnehmer Rz 2/54
- Auflösung einer Gesellschaft Rz 2/61
- Deliktsklagen Rz 2/25 ff
- dingliche Rechte an unbeweglichen Sachen Rz 2/92, 2/101
- gegen Arbeitgeber Rz 2/53
- gegen Schiffseigentümer Rz 2/41
- gegen Versicherer Rz 2/45, 10/25
- Gesellschaft, Nichtigkeit Rz 2/61
- gesellschaftliche Beschlüsse, Gültigkeit Rz 2/61 f
- Gesellschaftsgründung, Gültigkeit Rz 2/61
- Haftpflichtversicherung Rz 2/46
- Schadensersatz bei Straftaten Rz 2/9, 2/31
- Schiffseigner Rz 2/41
- Verbraucher Rz 2/50
- Versicherer Rz 2/47
- Vertragspartner des Verbrauchers Rz 2/51

Kollisionsnorm
- allseitige Rz 1/29, 1/56, 1/135
- Anknüpfungsgegenstand Rz 1/53, 1/55, 1/65, 1/83, 1/94, 3/3, 3/25
- → Anknüpfungskriterium
- Aufbau Rz 1/53 f
- einseitige Rz 1/36, 1/56, 5/68 Fn 203, 5/170
- selbständige Rz 1/55, 1/58
- unselbständige Rz 1/55
- vollkommene Rz 1/29, 1/56, 1/135

Kollisionsrecht → Kollisionsnorm

Kommorientenvermutung Rz 3/13
- Anwendungsvoraussetzung, EuErbVO Rz 6/96 f
- Definition, EuErbVO Rz 6/95
- im Erbrecht Rz 6/7, 6/54, 6/95 ff
- Sachnorm, EuErbVO Rz 6/98

Konfiszierung Rz 7/11

Konkordatsehe Rz 1/127, 5/16 f

konnexes Verfahren
- in Drittstaaten Rz 2/87
- *ratio* Rz 2/85
- Verfahrensaussetzung Rz 2/85
- Unzuständigkeitserklärung Rz 2/85

Konsularehe Rz 5/16

Konsument → Verbraucher

Körperschaft → Gesellschaft

Kraftfahrzeuge Rz 7/17, 7/26

KSÜ 1996 Rz 5/143 ff, 5/158 ff
- Anerkennung ausländischer Entscheidungen Rz 5/151 f, 5/158, 5/162
- Anwendungsbereich Rz 5/142 f, 5/158 f
- ausgenommene Materien Rz 5/143, 5/159
- Begriffsauslegung „Schutzmaßnahmen über Minderjährige" Rz 5/159
- Besuchsrecht Rz 5/140, 5/153, 5/155
- Definition „elterliche Verantwortung" Rz 5/143
- elterliche Verantwortung bei Statutenwechsel Rz 5/144 f
- elterliche Verantwortung, Ausübung Rz 5/145, 5/159
- elterliche Verantwortung, Entziehung Rz 5/140, 5/159
- elterliche Verantwortung, Erlöschen Rz 5/144, 5/146
- elterliche Verantwortung, Zuweisung Rz 5/144, 5/146
- Kindesentführung Rz 5/155
- Kollisionsrecht Rz 5/144 ff, 5/161
- *ordre public* Rz 1/137 Fn 244, 5/161
- Rück- und Weiterverweisung Rz 5/161
- Schutzmaßnahmen zugunsten des Kindes Rz 5/140, 5/146, 5/161
- Sorgerechtsstreitigkeiten Rz 5/140, 5/153, 5/155, 5/159

- und MSA 1961 Rz 1/41 (auch Fn 74), 5/158
- universelle Geltung Rz 5/143, 5/159, 5/161
- Verweis im IPRG Rz 1/41 (auch Fn 71), 5/158
- Vorrang der Brüssel IIa-VO Rz 5/140, 5/151, 5/160
- Zuständigkeit Rz 5/140, 5/160

Kulturgut Rz 2/32
kumulative Anknüpfung → **Mehrfachanknüpfung**
künstliche Befruchtung → **Fremdinsemination**

L

Lageort → ***lex rei sitae***
Lebensgemeinschaft
- Auflösung Rz 5/76, 5/90
- Definition, IPRG Rz 5/72
- fehlender Vertrag Rz 5/76
- persönliche Rechtsverhältnisse Rz 5/76
- Unterhalt Rz 5/76
- vermögensrechtliche Rechtsverhältnisse Rz 5/73
- Vertrag über die Lebensgemeinschaft Rz 5/73 ff

Ledigenstand Rz 5/9
- Ehevoraussetzung Rz 5/5, 5/9
- eingetragene Partnerschaften Rz 5/9, 5/49 (auch Fn 153 und 155)
- gleichgeschlechtliche Ehen Rz 5/9
- hinkende Ehe Rz 5/9

legal kidnapping → **Kindesentführung**
Legat → **Vermächtnis**
Legitimation des Kindes Rz 5/124
Leihmutterschaft Rz 5/132 ff
- biologischer Elternteil Rz 5/134
- Eintragung ausländischer Geburtsurkunde Rz 5/133 f
- *favor filiationis* Rz 5/134
- fehlende genetische Verbindung Rz 5/134
- Kindschaftsverhältnis, Anerkennung Rz 5/133
- Kindschaftsverhältnis, Begründung über Adoption Rz 5/134
- *ordre public* Rz 1/143, 5/115, 5/133 f
- Verbot Rz 5/132

lex causae Rz 1/88, 1/95, 1/102, 1/104
lex fori Rz 1/7, 1/95 ff, 1/103, 1/105
lex formae → Form
lex loci actus Rz 5/15, 5/109, 5/128, 10/1 Fn 1
lex loci celebrationis Rz 5/14 f
lex loci contractus → **Rom I-VO, Vertrag**
lex loci damni Rz 1/84, 10/11
lex loci delicti commissi Rz 1/61, 1/84, 10/14
lex loci protectionis Rz 10/34
lex patriae → **Heimatrecht**
lex rei sitae Rz 7/3
- Besitz Rz 1/61, 1/83, 7/6, 7/11
- dingliche Rechte Rz 1/61, 1/83, 2/58, 5/32, 7/6, 7/11
- Eigentum Rz 1/61, 1/83, 7/6, 7/11
- Erbrecht, Sonderanknüpfungen Rz 6/91
- Ersitzung Rz 7/20 f
- im Familienrecht Rz 5/30
- Massenrisikoverträge Rz 9/65
- öffentliche Bekanntmachung dinglicher Rechte Rz 5/32, 6/104, 7/26
- Sachenrechtsstatut Rz 7/3
- Zuständigkeit, dingliche Rechte Rz 2/58

lex societatis → Gesellschaft
LGVÜ → Übereinkommen von Lugano
Litispendenz → Anhängigkeit
Lokalisierung Rz 1/10, 1/16
Lücke Rz 1/37, 1/73, 1/99, 5/124 Fn 377, 6/122
Luftfahrzeuge Rz 1/150, 7/5, 7/17, 7/26

M

Malta-Klausel Rz 5/99
Mancini Rz 1/13, 1/22 ff, 1/28 f, 1/109 Fn 187
Markenrechte Rz 7/22 → Immaterialgüterrechte
Mehrfachanknüpfung
- → alternative Anknüpfung
- → Anknüpfungsleiter
- kumulative Anknüpfung Rz 1/69, 5/3, 5/106
- Zuständigkeitsleiter Rz 5/36, 5/60

Mehrpersonenverhältnis → **Staatsangehörigkeit**
Mehrrechtsstaaten Rz 1/127 ff
- interlokales Recht Rz 1/128 f
- interpersonelles Recht Rz 1/128 f, 6/116
- nach Bevölkerungsgruppen Rz 1/127, 6/116
- nach Gebietseinheiten Rz 1/127
- personelle Rechtsspaltung Rz 1/127, 6/116

- territoriale Rechtsspaltung Rz 1/127
- Verweis auf Rz 1/129, 5/119 Fn 362, 6/70, 6/113 ff

Mehrstaater → **Staatsangehörigkeit**
Miete Rz 2/20, 2/58, 2/60, 7/8
Minderjährigenschutz → **KSÜ 1996**
Mittelpunkt des Ehelebens
- Adoption Rz 5/172
- Ehescheidung Rz 5/100
- Ehetrennung Rz 5/100
- eingetragene Partnerschaft Rz 5/52
- Lebensgemeinschaft Rz 5/74
- persönliche Rechtsverhältnisse zwischen Ehegatten Rz 5/20

Mosaikprinzip Rz 2/29, 10/12, 10/31, 10/45
Münchner Übereinkommen → **Namensrecht**
Musterrechte Rz 7/22
Mutterschaft, Feststellung Rz 5/129

N

Nacherbschaft Rz 6/16, 6/82
Nachlassgläubiger → **Gläubiger**
Nachlassspaltung Rz 6/9, 6/20, 6/25, 6/74, 6/107
Nachlassverbindlichkeiten Rz 6/7, 6/42, 6/90
Nachlassvermögen im Drittstaat Rz 6/5, 6/33
Nachlassverwaltung Rz 6/87 ff
Namensrecht Rz 3/31
- Ableitung aus Familienverhältnissen Rz 3/30, 3/33, 5/19 Fn 73
- Änderung Rz 3/35 f
- des Kindes Rz 3/33, 5/141
- Ehenamensrecht Rz 3/33, 5/19 Fn 73
- eingetragene Partnerschaft Rz 3/33, 3/36
- im Ausland geborene italienische Staatsbürger Rz 3/38
- im Gesellschaftsrecht Rz 4/9
- Münchner Übereinkommen 1980 Rz 1/44, 3/31 ff
- Statutenwechsel Rz 3/32
- Verletzung Rz 3/30, 10/8

nasciturus Rz 3/10, 5/142
Nationalität → **Staatsangehörigkeit; Heimatrecht**
natürliche Geschäftsunfähigkeit Rz 3/16 f
- Stellvertretung Rz 10/48 Fn 55
- Verkehrsschutz Rz 3/17 ff

natürliche Person Rz 3/1 ff
- → Handlungsfähigkeit
- → Persönlichkeitsrecht
- → Rechtsfähigkeit
- Sitz → gewöhnlicher Aufenthalt; Wohnsitz

natürliche Ressourcen → **Umweltschäden**
Niederlassungsfreiheit Rz 4/18, 4/22, 4/24, 4/34, 4/37 ff, 4/48, 4/51
Notar Rz 6/3 f, 6/32, 6/122 f, 6/143 f
nulla osta → **Ehefähigkeitszeugnis, Partnerschaftsfähigkeitszeugnis**

O

öffentliche Bekanntmachung
- Adoption Rz 5/175
- Aufgebot Rz 5/11 f
- Auslandstrauung italienischer Staatsbürger Rz 5/17
- dingliche Rechte Rz 5/32, 6/104, 6/140 f, 7/26 ff
- Ehegüterrecht Rz 5/31, 5/40
- eingetragene Partnerschaft Rz 5/52, 5/54, 5/61
- Eintragung gewerblicher Schutzrechte Rz 2/64
- Europäisches Nachlasszeugnis Rz 6/126, 6/140
- Form der Eheschließung Rz 5/13
- Fremdinsemination, Geburtsurkunde Rz 5/135
- Gesellschaft Rz 4/26 ff, 4/31
- gleichgeschlechtliche Ehe Rz 5/69
- → Grundbuch
- Handelsregister Rz 4/26 ff, 4/31
- Klage, Gültigkeit von Eintragungen Rz 2/63
- Konkordatsehe Rz 5/16 f
- Lebensgemeinschaft Rz 5/72 Fn 216
- Leihmutterschaft, Geburtsurkunde Rz 5/133 f
- Namensänderungen Rz 3/35 f, 3/38
- Sanktionen, Gesellschaftsrecht Rz 4/32 f
- Zweigniederlassungen Rz 4/26 ff

öffentliche Ordnung → ***ordre public***
ordre public Rz 1/137 ff
- Adoption Rz 5/173, 5/177
- Anerkennungshindernis Rz 2/105, 2/108

- Anerkennung unehelicher Kinder Rz 1/143
- außervertragliche Haftung Rz 10/19 f
- Beispiele Rz 1/143
- Definition Rz 1/137
- Definition der Rechtsprechung Rz 1/140 f
- dynamische Definition Rz 1/139
- Ehegüterrecht Rz 5/42
- Ehescheidung, Anerkennung Rz 5/103
- Ehetrennung, Anerkennung Rz 5/103
- Eheversprechen Rz 5/1
- Ehevoraussetzungen Rz 1/143, 5/5
- eingetragene Partnerschaft Rz 5/47 Fn 143
- einseitige Verstoßung der Frau Rz 1/143, 5/98, 5/103
- Einwand Rz 1/142
- elterliche Verantwortung Rz 5/147 f
- Erbvertrag Rz 6/77 Fn 167
- EuErbVO Rz 6/109 ff
- Europäisches Nachlasszeugnis Rz 6/132
- *extrema ratio* Rz 1/143
- Feststellung der Mutterschaft Rz 5/129
- Feststellung der Vaterschaft Rz 5/129
- Form der Verfügungen von Todes wegen Rz 6/27
- gleichgeschlechtliche Ehe Rz 5/67 Fn 201
- internationaler Rz 1/138
- interner Rz 1/138
- KSÜ 1996 Rz 5/161
- Leihmutterschaft Rz 1/143, 5/134 f
- Menschen- und Grundrechte Rz 1/139
- negativer Rz 1/137 Fn 241
- persönliche Rechtsverhältnisse zwischen Ehegatten Rz 5/22
- Polygamie Rz 1/143, 5/5
- positiver Rz 1/137 Fn 241
- Rechtsfähigkeit Rz 3/4, 3/9, 3/11
- Rechtsfolge Rz 1/145
- Rom I-VO Rz 8/7 ff, 9/36 ff
- Rom II-VO Rz 8/7 ff, 10/20
- Strafschadenersatz Rz 1/143, 10/20
- Unionsrecht Rz 1/144, 5/96
- verfahrensrechtlicher Rz 2/105 Fn 385
- Vielehe Rz 1/143, 5/5
- Völkerrecht Rz 1/144

P

Parteifähigkeit Rz 3/14 f

Partnerschaftsfähigkeitszeugnis Rz 5/49

Partnerschaftsgüterrecht, EuPartnerschaftsVO Rz 5/57 ff
- Anerkennung ausländischer Entscheidungen Rz 5/61
- Begriffsauslegung „eingetragene Partnerschaft“ Rz 5/58
- Begriffsauslegung „güterrechtliche Wirkungen“ Rz 5/59
- EuPartnerschaftsVO Rz 1/50, 5/53, 5/57 ff
- Exequaturverfahren Rz 5/62
- fehlende Rechtswahl Rz 5/61
- Rechtswahl Rz 5/61
- Vertrauensschutz Rz 5/61 f
- Vollstreckung ausländischer Entscheidungen Rz 5/61
- Zuständigkeit Rz 5/60

Partnerschaftsgüterrecht, IPRG Rz 5/52
- Adoption Rz 5/55
- Ersatzanknüpfung Rz 5/52
- EuPartnerschaftsVO Rz 5/57 ff
- Kindschaft Rz 5/55
- Rechtswahl Rz 5/53
- Sonderfall Rz 5/54
- Unterhalt Rz 5/55

Patent, europäisches Rz 2/65

Patentrecht Rz 2/64 f, 7/22

perpetuatio iurisdictionis Rz 2/94

Person
- → juristische Person
- → natürliche Person

Personenstand des Kindes → Abstammung

persönliche Ehewirkungen → persönliche Rechtsverhältnisse zwischen Ehegatten

persönliche Rechtsverhältnisse zwischen Ehegatten Rz 1/15, 1/55, 5/20
- Anknüpfung, subsidiär Rz 5/20
- Anknüpfungszeitpunkt Rz 5/21
- Anwendungsbereich Rz 5/19
- → Namensrecht
- *ordre public* Rz 5/22
- Pflichten Rz 5/19
- Rück- und Weiterverweisung Rz 5/21

persönliche Rechtsverhältnisse zwischen Eltern und Kind Rz 5/141
persönliche Rechtsverhältnisse zwischen Partnern, IPRG Rz 5/52
- Adoption Rz 5/55
- Ersatzanknüpfung Rz 5/52
- Kindschaft Rz 5/55
- Sonderfall Rz 5/54
- Unterhaltspflicht Rz 5/55

Persönlichkeitsrecht Rz 3/29
- Ableitung aus Familienverhältnissen Rz 3/30, 5/19 Fn 73
- Ausnahmen der Regelanknüpfung Rz 3/30
- Beispiele Rz 3/28
- Definition Rz 3/28
- Gesellschaften Rz 2/30, 4/9 Fn 110
- Verletzung Rz 2/29, 3/30, 4/9, 10/8

Pfand Rz 7/6, 9/85
Pflichtteilsrecht Rz 6/58, 6/61
- Europäisches Nachlasszeugnis Rz 6/125
- Nachlassverwaltung Rz 6/90
- *ordre public* Rz 6/111
- Rechtsmissbrauch Rz 1/153, 6/19 f
- Rechtswahl Rz 6/67

Polbud Rz 4/34 ff, 4/37 f, 4/39 ff
Polygamie Rz 5/5, 5/22 Fn 84, 5/99
Preisabsprachen Rz 10/31
Privatsphäre Rz 3/28 → Persönlichkeitsrecht
Produkthaftung Rz 10/27
- autonomes Kollisionsrecht Rz 1/77, 1/85, 10/29
- Produkthaftungsrichtlinie Rz 10/27
- Rom II-VO Rz 10/27
- Quellenhierarchie Rz 10/8
- Sonderfälle Rz 10/28

Prorogation Rz 2/67, 2/84, 2/97
Prozessfähigkeit Rz 3/14 f
- juristische Personen Rz 4/14
- natürliche Personen Rz 3/14 f

Publizität → öffentliche Bekanntmachung
punitive damage → Strafschadensersatz

Q

Qualifikation Rz 1/94 ff
- Anknüpfungskriterium Rz 1/97
- Arbeitsvertrag Rz 2/52
- Aufgebot Rz 5/11
- ausländischen Rechts Rz 1/132 ff
- ausländisches Kollisionsrecht Rz 1/115
- autonome Rz 1/98
- bewegliche Sache Rz 7/17
- Definition Rz 1/94
- EuErbVO Rz 6/7, 6/36
- Gerichtsstandsklausel Rz 2/73
- Gesamtschuld Rz 9/87
- Mittelpunkt des Ehelebens Rz 5/20
- nach der *lex causae* Rz 1/95
- nach der *lex fori* Rz 1/95 f
- Nachlassgegenstände, Belegenheit Rz 6/36
- Niederlassung Rz 2/33
- rechtsvergleichende Rz 1/95
- Schutzmaßnahmen zugunsten Minderjähriger Rz 5/159
- sekundäre Rz 1/115
- Stellvertretung Rz 10/49
- unbekannte Rechtsinstitute Rz 1/99, 5/164
- Unionsrecht Rz 1/98, 10/40
- Unterhaltspflicht Rz 5/179, 5/181
- Vertrag Rz 9/79
- Vertrag über die Lebensgemeinschaft Rz 5/73
- Völkerrecht Rz 1/98

Quellen → **Rechtsquellen**

R

ratifizierte Übereinkommen Rz 1/44
rechtliches Gehör Rz 1/124, 2/105, 2/108, 6/148
Rechtsfähigkeit Rz 3/5
- allgemeine Rz 3/4 f
- Anerkennungsfähigkeit Rz 5/127 (auch Fn 386)
- besondere Rz 3/7
- Definition Rz 3/4
- Erbfähigkeit Rz 6/23 Fn 62
- Erwerb Rz 3/8 ff
- im Gesellschaftsrecht Rz 4/11
- → *nasciturus*
- → *ordre public*
- Rom I-VO Rz 9/81 f
- → Rück- und Weiterverweisung
- Verlust Rz 3/11 → Tod der Person
- → Vorfrage

Rechtsmissbrauch Rz 1/153
- außervertragliche Haftung Rz 10/18
- eingetragene Partnerschaft Rz 5/54
- Erbrecht, Rechtswahl Rz 6/19
- EuErbVO Rz 1/153
- Fremdinsemination Rz 5/132
- Gesellschaftsrecht Rz 4/22, 4/39 ff
- Immaterialgüterrechte Rz 7/24
- Leihmutterschaft Rz 5/132, 5/134
- Pflichtteilsrecht Rz 1/89, 1/153, 6/58
- Rom I-VO Rz 1/153
- Rom II-VO Rz 1/153
- *system shopping* Rz 5/54
- Zivilprozessrecht Rz 2/37 f, 2/84

Rechtsnachfolge des Staates Rz 6/16, 6/29, 6/57, 6/99 f

Rechtsquellen Rz 1/35 ff
- Adoption Rz 5/163
- außervertragliches Schuldrecht Rz 10/1 ff
- Ehegüterrecht Rz 5/23 f
- Ehescheidung Rz 5/85 ff
- Ehetrennung Rz 5/85 ff
- eingetragene Partnerschaft Rz 5/44, 5/57
- elterliche Verantwortung Rz 5/141, 5/143
- Erbrecht Rz 6/8, 6/50, 6/74
- Gesellschaftsrecht Rz 4/1
- Hierarchie Rz 1/51
- innerstaatliche Rz 1/35 ff
- internationales Einheitsrecht Rz 1/43
- Kindesentführung Rz 5/154
- Kindschaftsrecht Rz 5/111
- kollisionsrechtliche Übereinkommen Rz 1/42
- Konkurrenzfragen Rz 1/41, 1/48
- Lücken Rz 1/37
- Minderjährigenschutz Rz 5/158
- Personenrecht Rz 3/2, 3/31
- Sachenrecht Rz 7/1
- Schuldrecht Rz 8/1 f
- Übereinkommen, ratifiziertes Rz 1/44
- unionsrechtliche Rz 1/45 ff, 1/50
- Unterhalt Rz 5/178
- Vertragsrecht Rz 8/1
- Verweis Rz 1/40
- völkerrechtliche Rz 1/38 ff
- Zivilverfahrensrecht Rz 1/49, 2/88

Rechtsverhältnisse zwischen Ehegatten
- eingetragene Partnerschaft → Partnerschaftsgüterrecht, EuPartnerschaftsVO; Partnerschaftsgüterrecht, IPRG; persönliche Rechtsverhältnisse zwischen Partnern, IPRG
- persönliche → persönliche Rechtsverhältnisse zwischen Ehegatten
- vermögensrechtliche → Ehegüterrecht, IPRG; Ehegüterrecht, EuGüterVO

Rechtswahl Rz 1/85 ff
- Arbeitskampf, Haftung Rz 10/35
- Arbeitsvertrag Rz 9/67
- außervertragliche Haftung Rz 1/85 f, 10/14, 10/17 f
- *dépeçage* Rz 1/119
- Ehegüterrecht Rz 1/85 f, 5/26, 5/28, 5/38
- eingetragene Partnerschaft, Auflösung Rz 5/64
- Erbrecht, EuErbVO → Rechtswahl, EuErbVO
- Erbrecht, IPRG Rz 1/85 f, 6/17 ff, 6/21 f
- Gerichtsstandsvereinbarung Rz 2/67 ff, 2/90, 2/97 f
- Missbrauch Rz 1/89, 1/153
- Partnerschaftsgüterrecht Rz 5/61
- Produkthaftung Rz 1/85
- Sachnormverweisung Rz 1/112
- Schenkungen Rz 1/85
- Schranken Rz 1/89
- Trennung und Scheidung Rz 1/86, 5/91 f
- Trust Rz 4/46, 4/52, 7/7, 9/23
- Umweltschäden Rz 10/33
- Unterhalt Rz 5/191
- Unterhalt, Zuständigkeit Rz 5/184
- Versicherung Rz 9/64 f
- Vertragsrecht Rz 1/86, 9/40 ff, 9/55
- wählbares Recht Rz 1/87
- Wirksamkeit Rz 1/88

Rechtswahl, EuErbVO Rz 6/66 ff
- Änderung Rz 6/75
- Beschränkung Rz 6/71, 6/78
- durch Verfügung von Todes wegen Rz 6/73
- Gültigkeit Rz 6/74, 6/76
- Mehrrechtsstaat Rz 6/70
- *ratio* Rz 6/66 f
- Staatenlose Rz 6/72
- Teilrechtswahl Rz 6/69, 6/78

- Umfang Rz 6/68
- ungeklärte Staatsbürgerschaft Rz 6/72
- Widerruf Rz 6/75

Reform IPRG Rz 1/31 ff
- Aufbau Rz 1/33
- Gesetzesentwurf Rz 1/31, 1/109, 3/21
- Gründe Rz 1/32
- Neuerungen Rz 1/33 f
- Werdegang Rz 1/31

Register → **öffentliche Bekanntmachung**

renvoi → **Rück- und Weiterverweisung**

Rezeptionstheorie Rz 1/8, 1/132

Reziprozität Rz 1/150 ff
- ausländische Gesellschaften Rz 4/5 f
- Begriffsbedeutung Rz 1/150
- Einordnung, dogmatische Rz 1/151
- im italienischen Recht Rz 1/150
- Vorgesetze ZGB Rz 1/152, 2/90, 4/5 f, 4/8

Rom I-VO Rz 9/40, 9/49
- Aktionärsbindungsverträge Rz 4/15
- Anwendungsbereich, örtlicher Rz 9/14 f
- Anwendungsbereich, sachlicher Rz 9/16
- Anwendungsbereich, zeitlicher Rz 9/13
- Arbeitnehmer → Arbeitsvertrag
- Arbeitsvertrag Rz 9/47
- Aufrechnung Rz 9/48, 9/89
- Auslobung Rz 9/26
- Ausnahmekatalog Rz 9/17 ff
- Ausweichsklausel Rz 9/49
- Beförderungsvertrag Rz 9/47, 9/52 ff
- Bereicherungsansprüche Rz 10/36 f
- betriebliche Altersvorsorge Rz 9/27
- Beweise Rz 9/90 ff
- Dänemark Rz 9/7, 9/14 f
- *dépeçage* Rz 1/119
- Eingriffsnormen Rz 1/148 f, 9/71 f
- einseitige Rechtsgeschäfte Rz 9/26
- Entstehung Rz 9/6
- erbrechtliche Aspekte Rz 9/18
- familienrechtliche Aspekte Rz 9/18
- fehlende Rechtswahl Rz 9/46
- Forderungsübergang, gesetzlicher Rz 9/86
- Forderungsübertragung Rz 9/83 ff
- Form, einseitiges Rechtsgeschäft Rz 9/78
- Geltungsbereich des anzuwendenden Rechts Rz 9/79 f
- Gesamtschuld Rz 9/48, 9/87 f
- Geschäftsfähigkeit Rz 3/2, 9/81 f
- Gesellschaftsvertrag Rz 4/16
- gewöhnlicher Aufenthalt, juristische Person Rz 1/81, 9/30 f
- gewöhnlicher Aufenthalt, natürliche Person Rz 9/30, 9/32
- gewöhnlicher Aufenthalt, Zeitpunkt Rz 9/33
- Güterbeförderung Rz 9/53
- Handlungsfähigkeit Rz 9/81 f
- Hintergrund der Vergemeinschaftung Rz 9/9 ff
- juristische Personen Rz 9/22
- Kollision mit internationalen Übereinkommen Rz 9/29
- mehrfache Haftung Rz 9/87 f
- natürliche Geschäftsunfähigkeit Rz 3/18 ff
- objektive Anknüpfung Rz 9/46, 9/49 ff
- *ordre public* Rz 8/7 ff, 9/36 ff
- Personenbeförderung Rz 9/54
- personenrechtliche Aspekte Rz 9/18
- prozessuale Aspekte Rz 9/20
- *ratio* Rz 9/9 ff
- Rechtsfähigkeit Rz 9/81 f
- Rechtsmissbrauch Rz 1/89, 1/153
- Rechtswahl Rz 1/86, 1/88, 1/119, 9/40
- Rechtswahl, Änderung Rz 9/41 f
- Rechtswahl, Beschränkung Rz 9/43 f
- Rechtswahl, nicht-staatliches Recht Rz 9/45
- Rückgriff Rz 9/48, 9/87 f
- Rück- und Weiterverweisung Rz 9/34 f
- Schutz des schwächeren Vertragsteils Rz 9/56 ff
- Sonderanknüpfungen Rz 9/47
- Tausch Rz 9/50
- Trust Rz 9/23
- Überschneidungen mit Rom II-VO Rz 8/10 ff, 9/25 ff
- universelle Geltung Rz 9/12, 9/28
- → Verbraucher
- Verbrauchervertrag Rz 9/47
- Verkehrsschutz Rz 3/18 ff, 9/81 f
- Vermutung, gesetzliche Rz 9/90 ff
- Verschulden bei Vertragsverhandlungen Rz 9/25

- Versicherungsnehmer → Versicherungssachen
- Versicherungsvertrag Rz 9/47
- Vertrag, Auslegung Rz 9/79
- Vertrag, Erfüllung Rz 9/79
- Vertrag, Erlöschen der Verpflichtungen Rz 9/79
- Vertrag, Form Rz 9/75 ff
- Vertrag, Nichterfüllung Rz 9/79
- Vertrag, Nichtigkeit Rz 9/79
- Vertrag, Rechtsverluste Rz 9/79
- Vertrag, Verjährung Rz 9/79
- Vertrag, Wirksamkeit Rz 9/73 f
- Vertrag, Zustandekommen Rz 9/73 f
- Vertragstypen, Beispiele Rz 9/51
- Vertragstypen, objektive Anknüpfung Rz 9/51
- Vorrang Rz 1/41, 9/12
- vorvertragliche Schuldverhältnisse Rz 9/24
- Wertpapiere Rz 9/19, 10/46, 10/48
- Zession Rz 9/48, 9/83 ff

Rom II-VO
- Abweichung von Erfolgsortregel Rz 10/15
- Anspruchsberechtigte Rz 10/23
- Anwendungsbereich Rz 8/4, 8/6, 10/3, 10/22, 10/36
- Anwendungsbereich IPRG Rz 10/7 ff, 10/36
- ausgenommene Materien Rz 10/4, 10/5, 10/46
- außervertragliche Haftung Rz 10/12
- Ausweichsklausel Rz 10/16
- Deliktsfähigkeit Rz 3/15
- *dépeçage* Rz 10/12
- Eingriffsnormen Rz 10/18 f
- Erfolgsortregel Rz 10/12, 10/24
- Klage auf Schadensersatz Rz 2/9
- Klage gegen Versicherer Rz 10/25
- *ordre public* Rz 8/7 ff, 10/19 f
- Produkthaftung Rz 10/27 ff
- Rechtsmissbrauch Rz 1/153
- Rechtswahl, nachträgliche Rz 1/86, 10/17
- Rechtswahl, vorherige Rz 10/17
- Rück- und Weiterverweisung Rz 1/112, 10/13
- Sachnormverweisung Rz 1/112, 10/13
- Sicherheits- und Verhaltensregeln Rz 10/24
- Sonderanknüpfungen Rz 10/26 ff
- Sorgfaltsmaßstab Rz 10/24
- Strafschadenersatz Rz 1/143 Fn 270, 10/20
- Streudelikt Rz 10/12
- Überschneidungen mit Rom I-VO Rz 8/10 ff, 9/25 ff
- Umweltschäden Rz 10/33
- universelle Anwendung Rz 10/6, 10/27
- Verletzung geistigen Eigentums Rz 10/34
- → vorvertragliche Haftung
- Wettbewerbsbeschränkung Rz 10/31
- Wettbewerbsverstöße Rz 10/30
- Zuständigkeit → Gerichtsstand für Deliktsklagen

Rom III-VO Rz 5/85 ff
- Anknüpfungszeitpunkt Rz 5/93
- Anwendungsbereich Rz 5/87 f
- ausgenommene Materien Rz 5/89
- fehlende Möglichkeit der Scheidung Rz 5/98
- fehlende Rechtswahl Rz 5/93 f
- gleichgeschlechtliche Ehe Rz 5/90
- Lebensgemeinschaft Rz 5/90
- Malta-Klausel Rz 5/99
- *ordre public* – Generalklausel Rz 5/96 f
- *ordre public* – Sondernorm Rz 5/98 f
- Rechtswahl Rz 1/86, 5/91
- Rechtswahl, Änderung Rz 5/92
- Rechtswahl, Form Rz 5/92
- Rück- und Weiterverweisung Rz 5/95
- Umwandlung in Ehescheidung Rz 5/94
- ungültige Rechtswahl Rz 5/93 f
- Ungültigkeit der Ehe Rz 5/105
- universelle Geltung Rz 5/86
- Vorrang Rz 5/86, 5/100

Rückforderung einer Nichtschuld Rz 10/1, 10/8, 10/36

Rück- und Weiterverweisung Rz 1/107 ff
- Adoption Rz 5/173
- angenommener Weiterverweis Rz 1/110
- außervertragliche Haftung Rz 10/13
- bedingt zulässige Rz 1/113
- Ehegüterrecht Rz 5/42
- Ehevoraussetzungen Rz 5/3
- eingetragene Partnerschaft Rz 5/47, 5/51
- EuErbVO Rz 6/105 ff, 6/113 ff
- Formfragen Rz 5/15, 5/51, 5/128
- Gesellschaftsrecht Rz 4/20

- implizite Schranken Rz 1/114
- Kindschaft Rz 5/122, 5/128
- Lebensgemeinschaft Rz 5/74
- Minderjährigenschutz Rz 5/161
- nicht angenommener Weiterverweis Rz 1/111
- persönliche Rechtsverhältnisse zwischen Ehegatten Rz 5/21
- Qualifikation ausländischen Kollisionsrechts Rz 1/115
- Rom I-VO Rz 9/34 f
- → Sachnormverweisung
- sekundäre Qualifikation Rz 1/115
- Trennung und Scheidung Rz 5/95
- und Rechtswahl Rz 5/28
- Unionsrecht Rz 1/116, 5/42, 5/95
- Unterhalt Rz 5/186
- unzulässige Rz 1/112, 5/15, 5/28, 5/51
- Verweis auf Mehrrechtsstaat Rz 1/129, 6/113 ff

Rückverweisung → Rück- und Weiterverweisung

rügelose Einlassung Rz 2/74 ff
- amtswegige Prüfung Rz 2/75
- bei Arbeitsvertragssachen Rz 2/76
- bei ausschließlicher Zuständigkeit Rz 2/75
- bei Verbrauchersachen Rz 2/76
- bei Versicherungssachen Rz 2/76
- Definition Rz 2/74
- Ehegüterrecht Rz 5/36
- Einwendung der fehlenden Zuständigkeit Rz 2/75, 2/97, 2/100
- EuErbVO Rz 6/38
- Nicht-Einlassung Rz 2/77

S

Sachenrecht Rz 7/3
- ausgenommene Materien Rz 7/8
- → dingliches Recht
- → Ersitzung beweglicher Sachen
- → Ersitzung unbeweglicher Sachen
- Gesamtnormverweisung Rz 7/3
- Gleichstellung beweglicher und unbeweglicher Sachen Rz 7/4, 7/16
- → Immaterialgüterrechte
- öffentlich-rechtliche Schutzbestimmungen Rz 7/9
- Publizität Rz 7/26 ff
- Statutenwechsel Rz 7/15, 7/20
- Transitgüter → dingliches Recht an Transitgütern
- Vorgesetze ZGB Rz 7/2

Sachnorm Rz 1/36
- Ehegüterrecht Rz 5/31 Fn 109
- Eheschließung Rz 5/6 ff
- eingetragene Partnerschaft, Begründung Rz 5/49 Fn 152
- Form der Eheschließung Rz 5/14 Fn 52
- gleichgeschlechtliche Ehe Rz 5/68 Fn 203
- Kommorienten Rz 6/98
- Trennung und Scheidung Rz 5/99

Sachnormverweisung Rz 1/109, 1/112
- außervertragliche Haftung Rz 10/13
- Ehegüterrecht Rz 5/28, 5/42
- Form der Eheschließung Rz 5/15
- Trennung und Scheidung Rz 5/95
- Unterhalt, HUP Rz 5/186

Sachwalterschaft Rz 3/25

Savigny Rz 1/7, 1/20 ff

Schaden → Deliktshaftung, IPRG

Scheck Rz 10/2, 10/5, 10/46 f

Schenkung Rz 1/25
- Ausgleichung von, IPRG Rz 6/22
- Form Rz 1/68
- Kürzung Rz 6/58
- *mortis causa* Rz 6/77 Fn 169
- Rechtswahl, IPRG Rz 1/85
- Rom I-VO Rz 1/85

Schiedsgericht Rz 2/1, 2/3 (auch Fn 8), 2/12

Schiff Rz 1/150, 2/35, 2/41, 7/5, 7/17, 7/26

Schiffshaftpflicht Rz 2/41

Schranken der Anwendung ausländischen Rechts
- → Eingriffsnorm
- → *ordre public*
- → Rechtsmissbrauch
- → Reziprozität

Schuldanerkenntnis Rz 10/44

Schuldanleihe Rz 10/46

Schuldrecht → **außervertragliches Schuldrecht**
- Abgrenzung Vertrags- und Deliktsstatut Rz 8/10 ff
- Amsterdamer Vertrag Rz 8/1
- → außervertragliches Schuldrecht
- EVÜ → Europäisches Schuldvertragsübereinkommen (EVÜ) 1980
- Gleichlauf von *ius* und *forum* Rz 8/4
- IPRG Rz 8/3, 8/5
- *ordre public* Rz 8/7 ff, 10/19 f(auch Fn 23)
- Rechtsunsicherheit Rz 8/11, 8/13
- Rolle des Unionsrechts Rz 1/50, 8/1 ff
- → Rom I-VO
- → Rom II-VO
- Vereinheitlichung Rz 8/2 ff, 8/8
- vertragliches → Vertrag

Schutz schwächerer Parteien
- Anerkennungshindernis Rz 2/105, 6/148
- Anwendungsbereich Rz 2/43
- → Arbeitsvertrag
- Gerichtsstandsvereinbarungen Rz 2/42, 2/68
- Privilegierung Rz 2/42
- *ratio* Rz 2/42
- schwächerer Vertragsteil Rz 9/56 ff
- → Verbraucher
- → Versicherungssachen

Schutzmaßnahmen zugunsten des Kindes → **KSÜ 1996**

Schwägerschaft → **Ehehindernis**

Settlor → **Trust**

Sicherungsrecht Rz 7/6, 9/85

Sicherungsverfügungen → **einstweilige Maßnahmen**

Sitz der Verwaltung → **Verwaltungssitz**

Sitztheorie Rz 4/2 f, 4/17, 4/19

Sitzverlegung Rz 1/69, 4/41, 4/53 ff
- Gültigkeit Rz 4/53
- rechtsvergleichende Analyse Rz 4/55
- tatsächlicher Sitz, Bestimmung Rz 4/54

Sorgerechtsstreitigkeiten → **KSÜ 1996**

Staatenlose → **Staatsangehörigkeit**

Staatsangehörigkeit
- Flüchtlinge Rz 1/72 f
- mehrere Rz 1/72, 1/74
- Mehrstaater Rz 1/72, 1/74
- Mehrpersonenverhältnisse Rz 1/72, 1/75
- rechtliches Anknüpfungskriterium Rz 1/60
- subjektives Anknüpfungskriterium Rz 1/61
- Staatenlose Rz 1/72 f
- ungeklärte Rz 1/72 f
- Wechsel Rz 1/62, 3/15 Fn 24, 3/32, 5/4

Staatsbürgerschaft → **Staatsangehörigkeit**

Staatspapier Rz 10/46

Statut Rz 1/57
- Definition Rz 1/57
- Geschichte Rz 1/17 ff
- Statutentheorie Rz 1/19
- → Statutenwechsel
- Überwindung der Statutenlehre Rz 1/20 ff, 1/57

Statutenwechsel Rz 1/62
- dingliche Rechte Rz 7/15 ff
- Ehevoraussetzungen Rz 5/4
- elterliche Verantwortung Rz 5/144 f
- Ersitzung beweglicher Sachen Rz 7/20 f
- Gesellschaftsrecht → Sitzverlegung
- Minderjährigenschutz Rz 5/160 f
- Namensrecht Rz 3/32
- Testierfähigkeit Rz 6/54, 6/84
- Unterhalt Rz 5/188
- Verfügung von Todes wegen Rz 6/78
- Volljährigkeit Rz 3/15 Fn 24

Stiftung Rz 1/58 → **Gesellschaft**

Strafschadensersatz Rz 1/143 Fn 270, 10/20

Streik Rz 2/52, 10/35

Streitgenossenschaft Rz 2/37

Streudelikt Rz 2/29, 10/11 f

Südtiroler Höfegesetz Rz 6/94

system shopping Rz 5/54

T

Tätigkeitsort Rz 1/82, 4/17, 4/19 ff

Teilentmündigung Rz 3/24 f

Teilung des Nachlasses → **Erbteilung**

Territorialitätsprinzip Rz 2/102

Testament → **Verfügung von Todes wegen, EuErbVO; Verfügung von Todes wegen, IPRG**

Testament
- **gegenseitiges** Rz 6/77
- **gemeinschaftliches** Rz 6/16, 6/77, 6/82, 6/111

Testamentsvollstreckung Rz 6/87, 6/89, 6/120

Testierfähigkeit, EuErbVO Rz 6/84
Testierfähigkeit, IPRG Rz 6/23 ff
- Anknüpfungszeitpunkt Rz 6/23
- *dépeçage* Rz 1/117
- Statutenwechsel Rz 6/23
- Umfang Rz 6/24

Tod der Person Rz 3/11 ff
- → Abwesenheit
- → Kommorientenvermutung
- Todeserklärung Rz 3/12
- Todeszeitpunkt Rz 3/11
- Verlust der Rechtsfähigkeit Rz 3/11
- → Verschollenheit

Transitgüter → dingliche Rechte an Transitgütern
Transportpapier Rz 10/47
Trauungsort Rz 5/14 f
Treuepflicht → persönliche Rechtsverhältnisse zwischen Ehegatten
Trust Rz 4/42 ff, 7/7
- Anerkennung Rz 4/44, 4/45, 7/7
- Befugnisse des *trustee* Rz 7/7
- *beneficiary* Rz 4/51 f
- Definition Rz 4/42
- Erbrecht Rz 6/7, 6/58, 6/93
- EuGH-Rechtsprechung Rz 4/48 ff
- fehlende Rechtswahl Rz 4/46
- Haager Trustübereinkommen (HTÜ) 1985 Rz 7/7
- Kollisionsrecht Rz 4/44 ff
- Niederlassungsfreiheit Rz 4/48, 4/50 f
- Rechtswahl durch Treuhänder Rz 4/45 f, 7/7
- Rom I-VO Rz 9/23
- subsidiäre Anknüpfung Rz 4/46, 7/7
- Subsumption unter Gesellschaftsbegriff Rz 4/7, 4/23, 4/47, 4/49
- Verwaltung Rz 7/77
- Wirkung Rz 7/77
- Zuständigkeit Rz 2/34
- Zweck Rz 4/42, 4/46

U

Übereinkommen von Lugano Rz 2/8 Fn 27, 5/184
Übereinkommen von Washington 1973 Rz 6/28
üble Nachrede Rz 2/29
Umweltschäden Rz 10/33
unbewegliche Sache Rz 1/83
- Begriffsauslegung „dingliches Recht" Rz 2/59
- → Besitz
- → dingliches Recht
- Ehegüterrecht, Zuständigkeit Rz 5/36
- → Eigentum
- Ersitzung Rz 7/20
- Gleichstellung mit beweglichen Sachen Rz 7/4, 7/16
- Publizität Rz 6/104, 7/26 ff
- Rechtsnachfolge des Staates Rz 6/29
- Rechtswahl, EuErbVO Rz 6/74
- Sonderanknüpfungen, EuErbVO Rz 6/91 ff
- Verfügung von Todes wegen Rz 6/86
- Versicherung, Zuständigkeit Rz 2/46
- Zuständigkeit, Brüssel Ia-VO Rz 2/58 ff
- Zuständigkeit, IPRG Rz 2/92, 2/101

UNCITRAL Rz 1/43, 9/45
ungerechtfertigte Bereicherung Rz 10/36 ff
- Ausweichsklausel Rz 10/38
- erb- und familienrechtliche Bereicherungsansprüche Rz 10/39
- IPRG Rz 10/36
- Rom II-VO Rz 10/37 f
- Zuständigkeit → Gerichtsstand für Deliktsklagen

Ungültigkeit der Ehe Rz 5/105
- Anerkennung ausländischer Entscheidungen Rz 5/110 → Ehetrennung und Ehescheidung, Brüssel IIa-VO
- Ehehindernisse bei Inlandstrauung von Ausländern Rz 5/107
- → Ehevoraussetzungen
- Erklärung Rz 5/35 Fn 120
- fehlendes Aufgebot Rz 5/108
- Verstoß gegen formelle Ehevoraussetzungen Rz 5/109
- Verstoß gegen materielle Ehevoraussetzungen Rz 5/106
- Zuständigkeit Rz 5/104 → Ehetrennung und Ehescheidung, Brüssel IIa-VO

United Nations Commission on International Trade Law Rz 1/43
unlauterer Wettbewerb Rz 4/9, 10/30

Unterhalt Rz 5/188
- Anerkennung ausländischer Entscheidungen Rz 5/192 ff
- Begriffsauslegung „Unterhalt“ Rz 5/179, 5/181
- → EuUVO
- → Haager Unterhaltsprotokoll
- HUP 2007 → Haager Unterhaltsprotokoll
- Kollisionsrecht → Haager Unterhaltsprotokoll; EuUVO
- Rechtsquellen Rz 5/178
- Rechtswahlvereinbarung, HUP 2007 Rz 5/191
- Statutenwechsel Rz 5/188
- Vollstreckung ausländischer Entscheidungen Rz 5/193 ff
- Zuständigkeit → EuUVO
- zwischen Adoptierten und Adoptierenden Rz 5/165
- zwischen Ehegatten Rz 5/190
- zwischen eingetragenen Partnern Rz 5/55
- zwischen Eltern und Kindern Rz 5/189

Unterhaltsverordnung → EuUVO
Unternehmensführung → *corporate governance*
Unversehrtheit, körperlich-geistige Rz 3/28 → **Persönlichkeitsrecht**
Unzurechnungsfähigkeit → natürliche Geschäftsunfähigkeit
Urheberrechte Rz 3/28, 7/22, 10/34 → **Immaterialgüterrechte**

V

Vaterschaft, Feststellung Rz 5/129
Vaterschaftsvermutung Rz 5/120
Verarbeitung Rz 7/11
Verbraucher
- Anwendungsbereich, Brüssel Ia-VO Rz 2/48
- Anwendungsbereich, Rom I-VO Rz 9/58
- Definition Rz 2/48, 9/57
- Klage des Verbrauchers Rz 2/50
- Klage des Vertragspartners des Verbrauchers Rz 2/51
- Online-Vertrieb Rz 9/60
- Transaktionen mit gemischtem Zweck Rz 2/48
- Verbandsklagen Rz 2/50
- Verbraucherverträge Rz 2/48 f, 9/57
- Vertragsstatut Rz 9/57, 9/59 f
- Wohnsitz Rz 2/43

verbundene Klagen Rz 2/36 ff → **Wahlgerichtsstände des Sachzusammenhangs**
Verein Rz 1/58 → **Gesellschaft**
Vereinigung, originärer Erwerb Rz 7/11
Verfügung von Todes wegen, EuErbVO
- Änderung Rz 6/79
- Bindungswirkung Rz 6/57
- Definition Rz 6/77
- Formgültigkeit Rz 6/85 f
- materielle Wirksamkeit Rz 6/78, 6/80, 6/82
- Widerruf Rz 6/79
- Zulässigkeit Rz 6/68 f, 6/78, 6/80, 6/82

Verfügung von Todes wegen, IPRG Rz 6/25
Verjährung, Besitz- und Eigentumsverlust Rz 7/11
Verkehrsschutz Rz 3/17 ff
- Anwendungsbereich, IPRG Rz 3/20 f
- Ehegüterrecht Rz 5/31 f, 5/40
- einseitige Rechtsgeschäfte Rz 3/19, 3/22 f
- Partnerschaftsgüterrecht Rz 5/61
- Rom I-VO Rz 9/81 f
- Verträge Rz 3/18

Verlobung
Verlust des dinglichen Rechts Rz 7/11
Vermächtnis
- Europäisches Nachlasszeugnis Rz 6/120, 6/125, 6/131
- Vermächtnisschein Rz 6/118, 6/142
- Vindikationsvermächtnis Rz 6/103
- Zuständigkeit Rz 6/10, 6/42

Vermischung Rz 7/11
vermögensrechtliche Rechtsverhältnisse zwischen Ehegatten → Ehegüterrecht
Vermögenstrennung, Gesellschaft Rz 4/12
Vermutung, gesetzliche Rz 9/90 ff
Verordnungen
- europäisches IPR Rz 1/50
- europäisches Zivilprozessrecht Rz 1/49

Verschollenheit Rz 3/12
Verschulden bei Vertragsverhandlungen → vorvertragliche Haftung
Versicherungssachen Rz 2/44 ff, 9/61 ff
- Begriffsauslegung Rz 2/44
- betriebliche Altersvorsorge Rz 9/27, 9/62

– Direktklage Rz 10/25
– Großrisikoversicherung Rz 9/64
– Haftpflichtversicherung Rz 2/46
– Klage des Versicherers Rz 2/47
– Klage gegen den Versicherer Rz 2/45
– Massenrisikoversicherung Rz 9/65
– Pflichtversicherung Rz 9/66
– Rom I-VO, Umfang Rz 9/62 f
– Rückversicherung Rz 9/63
– Schadensversicherung, Rom I-VO Rz 9/63
– Streitigkeiten zwischen Versicherern Rz 2/44
– Versicherungsvertrag, Rom I-VO Rz 9/47, 9/61 ff
– Versicherung unbeweglicher Sachen Rz 2/46

Vertrag → Rom I-VO
– Angebote Rz 10/44
– Anknüpfung Rz 9/40, 9/49
– → Arbeitsvertrag
– Auslegung Rz 9/79
– Beförderungsvertrag Rz 2/49, 9/47, 9/52 ff
– Beherbergungsvertrag Rz 2/60
– Besitzerwerb und -verlust Rz 7/11
– bezüglich dinglicher Rechte Rz 9/51
– Dienstleistungsvertrag Rz 9/51
– Ehegütervertrag Rz 5/25, 5/38Fn 128
– Ehevertrag Rz 5/25
– Erbvertrag Rz 1/38, 6/16, 6/39, 6/57, 6/68, 6/77, 6/80 f, 6/111
– Erfüllung Rz 9/79
– Erlöschen der Verpflichtungen Rz 9/79
– Erwerb/Verlust dinglicher Rechte Rz 7/11, 7/13
– EVÜ → Europäisches Schuldvertragsübereinkommen (EVÜ) 1980
– Form Rz 9/75 ff
– Franchising Rz 9/51
– Gesellschaftsvertrag Rz 4/16
– hypothetisches Vertragsstatut Rz 10/42
– Kauf beweglicher Sachen auf Teilzahlung Rz 2/49
– Kaufvertrag Rz 9/51
– Kollisionsrecht → Rom I-VO
– Kreditvertrag Rz 2/49
– *lex hypothetici contractus* Rz 10/42
– Nichterfüllung Rz 9/79
– Nichtigkeit Rz 9/79
– Rechtsverluste Rz 9/79
– → Rom I-VO
– Tausch Rz 9/50
– Überschneidungen mit Rom II-VO Rz 8/10 ff, 9/25 ff
– Verbrauchervertrag Rz 2/48 f, 9/47
– Verjährung Rz 9/79
– Versicherungsvertrag Rz 9/47
– Versteigerungskauf Rz 9/51
– → Vertrag über die Lebensgemeinschaft
– Vertriebsvertrag Rz 9/51
– Verweis im IPRG Rz 9/1 f
– Wirksamkeit Rz 9/73 f
– Zustandekommen Rz 9/73 f

Vertragsverhandlungen → vorvertragliche Haftung

Vertrag über die Lebensgemeinschaft Rz 1/84, 5/74
– Anknüpfungszeitpunkt Rz 5/75
– Auflösung der Lebensgemeinschaft Rz 5/76
– *favor validitatis* Rz 5/75
– fehlender Vertrag Rz 5/76
– Formvoraussetzungen Rz 5/75
– persönliche Rechtsverhältnisse Rz 5/76
– Rück- und Weiterverweisung Rz 5/74

Vertretung
– Eheschließung durch Vertretung Rz 5/16
– einer Körperschaft Rz 4/11, 4/14, 4/26
– Errichtung einer Verfügung von Todes wegen Rz 6/82
– gesetzliche Rz 3/24 ff, 5/136 ff
– gewillkürte Rz 4/11, 10/48 f
– ständige Rz 4/26
– Zuständigkeit, IPRG Rz 2/90, 2/93, 3/27

Verwaltungssitz Rz 1/82, 4/17, 4/19

Verwandtschaft → Ehehindernis

Verweis → Rück- und Weiterverweisung
– dynamischer Rz 1/40 f (auch Fn 71)
– formaler Rz 1/40 (auch Fn 66)
– materieller Rz 1/40 (auch Fn 66)
– starrer Rz 1/40

Volljährigkeit
– Adoption Volljähriger Rz 5/167, 5/171
– eingetragene Partnerschaft Rz 5/48 (auch Fn 147)

- Feststellung Mutter- und Vaterschaft Rz 5/129
- Handlungsfähigkeit Rz 3/15 (auch Fn 24)
- künstliche Befruchtung Rz 5/132 Fn 400
- Lebensgemeinschaft Rz 5/72

Vollmacht → gewillkürte Stellvertretung
- Abänderung Rz 10/49
- Auslegung Rz 10/49
- Dauer Rz 10/49
- Form Rz 1/68, 10/49
- Gültigkeit vorgenommener Geschäfte Rz 10/49
- Handlungsfähigkeit Rz 3/22, 10/49
- materielle Gültigkeit Rz 10/49
- Umfang Rz 10/49
- Widerruf Rz 10/49
- Willensmängel Rz 10/49

Vollstreckung ausländischer Entscheidungen Rz 2/102 ff
- Brüssel Ia-VO Rz 2/106 f
- Ehegüterrecht Rz 5/43
- Ehetrennung und Ehescheidung Rz 5/77, 5/103
- elterliche Verantwortung Rz 5/150 f
- EuErbVO Rz 6/146 ff, 6/149 f
- IPRG Rz 2/109
- *ordre public* Rz 6/109, 10/20
- Partnerschaftsgüterrecht Rz 5/62
- Unterhalt Rz 5/193 ff
- Verordnungen, Unionsrecht Rz 1/49 f
- Zwangsvollstreckung, Zuständigkeit Rz 2/66

vorbehaltlose Einlassung → rügelose Einlassung

Vorfrage Rz 1/100 ff
- Abwesenheit Rz 3/12
- ausschließlicher Gerichtsstand Rz 2/57, 2/62, 2/66
- Ehetrennung und Ehescheidung Rz 5/99
- eingetragene Partnerschaft Rz 5/58 Fn 175 und 176
- Entscheidung *incidenter tantum* Rz 2/93 Fn 324, 5/84
- nach dem IPR der *lex causae* Rz 1/104, 6/55
- nach dem IPR der *lex fori* Rz 1/105 f, 1/14, 3/6, 3/12, 5/187, 6/55
- nach materiellem Recht der *lex causae* Rz 1/102
- nach materiellem Recht der *lex fori* Rz 1/103
- Rechtsfähigkeit Rz 3/6
- selbständige Anknüpfung Rz 1/105 f, 1/14, 3/6, 3/12, 5/187, 6/55
- Staatsbürgerschaft des Kindes Rz 5/119
- Todeserklärung Rz 3/12
- unselbständige Anknüpfung Rz 1/104, 6/55
- Zuständigkeit, IPRG Rz 2/93 Fn 324, 5/84

vorgeburtliche Schädigung Rz 3/6

vorvertragliche Haftung Rz 10/42
- Anwendungsbereich Rz 10/41
- Ausweichsklausel Rz 10/43
- grundloser Abbruch der Verhandlungen Rz 10/40
- Hilfsanknüpfungen Rz 10/43
- Personenschaden Rz 10/41
- Rom I-VO Rz 9/25
- Sachschaden Rz 10/41
- Verletzung der Informationspflichten Rz 10/40

Vorzugsrecht Rz 7/6 Fn 12

W

Wahlgerichtsstand → besonderer Gerichtsstand

Wahlgerichtsstände des Sachzusammenhangs Rz 2/36 ff
- dinglicher Gerichtsstand Rz 2/40
- Gewährleistungsklage Rz 2/38
- Interventionsklage Rz 2/38
- *ratio* Rz 2/36
- Schiffshaftpflicht Rz 2/41
- Streitgenossenschaft Rz 2/37
- Widerklage Rz 2/39

Warenpapier Rz 10/47

Wechsel Rz 3/23, 10/2, 10/46

Weiterverweisung → Rück- und Weiterverweisung

Wertpapier Rz 10/46 f
- Anwendungsbereich Rz 10/46
- eigener Wechsel Rz 10/46
- Genfer Scheckrechtsabkommen 1931 Rz 1/43, 10/46 f
- Genfer Wechselrechtsabkommen 1930 Rz 1/43, 10/46 f

- gezogener Wechsel Rz 10/46
- Hauptanleihe Rz 10/47
- Rom I-VO und Rom II-VO Rz 10/7, 10/46
- Scheck Rz 10/46
- Transportpapiere Rz 10/47
- Warenpapiere Rz 10/47

Wettbewerbsverstöße und -beschränkungen
- Ansprüche aus unlauterem Wettbewerb Rz 10/30
- Rechtswahl Rz 10/32
- unlauterer Wettbewerb Rz 4/9, 10/30
- Wettbewerb einschränkendes Verhalten Rz 10/31

Widerklage Rz 2/39

Wohnsitz Rz 1/76 ff
- Aufgebot Rz 5/12
- Bestimmung, juristische Person Rz 2/19
- Bestimmung, natürliche Person Rz 2/19
- Brüssel Ia-VO, Anwendungsbereich Rz 2/13 ff
- Definition Rz 1/77, 2/93
- *domicile* Rz 1/78
- Einordnung Rz 1/60 ff, 1/70, 1/130
- Flüchtlinge Rz 1/73, 5/8
- Produkthaftung Rz 1/76, 10/29
- Qualifikation Rz 1/77, 1/97
- Staatenlose Rz 1/66, 5/8
- Streitgenossenschaft Rz 2/37
- Testament, Form Rz 1/60, 6/25
- unionsrechtliches Kollisionsrecht Rz 1/78
- völkervertragliches Kollisionsrecht Rz 1/78
- Zuständigkeit allgemein, Brüssel Ia-VO Rz 2/17
- Zuständigkeit allgemein, IPRG Rz 2/90, 2/93
- Zuständigkeit Arbeitssachen Rz 2/53 f
- Zuständigkeit Erbrecht, IPRG Rz 6/12
- Zuständigkeit Trennung und Scheidung, IPRG Rz 5/83
- Zuständigkeit Verbrauchersachen Rz 2/43, 2/49 ff
- Zuständigkeit Versicherungssachen Rz 2/45 ff

Z

Zahlungsversprechen Rz 10/44

Zeichenrechte Rz 7/22

Zerstückelung → ***dépeçage***

Zession Rz 9/48, 9/83 ff

Zirkularscheck Rz 10/46

Zivilehe Rz 5/16

Zivilverfahrensrecht
- → Anerkennung ausländischer Entscheidungen
- Begriffsauslegung „Gerichtsbarkeit"
- Einordnung Rz 2/3
- → Gerichtsbarkeit
- Immunität staatlicher Gerichtsbarkeit Rz 2/5
- IPRG → Zivilverfahrensrecht, IPRG
- Rechtsquellen Rz 2/2
- Umfang Rz 2/3 f
- Unionsrecht → Brüssel Ia-VO
- Verordnungen, Unionsrecht Rz 1/49
- Verweis, Gericht des Ortes Rz 2/6, 2/14, 2/17, 2/21, 2/25
- Verweis, Gericht des Staates Rz 2/6
- → Vollstreckung ausländischer Entscheidungen
- → Zuständigkeit

Zivilverfahrensrecht, IPRG Rz 2/90, 2/93
- Anwendungsbereich Rz 2/2, 2/88 f
- Derogation Rz 2/98
- Einwand der fehlenden Gerichtsbarkeit Rz 2/100
- EuGVÜ → Brüsseler Übereinkommen 1968
- Gerichtsbarkeit, Abwahl Rz 2/98 f
- Gerichtsbarkeit, Annahme Rz 2/97
- Gerichtsbarkeit, Grenzen Rz 2/6, 2/91 f
- Gerichtsbarkeit, Umfang Rz 2/90, 2/92
- Gerichtsbarkeit, Zeitpunkt Rz 2/94
- Immunitäten Rz 2/91
- örtliche Zuständigkeit Rz 2/96
- *perpetuatio iurisdictionis* Rz 2/94
- Prinzip der Gegenseitigkeit Rz 2/90
- Prorogation Rz 2/97
- rügelose Einlassung Rz 2/97
- Verweis auf EuGVÜ Rz 2/95
- Wahrnehmung fehlender Gerichtsbarkeit Rz 2/100 f

Zusammenhang zwischen Verfahren → konnexes Verfahren

Zuständigkeit
- Adoption, AdoptionsG Rz 5/167
- Adoption, IPRG Rz 5/163, 5/166 ff

- → allgemeiner Gerichtsstand
- → ausschließlicher Gerichtsstand
- → besonderer Gerichtsstand
- Deliktsklage → Gerichtsstand für Deliktsklagen
- Ehegüterrecht → Zuständigkeit, EuGüterVO
- eingetragene Partnerschaft Rz 5/45
- eingetragene Partnerschaft, Auflösung Rz 5/60, 5/63
- einstweilige Maßnahme Rz 2/78
- einzelne Gerichtsstände → Gerichtsstand
- elterliche Verantwortung → elterliche Verantwortung, Brüssel IIa-VO
- Erbrecht → erbrechtliche Zuständigkeit, IPRG; erbrechtliche Zuständigkeit, EuErbVO
- Erfüllungsort des Vertrages Rz 2/20 ff
- Erwachsenenschutz Rz 3/27
- → exorbitanter Gerichtsstand
- Gewährleistungsklage Rz 2/38
- gleichgeschlechtliche Ehe Rz 5/66
- Immaterialgüterrechte Rz 2/64 f
- Interventionsklage Rz 2/38
- Kindesentführung Rz 5/155
- Kindschaftsrecht → Zuständigkeit, Kindschaftsrecht; KSÜ 1996
- Minderjährigenschutz Rz 5/140, 5/160
- Streitgenossenschaft Rz 2/37
- Trennung und Scheidung → Ehetrennung und Ehescheidung, Brüssel IIa-VO; Ehetrennung und Ehescheidung, Zuständigkeit IPRG
- Trust Rz 2/34
- Unterhaltsrecht → EuUVO; Zuständigkeit, Unterhaltsrecht
- Verordnungen, Unionsrecht Rz 1/49
- Verweis, Gericht des Ortes Rz 2/6, 2/14, 2/17, 2/21, 2/25
- Verweis, Gericht des Staates Rz 2/6
- Widerklage Rz 2/39

Zuständigkeit, EuGüterVO Rz 5/35 f
- alternative Rz 5/36
- Notzuständigkeit Rz 5/36
- subsidiäre Rz 5/36
- verbundene Klage Rz 5/35
- Zuständigkeitsleiter Rz 5/36

Zuständigkeit, Kindschaftsrecht Rz 5/116
- Rechtsquellen Rz 5/117 f
- Umfang Rz 5/117 f
- vermögensrechtliche Rechtsverhältnisse Rz 5/118
- Unterhaltspflichten Rz 5/118

Zuständigkeit, Unterhaltsrecht
- Brüsseler Übereinkommen 1968 Rz 5/178, 5/182
- Brüssel I-VO Rz 5/178, 5/182
- → EuUVO
- Übereinkommen von Lugano Rz 5/184

Zwangsvollstreckung
- Besitzverlust Rz 7/11
- Eigentumsverlust Rz 7/11
- Zuständigkeit Rz 2/66

Zweigniederlassung Rz 1/81, 2/33, 4/26 ff

zwingend anzuwendende Rechtsnorm → **Eingriffsnorm**